"十五"国家重点图书出版规划项目

社会工作经典译丛 Social Work Classic Series

主编 隋玉杰 副主编 范燕宁

社会福利

政治与公共政策

第七版

Social Welfare

Politics and Public Policy (Seventh Edition)

[美]戴安娜·M·迪尼托(Diana M. DiNitto) 著

杨伟民 译

中国人民大学出版社

·北京·

主编简介

隋玉杰　女，香港大学哲学博士，中国人民大学社会与人口学院社会工作系副教授、主任。作为专家组成员参与了民政部及国家卫生和计划生育委员会推动社会工作职业化、专业化的多项工作。主要研究领域为老年社会工作、心理健康与老年评估工具，社会工作职业化与专业化，社会工作教育。兼任中国社会工作教育协会副秘书长、首届全国社会工作者职业水平评价专家委员会委员、西北民族大学客座教授。翻译出版了多部社会工作领域的经典著述。

副主编简介

范燕宁　女，首都师范大学政法学院社会学与社会工作系主任、教授。中国社会工作教育协会理事、中国人学研究会理事。主要研究方向为：社会发展理论、社会问题、社会工作价值观、矫正社会工作。先后在《中国社会科学》、《哲学研究》、《哲学动态》、《社会主义研究》、《光明日报》等重要报刊发表有关研究论文数十篇。主要代表性论著有：《新时期中国发展观》、《邓小平发展理论与科学发展观》、《社会工作专业的历史发展与基础价值理念》、《社区矫正的基本理念和适用意义》等。主要译著、译文有：《社会工作概论》（第九版）、《契合文化敏感性的社会工作课程》等。

总　序

社会工作正面临着前所未有的发展契机。

所谓契机，一是大的社会背景为社会工作的发展提供了舞台。随着改革的深入，中国在取得举世瞩目的成就的同时，如一些社会学家所言，也出现了“发展困境”的苗头或“类发展困境”的现象。新千年，政府在工作报告和政策文件中明确提出要关心弱势群体、加强就业和社会保障工作。与社会工作传统的工作对象，如贫困者、残疾人、妇女、儿童、老年人相关的一系列政策法规纷纷出台。这些都让开展社会工作有了良好的政策环境。

二是社会工作专业本身已经步入组织化、规范化的轨道。中国社会工作者协会、中国社会工作教育协会等组织开始发挥行业指导和自律的作用。此外，经过多年的酝酿，2004年劳动和社会保障部制订的《社会工作者国家职业标准》在上海出台，明确了社会工作者的专业人员地位，一改多年来社会工作人员师出无名的状况，同时也为社会工作者在专业上不断发展提供了方向和路径。社会工作职业化、专业化有了突破性进展，在政府认可上迈出了坚实的一步。

进入新千年，许多迹象表明，社会工作正在朝着进入新的发展时期的方向迈进。

然而，社会的需要和认可也给社会工作带来了挑战。社会工作是否已经拥有了完备的知识储备，成为了一个羽翼丰满的专业，能发挥社会所期待的作用呢?

对今天许多中国的社会工作者来说，社会工作发展伊始弗莱克希纳提出的问题“社会工作是一个专业吗?”仍是个具有挑战性的问题。弗莱克希纳之所以断言社会工作不具备一个专业的资格，是因为他认为社会工作不是建立在科学知识的基础上。按照格林伍德提出的著名观点，成为一个专业应该具备五个特性：拥有自己的理论体系、具有权威性、得到社会的认可、有专门的伦理守则以及专业文化。排在第一位的就是专业知识的建构。

应当说，自1986年国家教育委员会同意北京大学、中国人民大学、吉林大学等高校设置社会工作与管理专业以来，中国社会工作理论与实务知识的建构已经有了可喜的收获。然而，总体上，社会工作的专门知识仍然十分匮乏，对国外的社会工作仍缺乏系统的介绍，而本土的理论仍未形成。拿知识建构的领军团体社会工作教育界来说，情况也不容乐观。社会工作教育协会开展的中国社会工作教育发展状况调查的结果表明，以在学术期刊上公开发表论文的数量、出版专著数、编写教材数、承担课题数等数据来衡量，社会工作教育院校教师的科研情况总体上水平不高。面对这一形势的却是社会工作教育在经过十几年的缓慢发展后，在世纪之交进入了高速扩张期。据中国社会工作教育协会统计的数据，截至2000年，协会的团体会员只有32个，到2003年12月已经达到148个。近80%的会员都是在2000年之后的三年新加入的。于是有了这样的景象，一方面是知识提供和传输上的不足，另一方面是嗷嗷待哺的跨入社会工作之门的莘莘学子。这便有了策划和出版社会工作经典译著的最初动因。希望通过这一系列书籍能够较为全面地介绍在西方已有上百年历史的社会工作专业的核心知识，为建立中国自己的社会工作知识体系作参考。

在整体结构上，“社会工作经典译丛”由三类书籍构成，即社会工作的基础理论、社会工作的基本方法和社会工作的价值观。这也是基于对社会工作知识体系构成的基本共识。具体来讲策划这套书主要有以下几点考量：

其一，完整性。整个译丛力图完整地呈现社会工作作为一个学科的全貌。译丛精选了社会工作理论、人类行为与社会环境、社会政策、个案工作、小组工作、社区工作、社会工作督导、社会工作研究和社会工作伦理等方面的书籍，全面涵盖了社会工作专业知识的三大组成部分，即基础理论、工作方法和价值观。考虑到价值观方面的教学一直是专业教育中非常重要的一部分，但也是专业教育中的难点，所以本套丛书特别精选了再版7次的专门用来帮助学生认识伦理问题和困境，并适当加以处理的有关社会工作伦理的专著。其中涉及的保密和隐私权问题、当事人的知情权和自决问题、临终关怀问题、艾滋病问题等在中国的社会工作实践中已经出现，由于处理不当而引发的争端和法律诉讼也曾见诸报端。这方面的论述相信不仅是对于社会工作学生，对于社会工作从业人员也不无借鉴作用。

其二，经典性。所选书籍都是广受好评的教材或论著，对社会工作的知识有精到的描述和评说。作者都是各自领域的专家和知名学者，有着丰厚的积累，在书中详细展现了与所述主题相关的专业知识，特别是融合了许多最新研究成果和实务动态，对读者来说极具参考价值。这些书在许多国家都被社会工作教育者采用。几乎每本书都是再版过多次，最多的再版已达9次。经过了使用者的检验和编写者的不断完善，这些书非常适合做社会工作专业教学的配套教材使用。

其三，适切性。为了能更好地配合教育部高等教育司组织制定的社会工作专业主干课程教学基本要求，译丛所选择的书籍基本都是社会工作专业主干课程的教材或论著。各书的框架也多与国内教学所要求的主体结构相契合，更能配合教学用途。

其四，实用性。一方面所选书籍在内容的编排上注重方便读者使用。受实证为本的工作方法的影响，大部分书籍都穿插了与所涉及内容相关的研究结果和案例讲解，将理论与实践相结合。在语言上也大多深入浅出，贴近读者，减少了在消化吸收知识上的障碍。另一方面，所涉及的内容也多是国内社会工作界涉足和关心的领域。如通才社会工作实务模式，操作层面的社会工作方法，社会政策的研究、分析与应用，身为社会工作教育和高层次管理人员开展督导的方法等。一些书中推荐的专业网站更可以帮助读者找寻更多的资源，丰富对书中相关内容的理解和把握。

其五，时代性。丛书中的每本书都是近两年的最新版本，书中的内容涉及社会工作实务领域的一些最新发展，整套书如同一个多棱镜折射出社会工作学科的发展现状。大到社会福利体制管理上的变革，小至一些新的工作方法的使用，都有鲜明的时代特点。比如其中谈到管理型卫生保健制度，个案管理，基因技术对社会工作的影响，网络技术对社会工作的影响，实证为本的实践，私人执业，充实生活性质的社会工作等。一些实验性的工作方案在书中也有所介绍。这些无疑会拓展读者的视野。

2003 年的一场“非典”像是对整个社会运行机制的一次检测，留下了许多宏观层面的问题有待社会工作者去思考和解决。比如，社会危机处理机制、弱势群体保障机制、社会捐赠机制、基层社区的疾病预防和康复机制、志愿者的动员与使用机制等。而 2004 年的马加爵杀人案则给开展微观层面的社会工作提出了许多问题。比如，如何更有效地建立个人的社会支持系统、如何筛查处于危机边缘的人、如何提供更有效的危机防范与干预方法等。

德国著名哲学家恩斯特·卡西尔在《人论》中说：“当领悟了一门外语的‘神韵’时，我们总会有这样的感觉：似乎进入了一个新的世界，一个有着它自己的理智结构的世界。这就像在异国进行一次有重大发现的远航，其中最大的收获就是学会了以一种新的眼光来看待我们自己的母语。”歌德也说过：“谁不懂得外国语，谁也就不了解本国语。”我们希望“社会工作经典译丛”的面世能起到这样的作用，让读者能有一次异国社会工作之旅，看到社会工作在专业发展比较成熟的国度里的情况。虽然译丛中谈到的都是美国社会工作的状况，以及他们的问题与处理方法，但对我们反观自己，处理中国的问题应当说不无启示。

译丛的策划得到了中国人民大学出版社潘宇博士，首都师范大学教授、博士生导师范燕宁和中华女子学院教授刘梦的鼎力相助。在甄选书籍的过程中，笔者同她们进行了反复的讨论，最后确定的书目是笔者与她们共同斟酌的结果。丛书的译者队伍也都是各高校的教师，有较丰富的社会工作专业积累，为翻译质量提供了保证。在此对上述参与本丛书策划和翻译等工作的人员一并表示衷心感谢。

虽然参与本丛书的人都倾尽了心力，但仍难免挂一漏万，希望广大读者对不当之处能给予指正。

隋玉杰

2004 年 10 月 14 日

前言

我很难相信，自《社会福利：政治与公共政策》第一版出版至今，近30年已经过去了。同先前的版本一样，第七版的目的是向学生介绍美国主要的社会福利政策和计划，并且激发他们对当今社会福利中的主要冲突进行思考。本书主要关注和强调美国的社会福利中涉及的一系列政治问题：为那些穷人、近乎穷人的人、非穷人和其他个人与群体应该做些什么，或者有什么应该做的。

《社会福利：政治与公共政策》描述了主要的社会福利计划——它们的历史、趋向、主要的问题和前景。社会福利政策并不是对社会问题的一系列解决方案的展现。相反，社会政策被描述为关于社会福利问题的本质和原因的公共冲突、关于如果有任何问题应该做些什么的公共冲突、关于谁应该做和谁应该决定做什么的公共冲突。

本书涉及的一些主要的政策和计划如下：

社会保障

失业保险

工伤赔偿

补充保障收入

职业恢复

《美国残疾人法》

《残疾人教育法》

子女抚养强制执行

对贫困家庭的临时救助

补充营养救助计划

社区行动计划

《不让一个孩子掉队法》

职业培训

最低工资立法

社区精神健康服务

译者序

《社会福利——政治与公共政策》的第一版和第二版分别出版于1983年和1987年。那两个版本的作者是戴安娜·M·迪尼托（Diana M. DiNitto）和托马斯·R·戴伊（Thomas R. Dye）。以后的几个版本的作者都是戴安娜·M·迪尼托。现在的这个中文译本是根据作者的第七版翻译的，其中有些章节是迪尼托和另外一些作者合作撰写的。此书体现了迪尼托在其他一些人的协作之下不断修订和增加新内容的持续努力。新的一版与先前版本的不同，作者已经在“为什么你需要这个新的版本?”中进行了清楚的说明。概括而言，一是新的版本增加了新的内容，如2010年通过的《患者保护和支付得起的医疗服务法》；二是对先前的结构安排进行了一些调整。对于中国的读者而言，这本书既有助于我们了解美国的社会福利政策，也有助于我们对中国的社会福利政策进行更深入的思考。

第一，通过阅读这本书我们可以了解美国的社会福利政策是怎样被各种社会、经济和政治力量塑造的。同时，思考在社会福利政策的制定中理性、科学、政治各自能够发挥怎样的作用。

戴安娜·M·迪尼托是得克萨斯大学奥斯汀分校的杰出教授。早期版本的合作者托马斯·R·戴伊曾任美国政治学会秘书长，是美国著名的公共政策学家。曾执教于美国佐治亚大学、威斯康星大学和宾夕法尼亚大学，现为美国政府麦肯锡教授、佛罗里达州立大学名誉教授。著有《理解公共政策》、《州和社区的政治学》、《美国政治学》、《谁掌管美国?》、《自上而下的政策制定》、《民主的嘲讽》、《权力与社会》等颇具影响的著作。迪尼托在第七版的前言中写道：“我欠托马斯·戴伊（Thomas R. Dye）一个人情”，“虽然他不再作为这本书的一位合著者出现，但是如果没有他完全就不可能有这本书”。这虽然有客气的成分，但在一定程度上也是事实。这个事实反映了美国社会福利政策研究的一个特点，当然，这本书的副标题也体现了美国的社会福利政策研究的另一个特点，即社会福利政策是被作为公共政策进行研究的。

这就涉及社会福利政策与公共政策的关系以及如何理解公共政策的问题。戴伊对公共国家的经济发展水平、政治制度、社会组织结构等都与美国有着明显的差别。我们不可能也不应该发展出美国那样的一套社会福利体系。我们在此要强调的是，美国和其他国家的社会福利政策有着多方面的历史原因，其中既有值得借鉴的经验，也有需要汲取的教训。中国的社会福利政策必须从中国的社会实际状况出发，在借鉴他人经验的同时，以改革创新的态度思考中国社会福利政策体系的建设。

美国的社会福利政策体系，在保证公民基本生活需要、维护社会稳定方面发挥了重要作用，但也存在很多困难和问题。如作者所说，“这本书描述了许多构成美国社会福利系统的政策和项目”。由于这些“政策和项目偶尔是相互支持的。通常它们是相互矛盾的”。所以作者“自由地使用术语‘系统’(system)，因为我们很清楚，在美国，社会福利政策和项目没有统一的体系”。这种“没有统一的体系”的状况，既体现了美国的政策制定者能够根据实际情况随时做出必要应对的灵活性，也反映了美国的社会福利政策缺乏坚实的客观事实基础。

第三，阅读本书能够促使我们思考社会服务的重要性。

当今的社会是复杂多变的，在这样的社会环境中，存在着很多仅仅靠个人无法应对的生活问题。本书作者指出，“信息、推荐、宣传和消费服务都属于社会服务，这些服务有益于各社会经济群体中的人”。实际上，为有需要的人提供某些服务是社会福利政策的源头。虽然在近些年我国政府对社会工作越来越重视了，但是对于社会工作以及更广泛的社会服务的实际开展，我们尚缺乏体现中国社会实际需要的立法。

根据作者的介绍我们可以看出美国社会服务具有以下一些特点：

1. 美国的社会服务包括了针对不同社会成员的众多内容。

美国的社会服务包括很多为个人、家庭和社区的服务。个人服务主要有针对儿童的服务，包括社区青年中心、保护儿童的服务机构、对被领养的孤儿的照顾、收养救助和志愿指导计划。其他的个人服务则是针对老年人和残疾人的，如交通、整理房间和家庭杂事服务，在老年中心获得社交的机会或者其他社区计划，成人保护服务和长期护理。以家庭为对象的服务有家庭规划、婚姻和家庭生活咨询、日托和照看放学后的孩子、对庭院和学校进行评估，当出现虐待和忽视时，家庭的维持和重新团结，短期替代照看老年人或残疾人的家庭成员以缓解他们的劳累。社区服务不仅仅是专业人员提供服务，更是涉及对社区成员的动员。如动员社区居民关注吸毒和犯罪，关注领取福利的母亲、流动打工者、新来的移民、房客、残疾人和他们的家庭，甚至是帮伙成员，通过有组织的活动为这些人和社区实现有意义的目的。另外，还有教会、学校、医院、工作单位、社区精神健康中心、为酗酒者和滥用毒品者开设的门诊治疗中心，以及收留机构，如少管所、精神病医院和社区收容所以及州立残疾人学校等各种机构提供的教育、咨询和帮助其恢复正常生活的服务，以及各种各样的提供信息、推荐、辩护和消费指导等的服务。由此可见，美国的社会服务包括了非常广泛的内容。

2. 美国的社会服务是由各种不同类型的专业组织提供的。

社会服务由五种组织提供：(1) 公共机构；(2) 私人非营利性组织；(3) 私人营利性组织；(4) 互助团体；(5) 宗教组织。有些服务是各种组织都可以也能够参与提供的，而有些服务则只能由某一类组织提供。

承担社会服务职能的公共机构是依据有关法律建立并由联邦、州或地方政府管理的。1935 年形成的最初的《社会保障法》中就包括了一些儿童福利服务，但是多数社会服务还是在政府视野之外，直到 1956 年，国会通过了《社会保障法》的修正案，开始为接受救济的家庭提供社会服务。后来又对《社会保障法》进行了多次修订，使其包括了更多的社会服务的内容。美国卫生和人类服务部是主要的负责社会福利服务的部门。一些州有大的伞状结构的部门来执行社会服务。其他的州则是由几个独立的部门管理各种社会福利计划。很多县和城市也有自己的社会福利计划。

私人非营利性组织，也称作志愿机构或非营利机构，由董事会或受托人管理。这些机构的资金来源有基金、捐款、案主缴费；其他社区组织，由地方、州和联邦政府拨款，或根据合同和服务收费。私人非营利性组织提供众多服务，如儿童日托、精神健康服务和养老院护理等。很多这样的机构是按照浮动计算法来收取服务费的，依据是案主对服务的支付能力。还有一些非营利性机构像辩护者那样行动，将案主的需要传递给政策制定者和公众。

私人营利性组织也被称作私营机构。它们也提供诸如儿童照顾、养老院护理和精神健康护理之类的服务，但是一般都要按市场价对客户收取费用。政府机构有时从私人机构购买一些服务，因为政府可能无法直接提供客户所要的服务，同时又不能从非营利性组织获得。

互助团体也提供社会服务，但是一般都不依赖政府的资金支持。它们的组织结构不像其他社会服务机构那么正式。这类团体只依靠会员的资金支持。互助团体也包括合助组织，人们联合起来一起照顾儿童、团购商品或者达成其他的共同目的。其中一些可能会像非营利性机构那样组织起来，但是它们的重点还是有共同问题的人相互帮助，而不是依靠专业服务提供者。

宗教组织虽然一般是由牧师或某一教派的信徒提供服务，但是它们也可以不分宗教信仰地为所有人服务。宗教团体提供的服务有照看儿童、危机怀孕咨询、收养、心理健康咨询、为无家可归者或穷人提供食物和住所、帮助那些被关进监狱的人。

3. 政府是社会服务所需要的资金的主要提供者。

在 20 世纪 60 年代美国社会福利迅速发展时期，人们认为社会服务可以帮助穷人解决个人问题，从而减少他们对社会福利的依赖。所以政府在为社会服务提供资金方面过于慷慨了。那时的规则是州政府在社会服务上花费 1 美元，联邦政府给予 3 美元的补贴，并且没有花费的限制。这样必然导致社会服务的支出迅速增加，所以国会决定采取行动。1976

年《社会保障法》增加了第二十部分，其中的内容为支出设置了上限并确保联邦资金的大部分都用来为穷人提供服务。1981 年，里根政府又采用了社会服务专项拨款的方式。在新的拨款方式下，联邦政府对社会服务的贡献减少了很多，各州于是拨出更多的州政府的资金投入社会服务。尽管从里根时代起，联邦政府对社会服务的拨款减少了，但是仍然有《社会保障法》第二十部分中的社会服务专项拨款的内容保证政府对社会服务承担必要的责任。而且，保证政府承担责任的法律除了《社会保障法》外，还有预防性医疗服务拨款、母亲和儿童医疗服务拨款、社区精神健康服务拨款、低收入家庭紧急救助拨款、发育中的残疾救助金，以及联邦的、州的和地方的其他各种立法为社会服务提供资金。

美国社会服务的上述特点表明，即使在美国这样的市场化程度很高，自由主义、个人主义意识极为突出的社会中，在社会服务领域政府还是承担了制定法律、提供资金、实施管理等主要职责。同时在政府承担了主要职责的前提下，具体的社会服务项目的递送是由各种类型的组织承担的。这样的在具体服务递送方面的社会服务的社会化，既有利于通过不同类型的社会服务组织之间的竞争提高服务效率，也有利于增加具体服务项目多样性和灵活性，便于不同特点的社会服务适应不同社会成员的不同需要。也就是说，社会服务的社会化并不等于政府从社会服务领域退出，政府不承担必要的责任。

政府之所以在社会服务以及整个社会福利系统中承担责任，根本原因是工业化、城市化、市场化的社会变迁一方面导致家庭、传统的社会共同体发生变化，难以继续承担成员彼此之间在物质和精神上相互帮助的功能，另一方面使人们承受着各种压力，产生了很多社会问题。在当今家庭结构核心化、人口老龄化、就业竞争激烈的社会环境中，对社会服务的需要只能更加强烈。正如作者指出的，“社会福利的一个重要发展是认识到那些并不贫困的人也能从社会服务中获益。主要针对中产阶级和上层社会群体提供服务的私人机构的成长，说明很多美国人都需要社会服务的帮助。有虐待和忽视儿童问题的人、虚弱的老年人、患有精神疾病的人、酗酒者和滥用毒品者，这些人中接受社会服务的人口数量的增加，从 20 世纪 60 年代起逐渐引起社会服务提供者的注意”。

目前中国的社会服务组织的发展，在资金、人员、政策等多方面还是受到较强制约的。到目前为止，中国官方的有关文件中基本上还没有社会服务这样的概念。20 世纪 80 年代中期，为适应城市经济体制改革的需要，民政部提出了社区服务的概念，并且通过一系列的有关会议、文件推动了城市中的社区服务的发展。但是，中国的社区服务与美国以及其他国家的社会福利体系中包含的社会服务从指导思想到具体实施方式还是有很大不同的。中国的社区服务，最初是在计划经济时期重生产、轻消费，民众日常生活中需要的各种产品和服务十分匮乏的背景下提出的，所以当时在很多地方都将社区服务作为第三产业的一个组成部分，主要提供的是本来可以采用市场化的方式提供的服务，而且，随着市场经济的发展，兴办社区服务的街道和居委会也将社区服务当作获得经济收益的重要手段。

后来，越来越多的企业进入与居民日常生活密切相关的服务业，而且竞争日趋激烈，与此同时，民政部明确了社区服务的福利性质，这样才使社区服务与市场领域中的服务业有了明显的区别。

但是中国的社区服务至今也还没有成为真正意义上的社会服务。这一点可以通过与美国社会服务上述三个特点进行比较得知。其一，社会服务的提供者，在中国主要还是居民委员会这样的准行政组织，专门的社会服务机构和专业化的社会工作者还比较少。虽然有些城市已经开始招聘社会工作专业的毕业生到居民委员会任职，但是居民委员会承担着政府要求完成的多种行政管理职能，作为行政管理机构，它实际上不可能承担专业性的社会服务工作。其二，中央政府和很多地方政府还没有为社会服务提供必要的资金。虽然有些地方对社会工作给予了一定程度的重视，但是，政策制定者和执行者似乎缺乏多元化发展的意识。例如，在资金方面，似乎政府购买服务成了唯一的方式。其三，具体递送社会服务的组织、机构数量极少，专业化程度也不够，而且政府对志愿组织、非营利组织的发展既有过度控制、缺乏必要的支持的一面，同时也有缺乏必要的规范、必要的管理的方面。

中国目前的社会经济发展的实际情况，特别是家庭结构核心化、人口老龄化，使得人们对社会服务的需要日益增加。但是，要建立起一个与中国的社会实际需要相适应的社会服务体系，从理论上和实践上都需要付出很大的努力，这其中包括吸收和借鉴其他国家的经验与教训。

第四，阅读本书可以帮助我们了解在美国公民表达社会福利需求和约束社会福利增长的规则和渠道。这是作者从政治的角度分析社会福利政策给予我们的启示。

由于当今的社会福利政策主要是持有不同观念、具有不同利益和愿望的人们相互博弈、不间断地进行政治斗争的结果，所以社会成员表达自己对政府社会福利政策的观点就十分重要了。

根据作者在《社会福利——政治与公共政策》一书中的介绍和分析，我们可以看出，美国公民的社会福利需求和约束的表达，采用的是一种多元化的方式。不同的利益群体要表达对社会福利的要求和反对，一般是先组成正式的社会组织，再通过自己的代表对议员进行游说，或者是通过支持特定的候选人来实现。但是，美国的多元化的表达方式更多地倾向于富人，倾向于拥有更多经济资源和文化资源的人，因为游说活动和对候选人的支持不仅离不开金钱，也需要很强的组织和表达能力。所以，在美国最需要帮助的穷人和残疾人不同于社会中的其他群体，“他们几乎不会给国会成员写信，而且他们不会为竞选活动做出什么重要的贡献。在其家乡州代理人的巡回演讲中，也极少能看到他们的影子”。他们与非贫困者相比，也“很少出现在选举的民意测验上”。当然，“更广范围地说，在华盛顿，贫穷者和残疾人或者被剥夺政治权利的人也有他们的代表，他们通常被所谓的‘代理人’所代表”。

其实，将社会福利政策与政治过程相联系并不是本书作者的独到见解。因为社会福利政策的本质特征就是，它主要关注在资源稀缺的条件下，在市场机制之外通过人类组织来满足人类的一些需要。对这种需要，社会政策研究早期最著名的学者英国的蒂特马斯又称为社会需要。所谓社会需要就是社会性地认可了的个人的基本需要。社会政策“强调的是全体公民使用或不使用由共同体提供的可以得到的社会权利。共同体提供服务考虑的是私人市场和家庭不能或不愿意普遍给予满足的某些需要”①。市场中的个人需要的表达主要是通过货币、通过个人的购买能力来表达，个人的需要因而转换为个人的市场需求，这样的个人需要或需求能否得到满足靠的是市场价格机制这只“看不见的手”来调节和分配。但是，市场经济发展的事实证明，并不是所有的个人的最重要的生活需要都能够通过市场来满足，因此还需要以一定的社会福利政策为依据，在市场之外满足人们的一些基本生活需要。哪些人的哪些需要应该在市场之外予以满足，这不是能够由“看不见的手”来决定的，必须通过一定的政治过程，达成一定的社会共识，即社会性地认可。所以，蒂特马斯认为，“社会政策基本上是有关矛盾的政治目的和目标的抉择，以及它们的厘定过程”②。

在一个社会成员分化为不同的利益群体、处于不同的社会阶层的社会中，不同的人对社会或者说政府应该在市场之外以社会供给的方式来满足哪些人的哪些需要的共识的形成必然是一个有关各方不断博弈的过程，即必然是一个政治过程。在这个过程中，既有提出福利需求的群体、阶层，也会有反对的群体和阶层，反对的声音形成了对社会福利供给的约束，所谓对社会福利政策的共识也就是这种需要和约束的暂时的平衡。在现代社会中，公民对社会福利需要的表达和约束社会福利增长的表达是必然的，差别在于表达的规则和渠道。

在瑞典和一些欧洲大陆国家，公民对社会福利需要和约束的表达主要是通过社会合作主义的方式，即通过建立政府和雇主、工会的代表三方之间的正式的合作机构，通过三方定期就工资和福利等问题进行谈判达成协议的方式。米什拉在分析瑞典的社会合作主义时将它称为“‘对社会负责’的福利资本主义管理方法”。“通过国家集体谈判的制度化过程和由‘劳动力市场委员会’实现的相互合作，工业资本主义中的主要经济集团（工人和雇主）就被迫对更广阔的国家目标负起责任来。用这种方法，社会合作主义就得以使生产与分配、经济与社会福利等协调起来了，从而维护了福利国家的基本前提和制度”③。

公民表达社会福利需要和约束社会福利增长的规则和渠道的社会合作主义方式与美国的多元化方式，从本质上说，不仅仅是表达方式的不同，而是体现了劳动者、资本的所有者以及社会福利领域的专业人员对国家的社会福利政策的影响力的巨大差别。社会合作主义的表达方式基本上保证了劳动者与雇主的同等的表达机会和影响力，而美国的多元化的

---

① Brian Abel-Smith and Kay Titmuss, *The Philosophy of Welfare-Selected Writings of Richard M. Titmuss*, London, Allen & Unwin, 1987, p. 147.

② ［英］里查德·蒂特马斯：《社会政策十讲》，8页，香港，商务印书馆（香港）有限公司，1991。

③ ［加］R. 米什拉：《资本主义社会的福利国家》，52页，北京，法律出版社，2003。

方式往往是拥有更多经济资源和文化资源的人在政治上也能够具有更大的影响力。

当然，瑞典等国家采用的社会合作主义的表达方式，在经济全球化和工业化社会转向后工业化社会、信息社会的背景下也受到了一定程度的冲击。一方面雇主可以通过向其他国家转移投资来回避三方谈判，另一方面则是由于新的社会经济变化导致雇员内部的差异更加显著，其本身在很多问题上已经难以形成一致的意见和要求。

尽管如此，由于社会福利政策的形成和实施必然是一种政治过程，各种利益群体都能够通过规范的或者说制度化的方式来表达自己的意愿和要求，所以它对于社会的有序运行和实现不同利益要求之间起码的平衡还是非常必要的。就中国目前的实际状况来说，公众还没有这样的规范的表达规则和比较畅通的表达渠道。我们的社会福利政策的形成主要靠各级政府、政府官员对社会福利需要的感受。在一个社会成员拥有或支配的社会政治经济资源差距已经很大，社会成员的利益和需求日益多样化的社会中，仍然主要依靠传统的自上而下颁布社会福利政策的方式，实际上是很难持久地维持各种不同利益群体之间的平衡的。今天我们在医疗、住房、教育等诸多方面的问题，基本上都属于社会福利领域的问题。这已经充分证明我们的社会福利政策没有能够适当地回应社会经济发展的实际需要。而这又是与不同社会利益群体的需要缺乏规范的表达方式是直接相关的。虽然我们的政治体制、社会组织结构与美国有着明显的不同，美国的社会福利需要和约束的表达方式也有它自己的问题，但是，我们如果主要不是从具体方式的层面，而是从社会福利政策作为一种政治过程，不同的需要必须有规范的表达方式的角度讨论问题，我们仍然可以说美国的社会福利体系对中国具有一定的启示意义。①

杨伟民

2016 年 4 月

① 关于本书更多的信息请访问中国人民大学出版社人文分社网站：www. crup. com. cn/rw/。

为什么你需要这个新的版本？

与第六版相比，新版本从以下七个方面作了修订：

1. 增加了最新的公共政策。诸如2010年的《患者保护和支付得起的医疗服务法》，特别是针对该法案的争论和政治角力。

2. 增加了通过教育和就业预防贫困的一章（第九章）。

3. 增加了奥巴马政府和众议院、参议院的领导的有关信息。

4. 对每一章的内容都进行了大幅修订，以便能够反映当前社会福利政策的环境。

5. 根据使用此书的教师的建议对各章进行了重新排序（政策分析和评估被放在了前面）。

6. 先前关于多样性的一章，现在分成了两章——一章是关于性别和性取向的社会政策，另一章是关于种族、民族和移民的社会政策。

7. 为学生提供了进行评价的资源、视频和案例研究。

简明目录

目　录

导论

政治、理性主义和社会福利政策

没有人对国家的社会福利系统表示满意——不仅是必须支持它的纳税人不满意，必须 1
管理它的社会福利专家不满意，而且连依靠它生活的穷人也不满意。国家的社会保险、公共救助和社会服务计划已经变成了争论的源泉。自从 1935 年《社会保障法》以来，联邦政府已经试图发展出一个理性的社会福利系统来服务整个国家。今天有各种各样的联邦计划为那些年老、贫困、残疾、患病或者有其他社会需要的人提供服务。社会福利计划是联邦政府最大的支出项目，已经远远超过了国防预算。社会保障署（Social Security Administration）与美国卫生和人类服务部（U. S. Department of Health and Human Services）是所有联邦机构中预算最大的部门，并且许多附加的社会福利计划还是由其他的政府部门来管理。在经历了 75 年的联邦政府的大规模直接参与之后，社会福利政策依然是美国政治中的一个核心问题。

这本书描述了美国主要的社会福利政策和计划，但它更集中于社会福利的原因——为什么政策是这样的。为了理解当代的社会福利政策，有必要了解一些塑造了美国的社会福利政策的社会、经济和政治的力量。这本书着眼于社会福利政策是怎样随着时间的变化而发展和变化的。它考虑社会福利政策的后果——对目标群体和对社会的影响。接下来的章节也考虑可替代的政策——可能的改变、改革、改进或者终止——以及这些建议是怎样参与到政策的发展、分析和评估过程的。

政策的制定常被描绘为一种理性的进程，在这一进程中政策的制定者们发现社会问
题，寻找解决问题的方法，预测每种方法所能获得的收益和需要付出的成本，比较每种方 2
法的收益和成本，并且选择收益和支出的最佳比例。在检查社会福利政策时，本书考虑这种理性决策模式的优势和缺陷，并论证理性决策的政治障碍的确是很强大的。

同样，本书也提出，社会福利政策牵涉一系列关于持续贫困和其他社会问题的本质和

其形成原因的政治冲突，以及为穷人、近乎穷人的人和非穷人等不同的群体应该做些什么或是否应该做些什么的政治冲突。社会福利的真正的问题并不是组织、行政管理或者提供服务上的困难，而是它涉及了对下列问题的不同观念：社会不平等的本质和原因，政府在社会中所应当扮演的角色，纳税人应该承受的负担，处理社会问题的适当策略，对特殊社会福利计划进行改革的需要，个人的需要和愿望的重要性及其与他人的这些需要和愿望的关系，以及决策过程本身的性质和政府做任何事情的“理性”能力等。简而言之，我们提出，社会福利政策是一场永不间断的政治斗争，是与贫困和不平等以及社会中的其他社会问题有关的一场持续的政治斗争。

什么是社会福利政策？

社会福利政策是政府选择作为或不作为，进而影响其人民的生活质量的任何事情。广义来讲，社会福利政策几乎包括了政府做的所有事情——从税收、国防和能源保护，到医疗服务、住房和公共救助。更具体的社会福利政策的定义也是能够找到的[1]，这样的社会福利政策更多的涉及“通过给其公民提供服务或收入对他们的福利有所影响”[2]的政府活动。政府，我们指的是立法、行政、司法几个分支。机构管理人员和法官像民选官员一样对社会福利政策有很大影响。

有些学者坚持认为政府活动必须有“一个目的、目标或意图”，以便把它们归类为“政策”。[3]这种定义暗示了政府里的一般性活动与所有有明确特定目标的行动计划之间是有区别的。然而问题是，为了能够被列在“政策”之中，就坚持政府活动必须是有目的的，其困难在于：我们永远无法确定什么才是一项特殊的政府行动的目标。我们一般会推测，如果政府选择去做什么事情，那它一定会有它的目的、目标或意图。但是我们通常会发现，帮助编写法律的官员们，推销政策的游说者，以及为其投票的国会议员，所有这些人的脑袋里全都有不同的目的、目标或意图。多重的目标不一定就是坏事，特别是当它意味着更多的人坚持从政策里获得收益时更是如此。但是任何一项法律的意图（启用或未启用的），都有可能与政府部门实际所做的事情大相径庭。我们能观察到的所有东西只是政府选择去做什么，不去做什么。

政治科学家赫恩兹·尤劳（Heinz Eulau）和肯尼思·普雷威特（Kenneth Prewitt）为公共政策提供了另外的定义。政策被定义为“长期有效的决定”，这种决定以制定它和接受它的人们在行为上的连贯性和重复性为特征。[4]如果政府活动能以“连贯性和重复性”为特征，那也许会是件令人愉快的事——因为这样它们看起来会像是有了“规律和原因”——但如果我们坚持这些标准，那么，我们是否能从政府那里找到一项公共政策却是令人怀疑的。就像你会看到的一样，政府所做的许多事情缺乏连贯性，政府政策往往还是相互冲突的。

请注意，这本书不仅关注政府的行动，也包括政府的不行动，即政府选择不去做的事情。政府不作为对社会的影响与政府作为一样重要。

对社会福利政策的定义进行冗长的讨论是不必要的，这些论述往往是无意义的，甚至 3
是令人恼怒的。因为很少有人会一致同意一个社会福利政策的定义。再者，这些论述会使人的注意力从了解具体的社会福利政策上转移开。

社会福利政策的范围确实是无法划定的，为了实践的目的，这本书主要讨论的是政府的一些直接影响老年人、穷人、残疾人、病人或其他脆弱群体的收入、服务和机会的政策，特别选定的主要的政府政策和计划包括：

收入维持

社会保障

失业保险

工伤赔偿

补充保障收入（SSI）

对贫困家庭的临时救助（TANF）

儿童支持

最低工资立法

收入所得税抵免

医疗

医疗保险

医疗补助计划

州儿童医疗保险计划（SCHIP）

公共卫生

营养

补充营养援助计划（SNAP，以前是食品券计划）

对老年人的营养计划

社会服务

儿童和成年人保护服务

家庭维护服务

社区精神健康服务

日间照顾

独立生活服务

长期照顾服务

就业

就业服务（找工作）

职业培训

4 职业恢复

工作许可证计划

住房

公共住房

住房代金券

抵押贷款救助

无家可归者庇护所

教育

学龄前教育

《不让一个孩子掉队法》

《残疾人教育法》

公立学校资金

对高等教育的资金帮助

上述社会福利计划中的一些被称为公共救助，因为接受有关津贴的人必须是贫困者（根据法定的标准），这些津贴是由一般税收金支付的。公共救助计划（大部分人简称为"福利"）包括对贫困家庭的临时救助、补充营养援助、医疗补助、补充保障收入、公共住房、学校午餐和早餐。这些项目也被称为残余的项目，因为津贴只提供给经历着经济困难的人。

另一些社会福利计划被称为社会保险，因为它们是被策划用来防止贫困的。员工和（或）雇用他们的雇主共同向这些计划供款，这样，当这些从前的员工退休、残疾或失业后，无论他们此时有多少财产，都有权利享受这项津贴。社会保险计划包括社会保障、医疗保险（针对老年人的）、失业保险和工伤赔偿。这些项目也被称为普遍的或制度化的，因为几乎所有的美国人都参与或有权利参与，而不论其收入和财富。

还有其他一些社会福利项目被归类为社会服务，因为它们为儿童、老年人、残疾人和其他有特殊需要的人提供照顾和咨询服务、教育或其他形式的援助。儿童保护服务、日间照顾、独立生活服务、精神健康照顾都是社会服务的范例。另外，在就业、住房和教育等领域，也有社会服务的提供。

本书也涉及许多影响社会福利的社会公正和权利政策问题，《公民权利法》、《美国残疾人法》、肯定性行动，以及其他与妇女、有色人种、移民、同性恋男女和其他群体的社会地位有关的规定。

社会福利政策：一种理性的方式

按理来说，社会福利政策应该是理性的。如果政策的收获与付出的价值的比率是正的，并且高于其他政策选择，那它就是理性的。尽管这看起来好像一种精确的经济学（成本—收益）方式，但是我们不应该仅仅狭猛地以美元—美分的框架来测量收益和成本，而忽视了基本的社会价值。理性主义的观念涉及对公共政策的付出和收获的所有社会的、政治的和经济的价值的计算，而不仅仅是那些能用美元来衡量的东西。

对研究和制定公共政策的人而言，理性主义被视为一种“理想的”方法。[5]甚至被作 5
为能够应用于无论是大还是小、无论是公共的还是私人的各种各样的问题上的单一的“选择模式”。[6]大多数的政府政策都与完全的理性相差甚远。尽管如此，这种模式仍然十分重要。因为它有助于我们识别实现理性化的障碍，也有助于我们提出问题：“为什么政策制定不能是一个更理性的过程?”

理性过程中的步骤

让我们更仔细地检查一下合理政策的制定条件：

（1）社会必须能够识别和定义社会问题并且认同存在着解决这些问题的需要。

（2）必须了解和权衡所有的社会价值。

（3）必须识别和考虑所有可能选择的政策。

（4）必须从成本和收益、目前和未来、目标群体和其他社会群体等方面充分了解每个抉择的后果。

（5）决策者必须计算每一种抉择的收益与成本的比率。

（6）决策者必须选择具有最大净价值的政策——那种可以获得最大收益但支出最少的政策。

由于这样的理性概念假定社会的价值可以作为一个整体被认知和衡量，只了解某些群体的价值而不了解其他群体的价值是不够的，理性的政策制定还要求掌握有关的可替代政策的信息和具备精确地预测每种可替代政策的结果的能力。理性主义要求具有正确计算每种可替代的政策的收益和成本的知识。这意味着，既要计算目标群体也要计算社会中的非目标群体的现在和将来的所有的收益和支出成本。最后，理性主义要求一套有助于使政策形成和实施合理化的政策制定系统。

有限理性

这种类型的综合理性不仅不能在政治环境中存在，而且事实上也是不理性的。赫尔伯特·西蒙（Herbert A. Simon），因其对大型组织的决策过程的研究获得诺贝尔奖，他在许多年前就注意到了这个明显的自相矛盾。如果决策者要弄清所有可能选择的政策，调查清楚每种选择可能出现的后果，并且计算出所有选择的成本和收益比率，那将需要巨大的资金支持并浪费大量的时间。在政策选择的改进方面要求做出综合的理性选择这种额外努力是不划算的。西蒙的有限理性（bounded rationality）的理论承认完全的理性在实践中是受到限制的。

> 一个单独的行为者、孤立的个人不可能达到任何高水平的理性。可选择的数量……（需要被）探索（的东西）是非常巨大的，用来评估它们的（信息量）也是巨大的，以至哪怕是近似的客观的理性化也是难以想象的。[7]

6 与完全的理性决策相比，西蒙的有限理性的概念意味着政策制定者只考虑有限数量的选择，用最可能得到的方法去估测这些结果，并且挑选那些看起来好像能实现最重要的价值而又可以避免蒙受不可接受的损失的选择。和追求收益与成本的比率最大化的综合的理性相反，政策制定者们寻找的是一个“令人满意”的选择——一个在合理的支出水平上能够得到所期望的收益的好的选择。这意味着政策制定不是去尝试在所有可能的范围内创造最好的事情，而只是顺势而为，实现比较好的，避免麻烦，适当地妥协。

理性主义为政策制定提供了一个理想的模式——在社会福利和其他政策领域——虽然在“现实世界”里的政策制定并不经常是一种理性过程。政策制定是发生在使理性处于受到严格限制的政治环境中的，特别是在日益增加的党派政治的环境中。任何见证了国家对医疗保险的各种争论的人都知道这是真的。

社会福利政策：一种政治的方式

社会福利政策是政治性的，因为社会福利政策产生于有关社会面临的问题的本质和如果有问题政府应该如何解决的冲突。“政治”这个词本身几乎就是“冲突”一词的同义词。

政治学家哈罗德·拉斯维尔（Harold Lasswell）将政治描述为“谁得到了什么，什么时候获得的和怎样获得的”[8]。政治是这样一种活动，通过它，人们尝试去获得更多的能获得的任何东西——金钱、工作、威望、成功、尊重和权力本身。“政治……由各种形式的活动构成，例如，理性的讨论、充满热情的演讲、投票选举和街头打斗，通过这些活动使冲突继续存在下去。”[9]与社会中的价值分配有关的冲突是政治和政策制定的中心。在美国这种冲突往往以投票表决和辩论的形式出现，而不是暴力。

为什么我们期待有关“谁得到了什么”的社会冲突？为什么我们不能接受“一种有关公正的理论”并以这种理论为根据从而使所有人一致同意什么才是对社会所有成员都公平的，特别是对那些最易受社会问题影响的人公平？[10]为什么我们不能有一个和谐的、充满友爱、关心、分享的平等社会？哲学家们对这个问题已经仔细考虑了几个世纪了。詹姆斯·麦迪逊（James Madison）也许是第一个严肃撰写政治学的美国人。他相信“派系斗争”（冲突）的原因是由于人类的多样性——“一种对宗教、政府和许多其他方面的不同观点的热忱……（和）一种对野心勃勃地争取出类拔萃和争夺权力的不同领导者的忠诚”。更重要的是，根据麦迪逊的观点，“‘派系斗争’中最普遍和持久的来源已经变成多样化和财富的不平等分配。那些拥有财富和那些没有财产的人已经形成社会中独特的利益集团”[11]。简言之，人们之间的社会阶级的不同，特别是资源和资产数量上的差异，是导致社会冲突的根源。

政府的一项关键任务就是调控冲突。主要通过以下方式：（1）建立和强制执行一般性的规则，使冲突遵循这些规则而进行；（2）利用公共政策筹划妥协方案和平衡利害关系；（3）强制使一项争端中的不同部分接受和解。政府以分配价值的公共政策来安排和解方案，使“赢家”和“输家”都能够接受，至少短时期能够接受。政府通过强制执行公共政策和许诺回报或惩罚等方式来使这些和解方案必须被接受。

从一种政治性的视角来看，公共政策是关于谁得到了什么和他们在什么时候、用什么方法得到这些东西的冲突的结果在政府中的体现。当一项政策成功地得到了足够的支持者使其能够被制定成法律，让行政部门来履行，让法庭来强制执行，这项政策就有可能被认为是政治上理性的。或者，如果当一项政策被有影响力的组织支持或被相信会受选举人欢迎，那 7
它也会被认为在政治上是理性的。但这当然与刚才在理性模式中所描述的理性是有区别的。

政治的方法引起了一系列有关政策制定中的理性化的问题。这使人联想到：

1. 几乎没有什么社会价值能够被所有的人都接受，更多的时候它们仅仅是一些特殊群体或个人的价值，而且其中的许多内容还是彼此冲突的。例如，即使对所有的美国人都应该有医疗保险有一致的意见，但是如何确定公共的和私人的部门在实现这个目标中的作用仍然是一个主要的公共政策问题，这个问题已经对一种理性的解决提出了挑战。在许多问题上，对于要取得的价值都不存在基本的一致。例如，反对堕胎和赞成事先选择（prochoice）的力量几乎不可能就堕胎问题形成一致的意见。此外，似乎决策者在考虑解决方案时越来越带着强烈的哲学立场和党派忠诚，这使妥协的空间越来越小。

2. 问题不能被界定，因为人们对问题是什么的认识是不一致的。并且，对一个群体来说是问题的事情，也许对另一个群体来说就是利益。考虑一下对贫困原因的讨论。对贫困问题产生原因的解释有各种说法：从不愿意工作的人的自愿行为所致，到歧视所致，到因为存在着参与有收益性经济活动的结构性障碍。补救方法包括降低公共救助的支付金额，仅仅向穷人提供勉强能够维持生存的低标准的公共救助给付。这样不仅可以节省纳税人的钱——至少在短时期内是这样，而且低标准的福利支付资金还可能会促使失业人员接受低工资的职业，以推动依赖廉价劳动力的行业发展。或者考虑另一个例子，保护斑点猫头鹰对环境学家来说可能是一件有巨大收益的事情，但对那些依靠伐木行业生存的人而言则可能是一笔巨额的支出。

3. 许多冲突的成本和价值是不能被比较或衡量的。例如，我们怎么能将一般税收增加所付出的成本与个人尊严的价值相比较？各个层次的决策者——地方的、州的和联邦的政策制定者们每天都面对着这些挑战。一个城市或国家的政府可能选择为那些有严重残疾的人提供住宅的计划给予资金，而不是给一项戒除毒品的计划提供资金。这可能是因为他们认为有严重残疾的人们更应得到这些照顾，也可能是因为他们相信那个计划更容易管理一些。但是，他们并不真正知道他们的选择是否会获得更大的社会价值。事实上，许多地方政府任命市民顾问群体来评议人类服务基金的分配。因为这种做法消除了被选举出来的官员在尝试从其他东西中分辨出一个看起来更好的方案时的政治压力。

4. 政策制定者，即使利用最先进的电脑分析技术，在涉及许多不同的社会、经济和政治价值时，也不能精确地展望或预测各种各样的政策选择所带来的后果和计算他们的成本和收益比率。也许这里最好的例子就是预测经济走向的困难。我们可以尝试预测一般税收减少或对顾客购买能力给予一种经济刺激的影响。但是，其他那些在进展中不能被很好地预测的经济力量——特殊的经济部门（汽车、钢铁和高新技术部门）的衰退，或燃料成本的上升——有可能抵消国家总体经济福利上任何有益的努力。许多其他事件的发生也是我们无法控制的，就像在加利福尼亚州发生的地震、中西部地区的洪水、墨西哥湾沿岸的飓风一样。尽管联邦、州和地方政府试图对这些自然灾害做出理性的反应，但这些事件也可能要从其他的活动中转移资金和注意力。最后，还是会有我们也许能够预测但我们却选择了忽略的事件存在。例如，20 世纪 60 年代民权运动期间的城市暴动事件的发生，以及
8 在 2008 年动摇了美国经济的次级住房贷款危机和股票市场的失灵。

5. 政策制定者的环境，特别是由权力和影响力构成的政治系统，在实质上是不可能分辨出所有的社会价值的，尤其是那些没有活动力、在政府或与政府有关的部门中没有强有力的支持者的人们的社会价值。那些无家可归者、疾病患者和缺乏沟通技巧的人，即使他们的需要非常迫切，也几乎没有可能接近政府代表。美国贫困、受虐待和被忽视的儿童占有很大的比率，但他们在政府的活动范围里没有直接的发言权。没有充足财政资源支持的愤世嫉俗很难影响公共政策。

6. 政策制定者没有将决定置于社会价值基础上的必要动机。相反，他们常常追求最大限度地增加他们自己的回报——权力、地位、连任、金钱和其他东西。政策制定者有他们自己的需要、野心和不足之处，所有的这些可能会阻碍他们用高度理性的方法去做工

作。举个例子来说，虽然普遍认为联邦的债务是国家的严重负担，但是国会议员很少为此操心，因为任何增税或是预算减少对那些为连任焦虑的参议员或众议员来说都有可能意味着丢失选票。国会成员还会在他们的选区内尽最大的努力去支持他们青睐的项目，以获得选民的拥护，无论这些项目是否对整个国家有好处。

7. 大部分政府官员往往会制造协调政策制定的障碍。因为在做决定的时候要把全部有利害关系的个人、群体和专家聚在一起是困难的。政府的决定经常是没有条理的，以至于某项立法是怎样获得了通过或某个计划是怎样得到了执行，往往令人震惊。任何在初级中学公民课程上了解到"提案怎样成为法律"的人都会知道复杂的文本和工作日程表阻止了大多数议案的提出，即使是非常值得考虑的问题。甚至当提议的法案被考虑的时候，法律制定者也会运用许多策略使之通过或使之废除。例如，通过冗长的演说来进行阻挠，或是附加其他条款，有时甚至把完全不相关的条款附加到议案中。一般来说，美国众议院的 435 个成员和美国参议院的 100 名成员必须同时考虑一个法案，两院的成员必须通过一个完全相同的议案版本，才能使之成为法律。两个主要政党为了他们的理念能够占优势而进行激烈竞争，参众两院的这 535 个成员代表着不同的利益，过程是令人生畏的。被引进到国会和州立法机关的法律只有极小部分能够经受严酷的考验（请看例证 0—1，"立法过程的顶端"）。即使公共政策被制定出来，它的执行过程也会有很多麻烦。

例证 0—1

立法过程的顶端

在任何机构中议案都很少会成为法律。同其他多数国家一样，在美国国会只有 10%～15%的议案会成为法律。罗恩·迪尔（Ron Dear）和雷诺·帕蒂（Rino Patti）的一项有关被提出的议案在华盛顿州立法机关停留数年的经典研究，提供了 7 条策略可以用来提高一项议案的成功几率。那些已经能够向委员会说明并且到了议员席（floor）上的议案一般来说具有下列特征。

早期介绍

如果你所在的州允许议案在会议正式开始前事先做预备讲演，那这正是介绍你的议案的大好时机。这意味着会有更多的时间去考虑它，那么你要尽力抓住听审者的心，赢得对它的支持，尽可能妥善地回答有关问题。

多个发起者

9

一项最初就有多个发起者的议案一般更有可能获得通过。相反，只有一个发起者的议案，有时会被看成是为了让选民们满意或者只是对某人有利而不像一项严肃的立法提议。有多个发起者不仅增加了议案的可靠性而且还增加了为它的成功而努力的人。

获得两党的支持

大多数议案的支持者都来自某一个政党，但是，除非立法机关被一个党派以压倒之势控制着，否则如果议案发起者来自两个党派，确实会增加其通过的可能性和机会。（在国家的层次上，或在边界接近的范围内，或者在党派纪律不可靠的情况下，两党的支持是十分重要的。）

政府官员和有关部门的支持

由于行政部门将管理正在形成的计划（任何案例都会涉及日期、信息和专业技能），立法者们通常会受他们的支持或反对的影响。如果不能获得他们的支持，那退而求其次的选择是使政府有关行政部门保持中立。最糟糕的状况是遭到他们彻底的反对。

有影响力的支持者

如果主席或小组委员会和委员会中少数地位高的成员是议案的发起者，那么，使它通过听证会和进入议会讨论就会容易许多。如果他们或者他们中地位高、特别受人尊崇的成员成为议案的发起者，并且为此而运用他们的影响力，那这场战斗也就成功了一半。

公开的听证会

听证会是使公众了解情况，把问题摆在公众面前，使反对的观点亮出来并给予应对，甚至使之消除，使赞成者集中自己的观点的一个好机会。

修订

一些辩护者认为当他们构想出他们的提议时，就必须要精确地制订计划。实际上这种现象很少发生。一般来说，法案如果不修正的话，就会趋向于死亡。这是因为每一个提出修正的人，哪怕只是提出一项建议的人，都必须熟悉这一提案，这就使提案的“所有权”有所发展，谁对提案提出了修正，谁就在其中有了一份股份。应当鼓励修订，这会增加你的提案成功的机会。

最后，这7条策略还是无法保证成功。如果提案与减少支出有关，对受益人和目标没有争议，并且没有重大变动的话，就比较容易获得通过。创造“国家金枪鱼周”或者给一幢建筑命名的法案，要比为低收入家庭提供综合医疗服务或人类服务的法案简单得多。知晓过程并不能保证成功，但是不知晓过程就会使提案获得通过变得更困难，即使只是个玩家（to even be a player）也是如此。

别忘了不停地提醒你自己：有你或是没有你法律都将会通过，但机会是你的。

资料来源：Nancy Amidei，*So You Want to Make a Difference：Advocacy Is the Key*（Washington，DC：OMB Watch，June 1991），pp. 19－20. Based on Ronald B. Dear and Rino J. Patti，“Legislative Advocacy：Seven Effective Tactics，” *Social Work*，Vol. 26，No. 4，1981，pp. 289－296. Copyright 1981，National Association of Social Workers，Inc. Reprinted by permission of OMB Watch.

渐进主义

关于理想的理性决策模式与被认为是一种政治活动的决策，如何在两者的差异之间建构一座桥梁？科学家查尔斯·E·林德布罗姆（Charles E. Lindblom）最先提出了一个决策的渐进式模型，作为对理性模型的一种批判。[12]林德布罗姆观察到，政府政策制定者并不审查现有的和提出的政策的整个范围，不研究所有实现这些目标的可替代政策的利益和成本，也不会将他们的选择置于所有相关信息的基础之上。时间、知识和成本的有限给识 10 别所有的可替代的政策和预测它们的结果设置了无数的障碍。政治上的局限性阻碍了社会目标和成本效益比率的准确计算。渐进的模式承认综合的理性决策是不现实的，同时描述了一个公共决策更可以考虑的过程。

渐进的政策制定将现有的政策、计划和支出作为考虑的基础。该模式将注意力集中在新提出的政策和计划，以及现有计划的增加、减少或其他现有计划的修改上。渐进主义是保守的，在其中一般的政策制定者们承认已经建立的政策和计划是具有合法性的。其关注的焦点是对那些既有的政策和计划提出的改变。这使政策制定者们的注意力被限定在有限的新提议和预算的增长与降低方面。

在政策制定方面，渐进主义有一些非常重要的政治性优点。如果争论的议题仅仅是现有预算的增加或减少或者现有计划的变动，那么冲突就会减少。如果政策制定卷入各种社会群体的巨大的收益或损失，或者“要么全都有要么一点不剩”，“是或非”的政策决定，冲突就会增加。如果再考虑到现有政策每年都会制造无数的冲突，继续以前就已经为人们所接受的政策在政治上是相对容易一些的。由于对全新或不同的政策的结果的不确定性，政策制定者也可能继续现有的政策。当新计划的结果不能被精确地预测的时候，坚持使用已知的计划就会更加安全。在不确定的条件下，政策制定者们不管以前的政策或计划是否有效率，他们都会继续下去。

政策制定者也认识到个人和组织——行政机构、国会委员会、利益集团——会积累对现有政策和计划的信奉（commitment）。举例来说，在华盛顿为人所接受的智慧是，不管一项政策的效用如何，随着时间的推移，行政机构都会坚持下去，它们发展了不轻言改变的惯例，而且其中的个人也在组织和计划的持续中发展了自己的利害关系。这些信奉是做出重要改变的强大障碍。政策制定者寻求只涉及预算上、组织上或管理上的最小改变的选择，是政治上较容易的做法。

在不存在普遍可接受的社会目标或价值的情况下，政府寻求各种不同计划和政策同时存在，即使它们中的一些是重复甚至是矛盾的，这是政治上的权宜之计。这样，社会中就会有更多的个人和群体“满意”。为特殊社会目标服务的综合性政治计划可能扩大一些人的财富，但也有可能使其他人产生极大的反感。在持有各种各样的价值观的人所组成的多元化社会中，一个寻求多重政策的政府可能在政治上更加适合。在过去的几十年里，其他人也提出了一些政策过程的理论，但是实际上所有的人都对西蒙的有限理性和林德布罗姆渐进主义概念表示了敬意。[13]

政策的逐渐推进

渐进主义对政策制定解释了很多，但是并不是全部。主要的政策改变，有时称为“政策的逐渐推进”，在很多微小事件随着时间的推移而累加时能够形成。[14]当对儿童的帮助计划作为 1935 年的《社会保障法》的一部分建立时，有关的理念是，随着社会保障覆盖的家庭增多，对儿童的帮助计划的重要性就会逐渐降低。但是这种情况并没有发生。随着时间的推移，个案数在增加，直到国会通过一些州的情况注意到这一问题，在 1996 年通过了立法，大量减少了项目接受者的数量。

11 偶然的逐渐推进是能够在短期内发生的。在“危机”的情况下，政策决定者们也会开始考虑以新的、未试用过的政策来代替现有的政策。在股市崩盘之后的大萧条时期，罗斯福总统领导的联邦政府采取的建立社会保障和对儿童的帮助计划等项目推进了社会福利。2001 年 9 月 11 日的恐怖袭击之后，国会通过了《美国爱国者法》，为了阻止后续的攻击，在监视和拘押领域给予了联邦政府前所未有的权力。随着 2008 年秋天国家经济危机爆发，乔治·W·布什（George W. Bush）总统和国会采取了前所未有的措施来救助陷入困境的金融机构。就任以后，美国总统巴拉克·奥巴马（Barack Obama）也见证了一场过去不曾有过的空前的经济刺激法案的通过。总统和国会的这些行动都是重要的改变，但是建立了这些改变的问题也随着时间而积累，直到它们达到马尔科姆·格拉德威尔（Malcolm Gladwell）所称的临界点——“一个戏剧性的时刻，一切可以彻底改变的时刻”[15]。

“政策企业家”[16]——寻求公共政策超过渐进式变化的群体和个人——也可能试图制造一种危机的气氛。例如，有人将社会保障描述为濒临破产的境地，他们认为如果员工选择将缴纳的社会保障税投入私人市场，则将得到更多。政策企业家也关注毒品犯罪问题以便形成对他们政策思想的支持，如着力于康复的私人监狱。

政策的逐渐推进也会由于政治领袖的转变而发生。美国总统罗纳德·里根（Ronald Reagan）引入了一个“供给”或“涓滴”经济学的时代，通过减税——尤其给最富有的美国人减税和紧缩社会福利，产生了深远的影响。相比之下，奥巴马总统鼓励联邦资金的投入，大量增加了在各种各样的项目上的政府支出，从基础设施项目（道路和桥梁）到诸如补充营养援助计划（食品券）和抵押贷款救助等社会福利项目。

在接下来的各章我们首先关注下列问题：政策过程——发展和分析政策；通过法律颁布政策、管理规则制定、法院裁决；执行政策；评估政策取得了什么效果，如果有效果的话。然后我们用理性主义的和政治的透镜研究特定的社会福利政策和项目，使你阅读、思考社会福利政策应该是怎样的。

总结

尽管在政策制定中有理性主义的元素存在，但政策过程是极具政治色彩的。我们发展理性的政策的能力是有限的，因为我们对什么构成了社会问题和为了缓解社会问题（如果可能的话）应该做些什么，无法达成一致。我们通常在对目前的社会福利系统采取大胆的、创新的发展措施问题上犹豫不决，因为我们惧怕发生重大的并且损失严重而又无法挽回的错误。有时候新的政策方向也会出现。社会福利政策的制定是决策者、社会福利的倡导者和公众关注的焦点。

讨论问题和课堂活动

通过美国国会或你所在的州议会跟踪一个议案或你感兴趣的一些议案。如果这些立法机构目前正在开会，希望你能“实时”跟踪这个议案。如果不是在举行会议的时间，希望你能查看一个议案，并回顾一下它是如何进展的。在这一过程中，美国国会图书馆的网站（见托马斯部分）、美国参议院的网站、美国众议院的网站和你所在的州议会的网站包含一些帮助性的工具。你也可咨询图书馆管理员，向其寻求帮助。举行一次课堂讨论，比较班级成员选择的议案是如何进展的。

12

网站

托马斯网，网址：http：//www. thomas. gov/links。该网站是以政治家托马斯·杰斐逊的名字命名的，主要提供联邦立法信息以及美国国会图书馆网站向公众发布的大量相关资源。

美国众议院，网址：http：//www. house. gov。它主要提供关于众议院议员和委员的信息、立法信息以及选举信息。

美国参议院，网址：http：//www. senate. gov。它主要提供参议院议员、委员的信息、立法和选举信息。

注释

[1] 例如：David G. Gil，“A Systematic Approach to Social Policy Analysis，” *Social Service Review*，

Vol. 44，December 1970，pp. 411 - 426.

［2］T. H. Marshall，*Social Policy*（London：Hutchison University Library，1955），p. 7. 亦可见下列讨论：Neil Gilbert and Paul Terrell，*Dimensions of Social Welfare Policy*，5th ed.（Boston：Allyn and Bacon，2002），Chapter 1. 关于社会政策和社会福利政策之区别的讨论可见：George Rohrlich，"Social Policy and Income Distribution，" in Robert Morris，Ed.，*Encyclopedia of Social Work*，16th ed.（New York：National Association of Social Workers，1971），pp. 1385 - 1386.

［3］See Carl T. Friedrich，*Man and His Government*（New York：McGraw-Hill，1963），p. 70；Harold Lasswell and Abraham Kaplan，*Power and Society*（New Haven，CT：Yale University Press，1970），p. 71.

［4］Heinz Eulau and Kenneth Prewitt，*Labyrinths of Democracy*（Indianapolis：Bobbs-Merrill，1973），p. 465.

［5］关于公共政策研究的其他重要的理论路径（制度主义、渐进主义、群体理论、精英理论、公共选择理论和博弈论）参见 Thomas R. Dye，*Understanding Public Policy*，12th ed.。（Upper Saddle River，NJ：Pearson Prentice Hall，2008），especially Chapter 2. 其他理论或模式（制度的理性选择、多源流模式、社会建构、网络方法、间断平衡法、支持联盟）的讨论可参见 Paul A. Sabatier，Ed.，*Theories of the Policy Process*，2nd ed.（Boulder，CO：Westview Press，2007）。

［6］Edith Stokey and Richard Zeckhauser，*A Primer of Policy Analysis*（New York：Norton，1978）.

［7］Herbert A. Simon，*Administrative Behavior*（New York：Macmillan，1945），p. 79. See also his *Models of Man*（NewYork：Wiley，1957）and *The Sciences of the Artificial*（New York：Wiley，1970）. 西蒙是一个受过训练的政治科学家。他获得了 1978 年的诺贝尔经济学奖。

［8］Harold Lasswell，*Politics：Who Gets What，When，How*（New York：Free Press，1936）.

［9］Edward C. Banfield and James Q. Wilson，*City Politics*（Cambridge，MA：Harvard University Press，1963），p. 7.

［10］See John Rawls，*A Theory of Justice*，rev. ed.（Cambridge，MA：Belknap Press of Harvard University Press，1999）.

［11］James Madison，*The Federalist*，No. Ⅹ，November 23，1787，重印于：*The Federalist of the New Constitution*（London：Dent，1911），pp. 41 - 48。

［12］Charles E. Lindblom，"The Science of 'Muddling Through，'" *Public Administration Review*，Vol. 19，Spring 1959，pp. 79 - 88.

［13］例如，下书中的各种内容：Sabatier，*Theories of the Policy Process*，2nd ed.

［14］See James L. True，Bryan D. Jones，and Frank R. Baumgartner，"Punctuated-Equilibrium Theory：Explaining Stability and Change in Public Policymaking，" in Sabatier，*Theories of the Policy Process*，2nd ed.，pp. 155 - 187.

［15］Malcolm Gladwell，*The Tipping Point*（New York：Little，Brown and Company，2002），p. 9.

［16］John W. Kingdon，*Agendas，Alternatives，and Public Policies*，2nd ed.（New York：Longman，2003）.

第一章

政治和政策制定过程

这一章似乎应该是与政策制定过程的具体步骤密切相关。然而，也许不同的思想意识 13
是如何塑造社会福利政策的，人们是如何试图影响政策的，以及政府是如何得到支撑它们功能的资金的等，这些问题更为重要。政治干预存在于政策制定过程的每一个环节。

政策制定过程

政策制定涉及许多过程的组合。尽管这些过程并不总是那么明确，或者说很难区分，但为了进行分析，政治科学家还是对政策制定过程进行了一些区分。[1]政策制定过程包括以下内容：

- 识别政策问题。公布对政府行动的要求能够引导对政策问题的识别。
- 形成政策方案。政策方案可以通过计划政策的组织、利益集团、政府机构、州立法机构以及总统和国会等政治渠道形成。
- 使公共政策合法化。政策的合法化是官方的公共声明或政府官员行动的结果，政府 14
官员包括被选举和被任命的——总统、国会议员、州立法机关成员、政府机构官员和法官。政策合法化的方式包括行政命令、预算、法律、专项拨款、规章、制度，以及对确定政策方向有影响的决定和解释。
- 执行公共政策。政策是通过公共机构的活动和公共基金的支出来执行的。
- 评估公共政策。无论是正式的还是非正式的，政策总在被政府机构、外来顾问、利益集团、大众传媒以及公众们评价。

尽管这个政策制定的阶段或时期的分析被指责为过分简单化、解释不充分，但其中的某些阶段可能同时发生，而且对政策如何成为那个样子并没有说太多。[2]但是，这确实提供了一种方法来讨论政策是如何组成、实施、评价和重新制定的。它还为引入有关的理论提供了一个框架，为政策如何呈现出它的样子提供更多的建议。所有的这些活动既有尝试理性解决问题的方面，又包括政治冲突。

识别政策问题

许多因素影响政策问题的识别，包括使之成为政治议程中的焦点的方法，以及阻止它们被提上议程的方法。政治意识形态、特殊利益、大众传媒以及公共舆论，在问题的识别上都具有各自的作用。

议程的确定

“议程的确定”（agenda setting）就是，决定什么要被决定，是政策制定过程中关键的第一步。一个问题要想被提到议程上来，这个问题必须要引起政策制定者的注意。问题指标（例如，被特定问题所影响的人数）通常不足以促使政策改变。[3]一些焦点，比如说医疗照顾，早已是高度明显的问题，因为它影响到我们所有人，以及其他阶段性的危机或者“聚焦事件”（例如，新奥尔良的堤坝断裂事件），这些问题都是需要曝光的。

想一下那些存在了许多年但却仍然是“非焦点事件”的状况，也就是说，它们始终没有被纳入政府所考虑的问题中。根据“隔离但平等”的原则，允许提供给白人和黑人不同设施来保持种族隔离的合法性，这种现象在数十年里都被视为是恰当的存在，直到民权运动横扫全国。贫穷总是伴随着我们，但是在19世纪60年代，在电视纪录片的帮助下，贫穷才首次成为一项政治议题。如果没有妇女运动的兴起，堕胎和家庭暴力也许就不会成为政策议程中的一部分。没有政治压力，一些情况可能会更糟糕，但是它们也许永远不会被认为是一种公共问题，它们也许永远不会被提上政策制定者的议程，而政府也就永远不会被迫决定做什么，或者还有什么要为它们做的。

大多数政策问题都不是独立产生的。制造一项争端，夸大它，引起人们对它的注意，并且对政府施加压力来为它做一些事，这些都是重要的政治策略。有影响力的个人、普通市民、联合利益集团、智囊团、政策计划组织、政治候选人和公职人员都会使用确定议事日程的策略，通常情况下，他们通过尝试获得大众想法的方式来使这些问题成为观众关注的问题。

非决策

阻止某种社会状况成为政策议题也是一项重要的政治策略。当社会中有影响力的个人
15 或群体要阻止在社会中出现对他们自身的利益造成威胁的情况时，“非决策”（nondecisions）的情况就会发生。政治学家彼得·贝奇拉奇（Peter Bachrach）和莫顿·巴拉兹（Morton Baratz）的看法是：

> "非决策"的形成意味着，在对共同体中已经存在的利益和权力的分配现状进行改变的要求表达出来之前，就通过"非决策"的形式给遏止了，或者是继续掩盖真相，或者在它们进入相关决策制定的角斗场之前就消灭它们，或者是在政策过程中的决定实施阶段让这些要求全部失败、受到重伤或遭到破坏。[4]

有权力的个人、群体或组织害怕一旦公众的注意力集中到了他们身上，就会有一些不符合他们最佳利益的事情发生，因而他们会压制有关的政策提议。当这种情况发生时，"非决策"的情况就产生了。非决策的形成也会发生在当政治候选人、公职人员或行政官员预料那些有权力的个人或群体将不喜欢某种特定的理念的时候，他们不去推进这一理念，因为他们不想使自己陷入困境。例如公众所支持的医疗保险的案例就是如此。直到20世纪60年代，医疗保险和医疗补助计划才为人所知，而之前强有力的与医疗有关的游说人员都成功地阻止了对医疗照顾的各种积极的思考。强大的医疗服务领域的游说者们仍在尝试阻挠政府发起的全民医疗保险提议。

政治意识形态

政治意识形态（political ideology）在议程确定过程中是一种驱动的力量。《新政治词典》定义**保守的人**（conservative）为"现状的保卫者"："更加死板的保守党人通常反对几乎所有的政府对经济的调控……喜欢地方和州的活动而不是联邦活动，并且强调政府财政方面的责任最主要的是维持平衡的预算。"[5]当然，并不是所有保守党人都是如此古板的。近几十年，在保守的共和党总统的管理下，联邦赤字也在不断激增。

自由主义者（liberal）可以被定义为"相信要以更多的政府活动来满足个人需要的那些人"[6]。自由主义者通常希望政府做更多的事情来促进**分配的公正**（distributive justice），包括经济和社会两方面。保守派们担心政府在这方面已经做了太多事情，摧毁了个人的积极性，并且制造了经济和其他社会问题。多数美国人还是一定程度上处于极端自由主义和保守主义之间的，但实际通常是那些最热心的个人去组织和尝试影响政治议程。

2009年6月，盖洛普民意测验发现，46%的美国人认为民主党派太过自由，43%的人认为共和党太过保守。[7]然而，与此同时，42%的美国人说，"民主党的思想意识是'恰当的'，34%的人说共和党的意识形态是'恰当的'"。

共和党的舞台开始变得极度保守，特别是在社会焦点问题上，比如堕胎或者同性恋权利等。1984年共和党的"美利坚契约"就是一种在全社会中建立保守主义的政治议程的尝试。国会中的共和党议员们反对诸如广泛的医疗保障改革等积极的政策，偏好更能够增值的和狭隘的目标方案，而且他们更关注个人而不是公共领域的政策。

政治意识形态不总是单纯的。举例来说，一些共和党成员们可能喜欢共和党关于消费和税收事务的思想意识形态，同时，他们也许不满意这个党对于堕胎和同性恋权利的立场。与此同时，许多支持自由党议程的人，也许一直坚持赞成堕胎和赞成同性恋权利的立场，但也会变得更多地关注政府支出方面的问题。

尽管**自由的**（liberal）（有时候被称为单词“L”）这个术语在多数情况下与民主党相关联，但是，一些作者宣称自由主义已经灭绝了。[8]温和的或者具有保守信仰的民主党人
16 士可能支持加强某些社会计划的力度，但是，有一些民主党人，他们的宗教信仰和道德准则使得他们无法说服自己去支持堕胎和同性恋权利。除了最尖锐的意识形态以外，自由主义者和保守主义者、民主党和共和党之间的界限是很难划清的。

美国人长久以来一直在争论非婚生育、离婚和遗弃等对国家道德素质的影响。对于传统家庭问题，共和党的平台将之很好地置于这个国家“宗教右派”的位置之上。不单单是满足于关注宗教信仰方面的问题，这场运动，也就是所谓的道德多数派，在某些政治问题上已经获得了高度关注，特别是堕胎问题。举例来说，由传教士帕特·罗伯逊（Pat Robertson）建立的基督教联盟，就致力于增强信仰基督教的人们在政治领域的活动。基督教信仰被作为一个来源，宗教右派相信“政府应该执行《圣经》上的律令”，同时，“多数主流虔诚的人士支持政教分离，来确保每个人的宗教和言论自由”[9]。保守党法学家罗伯特·博克（Robert Bork）提起反诉：“所有的政治参与者都想要尽可能多地在道德方面‘施加影响’于其他人，但没有一个群体在此方面的坚持能够超过自由主义者。”[10]

尽管多数的宗教右派乐于见到政府在诸如教育和公共救助等问题上的干预越来越少，但他们确实希望政府更多地介入另外一些事情，例如，使堕胎不合法，以及对男女同性恋的权利给予更加严格的限制。宗教右派阶层感觉他们掌控了美国理想的家庭价值观，即使公共意见调查显示，大多数美国人在一定程度上是支持允许堕胎的。[11]公众对同性伴侣婚姻的支持率也有所上升。[12]

自由主义者们普遍相信政府应该承担非常有限的职责，首先体现的就是警察和军事保护。他们是自由市场资本主义的强力支持者，并且相信政府根本不应该对于个人行为（生育、同性恋，甚至毒品使用等）制定限制性的法律，除非存在着伤害他人的威胁。自由主义者们在美国的政治中提供了第三种声音。

中间派们相信，政治上的党派偏见和极端对立阻止了妥协的达成，这会导致更多有效的公共政策无法实施。中间派认为他们自己是温和而善于妥协的。比尔·克林顿总统把他自己定义为中间派，或称“新民主党人”。作为一个南方浸信会教徒，克林顿熟读经典。他提出了一个社会福利的“新公约”，涉及更多的职业培训和儿童照顾，更严格的工作要求，并且限制一个家庭接受公共救助津贴的时间——他不是美国人认为的那种典型的自由而华而不实的民主党总统形象。

这是政治意识形态的一些基础的概念，它们构成了美国社会福利政策斗争的框架。在接下来的章节中，我会更详细地描述这些观点，并且也会提及社会民主主义下的社会福利模式，其中儿童保育、卫生保健和职业培训等，在本质上要比在美国普遍得多。

特殊利益群体

特殊利益群体是政治局面里的支柱部分，无论是直接还是间接的，他们在政治议程里

都具有最大的影响。特殊利益群体所代表的人群可以是基于种族、民族、性别、性取向、年龄、收入、职业或者其他因素形成的。

许多特殊利益群体是根据 501（c）（3）组建的非营利性的组织，这就限制了他们支持游说团体或者他们的政治候选人的能力，但是，他们能够培养对他们所关心的事件的关注。“反对酒后驾车的母亲们”这个组织就是这样去做的。

其他特殊利益群体是作为政治行动委员会（PACs）而组建的。一些政治行动委员会是被公司、工商企业或是工会管理运作的。其他政治行动委员会多是一些思想意识形态上的，没有公司或劳工资助。事实上所有形式的社会福利利益群体都有政治行动委员会，包 *17*
括美国医药协会（American Medical Association）、美国医院协会（American Hospital Association）、全国社会工作者协会（National Association of Social Workers），以及美国州、县和市政雇员联盟（AFSCME，一个工会，隶属于代表许多社会福利专家的 AFL-CIO 组织）。

政治行动委员会不是政治党派或候选人委员会，但是其成员可以支持那些支持他们观点的候选人，或是反对那些不支持他们观点的候选人（参见例证 1—1）。那些利益集团看到具体形式的立法通过或被否决，自然支持与他们有着相同观点的候选人。支持方式可以是口头上的公开宣传，或者通过竞相捐款给予经济上的支持。近 25 年来，在美国联邦注册的政治行动委员会的数量始终保持在 4 000 左右。[13]一些政治行动委员会存在了很长的时间，其他的有新创建的也有消失的。许多委员会据报告对候选人并没有财政上的贡献。

例证 1—1

妇女赋权政治行动委员会
对所支持候选人的标准

妇女赋权政治行动委员会（WePAC）相信行动比花言巧语更有价值。因此我们的支持的标准更关注于候选人的行动记录。候选人在解决妇女所面临的问题时，采取了什么样的行动？以下就是我们所考虑的问题。

如果候选人是在职的：

候选人提出、赞助或投票给了什么样的有关妇女问题的立法？

每年在立法机关中，候选人必须提出、赞助或至少顺利地投票给一项促进妇女利益或改善妇女现状的法案。

候选人对妇女问题的投票记录情况？

对妇女问题，他或她必须有 90%的积极投票记录。

候选人竞选团体成员的构成是否反映了支出公平和性别平等的原则？

对此的答案必须为是。

候选人是否在媒体或在竞选中公开提出妇女问题，包括在恰当的时候谴责男权主义或其他性别歧视现象？

对此的答案必须为是。

18 **候选人是否支持同样支持妇女问题的其他妇女候选人——无论是经济上的帮助，还是公共舆论上的支持？**

对此的答案必须为是。

如果候选人是个挑战者：

候选人过去的哪些行动能够表示他或她是致力于妇女问题的？

他或她必须从事于某些活动，能够表明他或她是坚定地为妇女问题服务的人员。举例来说，他或她是否为某一妇女权利团体的成员？他或她是否为州或地方的妇女问题工作？

候选人竞选团体成员的构成是否反映了支出公平和性别平等的原则？

对此的答案必须为是。

候选人是否曾经公开评论，或者在媒体上或在竞选中提及妇女问题，包括在恰当的时候谴责男权主义或其他性别歧视现象？候选人在性别歧视问题上是否坚持一定的立场？

对此的答案必须为是。

关注现任职权的优势

妇女赋权政治行动委员会将会认可那些在立法过程中强力支持我们的问题的那些候选人。因此，任职者如果在工作中支持妇女问题，那么他们面对挑战者就有了一定优势。

同样，如果一个挑战者与一个对妇女问题持反对观念的现任者同台竞选，挑战者就会从妇女赋权政治行动委员会的认可和支持中得到好处。

资料来源：Women's Empowerment Network，retrieved March 14，2010，from http：//www. we-pac. org/candidates/.

表 1—1 显示了从 1989 年到 2010 年前 15 名的政治捐款，倾向于民主党或共和党的捐款都算在内。要注意到，美国电话电报公司（AT&T）在民主党和共和党的捐助上一直维持着一种平衡，它创纪录的政治捐献金额约为 4 400 万美元，而美国州、县和市政雇员联盟，很明显是倾向于民主党派的，捐献金额排名第二，约为 4 200 万美元。

特殊的利益不仅仅是支持或反对候选人，他们还希望确保立法进程是倾向于他们的，或者他们不会因新的立法、预算削减和政府行为而受到不利的影响。据政治活动响应中心
19 报道，在 2009 年，超过 13 700 名注册的联邦游说人员代表着商业、劳动工会和其他组织，花费了近 3.5 亿美元来游说国会和联邦机构。[14]

表 1—1　　1989—2010 年排名前 15 位的政治捐助者

图例：[象]：共和党　[驴]：民主党　[栅栏]：持观望态度

[栅栏]	=对于两党均在 40%到 59%之间
[象]	=倾向于民主/共和党派（60%～69%）
[驴][驴]	=强烈支持民主/共和党派（70%～89%）
[驴][驴][驴]	=坚定地支持民主/共和党派（超过 90%）

排名	组织	1989—2010 年总额	民主党（%）	共和党（%）	图例
1	AT&T 及其附属	$44 228 138	44%	55%	[栅栏]
2	美国州、县和市政雇员联盟	$41 945 511	98%	1%	[驴][驴][驴]
3	国家房地产经纪人协会	$35 643 323	48%	51%	[栅栏]
4	国际电子工人兄弟会	$31 544 407	97%	2%	[驴][驴][驴]
5	高盛投资公司	$31 544 275	64%	35%	[驴]
6	美国司法协会	$31 465 429	90%	9%	[驴][驴][驴]
7	国家教育协会	$30 162 867	92%	6%	[驴][驴][驴]
8	劳工联盟	$28 993 900	92%	7%	[驴][驴][驴]
9	卡车驾驶员联合会	$27 992 624	92%	6%	[驴][驴][驴]
10	服务业员工国际联合会	$27 993 732	95%	3%	[驴][驴][驴]
11	木匠 & 木工联合会	$27 768 183	89%	10%	[驴][驴]
12	花旗集团	$27 150 883	50%	49%	[栅栏]
13	美国通讯业工人协会	$27 047 896	99%	0%	[驴][驴][驴]
14	美国医学协会	$26 307 905	39%	60%	[象]
15	美国教师联盟	$26 285 941	98%	0%	[驴][驴][驴]

资料来源："Top All-Time Donors, 1989 - 2010," retrieved March 16, 2010, is reprinted by permission of The Center for Responsive Politics, from http://www.opensecrets.org/orgs/list.php? type=A.

在华盛顿，穷人和残疾人是最需要帮助的，他们不同于社会中的其他群体，不能以相同的方式去对待。[15]他们几乎不会给国会成员写信，而且他们不会为竞选活动做出什么重要的贡献。在其家乡州代理人的巡回演讲中，也极少能寻找到他们的影子——比如服务俱乐部里的午餐、市政会议以及落成典礼上。穷人无法负担到华盛顿拜访他们的代表的费用，不可能进入他们的代表位于华盛顿的办公室。事实上，他们与非贫困者相比，确实很少出现在选举的民意测验上。

在某种程度上，在华盛顿，贫穷者、残疾人或者被剥夺政治权利的人也有他们的代表，他们通常被所谓的“代理人”（proxies）所代表——而这个群体既不贫穷，也不是残疾人或者本身被剥夺政治权利的人，但是他们都宣称代表着这类人。这些代理人群体包括儿童保护基金会、国家低收入者住房同盟、食品研究和活动中心、全国社会工作者协会、灰豹组织，还有人权运动组织。那些希望参与政治行动的人该如何做，例证 1—2 提供了一些建议。

例证 1—2

通过基层民众活动来推动政策改变

本例证通过基层民众的观点来提供一种推动政策改变的方式。广泛的政治参与对于政治民主来说尤为重要。金钱、权力以及影响力都在政策的进程中扮演着一定的角色。但是，对于那些，我们自己也可以参与和影响，因而不应该愤世嫉俗。以下有些建议，是从社区的工具盒（Community Tool Box）中摘录和采用的，它是堪萨斯大学为社区健康和发展工作小组提供的一种服务。

所有的政策变化都是以一部分假定开始的，即某个政党现有的政策不是人们需要的或政策的缺失导致了现在不能被接受的状况。政策改变是很困难的，而且非常耗时，常常令人感到沮丧。但是，随着工作的进行和不断地奉献，政策变化是有可能的——这也无时无刻不在发生，通常情况下，是因为普通人十分在意而坚持下去。以下是一些改变政策和选择策略的一般指南，我们称之为 8 个 P。

1. Preparation，准备：对于政策改变要做好准备。要进行必要的研究，以便尽可能多地了解焦点问题。让你和你的团队成为公认的专家，当个人、群体以及媒体想要了解有关你的问题的信息时，他们都会去联系你。及时了解最新的政策，并且知道谁在制定和影响这个政策。要了解谁是你的盟友，谁是你的反对者，谁对公共压力开放，以及谁在思想意识形态上是灵活可变的或不可动摇的。要特别注意你最难缠的对手是谁，他们的论点，以及他们是否歪曲了形势以及你的观点，并且，要做好反击他们的论点和攻击的准备。

2. Planning，计划：对于改变政策要仔细地做好计划。确保你的总体策略是有意义的，使得改变了的政策是其必要和适宜的部分，这样，具有战略意义的计划就显得十分重要了。如果你没有致力于涉及受焦点问题所影响或关注焦点问题的所有群体代表的策略计划，那么，赶紧停下来，退回去，现在就开始做计划。这将会消耗一些时间，并且需要付出努力，也许还会改变你的一些想法，但是长远来讲，你将会享受到它所带来的巨大红利。

3. Personal contact，私人关系：与那些能够影响或制定政策的人建立或保持联系。所有的政治都不仅仅是地方的，就像前众院议长蒂普·奥尼尔（Tip O'Neill）所说，所有的政治，归根到底都是与个人相关的。私人关系，即使是对立的关系，也是所有类型的成功宣传的关键点，而改变政策也不例外。要与以下人物发展好密切的关系：立法者和他们的助手，地方选举的和被任命的官员，负责监管机构和资金机构的关键人物，国家、州和地方性的组织，以及媒体。

4. Pulse of the community，共同体的脉搏：要掌握好共同体的脉搏（当然，利益共同体是已经被界定好的），去理解公民将会支持什么，什么是他们会反对的，以及他们如何能够被说服。相对于挑战人民的基本信仰而言，如果你改变政策的方式能够得到利益共同体的支持，或至少是能被容忍的，那你成功的几率就会大大增加。你可以推迟你的最终目标的达成，而先去致力于一种利益共同体能够支持的中间方案。

5. Positivism，实证主义：无论在哪里，都要选择能够体现积极性的策略。为做恰当的事情而提供奖励（例如税额优惠），而不是去惩罚做错的事情（特别税收），对所提议的改变而言，奖励是一种能够体现其积极元素的方式。但是，另一方面，研究似乎也表明，当人们要失去某些东西时，会更愿意付出行动。在一些事件中，奖励和惩罚两方面措施的可能性都应被考虑到。

6. Participation，参与：在策略计划
制订和施行中，要尽可能地使更多的人 20
参与其中。尝试将关键人物卷进来，特别是那些精神领袖们和为社会所信任的人物，但是，要致力于保证你的努力能够被人分享。这将会提高其可信度，鼓励社区领导者为之努力，要确保在发展一项计划和行动的每一阶段，大范围的观点和信息都是被考虑进去的，并且促使社区领导者为之努力。

7. Publicity，宣传工作：使用媒体、网络、社会关系和你的想象力去保证人们能够了解你的努力和问题的焦点，并保持一种高调的形象。你可以用各种方式来保证信息的流传，如利用街头和剧院大屏幕直接播放新闻故事或游行（或茶话会和咖啡会议）。宣传工作将会帮助你获得并保持支持率，将会增加你成功的机会。

8. Persistence，坚持不懈：政策改变可能会需要一个很长的时间。监测和评估你的行动，确保他们取得了应有的效果，如果没有达到，就要改变你的行动。如果希望成功的话，那么这个过程持续多久，你就要准备好为之努力多久。

有关如何使用这 8 个 P 来影响政策改变，更多信息请参阅社区工具盒，网址为 http://ctb.ku.edu/en/。

> 资料来源：摘编自“Changing Policies：An Overview，”by Phil Rabinowitz and edited by Bill Berkowitz，Chapter 25，The Community Tool Box，retrieved March 15，2010，from http：//ctb. ku. edu/en/。

教会［美国天主教主教会议（United States Conference of Catholic Bishops）、全国教会理事会（National Council of Churches）、圣约之子（B’nai Brith），以及其他］的道德职责通常使其支持面向穷人的计划。公民权利组织［全国城市联盟（National Urban League）、全国有色人种促进会（National Association for the Advancement of Colored People）、全国联合民族委员会（National Council of La Raza）］支持面向穷人和残疾人的计划，将这类计划视为他们普遍关注的能够影响特殊种族群体境况的计划的一个部分。自由主义组织［共同目标协会（Common Cause）、美国民主运动协会（Americans for Democratic Action）］通常支持源自意识形态方面的社会计划。有组织的劳动和社会福利计划的管理者和律师们同样支持面向残疾人群体的计划。

近年来，随着工会人数的减少，隶属于工会的工人的影响力已经减弱，尽管如此，像美国劳工联合会—产业工会联合会（AFL-CIO）这样的工人组织依然为社会上的穷人和残疾人做了所有那些人自己在政治上难以处理的事情：组织政治行动、筹集竞选资金、书写信件、私人游说等。从历史角度来看，隶属于工会的工人趋向于支持面向穷人的计划，尽管工会工人的工资远远超过了社会贫困水平线。在那些由隶属于工会的工人组成的组织
21 中，工人领导者可能更倾向于支持社会计划，而不是一般大众的身份资格。当然，工会工人首要关注的还是劳动法——劳工关系、最低工资、公平的劳动准则等等——但是当工会的领导者加入进行福利游说的其他成员支持的社会计划中去时，结果往往是能够形成更强的社会联盟组织。

美国州、县和市政雇员联盟是一个代表社会福利计划管理者的著名组织之一。美国州、县和市雇员联盟包括许多公共部门的雇员，他们的工作直接受社会计划缩减影响。另一个关注社会福利服务的组织是法律服务公司（Legal Service Corporation，LSC），隶属于这个组织的律师为穷人和残疾个体提供法律援助。LSC 标榜为一个独立的公司，但实际上它的绝大多数资金来源于联邦政府。保守党国会议员指责 LSC，认为该组织是为了自己的利益进行游说，国会通过禁止其涉及共同起诉案件等活动限制了 LSC 的作用。当然，几乎没有哪个政府科层机构——从国防部到国家航空航天总署，再到农业部——不去直接或间接为自己的利益而游说国会。

虽然 1907 年通过的一项法律使得公司直接捐助联邦候选人是不合法的，而且 1947 年的一项法律使得使用工会会费捐助也同样不合法，然而事实上，2010 年 1 月，美国最高法院的裁决还是震惊了许多人，因为它根据宪法第一修正案裁定，公司按照其意愿无论花多

少钱做政治广告去支持或反对政治候选人都是可以的。这种裁定不影响法律所禁止的公司或联盟直接捐助候选人的规定。

在 1974 年，国会限制了个人和政治行动委员会等可以给予国家政党委员会和为候选人工作的国家办公机构捐款的资金数量。一些政治家拒绝接受政治行动委员会的资金，但是这些捐赠在竞选过程中仍然保持着重要的特性。当然，他们所惧怕的是当选官员对这些特殊利益所担负的责任和义务，而由此影响公共政策。出于这个原因，许多个体去关注政治伦理学所倡导的竞选资金改革（见例证 1—3）。

例证 1—3

竞选资金改革

在一项减少特殊利益集团的影响的尝试中，国会在 2002 年通过了《两党竞选改革法》（Bipartisan Campaign Reform Act，BCRA）。《两党竞选改革法》禁止国家政党委员会提高或花费“软”钱。软钱常常涉及的是个人、团体和组织在州和地方层次上，为达到一般性的目标（例如，选民教育、支持、政党的平台而不是某些特定候选人的广告等）所提供的不受限制的捐赠。值得忧虑的是，这些捐赠被用于支付联邦竞选经费，如购买电脑设备等，这样就可以节约出其他的资金来支持联邦的候选人。

《两党竞选改革法》是由共和党参议员约翰·麦凯恩（John McCain）和民主党参议员罗塞尔·范戈尔德（Russell Feingold）倡导的，是自“水门事件”以来所做的改革方案中影响最广泛的联邦竞选改革法案。“水门事件”就与由商业资助形成的尼克松总统的秘密贿赂基金有关。美国宪法仅仅给予了国会去规范联邦竞选的权力，但是这其中的一些捐款有可能会牵涉到州或地方的政党组织和选举。

《两党竞选改革法》也被标识为“硬”钱，这些钱大体上由个人捐赠给候选人，并且被用于任何合法的竞选行动。 22
《两党竞选改革法》允许个人给联邦候选人捐赠的“硬”钱金额从每次竞选 1 000 美金提升至 2 000 美金（这个金额随着每年通货膨胀率的不同而有所调整），并且限制了个人捐赠给政治行动委员会和国家及州的政党委员会的金额。[a]“软”钱的取缔看起来并没有伤害到党派的利益，因为美国人之间的政治对立，明显导致更多的个人至少也会去为他们所选择的党派进行或多或少的捐赠。

联邦选举委员会（Federal Election Commission，FEC）被赋予实施联邦选举法律的权力，本身就因为允许竞选资金漏洞的存在而被批评指责。联邦选举委员会规则的制定本身就对如何诠释《两党竞选改革法》有着一定的影响。在2004年5月，联邦选举委员会采取的关闭527个组织漏洞行动就失败了。这些组织被认为是另一种获得“软”钱的形式。在2004年总统竞选运动中，针对527个组织的辩论随着“快艇老兵真相”的广告而被增强，这527个组织中的1个组织宣称，总统候选人约翰·克里（John Kerry）在越南战争期间的英勇行为是被夸大的。

在2008年总统竞选运动中，约翰·麦凯恩接受了公共财政来进行一般竞选，这限制了他的竞选资金——仅有8 400万美元。巴拉克·奥巴马选择不去使用公共财政系统，成为在竞选活动中第一个拒绝使用纳税人钱财的主要党派候选人。尽管奥巴马因为这个决定而受到指责，但是，这使得他能够从许多捐赠者那里筹集资金（其中多数人是通过网络来进行捐赠）。根据政治活动响应中心统计，仅仅在2008年9月，奥巴马就收到了6 600万美元。所以，奥巴马得到的竞选资金总数远远超过了麦凯恩获得的总共8 400万美元的竞选资金。

竞选的财政法律同样是许多州所关注的重点。一些人认为这些法律是限制政治表达的努力，并且这些努力持续增加立法上的挑战。如果给予联邦、州甚至地方竞选办公室一定量的资金，大多数的政治家们将不愿意把他们自己的钱花费在竞选活动中，而个人和群体则可能会想尽办法来回避法律的限制。

[a] 关于竞选捐款的更多细节请参看 *Citizens' Guide*（Washington，DC：Federal Election Commission，January 2009），retrieved January 12，2010，from http：//www.fec.gov/pages/brochures/citizens.shtml # how _ much。

大众传媒

决定什么是“新闻”和什么才是“有报道价值的”是一种非常有力的政治武器。对大众传媒在政治议程制定过程中的角色有着许多不同的观点。有一种观点认为，媒体在决定什么问题将要被关注或什么问题将要被忽略这方面施加了很大的影响。[16]电视节目的经理、制作人和报纸杂志的编辑决定哪些人、组织和事件将被公众关注。如果没有媒体的报道，许多事情将不可能被普通公众知晓。普通公众不会有机会了解那些影响穷人或其他群体的政府计划，也不会知道可替代的政策或计划。如果没有媒体的报道，有些话题就不可能成为政治讨论的对象，它们也不可能被政府官员认为是重要的，即使这些官员都知道它们的存在。媒体的关注制造了问题和名人，不为媒体所关注就注定了问题和名人们要被淡忘。媒体是将民众所关注的问题变成焦点的关键，尽管大家一致认为它们对人们看待焦点问题观念的改变，远远不如它们对那些对此类问题还没有形成观点的个人的影响。[17]

另外一些人较少受媒体的影响。在金登（Kingdon）有关联邦层次的议程设定的经典研究中，他发现“媒体报道政府正在进行的活动时，总体来说，不像对政府议程那样有着独立的影响”[18]。

媒体，特别是主流的电视网络，经常被指责具有自由主义的偏见。[19]即使这是事实，如今相互抗衡的观点也通过保守主义的电视和广播的评论者、访谈节目主持人、报纸专栏作家和特殊电视频道所覆盖的那些份额表达了其观点。有线电视提供了更多的网络供人选 23 择，但是，公司的合并以及地方的、独立的广播站和报纸的减少也同样有着影响力。许多城市目前只有一家地方日报，并且报纸的订阅量也在下降。

即使记者们自己的私人观点是自由主义的，但当他们被隶属于强大的商业集团的媒体雇用时，他们就要为那个商业集团的利益去施加影响以对抗保守主义，并且他们需要致力于保护那些能够带来巨大利润的东西。[20]许多重要的社会焦点问题仅仅在很小的范围内引起注意，或者是报道不够深入，或者是因为媒体都沉浸在其他能够引起轰动的新闻事件中，特别是电影明星、流行歌手和体育健将们的私人绯闻。

公共政策学者们同样关注到了议程设定过程中政策印象（policy images）的重要性。想象一下，“经验主义的信息和动人的情感呼吁”结合在一起是什么样子。[21]1936年电影《大麻狂热》（*Reefer Madness*）描述了吸食大麻后一种假想的结果，将其拍摄成非常恐怖的情景。用魔法召唤出来的“毒品成瘾”和“精神崩溃成瘾”条款有助于控制毒品政策的发展，导致美国的监狱和看守所关押的囚犯达到了前所未有的数量。那些在电视和网络中播出的胎儿超声波照片，则可能具有某种促使更严格的限制堕胎政策出现的作用。“社会主义”这个标签过去常常阻止美国人支持在本质上更具普遍性的社会福利计划，例如由政府运作的全民医疗保险。

当它们“结合了核心政治价值观，并且能够简单而直接地和公众交流”的时候，政策印象一般就会产生出极好的效果。[22]广泛被接受的政策印象在政策制定过程中保证了其稳定性。当存在着相互竞争的政策印象时，公共政策则更可能遭受重要的改变。比如核能源究竟是一种使经济进步的能源，还是一种污染环境甚至毁灭人类的能源？[23]那些药物成瘾的人究竟应该被认为是犯罪，还是只是一种治疗需要？不断增加的移民究竟是给美国带来了活力还是减弱了其活力？残障人群需要的究竟是公共救助，还是公民权利？

新的交流方式同样在迅速改变着人们获得信息的途径。网络开始变成一种流行的政治交流资源。特殊利益群体和智囊团们的网站代表着大量存在的政治观点的范围。任何接入互联网的人都可归属于邮件用户清单，或者通过使用简易信息聚合（Really Simple Syndication，RSS）技术快速获取大量信息。这些网站持续地提供了大量关于政治焦点问题的信息。像YouTube这样的博客和网站是其他类型的信息资源，使得个人能够拥有前所未有的能力来展现他们自己的观点，供世人阅读或倾听。这些资源能够促进有兴趣的党派联系他们的立法委员、参与游行或捐赠给支持他们目标的群体或政治家。

也许，现今真正危险的是，已经为媒体所关注的焦点，以及那些组织和群体深信为重要的，希望我们去关注的焦点的数量太大了，我们已经被大量的信息淹没了。媒体和利益集团自身也竞相争取受众的注意力。当人们感到有太多的问题需要考虑，或者即使当我们尝试介入，而问题依然持续增加的时候，政府无所行动和公众漠不关心的现象就可能产生。只有在对讨论的问题形成一些共同意见时，媒体才会更有效率地工作，为这些问题带来解决的希望。但通常的情况是，这种意见的统一是难以达到的。

公共舆论

即使是在民主国家，公共舆论也不可能决定公共政策，但是政治家们会非常在意其选民的想法，特别是有强大影响力的选民。政治家们通常会发起调查，来询问他们的选民对一些政策内容的看法。相对来说，很少有美国人会花时间让他们的选举官员来了解他们的观点，但是美国人民没有意识到，如果他们那样去做，也许能够产生更大的影响力。

盖洛普民意测验公司和其他民意调查组织不断地向经过科学抽样选定的成年美国人进行电话询问，并以此来为国家诊脉。自从 1935 年盖洛普民意测验公司开始询问美国
24 人民什么是他们认为的最重要的国家问题开始，经济问题——失业、通货膨胀、高居不下的生活消费——经常出现在列表的前端，尽管有时候战争和国际争端同样也会名列前茅。公共舆论调查同样包含美国人民对特殊政治焦点问题的观点，比如税收、财政赤字或医疗照顾。公众，像一些政治家们一样，也频繁地否认公共政策的焦点问题，并且，他们自己的观点也常常前后不一。举例来说，一项关于公共舆论调查的分析报告显示，尽管美国人民趋向于表达对“福利”计划的不满，但同时他们也会说，当有人需要帮助时，他们乐于伸出援手。[24]

形成政策方案

政策计划组织、利益群体、政府机关、州立法机构以及总统和国会都能够通过政治渠道提前制定政策方案。但国会和州立法机关都不能够持续参与所有的政策问题，多数政策方案的决定过程都是相对模糊的，通常由专家群体决定。这些专家群体可以被称为“铁三角”、“政策子系统”或者“焦点问题网络”，但是，有些政策问题还是能够“火起来”的。[25]“普通公民”当然有政策偏好，但是在政府的绝大多数领域，政策是极其复杂的，普遍需要那些参与者们以此为职业，专门致力于研究某一项政策的子系统。[26]

金登把选择政策方案的过程比作“自然生物选择”的过程：

> 许多想法可能是原则性的，并且漂浮在一种“政策原始汤羹”之上，其中专家们尝试使用各种方法来实现他们的想法——发送介绍传单、演讲、作保证、登报纸和社交谈话等……（这些）方法……互相联系、互相促进、互相融合……然后再一次漂浮上来。但是，认真考虑其状态，那些幸存下来的方案需要达到几个标准，包括具有技术可行

性、符合居于主流地位的价值观和当时的国家氛围、在预算上具有可操作性，以及获得可能经历的政治支持或战胜反对意见。[27]

使公共政策合法化

政策的合法化是官方的公共声明或政府官员行动的结果，政府官员包括被选举和被任命的——总统、国会议员、州立法机关成员、政府机构官员和法官。政策合法化的方式包括行政命令、预算、法律和专项拨款、规章和制度，以及设定政策方向的行政机构和法庭的决定。

金登发现，随着问题逐渐被界定，相关政策方案就会浮到顶端，政治气候——当时的国民氛围、利益集团施加压力或不施加压力，以及在办公室里的人——都必须集中于一项能够被采取的解决方案。[28]这些力量可能会在偶然的情况下一起致力于创造这样一种“政策窗口”，但是，政策的倡导者往往会尝试抓住机会，推动这些力量共同推进一项新的政策或一项政策变革。

在国会和州立法机构中，在决定哪些法案将会被考虑时，各议院的领导者、委员会主席，以及在各议院里掌握多数席位的党派等扮演着重要的角色。当法案被提交给委员会以后，会举办听证会，并且邀请专家们提供专业意见，一般公众也可以表达他们的意见。接下来，立法委员会互相协商、互相妥协、交换选票、阻碍或延缓国会或其他立法机构通过提案的进程，并且致力于其他美国人普遍认为是“政治”的活动。这个过程可能看起来是一片混乱，尽管事实也是如此，但是一些法律确实就是这样被通过的。其他形式的政策制定过程——法庭裁决、总统行政命令、规章制定——是通过政府科层机构的运作进行的，并且通常处在公众的注意之外，但是这仍旧是政治过程，因为特殊利益群体在这些进程中也能够看出他们是赢家还是输家。

执行公共政策

政策的执行包括所有的由于官方采取某项政策所导致的活动。政策执行是指一项法律 25
被通过以后所发生的事情。我们永远不要设想一项法律的某个段落是政策制定进程的结束。有时法律是通过了，但是什么事情都没有发生。有时法律通过以后，行政机构却在这些法律之下擅自行动，做许多与国会初衷背道而驰的事情。政治学家罗伯特·林尼勃里（Robert Lineberry）写道：

> 执行过程不是政策决定的终点，而是在另一种层面上政策制定的延续。当政策被宣布时，执行过程开始了。通过长时间来看，将会发生什么，对政策的最终分配要比辛苦的政策制定者的意图有更多的影响。[29]

从传统意义上来讲，公共政策的执行是公共行政的主题。传统上，行政管理是被假定为不涉及政治的。确实，把“政治”从“行政”中分离出来曾经被认为是行政科学研究的基石。但是在今天看来，毫无疑问，政治与行政管理是不可能分开的。即使在法律通过之后，政策的反对者们也不会停止他们的反对。他们通过反方向的努力，建立组织、筹集资金、雇用工作人员、管理、指导和调节计划等，在政策的执行阶段继续他们的反对。如果反对者在执行中没能够成功地延迟或停止政策计划，他们就会尝试在无穷尽的法庭斗争中延迟或停止这些计划（学校内废除种族隔离政策和堕胎政策就是这类案例的典型）。简言之，冲突是在政策执行中持续进行的活动。

在执行公共政策的进程中，联邦政府官员决定了以下重要问题。例如，在已经通过的教育和就业的积极行动计划的执行中，决定哪些特殊种族群体中的妇女和成员们将会从中享受到被雇用和受教育的优惠政策，决定反对党的候选人是否会被允许出现在电视上来挑战总统的演讲或召开记者招待会，决定福利机构是否能够通过社会保障管理档案来找出那些不承担抚养子女责任的父母。如果有足够的反对势力持续发展，政府机构的决定可以被国会或法庭撤销。但是，实际上这些政府机构的大多数决定都被毫无质疑地执行下去了。并且在州和地方的层次上也有相类似的政府科层机构。

评估公共政策

多年来，已经实施的对社会政策的正式评估的数量在不断增加。各级政府，特别是联邦政府，已经花费了数百万美元去确定他们所发起的政策和计划是否有效果。在接下来的章节中会讨论这些问题，事实证明，政策评估明显地能够制造它们自己的政治余波。这里可能会有对研究方法论的分歧，而且，观点不同的人们对同一研究结果的解释也会不同。政策评估能够对政策制定者有一定的帮助，但是，它们通常不能解决政治论战，或是改变被深刻地信奉的价值观念。[30]

福利国家的资金来源

回溯到经济大萧条时期，地方和州政府肩负着社会福利计划主要的公共责任。从1935年开始，绝大多数社会福利计划的创建和筹资方式发生了重要的改变。尽管联邦、州和地
26 方社会福利支出都有所增长，但是联邦政府现在主要的财政责任是承担社会保险和公共救助等方面的津贴，而同时州和地方政府则更多的是为公共安全和公共教育买单。

联邦税收

政府要为其活动提供资金，从社会福利到国防建设需要的资金，都是通过征税获取的。在2010年，如果我们不算上在国家经济危机时期的主要借贷，则个人所得税就是联邦政府收入（预算收入）最大的一笔来源（45%）。（见图1—1）直到1913年，联邦政府偶然收到一些所得税，但绝不是常规征收的。[31]当常规征集所得税开始之后，只有百分之一的美国人在被征集所得税的范围之内。在1930年，所得税占联邦政府收入的60%以上。到了1990年，所得税占联邦政府预算收入的43%到50%。所得税形成联邦政府的一般收 27
入资金，这些资金被用于许多方面，其中就包括为公共救助计划提供资金。

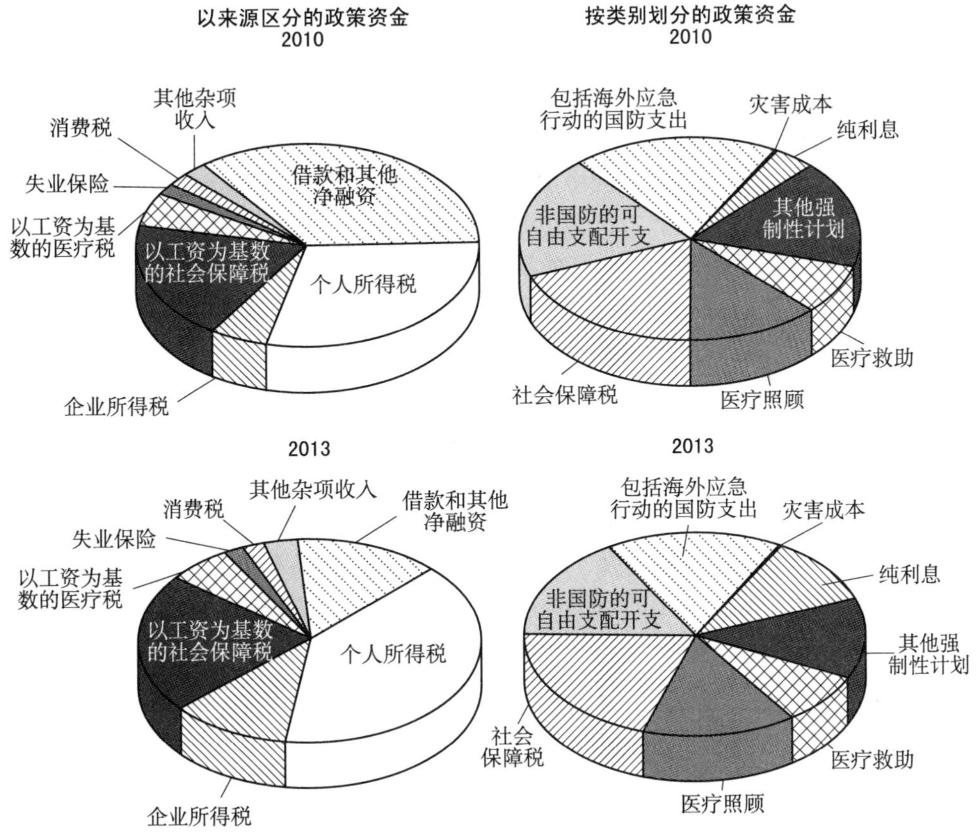

图1—1　美国政府预算：收入来源与支出去向（2010年和2013年）（估计数字）

资料来源：*Budget of the United States Government*, Fiscal Year 2010, Updated Summary Tables (Washington, DC: Office of Management and Budget, May 2009), retrieved March 16, 2010, from http://www.gpoaccess.gov/usbudget/fy10/pdf/summary.pdf.

联邦政府收入来源中排位第二的是社会保障税。这种特殊税收的征集针对个人的薪水或工资，并且被用于为国家主要的社会保险计划提供资金（参见第五章）。社会保障税实施于 1935 年。2010 年全年，它们构成了大约 40%的联邦政府收入（除了借贷之外），而且，自 1990 年以来，这个比例一直在 32%到 40%之间波动。

联邦政府同样通过企业所得税、消费税（通过产品获得的税收）以及其他税收资源来获得收入。在 2010 年，企业所得税占政府收入的 8%，而自 1990 年以来这个数字波动在 8%到 15%之间。同期，关税和遗产税这种曾经是联邦政府主要经济来源的税收，在 2010 年，消费税大约只占据收入的 3%，而关税以及遗产和赠与税加起来也不到 2%。明显地，美国公民主要是通过缴纳个人所得税和社会保障税来肩负联邦税收的主要负担。

州税收

尽管各个州总体的财政责任相对较少，但是在社会福利方面它们也是重要的参与者，特别是在一些主要的公共救助和社会服务计划方面。各个州同样通过一些途径来征集税收。同联邦政府一样，大多数州征收个人所得税。有七个州（阿拉斯加州、佛罗里达州、内华达州、南达科他州、得克萨斯州、华盛顿州和怀俄明州）没有州所得税，而新罕布什尔州和田纳西州只对彩票和利息收入征收所得税。州所得税的税率要低于联邦税率。联邦所得税税率为个人收入的 10%到 35%，而州所得税税率为个人收入的 1%到 9.5%。[32]营业税是各个州用来获得收入的另一种主要税种，州将这种税收作为一般收入用来履行其职责，包括社会福利服务。

地方税收

在地方，财产税是其收入的主要来源。地方政府（市、县和自治市或自治区）在社会福利服务资金的分担中承担最小的职责。这些政府主要关注于提供其他服务，例如公共学校教育、警务工作以及防火工作。

其他收入来源

政府可能获得收入的其他途径包括牌照收费、公路收费、公园门票收入、州彩票收入、违章停车或其他交通违章违法罚款，以及为了获得假释所支付的费用。偶尔的，这些费用的一部分也会被用于社会福利计划。举例来说，一些结婚登记费用可能被用于支持建设受虐妇女避难所或反对家庭暴力计划，另外，一些州彩票销售所得也会去支持公共学校建设。

谁付钱？谁受益？

各个层次的政府通常都会关注能够形成一般收入的税收形式，谁将会支付那些税收，他们将会支付多少，以及谁能够从中受益。有些税收是累进的（拥有更多收入或资源的人被征收的税率要高于那些收入或资源较少的人），而另一些是累退的（收入或资源较少的人比拥有更多收入或资源的人支付占他们收入或资源比例更高的税金）。社会保障税和营 28
业税是累退的。联邦和州所得税是累进的，尽管它们提高的幅度比一些人所期待的要低。

许多人相信在美国有两个截然不同的公民群体——那些缴纳税款的人和那些享受福利的人。公民纳税正义联盟（Citizens for Tax Justice，CTJ）发现，在 2009 年，当涉及联邦、州和地方税收（包括收入和工资总支出）的时候，在每个收入阶层的美国人，其所支付的税收基本上与他们的收入水平相符合。[33]这样，CTJ 注意到，在某种意义上，所有的美国人都在缴纳某些类型的税。同时，也可以说，“所有人都在享受福利”，因为政府帮助了所有的人，有一些是直接通过社会福利计划，其他则是通过各种各样的捐税鼓励。[34]事实上，这些税额优惠或称为税收优惠造成的财政收入减少，被称作“由美国国内收入署管理的相当于有权获得的福利计划”[35]。

政府资助的社会福利计划（公共救助和社会保险）主要由帮助大量最贫穷的公民的计划组成。低收入工人可能受益于收入税抵免（一个特殊的通过国内税收服务向低收入工人退税的行为）。税收抵免是一种帮助有需要的人的流行方式，是对他们工作的奖励，利用现有的税收制度，其影响的人口数量比公共救助更大。

中产阶级通过房屋抵押贷款利息和房产税的税收扣除的形式得到很多社会福利援助。许多中产阶级员工还从他们的雇主提供的员工福利（如医疗保健和退休计划）得到数量可观的津贴。大多数人不把这些津贴视为“福利”，因为这些不是政府提供的，但是雇员通常对雇主为他们支付的医疗保险的保险费用或雇主为其提供的退休贡献费用纳税。事实上，“边缘”对这些好处不再是一个好的词语，因为它们包含大量就业和税收津贴。那些中产阶级中的人还可以得到诸如向个人退休账户供款或学生贷款利息的税收扣除。

工人们也受益于另外一些规定，如抚养照顾税收抵免等。主要的例子是对工作家庭扣除照顾孩子支付的费用。这种扣除适合大部分工人，但那些处于低收入税级的人通常很少得到这种优惠，因为他们的儿童照顾成本可能超过了他们能够达到的税级。一些人呼吁取消对收入较高的人的这种税收优惠，以便增加税收，将更多的资源集中于帮助贫穷家庭。也有人建议扩大对抚养照顾提供的税收抵免，以便更多地鼓励家庭照顾他们的未成年人和残疾成员，而不是依赖公共救助项目，如覆盖养老院照顾的那些提供给穷人的医疗补助项目。

这些年一些主要由富裕的美国人利用的税收漏洞（如某些房地产投资中真实的损失和

与企业业务相关的娱乐）已经收缩或关闭。但是富裕的人仍然从税收减免中得到太多的政府援助。这种扣减中有些按揭利息是按照第二套（有时也按照第一套）房屋扣除的，有些是按照财产税或慈善捐款扣除的。这些扣除对中产阶级也很重要，但财税通常有更多的扣除。因为所有的美国人是依照收入的一定比例纳税的，公民纳税正义联盟指出，美国税收系统不是很完善。

最后，企业缴纳的企业所得税也得到政府的帮助，如联邦合同、农业补贴以及各种减税。这就是所谓的公司福利。尽管其中一些是帮助小企业所有者的，但是小企业主可能难
29 以获得，其中大部分流向了更富裕的企业主。政府减税也有助于抵消用人单位给劳动者支付的福利成本。一些公司也利用离岸税收庇护减少纳税义务。

公司税率是国内生产总值的一个比例，美国已经是公司税率最低的工业化国家之一。[36]我们都听过一些富有企业逃税，数额是多么巨大，但是在 2008 年秋天遭遇经济危机后，政府的财政救助规划设计也许是主要的公司福利的例子。这种方式使所有的群体都从政府援助中获益。事实上，可以说公共政策产生的收入再分配的结果更多而不是更少地支持富裕的人。

此外，虽然美国人可能会抱怨纳税很多，但是，美国职工平均支付的税率是较低的，比经济合作与发展组织（Organization for Economic Cooperation and Development，OECD）30 个成员方中的 21 个国家的都低。[37]这些国家中的许多国家有比美国更慷慨的社会福利制度。

预算：政府最重要的政策表达

预算是任何政府的一个最重要的政策表达。预算或预算中的支出部分告诉我们谁在公款里得到了什么，并且预算的收入方面告诉我们谁为支出付出了成本。很少有政府活动或计划不需要资金的支出，并且没有任何公共资金能够在法定的权力机构之外进行支出。预算过程提供了一种检查政府计划、评价政府支出、使这些计划与财政资源相联系、在支出项目之间做出选择的机制。预算决定了哪些计划和政策将要被扩展、减少、允许有缺口、被创建或者被更新。预算处于各种公共政策的中心位置。

在联邦政府中，行政管理和预算办公室（Office of Management and Budget，OMB）是隶属于总统的行政管理局，主要负责预算的筹划。行政管理和预算办公室在目标财政年度开始前一年多就要开始筹划预算（例如，2010 年 1 月开始的工作是为了 2011 年 10 月 1 日到 2012 年 9 月 30 日这一财年的预算）。预算素材和一般性的介绍从行政管理和预算办公室发送到各行政部门和专业机构，这些部门被要求呈递他们对现有计划增加或减少以及新增的预算计划的申请到行政管理和预算办公室。掌握了各行政部门和专业机构对支出的要求之后，行政管理和预算办公室开始进行自己的预算复查。行政管理和预算办公室将为每一个机构举行听证会（hearings）。行政机构的高级官员会尽他们的最大努力使其申请得

到信服。在极少的情况下，不满意的部门长官也会要求行政管理和预算办公室董事将其部门的案例直接呈递给总统。在即将到来的 1 月份中，总统与行政管理和预算办公室董事会将耗费大量的时间在预算文件上，这已接近预算的最终总体集中整合阶段。接着，在 2 月的星期一，总统送交他的方案——《美国政府预算》——给国会。当预算在国会的掌握之下后，如果有必要的话，总统可以对进一步的修改提出一些建议。[38]

总统的预算呈递给国会后，国会分别设立众议院和参议院预算委员会以及联合的国会预算局（Congressional Budget Office，CBO）负责审查这一预算方案。联合的国会预算局被创建，“是为了审查行政管理和预算办公室在预算过程中增长着的权力”[39]。参、众两院的预算委员会首先起草一份国会两院一致同意的方案来确定总数，以便指导国会贯穿全年的拨款行动和经过深思熟虑的国家税收议案。这样，国会委员在考虑特定的预算拨款时
会有总统的修改建议来指导他们，并且有预算委员会的总指导方针。如果有一项拨款案超 30
出了早期预算方案设定的目标，那它就会被送回预算委员会重新调整。

考虑特定的拨款是两院里的拨款委员会（Appropriations Committee）的功能。这两个重要的委员会都有大约十个完全独立的小组委员会，用来复查特殊行政部门或具有相关功能的群体的预算需求。这些小组委员会会举办听证会，在听证会上，部门和机构官员、利益群体和其他人要检验有关的新的和现有的计划，并且提出增加或减少支出的建议。拨款小组委员会是非常重要的，因为无论是全体委员会（full committee）还是国会都不会有时间或专业技能对计划和资助费用进行深入复查。尽管小组委员会的工作被全体委员会审查，并且其认可的法案必须通过国会，实际上大多数小组委员会的决定都会被例行公事地接受。

即使在这些工作之后，国会通常也会对总统提出的全部预算数字进行一些小的变动。当然，大部分的联邦预算是“无法控制的”。国会已经在某些项目上有长期承诺，如社会保障、医疗照顾和一些公共救助项目，以及其他一些项目，如国家债务利息。大约有三分之二的预算落入强制性支出类别，但另外的三分之一是可自由支配的，包括军事开支。[40]主要的斗争是确保特定的项目。在一些社会福利支出问题（大至医疗照顾，小至被称为美国营队的志愿服务计划）上，预算斗争特别具有讥刺意味。政治上的党派身份对那些有更多争议的预算进程有很大影响，但由于有太多的拨款项目，所以大部分决定仍然是在行政机构与行政管理和预算办公室的互相影响之下完成的，并且国会通常只对其决定进行极小的调整。

如果对联邦政府的预算过程的这种描述可能会使其听起来好像是政策制定中的最理性的方面，那么没有什么是更真实的了。预算过程并不比其他事项少一些政治性。这是因为政府支出是非常巨大的事务。像“计划、设计和预算系统”以及“零基础的预算”和以性能为基础的预算等方法已经被引进来好多年了，为的就是使预算更加合理。但是从长远来看——

> 如果政治部分被看作是有关究竟谁的偏好能够在国家政策的决定上获胜的斗争，那么预算则记录了这种斗争的结果……预算的规模和范围是我们在政治生活中严肃争论的事情。总统、政治党派、行政官员、国会议员、利益集团和利益相关的公民争先恐后地使他们的偏好记录在预算当中。成功和失败，妥协与谈判，关于国家政府在我们社会中的作用的一致同意的范围和相互冲突的领域都会出现在预算之中。在更为整合的意义上来说，预算——就是尝试通过政治程序来分配有限的财政资源，以便实现完全不同的好生活的景象——位于政治程序的中心地带。[41]

图 1—1 的饼图告诉了我们，联邦政府的钱从哪里来到哪里去。在 2010 财年，美国联邦政府的总估计收入（税收集合）约为 2.3 万亿美元，而其支出或花费预计是 3.6 万亿美元，有约 1.3 万亿美元的赤字。[42]

31 每年的年度联邦预算赤字累积到联邦债务中。联邦的总债务是由两部分组成的：公共债务（为支付上一年度的预算赤字政府从公众手中借钱的总数）和由政府持有的债务账户（联邦政府向自己借用的资金本身，主要从政府信托基金支出）。虽然两者都重要，但是公共债务是最直接影响经济的。[43]联邦政府最大的国内担忧是在预算限制下如何管理支出、如何满足美国人民的需要，并同时保持经济强劲发展。

当联邦政府的支出超过收入时，它必须通过出售美国国债或账单向公众借钱（或从信托基金拿钱）。当这些债务消耗金钱时，必须支付给公众的利息可能刺激经济，通过交通、教育、科技、医疗、营养或其他公众需要支出。相反，若将更少的钱用于投资和为其他事情借款则通货膨胀会增加，从而抑制经济增长。

尽管一定的联邦债务水平可能是必要的，甚至是可取的，但是，沉重的联邦债务是难以令人认可的。我们大多数人不能真正理解万亿美元的意思。一个方法是把它放在 2010 年年初，此时国家公共债务超过 12 万亿美元，每天大约以 40 亿美元的速度增长，那么美国政府将欠每人大约 40 000 美元。[44]与此同时，联邦政府收入约为人均 7 775 美元，但人均开支近12 000美元。[45]

国会无法平衡联邦预算，已经迫使其讨论修改美国宪法来平衡预算。支持者认为这是确保政府减少债务的唯一方式。反对者觉得这会阻碍联邦政府在战争和经济衰退时期保持可能是必要的赤字支出。1996 年，一个平衡的预算修正案被证明在国会是一个真正的悬崖吊架，但是这个修正案和随后的尝试都失败了。

社会保障信托基金和诸如“预算外”项目机制在很大程度上掩盖了联邦政府欠债的事实。人们对平衡预算和联邦债务的重要性没有一致意见。平衡联邦预算不像平衡家庭预算，不像你和我。联邦政府可以印钞票和操纵经济。但是，大多数人可能认为当联邦政府不持续地进行一系列负面操作时这个国家会更好。在经济状况好的时期，国会和总统沾沾自喜，并把国家的繁荣视为自己的功劳。美国的财政政策和货币政策（联邦储备委员会的工作）是很重要的。然而，国家的经济状况取决于诸多因素，例如股票市场的健康和诸如发生在 2001 年 9 月 11 日的国际事件等，政府能够控制的因素少得多。

总结

政治干预存在于决策过程的每一个阶段。在美国，许多充满活力的游说团体和政治行动委员会的工作每天都在影响民选官员。政治家们的工作是困难的，因为竞争的利益群体支持的价值可以存在很大的不同。当这些价值进入社会福利政策之中时，美国人代表了从保守派到中间道路的中间派到自由主义者的政治圈。这种多样性的意见导致国家追求一种社会福利政策制定中的多元主义方法。决策者遵循几种思想路线，使政策和项目往往是矛盾的，因为他们试图在那里发现每一个人的需要。 32

社会福利政策发展和实施更多的是一种政治“艺术和作品”[46]，而不是一种理性的科学。仅仅知道人们的需要和想要通过政策并提供服务以帮助人们，对于人类服务专家而言是不够的。为剥夺权利的公民进行政策倡导的人，如果想在社会政策形成过程中发出自己的声音，必须既能理解政治过程又能够在其中娴熟地工作。

讨论问题和课堂活动

1. 去网站 PollingReport.com（网址为 http：//www.pollingreport.com），并就你感兴趣的主题（例如，医疗改革、奥巴马政府、美国参与伊拉克事务）进行调查。这些主题的民意调查结果如何？与你对这些问题的意见有不同吗？你为什么认为你的观点与大多数美国人是相似的或不同的？如果你没有做过调查，那么你可以把你对问题的意见与你选择的联邦、州和地方代表的看法进行对比。

2. 本章讨论了联邦预算。研究你所在的州政府的预算。特别是看一看财政资金的来源和支出类别。与其他功能相比，预算分配给社会福利的部分如何？你可能希望从州预算办公室邀请演讲者讨论州的预算的过程。

3. 邀请各种选区的草根政治组织的代表，讨论他们的观点和他们使用的影响政策的策略。

4. 在你所在的社区，观察或参与一个或更多的政治事件——示威游行、集会、活动；参加市议会、县委员会或学校董事会会议，参加候选人集会、政党会议或参与其他事件。谁先在事件中发言？谁在现场？谁提出了什么观点？他们使用了什么战术或策略来说服他人接受一个特定的观点？思考他们提出的观点符合或不符合你自己的意见。在观察和听到结果以后，你的观点发生改变了吗？

5. 追踪政治活动响应中心的网站（http：//www. opensecrets. org），获取在联邦选举中最高政治捐赠者的信息和网站提供的其他信息。研究联邦竞选法律和你所在的州的竞选财务法。举行一次课堂讨论，思考是否应该有一个限制个人、政治行动委员会、公司捐款和规范资助政治竞争的规定。你可能希望邀请在你的社区参加过公职竞选的人，与其讨论他们使用的提高捐款的方法和他们对竞选捐款的意见。

网站

政治活动响应中心：网址 http：//www. opensecrets. org。政治活动响应中心是一个无党派的、非营利组织，它跟踪美国政治资金的流向以教育选民，使政府更加透明和负责任。

社区的工具盒：网址 http：//ctb. ku. edu/en。社区的工具盒给那些希望促进和影响政策与方案的人提供很多有用的工具。

联邦选举委员会：网址 http：//www. fec. gov/about. shtml。联邦选举委员会是由国会创建的一个独立的监管机构，同时执行联邦竞选法。

行政管理和预算办公室（OMB）：网址 http：//www. whitehouse. gov/omb。行政管理和预算办公室资助总统筹备联邦预算，并且对它的行政部门进行司法监管。 33

注释

[1] See Charles O. Jones, *An Introduction to the Study of Public Policy*, 2nd ed. (North Scituate, MA: Duxbury Press, 1978).

[2] See Paul A. Sabatier, Ed., *Theories of the Policy Process*, 2nd ed. (Westview Press, 2007), p. 7; see also Peter L. Hup and Michael J. Hill, "The Three Action Levels of Governance: Re-framing the Policy Process Beyond the Stages Model," in B. Guy Peters and Jon Pierre, Eds., *Handbook of Public Policy* (Thousand Oaks, CA: Sage, 2006), pp. 13 - 30.

[3] 这个段落的主要依据 John W. Kingdon, *Agendas, Alternatives, and Public Policies*, 2nd ed. (New York: Longman, 2003), chapter 5。

[4] Peter Bachrach and Morton S. Baratz, *Power and Poverty* (New York: Oxford University Press, 1979), p. 7.

[5] William Safire, *New Political Dictionary* (New York: Random House, 1993).

[6] *Ibid.*

[7] See Jeffrey M. Jones, "More Americans See Democratic Party as 'Too Liberal,'" *Gallup*, June 30, 2009. Retrieved January 11, 2010, from http: //www. gallup. com/poll/121307/more-americans-see-democratic-party-too-liberal. aspx.

[8] See H. W. Brands, *The Strange Death of American Liberalism* (New York: Yale University Press, 2001). 关于自由主义的其他观点参见 John Rawls'*Political Liberalism* (New York: Columbia University Press, 1993)。

[9] "Unmasking Religious Right Extremism," *American Association of University Women Outlook*, Summer 1994, pp. 20 - 25.

[10] Robert Bork, *Slouching toward Gomorrah: Modern Liberalism and American Decline* (New York: ReganBooks, 1996), p. 337.

[11] See "Abortion and Birth Control," *Washington Post Poll*, November 19 - 23, 2009. Retrieved January 11, 2009, from http://www.pollingreport.com/abortion.htm.

[12] See "Same-Sex Marriage, Gay Rights," PollingReport.com. Retrieved January 11, 2009, from http://www.pollingreport.com/civil.htm.

[13] 这个段落的其余部分依据的是：Federal Election Commission, "Number of PAC's Increases," (Washington, DC, August 12, 2008). Retrieved February 2, 2009, from http://www.fec.gov/press/press2008/20080812paccount.shtml.

[14] See Center for Responsive Politics, "Lobbying Database." Retrieved March 15, 2010, from http://www.opensecrets.org/lobby/index.php.

[15] 关于游说穷人和弱势群体代表的段落依据的是：Bill Keller, "Special Treatment No Longer Given Advocates for the Poor," *Congressional Quarterly Weekly*, Vol. 39, No. 16, April 18, 1981, pp. 659 - 664.

[16] Thomas R. Dye and Harmon Zeigler, *American Politics in the Media Age*, 3rd ed. (Monterey, CA: Brooks/Cole, 1989).

[17] See Thomas R. Dye, *Understanding Public Policy*, 12th ed. (Upper Saddle River, NJ: Pearson Prentice Hall, 2008); Morris P. Fiorina and Paul E. Peterson, *The New American Democracy*, 2nd ed. (New York: Longman, 2002).

[18] Kingdon, *Agendas, Alternatives, and Public Policies*, p. 59.

[19] See Bernard Goldberg, *Bias: A CBS Insider Exposes How the Media Distort the News* (Washington, DC: Regnery Publishing, 2002); Christopher Hewitt, "Estimating the Number of Homeless: Media Misrepresentations of an Urban Problem," *Journal of Urban Affairs*, Vol. 18, No. 3, 1996, pp. 431 - 447, especially p. 440.

[20] See Fiorina and Peterson, *The New American Democracy*.

[21] See James L. True, Bryan D. Jones, and Frank R. Baumgartner, "Punctuated-Equilibrium Theory: Explaining Stability and Change in Public Policymaking," in Sabatier, *Theories of the Policy Process*, 2nd ed., pp. 155 - 187; quote from p. 161.

[22] See Frank R. Baumgartner and Bryan D. Jones, *Agendas and Instability in American Politics* (Chicago: University of Chicago Press, 1993) paraphrased in True et al., "Punctuated-Equilibrium Theory: Explaining Stability and Change in Public Policymaking," p. 159.

[23] See True et al., "Punctuated-Equilibrium Theory: Explaining Stability and Change in Public Policymaking."

[24] See R. Kent Weaver, Robert Y. Shapiro, and Lawrence R. Jacobs, "Welfare (The Polls-Trends)," *Public Opinion Quarterly*, Vol. 59, No. 4, 1995, pp. 606 - 627; also see Robert Weissberg, "Why Policymakers Should Ignore Public Opinion Polls," *Policy Analysis*, No. 2 (Washington, DC: Cato Institute, May 29, 2001). Retrieved January 15, 2009, from http://www.cato.org/pubs/pas/pa402.pdf.

[25] See True et al., "Punctuated-Equilibrium Theory: Explaining Stability and Change in Public Policymaking," p. 158.

34 [26] Paul A. Sabatier and Christopher Weible, "The Advocacy Coalition Framework," in Sabatier, *Theories of the Policy Process*, pp. 189 - 220.

[27] Kingdon, *Agendas, Alternatives, and Public Policies*, pp. 19 - 20.

[28] *Ibid.*

[29] Robert L. Lineberry, *American Public Policy* (New York: Harper & Row, 1977), p. 71.

[30] Sabatier and Weible, "The Advocacy Coalition Framework."

[31] Budget of the United States Government: Historical Tables (Washington, DC: Executive Office of the President, 2008). Retrieved January 30, 2009, from http://www.gpoaccess.gov/usbudget/fy09/pdf/hist.pdf; also see History of the U.S. Tax System (Washington, DC: U.S. Department of the Treasury, no date). Retrieved January 30, 2009, from http://www.treas.gov/education/fact-sheets/taxes/ustax.shtml.

[32] "State Individual Income Taxes" (Washington, DC: Federation of Tax Administrators, March 2008). Retrieved January 12, 2010, from http://www.taxadmin.org/fta/rate/ind_inc.pdf.

[33] Citizens for Tax Justice, "All Americans Pay Taxes" (Washington, DC: Author, April 15, 2010). Retrieved May 7, 2010, from http://www.ctj.org/pdf/taxday2010.pdf.

[34] Mimi Abramovitz, "Everyone Is on Welfare: The Role of Redistribution in Social Welfare Revisited," *Social Work*, Vol. 28, No. 6, 1983, pp. 440 - 445; Richard M. Titmuss, "The Role of Redistribution in Social Policy," *Social Security Bulletin*, Vol. 39, 1965, pp. 14 - 20.

[35] Committee on Ways and Means, U.S. House of Representatives, *Overview of the Federal Tax System, 1993 edition.* (Washington, DC: U.S. Goxrernment Printing Office, 1993), p. 263.

[36] Igor Greenwald, "High Corporate Tax Rate Is Misleading," *The Wall Street Journal*, January 25, 2008. Retrieved March 14, 2010, from http://www.smartmoney.com/investing/economy/high-corporate-tax-rate-is-misleading-22463.

[37] "Taxes on the Average Worker," *OECD Fazctbook 2009: Economic, Environmental and Social Statistics* (Paris: Organization for Economic Cooperation and Development). Retrieved March 14, 2010, from http://oberon. sourceoecd.org/vl=3232222/cl=29/nw=l/rpsv/factbook2009/10/04/02/index.htm.

[38] Bill Heniff, Jr., "The Role of the President in Budget Development" (Washington, DC: Congressional Research Services, August 28, 2003). Retrieved May 7, 2010, from http://www.rules.house.gov/archives/RS20179.pdf.

[39] Fiorina and Peterson, *The New American Democracy*, p. 427.

[40] "Federal Budget Timeline" (Northampton, MA: National Priorities Project, n.d.). Retrieved May 7, 2010, from http://www.nationalpriorities.org/federal%20budget%20timeline.

[41] Aaron Wildavsky, *The New Politics of the Budgetary Process* (Glenview, IL: Scott Foresman, 1988), p. 8; see also Kurt M, Thurmaier and Katherine G. Willoughby, *Policy and Politics in State Budgeting* (Armonk, NY: M.E. Sharpe, 2001).

[42] Office of Management and Budget, *Budget of the United States Government 2010*, Historical Tables, Table 1.1 (Washington, DC: Office of the President, May 2009). Retrieved January 15, 2009, from http://www.whitehouse.gov/omb/budget/Historicals.

[43] Executive Office of the President, Budget of the United States Government, *Analytical Perspectives, Fiscal Year 1995* (Washington, DC: U.S. Government Printing Office, 1994), p. 186.

[44] U.S. National Debt Clock, retrieved January 15, 2010, from http://www.brillig.com/debt_clock.

[45] Office of Management and Budget, *Budget of the United States Government, 2010*, Table 1.1 (Washington, DC: Office of the President). Retrieved January 15, 2010, from http://www.whitehouse.gov/omb/budget/Historicals.

[46] Aaron Wildavsky, *The Art and Craft of Policy Analysis* (Boston: Little, Brown, 1979).

第二章

分析、实施和评估社会福利政策

35 美国人曾经相信，如果国会通过了一项政策并为其提供资金，行政部门组织了一个计划的运作，雇用人员、支付资金、进行旨在落实政策的活动，这些政策的效果就将符合国会的那些意图。今天，美国人更多的是怀疑政府机构解决社会问题的能力。考虑到公共政策应该受到审查，这一章将比较深层次地探讨政策分析、实施和评估的政治。

政策分析的政治

36 在国会或任何其他立法机构通过一项法律之前的审慎要求是，提议的政策应该被仔细研究以便确定其可能产生的影响，包括其可能产生的经济和社会成本。这类活动被称为政策分析。政策分析通常被界定为理性的活动。当代教科书是这样定义的：

> 政策分析是一个多学科的调查设计过程，包括创建、批判性质疑、沟通信息等有助于了解和改进政策的过程。[1]
>
> 政策分析是一个过程，我们通过这个过程识别和评估各种可供选择的政策或项目，旨在减少或解决社会的、经济的或自然界的问题。[2]

理性的政策分析包括对要解决的问题和建议的解决办法提出询问。数十种技术或方法可以应用于政策分析。有些是相对简单直接的，如“粗略估算”就是一种“简单方法，这种方法所估计的数字对于决定问题的方向和量级是重要的”[3]。其他有些技术是极为复杂的，如各种形式的理论或统计的模型，它们主要用于预报或预测未来。例如，社会保障官员基于对经济运行状况、人口结构可能发生的变化和其他因素的不同的假设预测计划的未来。

分析人员经常提供一些并列的可替代、可相互比较的政策来帮助决策者和公众对不同的政策建议进行对比。在极权主义体制下，这样的比较是没有必要的，即使使用了比较，其结果显然也是片面地赞成政府领导人的偏好的政策。在像美国这样的国家，科学家和公众能够获得大量的信息，但是人们也注意到，“在许多最重要的情况下，分析师们根本不知道政策和政策结果之间的关系，以及应该评估的结果的价值”[4]。尽管如此，政府、智囊团和游说团体还是经常进行政策分析。在第一章我们已经讨论了一个理性的决策过程的各个步骤。在此，让我们更仔细地观察一个典型的理性政策分析模型的步骤。

如何界定问题?

在政策分析人士对提议的政策进行分析之前，有一个问题必须以某种方式识别和界定。本书在导论中已经指出，界定要解决的问题是政治过程的核心。一些所谓的政策分析师实际上是试图展示他们观点的具有党派性的表演者。在智囊团队工作的其他人，也在政策问题上具有特定的意识形态（自由主义、保守主义等）倾向。还有一些政策分析师受雇于无党派政府机构，例如国会的预算办公室。至少从理论上讲，政策分析师应避免以他们自己的政策问题定义对政策分析施加影响，虽然他们可以提出如何改进对问题的测量方法以便使之更精确的想法。然而，制作一些可行的定义的任务经常落在政策分析师的身上，尽管针对他们的选择的政治辩论往往随之而来。

有时分析师考虑到政策建议可能造成的影响，对政策问题会进行不同的界定。例如，在决定如何提出修改补充营养援助计划（Supplemental Nutrition Assistance Program, SNAP）或食品券（food stamps）这些可能影响到大量的生活在贫困中的人的计划时，分 37
析师可以使用几种界定（测量）贫困的方法，因为对于政府的官方贫困测量是否为可取的最优界定是存在实质性分歧的。很可能一些组织仍然认为使用的定义不足以或不能反映其意见。

一些问题指标是现成的（例如，上一年没有参加保险的人数），尽管其中的大多数都受到一些错误数据的影响（例如，人们在某些时候可能无法回忆起他们本年是否购买了保险）。其他时候，信息很难获得，因为人口（如，使用静脉注射毒品的人或无家可归者）是隐藏的，或一个问题是最近被发现的，相关的数据就难以获得。当然，数据可以被操纵，或者某些点被强调，以便促成一种特定的观点。在界定一个问题时，所有这些因素都必须考虑到。

引起问题的性质或原因是什么?

仅仅知道有多少人受到一个问题的影响是不够的。若要有效地将政策解决方案与一个问题连接，常常需要知道催生了那个问题的社会、经济、政治、环境、健康或其他方面的状况。例如，为什么有那么多残疾人失业？是因为他们觉得他们的残疾太严重了而不能从事有偿的工作，还是因为他们担心失去公共津贴，抑或是因为雇主不了解他们能做什么工作？社会问题常常与简单的解释相对立。经常是多种力量相互作用导致一个问题，但是，问题却以非常简单的方式被描绘。政策分析师在解释复杂情况时，经常面临的挑战是需要以我们大多数人能够理解的方式进行解释。

提供背景或相互关联的因素有助于理解社会福利问题，也有助于识别随着时间的推移问题是在增加、减少还是保持原状，以及识别引起任何变化的原因。例如，除了知道没有购买保险的美国人的数量在增加之外，我们还想知道人口中的哪个部分最有可能没有医疗保险，以及为什么如此。在这方面，不同的解释经常争夺政治关注。

提议的政策有什么可替代的选择？它们能够实现什么目标？

这些政策是想改变人们的身体或经济状况，例如增加穷人的现金收入、为城市居民提供适当的住房、减少虐待儿童事件、改善老人的健康状况，还是想改变知识、态度或行为，例如提高工作技能、提高读写能力、防止使用毒品、防止意外怀孕、防止性传播疾病或增加对法定权利的意识？如果几种不同的效果都是被期待的，它们之间的优先次序是什么？

政策制定者和政策倡导者经常带着关于如何解决政策问题和最终结果应该是什么的不同的想法坐到一起。例如，在以现金还是“实物”服务于美国人的营养需要的争论中，实物补贴（即食品券）的方式胜出，因为持此意见的人担心现金可能被用于其他目的（租金、药物或其他事情）。即使在今天，已经使用电子转账的方式来提供营养津贴而不是使用纸质的食品优惠票（券）时，重点也是确保接受者获得食物而不是确保参与者有收入能够购买生活必需品。这看起来可能仅有一些细微的差异，但是它在公共救助政策领域是一个分析师必须考虑的重要问题。

补贴采取的形式与提供补贴同样重要，因为控制和偏好的问题可以决定补贴将如何被管理和将在什么范围内被使用。[5]考虑供选择的可替代政策不仅是关心可能会得到的物品、服务、特权、权利或其他好处，也要考虑这些补贴将如何分配，由谁来负责了解这一政策
38 的执行情况。[6]一个新手可能会认为政府应该让人们尽可能容易地得到他们有合法资格得到的补贴。但是，这本书包含的示例显示，社会福利政策和计划通常未被设计成这样。政策分析师的工作就是考虑不同可替代政策的不同效果——利与弊。当然，政策制定者可能已经坚定地持有了事情应该如何做的信念。

一些社区或州比另外一些会更具有创新精神。[7]例如，为那些有酗酒问题且仍然在喝酒的人提供公共支持住宅的“住房第一”选择权。当政策的理念更具有创新性或创造性时，对政策分析师而言，预测其结果可能更困难。当正在考虑的政策像“住房第一”计划那样处于争议之中时，分析师的工作会更加困难。

在对可替代的政策进行比较时，一些政策分析师与决策者和政策提倡者一样，经常会考虑其他州的政府如何解决这个问题，包括有关的努力是如何成功或失败的。例如，在看到一些州将寄养儿童福利（住房、教育、医疗保健）条件扩展到 18 岁后，另外一些州就

决定他们也可以改进与寄养儿童的花费有关的问题（如失业、无家可归），作为他们开始执行的寄养制度。这样，政策定位常常被分散。

一些政策从一个司法辖区转移到另一个司法辖区，有些则没有。例如，一个关于在公园睡觉的禁令可能会在有着可观的数量无家可归庇护所床位的社区得到很好的执行，而在避难所非常短缺的地区这个禁令可能是毁灭性的。政策分析师可能需要与关注相关领域的专家进行接触，以便得到他们的意见，了解他们考虑到的与提议的政策相关因素以及这些因素可能产生的影响。政策分析师要考虑许多因素，包括批判性思考和纯粹的技术性的技巧。

在什么程度上提议的政策能够被确定为是需要的？

识别目标群体意味着将总人口中的一部分定义为政策的目的是与他（她）们有关的。目标群体也可能意味着所有的那些有需要的人或他们中的一部分。公共计划可能有助于满足他们的需要，但很少根除社会福利问题。在分析政策建议时，政策分析师通常试图确定有多少人将受益于提出的政策或者直接受到该政策的影响。例如，在医疗改革的辩论中，估计由民主党和共和党提出的不同的政策建议将会覆盖一般的美国人的数量。这些数字一旦公布，将会产生诸多主张——对那些现在没有医疗保险的人的需求，不同政党将会更加敏感或更不敏感。

通常有着优秀创意的分析师对于建议的政策可能产生的效果不会有一致的意见。他们可能试图保持中立，但是，他们对问题的认识也有自己的偏差，采用分析技术对问题作出的预测和对提议的政策效果的预估，也可能产生最佳结果。

提议的政策的成本是什么？

大多数政策的执行需要资金或其他资源。正如在第一章所描述的，政府需要通过征收各种税款或对用户征收费用为他们的项目筹集资金。今天，通常会有一种政策成本中立的要求，也就是说，政策的成本将由在其他领域的储蓄支付，或者政策本身包含一种将产生足够收入的机制来覆盖它的费用。账单引入立法机构通常必须包含财政票据，并且分析师必须估计每项提议的政策的开支。国会预算办公室的一项工作就是对美国国会正在考虑的账单附加成本进行估算。州和地方政府机构也有办公室和人员做同样的事情。

理性的决策者必须对总体的社会福利状况（general units of social well-being）进行收
益和成本的衡量。政府机构已经开发出各种成本收益分析方式来确定对普通家庭、工人或 39
接受工作培训的人提供帮助和救助的直接成本和收益（通常但并非一定以美元衡量）。然而，“普通”是对很多个人和家庭贫乏的描述。识别和测量无法用美元计算的社会福利（social well-being）单位，很重要，但也确实很困难。例如，如何计算父母的技能对孩子的生活质量产生了什么影响？接受公共救助的父母的工作要求对他们的孩子的志向有什么影响？政策分析师正在为创建能够更好地估计健康、工作技能、就业机会以及其他社会价值和它们的成本的方法而努力。

政策可能产生什么意想不到的影响?

政策的意想不到的影响通常也称为溢出效应或外部效应。因为这些影响是意想不到的，所以它们很难被确定，但是，从理性政策制定的角度，努力预测或预见它们是至关重要的。例如，为无家可归者建立紧急避难所，是否就会遭遇放弃为他们建立永久性住房的风险呢?

我们也可能给非目标群体造成没有预料到的后果。例如，在卡特里娜飓风之后，在社区里欢迎那些疏散人员（目标群体），可能使那些非目标群体受益，比如有空房等待出租的业主。但是，这也会给非目标群体造成负面影响，比如可能在该地区加剧就业竞争。如果政府开始对低收入工人的医疗保险提供补贴，他们的雇主将不再为这些人提供医疗保险，那么这是否会导致其他雇主也停止为其员工提供医疗保险？政策分析师经常面临的艰巨任务就是预测这些现象可能发生的几率。

分析师还应该考虑那些被称为意外但实际隐藏在政策议程之中的影响。例如，为了控制使用毒品而对毒品犯罪给予更严厉刑罚的政策，是否会导致监狱行业的扩张?

就提议的政策可以提出什么建议?

最后，分析师可能会被要求对政策提出建议或改进意见。例如，他们可能会被问到政策如何能更有针对性地满足那些处于悲惨境况下的人的需要。或者在上文医疗保险的例子中，他们可能会被要求提出对政策进行修改以便能够阻止雇主放弃为其雇员提供医疗保险津贴的建议。

分析师提出的任何建议都会遇到相反的意见或不同的观点。预计到这一点，独立和无党派的政府问责办公室提供给政府机构的报告的主题就是他们对分析和建议做出的回应，他们的回应都包含在政府问责办公室的报告中。

决策者对政策分析师的工作的重视程度，依他们对立法建议的争论情况而异。在决策者参与到政治过程中时，分析师对立法建议的最初研究看上去可能跟与立法者最终达成一致的结果有很大的不同，也就是说，他们可以同意任何东西。

政策实施的政治

许多社会福利政策问题的出现是在一项法律被通过以后，在实施过程中出现的。政策实施包括旨在贯彻法律意图的所有活动：(1) 创建、组织执行新政策的机构或为其配备工作人员，或者为现有的机构和人员确定新的责任；(2) 发出指令、制定规则、提供协调和指导将政策转化为特定行动的过程；(3) 指导、协调人力和财力朝着实现政策目标的方向努力的活动；(4) 监测执行政策的活动。

在政策的决定和实施之间总有一定的差距，有时比较小，有时非常大。多年来，研究 40
政策实施的学者对于这一过程几乎采取了一种愤世嫉俗的观点。

> 我们正常的期望应该是新项目将会有一个艰难的起步阶段，在最好的情况下，它们开始启动也会经历一个相当长的时间段。这个世界的格局是抵制正在发生的事情，因此，要推动变化需要太多的努力。新项目能够完全运转起来是了不起的事情。[8]

政策实施为什么不能是一种更理性的活动？为什么政策不能在决定组织、人员配备、支出、规则、方向以及协调中直接实施？理性政策的实施有许多障碍，可以分为以下几种：(1) 沟通；(2) 资源；(3) 态度；(4) 科层机构。[9]

沟通

要想有效地实施公共政策、运行一个计划，则必须知道人们期待什么。指令给出政策的意义。但是，指令往往是模糊的、不一致的、矛盾的，而不是清晰的。此外，指令可能与最初的法律意图不一致，这就让那些不同意政策的人将他们自己的偏见带入政策之中。

美国卫生和人类服务部，是联邦的一个重要政府机构，下设许多部门，分别负责管理数以百计的社会福利项目（见图 2—1）。这些项目影响这个国家的每一个州、社区和个人。美国卫生和人类服务部长期为维护准确的沟通而进行斗争。许多其他的联邦机构也管理社会福利项目。联邦、州和地方的每一个科层机构都面临沟通问题。

一般来说，项目的管理越是分权化的，指令必须通过的管理层级越多，政策被准确地、一致地传递的可能性就越小。对贫困家庭的临时救助（Temporary Assistance for Needy Families，TANF）为一项补助计划。联邦政府出台了对贫困家庭的临时救助计划的广泛的指南，每个州也针对各项目建立了许多规则。无论它们有哪些优势，迅速、一致和统一的政策实施通常是不可能以这样的分散结构为基础的。

国会（和州议会）经常故意使公共政策含糊不清。立法机构可以通过含糊不清、模棱两可的法律，很大程度上是基于象征性的理由——使人们安心，有助于问题解决的“某些事情”正在做。在这种情况下，国会和总统可能实际上并不确切地知道对于面临的问题到底应做些什么。于是他们给行政管理人员广泛的自由裁量权，这些行政管理人员就在宽泛的法律“权威”下决定采取什么行动、实际做什么事情。通常，国会和总统希望获得好的名声时就将一些高调形成的原则写进法律中，但他们却不想为行政管理人员实施这类政策必须采取的非常规的行动承担责任。政治领导人谴责“官僚主义”，佯装政府的规则是一种“难以治理的”华盛顿官僚病的产物，这是非常容易的。

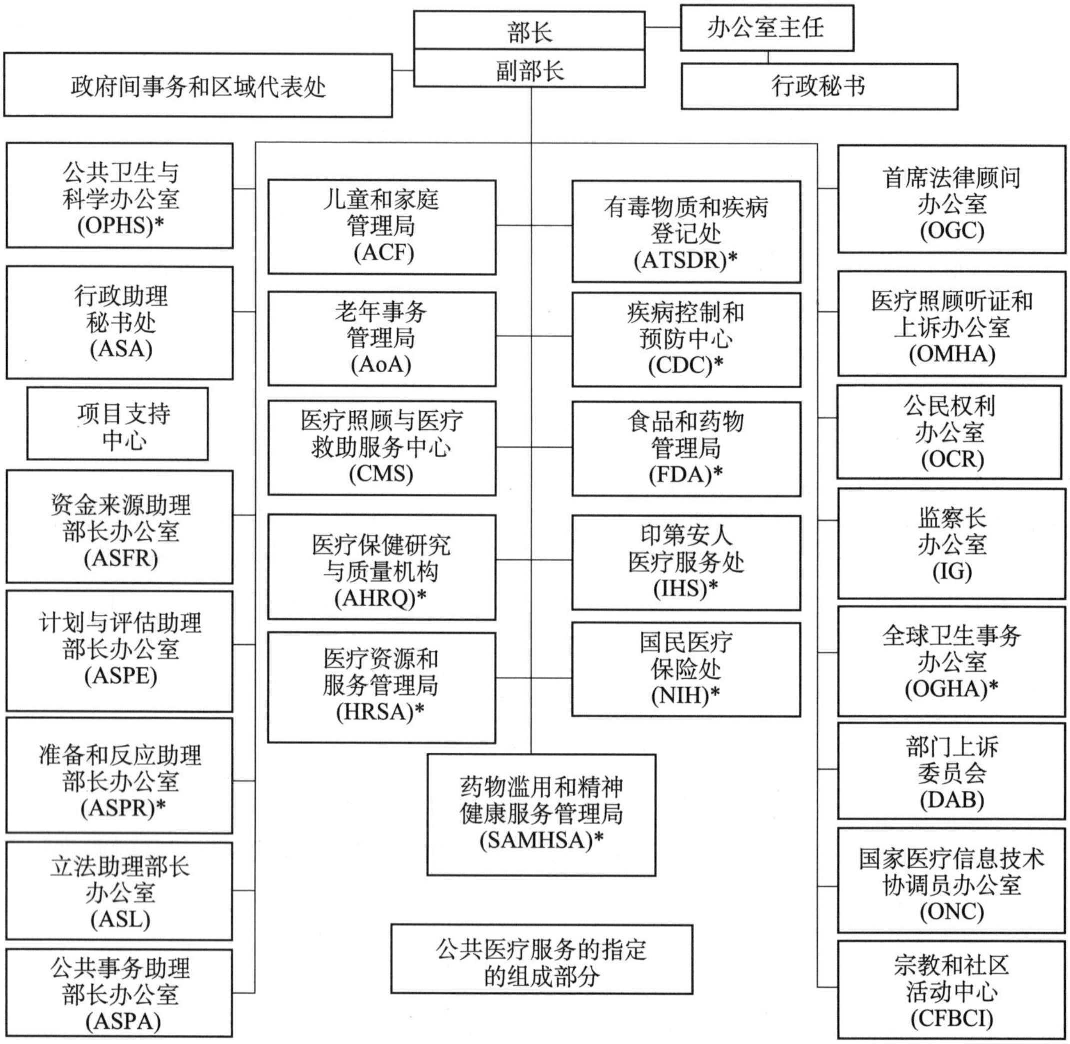

41　**图 2—1　美国卫生和人类服务部组织图**

资料来源：U. S. Department of Health and Human Services，retrieved March 16，2010，from http：//www. hhs. gov/about/ orgchart/index. html.

政策以及相关的沟通与其他政策之间也可能是冲突的。作为 2002 年《农业法》的一部分，国会核准了各州通过简化申请和换发新证的程序增加进入食品券项目的人数的要求。然而，保持错误比率降低和避免财政支出增加的努力使联邦政府能够施加影响，结果各州经常要求申请人和接受者提供更多的证明文件，而不是遵循联邦的法律要求。这种烦琐的申请和接受过程减少而不是增加了进入项目的人。[10]

资源

即使政策指令清晰，当管理员缺乏资源来执行这些政策时，政策的实施也会失败。一种关键资源就是资金——实施新的政策需要的钱。有时新政策的实施只需要有限的资金，但许多新政策和计划因为被分配的启动和维护资金不足，似乎注定会失败。一个例子是，有些社区由于缺少安置儿童的资金，因而无法确保那些享受贫困家庭临时救助政策的大量父母获得或保住工作岗位。

实施政策需要的办公场所和设备可能很难获得。项目必须有具有适当技能的工作人员
来履行他们的职责、行使他们的权力，以及顺利将纸上的计划转化为功能性的公共服务。 42
政府机构通常声称实施中产生的问题源自不合格的工作人员。这通常是真实的。工作人员还必须拥有工作需要的技能。例如，已经被定罪的性犯罪者往往需要得到治疗，但是可能治疗方案得到了相应的资助，却没有足够的具有高度熟练技术的治疗师可以提供这种治疗。在具有高度创新性和实验性的项目中，可能没有为这个项目储备的经过训练、知道怎么做的人员。因而，总是存在着如何确保下一年项目仍然能够延续的压力。

有时政府机构缺乏实施政策的权威。即使机构拥有必要的权威，也可能不愿使用这种权威，因为随之而来的可能是不良的政治后果。与其命令当地机构、私营企业或公民个人做某事，或者因为其不服从而将他们诉至法院，还不如由高水平的官员同他们商量，寻求与他们合作，或诉诸公众的责任感。持续诉诸制裁的机构或管理者从长远来看很可能会失败。

政敌们即便在国会斗争中失利，无法决定实际政策，也还是会采取策略，试图减少实施政策的预算和人员。政治斗争并不会随着法律的通过而结束，它仍然持续在每年为实施法律而进行的资源争夺中。这在法律服务公司的案例中是确定无疑的。法律服务公司是一个在非刑事犯罪的情况下为低收入人群提供法律援助的机构。在里根执政时期，他想取消法律服务公司，并向与法律服务公司持相同观点的董事会指派人员。“当国会拒绝……进一步降低公司的预算时……董事会实际上聘请了游说者对立法者施压，以便减少……费用。”[11]

态度

赞成一项特定政策的管理者和项目工作人员可能会按照决策者的意图实施该政策。当机构管理者和项目工作人员的态度与决策者不同时，实施政策的过程就绝不可能顺利。因为在执行过程中管理者总是有一些自由裁量权（有时是很大的处置权），他们对政策的态度与政策的实施有很大关系。当人们被告知去做某事，而这事是他们不赞同的时，在政策

与实施之间就会不可避免地发生偏移。

一般来说，社会服务人员进入这一领域是因为他们想要“帮助别人”——尤其是那些年老、贫穷、残疾的人，以及其他弱势群体。在社会机构实施扩大社会服务的政策方面，很少有态度方面的问题。但是，高度致力于社会服务的人员可能会发现很难实现政策削减或消除社会服务。

保守的政策制定者对社会服务的“福利官僚主义”是警惕的。例如，他们不相信福利管理人员真的努力执行福利的法律规定。他们认为福利机构本身应该对这些年案件数量的增长直接负责。他们把福利管理人员看作是收紧资格、减少重叠补贴、鼓励工作等政策设计的主要障碍。例如，学校午餐计划的管理人员，被批评放松认证过程，允许不合格的学生得到免费午餐。[12]

43 在政府机构中，仅仅因为他们不同意一项政策而解雇员工，通常是不可能的。直接的压力总体上是难以确认的。工资增加主要是通过董事会，罕见的升职通常是基于资历。如果那些实施政策的人不能被说服政策对他们的委托人或他们自己是有益的，也许可以使他们确信与政策制定者可能影响的其他可替代政策相比，正在执行的政策还不是那么不能接受的。

科层机构

尽管人们普遍讨厌科层机构（bureaucracy）[13]这个词，但是，几乎所有的公共职能都是由这种类型的组织承担的。当我们与这些科层机构打交道时，都有过心情沮丧的时候，从在国内税收服务局（Internal Revenue Service，IRS）办理公事到在保险公司办理私事。病人、残疾人或接受正式教育较少的人可能遭遇更多令人沮丧的情形。

联邦科层机构对公共政策的实施做出主要决定。联邦政府大约有 200 万名文职雇员（不包括大约 68 万国防部的文职雇员）。[14]这个巨大的科层机构已经成为美国权力机构的一个主要基础——独立于国会、总统、法院以及普通民众。

科层机构大量填补国会政策的细节，但其权力却不仅限于此。科层机构也将与自己有关的重要政策以提议立法的方式让国会通过，对国会通过的法律撰写实施规则、规定和指导方针，决定法律或规则适用的特殊情况。

标准的操作程序是例行的，使官员能够每天完成大量的任务，能够节省时间。如果每个工作人员都不得不对每一种情况发明一种新的做事方式，那么他们将不会有足够的时间来帮助更多人。标准的操作程序能够使被处理的有关案例保持一致性，规则可以被更为统一地运用。缺乏标准化程序可能是服务做得不及本可以达到的水平的主要原因。例如，社会保障署（Social Security Administration，SSA）利用全国各地的办事处确定谁有资格领取政府的残疾人救助津贴，但是，各个办事处缺乏标准化的残疾认定过程，这可能是社会保障署积压了大量来自被拒绝领取津贴的申请人的上诉的原因之一。

标准的操作程序也可能阻碍政策实施，因为“它们倾向于在产生它们的有效条件消失以后继续长时间存在”[15]。许多官员喜欢已经存在的惯例的稳定性和熟悉性。形成这些惯例的过程中，已经花了时间、精力和金钱。这些“沉没成本”使组织尽可能限制改变。这就是为什么一些支持性的组织，例如食品研究和行动中心密切监测营养政策的变化，向公众进行宣传，鼓励他们的选民确认州和地方机构实现的改变有益于那些合格的参与者。

科层组织也能够影响实施政策的工作人员的能力，尤其是当对一项政策的责任分散在许多政府单位之间时。政府机构的数量已经激增。在美国有 88 000 多个政府机构：一个联邦政府，50 个州政府，大约 3 000 个县政府，19 000 多个市政府（城市政府），16 000 多个乡镇政府，大约 13 000 个学区，以及大约 37 000 个提供医疗和最终服务的特殊行政区。[16]即使在联邦政府中，也有许多部门负责不同类型的社会福利项目。例如，从国防部 44
到教育部有十多个联邦机构分别负责管理国家的非法毒品控制政策。[17]

参与一项特定政策的政府和机构越多，越具有独立决策权，政策实施也就会有越多的问题。每一个政府和每个机构都会变得更加关心自己的“地盘”——每个区域都认为自己有专属的责任。联邦政府和州政府经常为州里如何执行联邦法规进行斗争。州政府经常与联邦政府进行斗争，以坚持他们的传统权威领域，特别是在联邦政府把规定强加在他们身上，但不能为新授权提供足够的资金时，或者是在州政府感觉联邦的规章制度并不公平的时候。例如，一种观点认为，国会（乔治·布什任总统期间）在通过《不让一个孩子掉队法》（将在后文的第六章和第九章中讨论）时越权了，国会规定了州和学校怎样教学，却未能提供足够的资金来满足法律对学生和教师规定的新标准。

特定项目的支持者坚持主张国会要让他们的项目能够由单独机构实施，这样的机构在很大程度上是独立于传统的行政部门或其他机构的。这些支持者认为他们的项目是特别的。他们担心合并项目职责将降低一个单独的部门能够给予他们项目的特别关注。例如，对有酗酒问题的人的特殊项目的倡导者可能会抵制将美国国家酒精滥用和酒精中毒研究所与国家药物滥用研究所合并。他们担心合并将减少对酒精中毒问题的关注，因为公众的观点是，非法毒品的滥用对社会有更大的威胁，尽管滥用酒精的人比滥用其他药物的人多得多。

在政府间一些项目相互独立可能是可取的。因为联邦主义——国家的政府与 50 个州政府之间有责任分工——的论据就是它允许每个州更直接地处理它的居民所面对的特定状况的有关事务。更靠近“家门口”的政府有时被认为比一个远在华盛顿的官僚机构更加灵活、可控和个人化。但一些州给需要的人提供的帮助比其他州更慷慨，例如前文提到的对贫困家庭的临时救助政策和精神健康项目等。看到有更多的人获得足够的服务，许多社会福利倡导者提出了集中化的项目，如国家医疗保险。

1993年，政府任命的福利简化和协调咨询委员会（Advisory Committee on Welfare Simplification and Coordination）[18]提出以一个"以家庭为重点、案主为导向的综合项目"取代国家的（公共救助）项目，该项目"应该只由一个在众议院和参议院的委员会监督"，而不是像现在这样由"24个国会小组委员会监督各种福利项目"[19]。该委员会还建议对项目用一个申请表和相同的资产审查。一些州已经合并它们对贫困家庭的临时救助、医疗补助和补充营养援助计划的申请，但考虑到不同的联邦（有时也是州）机构分别负责这些项目，并没有认真考虑将它们合并成一个综合的计划。

使科层机构更理性，对每个社会福利管理人员来说是一个挑战。在坚持遵守规则和应对如此多的需要之间，管理人员可能会忘记他们正在帮助消费者或案主。管理人员很少询问案主的需要，他们可能会受到有限的资源和他们应该怎么样帮助人们的严格的规章制度的制约。例证2—1提供了一个引人注目的政策和项目实施失败的例子。

45

例证2—1

卡特里娜飓风和救援的失败

2005年8月29日卡特里娜飓风袭击美国墨西哥湾沿岸。飓风过后，美国人被持续的死亡和损坏震惊了，很大程度上是因为国家气象局已经预报了这将是在这个国家的历史中最凶猛的飓风之一。批评是直接针对新奥尔良市政府、路易斯安那州政府和联邦紧急事务管理局（Federal Emergency Management Agency，FEMA）的。联邦紧急事务管理局是美国国土安全部（U.S. Department of Homeland Security，DHS）的一个部门。因为灾难的规模明显地超出了城市和州的资源能够应对的范围，大部分的责备是指向联邦紧急事务管理局的。问题是，联邦紧急事务管理局在卡特里娜飓风袭击之前已经从一个内阁机构被降级了。由于削减预算、员工减少以及员工缺乏专业知识和经验，它难以应对如此大规模的灾难。对卡特里娜飓风的反应不当导致由布什政府政治任命的联邦紧急事务管理局局长离职，他被批评缺乏危机管理的经验。

特别受到关注的是那些自己没有能力转移或缺少撤离资金的人。一些照片令人心碎：露宿在新奥尔良体育场和坐在桥上没有食物和水的人们的照片，死在医院和护理之家的病人和受伤的人的照片。成千上万的居民被送到其他城市等着他们何时能够被允许回家的消息。一些家庭在这个过程中分散开了，亲人们彼此不知道对方在什么地方。

46

最严重的指责是穷人和非裔美国人被抛弃。KR新闻公司（Knight-Ridder News Service）分析的可用数据虽然不完整，但表明在几百名与卡特里娜飓风有关的死亡者中发现穷人和非裔美国人不成比例地高。[a]尽管对他们的亲人没有什么安慰作用，但是应当指出，死亡者应该是与这些群体在总人口中的代表成比例的。分析指出，缺乏交通工具不是一个原因，因为许多死者的汽车被发现就在他们的车道上。与救援有关的新闻报道一致认为，一些人没有注意到来得很晚的撤离警告，也许因为撤离困难，也许因为之前没有发生过那么糟糕的事情。在死亡者中比例比较高的一组是老年人。近四分之三的死者是60岁及以上的人，近一半是年龄在75岁及以上的人。其中许多人是住在疗养院和医院里的。

得克萨斯州休斯敦的社区接受了成千上万的撤离者。来自联邦政府的酬金低于预期，州和社区的资源更是捉襟见肘。联邦政府大规模地倡议为那些因卡特里娜飓风流离失所的人重建新奥尔良，并帮助那些在其他州的社区里不是因卡特里娜飓风而是因丽塔飓风和威尔玛飓风受到影响的人们。对重建过程的批评也越来越多。《纽约时报》报道说，低收入居民面临重建的困难，因为他们由于收入低或信用不足而被拒绝贷款。[b]相关的保险公司声称它们将需要数年时间才能确定支付或不支付赔偿金。

根据美国审计署总审计长的初步研究，听起来像是这样一句话："我告诉过你就是这样。"他们强调，政府问责办公室（Government Accountability Office，GAO）早就敦促指定一位白宫的高级官员负责"监督联邦准备和应对严重的巨大灾难"[c]。报告还尖锐地批评国土安全部部长的领导失败。政府问责办公室发现，国家洪水保险计划不是精确可行的，即收取的保费不足以支付预期在未来洪水会造成的损失。[d]与卡特里娜飓风有关的一些死亡是因为洪水越过了防洪堤。但是，在这个地区更大量的死亡是因为防洪堤倒塌。对此提出的指控是，防洪堤设计不良、施工不良、维护差。[e]

除了领导的失责，另一个关键是在国土安全部和联邦紧急事务管理局之间，以及政府部门和有关单位之间的沟通失败。[f]从卡特里娜飓风事件得到的教训是，面对自然灾害的人们要尽快地疏散，政府官员要意识到，为了防止生命和财产损失，他们必须坚持高标准的问责制。

[a] See John Simerman, Dwight Ott, and Ted Mellnik (Knight Ridder News Service), "Early Data Challenge Assumptions About Katrina Victims," *Austin-American Statesman*, December 30, 2005, pp. A1&8.

[b] See "The Poor Need Not Apply," *New York Times*, December 21, 2005. Retrieved March 16, 2010, from http://www.nytimes.com/2005/12/21/opinion/21wed2.html?_r=1&scp=1&sq=poor%20need%20not%20apply&st=cse.

[c] "Statement by Comptroller General David M. Wallker on GAO's Preliminary Observations Regarding Preparedness and Response to Hurricanes Katrina and Rita," GAO-06-365R, Washington, DC: U. S. Government Accountability Office, February 1, 2006, p. 3. Available at http://www.gao.gov.

[d] See "Challenges for the National Flood Insurance Program," GAO-06-335T, Washington, DC: U. S. General Accountability Office, January 25, 2006. Available at http://www.gao.gov.

[e] See John Simerman, Dwight Ott, and Ted Mellnik (Knight Ridder News Service), "Canal Breaches Led to Most New Orleans Deaths," *Austin-American Statesman*, December 30, 2005, p. A8; also see John Simerman, Dwight Ott, and Ted Mellnik (Knight Ridder Newspapers), "Majority of New Orleans Deaths Tied to Floodwalls' Collapse," December 29, 2005. Retrieved March 16, 2010, from http://lawnorder.blogspot.com/2006/01/krt-wire-12312005-majority-of-new.html.

[f] See "U. S. Senate Homeland Security and Governmental Affairs Committee Hearing on DHS Preparation for and Response to Hurricane Katrina," February 15, 2006. Retrieved March 16, 2010, from http://www.washingtonpost.com/wp-dyn/content/article/2006/02/15/AR2006021501475.html.

评估社会政策

即使公共政策和计划被很好地组织起来了，有适当的资金，得到了有效执行，被合理使用，且政治上得到认可，人们还是会产生以下一些疑问：那又怎样？它们带来了什么不同？这些计划对社会有什么益处？我们能否利用这些计划使用的人力和物力做更有益于社会的某些事情？例如，联邦政府的对贫困家庭的临时救助、医疗救助、家庭保护计划或者社区精神健康服务是否实现了它们的目标？它们对社会的益处是否超过了它们的成本？是否没有更好的或成本更低的方式能够取得同样的结果？其他的政策类型是什么？例如，是否更多地使用更大范围的强制和羁押以组织非法移民？采用这样的政策对那些合法地居住在美国的家庭成员会产生怎样的影响？

在政策分析师努力预测如果政策和计划被终止会发生什么的同时，确定在政策和计划得到执行以后发生了什么，也是政策分析师的工作。这项工作就叫做政策评估。

政策评估重要吗？

47 1970 年，一份由具有自由主义倾向的智库——城市研究所——提供的报告坦诚到令人惊讶的程度，该报告指出，联邦政府不知道大部分的社会服务项目是否有价值。

> 在联邦政府对社会计划的评估中，令人印象最深刻的发现是，在这一领域实质性的工作几乎已经不存在。
>
> 有重要意义的研究很少被采用。那些被采用的研究中大多数被构思得很拙劣。全

国各地的许多被采用的小规模的研究，设计和目标之间缺乏一致性，结果它们与政策制定者面临的问题很少具有相通性或是根本没有对问题的反映……

公共成本数以百万计，有时数十亿美元的活动的结果并没有被测量。没有人能自信地指出大量社会项目给美国人的生活带来了哪些不同——如果确实有的话。[20]

20世纪80年代，对社会服务计划的评估仍存在着很多令人感到悲观的情况。例如，两个社会科学家对创造就业和培训计划的实际状态如此评论：

尽管联邦政府介入其中已经近20年了……但是对于做什么和为谁工作，我们还是要做大量的猜测工作。在识别做什么、为谁、为什么方面我们仍然有着实质性的和持续的困难。这在很大程度上是因为国会和政策制定者中的一部分人不愿意对提供就业和培训服务进行适当的实验。[21]

20世纪90年代，一些人对计划评估的未来变得相对乐观了。《纽约时报》对工作培训计划评估称赞道：

最近的一项实验，由人力示范研究公司设计和监控，该公司是1974年从福特基金会分离出来的一个非营利组织，对福利改革的方向有巨大的影响。同时由于实验的管理者身居要职，实验人员可能影响每一件事情：从公立学校的设计到所谓的医疗照顾管理主的竞争……[22]

评估科学持续发展，但是，这主要体现在从事这项工作的人数上而不是体现在复杂的待评估的项目数上。2008年，一个在项目评估领域有着漫长职业生涯的人卡罗·维斯(Carol Weiss)写道：

尽管有各种各样的劝告、警告和第一流的报道，但是人们对下面这个观点还是广泛认同的，即社会科学研究通常不会对政策或实践有重大影响。[23]

为什么会出现这样的情况？为什么政策制定者不重视政策评估提出的"证据"呢？维斯认为是由于"研究和政策之间的有生产力的协作"的缺乏导致了各种缺陷。一些缺陷是研究和研究者的责任——不能得到可以产生真正需要的那类证据的充分数据；一些发现被报告时，项目本身或环境中的其他因素可能影响它们发生了显著变化；发现往往是不清晰、不明确的，而且从不同的项目评估中形成的发现常常是相互矛盾的，这使得社会政策和项目的方向也很难是明确的。决策者渴望有结果形成，往往是因为政治议程和争取连任在他们心里是最重要的事情。研究人员、政策制定者和项目管理员有不同议程，而且每一组人都说着不同的话语。 48

但是，在21世纪，随着人们生活的不确定性的增加与项目价格标签的增多，美国人需要更多的关于社会政策的信息：它们有什么？对谁有作用？它们为什么能够具有那样的作用？人们对改进项目评估的需要尤其大，因为随着社会项目的激增，有必要评估其中有些项目的规模，以及一些项目对稀缺的公共资金的需求。

大规模的、在方法论上严谨的、科学的社会项目评估是要花费大量成本的。美国国家酒精滥用与酒精中毒研究所在根据就诊者的异质性匹配酒精中毒治疗项目上花了至少2 500万美元，该项目比较了三种心理疗法治疗酒精中毒的效果（三种治疗方法被证明同样有效）。[24]这个项目之后，研究所又进行了另一项雄心勃勃的研究，即确定某些药物与行为治疗相结合是否可以提高酗酒治疗的效率（一种药物单独与一种行为疗法组合）。[25]

城市研究所对新联邦制项目的评估分析了许多权力下放造成的影响——社会项目从联邦政府转移到州政府，这已经通过立法发生了，主要是《个人责任和工作机会协调法》（Personal Responsibility and Work Opportunity Reconciliation Act，PRWORA）和1996年的福利改革。在新联邦制的题目之下进行的研究和报告的标题有："在疲软的经济中将更少的福利留给雇员"，"儿童的保险覆盖率和服务使用的改善"，"在成年人中公共医疗保险的增加对雇主覆盖率减少的抵消"。智库和政策计划组织提出的报告可能会推动决策者采取行动。更常见的情况是，智库和政策计划组织是为那些希望就他们最关切的问题采取期望行动的倡导团体的核心工作而服务的。

政策评估作为一种理性活动

从事评估的学者理解，政策和项目评估是发生在政治环境中的，但是，他们还是将评估界定为一种理性的活动。下面是这一领域的一些领导者对政策评估的定义：

> 政策评估是对正在进行的政策和项目的效果、对其预定目标的实现状况的客观的、系统的、实证性的检验。[26]
>
> 评估研究被其拥护者视为一种提供政策制定的理性化程度的方式。利用关于项目结果的客观信息，在预算分配和项目计划方面可以形成明智的决策。已经产生良好结果的项目将会被扩展，效果不佳的计划将被放弃或进行大幅度的修改。[27]
>
> 项目评估是使用社会科学研究方法对社会干预方案的有效系统调查。它……改进计划和社会行动的目的，对于改变社会问题是有用的。[28]

这些政策评估的定义假设项目和政策的目的、目标是清晰的，我们知道如何衡量朝向这
49 些目标的进展，我们知道如何衡量成本，并且我们可以在评估一个公共项目时公正地权衡利弊。简言之，这些定义将政策评估作为一种理性的活动看待。当代从事评估的学者知道政策和项目评估必须"适应其政治和组织环境"[29]，但他们也希望评估是一项更为理性的活动。

理想情况下，一项评估将解决与项目有关的所有问题：需要、形成概念和设计、监控、影响和效用、效率等等。这些内容在例证2—2"理性的评估：要问什么问题"中进行了描述。这个例证指出，一个综合的、理性的评估包括五个类型的问题。

例证 2—2

理性的评估：要问什么问题

一些理想的、理性的项目评估模型已经被提出来了。社会科学家彼得·罗西（Peter Rossi）、霍华德·弗里曼（Howard Freeman）和马克·李普塞（Mark Lipsey）提出，理性评估包括五个类型的问题：

1. 关于项目服务需要的评估（需求评估）
- 要解决的问题的性质和重要程度如何？
- 有需要的人们的特点是什么？
- 有关的人们的需要是什么？
- 需要什么服务？
- 需要多少服务以及持续多长时间？
- 需要什么样的服务交付安排，以便将服务提供这些人？

2. 关于项目概念化或设计的评估（项目评价的理论）
- 应该给案主提供什么？
- 应提供什么样的服务？
- 什么是最好的服务提供系统？
- 项目如何识别、招募和维持预期的案主？
- 项目应该如何组织？
- 什么资源是必要且适合该项目的？

3. 关于项目操作和服务提供的评估（评定项目过程或实施）
- 行政的和服务的目标是否得到了满足？
- 预定的服务是否提供给了预期的人？
- 是否存在项目提供的服务没有到达有需要的人那里的情况？
- 一项服务提供是否使足够数量的案主得到了完整的服务？
- 案主对服务满意吗？
- 管理、组织和人事方面的事务是否处理好了？

4. 关于项目结果的评估（结果评估）
- 目的和目标是否实现了？
- 对于得到服务的人而言，服务是否产生了有益的效果？
- 是否一些得到服务的人比另外一些人更多地受到服务的影响？
- 打算解决的问题或应对的情况是否因为服务的提供有了改进？

5. 关于项目成本和收益的评估（效率评估）
- 资源得到了有效利用吗？
- 相对于收益的量级成本是合理的吗？
- 是否有以较低的成本取得相同效益的替代方法？

资料来源：Peter H. Rossi，Howard E. Freeman，and Mark W. Lipsey，*Evaluation*：*A Systematic Approach*，7th ed.（Thousand Oaks，CA：Sage Publications，2004），pp. 87－88.

50 前两个问题与前面在政策分析模型中所描述的那些内容相类似，但是，政策分析师往往必须很快地工作，而评估人员有时却可以享有更长的研究时间。

在一个完美的世界里，政策评估者将首先对需求进行仔细评估以便识别目标群体。换句话说，就是确定有多少个人、家庭、学校、社区或其他实体将需要或受益于政策、项目或服务。在某些情况下，政府已经收集了此类社会指标。例如，物质滥用和精神健康服务管理局（Substance Abuse and Mental Health Services Administration）每年都进行调查，以确定有多少人有过度使用酒精和毒品问题，有多少人接受了治疗，有多少人未接受治疗以及他们没有得到治疗的原因。当没有这样的指标时，分析师可使用替代指标进行测量（例如，将在流动摊点就餐的人数作为衡量无家可归者数量的替代指标）或自己收集数据。

从理性的评估者的角度来看，第二步是对问题形成一种理性或符合逻辑的反应。哪些理论和先前的研究或其他证据可用来指导针对这一问题应该采取什么样的解决方式？什么物品、服务、权利或特权应该提供给被广泛或狭隘地确定的目标群体？即使在对解决一个问题的总体战略意见一致的情况下，细节也是另一回事。例如，利益相关者可能会同意教育应该减少青少年怀孕的主要策略[30]，但是，即使在面对禁欲教育项目是无效的这一研究结果时，在教育应该包含什么内容方面人们仍然会继续产生意见分歧（例如，采用更多的禁欲教育[31]，还是在教育中添加安全性行为教育的内容[32]）。

一旦一种政策战略形成，它就必须被实施。在这一阶段或步骤中，评估者的作用是推进一个过程，或进行评估以便确定政策或项目是否正在按照计划实施。如果一个明确的治疗或服务模式是可用的，那么保持模型的原样（坚持）是很重要的。这是通过监控来防止实施过程偏离模型。如果有太多的偏离，我们就实在不知道被评估的是什么了。在根据就诊者的异质性匹配酒精中毒治疗项目中，提供三种可供选择的治疗模型帮助有酒精中毒问题的人，是通过诸如由专家评估参与者提供的治疗录像带等方法仔细监控的。政策和项目的反对者可能用于影响政策或项目的一种方法就是鼓励偏离。

并不是非要等到目标群体的成员已经完成了一个项目才进行评估，过程评估也很重要，它用于确定中期或短期目标是否得到满足，确定参与项目的预期目标群体成员的数量。如果项目没有按预期进展，可能就需要进行修改。然而，很少有像样的过程评估，因为这样的评估往往是烦琐和费时的。例证 2—3 给出了一个过程评估的例子。

接下来是结果或产品评估。这就是大多数人真的想要知道的：项目是否产生了预期的效果？在做出这些判断和测量时，政策输出（政府所做的）不应与政策的效果（这些政府行为产生的后果）相混淆。收益不应该仅从政府的活动方面进行测量，例如，得到服务的案主数量或提供服务的单位数量并不是真正衡量政府活动的标准。我们不能满足于计算鸟的翅膀扇动了多少次，我们必须知道小鸟飞了多远。在确定公共政策的效果时，我们必须区分有关的公共政策给个人、群体、社会带来的改变。测量公共政策的效果，既包括正面的也包括负面的，既包括目标群体也要包括非目标群体，这是至关重要的，尽管更多的努力通常是集中于测量政策对目标群体的影响。

51

例证 2—3

较小的教育社区项目实施过程研究

较小的教育社区（Smaller Learning Communities，SLC）项目是在应对国家越来越担忧的另外一种教育方式中形成的。另外一种教育方式即那种学生往往迷失和异化的大规模的、非个性化的高中。与此同时，较小的教育社区项目也是出于对学校安全、许多学生的低毕业水平和低成就水平的担忧。在初等和中等教育法案的授权之下，较小的社区中的教育项目被设计为向地方的教育机构提供资金，使其能够在有 1 000 名或更多学生的大规模高中计划、实施或扩大较小的教育社区项目。

较小的教育社区立法允许本地教育机构采用最适合其需要的组织架构。较小的教育社区实施研究的最终报告被设计成对较小的教育社区项目的早期实施研究。这项研究基于 2002 年春天和 2003 年秋天对自 2000 年开始的第一批受资助者中的 119 人进行调查获得的数据。报告还使用了对 18 个受资助者进行深入的个案研究获得的数据。这 18 个人打算利用新生学院和职业学校建立一个较小的教育社区项目。

研究中的主要实施发现和结果是：

> 最普遍的较小的教育社区项目结构是新生学院和职业学校。
>
> 大多数参与的学校实施一个或多个较小的教育社区策略，街区调度和教师团队是最普遍的选择。
>
> 与较小的教育社区有关的专业发展，虽然几乎所有的学校都提供了，但不是非常广泛。
>
> 大多数学校报告，它们利用较小的教育社区资金在总体上提高了学生的学术成就和高危学生的学习动机。
>
> 学校报道有许多因素限制了较小的教育社区项目的实施效果，包括调度和后勤问题，物理空间问题，缺乏较小的教育社区专业发展的老师、学校需要的员工，尤其是核心的专业教师和辅导员。

虽然这项研究主要集中于实施问题，但是来自第一年的年度业绩报告（APRs）有限的关于结果的数据也包含在报告中了，这些数据与数据解释中的一些限制和注意事项放在了一起。这些数据是基于学校在参加联邦项目前后的即时统计和观察，并不意味着彼此之间存在因果联系。

> 数据显示，在项目之后参与课外活动的学生数量呈上升趋势。
>
> 在拨款以后，九年级学生升为十年级的百分比有上升趋势是具有统计意义的。
>
> 在较小的教育社区，随着时间的推移，学校暴力事件的发生概率有下降的趋向。
>
> 另外还有一个数据显示，计划报考两年或四年制大学的毕业生的百分比提高了。

在学术成就方面，无论是以在全州范围内的评估得分还是以大学入学考试成绩衡量，在短时间内都没有观察到明显的变化趋势。

资料来源：U. S. Department of Education，Office of Planning，Evaluation and Policy Development，Policy and Program Studies Service，*Implementation Study of Smaller Learning Communities*，*Final Report*. Washington，D. C.，2008. Retrieved January 17，2009，from http：//www. ed. gov/news/pressreleases/2008/05/05122008. html.

52 政策和项目评估的最后一项是成本效益和效果评价。这些研究通常很难进行，因为考虑所有可能的效果和获得相关的数据是很困难的，尤其是长期项目效果的识别。

也许评估者面对的最困难的问题是成本和收益的衡量。收益可能以人类的状况变得更好来衡量——更大的教育成就、更长的寿命、更好的营养、稳定的就业等等。成本通常以美元来衡量，但是很多的价值，如教育、健康、自尊等是不能仅以美元衡量的。节约成本并不是社会想要达成的唯一目标。当收益和成本以不同的方式来衡量时，追求理性评估是困难的。

政策评估作为一个政治活动

政策和项目评估可能类似于理性的、科学的探究，但它永远不可能真正地与政治分开。让我们进一步看看那些阻碍理性政策评估的政治问题，即使这些问题不是使理性评估无法完成的原因。

不清楚的、模糊的项目目标

正如我们已经提到的，立法语言经常是故意含糊不清的——“改善营养状况”或“增加入学准备”等就是例子。可能没有什么具体指标能够指明会有什么样的改善或改进多少，也没有具体指标指明改善或改进会在什么时候发生。即使采访最初的立法提案人（国会议员、州议员、县议会委员或市议会成员），同样可能得到模棱两可甚至相互矛盾的目标阐述。

还有“政策目的和政策手段之间的混淆”[33]。如果福利改革的目标是“减少对福利的依赖”，这是否意味着研究人员应该测量有多少人离开了公共救助名册，有多少人得到了工作，或者有多少人不再那么贫穷了，有医疗保险了，有儿童照顾资金了，或者拥有了其他资源？一种理性的反应可能是，我们应该测量所有这些指标，但倡导减少福利支出和建立较小政府的人将专注于还有多少人留在公共救助名册上，有多少人仍然处在贫困中。

当政策分析师和评价者必须界定目标或结果时，评估本身就变成了一种政治活动。此外，除非对报告提交时间、由谁专门负责等有明确的说明，否则项目不可能很好地对结果进行监测。

象征性的目标

很多项目和政策的主要价值是象征性的。它们并未被设计得像它们要使有关群体感觉到其政府的“关心”那样，真的大幅度地改变社会环境。当然，一个机构是不会欢迎这样一项研究的，即这项研究是要揭示该机构的努力并没有实在的效果。事实上，这样的发现，如果广泛宣传，告诉目标群体或其他支持者该项目是没有实际用处的，很可能会减少项目的象征性的效果。例如，毒品预防项目最初是很受欢迎的，但是做了很多事情后并没有阻止毒品的使用。《婚姻保护法》可能令保守派感到高兴，但目前还不清楚它将如何有助于“拯救”婚姻制度，就像某些人所宣称的那样。

不幸的发现

机构和管理者通常对当前的项目和政策有巨大的投入——组织方面的、资金方面的、时间精力方面的等等。他们自然地倾向于抵制这样一种研究发现，即这些项目是无效的，投入了过多的成本，或产生了非预期的消极的后果。如果提交了一个负面的报告，该机构可能会采用各种策略来抵消这一发现的影响，如在例证 2—4 中所显示的。例证 2—4 的名称是：“如果你的机构的项目收到一份负面的报告，你要做什么？”此外，一个 53
承诺要满足全国性需求的项目，例如消除贫困或覆盖处方药的成本，如果实际上只满足了那种需要的一小部分，那么它在最初可能会得到巨大的赞美，但是，当真实的结果广为人知以后，就会遭受挫折。

例证 2—4

如果你的机构的项目收到一份负面的报告，你要做什么？

如果你面对着明确的证据，这些证据表明你喜欢的项目是无用的，甚至是具有相反作用的，你会怎样做？下面是一个不必当真的为挽救项目能够做的最后努力的列表。

1. 声明项目的效果需要一个较长的时期才能显现，在许多年内都不能充分地测量出来。

2. 辩解说，项目的效果是一般性的和无形的，这些效果不能被粗糙的方法识别出来，包括在评估中使用的统计学的测量方法。

3. 如果使用的是经典的实验研究设计，就辩称不给对照组提供服务或利益是不公平的，辩称控制组与试验组之间没有差别是因为两个组的成员都拥有关于实验的知识。

4. 如果使用的是一个准实验设计，就声称实验和对比组最初的差异导致了无用的结果。

5. 如果使用的是一个时间序列的研究设计，就声称“前测”和“后测”之间没有差异是由于其他同时发生的变化隐藏在程序的效果中。那也就是说，声称如果没有这个项目，参与者的状况会变得更糟糕。

6. 辩称那些接受了项目服务的人和没有接受服务的人缺乏差异，仅仅意味着项目没有充分地集中于和指向那些有需要的人，没有将更多的资源用在这个项目上。

7. 辩称没有辨识出积极的项目效果是由于评价研究设计不适当或评估者有偏见。

项目受到干扰

最严肃的评估研究在持续的项目活动中要涉及一些负担。在项目管理者和一线工作人员的头脑中完成一个机构的日常业务比为进行评估做出安排更具有优先性。高质量的评价研究通常也需要大量的开支：资金、设备、时间和人员。管理者可能不愿从他们的项目资源中为评估者提供这些东西。

评估的有效性

除非选择将一个项目分拆或大幅改变它，否则项目管理者对评价研究得出的结论——“项目没有实现期望的结果”——通常是防御性的。这样的结论不仅对机构是一个威胁，而且也是不负责任的，因为它没有告诉管理者计划失败的原因。当评估能够包括一些令人信服的拯救项目的建议时，机构工作人员可能会更多地接受评估。但是，即使研究显示项目失败了，通常的反应也是进行修补并再试一次。很少有项目被取消。除非一个项目非常不受欢迎，否则任何取消它的企图肯定是会遭到抵抗的。

54 由谁来做评估？

一个主要的政治问题是由谁来做评估。从机构的角度来看，评估应由机构自己来做。这种“内部”评估最有可能产生对机构有利的结果。仍然是从机构的角度看，另外一种最好的情形是，允许该机构与私人公司签订合同进行一种“外部”评估。私人公司想要从这个机构或从其他机构得到未来的合同，对于提交一份完全负面的评估报告是非常犹豫的。还是从机构的角度看，最不好的评估安排是，由一个独立的政府机构进行外部评估，例如，由政府问责办公室（原来是总会计署）进行评估。一个独立的签约人，受雇于政府、州审计办公室或总审计师办公室。机构员工担心外人不能够清楚地了解他们工作的性质或他们所服务的案主面临的问题，这将造成对项目的损害。

威胁到每个人

社会服务输送系统的各个层级都存在着评估运作的政治障碍。评估可能对选举出来的官员造成威胁，因为它可能意味着，他们提出了低劣的政策、通过了不适当的法律、提供了与需要不相称的资金或资助了无效的项目。评估可能对社会服务管理者造成威胁，因为它可能表明，他们为实施和管理立法者授权的政策和项目所做的工作是差劲的。评估可能对社会服务工作者造成威胁，因为它可能表明，在向案主交付和提供社会服务的过程中，他们没有适当的技能。最后，评估也可能威胁案主，因为评估过程可能侵犯他们的隐私，给身处危机中的个人增加额外的压力，并使他们感觉接受社会服务更加引人注目。

“启蒙教育”为什么还没有“治愈”贫困？

启蒙教育（Head Start）是一个非常受欢迎的社会福利项目。在某些圈子里，对启蒙教育的评估引发了广泛关注，就像这个项目本身一样引人关注。让我们将这些研究作为一个政策评估的政治例证。

20世纪60年代，林登·贝恩斯·约翰逊（Lyndon Baines Johnson）总统向贫困宣战，将数量可观的资金用于“对学龄前儿童的启蒙教育计划”。到20世纪60年代末，全国有超过50万儿童被记入该项目的名册。一些社区将启蒙教育计划扩大为全日制的项目，并且为儿童提供医疗服务和改善日常饮食状况。

政治、评估和启蒙教育

启蒙教育计划非常受欢迎，但是它真的制造了什么不同吗？可以理解的是，美国经济机会局（OEO）中的启蒙教育计划的官员一想到对他们的项目进行正式评估就不舒服。他们认为，教育的成功不是项目的唯一目标——儿童健康和营养以及家长参与是同样重要的目标。经过大量的内部争论后，萨金特·施瑞弗尔（Sargent Shriver）安排了一个评估研究，在1968年对项目进行研究的合同给了西屋教育公司（Westinghouse Learning Corporation）和俄亥俄大学。

当理查德·尼克松（Richard Nixon）在1969年1月就任总统时，负面发现的暗示已经充斥了白宫。尼克松曾提到，研究显示，启蒙教育的长期效果是“极度疲弱的”，这促使媒体和国会呼吁西屋教育公司发布报告。研究人员在全国随机选择了104个启蒙教育项目，其中70%是暑期项目，30%是全年的项目。已经从这些项目离开，分别成为当地学校的一、二、三年级学生的孩子们（实验组）的社会经济背景与在同一年级没有参加启蒙教育项目的孩子们（控制组）是相匹配的。对孩子们进行的一系列标准化测试覆盖了认知能 55
力发展和情感发展的各个方面。两组孩子的父母在成就和动机方面也是相匹配的。

不幸的结果可以概括如下：暑期项目在认知能力提高和情感发展方面没有产生效果，这可以在小学一年级早期被发现；全年项目仅对某些类别的实验组略微有效，主要是身处中心城市的黑人孩子。然而，参加学前启蒙教育项目的儿童的父母强烈支持这个项目。[34]启蒙教育项目的官员对这个谴责报告做出的反应是可以预料的。自由主义者攻击报告，是因为他们认为，尼克松总统将使用它来证明对经济机会局的重大削减的决定是正确的。《纽约时报》以《启蒙教育报告“充满了漏洞”》为标题报道了该研究发现。它警告说：“国会或政府会抓住报告的一般性的负面结论，以此为借口降低或抛弃启蒙教育计划。”[35]（研究发现不是不合理，但是，对于自由主义者团体而言，在政治上它是不可接受的。）学术研究转向通过攻击研究的方法论保卫“向贫困宣战”。简而言之，对启蒙教育项目的科学评估被淹没在政治争论的汪洋大海之中。

多年后

教育者和社会福利机构很难相信教育（特别是学前强化教育）对儿童的生活没有持久的影响。著名的卡内基基金会决定对密歇根州伊普斯兰提、佛罗里达州佩里的学前教育项目提供研究资金，这项研究是对处于弱势的年轻人从幼儿园一直追踪到成年。研究产生自一个由 123 名儿童构成的小样本——根据他们在著名的斯坦福—比奈智力测验中的得分判断，他们在学校很可能不会有好的成绩。其中的 58 个孩子（实验组）在 3 岁和 4 岁时接受了一个特殊的启蒙教育，在以后的受教育期间持续接受每周一次的访问。其他的孩子（对照组）没有接受过特殊的教育帮助。两组儿童都来自低社会经济背景的家庭；一半孩子来自单亲家庭，一半接受福利。研究者在这些孩子的年龄达到 27 岁和 40 岁时两次报道了这个小的、地方性的样本的发展。[36]

初步结果是令人失望的。大多数在学龄前儿童教育中得到的收获，随着时间的推移，在他们读完二年级的时候就已经消失了。随着实验组的孩子们年级的上升，由小学到初中再到高中，他们的成绩并不比对照组的孩子好，虽然他们在阅读、数学和语言方面的成绩略高（约 8%）。更重要的是，实验组的孩子中只有 19%结束于特殊教育班级，而对照组的有 39%。前者在学龄前阶段也表现出较少的不良倾向和参加更多的课外活动。这一成功的关键似乎是那些接受了学前教育的儿童对学校和学习有更好的态度。在 27 岁时，与那些没有接受特别的学前教育的人相比，接受了学前教育的女性更有可能完成高中学业，更不太可能发生婚姻之外的生育，更有可能结婚和工作。接受了学前教育的男性婚龄更长，赚的钱也更多。接受了学前教育的人更少被逮捕，更有可能避免（接受）福利，更多的人拥有自己的房子。研究人员报告，该项目每花一美元就有 7.16 美元的收益，其中的五分之四是由于减少了犯罪的司法成本和犯罪受害者损失。在参与者 40 岁时进行的研究，项目的积极结果再次得到证实。

但是，即使支持诸如启蒙教育这样的儿童早期教育项目的学者和研究人员也担心接受
56 这种达 7 倍收益的评估有些天真。因为像佩里学前教育项目这种模式的项目评估（在每个

孩子身上的花费远远多于启蒙教育项目平均用在每个儿童身上的花费）表明，能够实现的不一定正在实现。[37]他们还注意到，每个项目都是由本地管理的，所以启蒙教育项目的质量有一些令人担心：长远的利益远比公众一直相信的要小得多，而且帮助当前的一代人需要更多的创新。

今天接受启蒙教育的孩子通常只由一个家长抚养，他们生活在药物滥用、缺少教育、暴力、失业和青少年怀孕等都很常见的环境中。他们来自使用不同语言、具有不同文化的家庭，这给运作项目的员工提出了额外的挑战。[38]对启蒙教育项目进行了多年研究的两个研究者表示：

> 启蒙教育对于处在贫困中的人们并不是一服灵丹妙药，试图将它作为灵丹妙药将导致不可避免的失败。显然，增加我们国家在启蒙教育项目上的投资，如果这些投资不是由延续、改善、能够影响启蒙教育项目的孩子和家庭的其他服务和机构的扩大相伴随，这将是不明智的。[39]

比被广泛引用的佩里的学前教育研究更多的是一直在进行的、对早期儿童教育和其他儿童早期干预的研究。一个对 35 项儿童早期教育经验研究和准经验研究的综合分析表明，这些项目对儿童的智力、学业成绩、个人的和社会的问题的影响很明显。[40]然而另外一个综合分析——对 13 个州建立的学前教育项目的综合分析不太支持这个结论，声称这些项目“与为低收入儿童提供的其他大型的学前教育项目的评估差不多，如启蒙教育”[41]。

项目评估的有关方面

大多数政府都会为确定它们的项目是否有效做出一些努力。这些努力一般采取下列一种或多种形式。

公众听证会

公众听证会是项目审查的一个类型。立法委员会经常要求机构负责人就他们的项目给出正式或非正式的证据。这通常发生在即将制定预算时。有时举行听证会是由于危机或丑闻。例如，联邦紧急事务管理局（Federal Emergency Management Agency，FEMA）的负责人和其他人被要求到国会提出证言，对卡特里娜飓风在新奥尔良及周边地区造成的财产损失和人员伤亡给出说明。参议院听证会的电视和新闻报道让参议员有机会向选民展示他们对某个问题的关注，或通过不给予关注表示对一个问题的愤怒或不敏感。

其他政府机构也要从服务提供者或公众那里获取有关的要求。例如，2009 年，美国量刑委员会（U. S. Sentencing Commission）在几个城市举行听证会，对 1984 年的《量刑改革法》（Sentencing Reform Act of 1984）实施 25 周年举行纪念活动，并邀请法官、律师、缓刑监督官员、学者和其他人，对量刑指南如何发挥作用、政策应该怎样修改等问题发表意见。在制定预算的时候或者对社会服务分配和交付进行重要改变的时候，在州和地方的层次也需要征求公民意见。

总统有时也会就一些特殊的问题召开会议或举办论坛。饥饿论坛和教育峰会就是这种
57 情况的例子。州和地方机构也举办社区论坛，以获取各方面人士对无家可归者管理、精神健康服务或其他社会问题的意见。有时公民提出的意见，可能使结果产生一些变化，但是，这些会议往往很少具有超过象征性姿态的效果。

通常，有关证明文件、项目管理者和项目服务对象的报告并不是很客观的项目评估。除非有实质性的错误行为，否则公众听证会常常夸大项目的收益，缩小项目的成本。

现场访问

偶尔，立法者、联邦或州高层官员、有关专家顾问会分别（或其中的某些人一起）组成小组，到机构进行现场访问。这些小组人员可能对工作人员和案主进行访谈，也可能直接观察机构的运作。他们可以对项目是怎样执行的、工作人员是否称职、项目是否能够有好的效果等积累印象，甚至可能获得案主（目标群体）对服务是否满意的信息。但是，现场访问也可能对项目形成偏见。项目人员在此时通常会有最好的表现，接受访问的案主通常是被精心挑选出来的。

项目测量

通常，机构有自己的描述项目发展情况或测量成效的评估数据，例如，工作和培训项目的参加人数、可用的病床数量或者接受精神健康治疗的人数。有时，这些测量也显示了项目对社会的影响——贫困人口减少，与吸毒有关的犯罪活动减少，参加了工作培训的人后来在全国劳动市场成功地找到工作并保持就业，因提高了养育子女的技能而减少了对儿童保护服务项目的需求。

政府机构也将项目报告作为“公共信息”提供给议员。政府机构可能被要求提供年度报告。例如，联邦机构每年必须向行政管理和预算办公室（Office of Management and Budget，OMB）提交年度业绩和问责报告（Performance and Accountability Reports，PARs），报告要包括主要的财政数据、绩效标准和结果、控制和管理实践等。这些报告通常也挂在机构网站上供公众审查。

与专业标准对照

在社会福利活动的某些领域，专业协会已经开发出自己的津贴和服务“标准”。这些标准可能以心理健康、儿童福利、公共救助等领域的工作人员能有效处理的个案的最大数量表达，或以每 10 万人所要求的医院病床的最小数量表达，或以其他方式表达。实际的政府输出可以与这些“理想”输出相对照。尽管这样的研究可能是有用的，但是，它关注的仍然是输出，而不是政府活动对目标群体和非目标群体的状况的影响。尽管专业人士经常开发标准，但是这些个人可能缺乏具体数据来确定理想的津贴和服务水平。有太多的个案表明，对案主个体的关注不足，但是医院却有太多的病床资源被闲置。然

而，很少有确凿的证据表明什么才是最佳的配备比，也没有证据表明所谓理想的政府投入将产生重大影响。

正式的研究设计

另一种理性的方法是采用科学研究的技术进行正式的评估研究。

经典的实验设计

在许多社会科学家的观念中[42]，最受重视的方法就是经典的实验设计——即便平时最少使用。这种设计利用两个小组进行对照，一个实验组和一个控制组，理论上这两个小组在其他各个方面都是相同的，只是实验策略仅运用于实验小组。为了确保控制组和实验组相匹配，研究对象或参与者被随机分配到两组，项目仅运用于实验组。实验策略应用了一个给定的时间段以后，通过比较实验组与控制组的状态来测量实验策略的效果。项目实施后两组的状态必须被仔细测量。同时，必须尽力确保任何观察到的实验策略实施之后两组之间的差异是由于项目实施所致，而不是其他干预造成的，这种干预能够对与被管理的项目有关的群体之一产生影响。这个经典实验设计（见图 2—2）是首选的，因为它提供了最好的机会可以直接归因于策略和项目的变化。 58

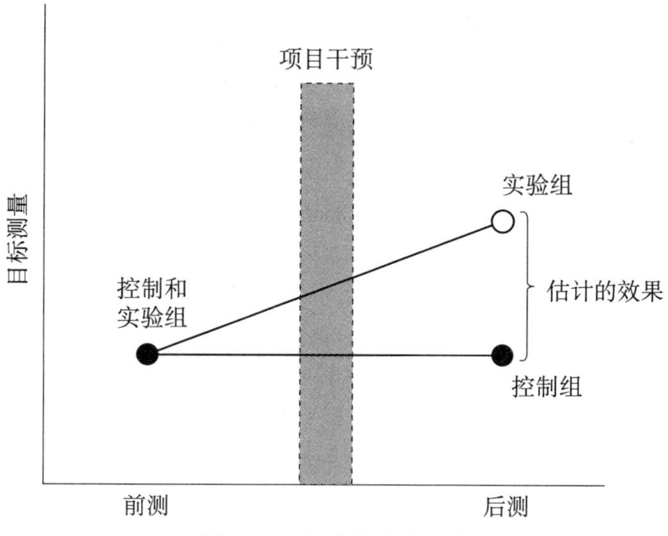

图 2—2 经典的实验设计

尽管被许多人推崇，但是经典的实验设计在社会科学中受到了许多挑战。方法论上，在社会科学研究中它很难避免被污染（引入了无关的因素）。对新药物的许多研究使用的是双盲实验方法，这种实验方法的特点是，无论是管理“药物”的人还是使用“药物”的研究对象，都不知道管理或使用的东西是药物还是安慰剂。这种双盲实验方法在研究社会干预措施时几乎是不可能使用的。一般来说，社会的干预（例如，工作培训项目或药物康复服务）的管理人和研究对象或参与者都知道他们是否正在接受干预。如同在药物研究中那样，社会实验的潜在参与者必须得到对将要施行的干预的清晰的解释，并有机会决定他们是否想要参与。他们如果选择进入研究，通常也可以在任何时候退出。

59 *理论评估*

控制实验有时也被称作简化论，因为它们专注于被狭窄地界定的干预措施和被狭窄地界定的结果。就像莉丝贝·肖尔（Lisbeth Schorr）所认为的，控制实验可能不适合用来研究提供给面临着诸多问题和生活环境多变的个人的复杂干预措施。[43]她认识到“打破实验设计的教条的困难”，因为，就像另一个评估专家罗宾逊·G·霍利斯特（Robinson G. Hollister）曾经说的，当控制研究进入评估领域，它“就像神的琼浆玉液”。但肖尔相信有些评估可行方案可以提供“严密性和相关性”，尽管它不能提供确定的因果相关性。如果说还存在着弥合理性评估和政治之间的差距的希望，也许肖尔提出的“理论评估”模型将有所帮助。这种方法开始于对它感兴趣的那些人，比如社会服务人员、与评价者合作开发了“概念图”或“逻辑模型”的人。“概念图”或“逻辑模型”（如图 2—3 所示）将工作促进改变的理论假设与来自这种理念的干预措施和进展过程中的临时措施以及结果测量联系起来。

肖尔提供了儿童早期教育项目的例子。这些项目通常是基于这样的假设，即在学校里那些“准备学习”的孩子比那些“没准备学习”的孩子做得好。政策和项目就应该专注于那些似乎最能够帮助儿童成为“准备学习”的孩子的因素，比如，健康的身体、适当的营
60 养、高质量的学前教育、家庭的支持等。临时措施可能包括更多儿童定期接受医疗照顾、更多孩子加入高质量的学前教育项目、更多家庭接受支持性的服务。对家庭的支持性服务包括合适的住房、通过尽早干预防止儿童受到虐待或被忽视、通过教育使家长能够帮他们的孩子阅读并能够鼓励孩子学习。由于项目人员提供的服务和评估者的检查、临时措施和结果测量，概念图被创新界定，希望为孩子和他们的家庭带来更有效的服务和改良的结果，比如，在学校里有更好的表现。

考虑理论评估等方法的另一个原因是，即使一个人想要在公共政策领域进行控制实验，也往往是不可能实现的，因为人不能只是为了项目评估而被随意放置在实验组或控制组中。事实上，如果实验组和控制组真的是完全相同的，公共政策只应用于一组公民而不应用于其他人，则可能违反了美国宪法第十四条修正案中的“平等的法律保护”条款。除了法律问题，差别对待遭遇相同社会问题的人，也会引发道德问题。社会工作者和其他专业人士可能会判定拒绝向案主提供一种可能更有前途的治疗方法是不可接受的，即使是为了更好地进行项目评估。

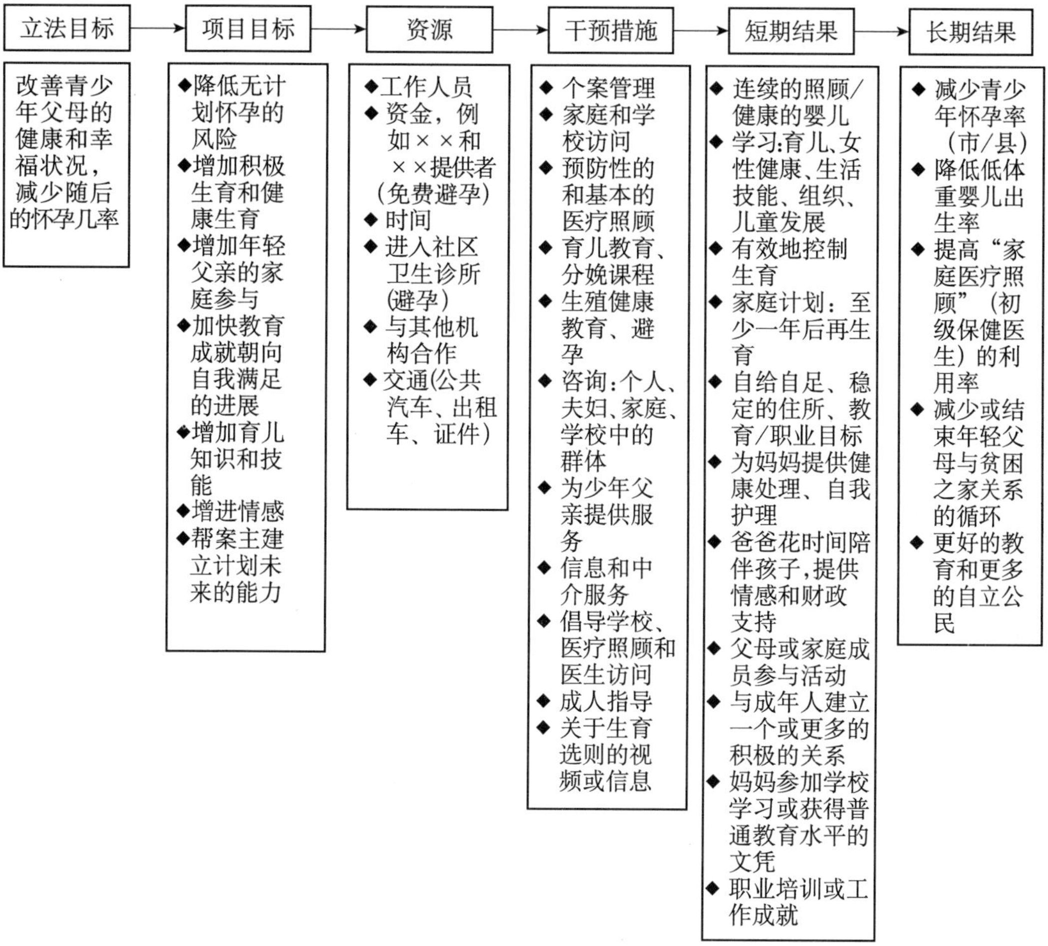

图 2—3　青少年项目的逻辑模型

资料来源：Adapted from Carol M. Lewis, Center for Social Work Research, The University of Texas at Austin, in collaboration with the Tandem Teen Prenatal and Parenting Program at People's Community Clinic in Austin, Texas.

准实验设计

通常，这是唯一可能进行的研究，即对那些参与项目的个人、群体与那些没有参与项目的个人、群体进行比较，或者对实施了项目的城市、州、国家与那些没有实施该项目的地方进行比较。这是在比较参与项目的群体相对于那些没有参与的群体达到预期目标的程度。这样的研究被称为准实验研究。因为研究对象不是被随机分配到实验组和控制组，所以研究人员在实验开始之前不能确定两组成员的情况是否相同。他们必须设法消除两者之间在目标成就上的任何差异是由于实验项目以外的其他一些因素导致的可能性。例如，工作项目参与者的就业记录可以与那些没有参与的人的记录做比较。随后的准实验研究，如果参与了工作项目的人不比其他群体的人有更高的就业率和更高的收入，这可能是因为工作项目的参与者在开始时工作技能就比较低。如果他们是更成功的，则可能是因为工作项目官员对当地的失业者采取了“撇油花”或“摘桃子”的方式，服务只提供给那些已经拥有了应具备的技能和工作经验的人。因此，准实验研究设计（见图 2—4），像大多数社会科学研究一样，仍然给社会福利项目的效用留出了讨论的空间。

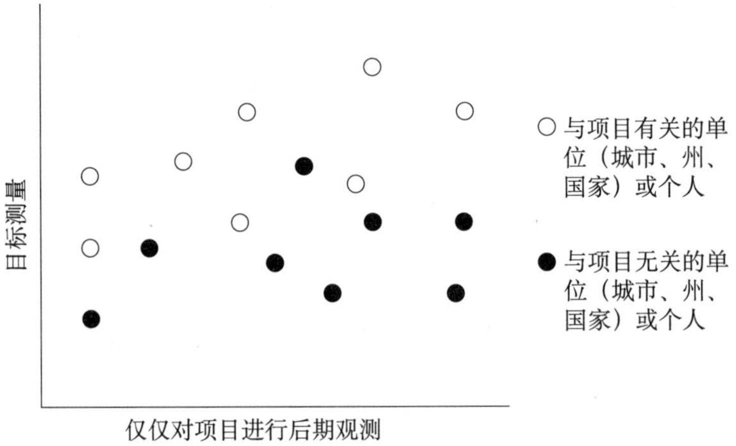

图 2—4　准实验研究设计图

前测—后测设计

另一种类型的研究设计是对政策或项目被采用之前和之后的状况进行比较。通常只有目标群体受到检查。这种设计在没有控制组或对照组可以被识别的领域可能是唯一的选择。最简单的前测—后测研究，是在政策或项目实施之前进行一次测量，在政策或项目已经被实施以后再进行一次测量，但这是一个非常弱的设计。

时间序列设计

之前进行几次观测，之后再进行几次观测，这通常被称为时间序列设计或纵向设计（见图 2—5）。新的或创新项目有时会有短期的积极作用。项目的新奇性或者享受特殊待遇
61 或被密切关注的目标群体的认知，都可能产生可衡量的变化（霍桑或“晕轮”效应）。当项目的新奇性和对它的热情消失以后，这些积极的效果可能消失。在其他情况下，政策和项目的影响可能需要很长时间去实现。

由于时间和金钱的约束，涉及从许多单个的项目参与者那里收集数据的时间序列设计很少被采用。当政策实施之前和之后能够得到可用于比较的数据（例如戒毒、交通事故数据）时，时间序列研究更容易进行。

除非时间序列的设计包括一个对照组（很多是不可能的），否则，很难知道任何可能
62 发生的变化是由于项目本身引起的，还是由于在社会中同时发生的其他变化导致的。例如，一个项目评估者可能面临这样的问题——什么因素决定了以前的贫困家庭的临时救助

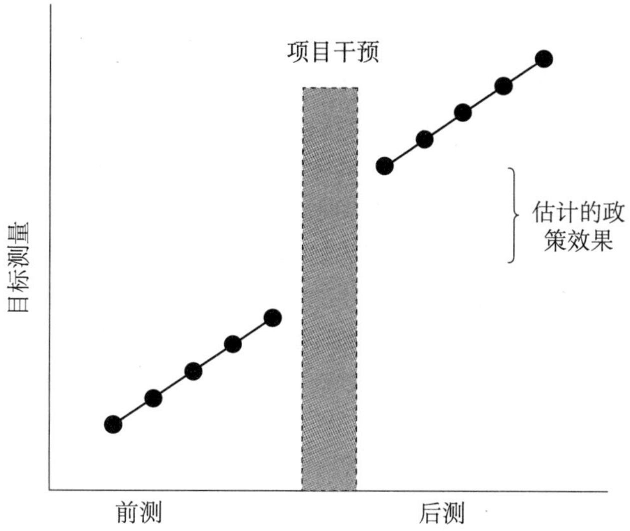

图 2—5　时间序列研究设计图

政策接受者就业增加？是由于更严格的工作要求，还是由于工作服务的改进，抑或是由于经济条件的改善增加了就业岗位？

一种具有亲和力的抵制药物滥用教育

即使严格进行的研究也难以终止对社会项目的争议。最近的一个例子是，在面对负面评价时仍然活跃的项目，即很受欢迎的抵制药物滥用教育（Drug Abuse Resistance Education，DARE）项目。[44]儿童可以使用毒品的观念减轻了父母的畏惧之心。由联邦政府资助的“监测未来”（Monitoring the Future）与全国毒品使用和健康调查（National Survey on Drug Use and Health）项目提供的数据表明，大量的青年有过使用酒精的体验，或者在较轻的程度上使用过其他药物。例如，28%的 8、10 和 12 年级的学生报告他们至少尝试过一次大麻。[45]这类信息已经引发了一连串的药物滥用预防项目。

在整个 20 世纪 70 年代，大多数药物滥用预防计划在本质上是教育，针对青少年，通过学校实施。早期项目与恐吓策略相结合。这些项目通常是无效的，以致联邦政府的药物滥用预防特别办公室（Special Office for Drug Abuse Prevention，SODAP）对这些项目提出了谴责。[46]事实上，药物滥用预防特别办公室是太失望了，以致采取了一个大胆的步骤，即暂时停止对与药物滥用有关的项目的资助。由于缺乏有关方法有效性的证据，因而关注情感和其他方面的研究兴趣在增加。情感方法假设，如果青少年的自尊、人际关系、决策和解决问题的技能得到改变，他们将不会受到使用药物的引诱。娱乐活动、社区服务和参与艺术创作等，作为提供有意义的生活、满足愿望、阻止毒品使用的活动被强调。这些活动也被证明是无效的。

然后，新一代项目开始出现，这些项目以认知及社会预防理论为基础，该理论强调孩子们所处的社会环境。这些研究是基于这样一个前提，即如果向青少年提供了反驳的观点和技术，他们就能够利用这些观点和技术抵制同伴中的吸毒者带来的压力，也就是说，接受与吸毒有关的事实的信息，使他们更有可能放弃吸毒。

1983 年成立的抵制药物滥用教育项目[47]，是洛杉矶警察局与洛杉矶联合校区的联合项目。该项目将情感教育和社会预防的有关因素相结合，最初的设计是旨在帮助五六年级的学生识别和抵制来自同伴的压力，这种压力是年轻人喝酒和吸毒的一个主要因素。有些课程侧重于建立自尊；其他课程则强调酗酒和吸毒的后果，提供应对压力的替代方法，使其被同伴接受、获得乐趣。最重要的是，该项目教导学生如何应对提供药物的同伴，帮助他们练习这些技巧（改变话题、走开、说“不”，以及根据需要经常重复这些行动）。全部课程包含由一名警官负责的 17 次课程，以及由一般教师负责的与警官的讲授内容相配合的其他活动。全部课程也有中学和高中学校的学生参与，以便巩固他们在五六年级时学习的东西。抵制药物滥用教育项目报告说，该项目在美国 75％的学区得到利用，并且在其他 43 个国家得到使用。

63 一笔数额巨大的公共资金已经用于支持抵制药物滥用教育项目，初期的报告认为该项目是有效的。但是后来，在 1994 年一项由美国司法部（U. S. Department of Justice, DOJ）资助，由广受尊敬的三角研究所（Research Triangle Institute）进行的评估研究发现，该项目在预防或减少毒品使用方面是无效的。[48]司法部拒绝批准该报告，抵制药物滥用教育项目的有关人员则试图阻止他人发表对该项目的批评。[49]据维斯（Weiss）和他的同事们说，“每当有证据表明抵制药物滥用教育项目是不成功的时”，抵制药物滥用教育项目的人就“试图用政治压力代替经验证据”[50]。

后续的抵制药物滥用教育项目无效的报告也没有能够减少对该项目的热情。由肯塔基大学的研究人员进行的一项为期十年的追踪调查发现，“没有确实的证据表明短期的积极成果或长期的积极成果、早期青少年或年轻人的积极成果与接受干预相关”[51]。肯塔基大学的研究人员还指出，大多数孩子即使不参与抵制毒品的项目也不使用毒品，“这些‘自我感觉良好’的项目是每个人都能支持的项目，那些对它们的有效性具有批评性的检查被认为是并非必须接受的”[52]。

在 2003 年的一份报告中，政府问责办公室也决定对抵制药物滥用教育项目的主要评估进行再检查。政府问责办公室说：

> 我们在对抵制药物滥用教育项目小学课程的六个长期评估的再检查中发现，在五六年级参加了抵制药物滥用教育项目的学生（受干预组）与没有参与的学生（对照组）之间，在非法使用药物方面，没有显著差异……所有的评估都提出，在预防青少年非法使用药物方面，抵制药物滥用教育项目并没有统计上具有显著意义的长期效

果。在我们再检查的六个评估中，五个评估报道了学生对非法使用药物和同伴压力的态度，从长期来看，在干预组和对照组之间没有具有显著意义的差别。这些评估中有两个评估发现，那些参与了抵制药物滥用教育项目的学生在一年左右的时间里，对于非法使用药物表现出了更强的消极态度，并且提高了抵制使用毒品的社交技巧。这些积极作用随着时间的推移却消失了。[53]

因此，科学界承认研究是无效的。

一些学校接受抵制药物滥用教育项目，是因为项目已经广泛建立的网络。著名的罗伯特·伍德·约翰逊基金会（Robert Wood Johnson Foundation）有资助抵制酒精和药物滥用研究方面的历史，投资近 1 400 万美元，让抵制药物滥用教育项目测试一个新的课程，该课程的名称是“掌控你自己的生活”（Take Charge of Your Life，TCYL)。“掌控你自己的生活”旨在帮助学校培养中学生的“生活技能，如沟通、决策和拒绝的技巧”，这些技能将帮助学生避免酗酒和非法使用药物，并且能够使他们认识烟草、酒精和非法药物使用的风险。[54]阿克伦大学的研究人员根据十一年级“掌控你自己的生活”的参与者的情况发现，与在学校没有参与“掌控你自己的生活”的学生相比，参与者没有减少使用大麻，同时更可能使用酒精和香烟。[55]这次，抵制药物滥用教育项目决定以“当它是真的”(keepin' it REAL）代替“掌控你自己的生活”，这是一个预防性的项目，是一个作为物质滥用和精神健康服务管理局的国家注册的以证据为基础的项目和实践。[56]总统巴拉克·奥巴马在 2009 年宣布将 4 月 8 日作为美国的抵制药物滥用教育日，提出要提高认识并进行有组织的努力防止吸毒、帮派参与和暴力。[57]

总结 64

政策分析、实施和评估在政策过程中是重要的步骤。它们涉及的不仅仅是技术、技能。它们与政策过程中的其他步骤一样也是政治的。

政策分析人士面临着困难的任务，因为不同群体为他们偏好的政策研究进行着激烈的争夺。除了决定社会政策的目的，显然在法律中这不总是被清楚地界定的，政策实施过程中的问题可能包括获得足够的资源、克服对项目的消极态度、了解组织的结构以保证项目运作顺利。

美国人已经知道了矫正社会问题是多么困难，特别是在一个社会中，人们通常对问题以及解决方案会有不同的界定。一个理性的、科学的评估研究包括识别和排列项目目的和目标，发展衡量这些目标的方法，识别目标群体和可能会受到影响的非目标群体，测量有形和无形的项目效果，测量项目的直接和间接费用。进行一个项目评估并不是一个简单的任务。在对项目有强大的政治支持或反对时困难更会被放大。即使发现了负面的线索，项目通常也会持续。

讨论问题和课堂活动

1. 邀请一位政策分析师和/或一位政策评估研究者，讨论他（或她）的工作，集中讨论政策和项目评估研究的政治的合理性方面。

2. 阅读一个或多个主要由城市研究所、布鲁金斯研究学会、胡佛研究所、卡托研究所或其他智库组织提出的政策。将其与本章描述的政策分析作一下比较，看一看它是怎样进行政策分析的。作为一个课程安排，你可能希望针对自己特别感兴趣的题目写出一项政策。

3. 在卡特里娜飓风之后，美国人对人员伤亡和它持续的破坏感到震惊。批评是针对新奥尔良的市政府、路易斯安那州的州政府以及作为国土安全部的一个部门的联邦紧急事务管理局发出的。因为灾难的规模使应对需要的资源超过了城市和州的能力，联邦紧急事务管理局承受了大部分指责。问题是，联邦紧急事务管理局在卡特里娜飓风之前已经从一个内阁机构被降级了，预算被削减，编制被减少，员工缺乏对卡特里娜飓风造成的巨大问题做出应对的经验。这种状况导致联邦紧急事务管理局局长离职。阅读有关的报告，讨论应对卡特里娜飓风的失败是否是由于科层制、领导、资源和/或其他因素所致（例如，阅读政府问责办公室的报告）。什么样的政策可以防止这种情况的发生？在阅读了第三章的次级抵押贷款危机部分以后，你可能希望参与一个类似的练习。

4. 花些时间观察或志愿参与到一项正在由你的学院或大学进行的政策或项目评估研究中，或采访有关的研究人员。本章所提出的各点在项目中被说明了吗？这个研究是一个控制研究还是一个准实验研究？它是一个纵向研究吗？在资助者（如政府机构）希望得到的评估与研究者认为应该进行的研究之间存在紧张关系吗？案主、项目管理者或者其他人是否愿意参加？

5. 在你感兴趣的问题的有关文献中找到一个政策或项目的评价研究。该研究发现了什么？从方法论角度对该研究提出批评。例如，是否使用了控制组？可以设立一个控制组吗？这些发现是否为政策提出了明确的方向？如果政策或项目进行了修改，则指出文章是否提出了后续研究。

65

网站

美国企业公共政策研究所，网址：http：//www.aei.org。美国企业公共政策研究所是一个非政党、非营利性组织，主要对政府、政治、经济和社会福利进行研究。它被认为是一个保守的智囊团。

布鲁金斯研究学会，网址：http：//www. brookings. edu/。布鲁金斯研究学会是一个非营利的公共政策组织，主要对促进民主进程、增强国家安全、为美国人提供机会以及建立国际合作体系进行研究并提供建议。这也许是全美历史最悠久的智库并且可能被认为是中间派。

预算和政策优先中心，网址：http：//www. cbpp. org。预算和政策优先中心对于预算草案以及税收政策进行研究和分析，并且关注减少贫困、帮助低收入的家庭和个人的政策。

政府问责办公室，网址：http：//www. gao. gov。政府问责办公室是一个独立的、无党派的政府机构，负责适时地向国会提供政府资助的项目、服务和活动的客观信息。

注释

[1] William Dunn, *Public Policy Analysis: An Introduction*, 4th ed. (Upper Saddle River, NJ: Pearson/Prentice Hall, 2008), p. 1.

[2] Carl V. Patton and David S. Sawicki, *Basic Methods of Policy Analysis and Planning*, 2nd ed. (Englewood Cliffs, NJ: Prentice Hall, 1993), p. 21；参见第 21～23 页对 20 世纪 50 年代政策分析概念的讨论。

[3] Patton and Sawicki, *Basic Methods of Policy Analysis and Planning*; also see Dunn, *Public Policy Analysis: An Introduction*, 4th ed.

[4] Dunn, *Public Policy Analysis: An Introduction*, 4th ed. , p. 54.

[5] See Diana M. DiNitto, *Social Welfare: Politics and Public Policy*, 6th ed. (Boston: Allyn and Bacon, 2005)，特别是第七章；Neil Gilbert and Paul Terrell, *Dimensions of Social Welfare Policy*, 7th ed. (Boston: Allyn and Bacon, 2010)，特别是第五章。

[6] 对社会政策可以分配的补贴或社会供给的类型和它们将怎样被分配的选择的进一步讨论，参见 Gilbert and Terrell, *Dimensions of Social Welfare Policy*, 7th ed。

[7] See Frances Stokes Berry and William D. Berry, "Innovation and Diffusion Models in Policy Research," in Sabatier, *Theories of the Policy Process*, pp. 223 - 260.

[8] Jeffrey Pressman and Aaron Wildavsky, *Implementation* (Berkeley: University of California Press, 1973), p. 109.

[9] 这个讨论依据 George C. Edwards, *Implementing Public Policy* (Washington, DC: Congressional Quarterly, 1980)。

[10] See Robert Kornfeld, *Explaining Recent Trends in Food Stamp Program Caseloads, Final Report* (Cambridge, MA: Abt Associes, March 2002); retrieved January 16, 2009, from http://www. ers. usda. gov/publications/ efan02008/efan02008. pdf.

[11] Richard Lacayo, "The Sad Fate of Legal Aid," *Time*, June 20, 1988, p. 59.

[12] See Child Nutrition Program Reauthorization Center, *Overcertification Talking Points* (Wash-

ington, DC: Food Research and Action Center, September 30, 2003). Retrieved January 17, 2010, from http: //www .frac.org/html/federal _ http: //www.frac.org/html/federal _ food _ programs/cnreauthor/overcerttalking-points.htm.

[13] Larry B. Hill, Ed., *The State of Public Bureaucracy* (Armonk, NY: Sharpe, 1992).

[14] See *Statistical Abstract of the United States*, 2010, Table 484 (Washington, DC: U.S. Bureau of the Census). Retrieved January 15, 2010, from http: //www.census. gov/compendia/statab/2010/tables/10s0484.pdf.

[15] Herbert Kaufman, *Red Tape* (Washington, DC: Brookings Institution, 1977), p. 13.

[16] *Statistical Abstract of the United States*, *2010*, Table 416 (washington, DC: U.S. Bureau of the Census). Retrieved January 16, 2009, from http: //www.census.gov/compendia/statab/2010/tables/10s0416.pdf.

[17] See *Office of National Drug Control Policy*, Table 2: Federal Drug Control Spending by Agency, FY2008-F2010 (Washington, DC: Executive Office of the President, May 2009). Retrieved January 17, 2009, from http: //www.ondcp.gov/publications/policy/ 10budget/tbl _ 2.pdf.

66 [18] See *Federal Register*, Vol. 58, No. 38, March 1, 1993, p. 11830.

[19] Richard Whitmire, "Study: Single State Agency Should Direct Welfare," *Gannett News Service*, Tuesday, June 29, 1993.

[20] Joseph S. Wholey, John W. Scanlon, Hugh G. Duffy, James S. Fukumoto, and Leona M. Vogt, *Federal Evaluation Policy* (Washington, DC: Urban Institute, 1970), p. 15.

[21] Laurie J. Bassi and Orley Ashenfelter, "The Effect of Direct Job Creation and Training Programs on Low-Skilled Workers," in Sheldon H. Danzinger and Daniel H. Weinberg, Eds., *Fighting Poverty: What Works and What Doesn't* (Cambridge, MA: Harvard University Press, 1986), p. 150.

[22] Peter Passell, "Like a New Drug, Social Programs Are Put to the Test," *New York Times*, March 9, 1993, pp. C1, 10.

[23] Carol H. Weiss, Erin Murphy-Graham, Anthony Petrosino, and Allison G. Gandhi, "The Fairy Godmother-and Her Warts: Making the Dream of Evidence-Based Policy Come True," *American Journal of Evaluation*, Vol. 29, No. 1, 2008, pp. 29-47.

[24] See Project MATCH Research Group, "Matching Alcoholism Treatments to Client Heterogeneity: Project MATCH Posttreatment Drinking Outcomes," *Journal of Studies on Alcohol*, Vol. 58, 1997, pp. 7-29.

[25] See Raymond F. Anton et al., for the COMBINE Research Group, "Effect of Combined Pharmacotherapies and Behavioral Intervention (COMBINE Study) for Alcohol Dependence," *Journal of the American Medical Association*, Vol. 295, No. 17, 2006, pp. 2003-2017.

[26] David Nachmias, *Policy Evaluation* (New York: St. Martin's, 1979), p. 4.

[27] Carol H. Weiss, *Evaluation Research: Methods of Assessing Program Effectiveness* (Englewood Cliffs, NJ: Prentice Hall, 1972).

[28] Peter H. Rossi, Howard E. Freeman, and Mark W. Lipsey, *Evaluation: A Systematic Approach*, 7th ed. (Thousand Oaks, CA: Sage Publications, 2004), p. 28.

[29] Peter H. Rossi, Howard E. Freeman, and Mark W. Lipsey, *Evaluation: A Systematic Approach*, 6th ed. (Thousand Oaks, CA: Sage Publications, 1999), p. 2.

[30] See Christopher Trenholm, Barbara Devaney, Kenneth Fortson, Melissa Clark, Lisa Quay, Justin Wheeler, "Impacts of Abstinence Education on Teen Sexual Activity, Risk of Pregnancy, and Risk of Sexually Transmitted Diseases," *Journal of Policy Analysis and Management*, Vol. 27, No. 2, 2008, pp. 255 - 276.

[31] See Maggie Fox, "Abstinence Education Doesn't Work: Report," *Reuters*, April 14, 2007. Retrieved January 17, 2010, from http: //www. reuters. com/article/ idUSN1423677120070414.

[32] See Laura Sessions Stepp, "Study Casts Doubt on Abstinence-Only Programs," *Washington Post*, April 14, 2007. Retrieved January 17, 2010, from http: //www. washingtonpost. com/wp-dyn/content/article/ 2007/04/13/AR2007041301003. html.

[33] Robert Morris, *Social Policy of the American Welfare State: An Introduction to Policy Analysis* (New York: Harper & Row, 1979), p. 133.

[34] See Westinghouse Learning Corporation, Ohio University, *The Impact of Head Start* (Washington, DC: Office of Economic Opportunity, 1969) .

[35] James E. Anderson, *Public Policy-Making* (New York: Holt, Rinehart, & Winston, 1975), p. 150.

[36] See Lawrence J. Schweinhart and David P. Weikart, "High Scope/Perry Preschool Program Effects at Age Twenty-Seven," in Jonathan Crane, Ed. , *Social Programs That Work* (New York: Russell Sage Foundation, 1998); Lawrence J. Schweinhart, J. Montie, Z. Xiang, W. S. Barnett, C. R. Belfield, and M. Nores, *Lifetime Effects: The HighScope Pery Preschool Study Through Age* 40 , Monographs of the HighScope Educational Research Foundation, 14 (Ypsilanti, MI: HighScope Press, 2005) . Retrieved March 16, 2010, from http: //www. highscope. org/ Content. asp? ContentId=219.

[37] See Edward Zigler, Sally J. Styfco, and Elizabeth Gilman, "The National Head Start Program for Disadvantaged Preschoolers," in Edward Zeigler and Sally J. Styfco, Eds. , *Head Start and Beyond: A National Plan for Extended Childhood Intervention* (New Haven, CT: Yale University Press, 1993), pp. 1 - 41.

[38] See Valora Washington and Ura Jean Oyemade Bailey, *Project Head Start: Models and Strategies for the Twenty-First Century* (New York: Garland, 1995) .

[39] *Ibid.* , p. 141; also see John Hood, "Caveat Emptor: The Head Start Scam," *Policy Analysis*, No. 187, December 18, 1992. Retrieved March, 16, 2010, from http: //www. cato. org/pubs/pas/pa-187. html.

[40] See Kevin J. Gorey, "Early Childhood Education: A Meta-Analytic Affirmation of the Short and Long-term Benefits of Educational Opportunity," *School Psychology Quarterly*, Vol. 16, No. 1, 2001 , pp. 9 - 30.

[41] Walter S. Gilliam and Edward F. Zigler, "A Critical Meta-analysis of All Evaluations of State-Funded Preschool from 1977 to 1998: Implications for Policy, Service Delivery and Program Evaluation," *67*
Early Childhood Research Quarterly, Vol. 15, No. 4, 2000, pp. 441 - 473.

[42] 对公共政策领域的经典实验设计的进一步讨论，参见 Bassie and Ashenfelter, "The Effects of

Direct Job Creation and Training Programs on Low-Skilled Workers"; Douglas J. Besharov, Peter Germanis, and Peter H. Rossi, *Evaluating Welfare Reform: A Guide for Scholars and Practitioners* (College Park, MD: School of Public Affairs, University of Maryland, 1997). 关于这一研究的有趣解释和批评可参见 William M. Epstein, *Welfare in America: How Social Science Fails the Poor* (Madison: University of Wisconsin Press, 1997)。

[43] See Lisbeth B. Schorr, *Common Purpose: Strengthening Families and Neighborhoods to Rebuild America* (New York: Anchor Books/Doubleday, 1997).

[44] 这节中的某些内容依据 C. Aaron McNeece and Diana M. DiNitto, *Chemical Dependency: A Systems Approach*, 3rd ed. (Boston: Allyn and Bacon, 2005)。

[45] See Lloyd D. Johnston, Patrick M. O'Malley, Jerald G. Bachman, and John E. Schulenberg, *Monitoring the Future: National Results on Adolescent Drug Use: Overview of Key Findings*, 2008 (NIH Publication, No. 09-7401) (Bethesda, MD: National Institute on Drug Abuse, 2009). Retrieved March 16, 2010, from http://monitoringthefuture.org/pubs/monographs/overview2008.pdf.

[46] See Lawrence Wallack and Kitty Corbett, "Illicit Drug, Tobacco, and Alcohol Use among Youth: Trends and Promising Approaches in Prevention," in Hank Resnick, Ed., *Youth and Drugs: Society's Mixed Messages*, Office of Substance Abuse Prevention Monograph No. 6 (Rockville, MD: U.S. Department of Health and Human Services, Alcohol, Drug Abuse, and Mental Health Administration, 1990).

[47] 抵制药物滥用教育项目的网址是 http://www.dare.com/home/default.asp。

[48] See Christopher L. Ringwalt, Jody M. Green, Susan T. Ennett, Ronaldo Iachan, Richard Clayton, and Carl G. Leukfeld, *Past and Future Directions of the D.A.R.E. Program: Draft Final Report* (Research Triangle Park, NC: Research Triangle Institute, June 1994).

[49] See Stephen Glass, "Don't You D.A.R.E." *New Republic*, March 3, 1997, pp. 18-20, 22-23, 26-28.

[50] Weiss et al., "The Fairy Godmother-and Her Warts: Making the Dream of Evidence-Based Policy Come True," p. 42

[51] Donald R. Lynam, Richard Milich, Rick Zimmerman, Scott P. Novak, T. K. Logan, Catherine Martin, Carl Leukefeld, and Richard Clayton, "Project DARE: No Effects at 10-year Follow-up," *Journal of Consulting and Clinical Psychology*, Vol. 67, No. 4, 1999, pp. 590-593.

[52] *Ibid.*, p. 592.

[53] Marjorie E. Kanof, *Youth Illicit Drug Use Prevention: DARE Long-term Evaluations and Federal Efforts to Identify Effective Programs* (Washington, DC: United States General Accounting Office, 2003), GAO-03-172R, p. 2. Retrieved March 16, 2010, from http://www.gao.gov/docsearch/locate?searched=1&o=0&ordec_by=date&search_type=publications&keyword=GAO-03-172R&Submit=Search.

[54] See "Evaluation of the D.A.R.E. School-based Substance Abuse Curriculum" (Princeton, NJ: Robert Wood Johnson Foundation, 2009). Retrieved December 22, 2009, from http://www.rwjf.org/pr/product.jsp?id=42049.

[55] See Zili Sloboda et al.，"The Adolescent Substance Abuse Prevention Study：A Randomized Field Trial of a Universal Substance Abuse Prevention Program，" *Drug and Alcohol Dependence*，Vol. 102，Nos. 1－3，2009，pp. 1－10.

[56] See "D. A. R. E. and the Take Charge of Your Life Research Study"（Los Angeles，CA：D. A. R. E. America）. Retrieved December 22，2009，from http：//www.dareamerica.net/home/Resources/ documents/RevisedLGIwebposting2.pdf.

[57] See "National D. A. R. E. Day，2009"（Washington，DC：The White House，April 8，2009）. Retrieved December 23，2009，from http：//www.dare.com/ home/tertiary/default1b34.asp.

第三章

68

政治和社会福利政策的历史

69 自20世纪早期，许多因素促成了社会福利计划在美国的发展。这些因素包括从乡村到城市的移民、居住方面的规定的取消、福利权利运动、生活费用的自动调整、美国的老龄化以及单亲家庭数量增多等。其他塑造了社会福利政策和计划的因素包括下面一些：对社会福利的不同的哲学观点，对联邦制、社会福利私有化的不同的想法，以及战争和将注意力由对国内社会福利的关心转移开的全球力量。

美国社会福利政策的早期历史

如果历史是一位好老师，我们就应该花些时间去回顾，至少要对美国社会福利政策与服务的历史中的重要事件进行回顾。[1]

《伊丽莎白济贫法》

在欧洲，福利救助的最初源泉是互相帮助。在需要的时候，救助的唯一来源就是对彼此的这种依赖。如果一个家庭种植的庄稼收成不好，或者那个养家糊口的人生了重病并且无法工作，兄弟、姐妹或者邻居们就会对他进行援助，因为他们知道，这样等到有一天他们也有需要时，就会得到类似的帮助。后来，帮助有需要的人就开始成为教会以及富有的封建领主的职责。[2]在中世纪的大多数时间，人们将慈善工作视为一种宗教上的责任。人们对待穷人的态度是仁爱的。人们尊重那些并不是因为自身的原因而贫困的人，贫困的人也拥有尊严，在大家的帮助之下度过艰苦时期。

这些早期的帮助系统是非正式的，但是随着社会结构逐渐复杂，提供福利救助的系统也逐渐成熟起来。14 世纪和 15 世纪，在英国通过了第一个用来控制贫困的法律。在 1349 年，黑死病（腹股沟淋巴结鼠疫）使英国的人口急剧减少。国王爱德华三世以《雇工法》(Statue of Laborers) 作为对减少流浪和乞讨的回答，要求所有体格健全的人都要去工作，并且禁止给予施舍。

但是，社会结构的改变最终还是促使伊丽莎白政府发展了带有自己印记的社会福利。 70
随着从农业经济到以羊毛工业为基础的经济的转变，工业化的第一次浪潮席卷了英国。人们离开他们在家乡的共同体来到城市，以期寻找工业化雇佣机会。随着这种转变的完成，生活的封建系统崩溃了。政府开始变得更为集中，并且在社会的许多方面扮演了更为重要的角色，同时，在福利方面，教会的角色却在逐渐削弱。

新的社会因素——劳动力的减少、封建系统的破坏以及朝向工业化的趋势——的互相作用，产生了 1601 年的《伊丽莎白济贫法》(Elizabethan Poor Law)，这是伊丽莎白一世政府在扮演提供社会福利津贴的角色中的第一个重大事件。法律之所以产生，是因为意欲“控制”那些无法被雇用并且可能引起动乱的穷人。政府通过征收税款向这个新的福利系统提供资金。置于津贴接受者身上的要求是严酷的——那些家长无法养活的孩子们将会成为学徒，体格健全的男人们无法再像原来那样悠闲度日了。

区分“值得帮助的”(deserving) 和“不值得帮助的”(nondeserving) 穷人是《伊丽莎白济贫法》中重要的一部分。比较富裕的个人不愿意负担除了最需要的人群之外的其他任何人群的救助。“值得帮助的”穷人包括孤儿、残疾人、盲人或并不是因为他们自身的原因而失业的成年人。“不值得帮助的”穷人是指流浪者或酒鬼——那些被认为懒惰并且不愿意工作的人。院外救助 (outdoor relief) 是用来描绘在他们自己的家里为“值得帮助的”穷人提供救助的词语。院内救助 (indoor relief) 同样提供给那些无法照顾自己的人，但是那种救济一般是在被称为济贫院 (almshouses) 的环境下被提供的。“不值得帮助的”穷人被送到了感化院 (workhouse)，在那里他们被强制干一些琐碎枯燥的工作，以换取仅仅能维持生存的必需品。所有的福利接受者都面临严格的居住方面的要求，因为救助是由被称为教区（指英国圣公会和罗马天主教会由牧师管理并有主教堂的教区）的地方政府单位管理的。教区被告知，仅仅给属于自己管辖范围的人提供帮助。

美国的早期救济

正如我们所知道的那样，今天美国的社会福利政策可以追溯到 17 世纪初伊丽莎白时期的英格兰。在美洲殖民地，与在英国一样，最早的对贫民的福利援助来源是家庭、朋友和教堂。在北美定居的英国殖民者也带来了许多英国的福利传统。例如，居住方面的要求通过警告离开和遣送这两项政策而被严格执行。[3]“警告离开”意味着，新来者如果显示出他们在经济上不能自立的话，那么他们就会被驱赶到其他的城镇。更为经常发生的是遣送，就是强制性地护送那些新来的穷人回到他们家乡的社区。

生活对于殖民者来说是艰苦的。在美国定居需要从事艰苦的工作，同时殖民者也并不富裕。“他们中的许多人是穷人、流浪者或是被英国政府作为签约仆人而流放至此的囚犯。”[4]尽管殖民地的生活为许多人所向往，但是疾病或其他的不幸会轻而易举地使一个人陷入危难中。

殖民者们使用四种方法来“救助”有困难的人。最不受欢迎的方法是“拍卖”（auctioning）穷人，使穷人到愿意以最低的付出照料他们的家庭中去。第二种方法是将穷人和疾病患者交给愿意以能少则少的付出来照料他们的夫妻进行管理。第三种方法是院外救助，被提供给大多数贫困的人。第四种方法是使用济贫院。许多人宣称济贫院是提供救助
71 的最好地方，因为济贫院能够为疾病患者和老年人提供医疗护理。城市里的济贫院能比乡村的济贫院提供更高水平的护理，因为乡村的济贫院通常由农民家庭经营管理，条件恶劣，房子也是破破烂烂的。通常情况下，乡村济贫院会任命同为穷人的“监督者”负责协调社区。

19 世纪初人们对如何应对贫困有了更多的想法。[5]防止贫困会社（Society for Prevention of Pauperism）和类似的团体出现了，这些团体帮助穷人克服他们的缺点，因为穷人的缺点被假定为是导致他们陷入贫困的原因。在这样的传统中，19 世纪 70 年代末在美国慈善组织会社（Charity Organization Societies，COS）发展了起来，慈善组织会社的特点是采用所谓“科学的慈善”的方法。这种“科学的慈善”方法涉及对造成社会问题的原因和解决这些问题的方法的研究。这些组织还与其他社区组织和机构以一种更协调的方式向穷人提供服务。慈善组织会社的工作人员变成了现在的社会工作者的前身，他们的方法发展成了现在的个案社会工作服务。在此期间，加尔文主义哲学、工作伦理、社会达尔文主义占了上风。慈善组织会社工作人员随时都优先给予建议和鼓励，使人们尽可能去工作，而不是提供物质援助。政治家、福利管理者、医生和慈善机构工作人员似乎对他们在 18 世纪和 19 世纪在帮助穷人方面取得的进展感到满意。

从乡村到城市的移民

随着工业革命达到它的顶峰，美国经历了一些因飞速增长所带来的痛苦。从 1870 年到 1920 年，快速工业化和大量移民，将美国从一个乡村化的农业社会转变成一个城市化的工业社会。人们从贫穷的乡下农业社区移民到城市，以期找到工作和拥有更加美好的未来。从乡村到城市的移民是社会福利增长的第一个主要因素。为了追寻更好的生活，其他国家的人们也移民到美国城市。但是，许多人的梦想都破碎了。那些找到工作的人往往被

迫在很差的工作环境下工作很长时间，而只能得到很少的报酬；住房通常是拥挤的；环境卫生和健康问题十分普遍。那些来到城市以求“变得更好”的人通常又远离可以为他们提供经济和心理上的支持的家庭。社会福利对政府来说开始成为一个日益严重的问题。

进步时代

进步时代包括 19 世纪 90 年代后期和 20 世纪的前 20 年。私人团体（诸如慈善组织会社）、睦邻会所、教堂以及大城市的政治“机器”和“老板”对穷人提供了大量的援助。睦邻会所的工作人员为那些从农村到城市和从其他国家移民来的人提供了许多服务，如帮忙找工作、提供咨询、教育和照顾孩子。他们也帮助人们为承担新社区公民的角色做准备，为社会改革而积极地参与竞选。政治机器是由食物、煤炭价格和有利于穷人的选票来运作的。这个早期的福利体系需要的资金是由维护商业利益和特权的城市契约作为提供机制的，被保护者以现金作为回报。援助以个人方式提供，没有繁文缛节或延迟。接受者也没有感到尴尬或惭愧，因为毕竟“他们是用他们的一些有价值的东西——他们的选票——来换取他们所接受的救助”[6]。

由于社会问题——拥挤、失业和城市中的贫困——不断增加，地方政府和各州政府开始在福利体系中承担一种更积极的角色。有些州采用“母亲援助”和“母亲补贴”的法律来帮助父亲已故或离家的家庭中的孩子。州建立的其他补贴计划用于帮助那些年老的穷人、 72
盲人或残疾人。这是这个时代的进步之一。进步人士与腐败的政府和剥削性质的工人企业、工业界针锋相对。进步人士成功地实现了许多社会福利改革和劳工改革。[7]许多州建立了工人赔偿计划，以帮助那些在工作中受伤的人；建立了联邦儿童局，调查和改善孩子们的生活；妇女获得了选举权，并且通过了一系列法律以使妇女和儿童的工作环境变得更好。这种种进步促成了一种社会保险的计划，而不再仅仅是慈善了。这已经离联邦政府大范围地介入社会福利不远了。

经济大萧条和罗斯福新政

1929 年 10 月，随着股票市场的崩溃，美国经济进入大萧条时期，这是美国历史上最凄凉的时期之一。物价戏剧性地飞速下跌，失业急剧增长。到 1932 年，四个人之中就有一个人没有工作，并且六个人之中就有一个人在接受福利。平时总在工作的美国人不再拥有工作，并且他们耗尽了自己的积蓄，或者随着银行的倒闭而失去自己的储蓄。许多人不得不放弃他们的房子和农场，因为他们无法偿还以其作为抵押的贷款。经济灾难深深地打击了中产阶级的社会地位。因为无处可去，许多失业和无家可归的人就睡在了楼梯和公园的长凳上。[8]城市不再能够应对日益恶化的社会状况。

经济大萧条极大地改变了美国人关于社会福利的观念。认识到贫困可以打击到这么多人，美国人不得不考虑大范围的经济改革。左翼和右翼运动形成，包括那些对美国政治当权者造成威胁的运动——社会主义或共产主义——兴起，作为对国家问题的一种回应。富兰克林·罗斯福总统开始详细阐述他的“新政”哲学。这个哲学将允许联邦政府将更多的注意力投到公共福利上，使联邦政府不再以早些时候在这个国家流行的“粗糙的个人主义”哲学为指导。但是，新政并不是一项连贯统一的计划；相反，他的一系列计划方案都是临时凑成的，并且常常是突然就被采用了，其中的一些计划方案甚至是相互矛盾的。罗斯福相信，对待那些正在遭受经济大萧条的苦难的人，政府应当人性化和富有同情心地采取行动。新政的目标是“救济、复苏和改革”，此外，罗斯福还号召要“持续进行实验。如果失败了，就坦诚地承认失败，再尝试其他的方法。但是最重要的是去尝试。数以百万计的人正处于困难之中，如果有触手可及的能满足他们需要的方法，他们就绝不会永远安静地站着”[9]。美国人开始接受整个社会都要为福利尽义务的原则。

新政包含了许多紧急救助，如食品救济，也包含了许多临时工作计划，比如工作进度管理（Works Progress Administration）和平民资源保护营（Civilian Conservation Corps），这为许多美国人提供了生存的机会。但是，新政最持久的规定是1935年的《社会保障法》，直至今天它仍然是社会福利立法的基石。该法包括社会保险计划（由联邦政府管理的退休工人的社会保险津贴和由联邦—州管理的失业保险计划）和联邦财政补贴支持州政府提供的公共救助，该救助支付给无法独立生活的儿童以及老年人、盲人。该法案包括社会服务——儿童福利和职业康复项目、孕产妇和儿童卫生保健与公共卫生项目。1938年的《公平劳动标准法》规定了最低工资和加班工资，并限制了对童工的使用。另外的立法保护了工人组织参与集体谈判的权利。联邦政府还确立了它在社会福利中的角色。

林登·约翰逊：向贫困宣战

73 从“新政”直到20世纪50年代，《社会保障法》的一些条款做出了值得注意的修改。退休工人的供养人和死亡工人的家属都有权利得到社会保险津贴了，在某些社会福利项目中资格要求放宽了，并且支付的金额也在增加，但是，在整个系统中，很少再有其他的变动了。然而，从20世纪50年代开始，被社会保障覆盖的工人数量急剧增加，残疾工人开始有权利接受社会保险津贴，并且州政府也能够获得联邦基金用以向有严重残疾的穷人提供公共救助。一些医疗护理同样也会提供给公共救助的接受者们。但是，社会福利领域中更多的变化还处于潜伏状态。

20世纪50年代和60年代对美国人来说是不同寻常的时期。对大多数人来说，这是一段财富增长的时期，但是，“富人”和“无产者”之间的差距变得更加明显。这一时期的相对富裕遮盖了将近4 000万穷人的实际生活状况，这些穷人中的许多人都属于少数族裔，20世纪60年代初，他们生活在贫困之中。经济学家约翰·肯尼斯·加尔布雷斯（John Kenneth Galbraith）的著作引起了人们对存在于这富裕之中的贫困的关注，并且影响了约翰·F·肯尼迪总统，使其去着手解决这个问题。肯尼迪首次实施了食品券计划，用以帮助阿巴拉契亚（Appalachia）和其他经济严重萧条地区的人们。

在若干领域，美国国内动荡不安，民权运动达到了高潮。1963年8月28日，牧师马丁·路德·金在华盛顿的林肯纪念堂发表了他著名的《我有一个梦想》的演讲。要求公民权利的示威和游行在全国各地举行。马丁·路德·金作为南方基督教领袖会议（Southern Christian Leadership Conference）的领导，提出了非暴力的主张，但是，从1964年到1968年，种族骚乱遍布美国的主要城市。肯尼迪总统1963年被刺杀，马丁·路德·金在1968年被刺杀，罗伯特·肯尼迪在1968年竞选民主党总统候选人期间被刺杀，这些事件也是这个时期的标志。

福利权利运动

美国人对越南战争的分歧很严重，大学校园成为许多反战抗议的基地，包括1970年在肯特州立大学发生的屠杀——在该大学里俄亥俄州国民警卫队杀死了4个人。除了反战运动和公民权利运动，帮助人们获得他们有资格获得的津贴的“福利权利运动”也出现了。在这个过程中，新成立的国民福利权利组织（National Welfare Rights Organization，NWRO）的成员组织和帮助了很多人。福利权利运动帮助人们组织起来寻求他们有权利得到的援助（特别是对有未成年子女的家庭的援助）、申请者和接受者得到更好的对待。运动使用的策略主要有示威、威胁提出法律诉讼、进行社会福利津贴方面的教育等。这一运动促成了在公共救助接受者的行为和态度方面的变化。弗朗西斯·福克斯·佩文（Frances Fox Piven）和理查德·克洛尔德（Richard Cloward）注意到，“在福利等待室的申请人的心情变了。他们不再谦虚地、低调地恳求，他们更激愤、恼怒，要求的更多”[10]。福利管理人员和个案工作者的心情也变了。许多作为长期背景的一部分的实际状况的调查停止了。获得援助的过程加快，本来当申请人不符合规则时，福利机构不能那么快地确定津贴。“实际上，福利操作程序崩溃了，为了处理成千上万等在福利接待室中的家庭，规则只能被忽略了。”[11]

《经济机会法》

74 1963 年肯尼迪总统被暗杀，林登·贝恩斯·约翰逊（Lyndon Baines Johnson）接替了他的工作，继续应对贫困问题。事实上，约翰逊对这个国家能够完成的事情充满了热情，1964 年他提出："本届政府在今天，在此时此地，宣布无条件地向贫困宣战。"在那一年的晚些时候，他签署了《经济机会法》（Economic Opportunity Act of 1964），还宣布国家"承诺在它的人民中间根除贫困"。20 世纪 30 年代的新政是美国向贫困进行的第一场主要战争，新政是由温和派以社会保险（预防贫困的设计）和公共救助（缓解贫困的设计）为主要内容展开的。20 世纪 60 年代的向贫困宣战是由自由主义者推动的，试图运用一种治疗策略应对贫困问题，这种策略旨在打破贫困的恶性循环，让经济上处于弱势的美国人进入工人阶级的行列，并逐渐进入中产阶级的队伍中。这种策略"是康复而不是救济"。1964 年《经济机会法》的核心向贫困宣战，是"对准原因，而不仅仅是贫困这个结果"。"战争"的目标是让贫民窟和贫困社区发展自己的项目，以防止贫困，根除美国人生活中存在的不平等。

在约翰逊就任总统时，他看到了将他的政府工作与弘扬富兰克林·罗斯福的传统区分开的机会。约翰逊，这个前公立学校的老师，相信政府工作和培训，特别是针对青年的培训。通过让人们掌握基本技能提高就业能力使他们成为能够自立的成年人，就可以打破贫困的恶性循环。为了做到这一点，他支持《经济机会法》。

《经济机会法》创造了大量的项目，这些项目由一个在华盛顿新成立的、独立的联邦机构——经济机会局（Office of Economic Opportunity，OEO）负责协调。经济机会局拥有金钱和权力来支持发展不同的和高度试验性的技术，以便与城乡社区中的贫困进行斗争。由于它的优先等级，经济机会局的第一任领导是萨金特·施瑞弗尔，他是已故肯尼迪总统的姐夫，在 1972 年与乔治·麦戈文（George McGovern）一起作为民主党副总统的候选人被提名。经济机会局被鼓励绕过地方政府和州政府直接在整个美国建立新项目，让贫民参与治理。经济机会局通常不直接向贫民提供现金资助作为救济或公共救助。经济机会局的大多数项目，无论准确还是不准确，都会对准造成贫困的原因而不是试图减轻贫困的症状。

《经济机会法》的核心是基层社区行动项目，由公共或私人非营利机构利用联邦的资金援助在地方层面实施。模范城市计划（Model Cities Programs）、社区行动机构（Community Action Agencies）以及其他措施，例如对学龄前儿童的启蒙教育计划（Head Start Preschool Program）等，所有这些计划或措施都被尝试作为《经济机会法》的一部分。社区被敦促形成社区行动机构，社区行动机构由政府、私人组织和最重要的贫民自己的代表组成。经济机会局支持由当地的社区行动机构设计的反贫困项目。项目可包括文化培训、卫生服务、法律援助、邻里服务、职业培训、儿童开发活动或其他创新想法。该法案还设想社区行动机构将有助于将贫民组织起来，这样他们就可以变成参与社区的成员，就可以利用许多项目设计为他们自己服务。此外，该法案还试图协调联邦和州在每一个社区的为贫民服务的计划。

社区行动计划的“开发、实施和管理，尽可能由接受服务的本地居民和团体成员参与”。75
这也许是该法案中最具争议性的话语，而且当社区成员认真地看待“尽可能由……本地居民……参与”时，地方官员多少有点惊愕。在一些社区这意味着有组织地在市政厅进行战斗。更激进的经济机会局的管理人员经常引用这句话作为“动员”贫民在他们的社区“取得直接的和不可逆转的效果”的权威。这种话语暗示，贫民被政府机构的勇士组织为一股使用联邦资金的政治力量。不用说，无论是国会还是约翰逊政府都不是真的打算创造与地方政府竞争权力的政治组织。

典型的社区行动机构由董事会控制，董事会由政府官员（也许是市长、县专员、学校董事会成员或公共卫生组织官员）、突出公共组织的公民（从事工商业、体力劳动、公民权利、宗教和公民事务的组织）、贫民的代表（某些情况下在由机构资助的选举中当选，但是更多的情况是由牧师、社会工作者、民权领袖和其他突出社区精英指定）组成的。员工是被聘用的，包括全职的指导者、由经济机会局提供补助的非全时工作人员。被界定的目标区域是县的低收入地区或一个城市的贫民窟。建立在目标区域的邻里中心，也许有辅导员、就业援助指导、休闲大厅、儿童保育中心和医疗诊所。工作人员还帮助贫民与学校、福利部门、就业机构、公共住房机构等等建立联系。通常情况下，中心和反贫困机构雇用的工作人员主要作为贫民的支持者和贫民与公共机构之间的中介存在。

向贫困宣战项目中有工作营队（为青年人的）、邻里青少年营队、法律服务、启蒙教育、家庭计划项目（为穷人提供与家庭计划有关的建议和设备）、家庭主妇服务（就如何降低家庭预算提供建议和服务）、额外的职业培训计划（如帮助就业特别困难的失业者进入建立了劳动力计划的特别的延伸性的服务）。还有一些项目是为了帮助小型企业，或向农村地区的居民提供直接经济援助。最后，美国志愿服务队（Volunteers in Service to America，VISTA）一直持续到今天，被后来很受欢迎的和平营队所模仿。美国志愿服务队的志愿者在美国国内工作，在受贫困影响的地区工作，而不是在国外工作。许多志愿者都是想为自己的国家服务的年轻人。

伟大社会

今天，学前教育计划等项目继续得到强有力的支持，但 20 世纪 60 年代“伟大社会”时期制定的能够持续的大多数项目，都是独立于《经济机会法》的。约翰逊总统的计划包括许多其他项目。其中最重要的是：

- **1965 年的《初等和中等教育法》**：这是最重要的、由联邦援助的教育项目。它包括由联邦对“受贫困影响的”学校地区提供资金，并且是联邦对教育的援助的最大来源。行动一直持续到今天，目前的版本为《不让一个孩子掉队法》。
- **食品券计划**：在实物福利项目的主要发展中，这个营养计划是一个重要发展。今天，它被称为补充营养援助计划（Supplemental Nutrition Assistance Program, SNAP）。对那些贫困或低收入的人，它是一个主要的、广泛的、跨部门的救助来
76 源（见第四章）。
- **医疗保险**：这个医疗保险计划是作为对《社会保障法》的一项修正案创建的。它涵盖了美国几乎所有的老年人，以及许多因工伤长期残疾相对年轻的人（见第八章）。
- **医疗补助**：这项对《社会保障法》的修正也是对某些群体中的贫困人口的主要联邦医疗照顾项目（见第八章）。
- **职业培训**：这一系列项目扩大了《人力资源开发和培训法》（Manpower Development and Training Act），并且已经演变为其他工作和培训计划。其当前版本是《劳动力投资法》（Workforce Investment Act）。
- **1965 年的《公共工程和经济发展法》（Public Works and Economic Development Act）和 1965 年的《阿巴拉契亚地区发展法》（Appalachian Regional Development Act）**：这些努力持续地鼓励衰落地区的经济发展。

由于这些政策和项目，美国政府支出的优先次序发生了一场革命（见例证 3—1 和图 3—1）。

例证 3—1

无人注意的革命

当美国人全神贯注于 20 世纪 60 年代的骚动——公民权利运动以及越南战争——时，一场无人注意的革命悄悄地发生了。[a]许多年来，对美国社会越来越关注的社会福利的争论清晰地遵循着这样一条线索：美国支出其预算的大部分到国防上；为穷人、病患者、老年人或少数族裔等服务的计划往往是资金短缺的。社会福利的支持者们认为：为了对那些有需要的公民更加负责，国家应当“改变它的优先事项”，增加对社会计划的支出，以减少贫困，并减少像对越南战争那样的支出。争论在一种要求改变国家优先事项的呼声中结束。

仅仅十年，美国的国家优先事项就被彻底地改变了。在 1965 年，国防支出额是联邦政府预算的 43%，社会福利支出额（社会保险、健康和公共救助）占到了 24%。当大量的媒体都在关注越南

战争和水门事件时，国家政策中发生了一场“从大炮到黄油”的革命。到了 1975 年，国防只占联邦预算的 26%，而社会福利支出额增长到了预算的 42%。在 2000 财政年度，社会福利支出额占联邦预算的 59%，而国防只占联邦预算的 15%。仅仅是单独的健康计划（主要是医疗补助计划和医疗照顾计划）就占总预算的 21%。社会福利无疑是联邦政府的首要功能和主要支出。[b]

图 3—1 显示了在社会福利和国防支出上的变化趋势。从中可以看出，国防支出在朝鲜战争时期、越南战争时期，以及随后由卡特总统开始，里根总统继续加强军队建设等时期呈爆发式上升趋势。相反，在许多年里，社会福利支出上升缓慢，然后在向贫困开战的伟大社会计划产生之后的 20 世纪 70 年代形成了“爆发”局面。社会福利和健康支出持续处于高水平，尽管国防支出也有不可忽视的增长。国家优先考虑事项的这种转变既发生在民主党执政期间，也发生在共和党执政期间，并且发生在美国最长的对外战争——越南战争时期。“20 世纪 60 年代后期真是繁荣昌盛的几年。失业率下跌到 4%以下，实际收入上升趋势明显。尽管越南战争支出额巨大，但是在这种富裕的旺盛阶段，使用新的计划也会使财政损耗降至最低。”[c]简言之， 77

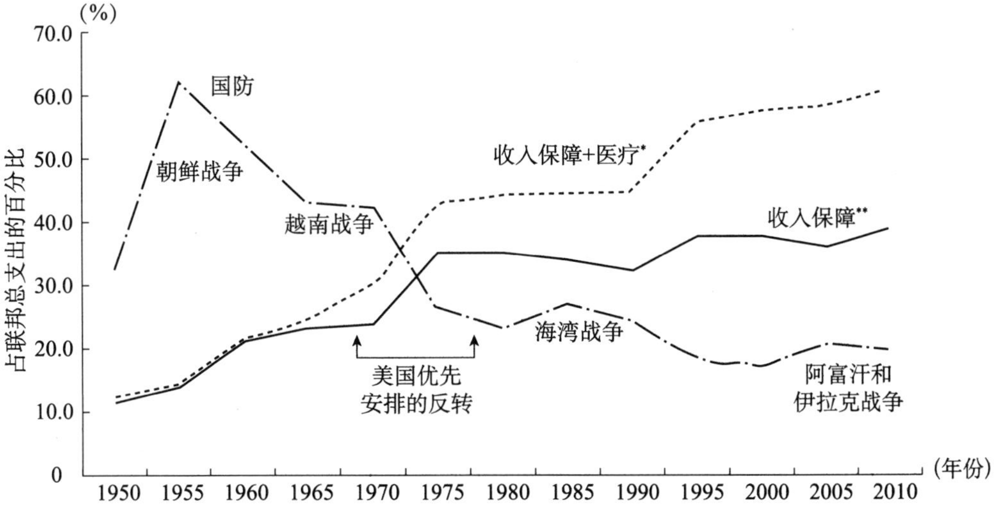

图 3—1　社会福利和国防支出的变化趋势（占联邦支出总额的百分比）

*“收入保障＋医疗”为收入保障、医疗照顾、医疗救助和医疗保险的年度支出之和。

**收入保障等于总的收入保障和社会保障年度支出之和。

资料来源：Office of Management and Budget，*The President's Budget*，*Fiscal Year 2011*，Table 3. 1—Outlays by Superfunction and Function（Washington，DC：Executive Office of the President）. Retrieved March 3，2010，http：//www. whitehouse. gov/omb/budget/Historicals/. Data for 2010 is an estimate.

78

关于福利支出额在共和党执政期间或在战争期间不可能增长这种观点成了错误的。美国人在社会福利上承担的义务在不断增加。

并不是每个人对这种公共支出中的优先事项的改变都感到满意。一些人也担心国家可能会牺牲国防而把金钱花费在那些可能毫无效果的社会福利计划上。随着20世纪80年代的到来，一种对待社会福利更为警醒的态度出现并发展起来。尽管福利支出有所增加，但是仍然有许多人处于贫困之中，并且，一些对社会福利的成功的攻击也抑制了这些社会福利计划的发展。

今天，解决贫困问题不再被安排在它曾经在公共政策议程中所处的位置上。[d]然而，联邦预算总额中用于社会福利的部分持续增长。这主要是由于对主要的社会保险（社会保障）和医疗（医疗照顾和医疗救助）计划需求日益增长，以及为医疗照顾处方药所覆盖的人数增加。这些项目在未来随着“婴儿潮”一代的退休将会爆炸式增长。

在整个20世纪90年代，世界上发生了惊人的政治变化——苏联以及其他一些社会主义国家的剧变、东西德国之间的柏林墙的倒塌、冷战的结束。作为这些变化的结果，美国的军事开支不断削减。2000年，军费开支趋势转向略有上升；2001年，由于恐怖分子在世贸中心和五角大楼发动袭击，而后政府又发动了阿富汗和伊拉克战争，因而军费支出又有上升。

社会福利问题依然明显：儿童贫困、虐待儿童、酒精和药物滥用、失业以及人口中的大部分没有医疗保险。美国人口寿命持续延长，需要更多的、更丰富的社会服务。在新世纪的早些年，联邦赤字天文数字式的增长、美国人口对社会福利需要的增长、恐怖袭击的持续威胁和拥有核能力的国家数量的增多，都需要在未来几年以更大的决心和更具独创性的举措来满足国家的社会福利需要。

[a] See Aaron Wildavsky，*Speaking Truth to Power：The Art and Craft of Policy Analysis*（Boston：Little，Brown，1979），especially pp. 86－89，详细阐述参见“the revolution no one noticed”。

[b] See Office of Management and Budget，*The President's Budget*，*Fiscal Year 2011*，*Table* 3. 1—*Outlays by Superfunction and Function*（Washington，DC：Executive Office of the President）. Retrieved March 3，2010，http：//www. whitehouse. gov/omb/budget/Historicals.

[c] See Robert D. Plotnick，“Social Welfare Expenditures：How Much Help for the Poor?” *Policy Analysis*，Vol. 5，No. 2，1979，p. 278.

[d] See “More than Half of Americans say Dealing with the Problems of Poor and Needy People Should Be a Top Priority for Congress，But Many Issues Rank Higher，” data from the Pew Research Center，January 2006（New York：Public Agenda）. Retrieved March 3，2010，from http：//www. publicagenda. org/charts/more-half-americans-say-dealing-problems-poor-and-needy-people-should-be-top-priority-congress.

政治上向贫困宣战

经济机会局被取消的原因是复杂的。经济机会局的项目通常是非常混乱的。其工作人员主要是年轻的、中产阶级的、没有经验的和理想主义的，并且管理层存在着高流动性。除了启蒙教育计划，大多数社区行动机构缺乏明确的方向。很多穷人相信该项目将持续地为他们提供现金，他们从来没有真正理解或接受社区机构提供的其他服务——社区组织、外展、辅导、培训和类似的帮助，许多社区行动机构重叠，甚至与现有的福利和社会服务机构竞争，一些社区行动机构甚至组织贫民挑战当地政府机构。结果，不少地方政府要求约翰逊政府和国会限制社区行动机构使用联邦基金"破坏"现有的项目和组织。对管理不善和腐败的指控频繁出现，特别是在地方层次。一些社区行动机构纠缠到政治竞争之中，一些大城市的机构以排斥白人的方式被控制，在一些农村地区，白人认为贫困机构是"仅为黑人服务的"。

向贫困宣战的失败也许可以用缺乏如何解决贫困问题的知识来解释。回想起来，向贫困宣战的倡导者似乎天真地相信，地方机构能找到自己的消除或者减少贫困的方法。甚至在林登·约翰逊离任之前，经济机会局就成为约翰逊政府的一个不受欢迎的弃子，之所以发生这样的转变，是因为经济机会局的项目没有为党派竞争做出贡献——理查德·尼克松领导的共和党政府即将就任。贫困计划的衰落也不能归因于越南战争，因为这两场"战争"先是逐步升级，后来又逐步降级，是在同一时间发生的。尼克松政府在 1973 年重组了经济机会局，将它的大多数项目转移到其他政府机构。福特政府在 1974 年取消了经济机会局，将它的剩余项目转给了其他机构。今天，美国各地的社区行动机构主要是通过社区服务整体拨款（Community Services Block Grant，CSBG）项目得到援助。社区服务整体拨款项目 1981 年建立，目前由卫生和人类服务部的儿童和家庭事务管理局管理。社区行动机构继续提供各种各样的反贫困计划，以及社会、健康和相关的服务。

一些人认为向贫困宣战本身从来没有达到产生实质性影响的水平。经济机会局的资金 *79*
分布在数以百计的社区。这样的相对少量的资金不可能抵消造成剥夺的大量的、深层次的原因。向贫困宣战提高了穷人的期望，但它从未试图应对在规模上与贫困堪比的大量的问题。结果通常只是增加了挫折感。

1968 年，在一个明显的关于公共政策对美国穷人和黑人的影响的论述中，亚伦·威尔达夫斯基（Aaron Wildavsky）写道：

> 暴力的秘诀：承诺很多，给予很少。让人们相信他们将会好很多，但此后并没有任何明显的改善。尝试各种各样的小项目，每一个都是有趣的，但结果是微不足道和严重不足的。回避任何试图解决问题的方案远不能与你们正在尝试解决的问题的规模相比。中产阶级的公务员雇用上流社会的学生激进地将下层阶级的黑人作为对现存政

> 治体系进行攻击的力量，然后以抱怨人们正四处破坏和没有配合他们所做的事情为由惩戒当地的政治家。让一些穷人参与当地的决策，却发现没有足够的事情能够让他们操心。对曾经在黑人身上发生的事情感到内疚，告诉他们，你们忽然发现之前没有解决他们的问题，当他们遵循你的建议时，表示震惊和沮丧。使用一点力量，使人足够愤怒，但不至于沮丧。再次感到内疚，说你感到惊讶，因为更糟糕的事情没有发生。以一点压抑做替代。混合、匹配并运行。[12]

一个人无论认为向贫困宣战是失败了还是胜利了，都不得不承认，很多其他项目或计划是在“伟大社会”时代产生的，像医疗补助计划、食品券计划（现在是 SNAP）、启蒙教育计划等，并继续服务于数百万穷人和低收入的美国人。

社会福利的进一步扩大

20 世纪，美国发展了自己独特的社会福利系统。[13]国会行动、法院判决和人口因素都导致了社会福利的扩大。

居住方面的规定取消

20 世纪 60 年代发生的另一个重要事件是居住方面的规定被取消。随着社会流动性不断增加，人们频繁流动以找寻工作和其他机会，对居住方面的有关规定的争论似乎不再能够持续。然而州和社区仍继续实行这些限制，要求有可能成为接受者的人在某个城市或州要居住 6 个月或一年，甚至要求他们定居在城市或州之内，这是保持较少公共救助案件的一种方法。在多次法庭辩论之后，1969 年，在夏皮罗诉汤普森（Shapiro v. Thompson）案中，美国联邦最高法院终于宣布在联邦所支持的福利计划范围内实行的居住方面的要求是违反宪法的。[14]结果是，人们对应该给予帮助的人更加容易区分，然而公共救助的工作量增加了。

夏皮罗诉汤普森案不是美国最高法院听到的与居住要求有关的最后一个案件。1996 年的《福利改革法》允许各州在全额支付贫困家庭的临时救助时实行 12 个月的居住要
80 求——如果一个州的补贴高于接受者先前居住的州的补贴。各州迅速实施了居住要求，福利倡导组织、贫困法律中心和公民权利组织提起诉讼以示抗议。加利福尼亚州最高法院和其他法院很快发现这些居住规则违反了个人的旅行权利和受到法律平等保护的权利。1999 年 5 月，美国最高法院在萨恩斯诉罗伊（Saenz v. Roe）案中确认其早些时候关于居住要求的决定是违反宪法的。[15]

20 世纪 70 年代来临时，总统理查德·尼克松的政府开始取消向贫困宣战的机构。20

世纪60年代的"福利权利运动"已经提高了国家对社会福利的需要的意识。更多的人开始接受公共救助。但是随着越来越多的人加入公共救助的名册，人们感觉公共救助系统需要改革了。尼克松总统决心清理"福利混乱"现象，在20世纪70年代早期提出了另一种类型的改革——保证所有穷人都有一定量的年收入。这个计划的有些部分被采纳了，特别是补充保障收入计划（Supplemental Security Income，SSI），这个计划为所有老年人、盲人、残疾人和生活在贫困中的人提供现金援助（见第六章）。但是，保证年收入的概念在很大程度上被国会拒绝了。一些人认为这过于"福利"了，另一些人则认为保障的水平太低了。

生活费用的自动调整

自20世纪70年代以来，联邦大多数社会福利支出的增加都是由于国会批准的对生活费用的自动调整（Cost-Of-Living Adjustments，COLAs）。生活费用的自动调整，就是众所周知的指数化，它被设计用来保持联邦的社会福利项目——社会保障、补充保障收入计划以及食品券计划等——提供的补贴与通货膨胀水平相联系。生活费用的自动调整在1973年颁布，并于1975年生效。在此之前，国会已经批准增加社会保障金给付和补充保障收入给付。政治科学家亚伦·威尔达夫斯基说："那些行动并不是为了向接受者们提供更多的利益，而仅仅是自动地确保他们的购买力保持不变。"[16]

自1975年以来，每年的生活费用的自动调整已经发生了很大的改变。[17]1980年，生活费用的自动调整增长率是14.3%，是有史以来最高的。在20世纪80年代初的高通胀年代，生活费用的自动调整受到了冲击。尽管社会福利支出已经做出了调整以适应生活费用的增长，但是在经济增长缓慢的状况下许多工人的工资无法适应通货膨胀。为了控制生活费用的自动调整进行了一些修改。自生活费用的自动调整方案颁布以来，2010年生活费用的自动调整首次为零，这是由于"大萧条"以来国家经济严重衰退。

美国的老龄化

第二次世界大战之后，从欧洲和太平洋战场返回的士兵急于开始他们的家庭生活。战后的经济繁荣和工厂恢复国内生产活动，加上很大程度上由劳工组织努力地推动的工资和福利的增加，形成了一个扩大的繁荣的中产阶级，并因此带来了"婴儿潮"时代。"婴儿潮"一代是出生在1946年至1964年之间的那些人。据估计，今天的美国人口有7 800万属于"婴儿潮"一代。[18]这些公民已经陆续进入65岁，他们将开始获得社会保障、医疗照顾和其他为美国老年人设计的社会福利项目，因而会对社会福利系统提出更多的要求。如今，65岁以上的人口占美国总人口的比例已经接近13%，而20世纪初这个比例仅仅是4%。到2030年，这个数字将接近20%。[19]生活条件的改善和医学的进步已经使美国人的预期寿命比以往更长，但是，高龄老年人们可能变得越来越脆弱，无法满足自己的需要。

经过一个世纪，美国老年人口的比例是20世纪初的三倍，这意味着需要更多的计划
81 和更多的服务来确保他们得到适当的对待。在美国，最大的社会福利项目是社会保障和医疗照顾（见第五章和第八章）。这些项目的接受者中的绝大多数是美国老年人，与人口中的其他部分相比，他们的要求在选举中得到了很好的体现，他们接受支持更高水平的社会福利。尽管人们普遍认为老年人应该得到公共支持的援助，但也有越来越多的人认为那些比较富的人应该更多地承担照顾自身的成本。

单亲家庭增加

美国家庭生活模式的改变是当今最有争议的问题之一，这也解释了社会福利支出为何会增加。自从1980年达到顶峰以后，离婚率已开始持续下降，但家庭破裂现象仍然十分普遍。[20]未婚妇女生育的孩子的数量持续增长，在2007年出生的孩子中达到占比近40%的历史高位。青少年孕妇的数量在增加，她们既没有结婚也不知道如何照顾孩子，青少年怀孕的数量经过十年的下降又开始爬升。[21]这些社会和人口统计的趋势意味着，今天许多家庭是单亲家长，主要是单亲母亲家庭。

以单身女性为户主的家庭有着极高的贫困率，这些家庭的贫困率是那些以单身男性为户主的家庭的贫困率的两倍多。85%的以单身女性为户主的家庭生活在贫困之中。[22]公共救助计划（主要是对贫困家庭的临时救助、医疗补助和食品券计划）和所得税抵免（the earned income credit）——一种特别针对低收入工人的税收抵免，是满足其基本需要的主要经济来源，特别是对于大量的以单身女性为户主的生活在贫困中的家庭或低收入家庭而言，更是如此。利用医疗补助、州儿童医疗保险计划、补充营养救助计划和其他项目的年轻人家庭的数量正在上升。

社会服务

1975年提出的联邦政府的社会服务一揽子拨款的第20个部分与社区服务的一揽子拨款一样，都提供一种广泛的社会服务，这种社会服务通常是针对低收入的个人和家庭的。20世纪60年代和70年代贫困日益增加，社会福利运动另一种类型就是提出了旨在解决问题的社会服务。因此，此时通过了与帮助受虐待的儿童、提供精神健康服务、提供针对美国老年人的社会服务项目有关的新的立法。在20世纪60年代，每一个州都通过了报告虐待儿童的立法，同时各州的儿童福利服务也增加了。有关的立法，如1963年的《社区精

神卫生中心建设法》，鉴于法院判决和法律限制政府使用非自愿的住院治疗的资格，对增加心理健康服务是有帮助的。然而，精神健康和住房服务远远落后于那些有严重精神疾病导致无家可归的人口的需要。1965 年的《美国老年人法》提供了诸如营养计划这样的服务，以帮助老年人仍然在自己家里生活。

医疗照顾和其他医疗保险覆盖了获得心理健康服务、家庭保健服务、疗养院服务和其他的社会服务。鉴于中产阶级和上层社会的人们对社会服务的需求，私人部门开始提供和扩大这些服务。

里根时期和老布什时期

与“新政”和“伟大社会”相比，20 世纪 80 年代对美国出现的困难有一个明显不同的
反应。与日益增长的成本和对许多公共救助项目的失败导致的失望有关，罗纳德·里根总 82
统的政府试图限制联邦政府在社会福利中的作用，转而更多地依靠州政府和私营部门提供的服务。实现这一目标的一个主要步骤是 1988 年《家庭支持法》(Family Support Act，FSA) 的通过，这个法削弱了贫困家庭对有未成年子女的家庭救助计划 (Aid to Families with Dependent Children，AFDC) 的权利，并且将计划改变为朝向强制性工作和培训的计划。老布什政府遵循了类似的趋势。

人们对社会福利计划感到恐慌，特别是对公共救助作用的增长和花在这些项目上的资金感到恐慌。最严厉的批评是，这些计划鼓励依赖，原因是大多数人转向寻求政府帮助。1988 年的《家庭支持法》的目的是：(1) 减少在公共救助项目上的开支；(2) 减少政府在公共救助中的作用；(3) 只在“真正的贫困”时提供救助；(4) 只提供短期救助。《家庭支持法》是对新政以来的公共救助系统的最彻底的改革。有未成年子女的家庭救助计划的支出被削减，工作和培训要求增加。其他公共救助项目的资格要求。也收紧了，如食品券计划。结果，有相当数量的接受者被从名单中删除。在这些福利改革的背景下，无家可归现象变得更加明显。

供给学派

罗纳德·里根上台时，国家面临重大经济问题：失业、通货膨胀、低生产率和低投资。里根认为这是“大政府”的结果。他确信：“联邦政府通过税收、支出、监管和货币政策，已经为暂时的和短期的目标牺牲了长期增长和物价稳定。”[23] 为了解决国家的经济问题，在其任期内，里根离开了自由主义的凯恩斯主义经济政策，转向了信奉保守主义的

供给学派经济学，也被称为“里根经济学”。新保守主义运动已经诞生。

凯恩斯主义经济学是基于这样一种观念：政府可以通过操纵经济中的需求方面促进就业，减少通货膨胀——增加政府支出和扩大货币供给能够促进就业，通过相反的运作能够减少通货膨胀。这种学说还认为失业和通货膨胀不应该一起发生——失业会减少收入，进而迫使物价下降。但是，政府的数据显示，20 世纪 70 年代，失业率和通货膨胀同时居高不下。政府降低失业率的努力仅仅是推动了通货膨胀，政府减少通货膨胀的努力仅仅是增加了失业。里根将失业率与通货膨胀率相结合，称之为痛苦指数。

为了降低痛苦指数和促进经济增长，里根实施了一系列的政策，并视之为“新政以来在美国最雄心勃勃的经济改革”[24]。这些经济改革主要集中在经济的供给方面：(1) 降低联邦支出的增长速度；(2) 对个人和企业减税；(3) 解除行业管制以便尽量减少经营成本；(4) 减缓国家货币供应的增长。在他的第一任期，里根成功地鼓励国会削减了 25%的个人所得税：按生活指数调整税率，以消除纳税人的额外负担，在通货膨胀把纳税人赶到更高的收入征税档时，这种调整就发挥作用了。今天，税收“调整”或税率与生活指数挂钩，使纳税人不会因通胀加剧而承担较重的纳税负担。

83 在里根改革过的税制下，个人纳税等级的数量从 15 个减少到两个主要类别，一个是 15%，另一个是 28%（实际上，由于其他改革导致的复杂的背景，有些人的收入税负达到了 33%）。公司的纳税等级也减少了。其他改革措施包括增加个人收入税抵免，消除了一些主要是富人使用的躲避房地产税的机会，对资本征收的所得税（对销售的利润征收的税，比如房地产和股票）作为普通收入而不是使用低利率（里根不支持此举）。对于这些改革，被称为伟大的沟通者的里根总统认为，它们是“从国会产生的最好的反贫困法，最好的节育的措施，以及最好的就业创造项目”[25]。

里根的政策被设计为鼓励美国人工作、储蓄和投资。税收、行业管制和富裕的美国人减少了将利润再投资，为穷人和工人阶级增加就业机会的希望。换言之，利益将“渗透”到新的工作形式中的穷人的希望为富人提供了激励。[26]

老布什在竞选总统时，假设里根政府的两个任期是受欢迎的，所以他最常说的一句话就是：“注意听我说——不会再加税。”但不断增长的预算赤字和无法平衡的联邦预算让他食言了。随后的预算之争导致 1990 年颁布了一系列对酒精、汽油、豪华汽车和船只等奢侈品提高税收的措施。个人年度应纳税收入超过 12.5 万美元和夫妻总收入超过 20 万美元的，最高的个人所得税税率上调为 31%。随后，增加了高收入者与医疗照顾相关的工资税。在分类账的另一方面，低收入家庭的所得税抵免也增加了，并且增加了对医疗照顾和对新生儿的父母的新的所得税抵免。为换取他在税收上的妥协，老布什抓住了一个新的措施——增加预算支出的上限。然而，取消“不会再加税”的承诺，可能是老布什在 1992 年总统竞选中失败的一个主要原因。在里根时代结束时，联邦预算赤字已经高达 2 900 亿美元。[27]

新联邦制

里根总统急于重组联邦—州的关系，特别是把国家政府的许多国内项目移交给各州。他相信这将“结束烦琐的管理”，并且使计划能够“对为了获得帮助的人和为他们付费的人都更加敏感”[28]。批评者认为，这将是社会福利政策领域的一个退步。联邦政府承担了许多社会福利功能，是因为各州没有对穷人的需要做出反应。即使州政府有动力去关心它们的穷人，各州在经济资源方面的差异也会导致各州之间的不平等。自由主义者严厉地批评里根政府的权力下放政策。例证 3—2 提供了联邦制和社会服务项目的概述。

里根政府制定了一揽子拨款的方式，作为一种手段，以削减联邦资金支出、重组州和联邦关系，建立一种“新的联邦制”。[29]一揽子拨款是联邦政府为了使一般职能向州或地方政府转移而支付的钱款，如卫生、福利、教育、执法和社区发展职能等。这笔钱必须花在与一揽子拨款有关的一般职能上，但是，州和地方政府在决定资金的特定用途方面有很大的自由。一揽子拨款是为了减少“华盛顿科层机构”的权力，将权力还给州和地方政 84
府，使联邦的钱以很少的“附加条件”适用于各种目标。

例证 3—2

联邦制和社会服务

在美国建国之初，开国元勋以宪法确定了联邦政府的权力，并且将许多权力转给了州政府。[a]他们不想将过多的权力赋予一个政府。最初，联邦政府主要是将国防、外交和跨越州界的问题集中在国家层次。例如，州际贸易和邮政服务。州是主要的政府实体，社会福利像其他大多数国内问题一样，是各州考虑的事情。马丁·格罗津斯（Martin Grodzins）认为联邦政府和州政府的职能分离就像是“多层蛋糕”式的联邦制，也被称为“双联邦制”。[b]自从 1787 年签署美国《宪法》以来，联邦制已经发生了很大的改变。

一些事件开始改变联邦制的《宪法》，例如由于工业革命带来的经济变化，美国卷入第一次世界大战，联邦所得税的设立，大大增加了联邦政府的财源。“大萧条”时期和“新政”时期是对社会福利领域的联邦制进行界定的时期。随着 20 世纪的发展，美国越来越多地实行“合作的联邦制”（格罗津斯称之为“大理石蛋糕”联邦制），在这种“合作的联邦制”中，社会福利这样的职能是由联邦政府和州政府分担的。随着“伟大社会”计划（食品券、医疗照顾和医疗救助计划等）的开始，20 世纪 60 年代，联邦政府在社会福利中的作用快速增长，导致了一种更为集中的联邦制。

对新政的多年追随，趋势是社会福

85

利项目朝着更大的集中化或联邦化方向发展。在里根任总统的时期，对社会福利方面的联邦制的适当争论呈现出新的活力。里根在将社会福利服务和其他服务的责任更多地转回州政府方面取得了一些成功，主要是把大量的小项目合并成几项一揽子补助。他的继任者老布什，通过允许一些州对有未成年子女的家庭救助计划进行尝试性的改革，继续了这种新的联邦制。在克林顿政府时期，克林顿确实希望建立国家的医疗保险（见第八章），但即使是他的计划，也是在对项目的行政管理中给州政府一定的自由裁量权。

人们对哪种类型的联邦制能够最好地服务于社会福利感觉不一样。有些人（通常是自由派）认为只有更多的联邦干预才能使那些需要帮助的人得到公平对待，而且联邦政府可以调动更多的资源提供一个更高标准的给付或照顾。其他人（通常是保守派）认为公共救助和社会服务应该是州（或地方）政府的责任——离家门口更近的政府。他们觉得50个州政府可以更好地对它的居民做出反应，能够有更多的创新。但是，在州和地方层面，社会福利项目和其他项目在政治上更容易引起争议。因为与国会对全国范围内的贫困者采取行动或设立一个项目涉及的人数相比，州的支出针对的是比较少的人。

观点上的多样性导致了在社会福利项目上非常不同的安排。社会保障和医疗照顾是最大的社会福利项目，是仅有的由美国政府负责的项目。失业保险主要是州的项目，但是当失业率维持在高位时，联邦政府帮助提供增加的补贴。工人的赔偿几乎完全在州的管辖范围内。

主要的公共救助项目在管理和资金提供方面都采取了不同的方式。补充营养救助计划（SNAP）补充保障收入项目（SSI）是联邦政府的主要项目。联邦政府负责确定补充营养救助计划的需要和补助水平。在补充保障收入项目上，联邦政府出资提供一个基础性的补助并负责建立基本的资格需求，但是大多数州至少为某些类别的接受者在联邦政府提供的补充保障收入之外又提供了一些补充津贴。

对贫困家庭的临时救助（TANF）和医疗补助计划是联邦政府和州政府联合负责的，它们共同分担项目的资金。联邦政府提供行政指导，州政府在确定资格要求和补贴方面承担主要责任。但是，对这两个项目，政府之间在安排上存在重要的差别。医疗补助仍然是一个对所有符合资格要求的人开放的项目，而对贫困家庭的临时救助作为新联邦制或责权转移的一部分，现在被建构为一种有联邦提供资金上限的一揽子拨款项目（不管有多少家庭符合资格要求）。与有未成年子女的家庭救助计划相比，在对贫困家庭的临时救助项目下，州政府有更多的决定项目规则的权力（见第七章）。一直存在着将医疗救助和其他社会福利项目完全转交给州政府的呼吁，同时，由支持联邦政府承担更多责任的人们做出的抵制这类行动的努力也势均力敌。一般救助是一个具有高度自由裁量权的项目，并且主要是由州政府和/或地方政府负责出资和管理的公共救助项目，没有联邦的参与。

联邦和州政府共同出资最多的社会服务项目，是精神健康、儿童福利和职业康复等。联邦政府和州政府在资金和管理上的相互牵连从根本上改变了对特定项目的依赖性。

在社会福利领域有关联邦制的冲突不仅发生在现金和实物补贴的福利项目中，也发生在其他领域。当州和地方政府觉得联邦政府只是宣布任务而没有提供足够资源以满足其需要时，他们就变得沮丧。根据《不让一个孩子掉队法》实现新的教育标准的情况就是这样的例子。即使各州相信法律的精神，它们仍然提出资金不足不能开展这项工作。一些州还提出，联邦政府使它们成为《美国残疾人法》某些条款的诉讼主体而超越了其权威。我们持续地争论联邦、州和地方政府在社会福利（和其他领域）中的适当的角色，但是各州已经变得要依赖联邦政府的资金来满足社会福利的需要。这里真的是没有回头之路，即使公共救助的决策责任多数已经回到州政府手中。

[a] 此处个别资料依据的是：Thomas R. Dye, *Understanding Public Policy*, 9th ed.（Upper Saddle River, NJ: Prentice Hall, 1998）.

[b] See Morton Grodzins, *The American System: A New View of Government in the United States*, Edited by Daniel Elazar（Chicago: Rand McNally, 1966）.

一揽子拨款听起来对于各州似乎是一种好的方式，但是，当里根总统把许多较小的福利项目合并到对各州的一揽子拨款时，拨付的资金要比先前花在个人社会福利项目上的总数少。一揽子拨款也将联邦社会福利资金做出特别使用的决定转移到州的政治舞台，在那里，对社会福利的支持并不总是像在华盛顿那样强大。由于这些变化的发生，对资金的政治活动和竞争也从华盛顿转到了州和地方层面。

以州做实验室

老布什总统也鼓励各州对公共救助负责，但是，也许是为了使他的政府与里根的严酷 86
社会福利的立场拉开距离，他呼吁建立一个“仁慈和温和的美国”。老布什提出“以州做实验室”，并通过提供联邦资金给予帮助鼓励实验，支持各州进行项目示范，通过给予豁免允许州不遵照联邦的法规。州的创新被用来测试那些在国家范围内要获得支持太具有争议性的项目设计的理念和服务提供。例如，威斯康星州的“学习费用”（Learnfare）项目，如果一个接受公共救助的家庭中的学龄儿童辍学，该项目允许州政府减少对这个家庭的公共救助金额。根据老布什总统的意见，“这些实验中的一些是有争议的，有些可能是无效的，另外一些可能相对于产生的收益而言付出的成本太高。这是‘以州做实验室’的本质。因为任何科学家都知道，成功的道路是由大量失败的实验铺就的。”[30]

公共服务私有化

里根和老布什执政期间强调的另一个主题是公共服务私有化。私有化意味着联邦、州和地方政府在提供公共服务方面让非政府组织承担更多的责任——从邮政递送和空间探索到公共交通，甚至监狱、公共救助和儿童保护服务。“一般来说，私有化可以被定义为，当私营部门的所有者和供应者有能力以较低的成本提供更好的服务时，则把政府的服务、资产或企业转移给他们。”[31]通常，他们如何以较低的成本提供更好的服务是一个有争议的话题。

私营部门已经有了长期提供社会福利服务的历史（参见第十章）。例如，大多数儿童保育中心是由私人营利性或非营利性的组织所有的。大部分医疗保健服务来自私人医生和其他私人提供者、私有的医院和其他私人拥有的设施。

许多社会福利组织今天真的是准公共的或半私用的。[32]私人和公共部门之间的界限依旧模糊。许多所谓的私营企业依赖政府的资金。例如，住宅产业受益于联邦政府住房和城市发展部（Department of Housing and Urban Development）的建设项目的资金。许多地方的社区精神健康中心（CMHCs）实际上是非营利公司，但最初是使用联邦基金并在州和地区政府的帮助下建立的。特许学校是接受儿童教育公共资金的私人实体。在谈到社会福利时，美国确实已经成为公共（私人）或“混合”经济。

公共服务的私有化，或就像芭芭拉·埃伦赖希（Barbara Ehrenreich）所说的那样“把贫穷变成黄金”，已经产生了重要的问题。例如，这种做法是否会导致联邦、州和地方政府取消对社会福利服务的责任？有时这种取消已经通过放宽限制发生。[33]例如，评估儿童照顾服务[34]和为老年人服务[35]的效果已经越来越困难了，因为政府在收集数据和监控这些项目方面已经减少了努力。在其他情况下，私有化导致政府对服务的支出减少和随后的服务减少。[36]在私人公司提供公共社会服务时，对其适当性和计量性的许多担忧已经提出。在公共救助的资质方面，有一些令人震惊的私有化失败的例子。

87

里根—老布什的终曲

在里根和老布什政策之后的12里实际发生了什么？虽然供给学派假定每个人都能够受益于经济学，但是，有大量证据显示，富人变得更加富有，穷人变得更加贫困。减税的效果被广泛讨论，但是国会预算办公室估计，中低阶层在1990年比税制改革前的1980年支付了更高的净联邦税率。[37]个人所得税是下降了，但是其他的税，主要是社会保险税增加了。在里根和老布什当政期间，贫困的美国人的收入下降了，而他们的综合联邦税率增加了16%。与此同时，最富有的美国人享受到了实际上的收入增加，因为他们的所得税税率下降了5.5%。无党派的智囊团公民纳税正义联盟（Citizens for Tax Justice）发现，只有最穷的人和最富的人的税是减少了的。[38]

失业率和通货膨胀率再次降低，但是，"衰退"这个词仍然被使用，而且预算赤字增长惊人。贫穷率也高于里根执政之前。严重地削减社会福利项目已经伤害了最贫穷的美国人，下层阶级（最边缘化的美国人）社会地位进一步下跌。对里根和老布什执政的评估可能取决于一个人自己的政治观点，但在连续12年由共和党执政以后，很多美国人已准备好要改变一下了。

比尔·克林顿时期

比尔·克林顿1992年的总统大选成为一场三方大战。其中一方是共和党总统老布什，另一方是民主党候选人和阿肯色州州长威廉·杰斐逊·比尔·克林顿，第三方是独立候选人得克萨斯州的亿万富翁、商人H·罗斯·佩罗特（H. Ross Perot）。独立的总统候选人很少被认为是有竞争力的对手。然而，佩罗特却获得了实质性的支持（19%的选票，自西奥多·罗斯福在1912年作为进步的公麋党的候选人赢得选票以来，佩罗特赢得的选票比任何第三方的总统候选人得到的选票都多），虽然这并不足以赢得大选。老布什总统的失败是由于他在总统辩论中表现不佳，以及美国人对经济状况和其他国内事务失望，这使比尔·克林顿在选举中获胜。克林顿是在第一个"婴儿潮"时期出生的人，也是美国历史上第三年轻的总统。克林顿选择田纳西州的前参议员、同样是"婴儿潮"时期出生的艾伯特·"Al"·戈尔作为他的副总统。他们两个人计划完成一套极具野心的目标。其中最为重要的是经济复苏、医疗照顾改革、福利改革，以及控制犯罪。

管理联邦债务

在 1992 年的总统大选中，预算赤字是一个重大问题。克林顿总统上任后，面临着 2 900 亿美元的预算赤字，以及自 1980 年的 9 090 亿美元增长至 1992 年的 4 万亿美元的联邦债务。联邦债务总额占美国国民生产总值的 64%。

国会曾试图尽力解决赤字问题。在 1985 年采取了一个重要步骤，通过了《平衡预算和紧急赤字削减法》（ Balanced Budget and Emergency Deficit Reduction Act），该法也因其倡议者的姓氏被称为《格拉姆—拉德曼—霍林斯法》（Gramm-Rudman-Hollings），这几位倡议者分别是参议员菲尔·格拉姆（Phil Gramm ，共和党—得克萨斯州）、参议员沃伦·拉德曼（Warren Rudman，共和党—新罕布什尔州）、欧内斯特·霍林斯（Ernest Hollings，民主党—南卡罗来纳州）。该法提出，如果国会未能达到特定的赤字削减标准，就在国防和许多国内项目上全面削减开支。更严格的赤字削减措施是在 1990 年的《预算执行法》（Budget Enforcement Act ，BEA）中颁布的。但所有的这些法案都被证明是不
88 够的，因为它们只是一些条款，是疲弱无效的。里根和老布什总统两人都被指责从未提出过一些像是要平衡预算的措施，而国会也无法制定平衡的预算。克林顿总统恢复了包含在《预算执行法》中的削减赤字的措施。

在竞选期间，比尔·克林顿就承诺使联邦预算赤字减半。在 1994 财政年度，克林顿总统和国会实现了大幅削减赤字。要想使赤字减少只有三个方法——提高税收、减少支出或者两者并行。最终达成了妥协，即增加 2 410 亿美元的税收和减少 2 550 亿美元的支出。

20 世纪 90 年代的经济繁荣得益于克林顿的经济政策，他做了很多减少联邦赤字的事情。在此期间的经济繁荣增加了税收收入并降低了借款利率，进而减少了政府的利息支出。另外，在这一时期通过严格限制使医疗照顾和医疗补助的支出低于正常的医疗费用的增长。根据《预算执行法》，财政政策发生了变化，缩紧了医疗照顾对供应商的补偿并增加了收入税和消费税。在 1991—1995 财政年度，《预算执行法》强制实施两个预算限制：(1) 将在此期间国防和其他可自由裁量的支出的上限定为 5 500 亿美元；(2) 把应享权益支出（诸如社会保障）与税收的增加和/或减少联系在一起。除非应享权益支出减少，否则不能减税，应享权益支出的任何增加都要有相应的税收增加。1993 年对《预算执行法》的修正案使该法案的生命延长到了 1998 年。[39]

尽管有两件事情——死亡和纳税在人生中是确定无疑的，但是税收政策可不一定。为了进一步减少联邦赤字，税收添加了。增加了两个更高的税收等级，使所得税总共拥有了 5 个等级，税率分别是 15%、28%、31%、36%和 39.6%。其他重要的改变都遵照一个原则，即所有工薪阶层为医疗照顾缴纳的税金都以工资或薪金为基数，并且向收入较高的社会保障津贴的接受者征收更多的税。那些所得高于 1 000 万美元的公司的企业所得税的最

高等级税率提高了 1%（使企业最高等级的所得税税率达到 35%）。对有孩子的工薪家庭的所得税抵免增加了，为没有孩子的低收入的工人家庭设立了一个较低的所得税抵免，而且增加了小企业购买特定器械的税收扣除。国会预算办公室要求总统要遵守他的诺言，不增加美国中产阶级的税收。据估计，新的税收的 90%都落到了那些能够挣到 10 万美元或更多的人的头上。[40]

1993 年《预算协调法》(Budget Reconciliation Act) 在国会勉强被通过，但没有一个共和党人投赞成票。副总统戈尔打破了在参议院中的投票平局。包含在该法案中的经济改革依赖于教育、医疗、科技等领域的投资和打开国外市场。该法案的通过有助于扭转持续了 12 年的渗透经济学，并且将美国历史上最大的赤字变成了历史上最大的盈余，创造了 2 200 万个工作岗位，增加了工资，创造了住房拥有率的最高纪录。在克林顿经济计划中，预计在 2012 年国家将没有债务。[41]根据美国联邦储备理事会主席艾伦·格林斯潘 (Alan Greenspan) 的看法，1993 年的立法“在改善之后发生的经济活动方面，是一个毋庸置疑的因素”[42]。1993 的计划也包含创建 42 个开发区和企业社区，为它们提供 35 亿美元的工作和工资信贷，并且有其他激励措施来建设和振兴经济落后地区。到克林顿总统任期结束时，有 100 亿美元已经投入到了 135 个社区。[43]

下一个非常重要的预算方面的事件是 1997 年的《平衡预算法》(Balanced Budget Act，BBA) 的颁布。医疗照顾支出的遏制是《平衡预算法》的中心。在其中增加了一些项目，显著的是努力确保低收入的孩子通过州的医疗救助项目，恢复对移民的一些公共救助津贴——这是在 1996 年的福利改革期间被取消的，以及为州提供更多资金用于帮助那 89
些从依靠福利向投身工作过渡的人。1997 财政年度的预算是 220 亿美元，达到了 30 年来的最低水平。

1998 财政年度的预算反映了 1997 年通过的《纳税人救助法》(Taxpayer Relief Act) 中的许多规定。[44]虽然有一些税提高了（如联邦烟草税增加了 15 美分），但很多税是减少的，使其形成里根时期以来最大的降幅。新的儿童税收抵免和教育税收优惠给许多家庭提供了救济。这个预算没有太多地增加联邦的收入，但是当所有这些预算措施的效果与强劲的经济结合在一起时，在 1999 年，联邦预算赤字没有了。这是自 1948 年以来这个国家首次收支平衡。当克林顿总统离任时，预算盈余是 2 360 亿美元。联邦债券总额为 5.6 万亿美元，占国民生产总值的 58%——从他上台时的 64%降下来的，支付的利息减少到了预算的 12.5%（从 14.4%降下来的）。[45]

1994 年国会从由民主党控制转变为由共和党控制，导致了第二年对克林顿总统的预算的严重争论。1996 年，一项提高最低工资的法案也结束了有关纳税的规定。这一法案降低了一些企业税，并且给予了家庭主妇们在递延税项的个人退休账户上保存自己钱款的权利，这就给人们为将来退休储蓄资金提供了新的选择，并且给予许多收养儿童的人以税收抵免。

在对 1996 年的预算缺乏一致意见时，许多联邦工作人员获得了意外的假期，这导致在许多联邦政府部门中总有两个是处于停止工作的状态。福利改革处于争论的中心地带。

结束我们所知道的福利

比尔·克林顿通过把福利办公室变成职业介绍所和限制家庭能够持续获得福利的时间，兑现了“结束我们所知道的福利”的承诺。达成对公共救助项目进行仔细审查的协议之前，总统否决了两个主要的福利改革法案（参见第七章）。经过长时间的、艰苦的辩论，1996 年国会在福利改革方面达成两党妥协，通过了被称为《个人责任和工作机会协调法》(Personal Responsibility and Work Opportunities Reconciliation Act，PRWORA）的法案。这项立法结束了有未成年子女家庭救助计划的法律地位，使工作成为强制性的条件，限制了家庭可以收到现金救助的时间。

1996 年克林顿总统最终签署了《个人责任和工作机会协调法》——尽管它的一些规定使总统不安。其中被削减的最多的是对居住在美国的合法移民的帮助。其中的一些条款后来被修改，但是由于签署了该法案，克林顿总统失去了很多盟友。许多人认为这种做法是对这个国家的孩子的侮辱。《个人责任和工作机会协调法》签署之前，由于经济健康发展，公共救助的案件数量开始下降。福利改革之后，个案数量的快速下降被视为成功的标志，但许多人离开福利名册后并没有实现自给自足。

对克林顿时期的评价

在克林顿担任总统期间，美国几乎接近充分就业，通货膨胀率低，痛苦指数是 30 年中最低的。尽管丑闻导致他被弹劾，但是在很大程度上由于强劲的经济发展势力，克林顿总统保持了高支持率。像大多数其他政府一样，克林顿政府在推进社会福利事项上有失败，也有成功。除了经济改革和福利改革，总统的国内事项还包括医疗改革和控制犯罪。

90 最令克林顿总统感到失望的可能就是他提出的《医疗保障法》被拒绝，这是一项使所有的美国人都能够被医疗体系覆盖的计划（见第八章）。这个计划的失败在很大程度上是因为许多人认为政府要借此过多地干涉医疗保健。克林顿总统确实使一项重要的犯罪法案得到了通过，这个法案包含较多的社区政策、禁止攻击性武器、三次重罪罪犯判处无期徒刑条款，以及为监狱提供更多的资金、提供更多的预防犯罪资金。1994 年的《防止对妇女施暴法》(Violence Against Women Act）更多地关注攻击妇女的犯罪。随着防治犯罪法案的实施，从 1994 年到 2002 年犯罪率下降了 55%。[46]

面对联邦预算盈余和乐观的经济持续增长形势，共和党人坚持通过减税把钱返还给美国人民，而民主党人要求盈余被允许用于确保社会保障的稳定，以便应对很快就会到来的“婴儿潮”一代的退休。作为1999财政年度预算的一部分，共和党人主要做的是使上层阶级更多受益的减税的努力失败。减税于是就成为小布什总统在2001年1月就任以后的一个优先考虑的事项。

小布什总统

2000年在共和党候选人、得克萨斯州州长小布什和民主党候选人、美国副总统戈尔之间的总统大选，是一场势均力敌的比赛，结果取决于佛罗里达州点数和重新计数的最后几张选票。在佛罗里达州对某些县的选票的重新计算，提出了选票该如何被解释（以及许多州的选票重新计票的法律是否符合《宪法》）的严肃问题。花了五个星期的时间并经过美国最高法院的干预才确定了结果。在小布什诉戈尔的案件中，最高法院以5票赞成、4票反对判定，在佛罗里达州的选举中，小布什获得537票的优势。[47]这使得小布什在佛罗里达州赢得选举人票，并因此赢得了全国范围内的选举，尽管戈尔赢得了54万直接选票也无济于事。2002年10月，参议院通过了选举改革法案——《美国投票辅助法》（Help America Vote Act）。该法案提供了大约39亿美元，在四年时间里对投票设备进行升级，改进了投票和选民登记程序，对大选工作人员进行培训。

美国处于战争状态

选举结果可能是可疑的，但是作为美国的第43任总统，小布什赢得了相当多美国人的信任。他的总体支持率普遍较高，他对2001年9月11日恐怖分子袭击美国事件的处理，使其支持率飙升至90%。

小布什总统在竞选期间承诺减税、改革教育、建设国防。上任后不久，相对于对恐怖主义的关注、对袭击世界贸易中心和五角大楼的恐怖分子的关注、对伊拉克战争的关注，总统对国内议程的关注退居次要地位。

“9·11”和反恐战争

这本书是关于社会福利的，但是它也很难忽视影响广泛的社会事件。这个事件已经消耗了美国的大部分能源和资源，使它更难以专注于国内问题。2001年9月11日的恐怖主义袭击造成的伤害是巨大的。乘客和工作人员、世界贸易中心和五角大楼的职员、消防员、救援人员和其他人员，近3 000人丧生。[48]世界贸易中心双子塔倒塌，周围的建筑受损或被毁。五角大楼也被严重损坏。社会服务工作者工作的重心从关注社会的边缘群体转 91

向照顾恐怖袭击的受害者、帮助受害者家庭挽回损失、稳定社区。他们与美国其他人一起试图处理对美国的价值观、美国《宪法》、美国生活方式的攻击。这个国家在哀悼，在纽约以巨量的现金援助和义工服务作为回应（尽管它改变了从当地社区获得的慈善捐款的用途）。

小布什总统称其为“21世纪的珍珠港”[49]袭击，并宣布“我们将再一次赢得对恐怖主义的战争”[50]。情报部门的官员认为基地恐怖组织试图摧毁美国政府。[51]在2001年9月11日晚，小布什总统对全国发表讲话，宣布：“我们将不加区别对待：对那些计划这次行动的人和藏匿他们的人。”[52]这个信息是针对在阿富汗的塔利班政权的，包括极端的伊斯兰教激进主义的民兵组织，他们窝藏基地组织恐怖分子，以便从乌萨马·本·拉登（Osama bin Laden）那里换取大量金钱。[53]在接下来的几天，似乎有可靠的证据表明恐怖分子将继续威胁白宫。2001年9月14日，国会授权小布什总统可以使用任何必要的武力报复恐怖分子，对此仅有一张反对票。当塔利班拒绝交出本·拉登和他的基地组织恐怖分子时，小布什总统下令从阿富汗逮捕并清除塔利班和基地组织的恐怖分子及军事力量。[54]

在2001年9月11日至2002年10月30日之间，国会通过了直接回应恐怖袭击的19项立法。立法为受害者和他们的家庭提供了资金，为帮助社区重建提供了资金。安全成为一个焦点问题。为了加快打击恐怖主义，依据多项立法，为收集情报、执行法律、预防恐怖主义的新规则提供了资金。使用武力的拨款为铲除阿富汗基地组织恐怖分子营地铺平了道路。为阿富汗平民提供食品、医疗供给、教育援助和其他人道主义援助拨款。

或许2001年9月11日以后最具争议的立法是《美国爱国者法》（U. S. A. Patriot Act）。它被批评通过扩大监视范围（如窃听、浏览个人电脑和图书馆记录）侵犯美国公民的自由，并且减少了之前给予法院防范滥用权力的检查和制衡。对“国内恐怖主义”定义的扩展质疑了美国公民合法地进行公众抗议的权利。[55]最初是将结束该法案的日期定在2005年，但是在2006年年初，通过授权，一些条款将在2009年12月31日到期。在2009年年底，国会又通过了一个60天的延长期，使该法案延长至2010年2月到期。[56]对该法案中的一些条款，奥巴马总统在2010年2月27日又签署了一份为期一年的延展。[57]

一些社区谴责《美国爱国者法》的一些条款，如不承认那些不是美国公民的人的合法权利。许多群体，包括美国图书馆协会，也反对该法案的规定。美国人当然知道在恐怖袭击之后研究机场检查等新政策的必要，但是在没有获得法律协助的情况下赋予政府扣留美国公民和其他人的权力，以及提供额外的广泛权力调查读者使用的图书馆，则是另外一回事。公民自由是民主的核心，试图削弱这个核心将动摇美国生活的几乎所有方面的基础。

92 国土安全部

作为应对恐怖主义的一部分，小布什总统合并了之前存在的22个截然不同的国内机构，创建了美国国土安全部（U. S. Department of Homeland Security，DHS）。美国国土安全部以保护国家、抵御恐怖袭击为主要目的。国土安全部的一个主要职能是协助各州和各城市发展应对袭击事件的应急团队。州和地方政府得到资金来帮助满足应急人员的需要，以抵消因额外的安全措施导致的成本。

国土安全部参与了许多活动，如与疾病控制中心一起工作以发展抵抗生物战的策略，发展国家金融体系安全的防护措施，为实施改善安全状况的新技术与科学家合作，在移民问题上提供建议。有一件事情已经非常清楚：即使高度警戒，要完全封闭美国边界也几乎是不可能的。美国人仍关注可能出现的更多袭击。

伊拉克战争

在2002年的国情咨文中，小布什总统宣布伊拉克、伊朗和朝鲜是“邪恶轴心”。当他说“我不会坐等事件发展”时，他改变了美国的战争政策，表明他将采取先发制人的行动以抵抗美国受到的威胁。[58]2002年4月，总统公开提出改变伊拉克的政权。世界各地发出了反对战争的声音。小布什称伊拉克的领导人萨达姆·侯赛因（Saddam Hussein）是对美国国家安全的威胁，因为小布什和其他人认为侯赛因已经囤积了大规模杀伤性武器（化学武器、生物武器和核武器）。支持这一立场的确凿证据是有限的，难以令国际社会信服。[59]美国发出的迫在眉睫的攻击伊拉克的声明，催生了世界各地的人们反战和反小布什的抗议，在美国国内也有数以百万计的人参与其中。

与伊拉克开展的谈话把世界各国领导人放在了一边，尤其是那些中东地区的领导人。一些人担心这样的战争可能动摇整个地区，并且给该地区石油资源丰富的国家造成惊人的经济影响。另一些人认为这可能引发更多的恐怖袭击，造成世界各地对美国的不满迅速上升。[60]英国、西班牙和澳大利亚给予军事支持，其他盟友（如德国、法国）反对，整个欧洲有大量的反战示威活动，在这样的环境中，小布什总统决定在2003年3月入侵伊拉克。小布什的意图是“缴获伊拉克的大规模杀伤性武器，并执行联合国安理会的17项解决方案”，“从地球上最糟糕的暴君手中和最残酷的制度下解放伊拉克人民”[61]。

三周后，当巴格达的主要军事抵抗崩溃时，美国和联军部队宣布胜利，这一胜利以美国海军陆战队和伊拉克公民推翻萨达姆·侯赛因的雕像为象征。[62]2003年12月，美国士兵俘获了侯赛因，但是在伊拉克，敌对行动仍然存在。美国继续在伊拉克的存在促使伊斯兰教激进分子重返伊拉克并对占领部队发动攻击，有传言称，伊斯兰教激进主义恐怖组织认为伊拉克战争是对美国人的圣战。攻击在持续，每个月杀死40～80名军事人员和数百名文职人员。[63]随着战争的继续，小布什总统面临越来越多的批评：对他入侵伊拉克的决定的批评，对美国军事力量长期占领伊拉克，对没有发现大规模杀伤性武器的担心。尤其令人不安的是情报失误，关于发动战争的决定是依据美国参议院的特别情报委员会的一份详细报告做出的。[64]

美国发动伊拉克战争已经花费了数十亿美元。为了稳定伊拉克，重建这个国家，以及 93
参与建立民主这项困难的任务，又花费了数十亿美元。一些美国人支持总统入侵伊拉克的决定，另一些人反对战争。但毫无疑问的是，入侵造成的财政负担和它所要求的来自美国政府的行政、立法和司法部门的关注是巨大的，它们消耗着国家本可以用于国内许多事项的时间和资源。

国内的经济问题

在美国国内，股票价格急剧下跌、经济开始出现衰退、数百万人失去了工作，前所未有的公司犯罪的曝光率以及不断上升的失业率引起了小布什总统的注意。政府对这些事件的反应为始于 2007 年 12 月的更深的衰退埋下了伏笔。

股市泡沫破灭

20 世纪 90 年代，快速上扬的股票市场已经产生了众所周知的大量的“股市泡沫”。在利好事件（比如互联网发明或者冷战结束）突然发生时，这种“股市泡沫”就发生了，这就使股票市场的未来表现为“非理性繁荣”。20 世纪 90 年代中期和后期产生的“泡沫”，使经济极易受到不确定性因素的影响。随着全球经济增长日益互相依赖，世界上一个地区发生经济危机就会影响到其他地区。[65]

20 世纪 90 年代后期的两个事件对美国经济产生了负面影响。首先是 1997 年的亚洲金融危机[66]，紧随其后的是 1998 年俄国拖欠外债[67]。这些经济事件在全球市场动摇了投资者的信心。一个技术市场的盈亏状况是：1996 年税后利润近 220 亿美元，到了 2000 年税后却有 280 亿美元的亏损。从 2000 年 1 月至 2001 年 1 月，纳斯达克股票市值下降了 45%。股票市场的泡沫已经破裂。[68]

然后，在 2001 年 10 月，安然公司引领了一个公司丑闻的时代，它出人意料地宣布季度亏损并大幅减少股东权益。对安然公司和它的会计师事务所安达信（Arthur Andersen LLP）欺诈行为的起诉接踵而至。其他公司［包括有线电视公司（Adelphia Communications）、英克隆系统公司（ImClone Systems）、泰科国际（Tyco International）、世界通信公司（WorldCom Inc.）］的丑闻横扫工商界。非法的结算制度、收入不足、破产和刑事指控严重动摇了投资者对股票市场的信心。[69]

许多工人失去了工作，很多个人投资者在他们的股票投资组合和投资账户金额暴跌后发现，自己需要延迟退休或制订其他计划。股票市场投资曾经是富人的专利，而今许多美国中产阶级也在股票市场投资，他们成为受到这些事件影响的人。不断升级的联邦国防和国土安全开支与糟糕的经济和失业一起，很快就将联邦的预算盈余转变为严重的赤字。尽管股票市场改善，但是失业率变化却很缓慢，也许是由于像外包这样的工作虽然可以提高企业利润，但是对国内就业却没有多大影响。

提振不景气的经济

从 2001 年到 2003 年，经济决策者使用了两个主要策略来应对国家经济衰退和维持经济发展：一是联邦储备逐步降低利率，这个策略主要是鼓励消费者在购买大件物品上的支出，如住房和汽车；二是小布什总统说服国会通过一系列的减税措施。依靠里根政府采纳 94
的供给经济学信奉的原则，布什总统相信：(1) 对个人减税，将资金返还给美国人能够刺激消费，从而给生产提供需求（虽然高薪阶层享有的最高的减税额只是其收入的1%）；(2) 对企业的税收减免将刺激投资并创造就业机会。[70]

2001年的《经济增长和税收减免调节法》(Economic Growth and Tax Relief Reconciliation Act) 使一些人得到了减税，给这些美国家庭的钱刺激了消费者的购买。许多美国人惊讶地在他们的邮箱里看到一张特殊的退税支票（对个人是300美元，对夫妻二人是600美元）。一些人认为政府应该使用现金支付联邦债务。2001年的《经济增长和税收减免调节法》也增加了儿童税收抵免。2002年的《工作创造和工人援助法》(Job Creation and Worker Assistance Act) 延长了对失业工人的失业救济时间，对受"9·11"事件影响的企业提供了税收抵免，雇用"弱势群体"或者参加了或福利或工作项目的工人的雇主，其税收抵免在2001年到期的，可以继续得到税收抵免。[71]紧随2001年的《经济增长和税收减免调节法》的是2003年的《工作与增长税收免除一致法》(Jobs and Growth Tax Relief Reconciliation Act)，该法案旨在通过减税增加消费者购买力，利用企业激励创造就业，加速2001年《经济增长和税收减免调节法》相关规定的落实。[72]从2003年到2008年，《工作与增长税收免除一致法》成为提供临时减税的依据。

结合2001年《经济增长和税收减免调节法案》提供的减税来看，2002年的《工作创造和工人援助法》和2003年的《工作与增长税收免除一致法》似乎都偏向那些非常富有的人群。鉴于对个人、利息、资本所得和遗产继承的减税，更多的税收负担被转移到工资这类收入上，富人受益于较低收入的工薪阶层的付出。从2001年到2010年的十年，预计收入最低的工薪阶层累计每人平均减税约800美元，而收入最高的1%的人受益金额平均每人超过50万美元。[73]

减税后，一些经济指数——国内生产总值(GDP)、失业率、股票市场——开始反弹；然而，就业增长仍然停滞不前，失去信心的工人（那些放弃找工作的人）的数量继续增加。几乎没有就业增长的这种经济复苏得到了一个名称，即"失业型复苏"。许多人指责《北美自由贸易协议》和其他立法是鼓励工作岗位减少和允许公司将工作岗位出口到可以用微薄的工资雇用工人的国家。其他人指出，许多（即便不是大多数）工作岗位被搬到像印度、中国和环太平洋地区国家等海外地区，这些地方与美国并没有自由贸易协议。

各州努力平衡预算

像联邦政府一样，在经济衰退的情况下，州的预算也受到影响，但是与联邦政府不同的是，除了佛蒙特州以外，其他所有州每年都被要求平衡它们的预算。由于国会2001年、2002年和2003年通过的减税法案，各州也遭受了财政上的损害。一些州的税收（如州征收的所得税）是与联邦税率绑在一起的，联邦税率下降，州的税收也会下降。州的其他财政困难包括医疗救助的成本上升，联邦授权各州管理国土安全、教育和选举改革问题。从2001年到2003年，几乎每一个州都经历了财政预算危机。[74]

联邦预算——从盈余到赤字

毫不奇怪，主要的公共民意调查表明，当美国人考虑他们在2004年11月的总统大选投票时，他们最大的担忧就是经济和就业问题。先前的经济预测和美国的乐观主义传统都使美国人以为，用预算盈余来消化联邦债务是没有什么问题的。联邦政府的收支平衡表显
95 示，2000年盈余2 360亿美元，而到2004年则有4 750亿美元的赤字。[75]不过，美国总统小布什承诺，在未来五年削减一半的赤字，同时要求将他在执政前三年颁布的临时减税法变成永久性的。

富有同情心的保守主义

小布什总统以“富有同情心的保守主义”的概念竞选总统，提出要帮助国家的贫困人口和需要得到服务的人。作为这种方法的一部分，他在上任第一年推出了以信仰为基础的倡议，其中包括为有信仰的群体提供平等机会，使其得到联邦资金来提供社会福利服务。[76]但是2001年9月11日后，其优先资助领域快速转移，资金却很少流向他的以信仰为基础的项目。随着对贫困家庭的临时救助即将重新授权，总统呼吁增加对工作的要求（对许多接受救助的父母要求每周工作40小时），但没有提高儿童照顾基金。[77]由于相信婚姻是解决贫困和结束福利依赖的关键，尽管有争议，总统还是推进了各州鼓励结婚的政策（见第七章）。

即使把很多注意力都集中于美国在阿富汗和伊拉克的军事斗争，小布什总统还是能够在若干领域推进他的国内议程。在他就任的第一天，小布什就采取了令反堕胎团体高兴的行动，他恢复了禁止计划生育团体使用任何联邦资金提供堕胎服务或海外堕胎咨询的政策。这项政策最初由里根总统提出，后来被克林顿总统在1993年取消了。[78]

在他作为总统的第一年，小布什总统成功获得支持，通过了2001年的《不让一个孩子掉队法》（参见第六章和第九章）。该法案提供了一些自1965年以来最彻底的教育改革，通过将目标对准在阅读和数学方面弱势的学生与其同伴之间的成绩差距，重新定义了联邦在中小学教育中的角色。该法案旨在对全国的学校提高标准和实行问责制。[79]

小布什的一个主要的胜利是通过了2003年的《医疗照顾处方药改进和现代化法》（Medicare Prescription Drug Improvement and Modernization Act），该法案允许医疗照顾的受益人通过私人管理处方药计划购买他们的药物。对该法案持批评态度的人士认为，4 000亿美元（超过十年）医疗照顾计划的最大的好处将落进制药公司和私人处方药项目参与者手中。具有里程碑意义的立法通过几周后，行政管理和预算办公室就宣布，药物计划新的估计成本是5 340亿美元。议员们是在保证成本不会超过4 000亿美元的情况下投

票支持该法案的，此时他们被激怒了。[80]

大衰退——房地产泡沫破裂

有时经济衰退的开始只有回望时才能看出来。报道的经济指标可能会滞后几周甚至几个月，而且它们的最初版本经常是被修改过的。人口普查局在 2009 年年初报道，今天的大衰退，实际上大约始于 2007 年 12 月，在小布什总统的第二个任期内。

随着 20 世纪 90 年代后期经济的繁荣，以及对政府资助的企业（government-sponsored enterprises，GSEs）房利美（联邦国民抵押贷款协会）和房地美（联邦住房抵押贷款公司）的支持，银行开始了住房抵押贷款的放贷狂潮。传统上，银行是用它们的存款人资金放出抵押贷款的。银行要非常仔细地审查贷款申请人，以确保借款人在整个贷款周期 96
中能够承担每月支付贷款的风险。但抵押贷款的做法改变了。[81]使用金融衍生工具，如抵押贷款债券、银行在债券市场出售抵押贷款，导致抵押贷款市场的流动性飙升。银行和其他抵押贷款机构开始向次级市场发放风险越来越高的贷款——借款人的信贷历史、收入或其他因素并不符合（定期）抵押贷款的标准。在某些情况下，为了获得这些次级抵押贷款，借款人被鼓励谎报收入，这些被称为“骗子的贷款”。在许多情况下，借款人没有现金或没有足够的现金支付首期付款，却被给予了第二次抵押贷款，用以支付第一次抵押贷款首期付款。这些抵押贷款在早期通常享有非常有利的还款条件——有时是较低的利率，有时是负的偿还金，这意味着支付是处在一个很低的水平上，它们甚至没有涵盖所有贷款的利息，剩下的利息被添加到抵押贷款本金金额上。

银行发放这些高风险贷款有重要的财政激励措施。一般来说，抵押贷款的风险越高，银行收取的费用也越高，因为借款人由于他的可怜的信用评级承担的利率也较高。向无力承担较高利率的人提供抵押贷款，听起来是愚蠢的，但这样的事就是发生了。拿出这些抵押贷款的人知道他们承担的风险，但其他人受骗。如果你曾经买过房子，你就会知道你必须签署多少文件。许多人从来没有阅读过所有这些文书，许多人即使读了可能也无法理解所有的“法律”。

那么，这又怎样导致了“泡沫”呢？房地产市场中的情况与股票市场的泡沫、非理性繁荣时发生的情况一样，在小布什政府的早期，利率开始下降。为了应对股市泡沫的破裂，联邦储备局降低了利率。这导致了一连串的再融资，再融资又引发了银行的抵押贷款发起人和相关人员数量的增加。大约从 2004 年到 2006 年利率缓慢向上调整，银行发现可以通过创造二级市场上的“抵押贷款证券”，增加市场流动性。太多钱追逐太少的商品会导致大规模的价格上涨，在这种情况下，房屋的价格开始大幅上升。

银行和其他抵押贷款机构而后依据房屋价格不会下跌的观念进行了贷款实践。这被证明几乎是一个致命的错误。大部分的次级抵押贷款有一个“重置”点——通常大约是在第五年，此时利率和付款额会自动重置为一个更高的比率。只要房价继续上涨，那些负担不起新的支付款项的人可以简单地将房子卖掉（预计可获得大笔利润），把房子变成口袋里的现金，如此他们便可以购买价格更为合适的房子或以较低的利率再一次启动一个新的次级抵押贷款过程。这一策略持续运转，直到 2007 年抵押贷款利率开始大量重置。突然，银行和抵押贷款投资者处于了“非理性繁荣”[82]的市场之中，开始担心他们可能会收不回所借贷款。他们停止放贷，特别是向次贷借款人。没有时间能够再融资了，在大多数情况下，房子已经低于以前的价值了，借款人开始违约，抵押贷款持有者的抵押物开始被没收。

例如，在克利夫兰市，2007 年年底有十分之一的房子是空的。[83]银行和抵押贷款公司是大部分空置房屋的所有者。当大量的房屋成为空房时，所有权的价值进一步被压低——部分是因为供大于求，但也因为空房开始变坏，这样的房子就影响了左邻右舍的房屋价值。螺旋下行压力致使越来越多的人不再负担得起他们的家园花费。止赎率达到了难以想
97 象的比例。世界各地的银行为这些高风险抵押贷款融资，主要通过购买抵押贷款证券，即将次级抵押贷款人的贷款打包卖给其他银行和投资者的方式为贷款扩张筹集额外的资本。[84]

美国证券交易委员会（Securities and Exchange Commission，SEC）应该规范美国的证券市场。作为它的规定的一个部分，某些实体持有的资产，包括银行，必须就它们的市场价值进行登记，即一种名为“逐日盯市”的结算制度。由于这些打包的抵押贷款证券市场的枯竭，银行被要求在它们的资产负债表上写下本质上价值为零的这些证券的价值。银行法决定银行的贷款要有资本金来维持。换言之，银行在它们的账户上有一美元的资本，就可以发出 10 美元的贷款。当这些大规模的资产价值已经减少到零时，许多银行就不能满足它们的资本储备要求，因此不得不停止放贷活动或至少停止激进的合同。对于是否因为“逐日盯市”制度而导致 2008 年的信贷/财政危机，一直是有争议的，前联邦存款保险公司（former Federal Deposit Insurance Corporation，FDIC）主席威廉·艾萨克（William Isaac）主导了对美国证券交易委员会（SEC）的规则的批评，认为“由于那些抵押证券原本没有市场价值却被给出了毫无意义的市场价值，结果摧毁了 5 000 亿美元的银行资本，并摧毁了 5 万亿美元的银行贷款”[85]。

2008 年夏末，当这个国家准备选举第 44 任总统时，金融危机发生了。2008 年 9 月 19 日，美国总统小布什的财政部长亨利·保尔森提出了不良资产救助计划（Troubled Asset Relief Program，TARP），该计划意在“清除那些已经拖累我们的金融机构和威胁我们经济的流动性资产”[86]。这是一种花俏说法，其实联邦政府是用纳税人的钱帮助许多财政困难的银行和其他金融机构脱困。在声明中，保尔森提到了“宽松的贷款行为”和“不负责任的借贷”，显然是指责银行和借款人。当时，保尔森还说，有超过 500 万的房屋所有者拖欠或处于止赎程序中。保尔森要求国会为不良资产救助计划提供 7 000

亿美元的购买资金。保尔森提议的立法包括这样一项条款：财政部部长的决定“可以不被任何法院或任何行政机构审查”[87]。国会授权保尔森使用的 7 000 亿美元，其中的 3 500 亿美元花在新总统就职之前，剩下的一半留给被新总统任命的财政部部长使用。

到 2008 年选举日，小布什总统的支持率已经跌至 20%，是有史以来现任总统支持率的最低点，这是对于经济持续疲软和对伊拉克局势的反应。[88]“9·11”事件后他的 90% 的支持率已经成为历史了。

2008 年 11 月 4 日，参议员巴拉克·奥巴马（Barack Obama，圣迭戈的民主党）当选美国第 44 任总统。2009 年 1 月 20 日他宣誓就职，接管了这个处于金融和经济动荡之中并在外国进行了两场战争的国家。

巴拉克·奥巴马总统：第一年

2008 年的选举在很多方面都是不寻常的。这是第一次，一个非洲裔美国人当选美国总统；这是第一次，一个罗马天主教徒当选副总统；这是第一次，自 1952 年以来坐在总统和副总统座位上的人不是竞选中的对手；这是第一次，在民主党或共和党的初选中一个女人——纽约参议员希拉里·克林顿（Hillary Clinton），是主要的总统候选人；这是第一次，一个女人（阿拉斯加州州长佩林）是共和党副总统候选人。

2008 年的选举竞争几乎在 2006 年中期选举后立即就开始了，在 2006 年的中期选举中 98
民主党重新控制了众议院和参议院。在早期，人们的注意力主要集中于前第一夫人、参议员与前副总统，以及失败于 2000 年大选的民主党总统候选人戈尔，希拉里·克林顿被视为主要竞争提名人。圣迭戈的参议员巴拉克·奥巴马也被提及，但许多人猜测这个年轻的参议员没有足够的经验去承担椭圆形办公室的责任。[89]专家的意见被证明是错的——虽然直到 6 月初的初选奥巴马的提名才被明确，部分是由于民主党分配他们的代表的方式，部分是由于支持奥巴马的超级代表的到会。超级代表要么是由州政党作为“未承诺支持哪一个候选人的代表”选举的，要么是因他们的社会地位未经初选自动成为代表的。[90]直到最后一次初选的最后几天，希拉里·克林顿一直拒绝承认奥巴马的提名。奥巴马当选总统后，他提名参议员希拉里·克林顿担任他的国务卿——一个她相对容易赢得参议院的批准的岗位。

对共和党的提名预测也同样不佳。在这一过程的早期，专家支持前纽约市市长鲁道夫·朱利安尼（Rudolph Giuliani）、亚利桑那州参议员约翰·麦凯恩（John McCain）和田纳西州的前参议员弗雷德·汤普森（Fred Thompson）争夺第二席位。阿肯色州州长麦克·哈克比（Mike Huckabee）和马萨诸塞州前州长米特·罗姆尼（Mitt Romney）也被认为是提名的竞争者。截至 2008 年 3 月，麦凯恩在得克萨斯州、佛蒙特州、俄亥俄州和罗得岛州的初选中大胜而获得共和党提名。[91]

奥巴马从 10 个候选人中脱颖而出。很多人猜测他会选择希拉里·克林顿作为他的竞选伙伴，但希拉里否认对这份工作感兴趣。奥巴马选择特拉华州参议员乔·拜登（Joe Biden）作为他的竞选伙伴，后者也曾经寻求总统提名。麦凯恩从 12 个候选人中脱颖而出。他从走到初选的竞争者之外挖掘鲜为人知的阿拉斯加州州长莎拉·佩林（Sarah Palin）作为竞选搭档。麦凯恩和奥巴马在总统竞选中第一次正面交手是，两名现任参议员为总统职位而相互反对。[92]这也是美国总统竞选历史中耗资最多的一次。总统竞选耗资约 16 亿美元，白宫和国会的合并竞选成本超过 53 亿美元。[93]

2008 年 9 月 15 日，投资银行雷曼兄弟申请破产保护，表明金融危机继续迅速恶化。9 月 24 日，麦凯恩暂停其竞选活动，返回华盛顿为 7 000 亿美元《不良资产救助计划法》开展工作，并呼吁奥巴马和总统辩论委员会推迟辩论，直到国会通过救助法案。奥巴马拒绝推迟辩论。[94]两天之后，即 9 月 26 日，麦凯恩决定参加在牛津市密西西比大学举行的总统辩论。

由于经济和现任共和党总统的支持率继续下行，麦凯恩和佩林的状况也不乐观。在选举当天，奥巴马赢得了 53%的直接选票[95]和 538 张选举人票中的 365 张[96]，成为美国总统。奥巴马鼓舞了许多年轻人，使其参加选举的过程。例如，他在艾奥瓦州的优势——确定会议代表的第一个州——很大程度上得益于 25 岁以下年龄段的选民首次参加投票。[97]许多美国人认为在他们的有生之年不会看到一个非洲裔美国人当选总统。对美国来说这是一个历史性的时刻，对许多人来说这是一个感人至深的事件。

一个人无论是支持还是反对奥巴马总统，都必须承认他在白宫的第一年是历史性的。他签署的第一条成为法律的立法文件是《莉莉·列得贝塔同工同酬法》（Lilly Ledbetter Fair Pay Act），该法案放宽了对待遇歧视案件的法律限制。[98]除此之外，奥巴马上任第一年的工作围绕着四大主题进行：改善美国的国际形象、改善经济、改善处于战争中的国家状态、改革美国的医疗保健系统。

99

改善美国的国际形象

社会福利政策通常被认为是国内政策，但许多美国政策具有全球性的影响。美国人必须放眼全球，在全球范围内采取行动。例如，这个国家的经济状况是受到它从其他国家获得石油等美国大量消耗的资源的能力影响的。获取这些资源不仅仅靠美国的购买力，也取决于它与其他国家的关系。

对改善美国的国际形象，奥巴马第一年的大多数措施是成功的。他遇事沉着冷静，尊重穆斯林，且向全世界呼吁消除核武器，这使他在许多国家赢得了尊重。他被授予诺贝尔和平奖就是这方面的证据。奥巴马 2009 年 12 月 10 日在奥斯陆接受了这个奖项。

改善经济

在奥巴马总统任期的最初几个月，经济继续下滑。他的政府和国会采取的稳定局势的措施遇到了来自共和党的广泛反对，且产生了不同的政治效果。他的第一个重要举措是倡导颁布《美国复苏与再投资法》（American Recovery and Reinvestment Act，ARRA），该法案 2009 年 2 月在国会获得通过。该法案恢复项目拨款约 7 870 亿美元，包括向州和地方提供援助、扩大失业救助、为失业者支付保险费提供援助、支持能源和基础设施项目。[99]没有一个在众议院的共和党人代表投票赞成《美国复苏与再投资法》，只有三个共和党参议员投票支持它。

保守派人士反对发生在奥巴马政府第一年的支出和政府债务的上升，可能是因为其庞大的占比（2010 年初大约是 12 万亿美元）。随着失业率攀升至两位数，他们继续指责《美国复苏与再投资法》是失败的。然而，在 2009 年 8 月底，经济顾问委员会报告说，只有 19%多一点的钱被花了。[100]在其任期的第一年，随着经济的稳定，奥巴马政府得到了信任，他们在一定程度上用大量借来的钱阻止了金融体系的崩溃，挽救了两家美国汽车制造商［通用汽车（General Motors）和克莱斯勒（Chrysler）］以及银行和保险公司。尽管取得了这些成就，一年后奥巴马的支持率还是从他就职时的近 70%下降到不足 50%，同时，失业率从略低于 8%升至 10%。[101]

一个还处于战争状态的国家

当选之前，巴拉克·奥巴马承诺，关闭在古巴关塔那摩湾的美国海军基地存在的监禁被指控为恐怖主义分子的军事监狱，但在他任期的第一年他的承诺没有实现。一些囚犯未经审判已经被关了许多年。2009 年 11 月 13 日，司法部部长小埃里克·H·霍尔德（Eric H. Holder，Jr.）宣布，被监禁的人中有 5 人涉嫌参与了“9·11”恐怖袭击，将在美国接受审判。霍尔德的言论遭到了许多美国人的反对，他们认为把这些所谓的恐怖分子带进美国进行审判是危险的。许多反对这个想法的人也相信这样的囚犯不应该被给予相同的公民权利和美国公民在法律和宪法下享有的保护。

奥巴马总统还承诺开始从伊拉克撤军，他的承诺一直伴随着伊拉克军事力量控制这个
国家。现在看来，大多数部队于 2011 年年底之前撤出伊拉克。奥巴马还承诺将对在阿富 100
汗进行的战争进行更加有力的调查。虽然他将在阿富汗增加兵力的决定推迟到 2009 年年底宣布，但他还是宣布额外增加 3 万名军人参加到战争中。[102]

医疗服务

最后，奥巴马总统为更多美国人提供保险的医疗改革立法被通过，这是上一届的民主党总统比尔·克林顿未能实现的伟业。众议院和参议院两院通过的医疗改革法案版本，完全按照党派划界，民主党投票赞成，共和党投票反对。在他任期的第一年的大部分时间里，奥巴马总统所在的政党在参议院占有 60 票，拥有打破阻挠的绝对多数。在 2010 年 1 月的早期，共和党人斯科特·布朗（Scott Brown）在为参议员的一个席位进行的特别选举中获胜，这个席位是由于马萨诸塞州民主党参议员爱德华·“泰德”·肯尼迪（Edward “Ted” Kennedy）的去世空出来的，自 1962 年以来，爱德华·肯尼迪一直是马萨诸塞州的参议员。布朗在意外的选举中获胜，使共和党在参议院中拥有了 41 个席位，足以维持一种相互抗衡的局势。布朗的当选具有令人啼笑皆非之处，当然，他在国会里与肯尼迪参议员相比，没有后者那样的对全民医疗保险的更强的或更长时间的支持者。

2010 年 2 月 25 日总统邀请来自两党的立法领袖出席一个在布莱尔大厦举行的 7 小时的电视会议，以打破党派在医疗保险法案上的僵局。共和党的领袖在很大程度上拒绝接受总统的企图，但是努力坚持达成一种妥协（见第八章）。2010 年 3 月 21 日，众议院通过了参议院的法案和对参议院的法案进行修订的独立的协调法案，修订反映了两院的民主党领导人的妥协。四天后，再次严格地依据党派划界，参议院的民主党议员通过了协调法案。

面对的问题

国会和总统继续应对华尔街的大规模破产和濒临破产，这种状况导致了前所未有的金融体系救助。他们现在的任务是决定什么安全措施必须到位，以确保这样的危机不再发生。

气候变化是奥巴马总统急于应对的另一个主题。总统已经直言不讳地支持“总量管制和排放交易”立法，该法案将对二氧化碳的排放量施加限制。据美国环境保护署（Environmental Protection Agency，EPA）的规定，“总量管制和排放交易是一项环境政策，这个政策将提供一个强制性的排放上限，同时在如何执行方面提供资源的灵活性”[103]。排放量低于所规定的最大量的公司被允许将其被分配排放配额的剩余部分出售给其他公司，提供一个以市场为基础的方法来减排。众议院通过了一个弱化版的最初提案。参议院很可能要因其分裂而经过一个艰难的时间通过它，大多数民主党要面临某些共和党人的阻挠。[104]

处于奥巴马总统议程中的紧要位置的另一个问题是移民问题。就像气候变化问题一样，它曾经被置于经济和医疗问题之后。想要移民美国的个人数量是强烈地受到他们国家的生活标准和政治条件的影响的，如战争和公民权利，而这些又经常是美国一手造成的。

移民政策与社会福利政策紧密相关。国会不仅决定可接受的来自不同国家的移民的人数，还决定了社会福利政策和项目将怎样或是否被用于帮助移民（见第十二章）。移民改革方面的一个主要问题是，那些现在非法驻留在美国的移民是否能够在法律的“特赦”规定下被允许留在这个国家。

总结

101

美国福利制度的根源可以追溯至伊丽莎白时代，但美国也发展了自己独有的社会福利体系。社会福利的责任人，曾经是邻居、私人慈善机构和地方政府，继而渗透到州政府，然后到达联邦政府，“渗透”的主要形式是 1935 年《社会保障法》。该法案是对大萧条做出的一种反应。20 世纪 30 年代富兰克林·罗斯福总统的新政和 60 年代林登·约翰逊总统的“伟大社会”计划是这个国家对那些穷人的需要做出的主要反应。

到了罗纳德·里根成为总统的 20 世纪 80 年代早期，社会福利中的保守哲学占了上风。里根总统的方式是限制公共救助，尽可能多地将它转回给州政府，并且将注意力集中于可以提振经济和为穷人提供工作岗位的减税（渗透经济学）工作上。老布什总统和小布什总统在他们执政期间对社会福利的态度类似于里根总统。甚至民主党总统比尔·克林顿对公共救助项目也给予了主要是保守性的修改。克林顿没能获得国会通过国家的医疗改革法案，但他的经济政策有助于改变在共和党政府下发生的国家财政支出的赤字，并形成了预算盈余。

国家近期的总统面对的主要危机来自两个方面，一个是国际的，一个是国内的。小布什总统面对的两个方面危机为 2001 年 9 月 11 日的恐怖主义袭击和他所支持的在阿富汗和伊拉克的战争。奥巴马总统的历史性的当选紧随着金融系统的崩溃和次级信贷危机——这导致了仅次于大萧条时期的经济衰退。在他执政的第一年，奥巴马总统成功获得国会通过将使更多美国人获得医疗保险的立法。然而，国会采取的帮助美国人的措施，尤其是那些用来支撑金融机构避免经济彻底崩溃的措施，已经给美国留下了一个庞大的联邦债务。这意味着美国未来的社会福利政策还有待观察。

讨论问题和课堂活动

1. 举行一次课堂讨论，讨论一下自殖民时期以来用来帮助穷人的方法是如何演变的，以及它们是如何保持不变的。

2. 讨论奥巴马总统及其政府的国内政策的实施效果，包括失业问题、医疗问题和其他问题。浏览报纸、期刊和其他媒体，以便获取最新数据。

3. 把班级分成几个小组，每一个小组调查社会福利历史上的一段。把文档、视频和图片等资料带到课堂上，以说明时代的氛围和社会福利的关注点。

4. 登录 ProPublica 网站，网址 http：// bailout. propublica. org/main/list/index，看看有哪些金融机构从不良资产救助计划中收到了钱。从你的大学或当地的商业社区邀请一位金融专家，讨论次贷危机及其对当地社区和国家的影响。

5. 就联邦制和社会福利项目举行一次课堂辩论。一个团队持公共救助和社会服务项目应该由州政府负责的观点，另一个团队持这些责任应该由联邦政府承担的观点。

102

网站

康奈尔大学的社会福利数字馆，网址：http：//dlxs. library. cornell. edu/s/social/index. html。康奈尔大学的社会福利数字馆涵盖了大量的关于美国社会福利历史的资料。

社会福利 400 年，网址：http：//www. wpt. org/welfare/timeline/。社会福利 400 年展示了每一个时间段的社会福利发展的信息。

社会保障历史，网址：http：//www. ssa. gov/history/。社会保障历史包含了一些关于社会保障部和社会保障项目的历史材料。

注释

[1] 对于美国社会福利历史的更详细的描述，参见 June Axinn and Mark J. Stern, *Social Welfare: A History of the American Response to Need*, 7th ed. (Boston: Pearson, 2008); Phyllis J. Day, *A New History of Social Welfare*, 6th ed. (Boston: Pearson, 2009)。

[2] See Blanche D. Coll, *Perspectives in Public Welfare: A History* (Washington, DC: U. S. Department of Health, Education, and Welfare, 1973); Ronald C. Federico, *The Social Welfare Institution: An Introduction*, 3rd ed. (Lexington, MA: Heath, 1980).

[3] 这节的大部分内容依据 Coll, *Perspectives in Public Welfare: A History*。

[4] *Ibid.*, p. 17.

[5] See P. Nelson Reid, "Social Welfare History," in Richard L. Edwards, ed., *Encyclopedia of Social Work*, 19th ed. (Washington, DC: NASW Press, 1995), pp. 2206 - 2225.

[6] Thomas R. Dye, *Understanding Public Policy*, 4th ed. (Englewood Cliffs, NJ: Prentice Hall, 1981), pp. 116 - 117.

[7] See Reid, "Social Welfare History."

[8] 描述美国经济大萧条的段落依据的是：Thomas R. Dye and L. Harmon Zeigler, *The Irony of Democracy*, 5th ed. (Monterey, CA: Duxbury Press, 1981), pp. 100 - 101.

[9] Richard Hofstadter, *The American Political Tradition* (New York: Knopf, 1948), p. 316.

[10] Frances Fox Piven and Richard A. Cloward, *Poor People's Movements: Why They Succeed, How*

They Fail (New York: Vintage Books, 1977), p. 275.

[11] *Ibid.*

[12] Aaron Wildavsky, "The Empty Headed Blues: Black Rebellion and White Reactions," *Public Interest*, Spring No. 11, Spring 1968, pp. 3 - 4.

[13] See Reid, "Social Welfare History."

[14] See *Shapiro v. Thompson*, 394 U. S. 618; see Frances Fox Piven and Richard A. Cloward, *Regulating the Poor: The Functions of Public Welfare* (New York: Random House, 1971). 对于居住要求的阐述，参见此书第 306～308 页。

[15] *Saenz, Director, California Department of Social Services, et al. v. Roe et al., On Behalf of Themselves and All Others Similarly Situated*, Supreme Court of the United States 526 U. S. 489. Retrieved January 17, 2010, from http://supreme.justia.com/us/526/489/index.html.

[16] Aaron Wildavsky, *Speaking Truth to Power: The Art and Craft of Policy Analysis* (Boston: Little, Brown, 1979), p. 98.

[17] See "Cost of Living Adjustments" (Washington, DC: Social Security Administration, October 15, 2009). Retrieved January 2, 2009, from http://www.ssa.gov/OACT/COLA/colaseries.html.

[18] See U. S. Census Bureau, Facts for Features, "Oldest Baby Boomers Turn 60," January 3, 2006. Retrieved January 10, 2010, from http://www.census.gov/Press-Release/www/releases/archives/facts_for_features_special_editions/006105.html.

[19] See U. S. Census Bureau, *2009 National Population Estimates* (Washington, DC, December 2009). Retrieved January 10, 2010, from http://www.census.gov/popest/national/national.html; see 103
also population estimates from U. S. Department of Commerce, *Population Projections of the United States by Age, Sex, Race and Hispanic Origin: 2010 - 2050* (Washington, DC). Retrieved January 10, 2010, from http://www.census.gov/population/www/projections/files/nation/summary/np2008-t2.xls.

[20] See U. S. Census Bureau, *Statistical Abstracts of the United States: 2010* (Washington, DC), Table 1302. Retrieved January 10, 2010, from http://www.census.gov/compendia/statab/2010/tables/10s1302.pdf.

[21] See Centers for Disease Control, "Births: Preliminary Data for 2007," *National Vital Statistics Report*, Vol. 57, Number 12, March 18, 2009. Retrieved January 10, 2010, from http://www.cdc.gov/nchs/data/nvsr/nvsr57/nvsr57_12.pdf.

[22] See U. S. Census Bureau, *Income, Poverty and Health Insurance Coverage in the United States: 2008* (*Washington*, DC, September, 2009). Retrieved January 10, 2010, from http://www.census.gov/prod/2009pubs/.

[23] President of the United States, *A Program for Economic Recovery* (Washington, DC: U. S. Government Printing Office, February 18, 1981), p. 4.

[24] Murray Weidenbaum, "A Participant Looks at the Pros and Cons of Reaganomics," *Christian Science Monitor*, October 8, 1991. Retrieved January 2, 2009, from http://www.csmonitor.com/1991/1008/08082.html.

[25] Quoted in Eileen Shanahan, "President Signs Sweeping Overhaul of Tax Law," *Congressional*

Quarterly, October 25, 1986, p. 2668.

[26] See William Greider, "The Education of David Stockman," *Atlantic Monthly*, December 1981, pp. 27 - 54.

[27] See Office of Management of the Budget, *Budget of the United States Government, Fiscal Year 2004, Summary of Receipts, Outlays, and Surpluses or Deficits: 1789 - 2008*, Historical Table 1.1 (Washington, DC: Executive Office of the President). Retrieved March 3, 2010, from http://www.whitehouse.gov/omb/rewrite/budget/fy 2004/index.html.

[28] President Ronald Reagan, *State of the Union Address* (Washington, DC: U.S. Government Printing Office, January 26, 1982).

[29] 关于女性主义问题的简介和参考书，参见 Kenneth Jost, "The States and Federalism," *Congressional Quarterly Researcher*, September 13, 1996, pp. 795 - 815。

[30] Executive Office of the President, Office of Management and Budget, *Budget of the United States Government, Fiscal Year 1991* (Washington, DC: U.S. Government Printing Office, 1990), section Ⅳ; quotes are from p. 176.

[31] Executive Office of the President, Office of Management and Budget, *Management of the United States Government, Fiscal Year 1990* (Washington, DC: U.S. Government Printing Office, 1989), p. 3 - 105.

[32] See Martin Rein, "The Social Structure of Institutions: Neither Public nor Private," in Sheila B. Kamerman and Alfred J. Kahn, Eds., *Privatization and the Welfare State* (Princeton, NJ: Princeton University Press, 1989), pp. 49 - 71.

[33] See Marc Bendick, Jr., "Privatizing the Delivery of Social Welfare Services: An Idea to Be Taken Seriously," in Kamerman and Kahn, *Privatization and the Welfare State*, pp. 97 - 120.

[34] See Kamerman and Kahn, *Privatization and the Welfare State*, p. 10.

[35] See Andrew W. Dobelstein with Ann B. Johnson, *Serving Older Adults: Policy Programs, and Professional Activities* (Englewood Cliffs, NJ: Prentice Hall, 1985), pp. 125 - 128.

[36] See Bendick, "Privatizing the Delivery of Social Welfare Services"; 私有化产生的大量有趣问题请参考 Michael B. Katz, *The Price of Citizenship: Redefining the American Welfare State* (New York: Metropolitan Books, 2001)。

[37] See "Study: Poor Get Poorer as Rich Find Wealth Less Taxing," *Champaign-Urbana News Gazette*, February 17, 1990, p. 5.

[38] See Tom Kenworthy, "15 Years of Cuts Said to Enrich the Rich," *Wall Street Journal*, September 13, 1991, p. A23.

[39] See Alan D. Viard, "The New Budget Outlook: Policymakers Respond to the Surplus," *Economic and Financial Review*, 2nd Quarter, 1999, Federal Reserve Bank of Dallas.

[40] See Gilbert A. Lewthwaite, "1994 Brings Higher Taxes for Wealthy, Break for Poor," *Austin American-Statesman*, January 1, 1994, pp. A1, 8; Office of Management and Budget, *Budget of the United States Government, Fiscal Year 1995* (Washington, DC: Executive Office of the President), p. 58.

[41] See White House Office of the Press Secretary, "President Clinton and Vice President Gore's Economic Plan: Building the Path to Prosperity for America's Families" (Washington, DC, August 5, 2000).

Retrieved January 31 , 2004, from http: //www2. ed. gov/PressReleases/08 - 2000/wh - 0805. html.

[42] Alan Greenspan, Housing Committee Testimony (Washington, DC, February 20, 1996), as cited in *ibid*. 104

[43] *Ibid*.

[44] See Executive Office of the President, *Budget of the United States Government*, *Fiscal Year 1998* (Washington, DC: U. S. Government Printing Office, 1997) .

[45] See Executive Office of the President, *Budget of the United States Government*, *Historical Tables*, *Fiscal Year 2005* (Washington, DC: U. S. Government Printing Office, 2004) .

[46] See U. S. Department of Justice, *Violent Crime Rates Have Declined Since 1994* , *Reaching the Lowest Level Ever Recorded in 2002* (Washington, DC: Office of Justice Programs, Bureau of Justice Statistics, 2002).

[47] See *Bush v. Gore (00 -949)* , Supreme Court of the United States (Washington, DC, December 12, 2000). Retrieved January 10, 2010, from http: //supct. law . cornell. edu/supct/html/00 - 949. ZPC. html.

[48] See Offical 9/11 "Death Toll Climbs by One: Missing NYC Doctor the 2 751st Victim of World Trade Center Attacks," *CBS News*, July 10, 2008. Retrieved January 10, 2010, from http: // www. cbsnews. com/stories/ 2008/07/10/national/main4250100. shtml.

[49] Bob Woodward, *Bush at War* (New York: Simon & Schuster, 2002), p. 37.

[50] President George W. Bush, "Address to the Nation in Light of the Terrorist Attacks of September 11" (Washington, DC, September 11, 2001). Retrieved January 10, 2010, from http: //www. nationalcenter. org/BushGW91101Address. html.

[51] See President George W. Bush, "Address to a Joint Session of Congress and the American People" (Washington, DC, September 20, 2001) . Retrieved May 6, 2010, from http: //www. dhs. gov/xnews/ speeches/speech _ 0016. shtm.

[52] President George W. Bush, "Address to the Nation in Light of the Terrorist Attacks of September 11."

[53] Bob Woodward, *Bush at War*, p. 32.

[54] 国会图书馆，第 107 次国会联合决议，授权美国军队对那些最近针对美国的攻击进行应对，P. L. 107 - 40 (Washington, DC, September 18, 2001), [S. J. Res. 23] . Retrieved January 10, 2010, from http: //frwebgate. access. gpo. gov/cgi-bin/getdoc. cig? dbname=107 _ cong _ bills &docid=f: sj23enr. txt. pdf。

[55] See Electronic Frontier Foundation, *Analysis of the Provisions of the USA PATRIOT Act* (San Francisco, October 27, 2003) . Retrieved January 10, 2010, from http: //w2. eff. org/Privacy/Surveillance/Terrorism/ 20011031 _ eff _ usa _ patriot _ analysis. php.

[56] See John Bresnahan, "Patriot Act Renewal Delayed," *Politico*, December 16, 2009. Retrieved January 10, 2010, from http: //www. politico. com/news/stories/1209/30649. html.

[57] See "Obama Signs One-year Extension of Patriot Act," *Associated Press*, February 27, 2010. Retrieved May 6, 2010, from http: //www. usatoday. com/news/washington/2010 - 02 - 27 - Patriot - Act _ N. htm.

[58] See President George W. Bush, *State of the Union Address* (Washington, DC, January 29, 2002) . Retrieved January 10, 2010, from http: //frwebgate. access. gpo. gov/cgi-bin/getdoc. cgi? db-

name=2002 _ presidential _ documents&docid=pd04fe02 _ txt-11. pdf.

[59] See Jennie Green, Barbara Olshansky, and Michael Ratner, *Against War with Iraq: An Antiwar Primer* (New York: Seven Stories Press, 2003) .

[60] See Bob Woodward, *Bush at War*, p. 44.

[61] "White House Releases List of Coalition Members (Alexandria, VA: GlobalSecurity. org, March 20, 2003) . Retrieved May 7, 2010, from http: //www. globalsecurity .org/wmd/library/news/iraq/2003/iraq-030320-usia01. htm.

[62] See Bob Woodward, *Bush at War*, p. 357.

[63] See "The Human Toll," *Air Force Times*, September 20, 2004; also see U. S. Casualties in Iraq, Alexandria, VA: GlobalSecurity. org. Retrieved May 6, 2010, from http: //www. globalsecurity. org/military/ops/ iraq _ casualties. htm.

[64] See Select Committee on Intelligence, "Report on the U. S. Intelligence Community's Prewar Intelligence Assessments of Iraq" (Washington, DC: United States Senate, July 7, 2004) .

[65] Jim Saxton (R-NJ), *Economic Repercussions of the Stock Market Bubble: A Joint Economic Committee Study* (Washington, DC, July 2003). Retrieved January 11 , 2010, from http: //www. house. gov/jec/growth/07 - 14 - 03. pdf.

[66] *Ibid.*

[67] See "Commentary: Russian Default: Four Years Later," *On-line Pravda*, August 16, 2002. Retrieved January 12, 2010, from http: //english. pravda. ru/economics/ 2002/08/16/34706. html.

[68] See U. S. Congress, *Economic Repercussions of the Stock Market Bubble*.

[69] See Kenneth Jost, "Corporate Crime," *Congressional Quarterly Researcher*, October 11, 2002, Vol. 12, No. 35, pp. 1 - 33.

[70] See Kenneth Jost, "Stimulating the Economy," *Congressional Quarterly Researcher*, January 10, 2003, Vol. 13, No. 1, pp. 1 - 34.

105 [71] See Library of Congress, *Bill Summary and Status for the 107th and 108th Congress*, P. L. 107 - 16, "The Economic Growth and Tax Relief Reconciliation Act of 2001". Retrieved May 6, 2010, from http: //thomas. loc. gov/cgibin/bdquery/z? d107:HR01836:\|TOM: /bss/d107query. html.

[72] See Library of Congress, *Bill Summary and Status for the 107th and 108th Congress*, P. L. 107 - 16, "The Jobs Growth and Tax Relief Reconciliation Act of 2003" . Retrieved May 6, 2010, from http://thomas. loc. gov/ cgibin/bdquery/z? d108: HR00002:\|TOM:/bss/d108query. html.

[73] See Citizens for Tax Justice, *The Bush Tax Cuts: The Latest CTJ Data*, March, 2007. Retrieved January 13, 2010, from http: //www. ctj. org/pdf/gwbdata. pdf.

[74] See Kenneth Jost, "Stimulating the Economy. "

[75] See Congressional Budget Office, *An Analysis of the President's Budgetary Proposals for Fiscal Year 2004* (Washington, DC, March 2003). Retrieved March 30, 2010, from http: //www. cbo. gov/doc. cfm? index=4129.

[76] See Kenneth Jost, "The Bush Presidency," *Congressional Quarterly* Researcher, February 2, 2001 , Vol. 11, No. 4.

[77] See Office of the Press Secretary, *President Discusses Welfare Reform and Job Training* (Washington, DC, February 27, 2002). Retrieved January 13, 2010, from http://georgewbush-whitehouse.archives.gov/news/releases/2002/02/20020227 - 5.html. *Fact Sheet: President Announces Welfare Reform Agenda*, February 26, 2002. Retrieved January 13, 2010, from http://georgewbush-whitehouse.archives.gov/news/releases/2002/02/20020226 - 11.html.

[78] See Kenneth Jost, "The Bush Presidency."

[79] See Paul E. Peterson and Martin R. West, Eds., *No Child Left Behind? The Politics and Practice of School Accountability* (Washington, DC: Brookings Institution Press, 2003).

[80] See Amy Goldstein and Juliet Eilperin, "Medicare Drug Cost Estimate Increases," *Washington Post*, January 30, 2004, p. A01. Retrieved January 17, 2010, from http://www.highbeam.com/doc/IP2 -150038.html.

[81] 关于次贷危机的更多信息参见 BBC World News America, "The Downturn in Facts and Figures," November 21, 2007. Retrieved May 16, 2009, from http://news.bbc.co.uk/2/hi/business/ 7073131.stm.

[82] "Remarks by Chairman Alan Greenspan at the Annual Dinner and Francis Boyer Lecture of The American Enterprise Institute for Public Policy Research," Washington, D.C., December 5, 1996. Retrieved May 7, 2010, from http://www.federalreserve.gov/boarddocs/speeches/1996/19961205.htm.

[83] See Steve Schifferes, "Foreclosure Wave Sweeps America," *BBC News Online*, November 5, 2007. Retrieved January 13, 2010, from http://news.bbc.co.uk/2/hi/business/7070935.stm.

[84] *Ibid.*

[85] Brooke Sopelsa, "Former FDIC Chair Blames SEC for Credit Crunch," CNBC.com, October 9, 2008. Retrieved January 13, 2010, from http://www.cnbc.com/id/27100454.

[86] Statement of Treasury Secretary Henry Paulson on September 19, 2008, as reported by Politico.com. Retrieved January 13, 2010, from http://www.politico.com/news/stories/0908/13609.html.

[87] "Treasury's Financial-bailout Proposal to Congress," *Wall Street Journal*, September 20, 2008. Retrieved January 13, 2010, from http://blogs.wsj.com/economics/2008/09 /20 / treasurys-financial-bailout proposal-to-congress.

[88] See "As Voters Go to Polls to Pick His Successor, George W. Bush Hits New Low in Approval Rating," *Los Angeles Times*, November 4, 2008. Retrieved January 10, 2010, from http://latimesblogs.latimes.com/presidentbush/2008/11/unpopular.html.

[89] See Julian Borger, "Now the Real Race Begins," *The Guardian*, November 11, 2006. Retrieved January 15, 2010, from http://www.guardian.co.uk/world/ 2006/nov/11/midterms2006.usa2. Also see John Hughes, "With Midterms Over, All Eyes Turn to the 2008 Presidential Race," *The Christian Science Monitor*, November 15, 2008. Retrieved January 15, 2010, from http://www.csmonitor.com/2006/1115/p09s01 - cojh.html? s=widep.

[90] See Democratic National Committee, *Delegate Selection Rules for the 2008 Democratic National Convention*, Democratic Party of the United States, Governor Howard Dean, Chairman. Retrieved January 17, 2010, from http://s3.amazonaws.com/apache.3cdn.net/3e5b3bfa1c1718d07f_6rm6bhyc4.pdf.

[91] See "Clinton Wins Key Primaries, CNN Projects; McCain Clinches Nod," CNN.com, March 5,

2008. Retrieved January 15, 2010, from http: //www. cnn. com/2008/POLITICS/03/04/march. 4. contests.

[92] See Brian Wingfield, "The Senator President," Forbes. com, February 8, 2008. Retrieved January 15, 2010, from http: //www. forbes. com/2008/02/08/obama-clinton-mccain-biz-beltway-cx _ bw _ 0208senate. html.

[93] See Brody Mullins, "Cost of 2008 Election Cycle: $5. 3 Billion," *Washington Wire*, *The Wall Street Journal Online*, October 23, 2008. Retrieved January 15, 2010, from http: //blogs. wsj. com/washwire/2008/10/23/cost-of-2008-election-cycle-53-billion.

106 [94] See John Ibbitson, "McCain Suspends Campaign—But Over What Crisis," *The Globe and Mail*, September 24, 2008. Retrieved January 15, 2010, from http: //www. theglobeandmail. com/archives/mccain -suspends-campaign—but-over-what -crisis/article712366

[95] See *2008 Official Presidential General Election Results*, January 22, 2009, Federal Election Commission. Retrieved January 15, 2010, from http: //www. fec. gov/pubrec/fe2008/2008presgeresults. pdf.

[96] See Legislative Day of January 8, 2009, 111th Congress—First Session, Office of the Clerk, U. S. House of Representatives. Retrieved January 15, 2010, from http: //clerk. house. gov/floorsummary/floor. html? day=20090108.

[97] See David von Drehle, "Obama's Youth Vote Triumph," *Time*, January 4, 2008. Retrieved January 17, 2010, from http: //www. time. com/time/politics/article/0, 8599, 1700525, 00. html.

[98] See Joanna L. Grossman, "The Lilly Ledbetter Fair Pay Act of 2009: President Obama's First Signed Bill Restores Essential Protection Against Pay Discrimination," *Find Law*, February 13, 2009. Retrieved January 15, 2010, from http: //writ. news. findlaw. com/grossman/20090213. html.

[99] Public Law 111 - 5, 11lth Congress, February 17, 2009. Retrieved January 15, 2010, from http://www. gpo. gov/fdsys/pkg/PLAW-111publ5/pdf/PLAW-111publ5. pdf.

[100] See "The Economic Impact of the American Recovery and Reinvestment Act of 2009 First Quarterly Report," *Executive Office of the President of the United States*: *Council of Economic Advisers*, September 10, 2009. Retrieved January 15, 2010, from http: //www. whitehouse. gov/assets/documents/CEA _ ARRA _ Report _ Final. pdf.

[101] See "Reality Bites," *The Economist*, January 14, 2009. Retrieved January 15, 2010, from http: // www. economist. com/displayStory. cfm? story _ id= 15268930.

[102] See Darlene Superville and Steven R. Hurst, "Obama West Point Speech on Afghanistan: Full Details," *The Huffington Post*, December 1, 2009. Retrieved January 15, 2010, from http: // www. huffingtonpost. com/2009/11/25/obama-west-point-speech-o _ n _ 370582 . html.

[103] "Cap and Trade," United States Environmental Protection Agency Website. Retrieved January 17, 2010, from http: //www. epa. gov/captrade/.

[104] See "Reality Bites," *The Economist*.

第四章

消除贫困：它是一个问题吗？ 107

108 在 20 世纪 30 年代和 60 年代，减少贫困被置于美国国内议程的重要位置。尽管许多非营利组织和自由派智库努力维护这种关注，但在 20 世纪 80 年代和 90 年代，注意力还是转移到了如何限制公共救助，而不是如何减少贫困问题上。在 2008 年竞争总统候选人提名失败后，北卡罗来纳州民主党前参议员、副总统候选人约翰·爱德华兹（John Edwards）试图通过将贫困放在他的竞选活动的中心重新提起这一问题。今天，我们可能会问美国人是否已经形成了这样一种观点，即一定程度的贫困是不可避免的，甚至是可以接受的。这个国家目前的经济危机，以及将注意力更多地集中于对人口中的大多数提供经济支持，可能会强化这一观点。

什么是贫困？

在美国发展一种理性的方法减少贫困，所面临的一个主要障碍是对问题的准确界定存在着争论。界定贫困是一种政治行为。赞成由政府增加对社会福利计划支持的人们常常过高地估计贫困人口的数量。他们认为，尽管总体上来说美国是富裕的社会，可贫困仍然是持续存在的问题。他们争论说，数百万的美国人正面临着饥饿、住房不足、本来可以医治的疾病却希望渺茫甚至绝望的问题。由于给予了这个问题重量级的关注，他们对贫困的界定实际上是在要求一种更宽泛、更具多样性、更加持久的和扩大的公共福利计划。

相反，另外的人使劲缩减美国贫困人口的数量。在他们看来，贫困人口正随着时间的推移而减少。他们认为，今天美国的穷人远比 50 年前的中产阶级要好得多，而且，以世界上许多社会的标准来衡量，美国的穷人也已经生活得很好了。他们认为美国的穷人如果能够充分利用现有的公共服务就完全可以不必忍受饥饿，可以医治的疾病也能够得到治疗。他们相信，在美国，人们只要有上进心就会有很多机会，所以没有人必须屈从于希望的渺茫或者绝望。对问题的此种界定是要求尽可能缩小公共福利计划的规模，并且鼓励政策制定者们去限制这些计划的数量和规模。

有关贫困的政治冲突，始于对问题的界定中存在的竞争。为了影响政策制定，各种政治利益群体都试图使自己对问题的界定被接受。政治科学家施纳茨耐德（E. E. Schattschneider）解释说：

> 政治冲突不像学派间的辩论，对手们预先都对问题的界定表示一致同意。事实上，给这类可以有两种或两种以上的选择性的问题下定义是权力的最重要的工具；对手之间很少能够就问题究竟是什么达成一致意见，因为权力已经介入到对问题的界定之中。[1]

贫困一直是存在的，但是在美国，贫困成为政治问题大约是在 50 年前。在 20 世纪 60 年代之前，贫困的问题几乎总是一些片断。詹姆斯·桑德奎斯特（James Sundquist）说，直到肯尼迪和约翰逊执政时期，国家才开始考虑这些问题，并将这些问题用一个“基本事实”拴在一起的，那就是贫困。

> 那些被执行的和被提出的方法，只是单个的来解决某个问题，比如贫民窟、少年犯罪、无依无靠、失业、文盲等问题，但是单独解决这些问题是不够的，因为这样只触及了那些看起来是某种根本性问题的表面，而且这是一个必须要被界定清楚的根本
> 109 问题，这样它才能被集中、统一、革命性地解决掉……总之，这个基本事实就是“贫困”。词语和概念决定计划，一旦目标能够缩减到只用单个词就可以解释，统一计划的恰当时机就来到了。[2]

但是，即使是在政治方面一致同意了这是贫困问题，却并不一定就意味着每个人都以同样的方式来界定贫困。本章讨论了六种将贫困概念化的方法——将贫困视为匮乏、不平等、缺乏人力资本、文化、剥削和结构问题。本章也讨论了减少贫困的各种方法，每一种方法都是从相应的界定中形成的。

贫困是匮乏

定义贫困的一个方法是将贫困视为匮乏——食品、住房、服装、医疗保健和维持体面的生活水平的需要得不到满足。世界银行使用每天相当于 1.25 美元或更少的货币定义像非洲撒哈拉以南的世界最贫困国家的状况，即美国界定的匮乏或贫穷。[3]在拉丁美洲、东欧等地区的发展中国家，世界银行使用的是每天 2.0 美元。这些国家的匮乏与美国的贫困

是大不相同的，但美国政府也使用对匮乏的测量作为官方对贫困的测量标准。

美国政府官方的贫困定义

美国政府官方的贫困定义是假定存在一个生活标准，低于这个标准的美国人可以被认为是“匮乏”的。诚然，这个标准是任意的，没有人确切地知道什么样的物质福利水平是避免匮乏所必需的。但联邦政府每年都计算美国人满足最低生活需求所需的现金收入，并以它为标准来确定有多少人贫穷。这个测量标准被称为“贫困门槛”（poverty thresholds）。联邦政府称贫困门槛的简化版本为“贫困指南”（poverty guidelines）。贫困指南被用来决定谁有资格加入某些联邦政府支持的公共救助项目。所有 50 个州的贫困门槛是相同的。贫困指南在其中 48 个相连的州是相同的，但阿拉斯加和夏威夷的贫困线高一些。很多人也使用“贫困线”（poverty line）或“贫困水平”（poverty level）等术语，尽管这些都不是联邦政府使用的官方术语。

社会保障署（Social Security Administration，SSA）首次计算官方的贫困门槛是在 1964 年。经济学家莫利·奥珊斯基（Mollie Orshansky）是发展贫困测量标准的关键人物，但是对于她所概括的标准是否太高或者太低存在着大量的争论。[4]最初，贫困门槛是通过对一个家庭低支出却可获得足够营养的食品的预算的估计推导出来的（类似于今天美国农业部的节约粮食计划）。自从调查显示一个一般家庭的预算的三分之一是花费在食物上的之后，界定贫困门槛的数量标准就变成了原来数据的 3 倍。奥珊斯克说，她的标准针对的仅仅是老年人，然而，这个标准却开始成为政府界定贫困的官方标准。[5]

这些年以来贫困门槛的标准也进行了一些修改。自 1963 年以来①，前一年的贫困门槛被简单地调整以反映消费价格指数（Consumer Price Index，CPI）的变动。[6]CPI 有好几个不同的版本。现在为更新贫困门槛的测量标准使用的 CPI 是针对所有城市消费者的 CPI（CPI-U）。与以前所使用的测量标准不同，它包括了人口中的大部分人。自 1981 年以来，较低的贫困标准不再用来计算女户主家庭和农业家庭的贫困率。一些区别基于一个家庭是否由一个 65 岁或 65 岁以上的老年人做户主。即使有这样的修正，贫困门槛对于贫困而言仍然是一种粗糙的测量标准。

表 4—1 提供了美国政府的贫困门槛，这个门槛根据家庭的大小而变化，是在 2008 年设立的。例如，在 2008 年，由两个成年人和两个孩子组成的一个四口之家的贫困门槛是 21 834 美元，高于 1998 年的贫困门槛 16 530 美元、1988 年的 11 997 美元和 1978 年的 6 610美元。[7]基于这些贫困门槛，2008 年所有的美国家庭中有 810 万个家庭，即约 10.3％ 110

① 在第五版中，此处写的是“自 1969 年以来”，根据本版前文说“首次计算官方的贫困门槛是在 1964 年”推断，此处仍然应该是“自 1969 年以来”。——译者注

的家庭是贫穷家庭。[8] 2007 年，政府平均给予每个家庭 9 102 美元，使之跨出贫困门槛。这个数字被作为“收入赤字”或者非正式地叫做“贫富差距”。

除了以家庭为单位的贫困率，联邦政府也发布以个人为单位的贫困率。2008 年，估计有 3 980 万美国人或总人口的 13.2%的个人生活在贫困之中（见图 4—1）。近 6%的人收入不到贫困门槛的一半。

表 4—1　2008 年按家庭规模和 18 岁以下相关儿童的数量划分的贫困门槛（单位：美元）

	18 岁以下相关儿童的数量								
家庭规模	0 个	1 个	2 个	3 个	4 个	5 个	6 个	7 个	8 个及以上
1 人（没有相关的个人）									
65 岁以下	11 201								
65 岁及以上	10 326								
2 人									
户主 65 岁以下	14 417	14 840							
户主 65 岁及以上	13 014	14 784							
3 人	16 841	17 330	17 346						
4 人	22 207	22 570	21 834	21 910					
5 人	26 781	27 170	26 338	25 694	25 301				
6 人	30 803	30 925	30 288	29 677	28 769	28 230			
7 人	35 442	35 664	34 901	34 369	33 379	32 223	30 955		
8 人	39 640	39 990	39 270	38 639	37 744	36 608	35 426	35 125	
9 人及以上	47 684	47 915	47 278	46 743	45 864	44 656	43 563	43 292	41 624

资料来源：U. S. Census Bureau. Retrieved March 9，2010，from http：//www. census. gov/prod/2009pubs/p60－236. pdf.

政府的定义有什么问题？

贫困门槛是对贫困的绝对测量标准，因为它提供了一个国家的穷人的数量，而且个人和家庭或者在这个标准线之上，或者在其下。即使我们同意贫困应该定义为匮乏，根据联邦政府的官方贫困定义，在决定谁是穷人时也仍有许多问题。这个定义只包括现金收入（如工资、社会保障和公共救助支票以及银行存款利息等所有的税前收入），而不包括实物补贴，如医疗照顾、食品券、学校午餐和公共住房。如果这些政府补贴能够被“估算出来”（像现金收入一样计算），美国穷人的数量将会比官方的统计数据要少。另外，许多人（穷人
111 和非穷人）显然是少报了收入的。[9]考虑到这一点，被算作穷人的人数可能会进一步减少。

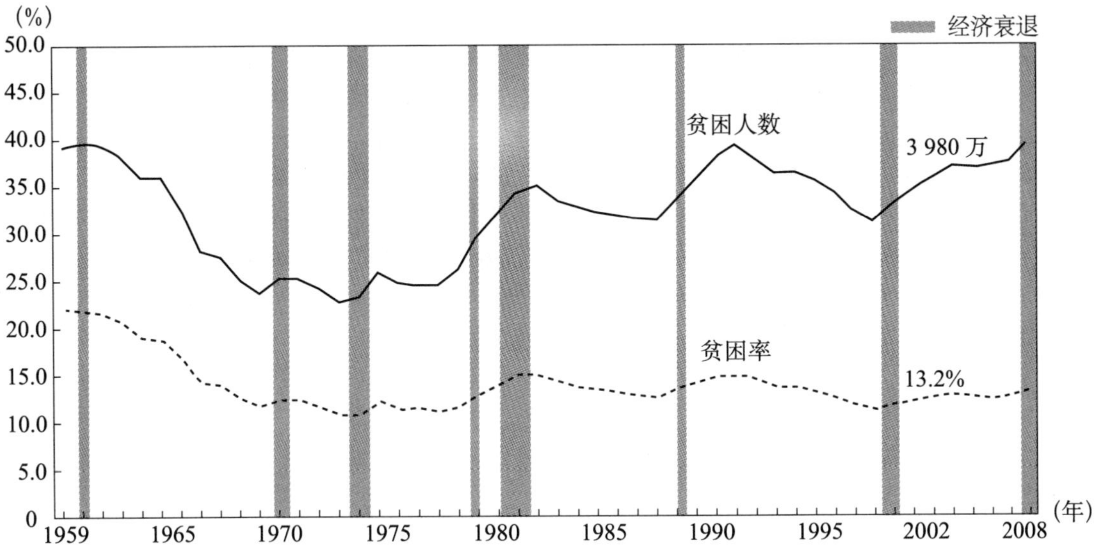

图 4—1 美国贫困人数及贫困率（1959—2008 年）

资料来源：U. S. Census Bureau，"Current Population Survey，1960 to 2009 Annual Social and Economic Supplements." Retrieved March 9，2010，from http：//www. census. gov/prod/2009pubs/p60－236. pdf.

使用联邦政府对贫困的官方定义还有其他一些问题。第一，这个贫困定义并没有考虑到不同地区的生活支出的差异，包括气候对能源消耗的影响。按照政府现在的贫困门槛，一个四口之家即使能在卡罗尔县、密西西比州生活，也很难在纽约市生活。第二，这个贫困定义没有考虑家庭资产问题。一个已经还清了抵押贷款的老年人家庭通常就不会像买了房子的青年人的家庭那样在住房上有巨额支出。第三，这个定义没有认识到个人或家庭其他状况的不同，例如，家庭成员是否是学生或退休人员。这些人中的一些人在官方统计中被算作穷人，但他们可能不认为自己是穷人。第四，这个定义没有考虑与工作相关的支出，如照顾孩子的费用或交通费用。第五，这个定义没有认识到收入在贫困标准以上有特殊情况或困难——慢性病、巨额债务或其他问题——的家庭的需要，这样的情况会大量消耗收入并使他们没有足够的生活必需品。

此外，家庭收入的三分之一花费在了食物上这个估计更是变得过时了。特别是在住房方面的高支出，已经改变了家庭预算的构成。在今天，低收入家庭在食物上的花费大约是预算的六分之一。[10]2008 年，最大的补充营养援助计划（SNAP，以前称为食品券计划）对一个四口之家的补贴是每个月 542 美元或一年 6 504 美元。这是联邦政府认为一个四口之家需要维持适当但节俭的饮食的花费。这个数字的六倍而不是三倍会产生一个四口之家（由两个成年人、两个孩子组成）的贫困门槛——39 024 美元，这一数字比 2008 年同样规模家庭的贫困门槛高 79%（见表 4—1）。经济学家帕特里夏·拉格尔斯（Patricia Ruggles）很 112

久以前就指出，官方的贫困标准至少必须提高 50%，才能符合当前的消费模式要求。[11]

自给自足是一个标准，即确定个人和家庭在没有政府援助的情况下需要多少钱来保证其基本生活。不同于政府的贫困门槛，自给自足的标准是对单个城市或县的计算，考虑了生活成本的地理差异，而且包括儿童照顾、医疗和交通成本。例证 4—1 包括了俄克拉何马州的欧塞奇县、华盛顿州的西雅图市的自给自足的标准。在欧塞奇县，每一个由父母和一个学龄前儿童、一个学龄儿童组成的家庭，父母需要全时工作，并且每人每小时至少赚 8.59 美元，才能保证满足基本的支出需要。在西雅图市，同样的情况下，每个成年人每小时要至少挣得 12.88 美元。每个区域的年度标准——欧塞奇县是 36 296 美元、西雅图是 54 425 美元——都远高于联邦政府的贫困门槛或“贫困指南”。

自由主义者、保守主义者和政府官员意识到贫困门槛已过时之后，为什么对贫困的界定没有改变呢？一个原因可能是管理实践方面的，因为当前的标准已经长期被用于确定有多少人生活在贫困中和谁有资格加入联邦——通常是州的救助项目。[12]另一个原因可能是这种测量相对容易操作。

> 为什么测量贫困率仍然选择统计方式……尽管它有缺陷？一个重要原因可能是，更好的测量标准过于复杂，因而很难与更广泛的受众进行沟通。如果测量贫困的全部意义是可以影响贫困的政策，那么一个无法被公众和政策制定者理解的贫困指数是毫无意义的。[13]

布鲁金斯学会的经济学家瑞贝卡·布兰克（Rebecca Blank）也谴责“为得到好的统计数据的政治学”。

> 早在 20 世纪 60 年代，贫困测量标准就被白宫控制了。这与我们国家其他所有的统计方式都不同，其他统计都是由有着悠久的非政治性的决策历史的机构定义和更新的。不幸的是，没有总统（民主党和共和党）想触碰这个政治上的烫手山芋。如果一个新的测量标准显示了更高的贫困率，看起来就好像是总统做得不好，但是如果一个新的测量标准显示贫困率降低了，他就会被指责忽视存在的问题。[14]

实际上，在过去的 40 年里，美国政府已经研究了很多方法来改变它的官方贫困定义，并且改变贫穷测量方法的法案已经被引入国会。到目前为止，没有一个获得成功。事实上，多种贫困测量的标准可能需要根据我们的目的来制定。[15]即使其他定义被采纳，也有一个继续包括当前定义的充分理由，即它将允许政府继续跟踪减少贫困，我们已经走了多远，或者我们还需要走多远。[16]

衡量贫困：让我来算一下谁是穷人

1992 年，美国国会委托国家科学院（National Academy of Sciences，NAS）对贫困测量标准进行重点研究。[17]研究选定了为解决现行的测量标准长期闻名的问题而提出的改变建议，诸如对跨地理区域的需求成本进行调整的建议，将食品券等实物补贴计算在内的建议，以及将与工作相关的费用和自费的医疗支出计算在内的建议等。唯一的反对者是保守的胡佛研究所的约翰·F·科根（John F. Cogan），他建议的测量标准是“由科学家提出的 114
价值判断——以特定观点”[18]。

113

例证 4—1

自给自足的标准的例子[a]

自给自足的标准是在没有补贴的情况下，满足一个家庭的基本需要，每个成年人需要挣多少钱的衡量。不同于联邦的贫困标准，自给自足的标准对生活和工作成本的计算随着家庭规模、家庭结构和地理区域的变化而变化。

由两个成年人、一个学龄前儿童和一个学龄儿童组成的家庭

2009 年每月支出	俄克拉何马州欧塞奇县（美元）	华盛顿州西雅图市（美元）
住房	556	963
儿童照顾	640	1 438
食品	652	860
交通运输	481	144
医疗	452	414
其他杂项	278	382
出租车	450	667
所得税抵免（-）	-166	0
儿童照顾税抵免（-）	-86	-100
儿童税抵免（-）	-167	-167
找工作交通费用补贴	-67	-67
自我满足的工资[b]		
每小时	每个成年人 8.59 美元	每个成年人 12.88 美元
每个月	总计 3 025 美元	总计 4 535 美元
每年	总计 36 296 美元	总计 54 425 美元

[a]标准是将支出相加再减去税收抵免计算出来的。税包括联邦和州的收入税（包括州的所得税抵免和儿童税抵免）以及工资税。

[b] 小时工资是将月工资除以 176 个小时得出的（每天 8 小时乘以每个月 22 天）。对有两个成年人的家庭来说，小时工资表示的是每个成年人都得到全时工资。每个月、每年的工资表示的是父母工资的总额。

提示：由于四舍五入，总数可能不是精确的加总。

资料来源：Diana M. Pearce，*The Self-Sufficiency Standard for Oklahoma*（© 2009 Diana Pearce and Wider Opportunities for Women）；Diana Pearce，*The Self-Sufficiency Standard for Washington State* 2009（© 2009 Diana Pearce，Workforce Development Council of Seattle-King County，and Wider Opportunities for Women）. 关于所涉及各州的自给自足的标准可浏览下列网址：http//www. selfsufficiencystandard. org/pubs. html。

联邦政府发布的贫困测量标准中，包括了各种诸如现金收入等因素的组合（包括政府补贴）、许多实物类的政府补贴、税收和税收抵免、工作费用和资本收益。2006 年，根据 13 种不同的测量标准得到的报告显示，贫困率从 9%到 18.5%不等，而政府的官方贫困率是 12.2%。[19]

在官方的计算中没有包括非现金或实物的原因之一是，很难决定这些东西的价值是多少。许多注意力开始被用于计算实物补贴的价值，许多社会福利学的学生也很认真地认为它们应该被包括进去。补充营养援助计划的补贴是相对直接的。这些补贴的现金价值可以使用，虽然它已经被估算为接受者将用 1 500 美元的实物类食品补贴交换 1 400 美元现金。[20]

计算医疗或医疗照顾补贴的价值更加困难。如果没有这些补贴，人们可能会使用他们通常消费在其他方面的钱支付医疗费用。大多数专家认为，由于实物类的医疗补贴在家庭预算中不能花在其他方面，所以这类补贴不能提高家庭的收入。如果贫困率计算中包括医疗照顾的收益和成本，是否我们应该只考虑医疗服务使用的现金价值，抑或只考虑雇主或政府提供的医疗照顾补贴（保费）的价值，抑或只考虑自付的医疗费用？每种方法的估算都是不同的，并且在计算收入和贫穷时是否应该包括它们，或如果它们被包括进来会怎样，几乎没有一致意见。

计算政府的住房补贴出现了另一个令人头痛的问题。人口普查局有计算住房补贴价值的一种方式。[21]它使用 1985 年美国人住房调查的数据，基于区域、家庭规模和收入确定价值，再使用租赁价格通胀指数进行调整。这个方法似乎低估了房屋补贴的价值。一个实验性的方法是，使用公平的市场租金。这种方法会产生高补贴数据，也会低估贫穷率。

尽管实物补贴项目增长速度远远超过给予现金的公共救助项目[22]，但实物（和现金）补贴在减少贫困数字方面的影响不大，因为“任何单一项目的削减通常都很小”[23]。例如，以政府转移支付（社会福利）之前的现金收入为基础，2002 年儿童的贫困率为 19.7%。在社会保险计划被考虑进去以后，这个比率降至 17.4%。在有家庭经济状况审查的现金发放（公共救助）项目提供转移支付以后，比率为16.7%，再次下降了不足1%。在考虑了家庭经济状况审查的非现金补贴（实物）以后，这个比率几乎又下降了近2%，达14.8%。减去联邦的工资和收入税收，再加上从收入税收抵免（EITC）得到的补贴，贫困率下降到12.6%。因此，社会保险和税收优惠在帮助孩子摆脱贫困方面是最有效的，其次是实物类的公共救助补贴，影响最小的是现金类的公共救助。[24]2002年在政府的转移支付之前，儿童的贫富差距为374亿美元；在政府转移支付以后是172亿美元，减少了54%。

对于那些65岁以上的老年人，政府转移支付的影响更明显。政府转移支付前的贫困率达到了令人吃惊的49.9%，在社会保险（主要是社会保障）因素引入以后，降至11.5%；有经济状况审查的现金转移支付，使贫困率减少至10.4%，有经济状况审查的非 115
现金补贴使贫困率减少至9%；在考虑了收入所得税抵免、联邦工资税和个人所得税因素以后，贫困率仍然保持在9%。[25]2002年，在转移支付之前老年人的贫富差距是897亿美元，在转移支付以后是70亿美元，减少了92%。显然，社会保障造成了最大的影响。有经济状况审查的补贴只有轻微的影响。公共救助项目、现金和实物，可能不会显著减少国家的贫困率，但它们可以大幅提高那些穷人的生活质量。

谁是穷人？

贫困会在人口的所有部分和国家的所有地区发生（见图4—2和图4—3）。就绝对数字来说，美国贫穷的白人的数量要多于贫穷的黑人的数量。2008年，被政府界定为穷人的数量是3 980万，其中大约有1 700万是白人（非西班牙裔），940万是黑人。然而，黑人经历贫困的可能性大约是白人经历贫困的可能性的三倍：2008年美国黑人人口的贫困率是24.7%，相对地，白人（非西班牙裔）的贫困率只占白人人口的8.6%。换句话说，在穷人中，白人数量上要超过黑人，但是在美国的黑人中有更大比例的人口为穷人。2008年在美国大约有110万西班牙裔的穷人（他们可能是任何种族的），他们的贫困率是23.2%。在亚裔美国人中有160万贫困人口，贫困率为11.8%。

非常高的贫困率发生在那些没有丈夫而由妇女为户主的家庭。2008年这些女性为户主的家庭的贫困率是28.7%，相比较而言，那些没有妻子而由男人为户主的家庭的贫困率是13.8%，由已婚夫妻共同执掌的家庭的贫困率仅为5.5%。那些没有丈夫由白人妇女为户主的家庭的贫困率为21.5%。由黑人妇女或者由西班牙裔的妇女为户主的家庭的贫困率要高出许多，均为40.5%。由亚裔妇女为户主的家庭的贫困率最低，为16%。

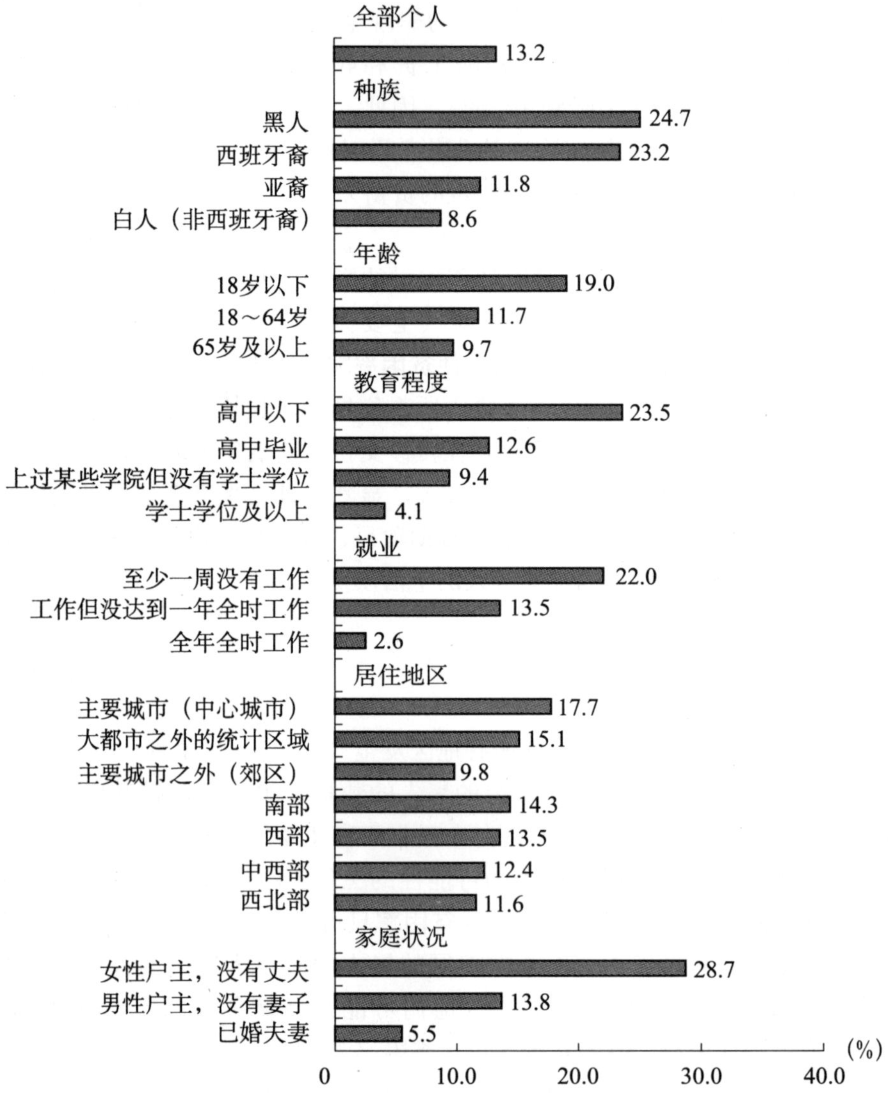

116 **图 4—2　2008 年具有不同特征的个人的贫困率**

资料来源：DeNavasWalt，Bernadette D. Proctor，and Jessica C. Smith，*Income，Poverty and Health Insurance Coverage in the United States：2008*. Current Population Reports，P60－236（RV）（Washington，DC：U. S. Census Bureau，September 2009）. Retrieved March 9，2010，from http：//www. census. gov/prod/2009pubs/p60－236. pdf.

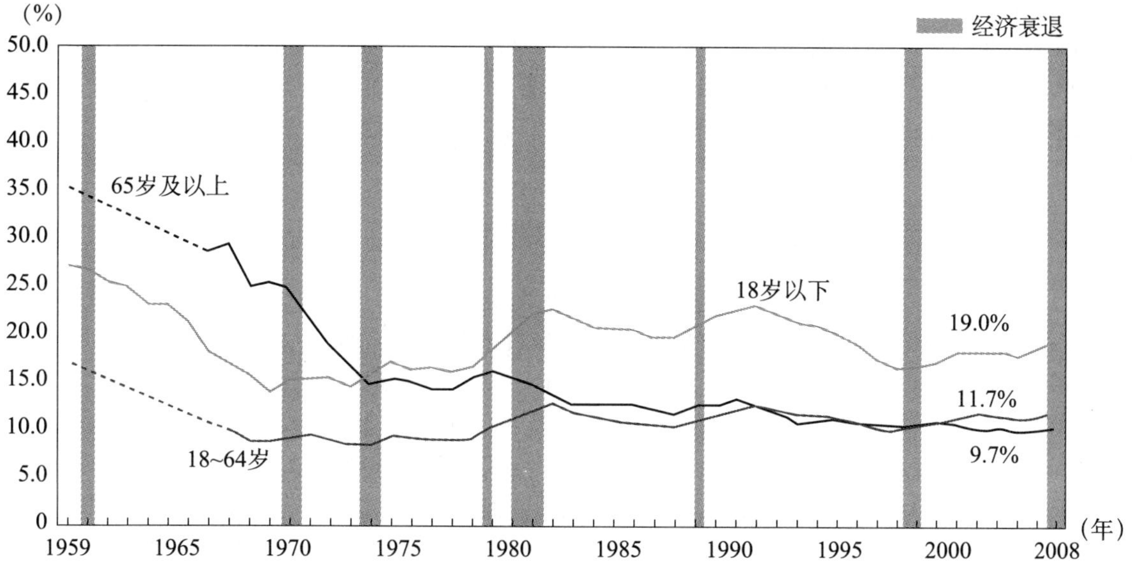

图 4—3　各年龄段人口的贫困率（1959—2008）

资料来源：U. S. Census Bureau，"Current Population Survey，1960 to 2009 Annual Social and Economic Supplements." Retrieved March 9，2010，from http：//www. census. gov/prod/2009pubs/p60－236. pdf.

1959 年，贫困儿童（18 岁以下）的比例为 27.4%。到 1969 年，已经降低到了 14.0%，比 2008 年报告的情况要好。2008 年大约有 19.0%（1 410 万）的美国儿童生活在贫困之中。西班牙裔儿童和黑人儿童的情况更糟：西班牙裔儿童有 30.6%生活在贫困中，黑人儿童有 34.7%生活在贫困中，相比而言，只有 14.6%的亚裔儿童和 10.6%的白人儿童生活在贫困中。

65 岁及以上的美国人的贫困率多年来已大幅下降——从 1959 年的 35.2%到 1970 年的 24.6%和 2008 年的 9.7%。在这些美国老年人中，黑人的贫困率是 20.0%，西班牙裔的贫困率是 19.3%，亚裔的贫困率是 12.1%，白人的贫困率是 7.6%。老年妇女比老年男人有更高的贫困率。尽管多年来老年人的贫困率已大幅下降，但与整体人口相比，他们更多地集中于接近贫困的收入水平上（定义为高于贫困门槛的 25%），而且在此需要特别提醒的是，对于 65 岁及以上老年人为户主的家庭，官方的家庭贫困门槛要低于那些年轻人为户主的家庭。

图 4—2 还说明了教育在影响贫困率中的显著作用。2008 年，那些没有高中文凭的人的贫困率是 23.5%。贫困下降是由于教育水平提高了。[26]有学士及以上学位的人的贫困率仅为 4.1%。可以预料的一点是，工作也是影响贫困率的一个重大因素。那些至少一周没有工作的人的贫困率是 22.0%，与之相对照，那些全年全时工作的人的贫困率是 2.6%。

贫困在中心城市、郊区和农村地区（大都会之外的统计区域）都有发生。2008 年，中心城市居民的贫困率大约是 17.7%，农村地区居民的贫困率大约是 15.1%，郊区居民的贫困率最低（9.8%），因为低收入人群不太可能在那里找到承担得起的住房。贫困率在南部总是高于国家的其他地区。2008 年，南部各州的居民的贫困率是 14.3%，西部是 13.5%，中西部是 12.4%，西北部是 11.6%。

117 贫困是怎样持续的?

有一个重要的问题我们必须进行追问，即贫穷是否为暂时的、短暂的，而不是持久的、长期的问题。有关这个问题的信息，主要来自密歇根大学的收入动态追踪研究（Panel Study of Income Dynamics ，PSID），该研究自 1968 年以来追踪了近 8 000 个美国家庭和个人。[27]美国人口普查局的收入和项目参与调查（Survey of Income and Program Participation ，SIPP）也可以用于估计在贫困和非贫困人口之间的转换情况。

自从 1996 年的福利改革启动，一些对贫困和非贫困人口之间转换情况的纵向研究也产生了。一项回顾研究表明，在 20 世纪 90 年代早期，每年大约 4%的美国人成为贫困人口，这些人中大约有一半的人在成为贫困人口以后一年左右就摆脱了贫困，有 75%的人在不到四年的时间里摆脱贫困。[28]虽然得知许多人摆脱贫困具有一些安慰作用，但显然还是有人经历了持续的贫困。方法论上敏感的“贫困的魔咒”研究表明，这种持久的贫困比预想的更为严重。20 世纪 80 年代进行的一项研究发现，尽管大多数人在较短的时间（一到两年）内经历了贫困，但是在穷人这个类别里有 60%的人，在任何给定的时间里，其处于贫困状态的时间都达到了 7 年或更长。[29]

其他的分析也表明，脱离贫困的可能性随着时间推移而消失。一项基于 20 世纪 90 年代进行的研究的估计表明，在第一年脱离贫困的可能性是 53%，第二年下降到 36%，在第五年就下降为 20%或更少。[30]另一项 1996 年 1 月至 1999 年 12 月进行的对贫困的动态研究（追踪 1996 年的福利改革），包括了这些年里至少两个月处于贫困状态的人。研究发现，有 34%的人在这 4 年期间至少两个月处于贫困状态；只有 2%的人是在整个 48 个月都处于贫
118 困状态。[31]总体上，51%的人在 2～4 个月处于贫困状态，有 28%的人是在 5～12 个月处于贫困状态，11%的人是 13～24 个月处于贫困状态，4%的人是 25～36 个月处于贫困状态，6%的人是 36～48 个月处于贫困状态。

贫穷也可以看作是跨越整个生命周期的（表明一些人是在陷入和脱离贫困之间循环的）。例如，研究人员发现，在 20 岁时，11%的美国人是穷人；到 40 岁时，36%的美国人至少有一年处于贫困状态；65 岁的时候这个比例已经增加到 51%。[32]此外，年龄在 20 岁至 40 岁之间的人，有近 4%的人经历过持续 5 年或更长时间的长期贫困，有近 13%的人在一生中有 5 年或 5 年以上的时间处在贫困中。[33]贫困的魔咒发生在 40～60 岁和 60～80 岁年龄组的可能性相对较低。

同样重要的是，要知道什么因素会导致人们陷入和脱离贫困。[34]就业变化（失业或收入减少）是目前对陷入贫困的最常见的解释，找到工作或增加收入也是对脱离贫困的最常见的解释。有些人还强调家庭结构对贫困的影响。成为一个由女性做户主的家庭导致陷入贫困的可能性最高，而变成由两个成年人主导的家庭使得脱离贫困的可能性最高，但是这些事件的发生概率远低于就业变化。变成残疾人或从残疾状况中恢复也是重要的原因，但是在陷入和脱离贫困问题上，这是影响相对较少的事件。家庭中添加一个孩子是另一个重要影响因素，但对于陷入贫困也是不常见的事件。而教育能够促进脱离贫困。从 1996 年到 1999 年，也就是福利改革之后经济健康发展的时期，就业因素在陷入和脱离贫困中变成更为频繁的影响事件，而家庭结构的变化影响较小。

在贫困的变动中人口特征也具有重要作用。最强有力和最一致的证据是，黑人、年轻人和女性做户主的家庭更有可能陷入贫困，最不可能脱离贫困，更有可能较长时间陷入贫困的魔咒。[35]

贫穷的比例在这个国家已经大幅改变了吗？富兰克林·D·罗斯福在 1937 年的第二次就职演讲中说："我看到国家有三分之一的家庭家中有病人、住不好、缺乏营养。"他可能低估了当时的贫困程度。经济历史学家认为在大萧条时期超过 50%的都可以被归类为穷人。自从贫困水平考虑通货膨胀的影响以来，毫无疑问，人口中的穷人的比例（按照官方的定义进行的统计）下降了。贫困急剧下降是在 20 世纪 60 年代，并且在 20 世纪 70 年代达到 11%～12%的低位（见图 4—3）。但是在 1983 年和 1993 年，贫困率超过 15%。虽然良好的经济形势下，在 2000 年贫困率接近有记录以来的低点（11.3%），但新世纪伊始随着经济恶化，贫困也在增加。随着经济衰退日趋严重，2008 年开始显露贫困人口的增加。国家官方的贫困率在 2008 年跃升至 13.2%。在我们已经提出的所有统计中，一件事是清楚的：根据政府的定义，数以百万计的美国人仍处于贫困中。

贫困是不平等（或中产阶级的萎缩?）

贫困还可以界定为在收入分配上的不平等（inequality）。不同于联邦政府根据一个明确的有关匮乏的绝对水平而做出的对于贫困的官方界定，不平等与相对的匮乏有关——一些人感到他们比多数美国人拥有较低的收入或者较少的物质财产，并且相信他们本应当拥有更多。[36]即使有着相当可观的收入，某人在一个富裕的社会中还是有可能会感觉到相对匮乏，因为商业广告中描绘的"普通的美国人"就是拥有高标准的物质享受的。经济学家维克多·福慈（Victor Fuchs）说过：

> 根据在多数历史时期盛行过的，并且在世界上许多地域仍然盛行的标准，今天美国的穷人是非常少的。然而，在他们自己和其他人的眼中，仍然有数百万的美国家庭是贫穷的。随着我们国家的繁荣，不可避免地，我们对于究竟是什么构成了贫困的评判标准的看法将会改变。当我们谈论美国的贫困时，我们所谈论的是那些比我们大多 *119*

数人收入要少很多的家庭和个人。当我们谈论减少或消除贫困时，我们真正在谈论的是改变收入的分配方式。[37]

如果将贫困界定为不平等，那么我们要如何测量呢？一个经常用于跨国比较贫困率的方法是，以每个国家中等收入标准的百分比（例如，二分之一）来计算贫困。在美国，经济学家们经常测量跨越各个家庭阶层的总体的个人所得的分布状况。因为相对的匮乏是一个心理学、社会学和经济学上的概念，所以这些等级或群体是很难确定的，但是一种普遍的方法是将美国家庭分为 5 个群体——从个人收入最低的五分之一到最高的五分之一。表 4—2 显示了自 1950 年以来一些被挑选出来的年份里，全部个人收入的总和中能够被各个群体得到的收入的百分比。如果纯粹的收入平等分配存在，那么每五分之一（20%）的美国家庭都应该得到全部家庭的个人收入总数的 20%，而且就无法再从最高至最低这样将美国家庭分为五等份了。但是显然的，在美国个人收入的分配是不平等的。

2008 年，最贫困的五分之一的美国家庭得到的个人收入之和只是所有家庭个人收入总和的 4.0%。这个群体的收入所占比例，许多年来增长缓慢，最近数十年里还有所下降。收入次低和收入第三的五分之一也是受了损失的。收入第四的五分之一与 1950 年的情况差不多，仍然是获得全国约 23%的收入。富人，即表 4—2 中所列出的所有美国家庭中个人收入最高的五分之一的人们，这个群体的收入所占比例在许多年来是下降的，但是在近
120 几十年来他们却抓住了更多的国家财富。与此同时，在 1970 年和 2008 年之间，收入最低的、次低的和第三的五分之一人群的收入部分减少了。在收入分布中最贫穷的美国人（收入最低的五分之一人口），自 1970 年以来下降了 26%，在收入分布中的中低阶层（收入次低的五分之一人口）自 1970 年来收入下降了 20%，收入第三的五分之一人口（中间）的收入份额下降了 11%。与此同时，最富的五分之一人口的收入份额增加了近 17%，收入最高的 5%人口，收入增加了 31%。

表 4—2 家庭收入总数五等分法中每个等级以及收入最高的 5%的家庭的收入总和的分布状况

等级	1950 年	1970 年	1990 年	2008 年
收入最低的五分之一	4.5%	5.4%	4.6%	4.0%
收入次低的五分之一	12.0%	12.2%	10.8%	9.6%
收入第三的五分之一	17.4%	17.6%	16.6%	15.5%
收入第四的五分之一	23.4%	23.8%	23.8%	23.1%
收入最高的五分之一	42.7%	40.9%	44.3%	47.8%
合计	100.0%	100.0%	100.0%	100.0%
收入最高的 5%	17.3%	15.6%	17.4%	20.5%

资料来源：U. S. Census Bureau, *Historical Income Table-Families*, "Table F-2, Share of Aggregate Income Received by Each Fifth and Top 5 Percent of Families, All Races: 1947 - 2008." Retrieved June 14, 2010, from http://www.census.gov/hhes/www/income/data/historical/inequality/index.html.

测量收入分配的另一个指标是基尼系数，基尼系数以零表示收入分配的完全平等，以1表示收入分配的完全不平等。基尼系数也表明在美国收入不平等水平是上升的。1950年基尼系数是0.379，到1968年达到了一个低点0.348。此后基尼系数一直在增长。2008年是0.438。[38]

尽管一些穷人的艰难生活因有着不被计算在收入之内的非现金收益（营养项目、公共住房、医疗补助和类似的补贴）而有所减轻，然而，他们现金收入即使只减少了一点点，也会引起严重的后果。那些研究收入动态的学者们将美国正在缩小的中产阶级和经济上更加两极分化的状况描绘为“不平等的浪潮”[39]。经济合作与发展组织（OECD）的报告称，其大部分成员方在过去的20年里富人和穷人之间的差距都扩大了，“但是，现在没有哪个国家的这种趋势像美国那样如此鲜明”。那些认为“收入再分配”是一种亵渎的人，如果知道所有的30个OECD成员方只有韩国这样的国家在再分配中扮演的角色比美国要小，那他们可能就不会这样看了。

> 在美国，失业救济金和家庭补贴的社会福利支出水平是低的——只相当于家庭收入的9％，而经济合作与发展组织的平均水平为22％。税收和转移在减少不平等方面的有效性在过去的十年也是下降的。[40]

贫困是相对于一个国家的生活水平而言的，但是图4—4也显示，经济合作与发展组织的30个成员，只有墨西哥和土耳其比美国有更高的贫困率。当然，一些人反对那种显示美国比其他发达国家有更高贫困率的计算。[41]

穷人为什么贫困？

贫困可以被定义为匮乏和不平等，但贫困的根本原因是什么？我们考虑从人力资本、文化、剥削和结构等方面进行解释。

贫困是因为缺乏人力资本

经济学家经常以人力资本理论（human capital theory）解释贫困。这个理论解释了在自由市场经济中的收入变化是生产力不同的结果。穷人之所以穷是因为他们的经济生产力低下。他们没有人力资本——知识、技术、训练、教育——能够让他们在自由市场中出售给雇佣者。作为这个理论的部分论据，我们观察到，有学士学位的人口贫困率较低，为4.1％，而没有接受高中教育的人口，贫困率较高，为23.5％（见图4—2）。

贫困也可能导致需求不足，这种需求不足可能发生在作为一个整体的经济中，或者发生在一个特定的经济领域，抑或发生在一个国家的特定区域。严重的衰退和大范围的失业
121 状况增加了生活在贫困标准以下的人口比率。充分就业和一个健康的经济环境能够增加边缘工人的机会，但是这些因素不能直接降低那些没有可出售的技能的人群的贫困率。

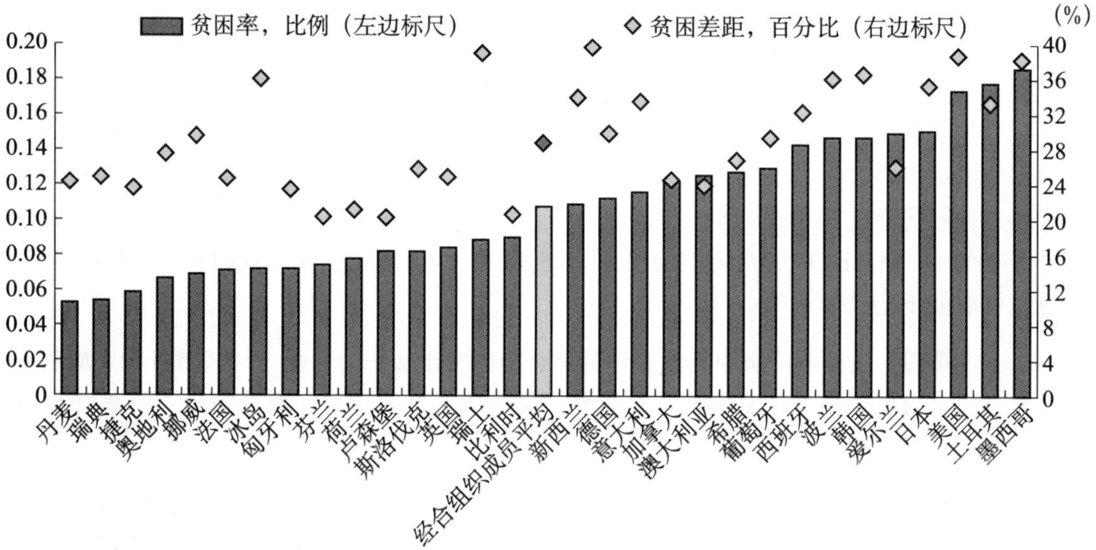

图 4—4　经济合作与发展组织成员的贫困率和贫困差距（21 世纪第一个 10 年的中期）

注：这里的相对收入贫困是由贫困率和贫困差距测量的。贫困率是指在贫困线以下的人数与总人口的比例；贫困线指家庭收入的中位数。但是，两个国家的贫困率相同，并不意味着两个国家的穷人的收入水平相同。贫困差距是测量贫困的范围，即百分比，依据这个百分比，落在贫困线以下的穷人的收入也被表达了。

资料来源：Organization for Economic Cooperation and Development，*OECD 2009 Factbook*（Paris）. Retrieved March 9，2010，from http：//oberon. sourceoecd. org/vl=10909638/cl=51/nw=1/rpsv/factbook2009/12/02/01/12-02-01-g1. htm.

如图 4—2 所证明的，缺乏劳动能力是贫困最主要的原因——失业的人中有 22%的人是穷人，与全时工作的人中只有 2.6%的人是穷人形成了鲜明的对照。在国家经济没有任何改善的状况中，最可能受到影响的是那些因为年老或残疾不能工作的人。他们被排除在劳动市场之外，因此，他们大部分成了政府的关注对象，而不再与私人经济相关。许多穷人是儿童。通过增加他们或他们父母的就业机会是有希望使他们摆脱贫困的。

最后，我们必须考虑对妇女和特定种族或民族群体的歧视对贫困产生的直接影响。一些收入差异是由不同群体间的教育程度不同造成的，这是事实。然而，即使我们控制了教育年限，我们还是可以看到差异的存在，就拿全时工作的人来说，在每一个教育水平上，黑人男子和西班牙裔男子的工作所得都要比白人男子少（见表 4—3）。如果人力资本理论是能够无条件地采用的，我们就不会看到存在于相同教育程度的黑人和白人之间的差异了（或我

们将在第十一章讨论的男人和女人之间的差异）。但不幸的是，情况并不是这样。

表 4—3 不同人种/种族和教育程度的一年全时工作的 25 岁及以上男人的平均收入（2007 年）

单位：美元

教育程度	白人（非西班牙裔）	黑人	西班牙裔	亚裔
9 年以下	40 704	27 239	26 084	25 942
9～12 年（没有毕业文凭）	38 479	28 735	30 127	31 273
高中毕业	47 500	36 043	36 235	38 007
准学士学位	55 179	46 812	49 917	51 046
学士学位	84 166	55 881	56 793	65 778
硕士学位	98 932	65 146	88 983	88 230

资料来源：U. S. Census Bureau，“Table PINC-03，Educational Attainment—People 25 Years Old and Over，by Total Money Earnings in 2007，Work Experience in 2007，Age，Race，Hispanic Origin，and Sex.” Retrieved March 9，2010，from http：//www. census. gov/hhes/www/macro/032008/perinc/new03 _ 000. htm.

当 1776 年托马斯·杰斐逊代表第二届大陆会议宣布“所有人生而平等”时，他表达了对世袭贵族的普遍厌恶，包括封建领主及其女主人们、公爵和公爵夫人们、国王和皇后们。开国者们将他们对于法律上的平等的信仰写入了美国宪法。但是，他们所关心的是机会的平等（equality of opportunity），而不是绝对的平等。确实，开国者们将收入平等化 122
视为“消除差别”，他们强烈反对这个观念。杰斐逊写道：

> 剥夺一个人的财产，只因为人们认为他和他祖先们获得的产业已经太多了。为了与那些自己或其祖先们没有获得那么多的其他人共享，就要求行使平等的产业和技术权利。这是任意践踏联盟的首要信条——保证任何人都能够自由处置他的产业和其产业所创造的果实。[42]

机会平等要求的是消除向上流动方面的人造障碍。在自由社会中，以种族、民族、性别、出身和宗教为基础的歧视是没有生存空间的。但这并不是说，所有人的收入都应当是平等的。美国的第一个民主党人安德鲁·杰克逊（Andrew Jackson）解释说：

> 每个社会中的歧视总会存在于每个公正的政府之中。智商、教育或者财产无法由人类的制度产生。从先天的才能，以及前人产业、经济和品德中结出的果实应该得到充分的享受，每个人都有权得到法律保护；但是，当法律增加这些国家性的歧视，如赋予头衔、给予赏金以及高级的特权，以使得富人变得更富裕时……那么卑微的社会成员就有权利向他们的政府抱怨其不公平了。[43]

但是我们究竟应该尝试着达成何种程度的平等呢？乌托邦式的社会学家们赞成这个分配规则：“各尽所能，按需分配”（From each according to his ability，to each according to his needs）。换句话说，每个人生产他所能够生产的任何东西，而财富和收入则根据每个人的需要来分配。努力工作，或者技术和智力，或者教育和培训，都没有金钱作为回报。因为多数人的需要大致上是相同的，所以他们所接受的也是大致相同的收入。集体所有制代替了私有财产。如果这种乌托邦式的社会能够存在，那么近乎完美的收入平等就有可能达到了。

但是所有社会——资本主义社会和社会主义社会、民主社会和独裁社会、传统社会和现代社会——分配财富都是不平等的。收入上的差别不太可能会消失。社会对于努力工作、技术、智力、教育、培训、承担风险以及独创性应当有所回报。贯穿整个社会的收入
123 平均分配会威胁到工作伦理。我们真正要面对的问题是，一个社会必要的或者值得要的究竟是什么程度的不平等？或者反过来说，一个社会在总体上能够承受什么程度的不平等？美国人对当今的收入分配的公平状况（就像在表 4—2 中所显示的）进行争吵，但是事实上每个人都认识到，若一个国家五分之一的儿童都是在贫困中长大的，那么无论在个人的层面还是在社会的层面上，都是不可能产生积极效果的。

当然，当把贫困界定称为不平等之时，贫困问题就不太可能被全部解决了。无论贫穷的个人和家庭生活以绝对的生活水平衡量是如何的富裕，总会有人口中最低的五分之一存在，并且这五分之一得到的东西总是要比总体收入的 20%要少。我们能够通过与共产主义或社会主义相比温和一些的政治变革（例如更多的教育机会、更先进的个人所得税累进制或者更加慷慨的社会福利补贴）来减少收入的不平等，但是一些差异还是会存在的，而且在一定程度上，一些人仍然会将这种情况视为“问题”。

贫困是因为文化

一些人争论说，贫困是一种在一个能使自身永久存在的循环中，由一代人传给下一代人的“生活方式”。这种贫困文化观念包含的不仅是低收入，还包括歧视、疏远、冷漠的态度，以及缺乏激励和自尊。这些态度使得那些穷人很难抓住适合他们的向上流动的机会。穷人收入的增加并不能对他们的失业状况、缺少激励和教育机会、家庭生活不稳定、犯罪或者其他社会问题的形成产生影响。

对于是否有贫困文化存在这一观点，在学者和政治家之间存在着很大争论。这个争论类似于斯科特·菲茨杰拉德（F. Scott Fitzgerald）和欧内斯特·海明威（Ernest Hemingway）之间的经典交流。当菲茨杰拉德观察到“富人和你我是不同的”时，海明威反驳说：“是的，他们拥有更多的钱。”观察者一旦相信他们看到了穷人身上的独特文化，就会说：“穷人和你我是不同的。”但是对贫困文化概念持反对意见的人也会回答：“是的，他们的钱比较少。”但是，穷人们会不会因为他们是穷人才未受到良好的教育，无一技之长，对生活没有激情，并且“违法”？或者，是因为他们未受到良好的教育，无一技之长，对

生活没有激情，并且“违法”，他们才是穷人？这个区别有着重要的政治意义。

一个特别有争议的对于贫困文化的看法是由哈佛大学政府系的教授爱德华·C·班菲尔德（Edward C. Banfield）提出的，他主张贫困确实是“当前的取向”（present-orientedness）的产物。[44]班菲尔德说，被贫困文化绊住的个人就没有能力再为将来作打算了，他们无法为了对将来有利而牺牲眼前的利益，或是为了获得成功而进行一些培训。班菲尔德承认，一些人之所以会经历贫困是因为非自愿的失业、长时期的疾病、养家糊口的人去世，或者其他的一些不幸事件。但是，他认为，即使有着再严重的灾难，这种贫困也不是道德品质低下、堕落或者因自己的原因使贫困长久持续的借口；一旦外界的原因不存在，贫困就应当结束。班菲尔德说，有一些人无论“外部”环境怎样他们都将是贫穷的。因为他们生活在一种持续了数代的贫困文化中，他们在心理上无法为将来做好打算。改善他们的环境仅仅能够从表面上影响他们的贫困现状。甚至增加收入也不可能改变他们的生活方式，因为这些额外的金钱很快就会被他们花在不必要或者无意义的东西上去。

对于贫困文化还有其他一些有争议的观点。尼古拉斯·莱曼（Nicolas Lemann）将主要由黑人居民组成的内城区存在的赤贫归结为一个人类学上的原因——此处的居民拥有许多南方乡村的传统。[45]作为小佃农，这些黑人没有能力拥有财富、节约金钱、维持稳定的家庭关系或者接受教育。莱曼声称，这些生活方式一直沿用至今。贫困文化观点的反对者 124
争论说，这种观点转移了人们对于当前贫困状况的注意力，转移了人们对当前导致家庭不稳定、发展方向和穷人们的其他生活方式问题的原因的注意力。

社会改革者们可能将贫困状况本身看成是折磨着穷人们的社会病理学的基本原因。他们指出贫困文化这种观点只能够应用于那些数代人都生活在贫困中的群体。它与那些因为疾病、事故或年老而在他们本人的一生中变为穷人的人无关。贫困文化这种解释方法基本上涉及的是父母传递的价值和信仰，而这些价值和信仰又决定了后代人的行为。相反，对贫困的环境解释方法显示的是当前的社会环境、机会差别和经济资源运用方面的不同直接引起的贫困和对人们行为的影响。也许，在贫困文化的观念中，最危险的是，在这个范畴里贫困可能被看成是不可动摇的、无法打破的循环。这种总体看法可能导致无所作为，或者至少导致放松努力去改善他们的贫困状况。

如果一个人认为穷人与其他美国人没有什么不同，那么这个人所提倡的政策就是在改变他们的环境的同时强调个人的机遇。如果美国穷人与其他美国人一样，那么仅仅提供给他们一般的成功模式就够了。例如，职业培训计划、好的学校，为他们提供咨询服务以使他们对那些他们自己能够把握的机会有所关注。这样，所需要的改变他们的生活的介入就是提供一种能够使他们取得成功的方式，这种方式就是达到多数美国人都享有的收入水平的方式。

相反，如果一个人相信贫困文化的观念，那么就会想出一个策略来阻止这种贫困阶级的文化价值代代相传。这种策略必须尝试去阻止青少年儿童在某些环境中的社会化，如不稳定的家庭、缺乏动力、犯罪和不良行为等。要达成这个目的，最激进的方法是当这些儿童年龄还非常小的时候就将他们从贫困阶级的家庭中移走，并将他们放置于一种受控制的环境下抚养长大，传输给他们通常的文化价值观而不再是贫困文化的价值观。在20世纪早期，人们在一定程度上确实是这样做的（见第十章）。这种解决方案现在是不现实的（尽管某些保守派人士建议重新使用孤儿院来抚养那些父母无法提供适当抚育的儿童）。今天，更加为人所接受的解决方法是发展专门的日间照顾中心以及学前教育计划，以此来改变文化上的不足和缺点，比如“启蒙教育计划”（Head Start）（见第九章）。理论上讲，这些计划应当能够通过“文化丰富”（cultural enrichment）改变青少年。

贫困是因为剥削

无论是马克思主义还是非马克思主义的作者都将贫困界定为统治阶级的一种剥削形式。社会学家赫伯特·甘斯（Herbert Gans）认为，贫困满足了美国中高阶层的人们的多种功能需求，例如提供廉价劳动力资源等。[46]事实上，有相当数量的处于贫穷状态的人至少是在做非全时的工作（见图4—2），他们没有赚到足够的钱来摆脱经济困境。甘斯的意思是，因为统治阶级要使他们自己的生活更加舒适，所以他们要使贫困存在。贫困并不一定是必然存在的，如果中产阶级和上层阶级能够通力合作，贫困是可以被消除的。但是这些阶级不太可能放弃在他们看来是他们通过辛勤劳动、专业技能或者事业上的进取心而挣得的任何东西。即使许多中产阶级和上层阶级的美国人承认他们并不是与金融灾难和贫穷完全绝缘的，他们中的大多数也很可能不会认为自己与那些穷人有很多共同之处。

125 有两位作者也是以阶级为基础论述贫困的本质的。他们称美国为“颠倒的福利国家”，因为“在这个复杂的系统中，那些最需要帮助的人得到的却最少，而那些最不需要它的人得到的却最多”[47]。他们说，所有的美国人，穷的或是富的，都能从政府福利计划中获益。穷人或是比较贫困的人接受的政府帮助是通过被称为对贫困家庭的临时救助、补充营养援助（食品券）、医疗补助以及所得税抵免等计划获得的。中产阶级接受政府的帮助主要是以住房抵押贷款和联合税收优惠（associated tax deduction）的形式，以及通过教育津贴来获得的。富人们接受政府帮助是通过获得各种各样的所得税优惠、政府合同（government contracts）以及商业和工业的补助金来实现的。不同的是，政府对穷人的帮助被称为“福利”，而政府对于富人的帮助则被称为“划算的买卖”（good business）——对于经济和国家的一种投资。归根结底就是，穷人所接受的只是所有政府帮助中极少的一部分。更多的政府帮助被转到中产阶级和上层阶级那里去了。

社会科学家弗朗西斯·福克斯·佩文（Frances Fox Piven）和理查德·克洛尔德（Richard A. Cloward）同样对于那些上层阶级宁愿维持一个贫困阶层的经济、政治以及社会效用进行了评论。1971年他们出版了《管制穷人：公共福利的功能》（*Regulating the Poor*：*The Functions of Public Welfare*）一书，在其中他们声称："理解给予性救济（relief-giving）的关键是它在所服务的更广泛的经济和政治秩序中的功能，因为救济是次级和支持性的制度。"[48]佩文和克洛尔德认为，福利，特别是先前的对有未成年子女的家庭救助计划，是一种控制穷人的设置，以此来维持社会的稳定。根据这种观点，福利计划在政治动荡时期会被扩大，以此作为安抚穷人的手段，然而在政治稳定时期，特别是当社会需要增加劳动人口的数量时，福利规章和制度就会作为一种"强迫"穷人进入劳动市场的手段来使用。后来，佩文和克洛尔德又修改了他们原先的观点，因为他们看到福利的这种收缩和扩大的循环模式已经被一系列更加持久的福利计划所取代，使得人们的生存不再受制于商业和工业以及劳动市场的波动。[49]佩文和克洛尔德信奉对福利的权利（the right to welfare）。他们鼓励美国人反对削减社会福利计划。1996年联邦的福利改革以另一种方式尝试改变穷人的行为，重新使社会福利计划处于动荡的基础上（见第七章）。[50]

如果贫困被界定为统治阶级对穷人的一种剥削，那么也就是说，只有激进地重组社会、消灭等级差异才能够解决贫困问题。马克思主义者呼吁工人和农民共同彻底地推翻资本主义社会，并建立一个新的"无阶级"的社会。推测一下，就是说，在这样一种社会中，不存在统治阶级为了利益而去剥削穷人的状况。然而，在目前的实践中，这是不太可能实现的。

为了建设一个更加平等的社会，制定公民权利法律是一种途径，这是一种比较温和的方式。相当数量的人从这类法律中受益，但是许多人认为，等级差异仍然会扩大。其他反对以阶级为基础的贫困概念的人相信，许多人贫穷只是由于自身不努力工作，没有利用像美国这样的资本主义社会提供的许多机会。

这些观点帮助我们了解到关于贫困问题，确实存在着等级的差异。上层阶级不会故意剥削穷人，但他们有时会表达一种家长式的态度。尽管普遍来说上层阶级的人们几乎完全不了解穷人们的生活，但是他们相信，他们知道对于穷人们来说"什么才是最好的"。此 126
外，不论穷人们是否能够真正获得帮助，上层阶级的人们都会经常参与慈善活动并慷慨地资助福利计划，以此来证明他们的理想主义和"社会改良主义"。

贫困是因为结构

贫困还可以用另外一种方法来考虑，那就是去研究社会的制度上和结构上的组成，这些制度和结构是为了社会延续而存在的。如前面已经提过的，一些贫困可以归咎于歧视待遇。制度歧视这个术语经常指一些实践，这些实践深深植根于学校、刑事司法系统以及其他组织之中，这些制度机构承担着守护社会功能的职责。举例来说，贫困学区拥有的资源一般来讲都会比富裕地区少，因而无法为它们的青年市民提供像富裕地区一样的好的教育机会。在许多州，这种差别已经成为法庭挑战的基础——对公共学校教育受资助方式的挑战。一般来讲，医疗保健和其他服务在比较贫困的社区都无法很好地组建起来。缺乏获得医疗保健和其他资源的途径，也导致了更难摆脱的贫困环境。其他有关制度歧视的例子还发生在刑事司法系统之中，可以看到拘留所和监狱都被黑人、西班牙裔以及穷人们挤满了。改变这种性质的问题的唯一方法是改变使社会制度得以延续的根深蒂固的价值观念。

根深蒂固的贫困不仅产生于制度歧视，也产生于国家的经济结构的改变，诸如在经济的某些特殊领域或者在国家的某些特定地区中出现的一些不适当的需求。举例来说，工业化和科技的发展绕过了阿巴拉契亚大面积的土地，使得阿巴拉契亚成为美国最贫困的地区之一。东部大城市的钢厂以及中西部城市的汽车工厂的倒闭，使得一些工人陷入贫困，令一些工人只能够找到工资较低的工作。"离岸外包"——一种将工作岗位出口到劳动力便宜的国家的委婉说法，已经使美国进入其他国家的各种名义的协议取得了越来越大的可能性。无论是糖果分公司离开芝加哥、利维·施特劳斯公司离开埃尔帕索，还是 Footjoy（马萨诸塞州布罗克顿市最后的鞋制造厂）关门，都会使社区的工作岗位受到深深的影响，因为更多的工作岗位转移到墨西哥、亚洲和其他国家。在高科技领域，工资较高的工人也感觉受到了影响，例如工作岗位"离岸外包"到像印度这样的国家。许多工人都能够找到新的工作岗位，但是那些岗位是在其他的经济领域没有市场技能、最不稳定的工作岗位。工作的结构也发生了变化。合同工正在变得越来越普遍，这是一种缺乏医疗保险和退休计划的工作，因此陷入贫困的风险在增加。一些先前收入高的专业人员开始为他们眼前的工作种类、薪水、津贴而慨叹。但是，这并不意味着这些有良好的教育和社会地位的个人增加了对穷人的同情，或感觉他们与那些穷人有很多共同之处。

卡尔·马克思曾经使用流氓无产阶级（lumpenproletariat）（衣衫褴褛的社会最下层阶级）这个术语来描述那些本质上已经被推出社会的人群。[51]在 20 世纪 60 年代，这个概念又重新出现了。它涉及的是那些在社会和经济结构的变化中所受影响最为严重的群体。诺贝尔奖得主纲纳·缪达尔（Gunnar Myrdal）创造了下层阶级（underclass）这个词来描述这样一些人：他们无法经受国家经济结构的风云变幻，无法在越来越依赖高端技术和受过良好教育工人的市场中谋求职位。今天，底层阶级这个术语经常被用来特指那些居住在以穷人、黑人和其他少数族群的人为主的社区中的人，这些人群的特征就是长期失业、长期
127 依赖福利、全面的社会解体，以及高发的街头犯罪。[52]这个术语引起了广泛的争论，既是因为它的贬抑性的含义，也是因为它没有分辨出穷人之间的差异。所谓的"下层阶级"的成员也被叫做"贫民窟的穷人"，他们被给予相当大的关注，是因为他们处在作为大多数公民生活的一部分的主流的社会、经济、政治之外了。

在 20 世纪 60 年代之前，这些老城区并没有像今天这么严重的萧条。[53]在 20 世纪 40

年代和 50 年代，它们还是位于所有社会等级的黑人的家，在这些社区中为所有居民提供便利的学校、商业和其他社会机构。公平的住房和其他的反歧视法律还没有发展到能够允许众多中高阶级的黑人移居到更有影响力的城市和城郊地区。社区中的经济交换为许多居民提供了工作，包括那些拥有最低限度工作技能的人。但是随着专业工人和蓝领工人有能力在城郊找到更好的住房，那些最贫穷的人被留在了这里。根据一些作者的看法，能够使社区保持稳定的社区领袖没有了。他们的离开也造成了生产经营活动的严重衰退。同时，城市中的职业市场也发生了相当大的变化。与工业和制造业有关的工作岗位被那些与财政、技术和管理领域有关的工作岗位所取代，而这些工作的性质不是多数贫穷的老城区居民所能够胜任的。老城区居民可能更容易接受的食品加工和零售业等工作，在城郊广为扩大，而那些需要这些工作的人大多数都无法在城郊找到住房。有人说这些结构上的变化铺设了一条导向社会解体的道路。结果，老城区的状况进一步恶化，失业、青少年怀孕以及毒品交易等问题不断增加。

要改变这种严重或者说持久的贫困形势，需要的是使用多重方法，例如，职业培训、再就业和其他形式的服务，再加上努力带领穷人们与主流社会接触。这些解决方案听起来与那些阻止贫困文化的建议类似，但二者有重要的区别：贫困文化的观念着重于改变穷人们的个人特性，避免他们被这种个性驱使而脱离主流社会。一些人认为这是“责备受害者”的思想。将贫困看作是一种结构上的问题的观点与此大相径庭。这是指解决问题的方法在于发展新的社会制度，或者改善现有制度使之成为一种对社会的贫困人员更加负责的社会制度。在发展社会政策中，这是一个重要的区别。举例来说，结构上的方法不是仅仅给聚居在贫民窟中的穷人提供住房，而是在非贫民窟的社区为他们提供住房，以允许弱势的个人得到更多的社会机会。另外一种建议是，把青少年人群带入主流社会中，并认为这是国家应当向所有年轻人提供的服务。这种普遍的计划形式大大不同于目标仅仅是使年轻人摆脱贫困背景的职业计划。这种普遍的计划后面的概念就是，它将会使得社会所有人员更好地融合在一起。但是，这种要求明显将会遭到一些人的反对，因为他们认为自己不会从中受益。

饥饿的政治

政府满足的最基本的生存需要是食品。联邦政府主要的食品计划是对低收入个人和家庭的补充营养援助计划。

128

从食品券到补充营养援助计划

补充营养援助计划曾被称为食品券计划（Food Stamp Program）。电子津贴转账方式（Electronic Benefit Transfer，EBT），与自动取款机、借记卡和信用卡转账的技术相同，即使纸质的食品券和烦琐的分发、集中和回收它们的过程被废弃了。美国农业部（USDA）食品和营养服务项目被赋予了一个新的名字，以便更好地反映其注重营养的特征。它仍然可以被更准确地称为补充营养援助计划食品项目，因为参与者可以通过该计划购买任何他们想要的食品，无论食物是否有营养。补充营养援助计划的津贴可以购买食物而不是肥皂、纸张、清洁和卫生产品等许多人在杂货店购买的东西。尽管欺诈总是可能发生的，但电子津贴转账方式确实有助于平息对食品券被卖为现金或换取非食品类的各类物品的批评。[54]补充营养援助计划也可以比任何其他公共救助项目更广泛地覆盖人口中不同部分的穷人。

尤其重要的是，该项目不计较大量的美国人是否真的被看作是饥饿的。根据美国农业部的报道，2007 年 1 300 万个家庭（占人口总数的 11.1%）是“食品短缺的”，这意味着“在一年的某些时间段，由于缺乏资源，这些家庭很难为他们所有的成员提供足够的食物”。这些家庭中的大约三分之一食品保障非常低，也就是说，因为无法获得足够的食物，至少有一些家庭成员的食品消费是减少的，正常的饮食模式是被打乱了的。其他三分之二的食物短缺家庭为避免食品完全中断，其饮食就比较单一，也可能参与政府食品项目，或利用社区食品分发处和紧急厨房。[55]当房租、公用事业或医疗的费用增加了家庭预算压力时，个人或家庭就可能节省食物方面的开支。这种食物的短缺与世界上最贫穷地区的居民经历的严重营养不良是不同的。不过，根据政府的定义，一些美国家庭也缺乏必需的资源来养活自己。

到 1994 年，食品券计划的参与者大约已经有 2 750 万人。基于良好的经济和福利改革，到 2000 年，参与者下降至大约 1 700 万人。到 2009 年年底，随着经济再次陷入困境，补充营养援助计划的参与者增长到 3 370 万人，补贴成本上升到 500 亿美元（见图 4—5）。

发现和再发现饥饿

美国政府首次涉足食品援助始于 1930 年，当时农民成功地说服议会通过购买过剩的农业商品来稳定农产品价格。额外的好处是，食物被提供给那些遭受大萧条冲击的人。从 1939 年到 1943 年，政府在国内的一些地区采用一种食品配给券或食品券计划。这个计划提供了更多的食物选择并解决了大量的易腐食物保持新鲜的问题，但是在第二次世界大战后对农产品的需求增加时，这种方式就被废弃了。政府回到由市场分配食物的路上。

20 世纪 60 年代，一项被称为“饥饿美国”（Hunger U. S. A）的研究得到了在芝加哥的马歇尔·菲尔德百货商店所属的菲尔德基金会（Field Foundation of Chicago's Marshall Field Department Store）的支持，在哥伦比亚广播公司（CBS）的电视纪实片的帮助下使国家“发现了饥饿”。尤其辛辣的是尼克·考兹（Nick Kotz）的书，描述了参议员罗伯特·F·肯尼迪（Robert F. Kennedy）和约瑟夫·克拉克（Joseph Clark）1967 年在密西西比州克利夫兰市访问了安妮·怀特（Annie White）和她六个孩子的居住地。[56]这趟旅程是在玛丽安·赖特·埃德尔曼（Marian Wright Edelman）的要求下成行的，她后来成为 129
儿童保护基金会（Children's Defense Fund）的负责人。参议员们被他们看到的情形震惊了。一个大约两岁的女孩，胃部肿胀，十分虚弱，不论肯尼迪参议员怎么哄，她都不回答。当时，受助家庭要为食品券支付成本费，怀特说家里没钱买食品券，现在全家吃的是分配剩下的食品—— 一点大米和饼干。

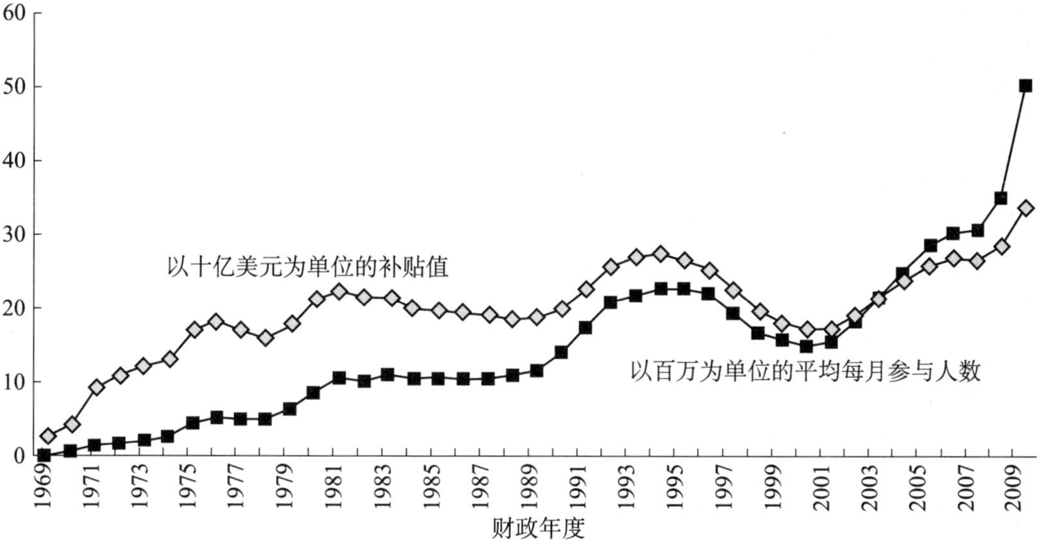

图 4—5 食品券/补充营养援助计划的参与者和补贴数额（1969—2009 年）

资料来源：Food and Nutrition Service, *Supplemental Nutrition Assistance Program Participation and Costs* (Washington, DC: U. S. Department of Agriculture, March 3, 2010). Retrieved March 9, 2010, from http://www.fns.usda.gov/pd/SNAPsummary.htm.

1977 年卡特政府时期，食品券的购买要求终于被取消了。与此同时，其他收入和资格要求更严格了。20 世纪 80 年代开始，收入和资格要求更紧了，而且对于美国的饥饿程度的判断产生了更多分歧。因为家庭收入高于贫困门槛的人也被允许参与，里根总统感到食品券计划已经太大了，“在食品券计划上的转移支付（正在进行的）脱离了它的最初目标，成为一个一般化的收入转移支付项目，无论是否有营养需要”[57]。由于社会计划削减和失业率上升，有关饥饿正在增加的新的指责出现了。因为担心在美国有关饥饿的报道言过其实[58]，里根任命了一个特别工作组来研究这个问题。该工作组的全面结论于 1984 年公布，结论称，美国营养不良的情况并不严重。社会行动团体（social action groups）对报告进行了严厉指责，并带领营养专家控诉说："尽管他们几乎完全缺乏资格，但工作组成员确实努力发现了饥饿在美国重新出现。但由于他们不称职，他们不能准确描述饥饿的程度，也不能辨别慢性营养不良的存在。"[59]

与此同时，食品研究和行动中心（Food Research and Action Center）发布了自己的研究结果，指明由于营养不良，一些地区的婴儿死亡率增加了。新英格兰的饥饿问题公民委员会（Citizens' Commission on Hunger）也得出结论说，营养失调和饥饿再次挑战美
130 国。由美国饥饿问题医生特别工作组（Physician Task Force on Hunger in America）标注了在美国存在的 150 个"饥饿县"，那里有相当多的穷人没有得到食品券。[60]里根的特别工作组建议以政府的一揽子拨款代替食品券计划，以便更仔细地监督支出，加大对欺骗和滥用的检查力度。而其他团体则赞成增加食品券支出，让人们更容易得到和使用这一补助，并由两党合作组成一个委员会来结束美国存在的饥饿问题。

到 20 世纪 80 年代中期和后期，多数新的食品券立法都是对接受者有利的。公共救助（有未成年子女的家庭救助计划和补充保障收入计划）的接受者被宣布有自动获得食品券的资格，各州在对购买的食品征税时不再对用食品券购买的人征税。无家可归的人即使没有固定的住址，也可以申请食品券，他们还可以用食品券到定点餐厅购买低成本食品。食品券配额增加了。各州可以把联邦资金用于因扩大而增加的项目的参与者（尽管扩大是可选的）。而另一方面，各州也需要建立一个就业和培训计划（Employment and Training，E&T）以减少那些能够工作的人对食品券计划的参与。

1990 年以得克萨斯州的新议员米基·利兰（Mickey Leland）的名字命名的《米基·利兰纪念国内饥饿救助法》(Mickey Leland Memorial Domestic Hunger Relief Act)，重新批准食品券计划实施到 1995 年。利兰将大家的注意力引向对世界饥饿问题的关注的努力是广为人知的，而且他还是议会的饥饿问题特别委员会（House Select Committee on Hunger）的主席。委员会的努力得到了人们的高度尊敬，但它只扮演着一个顾问的角色，并且白宫不顾强烈的抗议于 1993 年取消了它。农业部于 1993 年资助举行了饥饿问题论坛，以帮助克林顿政府设定它的营养议程。食品问题各方利益代表都参加了会议，包括食品券计划的参与者，在论坛上公开讨论。在这一时期，国会通过增加收益扣除减免，使食品券更容易获得了。1996 年的农业议案再次批准将食品券计划延至 1997 年，但更大的变化尚待时日。

食品券计划或补充营养援助计划有一个扩张和收缩的历史。为了与国家的福利制度改革节奏相一致，1996 年的《个人责任和工作机会协调法》再次批准食品券计划随着实质性项目的改变延期到 2002 年。项目保留下来了，但被改变成一个一揽子拨款的计划，这

可能会导致有资格得到救助的人在数量上存在上限，但是有关资格的规则限制得更严格了。例如，在确定家庭资格方面，一些收益扣除项目被冻结了而不是每年调整。

《个人责任和工作机会协调法》使各州更容易操作与就业和培训计划相关联的食品券项目，但对接受者增加了工作方面的要求。该法案也删除了以缺乏适当的儿童照顾作为一个显式的好理由而拒绝满足外出工作要求的豁免。对没有家属的健全的成年人（年龄 18～50 岁），不满足外出工作要求的，接受食品券的时间在三年内只有三个月。为应对 2008 年的经济衰退，2009 年的《美国复苏与再投资法》（American Recovery and Reinvestment Act of 2009，ARRA）对这类接受者又延长了期限，除非各州选择为其提供符合条件的工作机会。

每年的补充营养援助计划的补贴是根据通胀率进行调整的。作为《美国复苏与再投资法》的一部分，补贴得到了额外的增加。一个四口之家原来每月收到的最大的补贴数额是 588 美元。在 2009 年，他们的补贴额被提高到每月 668 美元（1.85 美元/人/餐）。补贴将保持在这一水平，直到正常调整超过 668 美元。一位经济学家提出，增加补充营养援助计划的补贴是最好的经济刺激，其次是失业保险，因为得到这些补贴的人通常处于严重的困境中并会很快花掉它们。[61]

为获得补充营养援助计划的资格，参与者的净收入不能超过贫困线。例证 4—2 描述了补充营养援助计划的资格要求。补充营养援助计划的资金完全是由联邦政府提供的。各 132
州承担项目的行政成本。美国农业部还管理着其他大量的对低收入群体提供食物和营养食品的项目。妇女、婴儿和儿童（WIC）计划在提高孕妇、产后妇女和儿童的健康方面是一个个受到高度重视的计划。学校的早餐、午餐和牛奶项目对很多孩子来说也是营养的重要来源。

131

例证 4—2

在美国获得补充营养援助计划的资格

个人和家庭要想从补充营养援助计划得到补贴，就必须满足下列资格要求。

可计算的资产

- 大多数家庭的可计算的资产被限制在 2 000 美元以内（如银行账户）。
- 那些年龄在 60 岁及以上的人或残疾人可计算的资产总量是 3 000 美元。
- 一个家庭，个人的随身物品和其他某些物品不算在内。
- 在许多情况下，一辆车的价值超过 4 650 美元，就要计算在内。
- 有些车是不被计算的（如，如果它主要用于赚取收入、作为住所或作为家庭成员中的残疾人的交通工具）。

总收入和净收入检查

● 一个家庭的所有成员接受的对贫困家庭的临时救助、补充保障收入或在某些地方得到的一般性救助，要从总收入和净收入检查中扣除。

● 家庭成员中有一个或一个以上60岁及以上年龄的人或残疾人，必须满足净收入的要求，而不必满足总收入的要求。

● 对于大多数家庭来说，总收入（包括大部分现金收入，例如，挣得的收入、以现金方式获得的公共救助、社会保险）不能超过联邦标准的130%（在2010年，一个四口之家每月是2 389美元）。[a]

● 一般来说，家庭净收入不能超过贫困线的100%（在2010财政年度，一个四口之家是每月1 838美元）。

从净收入中扣除的项目

在确定净收入时，覆盖一些家庭费用的一定数量的钱是被扣除的。扣除项目包括：

● 对有一至三个成员的家庭的扣除标准是每月141美元，对一个有四个成员的家庭或更大的家庭，扣除标准是每月153美元。

● 所有的来自工作收入的20%。

● 合法拥有的子女抚养费支付。

● 在家庭成员工作或参加培训或教育的情况下，孩子或其他依赖人口的相关照顾费用（很少有补充营养援助计划的家庭使用这种扣除，因为他们没有能力接受这种类型的照顾）。

● 许多家庭使用的收入扣除超过住房成本，根据确定的家庭住房成本进行计算（抵押贷款或租金、公用事业费、财产税），计算出来的数字超过他们在进行了所有其他扣除以后的剩余收入的50%。一些州使用有效成本而不是实际效用成本为标准。除非有一个家庭成员是老年人或残疾人，否则住房扣除不能超过459美元。

● 一个老年人或残疾人，除了其他扣除以外，个人支付的医疗费有35美元的扣除。

[a]夏威夷和阿拉斯加的总收入和净收入限制略高。住房扣除在阿拉斯加比在夏威夷和关岛更高。由于食品价格较高，补充营养援助计划的补贴在阿拉斯加、夏威夷和关岛比较高，在维尔京群岛比大陆美国高。

资料来源：U. S. Department of Agriculture，“Supplemental Nutrition Assistance Program，Eligibility，” September 22，2009. Retrieved March 9，2010，from http：//www. fns. usda. gov/fsp/applicant _ recipients/eligibility. htm #income.

保障性住房的政治

住所是另一种联邦和地方政府帮助人们满足的生存需要。大多数家庭预算中最大的支出项目是住房。无论是否每月支付房租或住房抵押贷款，住房消费越来越成为个人预算的一个更大的部分。早在 1949 年的《住房法》中，国会就承认需要“为每个美国家庭提供一套体面的住房和一个适合的生活环境”。

自 1989 年以来，全国低收入住房联盟（National Low Income Housing Coalition，NLIHC）进行了一项研究：负担得起的租赁住房。全国低收入住房联盟 2009 年的报告表明，在美国没有一个县的全职工作的人在他所在州的现行最低工资标准下，按照公平市场租金（FMR）能够承担得起一居室住房的租金；在 30 个州需要超过两个全职工作的人的最低工资才能负担得起一栋有两个卧室的住宅（许多州的最低工资是大大高于联邦最低工资的）。[62]2006 年美国人口普查局发现：“在 15 个州和哥伦比亚特区，大约 55%或更多的租房者处于最低收入的四分位数，他们的家庭在住房上的花费是他们收入的 50%或更多。”[63]（那些有住房抵押贷款的人情况更糟。“在 31 个州和哥伦比亚特区，70%或更多的住房抵押贷款人处于最低收入的四分位数，要将他们收入的 50%或更多用作住房成本。”）公租房的租房一般预期要将他们收入的 30%花在租房上。因此，许多美国人被认为是“住房贫穷者”，因为他们支付了租金后在满足其他需要方面存在困难。[64]但是住房费用必须支付，否则有被驱逐的威胁。在一个体面的社区拥有体面的住房是安全与保障的中心。

政府和租赁住房

美国住房和城市发展部（HUD）是联邦政府帮助低收入的美国人寻找住房的主要机构。今天，大约有 120 万个家庭居住在美国 3 300 个社区中的 14 000 套公共住房中。[65]其中的许多居民是老人或残疾人。

当美国人提到政府资助的住房时，他们想到的可能是大的、高层的公共住房——过去由于环境恶劣、吸毒和犯罪猖獗，这类公共住房已经声名狼藉，其中许多已经被拆除了。今天的公共住房仍然包括高楼，但多数也是人口密度较低的类型，包括分散在社区的独栋住宅。

美国的公共住房供给严重不足。自 1994 年以来，联邦政府不再支持建设新的公共住房。[66]不仅不支持公共住房权威机构代替拆除单位，还禁止它们增加公共住房的供应。[67]许多的还存在的公共住房因为公共住房权威机构缺乏维护资金而年久失修。[68]

今天，住房和城市发展部救助低收入家庭和个人的主要方法是为其中的残疾人或老年人提供住房选择代金券计划（Housing Choice Voucher Program），通常称为“第 8 条款”（Section 8）[69]，这是 1974 年尼克松政府时提出的。住房和城市发展部向当地的公共住房机构提供资金，当地的公共住房机构负责管理项目。得到公共住房代金券的通常是那些收入不超过当地平均收入一半的人，得到代金券的人中的四分之三，其收入必须不超过平均数的 30%。少量的参与者使用他们的购房补贴购买住房，但是，绝大多数人使用它们来支 133

付租金。地方公共住房机构可以给某些类型的申请者提供优先权，例如，无家可归的低收入家庭、住房不达标的低收入家庭、流离失所者或支付大量租金的人。地方公共住房机构使用公平市场租金计算以确定在代金券计划下的补贴规模。例证 4—3 定义了公平市场租
134 金和公平市场租金选定的城市。家庭或个人一般要用他们每个月经过调节的总收入的30%～40%（允许某些折扣）支付房租和公用事业费，并且地方公共住房机构负责支付这个数量与公平市场租金之间的差价。家庭或个人必须找到他们自己的房子，而且房子要满足健康和安全的最低标准。如果家庭或个人选择的房子的价值超过了公共住房机构建立的标准，家庭必须自己支付差额部分。

例证 4—3

2010 年选中城市的公平市场租金

每年美国住房和城市发展部都会发布公平市场租金用于确定根据“第 8 条款”的住房选择代金券项目以及住房和城市发展部其他的购买项目得出的支付标准。公平市场租金目前可用于 530 个大城市地区和 2 045 个非大城市地区的总租金地区。公平市场租金是对租金总额的一个估计，包括租金和基本公用事业费（但不包括电费、有线电视或互联网服务费）。住房和城市发展部的目标是确定公平市场租金，以确保适合项目参与者的出租房屋的足量供应。为了实现这个目标，公平市场租金必须高到允许有单位和社区可供选择，同时也要低到许多低收入家庭有能力接受这种服务。在这个水平上，公平市场租金的设置以一个百分点表示，标准质量的出租房屋在其中分布。住房和城市发展部目前设定的公平市场租金是在第 40 个百分位数的租金（金额总数低于标准质量的住房单位租金的 40%）。这些百分点来自最近搬家的人租住的所有单位的租金的分布（承租家庭搬入他们现在的住所不超过 15 个月）。公共住房单位和单位少于两年的不包括在内。

城市	一个卧室的公寓
亚特兰大（佐治亚州）	820 美元
巴尔的摩（马里兰州）	1 002 美元
布卢明顿（印第安纳州）	555 美元
波士顿（马萨诸塞州）	1 156 美元
斯普林斯（科罗拉多州）	630 美元

劳伦斯（马萨诸塞州）	576 美元
洛杉矶（加利福尼亚州）	1 137 美元
麦迪逊（威斯康星州）	761 美元
莫比尔（亚拉巴马州）	620 美元
奥马哈（内布拉斯加州）	614 美元
奥兰多（佛罗里达州）	921 美元
西雅图（华盛顿州）	878 美元

资料来源："Fair Market Rents"(Washington, DC: U. S. Department of Housing and Urban Development, April 20, 2009). Retrieved May 13, 2010, from http//www. huduser. org/portal/datasets/fmr. html.

大约 200 万个家庭参与了住房选择代金券计划，但它不是一种权利项目。在大多数地方，此类需求很高，需要长时间地等待。例如，在 2009 年 3 月，奥斯汀市的住房部门不接受新的申请者，大约有 5 000 个家庭在等候名单上，每个月有 30 个到 40 个的家庭加入代金券项目的申请队伍中。按照这个速度，可能需要 10 年申请人才能排到领取代金券的位置。那些确实得到了代金券的家庭可能也难以找到一个负担得起的住房或愿意接受代金券的房东。由于住房选择代金券计划的成本迅速增长，小布什政府想采取措施遏制成本。由于"深度和持续的资金短缺"，在 2004 年和 2006 年之间大约有 15 万个家庭被从此项目中排除。[70]

联邦政府也经营了一个"第 8 条款"项目，它基于租金援助的项目，是一个公私伙伴关系服务，服务对象大约有 130 万个家庭。住房和城市发展部与出租物业的业主签订合同，业主提供这类住房。但是，自 20 世纪 80 年代中期以来，就没有再增加新合同。[71]由于长时间未获得付款，项目的业主已经退出。[72]

对许多寻求帮助以获得保障性租赁住房的人来说，局面已经变得黯淡。根据预算与政策优先中心的一份报告：

> 自 1995 年以来，联邦在低收入住房援助方面的支出，无论是在所有非国防自由裁量开支中的份额，还是在国内生产总值（GDP）中的份额，下降幅度都超过了 20%。即使加上低收入住房税收抵免，联邦政府对低收入家庭的住房补贴也不到对房屋所有者提供的三项最大税收优惠的三分之一（诸如抵押贷款利息扣除）。[73]

事实上，据说在促进提高住房拥有率的热情下，增加国家对廉价出租房屋的供应已经受到惩罚。[74]现在，在国家的经济衰退之后，奥巴马政府已经提出对低收入的美国人增加出租房屋的供应计划，主要是通过增加出租房屋代金券资金、国家住房信托基金（National Housing Trust Fund ，NHTF）为建立负担得起的住房的税收抵免等方面而努力。[75]在2008年秋季，小布什总统签署了国家住房信托基金立法，增加对负担得起的住宅的供应，重点是帮助低收入家庭。[76]

住房与健康和总体幸福的联系非常紧密，它没有成为政府给予更多关注的焦点，这是令人惊讶的。住房和城市发展部提供的相对温和的援助总量可能使该机构面临着许多困难。老布什时期任命的住房和城市发展部部长、共和党人杰克·坎普（Jack Kemp）被指控因丑闻玷污了一个机构的形象。有人指控说，著名的共和党人、前住房和城市发展部官员以咨询费为名搜罗了数百万美元，这些咨询的目的是掌控住房和城市发展部与特定公司的合同，而这些私人托管机构又从止赎房屋的销售中贪污了数百万美元。坎普在公共住房项目上的工作很难树立自豪感，他甚至把少数项目的所有权移交给其居民。[77]

135 克林顿总统任命前圣安东尼奥市市长亨利·西斯内罗斯（Henry Cisneros）担任住房和城市发展部部长。西斯内罗斯努力工作来帮助无家可归者，在一个被称为“希望六号”（HOPE VI）的计划之下拆除年久失修的公共住房，修复了其他的住房，并且使用代金券计划来把穷人整合进体面的社区里。然而，在彻底取消有经济问题的机构的呼声中，住房和城市发展部的预算被缩减了。最终，由于个人问题，西斯内罗斯离开了机构。一些地方公共住房机构管理上的混乱进一步加剧了住房和城市发展部的问题。1999年，该机构面临的批评是，它有140多亿美元没有用完，这笔钱本可以用来帮助贫穷的租房者的。[78]住房和城市发展部的问题还没有结束。在小布什时期，住房和城市发展部部长阿方索·杰克逊（Alphonso Jackson）辞职（在2008年的抵押贷款危机期间），由于涉及对住房和城市发展部承包商的偏袒，联邦调查局和司法部调查了他是否将生意给了关系密切的人。[79]三年后，调查显然减少了。[80]四面楚歌的住房和城市发展部成为一个相对较小的机构，几乎没有政治权力。[81]

房屋所有权：追逐“美国梦”

没有什么比房屋所有权更能代表“美国梦”的。非营利组织和政府项目帮助低收入的个人和家庭实现这一目标。人类国际家园（Habitat for Humanity International）是众所周知的为穷人和低收入的个人和家庭建造或“修复”房子的非营利组织。组织中最著名的志愿者是前总统吉米·卡特和第一夫人罗莎琳·卡特。许多人类国际家园的受益者贡献“汗水”——他们自己的劳动——帮助建造这些房屋。其中的大多数人也有适度的抵押贷款。社区发展公司也是非营利组织，是由社区利益相关者建立的，他们经常为增加房屋所有权筹集资金、支持有关项目提供帮助。

联邦和地方政府也设计项目，使低收入个人和家庭负担得起房屋费用，获得所有权。社区经常通过债券的举措募集资金，以便为中低收入者首次买房提供低息贷款。债券是对市政府的贷款。投资者购买债券，市政府给他们支付利息。虽然房屋的所有者的信誉增加了，但是许多联邦立法，诸如1977年的《社区再投资法》(Community Reinvestment Act of 1977)，也对向低收入群体发放贷款的银行施加了更大的压力。1990年的《克兰斯顿—冈萨雷斯国家负担得起的住房法》(Cranston-Gonzalez National Affordable Housing Act of 1990)，对州和地方政府的住房救助——比如房屋所有权计划，提供一揽子拨款。

房屋所有权在人口中的分布并不相同。2008年年底，拥有住房所有权的比率大约是：非洲裔美国人为47%、西班牙裔美国人为49%、非西班牙裔白人为75%。小布什政府采用了“所有权社会”这个术语。这一概念的一部分含义是，想通过2003年的《美国梦首期付款法》(American Dream Downpayment Act of 2003) 帮助另外的5 500万少数族裔家庭成为房屋的所有者，以一个配方拨款计划 (a formula grant program) 致力于增加住房所有权的比率，尤其是较低收入者（界定为收入不少于地区平均收入的80%）和少数族裔家庭。[82]法案帮助首次购房者和在过去三年里没有得到首期付款、过户费和家庭康复计划帮助而没有住房的家庭。购买者可以得到1万美元或购房价格的6%的资助，这个数额曾经是比较大的。奥巴马政府正在使用类似的方法帮助个人和家庭购买房屋。

房屋所有权在减少财产贫穷方面是特别重要的。如储蓄、投资和房屋所有权等财产，在个人或家庭由于失业、疾病或其他困难需要资源时，为其提供一个缓冲。财产不平等甚至大于收入不平等。增加财产的收入状况，提供了一个更加清晰的图景来呈现在美国财富是如何分布的。房屋净值一般是家庭净资产最大的组成部分，尤其是对于那些低收入家庭群体而言。使用这样的定义，“如果一个家庭所有的收入都中断了，其拥有的净财产不足以维持在联邦的贫困水平以上三个月，这个家庭就属于财产贫穷”，企业发展公司 (Corporation for Enterprise Development) 发现，在2004年，有22%的美国家庭和近40%的少数族裔家庭属于财产贫穷。[83] 136

多年来，房屋所有权比率在上升。1950年有55%的美国人拥有自己的房产。2004年房屋所有权的比率达到人口的69.2%。尽管房价上涨，失业、通货膨胀、住房抵押贷款利率较低，促使更多美国人买房，但是次级抵押贷款和下滑的经济（见第三章）造成房屋所有权率下降。到2009年年底，住房所有权的比率为67.2%。[84]

作为回应，国会和奥巴马政府设计了两种类型的方案以减少将面临止赎的人数。一类方案是允许一些房主修改现有的贷款合同。另一类是允许房主对他们当前的贷款进行再融资。联邦政府将数十亿美元用于这些项目，但抵押贷款公司是自愿参与的。一个规定是为再融资提供贷款的只能是房利美 (Fannie Mae) 和房地美 (Freddie Mac)。房利美和房地美是政府建立的为增加房屋所有权的私营企业。此外，借款人拥有的财产不能超过其房屋目前价值的105%。对于贷款合同修改，贷款方必须同意减少每月的按揭付款，并与政府分摊因将房主的支付限定为其年收入的31%而导致的一些成本。这两类方案的目的是帮助400万人修改他们的房屋贷款合同，帮助500万人进行再融资。为了帮助更多的人，2010年政府将方案做了一些改变，但方案仍然主要围绕着那些可以偿还抵押贷款的人进行修改，并不会集中于那些因为处于可怕的困境中而不符合标准的许多房主。[85]这人中的许多人需要寻求租赁住房，但他们可能没有资格，因为他们的信用评级下降，所以人们对供应负担得起的住房的需求增加了。更多的美国人面临着负担得起的住房危机。

穷人和无家可归者：不再看不见

在20世纪60年代的一本非常有影响力的书《另一个美国》中，当代作家麦克尔·哈林顿（Michael Harrington）指出，大多数美国人都对他们自己国家中数百万的穷人熟视无睹。[86]哈林顿描绘了在美国存在着的两个国家：一个是舒适和富裕的美国人的国家，另一个是穷人们的国家——那些因为没能接受足够的教育、住房、就业和医疗照顾而遭受剥削和羞辱的人的国家。哈林顿相信，大多数美国人无视贫困的存在是因为穷人是“无形的”——他们没有住在附近、不去学校、没有工作，或者不曾与那些更有影响力的人交往。即使在今天，农村的贫困状况也可以被美丽的乡村景观遮盖。随着服装的大量生产和许多折扣服装店的产生，一个穷人或低收入的人也可能穿得比较好，但是他却无法支付合适的住房或是医疗保健的费用。老年穷人是无形的，因为他们没有政治权力，事实上，他们经常是政治活动的受害者。

大多数穷人有永久居所，虽然这些房屋的质量可能会有所不同，但他们还是有一个可以称为“家”的地方。但是，有一些美国人完全没有自己的居所。自20世纪80年代以
137 来，贫困开始变得更加显著了，这主要是因为无家可归者数量增加。究竟有多少人是无家可归的？对于那些估计数字是如何得出的有着许多生动的描述。[87]早期估计的范围是从25万人到300万人，前者是1984年住房和城市发展部的一项研究提出的[88]，后者是创造无暴力社区组织（Community for Creative Non-Violence，CCNV）在1983年出版的一份报告中提出的[89]。米切·斯尼德（Mitch Snyder）是一个饱受争议的激进主义分子，创造无暴力社区组织正是他领导的。斯尼德控告住房和城市发展部的估计，他认为那是过低的虚报。[90]

当然，当一些人睡在草堆中，待在桥底下，或是可能被孤独地遗忘时，很难精确地计算究竟有多少无家可归的人。这个估算过程可能像“蒙住眼睛钓鱼”[91]。另外，究竟是什么人构成了无家可归者？是不是仅仅把那些睡在街道上的人定义为无家可归者？还是应该包括那些在收容所中的人？或者定义应该更加宽泛，将那些同家人或朋友“挤在一起”的人也包括进去，因为他们无法拥有他们自己的生活住所？[92]借着1990年国家人口普查的机会，人口普查局进行了街道和收容所过夜者点数［S（street and shelter）-Night Enumeration］，通过诱骗和观察相结合的创新方法来确保研究的全面性。[93]得出的

结论是，有 228 000 名无家可归的个人，这个测量结果甚至使得保守派的拉什·里默保夫（Rush Limbaugh）都觉得太低了。[94]之所以导致得出的数据过低，是因为对露宿街头的人数的计算严重不足。人口普查局宣布这项结果不是官方的统计。2000 年美国人口普查也包括在紧急和临时庇护所居住的人们，尽管人口普查局再次强调这不是一个官方统计。确定无家可归的人口数量在农村地区尤其困难，因为许多地区缺乏庇护所或便于无家可归者聚集的地方。

尽管如此，最近计算无家可归者数量的严肃尝试还是产生了相当类似的估计。各种来源形成的估计表明，在一年的时间里，无家可归者的数量比之前认为的更多，有 200 万～300 万人。[95]例如，在城市研究所发表的一份报告中，伯特（Burt）和阿隆（Aron）发现，“即使在经济繁荣的时候，在一年中也至少有 230 万名成年人和儿童可能会有一段时间的无家可归”[96]。国家法律中心对无家可归和贫困的估计是，一般来说，人口的 1%或 230 万～350 万人（包括 135 万名儿童）在一年中的某个时段是无家可归的。[97]住房和城市发展部进行的一项研究发现，在 2007 年 1 月的一个晚上大约有 672 000 个受到或没有受到庇护的无家可归的人。[98]

以上提到的研究主要是对无家可归者的范围的研究，如那些最近增加的无家可归者。另一个研究团队在 1995 年发表的一项研究，是想要确定无家可归的普遍程度，即在一个人的一生中有多少人是无家可归的。他们用电话调查美国家庭的代表性样本。[99]由于现在这些人有了电话，这种研究方法明显地低估了无法可归这个问题的严重性。这个研究小组提出了 1 200 万这个数字，认为一些人在他们生命中的某些时段，因为无法支付另外的安排，曾经是无家可归者（例如，生活在一个被遗弃的建筑物或棚舍里）。如果包括那些挤在家人或者其他人的房子里的人的话，这个数字就会增长到 2 800 万。那些照字面上被理解为无家可归的人经常被报道为遭受匮乏的人（例如缺乏食物）和受害者（例如被抢劫甚至强奸），这些人在相当长的时间里都没有地方居住。换言之，“无家可归者几乎是生活的所有方面都处于被极大地破坏的状态，并且从无家可归到再次有房住的转变是一个艰难的过程”[100]。

谁是无家可归者？

有两种人构成了无家可归者中的大多数。一种是有酗酒或吸毒问题的人。有酗酒问题的男人一直是无家可归者中的很大一部分。其他类型的药物滥用的增加已经增加了无家可归的人口。[101]另一种是那些患有严重精神疾病的人。[102]对患有精神疾病的人的去机构化， 138
从 20 世纪 60 年代开始，加上以社区为基础的精神健康服务和住房的缺乏，使得无家可归的人口增加了（见第十章）。一些人既患有精神疾病又有滥用药物的问题。今天，无家可归者中有三分之一是由一个家长甚至是双亲带着孩子的家庭。鉴于目前的经济衰退状况，无家可归者，特别是无家可归的家庭，数量似乎在上升。[103]住房成本高，再加上失业和低薪工作，使家庭更加没有能力找到持久的住所。家庭暴力也增加了寻求庇护的人数，一些孩子们无家可归是因为他们逃避遭受虐待、忽视或其他家庭问题。[104]无家可归者中的另一个年轻人群是曾经被寄养的儿童，他们在成年以后已经离开给养的地方，但是却没有能够过渡到一个适当的独立生活状态。[105]

在住房和城市发展部的最新估计中，无家可归者中 63%的个人是无人陪伴的（其中 2%是无人陪伴的年轻人），大约 37%的无家可归者是由家庭组成的。[106]无家可归的成年人最可能是中年人。在避难所的无家可归的人中，67%是男性，这其中 39%有慢性的药物滥用问题，28%有严重的精神疾病，13%是家庭暴力的牺牲者，约 14%是退伍军人。黑人或非洲裔美国人在受庇护的无家可归者中所占比例偏高。

一对曾经管理无家可归者的夫妇建议说，国家必须克服它的“否定的政治学”，并且认识到嗜酒的人、沾染毒瘾的人，以及那些有严重精神疾病的人和那些脱离家庭朋友或被家庭朋友疏远的人，是今天无家可归人口的主要构成部分。[107]他们指出，“婴儿潮”时期所造成的人口膨胀和底层阶级的增加使得问题恶化。其他人主张，无家可归现象的不断增加是由社会因素（家庭和社区关系的松弛）、经济和结构条件（失业、竞争性更强的工作环境、低工资）以及政治（减少公共救助和社会服务）等原因造成的。[108]许多人相信无家可归现象的根源是缺少人们买得起的住房，而不是精神疾病或是对于化学药品的依赖问题。一个看起来能够被所有人都接受的观点是，无家可归者需要好的、他们能够买得起的房子，而那些有精神疾病和药物滥用问题的人都需要接受治疗。[109]玛莎·伯特（Martha Burt）对这个问题的总结性的说法是：

> 很明显，个人问题，如贫困、精神疾病、嗜酒、身体上的残疾以及沾染毒瘾等增加了个人沦为无家可归者的可能性，因此大部分无家可归者带有这些特征。但是在以前数十年里，许多人也有这些弱点。只有结构因素的改变能够解释为什么这些弱点会导致如此多的无家可归者出现在 20 世纪 80 年代而不是早些时候。[110]

政府对无家可归者的反应

救世军（The Salvation Army）以及教会的慈善机构数年来一直在为嗜酒者和其他人提供“聚集处”（skid row）。市政府也采取各种方式应对无家可归问题，但是企业主和居民常常不想在市中心街道上、公园或其他公共场所安置无家可归者。市政当局经常诉诸法令限制行乞或“露营”（睡在公共场所）。今天，任何规模的社区，大多数都有提供给各种各样的无家可归者的庇护所。一些庇护所是靠政府救助运作的，另一些是由私人支持的，还有些是二者结合。虽然这种人道主义帮助是受欢迎的，但是临时避难所不是永久家园的替代品。无家可归阶层中家庭形式的增加也许是一种推动因素，因而国会在 1987 年通过了《斯图尔特·麦金尼无家可归者救助法》（Stewart B. Mckinney Homeless Assistance Act），现在重新审议为《麦金尼—文托无家可归者救助法》（McKinney-Vento Homeless Assistance Act）。 139

各州收到的《麦金尼—文托无家可归者救助法》提供的一些资金，是由住房和城市发展部以一揽子拨款的形式提供的，并且各州要为大多数项目提供配套基金。[111]非竞争性的配给拨款项目（基于人口规模和贫困率等因素）主要包括应急避难所服务。社区还对更多的资助无家可归者服务的资金进行争夺，而不是在配给的基础上接受它。竞争性的住房和城市发展部项目是支持住房的，包括减轻无家可归问题的附加服务；对无家可归者的住所和医疗照顾项目（Shelter Plus Care Program for Homeless）对身患残疾的无家可归的个人提供相关服务；单人房间入住项目（Single Room Occupancy Program）为有“稳健的”康复基金的个人提供租房帮助（比如居住在那些由基督教青年会所管理的旅馆）。住房和城市发展部促成了一种连续的照顾方式，要求每个社区提交一份基金申请以表明它是怎样协调这些需要的服务的。

在小布什担任总统期间，他承诺结束长期无家可归状况，将这类人口界定为患有精神疾病或身体残疾、经历多个无家可归时期的 15 万人。[112]小布什政府提出，这个群体可能只有10%的无家可归者，但他们使用了庞大数量的服务，因为他们并不需要以整体的方式来解决问题。

住房和城市发展部委托的一项研究强调，在一些城市为帮助无家可归群体而做出的努力中，最困难的就是对无家可归者进行救助。[113]费城使用了一种跨部门协调中心（Outreach Coordination Center，OCC）应对街头的无家可归者。跨部门协调中心依赖于来自几个机构的团队在白天一起跨部门工作。有一个综合的信息数据库，可以得到医疗、心理健康及至物质滥用机构的服务。圣迭戈的方法是基于两个涉及警察部门的策略（可能被认为具有更多的强制性）——无家可归者跨部门团队（Homeless Outreach Team，HOT）和各种迷醉项目（the Serial Inebriate Program，SIP）。无家可归者跨部门团队由一名警官、一名心理健康工作人员和福利资格技术员组成。无家可归的个人被鼓励接受服务，但警官作为一个权威人物，如果有必要能将个人非自愿地从街上带走。各种迷醉项目是针对慢性药物滥用问题的，主要是针对不接受服务的酗酒者。这些人往往因在公共场所醉酒被拘捕。一旦他们遍历法院系统，他们就被提供治疗并转入一个监狱的替代品——过渡性住房中。

像俄亥俄州的哥伦布、加利福尼亚州的圣迭戈、华盛顿州的西雅图以及加利福尼亚州的洛杉矶等城市，使用的是“住房第一”的方式，这种方式可能包括使无家可归者住进“安全的天堂”和其他“低标准的”住房中。[114]用服务提供者的术语说，这些方式通常不要求为居民“准备好住房”，也就是说，他们没有被禁止（虽然是在住房和城市发展部规定的禁止使用非法药物的处所）或被移入接收精神健康或物质滥用服务的场所，但这些服务是可以得到的和被鼓励接受的。服务提供者希望，通过提供像样的住所给有酗酒、吸毒和精神健康问题的无家可归者他们将更有可能接受服务。除了解决物质滥用问题和心理健康危机，这些方式还旨在帮助那些个人维持稳定的住房。不用说，反对“住房第一”方式的人，是那些对为不遵守社会规范的人提供住房的价值有疑问的人。

140 一个根本性的转变

我们对贫困、饥饿和无家可归者的讨论已考虑了竞争的定义和什么导致了这些问题的不同想法。20 世纪 20 年代，贫困是由商业利益的主导地位和对工人的剥削造成的；30 年代，贫困主要源于国家经济崩溃；60 年代，歧视（种族主义和性别主义）和缺乏机会是对贫困起因的流行解释。在每一个时代，解决方案通常是一致的。分别是：最低工资和其他公平劳动标准；经济复苏、工作项目，以及由社会保险和公共救助项目构成的安全网；通过公民权利和性别权利立法实现更大的机会平等，以及获取营养、职业培训、医疗保健和早期教育项目。在过去的 30 年中，对于在美国产生贫困的原因，在看法上有了尖锐的分歧。我们的讨论转向当代保守主义或新保守主义的看法，这些看法认为公共救助项目加剧了贫困，强制工作的哲学将根除所有问题——除了一些小的不可避免的遗迹。

难道不是福利导致贫困？

认为福利计划能够实际上增加穷人的数量，这种观点并不是很新鲜的。自从伊丽莎白时期，福利支出就被保持在最低水平（规定只有少数人符合条件），以此来降低福利接受者们选择福利而不去工作的可能性。在 20 世纪 20 年代晚期和 30 年代早期的大萧条阶段，各个社会阶层都有大量的人成为穷人，这时国家认识到贫困可能降临到几乎所有人的身上。然而，许多人仍然相信，福利（公共救助）应当作为一种不引人注意的收入选择存在。今天的许多贫困是社会政策和 20 世纪 60 年代、70 年代的一系列计划的直接结果，人们对这个问题的争论给予了大量的关注。争论以下列方式表现出来：从 1947 年到 1965 年，在没有大量政府社会福利介入的情况下，贫困率降低了一半多；到了 20 世纪 60 年代中期，许多人相信贫困率居高不下是因为缺少机遇和运气比较差。[115]解决方法就是政府介入来减少贫困，并且为穷人们创造更多的机遇。福利支出和大量的福利计划增加，但是穷人的数量并没有减少。20 世纪 70 年代，贫困率仍然保持在 12%左右。

声称公共救助是福利依赖性的罪魁祸首的第一本广为人们关注的书，是乔治·吉尔德

(George Gilder) 1981 年出版的《富有与贫困》(*Wealth and Poverty*)。吉尔德大胆地讨论了他所称的"自由主义的计划对于穷人的毁灭性的冲击"[116]：

> 自 1964 年以来，实际上发生的是福利名单的大量扩展，因而停下了正在进行的改善穷人生活的脚步，特别是对黑人生活的改善，并且留下（这里我会尽我最大可能小心地挑选我说的词语）遭难的破碎生活以及比奴隶制后期还要糟糕的家庭。[117]

吉尔德认为，公共救助系统的扩大导致了工作伦理和自立意识的腐蚀。他声称，随着这些福利津贴的增加，一个男人的劳动价值对于他的家庭来说减少了，特别是当他工作挣的是低工资时。福利系统通过使得他对于他的家庭而言不再重要而损害了他的尊严，导致 *141*
家庭破裂和对福利的进一步依赖。吉尔德也指责反歧视的政策，他说这使人们对照顾性凭证的喜欢超过了对成功的追求。他还涉及对许多妇女的性别偏见，因为在他的书中只关注工作对男人的重要性而忽略了工作对女人的重要性。吉尔德运用了许多霍雷肖·阿尔杰模式（Horatio Alger-type）的成功的故事，举了许多例子指明美国穷人和移民到美国的人是如何通过他们自己的艰苦工作［"自力更生"（bootstrap）的方法］获得财富的。他倾心于资本主义经济系统的优点，认为它能够把机遇给予那些勇于"为成功而牺牲"的人。

1984 年查尔斯·默里（Charles Murray）在他的《丢失的基础：美国社会政策(1950—1980)》一书中表达了大致相同的观点。[118]默里运用统计学的方法来推断，"伟大社会"这个社会计划下列出的穷人数量更多；下层阶级被落得更远了，而社会福利政策是应当为此负责的。为了证明他的观点，默里比较了贫困的三种测量方法。像我们早先讨论过的"官方贫困"是美国政府每年测量的贫困人口数量。"净贫困"是官方贫困减去实物补贴的价值。"潜在贫困"是那些如果不接受社会保险和公共救助支付就会变成穷人的人的数量。默里声称非现金津贴（例如食品券和医疗救助计划）减少了官方贫困数量——但是如果他们考虑到为这些计划所花费的金钱数量的话，减少的贫困数字还应该更多。他认为更糟糕的是，潜在贫困比官方贫困要高出许多。1980 年的官方贫困率是 13%。潜在贫困率在 1968 年之后不断增加，至 1980 年已经达到了人口的 22%。"向贫困开战"的提出本意是为了让人民经济上自给自足并让他们离开福利，但不幸的是，这些计划没能够成功地减少对公共帮助的需要。

那些批评默里的著作的人认为，他的分析可能被误导了，因为贫困是一个复杂的问题，而且在任何一个对于贫困人口数量增长的讨论中都必须将众多的影响因素呈现出来。[119]举例来说，不利的经济时机会导致高失业率（大萧条时期的教训）。对于好的工作缺乏准备——不是愿意领取失业救济金——扩大了穷人的范围。在艰难的时期，不难想象，更多的人会被解雇而需要社会福利的救助。默里的论证集中于主要公共救助项目，诸如有未成年子女的家庭救助计划（现在是对贫困家庭的临时救助计划），这只是社会福利系统中的一小部分计划而已（见第七章）。他责备"系统"诱使低收入个体抛弃工作的价值和家庭的价值，以社会福利项目作替代。他利用一对虚构的夫妇来论证自己的观点。也许最过分的是，他对这对夫妇会获得更多的教育或寻求更好的生活也没有什么信心。默里忽略了我们在本章所提出的理解贫困根本原因的许多因素——结构、剥削和歧视。但是，我们也不应该轻视默里的论证。不仅是保守主义的知识分子和政治专家与之产生共鸣，许多没有获得被称为福利的政府补贴的美国人也与之产生了共鸣，这些人仍在努力工作和努力维持生计。

公共救助将走向何方?

默里的观点使他提倡结束所有现存的联邦支持的对劳动年龄人口的公共救助（有未成年子女的家庭救助计划、食品券计划、医疗救助等等），并且将其他的福利交给私人慈善
142 机构、州和地方政府。这是一种挑衅的立场，因为联邦干预是地方政府没有能力对社会福利需要做出应对的结果。将所有的公共救助计划移交回各州无疑意味着这些计划会严重缩减，从而使得福利更不可取，而且会使接受福利的人比现在更加不体面。但是吉尔德和默里所提出的方式对于公共救助项目已经产生了重要的影响，在一定程度上甚至震惊了一些保守主义者。我们中的多数人都同意作为社会生产力的一员是十分重要的，但是在一个高度竞争的、高科技的社会中也存在着一些需要支付的公共救助方面的成本，而且我们仍然会继续为我们应该做的事情而奋斗。

一些人认为吉尔德和默里走得还不够远。自由主义的麦克尔·唐纳（Michael Tanner）称，多数新保守主义者所提出的解决方法不能够带来根本的改变。他认为多数的保守主义者以为他们可以通过改变政府的方法来达成他们的目标。唐纳相信对于政府福利而言不存在一点希望："福利失败了，而且无法改革。是结束它的时候了。在它的领域中，文明社会将会依靠复兴的私人慈善机构。"[120]就像新闻学教授马文·欧拉斯基（Marvin Olasky）鼓舞了纽特·金里奇（Newt Gingrich）和1994年共和党与美国人接触一样[121]，唐纳写了有关"联结"（the bond）的事，或者说在那些需要帮助的人与那些乐于助人的人之间发展私人关系——这种关系福利官僚机构很难去仿效——的事。私人慈善机构可以选择其希望帮助的人，它们也可以对接受救助的人所接受的这些帮助负责。听起来非常像罗纳德·里根以及他的供应经济学方法（见第三章），唐纳说，高税收以及过多调整的政策妨碍了创造就业和经济的增长，而这些增长是可以为人们提供机会脱离贫困的。

欧拉斯基——一个福音派教会的信徒，强调说，"节欲和收养"是减少福利需求的关键。欧拉斯基称政府的计划"太吝啬，在其中个人能够给予的仅是时间、爱和同情"[122]。他提出了三个建议来增加"有效同情"：（1）允许各州，而不是联邦政府，来征收多数的税款，并且让各州给其公民慷慨的减税优惠，使公民将这种优惠用于慈善事业和志愿事业；（2）允许宗教团体使用政府基金，而不限制其宗教活动，因为内在的改变，包括精神

上的改变，可以帮助人们战胜贫困；(3) 允许各种帮助穷人的组织兑换（redeem）其提供服务的代金券——但这仅仅是在它们能够证明所帮助的个人有所改善的情况下。

这些想法将会改变美国人吁求的普遍程度，但是想让作为私人的公民和组织完成这么多，是否实际呢？许多人通过非营利性组织和宗教团体很好地确立了为穷人提供服务的习惯，但是他们相信，无论个人的意愿如何美好，他们的团体即使有政府的支持，也无法完全地完成所有这些。他们看到的是，在帮助穷人时如果没有政府的介入，痛苦的增加远多于依赖的减少。

按照朱利安·沃尔伯特（Julian Wolpert）的看法，慈善捐赠，甚至加上州和地方政府的福利支出，可以代替联邦的资金，也是完全难以置信的。许多慈善组织的基础是地方性的，他们把钱也主要花在自己的社区。许多人给教堂、基督教青年会、博物馆、公众电视和广播提供服务捐款——这些是服务于他们自己的，而不是那些贫困者。[123]一些社区也比其他社区更慷慨。2008 年，美国慈善捐赠达到近 3 080 亿美元，其中 475 亿美元直接用 143
于医疗和人类服务。[124]相比之下，2008 年医疗救助项目的成本预计是近 3 400 亿美元。[125]

美国人并不反对通过政府介入来减少贫困。相反，通过他们所选举的官员，他们表明了希望“福利改革”的意愿。特别是，政治学家劳伦斯·米德（Lawrence Mead）等人所表达的观点代表了他们的判断。米德认为，福利国家由于没有“设定穷人的行为标准”而太过于宽容了。[126]他反对这样一种观点：认为低工资、缺少工作、歧视以及缺乏得到儿童照顾和医疗服务的机会造成人们不去工作，继而导致人们陷入贫困。他认为在这个国家自由主义者已经失败了，因为他们没有给予穷人“促进自己利益的信用”。随着公共救助补贴的不断增加，穷人仅仅是不再拥有工作的动力，而且贫困开始个人化，而不再是结构性的问题了。人们认为穷人是“受害者”而不再是“劳动者”，这样一种满足的情绪就蔓延开来。米德描叙穷人为“顺从但是失败的”，他还说：

> 在很大程度上，没有工作是很容易发生的，因为工作并不是强制性的。总的来说，我认为保守主义者对障碍有着更好的思考——获得成功的机会是广泛地可得到的。但是自由主义者对于贫困心理有着更加现实的观点——穷人们不相信他们有机遇，并且这种观点仍然使得他们不去工作。[127]

采用了一种“新家长式作风”，米德的分析是指，穷人能够对结构做出很好的回应，包括由于就业项目所强加的结构。对米德和与他观点类似的人来说，贫困在很大程度上被解释为依赖性问题，这就要求穷人必须变得像大多数美国人一样，有用辛苦的工作来尝试让他们自己和他们的家庭生活得更好的动力。“工作，而不是福利”已经变成了时代的命令。罗伯特·雷克托（Robert Rector）[128]以及其他在保守的智库中的人继续阐述这些观点。当然，其他人认为，当可以找到工作时，大多数穷人是有工作动机的，用结构和剥削等来解释贫困也是一如既往的。即使在经济运行很好时，他们也是从经济变化（如离岸外包）、工作环境（如非全时工作和合同制劳动）、就业增长缓慢等方面进行解释的。如若一项工作的工资无法支付生活费用、缺乏医疗照顾津贴、不允许人们利用退休账户等积累资产，那么即便是工作的人也会陷入贫困的危险。

米德指出，对于在电视上看政治评论和阅读印刷品或电子媒体信息的任何人来说，现实实在是太明显了——正在进行的关于贫困原因和解决方法的讨论，自由派和保守派之间的沟通已经被打破了。[129]很多人致力于对贫困的理论研究、为那些穷人进行辩护或直接帮助穷人，1996 年的福利改革是不得不吞下去的苦药丸。在围绕贫困的辩论中，保守派显然是最后的赢家，但是在网站上自由主义、保守的自由主义、宗教和非营利组织之间的争论仍在继续。例证 4—4 更专注于芭芭拉·埃伦赖希（Barbara Ehrenreich）和亚当·谢巴德（Adam Shepard）的著作，提供了一个对争论的更为经验性的思考。今天，在严重的经济衰退中，似乎更强调拯救中产阶级而不是根除贫困。

144

例证 4—4

每个人都可以在美国吗？

青年作者的镍币和银币：2008 年 12 月 8 日明尼阿波利斯的《明星论坛报》转载了凯瑟琳·克斯滕撰写的《在低工资的小路上反证对生活的重新审视》（*Rebuttal Revisits Life in the Low-Wage Lane*），经出版商允许该书被重印。

我也希望我有一枚镍币——为了我所知道的被布置阅读《镍币和银币》① 的每一个大学生，《镍币和银币》是记者芭芭拉撰写的。这本书记录了她两年的工作，这两年里她卧底在低工资的工作岗位上，如餐厅服务员、酒店服务员和沃尔玛的市场销售人员等。

她的可怕结论是：美国迫使它的非熟练工人陷入一种贫困和绝望的生活。

这在大学校园里是一种正统的观点。许多教授把这种观点灌输给天真的学生。但现在一个名叫亚当·谢巴德的年轻人已经走上前去挑战埃伦赖希的悲哀的故事。

谢巴德，26 岁，来自北卡罗来纳州，在那里的旗舰公立大学北卡罗来纳大学教堂山分校里，《镍币和银币》是新生必须阅读的课文。在 19 岁那年，他读过这本书。在他为一个女人做了修整院子的工作之后，她交给他一个复印本，她自信地说，“你现在所经历的一切”，使得“你会喜欢这本书的”。

① 此书的副标题是《美国生存体验实录》。——译者注

谢巴德对此半信半疑，在上周的由明尼苏达自由基金会赞助的一次演讲中，他说："如果美国梦破灭了，我决定为自己找出来。"在那次讲演中他推出了自己记载在一本新书里的卧底调查——《从零开始》。

谢巴德于2006年开始他的实际体验。在马萨诸塞州的梅里马克学院（Merrimack College in Massachusetts）毕业后，他随机选择了一个城市——南卡罗来纳州的查尔斯顿——带着25美元和用一年时间拥有一辆车、一套公寓和2 500美元存款重返主流社会的目标，他在那里下了火车。他将不使用信用卡，也不披露自己的大学毕业生身份。

最初，谢巴德住在为无家可归者提供的庇护所里，而且每天都去劳动。很快，他找到了一份繁重的工作，做家具搬运工，一个小时9美元。他紧缩预算，寻找免费的娱乐活动，在古德威尔购物。六个月内，他已经存了够买一辆破旧汽车的钱，并搬到一个小的公寓。

沿着这条路，谢巴德遇到了正在通向成功的阶梯上攀登的其他人。一个是德里克——一位高中辍学的人，他成为谢巴德的英雄。德里克这个和谢里德一起工作的搬运工，有深厚的职业道德，有一所房子，有妻子和女儿以及不断增长的银行存款。"在仅仅三年的时间里，他就让自己排在了谁都想与之一起工作的家伙中的第一名。"谢巴德写道。

但是，谢巴德还遇见了许多哪儿也去不了的人。这些人包括BG——德里克的表亲，他经常把钱都花在啤酒、香烟和彩票上。

谢巴德在接受采访时表示："我期望找到很多年老的、留着胡子的男人，他们在庇护所里呼出威士忌的气味。""我惊讶于健康的年轻男人的数量，他们竟然不用自己的双手去挣哪怕一美元。"

为什么德里克能够成功而BG却没有？"像德里克这样的男人，他们认真地对待自己的工作，他们力争上游，他们对于自己已经取得的成绩感到自豪。但是，你会发现有些人工作只是为了挣了几个小钱或摆脱房东的纠缠。"

埃伦赖希描绘了受剥削和情绪低落的低薪工人。但是，谢巴德说他发现那些对自己的起起落落负责，并且倾向于感到幸福的人，并不会认为自己是受害者。

"以我每天6点乘坐的那趟公共汽车的司机为例来说明一下。司机有可能脾气暴躁并且无聊，然而他不是，他用自己的微笑使每个人的精神都像他的汽车一样宽敞，并且给出一个友好的或诙谐的评论。每个从他车上下来的人都因他的举止变得更好了。"

10个月后，谢巴德结束了他的项目。当他的母亲癌症复发时，他实现了他所有的目标并积攒了数量惊人的存款，银行账户高达5 200美元。

那么如何评价埃伦赖希呢？

谢巴德说："很明显，从她的书中可

以看出，她想要的是失败，然后便写了一本关于失败的书。”

谢巴德现在的目标是与他自己这一代人分享他学会的东西。他解释说，“太多的处于底层的人认为自己是受害者”，“太多的上层人士被一种优越感所阻碍”。

“我听到‘我没有’时很沮丧，这不如说，‘让我们看看我能够用我所拥有的东西做些什么’。”他补充道。

总结

定义贫困更多的是一种政治活动，而不是一个理性的操作。这一章讨论了造成贫困的原因：由于匮乏、不平等、缺乏人力资本，因为文化、剥削、结构等。贫困的定义方式对缓解贫困问题的策略有重要意义。对定义贫困或减少贫困的最好方法，美国人还没有形成一致意见。根据官方政府的定义，自 20 世纪 60 年代以来贫困率已经大幅下降，但是，在 20 世纪 70 年代达到了 11%的低点以后，就再也没有达到过这个比例。贫困率最高的是黑人、西班牙裔美国人和由妇女做户主的家庭。儿童贫困率高于成年人的贫困率。

对于美国的饥饿和粮食无保障的程度还存在争论。联邦政府主要的食物或营养计划是补充营养援助计划。由于无家可归者的增加，在美国贫困已变得更为明显了。联邦政府继续实施有关计划，以帮助那些无家可归者或需要负担得起的住房的人。但是保障性住房的股票已经下降，次级抵押贷款危机和随后的经济衰退使房地产形势更为严峻。

保守主义或新保守主义相信公共救助项目毁了自给自足、破坏了穷人的精神，使福利成为一个更有吸引力的选择而不是低薪的工作。国会和克林顿政府转向了“结束我们所知道的福利”，小布什政府支持这种做法。贫困率的波动发生在最近几年，似乎与经济状态有关，同时也是由于福利制度的变化。贫困和依赖的主题——它们的原因、它们的解决办法，在美国人民中仍然有很大的争议。

讨论问题和课堂活动

1. 在网站 www. census. gov 上查阅美国国家人口普查局关于贫困人口数字的最新报道，查阅整个国家和由性别、年龄、种族/民族、婚姻状况等区分的各群体的贫困率的变化，讨论任何变化的可能原因。

2. 调查你所在的州或社区的贫困程度，与国家的贫困率或其他地区的贫困率进行比较。利用人口普查局网站和它的工具获取贫困数据并查阅州和地方网站，讨论造成你所在的州或社区的贫困率比较高或比较低的原因。

3. 为你的社区设计一个贫困门槛或指南（考虑租一套公寓、购买食品的费用和其他必需的费用）。你的计算与联邦政府的贫困门槛或指南相比如何？在你的社区里一个人达到自我满足的标准是什么？你自己的生活标准是什么？

4. 访问社区食物银行或储藏室、无家可归者庇护所（如人类国际家园这样的组织），或者在那里做志愿者。与其中的员工和其他志愿者会面，了解以下内容：组织的运行得到了什么样的赞助（非营利组织、教会等）？在过去的几个月内，请求援助的人是增加了，保持不变，还是减少了？组织是如何获得运行资源的？最近捐款是增加了，还是减少了？在课堂上讨论你所了解到的东西。 146

5. 在美国农业部的食品和营养服务网站上了解更多关于补充营养援助计划的内容。按照当前的补充营养援助计划的最低标准，你能否达到？如果你能够达到，确定在一个星期里你会吃什么。如果你真的吃了这些，大约需要多少钱？讨论你在课堂上学到的东西。

6. 了解更多的与无家可归相关的政策和项目，了解你所在社区中的无家可归者。在你的社区里有一个或多个无家可归者庇护所吗？谁能住在庇护所里？能够住在庇护所里的规则是什么（入住时间、可以住多长时间等等）？还有什么其他的帮助那些无家可归者的项目？这里对那些精神疾病患者或有酗酒、吸毒问题的人有“住房第一”计划吗？有什么针对无家可归者的市政法令？人们能在大街上募集资金吗？有防止人睡在街上、公园或其他公共场所的“禁止露营”的规定吗？你如何评价你的社区里无家可归的个人和家庭？

7. 阅读芭芭拉·埃伦赖希的书《镍币和银币：美国生存体验实录》（纽约，大都会书店，2001），阅读亚当·谢巴德的书《从零开始：我、25 美元、寻找美国梦》（纽约，柯林斯，2008）。举行一次课堂讨论，比较这两本书，了解在美国“做到它”的经验和教训。什么样的背景环境可能改变书中讨论的那些结果？到 scratchbeginnings. com 上查询更多信息，包括阅读和讨论谢巴德的书的指南。埃伦赖希的书里包含着读者指南。到 YouTube 上搜索关于埃伦赖希和谢巴德的视频。

网站

人口统计局、贫困页面，网址：http：//www. census. gov/hhes/www/poverty/poverty. html，涵盖了美国关于贫困措施和贫困数据的信息，以及关于贫困的链接网址。

“供养美国”相关链接网页，网址：http：//feedingamerica. org/our-network/related-links. aspx，“供养美国”包含了一系列在美国和世界上其他地区解决饥饿的组织。

下面的项目是由美国卫生与人类服务部、助理国务卿办公室的规划和评估支持的。它专注于美国境内贫困以及社会不平等的原因与结果的跨学科研究。威斯康星大学麦迪逊分校的贫穷研究所，网址：http：//www. irp. wisc. edu；密歇根大学的国家贫困中心，网址：http：//npc. umich. edu/about _ us；肯塔基大学的贫困研究中心，网址：http：//www. ukcpr. org/History. aspx；华盛顿大学的西海岸扶贫中心，网址：http：//wcpc. washington. edu/about/overview. shtml。

注释

［1］E. E. Schattschneider，*The Semi-Sovereign People*（New York：Holt，Rinehart，& Winston，1961），p. 68.

［2］James L. Sundquist，*Politics and Policy*（Washington，DC：Brookings Institution，1968），pp. 111 - 112.

［3］The World Bank，"Poverty"（Washington，DC：Author，2010）. Retrieved May 12，2010，from http：//web. worldbank. org/WBSITE/EXTERNAL/TOPICS/EXTPOVERTY/0，contentMDK：20040961～menuPK：373757～pagePK：148956～piPK：216618～theSitePK：336992～isCURL：Y，00. html.

［4］Patricia Ruggles，*Drawing the Line：Alternative Poverty Measures and Their Implications for Public Policy*（Washington，DC：Urban Institute Press，1990），p. 36.

［5］Dana Milbank，"Old Flaws Undermine New Poverty-Level Data，" *Wall Street Journal*，October 5，1995，pp. B1，8.

［6］Assistant Secretary for Planning and Evaluation，"Frequently Asked Questions Related to the Poverty Guidelines and Poverty"（Washington，DC：U. S. Department of Health and Human Services，January 25，2010）. Retrieved May 10，2010，from http：//aspe. hhs. gov/poverty/faq. shtml#CPI.

147 ［7］U. S. Census Bureau，"Poverty Thresholds"（Washington，DC：Author，February 25，2010）. Retrieved March 9，2010，from http：//www. census. gov/hhes/www/poverty/threshold. html.

［8］除非另外说明，2008 年的贫困数字均来自下列资料：Carmen DeNavas-Walt，Bernadette D. Proctor，and Jessica C. Smith，*Income，Poverty and Health Insurance Coverage in the United States：2008*，Current Population Reports，P60 - 236（RV）（Washington，DC：U. S. Census Bureau，September 2009）. Retrieved March 9，2010，from http：//www. census. gov/prod/2009pubs/p60 - 236. pdf.

［9］U. S. Bureau of the Census，*Measuring the Effect of Benefits and Taxes on Income and Poverty：1992*，Current Population Reports，Series P60 - 186RD（Washington，DC：U. S. Government Printing Office，1993），Appendix F；U. S. Department of Commerce，*U. S. Census 2000*，"C. Income and Employment"（Washington，DC：U. S. Census Bureau）. Retrieved May 12，2010，from http：//www. census. gov/dmd/www/pdf/04c _ in. pdf；"IRS Updates Tax Gap Estimates"（Washington，DC：Internal Revenue Service，February 14，2006）. Retrieved March 7，2010，from http：//www. irs. gov/newsroom/article/0，，id=154496，00. html.

［10］Bureau of Labor Statistics，"Table 1. Quintiles of Income Before Taxes：Average Annual Expenditures and Characteristics，" *Consumer Expenditure Survey*，*2007*. Retrieved May 9，2009，from http：//www . bls. gov/cex/2007/Standard/quintile. pdf；Nicholas Eberstadt，"Why Poverty Doesn't Rate，"

AEI Outlooks & On the Issues (Washington, DC: American Enterprise Institute, September 15, 2006). Retrieved May 9, 2009, from http://www.aei.org/issue/24900; Jesse Willis, *How We Measure Poverty: A History and Brief Overview* (Silverton, OR: Oregon Center for Public Policy, February 2000). Retrieved May 9, 2009, from http://www.ocpp.org/poverty/how.htm.

[11] Ruggles, *Drawing the Line: Alternative Poverty Measures and Their Implications for Public Policy*, pp. xiii-xiv, 2, 167.

[12] *Ibid.*

[13] Lars Osberg, "Trends in Poverty: The UK in International Perspective: How Rates Mislead and Intensity Matters," *Working Papers of the Institute for Social and Economic Research*, Paper 2002-10 (Colchester, England: University of Essex, June 2002). Retrieved March 5, 2004, from http://www.iser.essex.ac.uk/pubs/workpaps/pdf/2002-10.pdf.

[14] Rebecca M. Blank, "How We Measure Poverty," *Los Angeles Times*, September 15, 2008. Retrieved March 1, 2009, from http://www.brookings.edu/opinions/2008/0915_measure_poverty_blank.aspx.

[15] Ruggles, *Drawing the Line: Alternative Poverty Measures and Their Implications for Public Policy*, p. 36.

[16] *Ibid.*, p. xiii; Stephanie Riegg Cellini, Signe-Mary McKernan, and Caroline Ratcliffe, "The Dynamics of Poverty in the United States: A Review of Data, Methods, and Findings," *Journal of Policy Analysis and Management*, Vol. 27, No. 3, 2008, pp. 577-605.

[17] Constance F. Ciro and Robert T. Michael, Eds., *Measuring Poverty: A New Approach* (Washington, DC: National Academy Press, 1995).

[18] *Ibid.*, p. 386.

[19] U.S. Census Bureau, "Percent and Number of People in Poverty Under Alternative Income Definitions and Using Three-Parameter Thresholds: 2006 - All Races" (Washington, DC, December 31, 2007). Retrieved May 12, 2010, from http://pubdb3.census.gov/macro/032007/altpov/newpov01_001.htm.

[20] U.S. Census Bureau, *Estimates of Poverty Including the Value of Noncash Benefits: 1987*, Technical Paper 58 (Washington, DC: U.S. Government Printing Office, August 1988).

[21] Kathleen Short, *Experimental Poverty Measures: 1999* (Washington, DC: U.S. Census Bureau, October, 2001). Retrieved May 20, 2009, from http://www.census.gov/prod/2001pubs/p60-216.pdf.

[22] Committee on Ways and Means, *Overview of Entitlement Programs: 1993 Green Book* (Washington, DC: U.S. Government Printing Office, 1993).

[23] Short, *Experimental Poverty Measures: 1999*, p. 1.

[24] Committee on Ways and Means, *2004 Green Book* (Washington, DC: U.S. House of Representatives, 2004), Appendix H—Data on Poverty, Table H-20, p. H-39. Retrieved March 9, 2010, from http://www.gpoaccess.gov/wmprints/green/2004.html.

[25] *Ibid.*, Table H-19, p. H-36.

[26] U.S. Census Bureau, "POV 29: Years of School Completed by Poverty Status, Sex, Age, Nativity and Citizenship: 2008," *Current Population Survey*, 2009 Annual Social and Economic Supplement. Retrieved

March 9，2010，from http：//www. census. gov/hhes/www/cpstables/032009 /pov/new29 _ 100 _ 01. htm .

[27] The Website of the Panel Study of Income Dynamics at the University of Michigan，Institute for Social Research is http：//psidonline. isr. umich. edu/.

148 [28] Cellini et al.，"The Dynamics of Poverty in the United States：A Review of Data，Methods，and Findings."

[29] Mary Jo Bane and David T. Elwood，"Slipping into and out of Poverty：The Dynamics of Spells，" *The Journal of Human Resources*，Vol. 21，No. 1，1986，pp. 1－23，especially pp. 11－13. Also see Martha S. Hill，"Some Dynamic Aspects of Poverty，" in M. S. Hill，D. H. Hill，and J. N. Morgan，Eds.，*Five Thousand American Families：Patterns of Economic Progress*，Vol. 9（Ann Arbor，MI：Institute for Social Research，University of Michigan Press，1981）；Mary Jo Bane，"Household Composition and Poverty，" in Sheldon H. Danzinger and Daniel H. Weinberg，Eds.，*Fighting Poverty：What Works and What Doesn't*（Cambridge，MA：Harvard University Press，1986），pp. 209－231 and p. 398，note 3；William Julius Wilson and Kathryn Neckerman，"Poverty and Family Structure：The Widening Gap between Evidence and Public Policy Issues，" in Danzinger and Weinberg，*Fighting Poverty：What Works and What Doesn't*，especially p. 241；William Julius Wilson，*The Truly Disadvantaged：The Inner City，the Underclass，and Public Policy*（Chicago：University of Chicago Press，1987），pp. 9－10.

[30] Ann Huff Stevens，"The Dynamics of Poverty Spells：Updating Bane and Ellwood，" *American Economic Review*，Vol. 84，No. 2，1994，pp. 34－37；see also T. J. Eller，"Who Stays Poor? Who Does't?"，*Dynamics of Economic Well-Being：Poverty，1992－1993*，Current Population Reports，Household Economic Studies，P70－55（Washington，DC：U. S. Bureau of the Census，June 1996）.

[31] John Iceland，*Dynamics of Economic Well-Being，Poverty 1996－1999*. Current Population Reports，P70－91（Washington，DC：U. S. Census Bureau，2003）.

[32] Mark R. Rank，*One Nation Underprivileged：Why American Poverty Affects Us All*（New York：Columbia University Press，2004）；Mark R. Rank and Thomas A. Hirschl，"The Likelihood of Poverty Across the American Life Span；" *Social Work*，Vol. 4，pp. 201－216.

[33] Mark R. Rank and Thomas A. Hirschl，"The Occurrence of Poverty Over the Life Cycle：Evidence from the PSID，" *Journal of Policy Analysis and Management*，Vol. 20，No. 4，2001，pp. 737－755.

[34] Cellini et al.，"The Dynamics of Poverty in the United States：A Review of Data，Methods，and Findings"；Signe-Mary McKernan and Caroline Ratcliffe，"Events That Trigger Poverty Entries and Exits，" *Social Science Quarterly*，supplement to Vol. 86，2005，pp. 1146－1169；Signe-Mary McKernan and Caroline Ratcliffe，*Transition Events in the Dynamics of Poverty*（Washington，DC：Urban Institute，2002）.

[35] Cellini et al.，"The Dynamics of Poverty in the United States：A Review of Data，Methods，and Findings."

[36] 关于相对剥夺的主题，参见 Edward C. Banfield，*The Unheavenly City Revisited*（Boston：Little，Brown，1974），especially chapter 6。

[37] Victor R. Fuchs，"Redefining Poverty and Redistributing Income，" *Public Interest*，No. 8，Summer 1967，p. 91.

[38] U.S. Census Bureau, Income, Historical Income Tables-Families, Table F-4. Gini Ratios for Families, by Race and Hispanic Origin of Householder: 1947 – 2008. Retrieved March 7, 2010, from http: //www.census.gov/hhes/www/income/histinc/incfamdet.html.

[39] Testimony of Greg Duncan Before the House Select Committee on Children, Youth and Families, February 1992, based on Greg J. Duncan, Timothy Smeeding, and Willard Rodgers, "Whither the Middle Class: A Dynamic View?" University of Michigan, Survey Research Center, 1991, cited in Committee on Ways and Means, *Overview of Entitlement Programs: 1993 Green Book*, pp. 1447 – 1448; also see Greg J. Duncan, Timothy Smeeding, and Willard Rodgers, "Why the Middle Class is Shrinking," December 1992, cited in Committee on Ways and Means, *Overview of Entitlement Programs: 1993 Green Book*, pp. 1448 – 1450.

[40] Organization for Economic Cooperation and Development, "Growing Unequal: Income Distribution and Poverty in OECD Countries," Country Note: United States (Paris Author, October 21, 2008). Retrieved March 9, 2009, from http: //www.oecd.org/dataoecd/47/2/41528678.pdf.

[41] Robert Rector, "Understanding and Reducing Poverty in America," Testimony before the Joint Economic Committee, United States Senate, delivered September 25, 2008. Retrieved March 8, 2010, from http: //www.heritage.org/Research/Welfare/tst040209b.cfm.

[42] Cited in Richard Hofstadter, *The American Political Tradition* (New York: Knopf, 1948), p. 42.

[43] *Ibid.*, p. 45.

[44] Edward C. Banfield, *The Unheavenly City* (Boston: Little, Brown, 1968); Banfield, *The Unheavenly City Revisited*; also see William A. Kiskanen, "Welfare and the Culture of Poverty," *Cato Journal*, Vol. 16, No. 1, 1996, pp. 1 – 15.

[45] Nicolas Lemann, "The Origins of the Underclass," *Atlantic Monthly*, June 1986, pp. 31 – 55, 149
and July 1986, pp. 54 – 68.

[46] Herbert J. Gans, "The Uses of Poverty: The Poor Pay All," *Social Policy*, Vol. 2, No. 2, July–August 1971, pp. 20 – 24.

[47] Thomas H. Walz and Gary Askerooth, *The Upside Down Welfare State* (Minneapolis, MN: Elwood Printing, 1973), p. 5.

[48] Frances Fox Piven and Richard A. Cloward, *Regulating the Poor: The Functions of Public Welfare* (New York: Random House, 1971), quote from p. xiii.

[49] Frances Fox Piven and Richard A. Cloward, *The New Class War* (New York: Pantheon Books, 1982)；关于社会福利与劳动力参与的关系另参见 John Myles and Jill Quadagno, Eds., *States, Labor Markets, and the Future of Old-Age Policy* (Philadelphia: Temple University Press, 1991)。

[50] Frances Fox Piven and Richard A. Cloward, *The Breaking of the American Social Compact* (New York: The New Press, 1997); also see Frances Fox Piven and Richard A. Cloward, *Regulating the Poor: The Functions of Public Welfare*, updated ed. (New York: Vintage Books, 1993).

[51] Michael Harrington, *The New American Poverty* (New York: Penguin Books, 1984).

[52] 对底层阶段这个术语的讨论依据 Wilson, *The Truly Disadvantaged*, especially p. 7。

［53］这个段落的其余大部分依据的是：Wilson，*The Truly Disadvantaged*；Lemann，“The Origins of the Underclass.”

［54］对这个问题的讨论参见本书先前的版本。

［55］Mark Nord，Margaret Andrews，and Steven Carlson，*Household Food Security in the United States*，*2007*（Washington，DC：Economic Research Service，U. S. Department of Agriculture，November 2008）． Retrieved May 18，2009，from http：//www. ers. usda. gov/Publications/ERR66/ERR66. pdf；also see Food Research Action Center，“Hunger and Food Insecurity in the United States”（Washington，DC：Author，November 24，2008）．Retrieved May 18，2009，from http：//www. frac. org/html/hunger _ in _ the _ us/hunger _ index. html.

［56］这个段落的其余大部分内容依据的是：Nick Kotz，*Let Them Eat Promises*：*The Politics of Hunger in America*（Englewood Cliffs，NJ：Prentice Hall，1969）．

［57］President of the United States，*America' s New Beginning*：*A Program for Economic Recovery*（Washington，DC：U. S. Government Printing Office，February 18，1981），p. 1.

［58］Mary Cohn，Ed.，“Hunger Reports Prompt Food Aid Expansion，” *1983 Congressional Quarterly Almanac*（Washington，DC：Congressional Quarterly，1983）．

［59］Jean Mayer and Jeanne Goldberg，“New Report Documents Hunger in America，” *Tallahassee Democrat*，March 29，1984，p. 16E.

［60］Physician Task Force on Hunger in America，*Hunger in America*：*The Growing Epidemic*（Middletown，CT：Wesleyan University Press，1985），Chapter 7.

［61］美国参议院预算委员会召开之前，一些人提交的书面证据，参见 Mark Zandi，“The Economic Stimulus Outlook and Beyond，” November 19，2009. Retrieved May 18，2009，from http：//www. dismal. com/mark-zandi/ documents/Senate _ Budget _ Committee _ 11 _ 19 _ 08. pdf。

［62］Keith E. Wardrip，Danilo Pelletiere，and Sheila Crowley，*Out of Reach 2009*：*Persistent Problems*，*New Challenges for Renters*（Washington，DC：National Low Income Housing Coalition，April 2009）．Retrieved March 8，2010，from http：//www. nlihc. org/oor/oor2009.

［63］Mary Schwartz and Ellen Wilson，*Who Can Afford to Live in a Home*?：*A Look at Data from the 2006 American Community Survey*（Washington，DC：U. S. Census Bureau，no date）．Retrieved May 11，2009，from http：//www. census. gov/hhes/www/housing/special-topics/files/who-can-afford. pdf.

［64］Michael E. Stone，*Shelter Poverty*：*New Ideas on Housing Affordability*（Philadelphia：Temple University Press，1993）．

［65］U. S. Department of Housing and Urban Development，“HUD' s Public Housing Program”（Washington，DC：Author，November 2007）．Retrieved March 21，2009，from http：//www. hud. gov/renting/phprog. cfm；Douglas Rice and Barbara Sard，“Decade of Neglect Has Weakened Federal Low-Income Housing Programs”（Washington，DC：Center for Budget and Policy Priorities，February 25，2009）．Retrieved May 12，2009，from http：//www. cbpp. org/files/2－24－09hous. pdf.

［66］“HUD Public Housing Development Program”（Washington，DC：U. S. Department of Housing and Urban Development，May 17，2008）．Retrieved May 11，2009，from http：//www. communityinvestmentnetwork. org/nc/single-news-item-states/article/hud-public-housing-development-program/? tx _ ttnews%

5BbackPid%5D=1077&cHash=8df1846dbb.

[67] Committee on Ways and Means, "Federal Housing Assistance," *Background Material and Data on the Programs within the Jurisdiction of the Committee on Ways and Means*, 2008 edition (Washington, DC: U.S. House of Representatives, 2008). Retrieved May 10, 2010, from http://waysandmeans.house.gov/ 150
media/pdf/110/hap.pdf.

[68] Rice and Sard, "Decade of Neglect Has Weakened Federal Low-Income Housing Programs."

[69] 关于住房选择代金券计划的信息参见 "Housing Choice Vouchers Fact Sheet" (Washington, DC: U.S. Department of Housing and Urban Development, n.d.). Retrieved May 10, 2010, from http://www.fhasecure.gov/offices/pih/programs/hcv/about/fact_sheet.cfm; Committee on Ways and Means, "Federal Housing Assistance"。

[70] Rice and Sard, "Decade of Neglect Has Weakened Federal Low-Income Housing Programs."

[71] Committee on Ways and Means, "Federal Housing Assistance."

[72] Rice and Sard, "Decade of Neglect Has Weakened Federal Low-Income Housing Programs."

[73] *Ibid.*

[74] Clea Benson, "Rentals Out of Reach," *Congressional Quarterly Weekly*, October 15, 2007. Retrieved May 16, 2009, from http://www.housingpolicy.org/assets/preservation%20resources/RentalsOutOfReach-CQWeekly.pdf.

[75] Jennifer Lin, "A New Focus on Rental Housing for the Poor," *The Philadelphia Inquirer*, May 19, 2009. Retrieved May 22, 2009, from http://www.philly.com/inquirer/local/philadelphia/20090519_A_new_focus_on_rental_housing_for_poor.html.

[76] "National Housing Trust Fund" (Washington, DC: National Low Income Housing Coalition). Retrieved May 22, 2009, from http://www.nlihc.org/template/page.cfm?id=40.

[77] Jeffery L. Katz, "Rooms for Improvement: Can Cisneros Fix HUD?" *Congressional Quarterly*, April 10, 1993, pp. 914-920.

[78] Stephen Koff (Newhouse News Service), "Billions Intended for Poor Go Unspent," *Austin American-Statesman*, November 11, 1999, pp. A1, A13; "HUD Needs to Get Own House in Order," *Austin American-Statesman*, November 15, 1999, p. A10.

[79] Dan Eggen and Carol D. Leonnig, "Jackson Resigns as HUD Secretary," *Washington Post*, April 1, 2008, p. A1. Retrieved May 16, 2009, from http://www.washingtonpost.com/wp-dyn/content/article/2008/03/31/AR2008033102672.html.

[80] Ed O'Keefe, "Probe of Former HUD Secretary Alphonso Jackson Said to Be Closed," *Washington Post*, May 4, 2010. Retrieved May 10, 2010, from http://www.washingtonpost.com/wp-dyn/content/article/2010/05/03/AR2010050304420.html.

[81] Jonathan Chait, "HUD Sucker Proxy," *The New Republic*, June 23, 1997, p. 11-13.

[82] "American Dream Downpayment Initiative" (Department of Housing and Urban Development, April 29, 2009). Retrieved May 16, 2009, from http://www.hud.gov/offices/cpd/affordablehousing/programs/home/addi.

[83] Corporation for Enterprise Development, *Guide to the 2007-2008 Assets and Opportunity Score-*

card（Washington，DC：Author，September 2008）. Retrieved May 15，2009，from http：//www. cfed. org/imageManager/scorecard/2007/scorecard _ guide _ web. pdf.

[84] U. S. Census Bureau，"Housing Vacancies and Home Ownership－Historical Tables，" Table 14：Home-ownership Rates for the U. S. and Regions：1965 to Present. Retrieved March 8，2010，from http：//www. census. gov/hhes/www/housing/hvs/historic/.

[85] "Housing Program Enhancements Offer Additional Options for Struggling Homeowners"（Washington，DC：Making Home Affordable. gov，March 26，2010）. Retrieved May 10，2010，from http：//makinghomeaf fordable. gov/pc _ 03262010. html.

[86] Michael Harrington，*The Other America*：*Poverty in the United States*（New York：Macmillan，1962）.

[87] See Christopher Hewitt，"Estimating the Number of Homeless：Media Misrepresentation of an Urban Problem，" *Journal of Urban Affairs*，Vol. 18，No. 3，1996，pp. 431－447；Anna Kondratas，"Estimates and Public Policy：The Politics of Numbers，" *Housing Policy Debate*，Vol. 2，Issue 3，1991，pp. 631－647.

[88] Office of Policy Development and Research，*Report to the Secretary on the Homeless and Emergency Shelters*（Washington，DC：U. S. Department of Housing and Urban Development，1984）.

[89] Mary Ellen Hombs and Mitch Snyder，*Homelessness in America*：*A Forced March Nowhere*（Washington，DC：Community for Creative Non-Violence，1983），p. xvi.

[90] James D. Wright and Joel A. Devine，"Housing Dynamics of the Homeless：Implications for a Count，" *American Journal of Orthopsychiatry*，Vol. 65，No. 3，1995，pp. 320－329，especially p. 320.

[91] Kim Hopper，"Definitional Quandaries and Other Hazards，" *American Journal of Orthopsychiatry*，Vol. 65，No. 3，1995，pp. 340－346，especially p. 340.

[92] Robert C. Ellickson，"The Homeless Muddle，" *The Public Interest*，No. 99，Spring 1990，pp. 45－60.

151 [93] See James D. Wright，Ed.，"Which is Devoted to S-Night Surveys，" *Evaluation Review*，Vol. 16，No. 4，August 1992 and Wright and Devine，"Housing Dynamics of the Homeless：Implications for a Count."

[94] Rush Limbaugh，*The Way Things Ought to Be*（New York：Pocket Star Books，1992）.

[95] See Martha Burt，"Critical Factors in Counting the Homeless：An Invited Commentary，" *American Journal of Orthopsychiatry*，Vol. 65，No. 3，1995，pp. 334－339.

[96] Martha K. Burt and Laudan Y. Aron，*America's Homeless II*：*Population and Services*（Washington，DC：Urban Institute，January 1，2000）. Retrieved May 12，2010，from http：//www. urban. org/publications/900344. html.

[97] National Coalition for the Homeless，*Fact Sheet #2*：*How Many People Experience Homelessness?*（Washington，DC：Author，June 2008）. Retrieved March 21，2009，from http：//www. nationalhomeless. org/publications/facts/How _ Many. html.

[98] Office of Community Planning and Development，*The Third Annual Homeless Assessment Report to Congress*（Washington，DC：U. S. Department of Housing and Urban Development，July 2008）. Re-

trieved May 20, 2009, from http://www.hudhre.info/documents/3rdHomelessAssessmentReport.pdf.

[99] Bruce Link, Jo Phelan, Michaeline Bresnahan, Ann Stueve, Robert Moore, and Ezra Susser, "Lifetime and Five-Year Prevalence of Homelessness in the United States: New Evidence on an Old Debate," *American Journal of Orthopsychiatry*, Vol. 65, No. 3, 1995, pp. 347 - 354.

[100] "Shelter Poverty: A Real-Life Way to Measure Inadequate Incomes," Utah Issues Information Program, Poverty Paper Series. Retrieved December 30, 1997, from http://www.xmission.com/~ui/shelter.html.

[101] Gordon Berlin and William McAllister, "Homelessness," in Henry J. Aaron and Charles L. Schultze, Eds., *Setting Domestic Priorities: What Can Government Do?* (Washington, DC: Brookings Institution, 1992), p. 64.

[102] See, for example, *Outcasts on Main Street* (ADM) 92 - 1904 (Washington, DC: U. S. Department of Health and Human Services, Interagency Council on the Homeless, and Federal Task Force on Homelessness and Severe Mental Illness, 1992).

[103] Center on Budget and Policy Priorities, "Number of Homeless Families Climbing Due to Recession" (Washington, DC: Author, January 8, 2009).

[104] *A Report on the 1988 National Survey of Shelters for the Homeless* (Washington, DC: U. S. Department of Housing and Urban Development, 1989).

[105] "Programs and Resources for Youth Aging Out of Foster Care" (Washington, DC: Child Welfare League of America, no date). Retrieved May 10, 2009, from http://www.cwla.org/programs/foster-care/agingoutresources.htm; *Youth Aging Out of Foster Care* (Washington, DC: National Association of Counties, February 2008). Retrieved May 10, 2009, from http://www.naco.org/Content/ContentGroups/Issue_Briefs/IB-YouthAgingoutofFoster-2008.pdf; Kathleen Myers, Tammy White, Mary Whalen, and Paul DiLorenzo, *Aged-Out and Homeless in Philadelphia* (Philadelphia: Greater Philadelphia Urban Affairs Coalition, 2007). Retrieved May 10, 2009, from http://www.gpuac.org/documents/Aged-OutandHomelessinPhiladelphia_000.pdf.

[106] Office of Community Planning and Development, *The Third Annual Homeless Assessment Report to Congress*.

[107] Alice S. Baum and Donald W. Burnes, *A Nation in Denial: The Truth about Homelessness* (Boulder, CO: Westview Press, 1993).

[108] See Joel Blau, *The Visible Poor: Homelessness in the United States* (New York: Oxford University Press, 1992); Paul Koegel, "Mental Illness among the Inner City Homeless," *Journal of the California Alliance for the Mentally Ill*, Vol. 1, No. 1, 1989, rev. 1992, pp. 16 - 17.

[109] Koegel, "Mental Illness Among the Inner City Homeless"; Berlin and McAllister, "Homelessness," p. 67; Martha R. Burt, *Over the Edge: The Growth of Homelessness in the 1980s* (New York: Russell Sage, 1992), chapter 2.

[110] Burt, *Over the Edge*, p. 226.

[111] "Homeless Assistance Programs" (Washington, DC: U. S. Department of Housing and Urban Development, March 21, 2008). Retrieved March 21, 2009, from http://www.hud.gov/offices/cpd/

homeless/programs/index. cfm.

[112] See, for example, Jeffrey M. Jones, “Bush's War on Poverty Part Ⅰ,” *Hoover Digest*, No. 1, 2005. Retrieved May 10, 2009, from http: //www. hoover. org/publications/digest/3001826. html.

[113] Martha R. Burt, John Hedderson, Janine Zweig, Mary Jo Ortiz, Laudan Aron-Turnham, and Sabrina M. Johnson, *Strategies for Reducing Chronic Street Homelessness: Final Report* (Washington, DC: U. S. Department of Housing and Urban Development, 2004).

[114] *Ibid.*; also see Shawn Zeller, “Housing First' Champion Touts Success of Program,” *CQ Weekly Online*, September 29, 2008, pp. 2561 - 2563. Retrieved May 21, 2009, from http: //library. cqpress.
152 comezproxy. lib. utexas. edu/cqweekly/weeklyreport110000002963723.

[115] James Gwartney and Thomas S. McCaleb, “Have Antipoverty Programs Increased Poverty?”, *Cato Journal*, Vol. 5, No. 1, 1985. Retrieved May 20, 2009, from http: //www. cato. org/pubs/journal/cj5n1/cj5n1 - 1. pdf.

[116] George Gilder, *Wealth and Poverty* (New York: Bantam Books, 1981), p. ix.

[117] *Ibid.*, p. 13.

[118] Charles Murray, *Losing Ground: American Social Policy, 1950 - 1980* (New York: Basic Books, 1984).

[119] Robert Kuttner, “Declaring War on the War on Poverty,” *Washington Post*, November 25, 1984, pp. 4, 11; see also Daniel Patrick Moynihan, “Family and Nation,” Godkin Lectures (Cambridge, MA: Harvard University, April 8 - 9, 1985).

[120] Michael Tanner, *The End of Welfare* (Washington, DC: Cato Institute, 1996), quote from p. 148.

[121] Marvin Olasky, *The Tragedy of American Compassion* (Washington, DC: Regnery Gateway, 1992); Marvin Olasky, *Renewing American Compassion* (New York: Free Press, 1996); Marvin Olasky, *Compassionate Conservatism: What It Is, What It Does, and How It Can Transform America* (New York: Free Press, 2000); see also Myron Magnet, *The Dream and the Nightmare: The Sixties'Legacy to the Underclass* (San Francisco: Encounter Books, 2000, reprint).

[122] Olasky, *Renewing American Compassion*, p. 152.

[123] 这个段落的大部分依据 Julian Wolpert, “We Can Take Care of Our Own... Or Can We?”, *Washington Post*, June 29, 1995; Julian Wolpert, Testimony Before the Subcommittee on Oversight of the House Committee on Ways and Means, *Hearing to Examine Whether Charitable Organizations Serve the Needs of Diverse Communities*, 110 Cong., 1 sess., September 25, 2007.

[124] *Overview of Giving USA* 2009 *Key Findings* (South Barrington, IL: American City Bureau). Retrieved May 10, 2010, from http: //www. acb-inc. com/wp-content/uploads/Giving-USA-2009-Key-Findings. pdf.

[125] Centers for Medicare and Medicaid Services, “Medicaid Spending Projected to Rise Faster Than the Economy” (Washington, DC: U. S. Department of Health and Human Services, October 17, 2008). Retrieved May 10, 2010, from http: //www. hhs. gov/news/press/2008pres/10/20081017a. html.

[126] Lawrence M. Mead, *The New Politics of Poverty* (New York: Basic Books, 1992); also see

Lawrence M. Mead, *Beyond Entitlement* (New York: Free Press, 1986); Lawrence M. Mead, *The New Paternalism* (Washington, DC: Brookings, 1997).

[127] Mead, *The New Politics of Poverty*, p. 134.

[128] Kiki Bradley and Robert Rector, "Stronger Welfare Work Requirements Can Help Ailing State Budgets" (Heritage Foundation, June 19, 2009). Retrieved May 10, 2010, from http://www.heritage.org/Research/Reports/2009/06/Stronger-Welfare-WorkRequirements-Can -Help-Ailing-State-Budgets.

[129] Lawrence M. Mead, "Conflicting Worlds of Welfare Reform," *First Things*, August/September 1997, pp. 15-17. Retrieved May 12, 2010, from http://www.leaderu.com/ftissues/ft9708/opinion/mead.html.

第五章

153 预防贫困：社会保险和个人责任

154 解决贫困问题的一种方法是使人们通过参加保险来抵御各种偶然发生的事故，就像他们为自己的死亡、意外事故或财产损失进行保险一样。在社会福利这个舞台上，这种预防策略叫做社会保险。社会保险计划强制个人或他们的雇主去购买保险以防止他们陷入贫穷，这种陷入贫困的可能性是由于一些不可控制的外力产生的——失去工作、养家糊口的人死亡、年老或残疾等。政治活动家托马斯·潘恩（Thomas Paine）在 1795 年曾经说道："作为一个劳动者，在平时收到加薪时，他不会把这笔钱省下来养老……这样，就需要由社会的财务保管人去保管它，以之作为他们的一种共同的基金。"[1]美国最终采纳了这种策略。

通过强制储蓄防止贫困

如果你曾经有一份工作，你可能就得缴纳社会保障税，直至你可能退休的那一天。因此，你已经有了一项在这一章的题目覆盖下的直接经济补贴。毫无疑问，你也已经听说过国家最大的社会保险项目——社会保障，现在有麻烦了。

社会保险在很大程度上是以私人保险的原理为基础的——风险分享和为"穷苦时期"（rainy day）设置的资金储备。雇员和雇主以社会保障税的形式支付"保险费"，政府在每个雇员的名字和个人社会保障号之下记录他们自己和雇主为他们缴纳社会保险的情况。当他们发生年老、死亡、残疾、失业等情况，影响到他们继续工作的时候，他们或依靠他们生活的家属就能够得到社会保障信托基金的给付。社会保险提供了一种相对简单和理性的方法来处理贫穷问题。

社会保险不同于另一种被称为公共救助的帮助人们的官方方式。如果政府计划的受惠者在要求任何津贴之前被要求必须为之供款（或者雇主必须代表他们的员工为该计划提供资金），如果津贴的给付作为一种不考虑受惠者的个人财产状况的合法权利，那么这样的计划就叫做社会保险。然而，如果计划的经费是从一般的税收中支付的，如果受惠者申请津贴时被要求证明他们是贫穷的，那么这样的计划就叫做公共救助。虽然在美国公众对帮助处于贫困中的人们做出反应的历史始于公共救助方式，但是社会保险变成了更可行的政治策略。[2]

因为职工向社会保障信托基金纳税，美国政府在每个职工的名字下记录了这些款项，所以美国人感觉他们有权接受社会保障。这不同于公共救助项目，公共救助的资金来自一般税收收入。没有指定用途的公共救助信托基金用于每一个美国人。尽管大多数美国人在其一生中所缴纳的税金都进入国家的一般税收收入中，但是这并不是得到公共救助补贴的必要条件。尽管任何贫困或低收入的个人也交了税，但是这也没有形成他们有权得到公共救助的观念。此外，虽然绝大多数的美国人可能都有足够长的预期寿命接受社会保障补贴，但是他们可能不希望成为公共救助的接受者。[3]

政府为社会保险提供担保的观念最初诉诸保守主义者，因为社会保险也代表着一种节俭方式。社会保险计划也诉诸自由主义，因为这些计划能够被用来向从前的职工进行收入再分配，给那些年老的、残疾的人和他们供养的家属，给去世职工的遗属和失业的职工。

政府养老保险——第一个社会保险计划，是由一个保守政体的首相奥托·旺·俾斯麦 155
（Otto Von Bismarck）于 1889 年在德国创建的。在 1914 年第一次世界大战之前，这个理念迅速传播并致使大多数欧洲国家建立了退休养老保险计划。20 世纪初，美国私人的老年退休金计划已经在铁路、公用事业和大型制造企业等许多领域中开始实施。1920 年，美国政府开始实施自身的联邦员工退休计划。到了 1931 年，有 17 个州已经为职工们采取了某些形式的强制性退休保险，虽然法律上的权利要求还是受到限制的，并且给付的金额也是很少的。[4]

在美国的经济大萧条时期，弗朗西斯·汤森（Francis E. Townsend）——加利福尼亚的一位牙医，开始了一项国家性质的改革运动，要求每月从国家的税收中慷慨支付 200 美元老年退休金给每个退休者。这个在政治上受欢迎但是非常昂贵的“汤森计划”被政府和企业家们看作是完全不可行的，甚至是激进的，然而经济萧条和在人口与劳动力中数量较多的老年人的相互结合，还是形成了发展某种形式的养老保险的压力。[5]尽管担心社会保险预示着社会主义国家，在 1932 年的总统竞选中，富兰克林·罗斯福还是提出了一项政府的保险计划以保护失业者和老年人。这次竞选中的允诺和政党纲领中的政策要点就体现在《社会保障法》之中，1935 年 8 月 14 日总统罗斯福签署了这项法律。

对罗斯福政府在使《社会保障法》获得公认的政治成功中可能有所贡献的一些因素是：

1. 家庭成员之间的联系正在减弱，而且城市家庭在照顾老年人方面越来越无能为力。

2. 1930 年经济大萧条所产生的经济不安全感，包括中产阶级在内的人们对可能陷入贫穷的恐惧都在增加。

3. 不同的政治运动对既定秩序的威胁：从“汤森计划”到社会主义运动和共产主义运动。

罗斯福作为一个国家领导人的技巧也应添加到这些因素里。社会保障计划作为一种保守性的、最终将取消对公共救助的需要的福利计划被提交给了国会。这历史上是第一次美国人被强制要求保护他们自己来抵抗贫穷。

1935 年的《社会保障法》奠定了美国基本的福利政策框架，虽然美国人倾向于认为社会保障主要指的是退休津贴，但是实际上原法里包括社会保险、公共救助、社会服务、公共卫生计划等内容。多年来社会保障项目是在不断扩展的。[6]今天，社会保险计划提供的保险有以下一些：

老年和遗属保险（Old-Age and Survivors Insurance，OASI）

残疾保险（Disability Insurance，DI）

对老年人和长期残疾人士的医疗保险，又叫做医疗照顾［Health Insurance (HI) for Older and Long-term Disabled Individuals，called Medicare］

失业保险，又叫做失业赔偿（Unemployment Insurance，also called Unemployment Compensation）

这一章主要考察这些社会保险计划（医疗照顾也在此进行简要讨论，在第八章将会以更大的篇幅进行讨论）。我们也考虑了为年老和不可预测的环境做准备的个人的责任。即使在我们考虑到自己的责任时，公开政策仍然是重要的。一些私人养老基金和其他投资蒸发或贬值严重的美国人，可能会从更严格的政府法规和对投资行业的监管中受益。

156 社会保障：世界上最大的社会福利项目

今天 94%的劳动者（略低于前几年报告的 96%）再加上他们的雇主缴纳社会保险。[7]最开始，社会保障计划仅仅包括给大约占劳动力一半的职工提供退休金。许多农场工人和家庭帮佣以及个体经营者是不包括在其中的，州和地方政府的雇员也不包括在其中。这一养老保险计划筹集资金的方式是由雇主和员工分别按照最多为 3 000 美元的基数工资的 1%供款，或者说每年每个职工最多缴纳 30 美元的养老保险费，他们的雇主也同样每年为每个职工最多缴纳 30 美元。当一个单身职工的年龄达到 65 岁时，他每个月将会收到大约 22 美元的退休金，而一对夫妻每个月则收到 36 美元退休金。津贴的给付是一种权利，不考虑收入，只要是已经退休的职工就可以享受，所以退休职工们避免了通常的公共慈善救助造成的羞辱。事实上，在 1937 年之前没有任何社会保险供款，直到 1940 年也没有任何津贴给付，这段时间筹集的资金被允许作为信托基金累积储备起来了。

《社会保障法》已经进行了部分调整。第一次重要的调整是在1939年，国会通过了使得退休职工的抚养人口和遗属、在65岁前去世的参加了保险的职工的遗属能够合法地得到津贴的修正。20世纪50年代初，农场工人、家庭帮佣和个体经营者被加入计划里，这样就使超过劳动力总数的90%的职工被覆盖到了计划之中。在1954年对退休职工的“赚钱情况检查”（earning test）中，退休人员得到了自由，所以那些退休后仍然就业的人能够在不丢失社会保障津贴的情况下挣更多的钱。1956年，女性职工被允许在62岁而不是65岁退休，但条件是她们将接受80%的退休金，否则就依然是65岁退休；男性职工在1961年也被允许62岁退休。1956年，对年龄达到50岁或以上的全部性的和永久性的伤残职工的伤残保险得到批准，1958年添加了对他们供养人口的津贴，1960年又增加了对年龄小于50岁的伤残职工的伤残保险。1965年医疗照顾被采用，1972年国会颁布《生活费用自动调整法》（Automatic Cost-Of-Living Adjustments，COLAs）（由消费者物价指数来衡量），帮助社会保障和通货膨胀实现同步。 157

社会保障很快变成国家最大的社会福利项目。今天，美国社会保障系统完全可以被称为全世界最大的政府项目。2009年，有1.59亿雇员和他们的雇主缴纳社会保障税[8]，有5 200多万美国人每月收到保障金的总数超过6 750亿美元（见表5—1）。这使得公共救助在与社会保障的规模和效果的比较中变得相形见绌。

表5—1　　社会保障（OASDI）增长

	1950年[a]	1970年	1990年	2000年	2009年
OASDI受益人数[b]（百万）	3.5	25.7	39.8	45.4	52.5
每年OASDI支出（十亿美元）[b]	10	32	248	408	675
退休职工每个月的津贴[c]（美元）	44	118	603	844	1159
社会保险税（OASDI）占联邦税收的百分比[d]	5.3	17.4	27.3	23.7	30.4

[a] 1950年的数据只包含养老和遗属保险，伤残保险是1956年增加的。

[b] 数据来自社会保障署首席精算师办公室。Retrieved May 13，2010，from http：/ / www. ssa. gov OACT/ProgData/benefits. html.

[c] 1950—2000年的数据来自 *Social Security Bulletin*，*Annual Statistical Supplement*，*2009*（Washington，DC：Social Security Administration，February，2010），Table 5. C2. Retrieved May 13，2010，from http：//www. socialsecurity. gov/pressoffice/basicfact. htm；http：//www. ssa. gov/policy/docs/statcomps/supplement/2009/5c. pdf。2009年的数据来自“Social Security Basic Facts”（Washington，DC：Social Security Administration，August 5，2009）. Retrieved May 13，2010，from http：//www. socialsecurity. gov/pressoffice/basicfact. htm。

[d] 数据来自 Office of Management and Budget，“Budget of the U. S. Government FY 2009，” Historical Tables，Tables 1. 1 and 2. 4。2009年的数据由估算得出。Retrieved May 13，2010，from http：//www. gpoaccess. gov/usbudget/fy10/pdf/hist. pdf。

社会保障，更具体地说，老年、遗属和残疾保险（OASDI）是由政府的社会保障署（之前是美国卫生和人类服务部的一部分，现在是一个独立的部门）管理的。当医疗照顾（医疗保险）被包括在其中时，总称为 OASDHI。医疗照顾由医疗照顾和医疗救助服务中心管理，医疗照顾和医疗救助服务中心是美国卫生和人类服务部的一部分。

通过人们为他们自己购买保险以抵御他们自身陷入贫穷的可能性，社会保障和医疗照顾减少了州政府和地方政府可能会面临的帮助他们的居民的问题。但是，就如我们在这一章会看到的，今天的社会保险计划提出了一系列新的、实际上关乎所有美国人的挑战。

图 5—1 显示了社会保障（OASDI）受益人的类别，也显示了社保受益者数量的增长、津贴总数的增长、平均每月津贴的增长，以及占联邦政府总预算的百分比的增长。为支持这些项目支付的税款以社会保障或缩写为 FICA 的方式被标记在大多数职工的月收入表中，FICA 代表着《联邦保险供款法》（Federal Insurance Contributions Act，FICA）。个体经营者使用 SECA 代替，代表着《个体经营者供款法》（Self-Employed Contributions Act，SECA）。到 2009 年，每一个雇员和他的雇主加在一起对社会保障的供款中最高的年供款已经增长至13 243美元，不包括医疗照顾税，这是目前以所有收入为基数的估算。社会保障税是联邦政府的第二大收入来源，只有联邦个人收入税超过了这项税收。

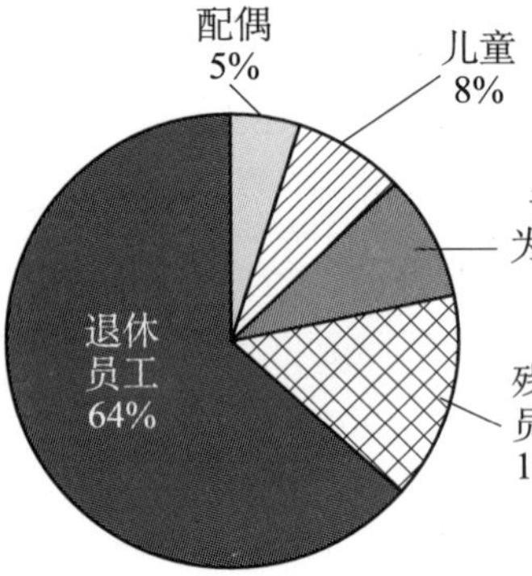

图 5—1　2009 年底社会保障受益人的类别

资料来源：Benefits By Type of Beneficiary (Washington, DC: Social Security Administration). Retrieved February 9, 2010, from http://www.socialsecurity.gov/OACT/ProgData/icp.html.

158 社会保障税取自职工薪水的一部分，但是对社会保障税的征收方式是有争议的，因为这种税是一种累退的税收——中等收入的人和较低等收入的职工比更富裕的人承担了更大的份额。这是由于：

1. 社会保障税只针对工资进行征收，而针对其他收入征税，如股息、利息和租金，这些是更富裕的美国人的更经常性的收入来源。

2. 社会保障税以固定数量的工薪收入为基数，当工资超过这个固定数量的基数后将不再征税。

3. 不同于联邦的个人收入税，社会保障税不允许考虑个人的状况，如供养人数或高额的医药开支。

然而，社会保障税的累退的特性对目前的工作人员的影响被退休后的收益所抵消，因为对那些挣的较少的人津贴的计算是更为慷慨的，而且收入高的退休人员必须将他们社会保障津贴的一部分作为税金交出来。对于许多美国人来说，社会保障税是一把双刃剑——在他们工作期间，社会保障税从他们的工资中取走了一块，但是当他们退休以后，社会保障津贴又是他们收入的主要来源。

当社会保障税总数还很小的时候，它是不引人注意的，但是最初作为一种非常温和的"保险费"的社会保障税，现在已经是雇主的一项主要的支出。今天，仅仅是社会保障税的规模——已经超过了联邦政府收入的四分之一，接近联邦政府开支的五分之一——已经对国家收入结构的总体质量具有重大的影响。如果将医疗照顾包括在内，金额将更大。

曾经的最好的计划

社会保障计划的最初策略是利用来自工作着的人们的保险金（社会保障税）的储备金创建一个信托基金。这个用储备金建立的信托基金将赚得利息，然后利息和本金将会被用于以后的津贴给付中。被保险人的津贴是和他个人在工作期间的供款成比例的。一般的税收收入将完全不会用到社会保险上。社会保障系统将会类似于私人的和自筹经费的保险系统。但是结果与计划是不同的。

罗斯福总统的策划者们很快就认识到，创建储存基金不仅从萧条的经济中消耗资金而且降低了经济恢复的速度。由于要求把更多的钱投入到经济之中的政治压力，1939 年建立一个大型的、自筹经费的储存基金的计划很快就被放弃了。过了一些年后，国会遭遇到给退休人员增加退休金的压力，因为这些退休人员在他们的账户中缴纳的钱完全不足以支付这样的退休津贴。此外，社会保障津贴将不再和供款成比例；它对那些工资低的人的津贴的计算比对那些工资高的人的计算更慷慨。增加退休金的政治上的压力与要求保持相对较低的税收的压力同时存在，使得社会保障信托基金储备的减少成为必然的选择，这使它成为一个在社会保障资金筹集中无关紧要的小角色。在联邦政府的预算里，社会保障税和其他所有的税收被集结到一起。职工们的账户是简单的借据（IOUs）——允诺会偿还——实际上并没有单独拿出钱来为每个供款人设立特别的独立账户。1972 年通过、1975 年开始实施的生活费用的自动调整成为计划的另一种非常流行方式，因为它能够抵御通货膨胀，但是它使社会保障陷入了麻烦之中。它不再能够覆盖那些定期的增长，尤其是在高通货膨胀时。

社会保障迅速发展成一个大项目，因为美国人形成了这样一种观点，即不断增加津贴是一种权利。甚至在 20 世纪五六十年代的经济繁荣时期，在职工数量增长和工资增加的情况下，项目也还是有一些小麻烦。但是，在 20 世纪七八十年代，社会保障的作用和支
159 出的增长是与经济衰退相伴随的。来自“现收现付”（pay-as-you-go）的社会保障系统的收入（大约每年 2 000 亿美元）对应着保障金的支出。这项计划已经濒临破产。必须做点什么来改变退休系统的不佳状况。

1977 年，社会保障税再次增加，津贴被削减，这在社会保障计划的历史上是第一次。1981 年，里根政府采取了进一步的措施以减少保障金的支出。津贴的最低标准被取消了；对已故的、残疾的和退休职工的年龄在 18 岁到 22 岁之间的子女的津贴取消了；总统建立了由艾伦·格林斯潘（Alan Greenspan，自 1987 年至 2006 年任联邦储备委员会主席）任主席的全国社会保障改革委员会，来研究社会保障问题并提出改革建议。

1983 年的改革和超越

委员会的工作被称为“政治治国中一个了不起的成就”，就像国会的行动一样。[9] 发布的报告得到了两党的支持，在 1983 年国会颁布了许多委员会的建议。仅用了十多个星期的时间，众议院和参议院就厘清了法案。其中最为重要的改革是，在社会保障信托基金降到一定的水平时，对通行的生活费用自动调整（COLA）予以延迟，给未来的生活费调整加上一个“稳定器”。① 由于近些年来通货膨胀的变化相当大，生活费用自动调整也同样有很大的变化。（在 1980 年生活费用自动调整是 14.3%，在 2000 年由于国家的经济衰退，生活费用自动调整是 0。[10]）

1983 年对社会保障系统的修改也提高了能够得到全额退休金的人的年龄。最初设定的能够得到全额退休金的年龄是 65 岁，后来逐渐增长到了 67 岁。实际的改变在 2003 年开始执行，这样的改变对那些在 1938 年（他们在 2003 年时 65 岁）和之后出生的人是有影响的。那些出生在 1938 年的人要在 65 岁零两个月时退休才可以得到全额退休金，领取全额退休金的年龄将两个月两个月地持续增长，直到 2027 年退休年龄达到满 67 岁。（那些在 1960 年出生的人，在 2027 年将会是 67 岁，这是第一次社会保障的受益人被要求到达 67 岁才能领取全额退休金。）受益人仍然可以在 62 岁时提前退休，但是到 2027 年提前退休的人的退休金的总数将会从原来占全额退休金的 80%降至 70%。这些变化可能会影响职工的行为。退休研究中心发现，美国人工作的时间正在延长，工作的人更少，尤其是

① 现在生活费用自动调整只有在与城镇工薪阶层和办公室工作人员的收入相关联的消费者物价指数（Consumer Price Index for Urban Wage Earners and Clerical Workers，CPI-W）增长至少为 0.1%时才提供。然而，如果社会保障信托基金低于一定的水平，津贴将根据 CPI-W 或平均工资增长被指数化，以较低者为准。——作者注

女性，在她们达到 62 岁时就要求领取社会保障金。[11] 1985 年有 62%的女性和 51%的男性在 62 岁时就申请领取养老保障金，与之相对照，2006 年这两个数字分别是 48%和 43%。但是，随着可领取全额退休金年龄的上升，达到可领取全额退休金年龄之前退休的人的数量还是可观的。[12] 至 2008 年，在达到可领取全额退休金年龄时退休的人将比那些此前退休的人多获得 5%的津贴（医疗照顾继续要求达到 65 岁才能获得）。

1983 年颁布的另一个支撑社会保障的措施是减少“预料之外的”津贴或“双重收费”。这意味着那些为社会保障系统供款的时间很短，得到社会保障金和其他的政府养老金的人（例如退休军人），在社会保障修订的模式下，只能得到较低的社会保障金。

作为 1983 年调整的结果，更多的职工被包括进社会保障系统。所有新的联邦雇员、所有的国会成员、总统和副总统、联邦法官、所有非营利性组织的雇员以及其他组织的成员，都必须加入。这其中的很多人先前是被包括在其他福利体系之中的。例如，联邦雇员是被覆盖在一个独立的、更慷慨的退休体系之中的。

委员会做了一些主要有益于女性的改变。例如，离婚的一方可以在 62 岁时开始领取 160
津贴，前提是他们从前的配偶符合资格要求但是还没有申请领取津贴。另外，对年龄在 50 岁到 59 岁的残疾的寡妇和鳏夫的津贴增加了。

按照以前的规则，社会保障津贴不被算为纳税收入，但是 1983 年这一规则发生了变化。1993 年，作为克林顿政府减少赤字计划的一部分，更多的津贴成为征税的对象。① 现在大约三分之一的退休人员以其社会保障津贴的一部分缴纳所得税。[13] 这是相当大的变化，社会保障津贴不再被看作是美国政治中的“第三条道路”（碰到它的人，政治生涯就要结束）。社会保障的税金将会回到社会保障信托基金中。但是这项税收收入仅仅覆盖 OASDI 保险费支出的很小的部分。

1983 年和 1996 年的修改，允许退休人员挣得更多的收入而不减少他们的社会保障津贴。在 2000 年的《高级公民自由工作法》（Senior Citizens' Freedom to Work Act）中，如果领取退休金的人达到了领取全额退休金的年龄，就取消对再就业挣得的工资的检查。2010 年，提前退休的人员再就业收入达到 14 160 美元以后，他们的社会保障养老金就要被“征税”或被减少 50%（每挣到 2 美元就被从社会保障津贴中扣除 1 美元），直到退休人员达到领取全额退休金的年龄。在达到领取全额退休金的年龄那一年，且在达到领取全额领取退休金年龄的几个月以前，如果再就业的年收入在 37 680 美元或月收入在 3 140 美元以上，每挣到 3 美元就从社会保障津贴中扣除 1 美元。从达到领取全额退休金的年龄的那个月开始，无论其再就业的收入是多少，社会保障津贴都不再做任何扣除。这种变化有

---

① 现在，如果一个人的综合收入（税收收入和非税收收入）加上一半的社会保障津贴在 25 000 美元至 34 000 美元之间，或者夫妻二人这样计算的收入总和在 32 000 美元至 44 000 美元之间，社会保障津贴的一半要按照正常的税收收入的税率纳税。如果单个人的收入总和再加上一半的社会保障津贴超过了 34 000 美元，或者是夫妻二人这样计算的收入总和超过了 44 000 美元，社会保障津贴的 85%要按照正常的税收收入纳税。——作者注

益于需要或想要继续工作的老年美国人，对社会保障计划也有帮助，因为年纪较大的职工和他们的雇主将继续缴纳社会保障税。这些老年员工也可以赚到足够向联邦和州缴纳所得税的工资，这对政府是有益的。而他们自己也有更多的钱可花，这又有益于整体经济发展。

尤其重要的是，在1983年的修改中提高了社会保障和医疗照顾的税率，以及应征税的基础工资。税率要逐渐提高，一直到它在1990年达到雇主和员工各自税率的7.65%，合计是15.3%——这个税率一直保持至今。在7.65%的社会保障税中，5.35%归入老年和遗属信托基金，用于支付养老保障金和遗属津贴；0.85%归入残疾保险信托基金，用于支付残疾人津贴；1.45%归入老年人医疗保险信托基金，用于支持医疗照顾。今天，老年、遗属和残疾保险（OASDI）每支出1美元，其中大约85美分用于退休金和遗属津贴，大约15美分用于残疾人津贴。[14]所有的医疗保险税都用于医疗照顾计划。

由于医疗照顾成本的迅速升级，医疗照顾急需额外增加资金，20世纪90年代多次提高了医疗保险的应税工资基数。1994年老年人健康保险计划的应征税工资基数已经改为所有的工作所得。这项对老年人医疗保险计划应征税的工资基数的改变有助于支撑医疗照顾基金，也支持了那些在争论中认为社会保障税应该是更为累进的（更少累退的）人的观点。

2009年，老年、遗属和残疾保险（OASDI）的应税工资基数是106 800美元。由于通货膨胀伴随着生活成本增加，每年的老年、遗属和残疾保险应税工资基数都要进行调整。鉴于经济衰退，2010年的应税工资基数没有调整，保持了2009年的标准。

社会保障计划的规则方面，除了在工作期间员工需向社会保障体系缴费的规则外，有关如何确定受益资格和如何决定津贴等一组复杂的规则如例证5—1所述。

161

例证 5—1

社会保障——谁具有资格，以及受益人能够得到多少津贴？

大约94%的工作着的人参加了社会保障系统。雇主们和雇员们持续地以同等的数量为员工们的OASDHI保险供款，退休时职工们如果拥有足够的信用点数，就有资格得到退休津贴。例如，那些在1929年或以后出生的人需要40个信用点数（一般等于工作10年）。2009年，就业者一年中能够挣到1 090美元就可以得到一个信用点数，不管他们在这一年中挣了多少钱或工作了多长时间。在一年中可以挣到的最多的信用点数是4个（在2009年等于4 360美元）。每个信用点数需要挣得的收入数额每年都在增长。到退休时，大多数的员工都能够拥有比资格要求多出很多的信用点数。

一旦一个职工被确定具有得到社会保障津贴的资格，他或她的月平均收入指数（Average Indexed Monthly Earnings，AIME）就被计算出来。由于通货膨胀，这个数字通常是根据收入最高的那 35 年进行调整，（指数）被除以 420（35 年包含的月数）。然后，员工的基本保险数额（Primary Insurance Amount，PIA）通常以月平均收入指数的基础进行计算。如果一个人在达到领取全额退休金的年龄退休，月平均收入指数就是一个退休员工获得的所有津贴的数量。员工也可以在 62 岁提前退休，但是退休金也会按照 PIA 的百分比进行计算和扣除。对于一个低收入的人来说，社会保障金对收入的替代率大约是 57%；对一个有着平均收入的人来说，社会保障金将替代他赚得的收入的 42%；对于高收入的人来说，社会保障金的替代率将大约是 35%。由于社会保障津贴的累进性，替代率对低收入的人而言相对较高，对高收入者而言相对较低。在任何情况下，对退休员工的支出都是相对较低的——2009 年是一个月平均1 153美元。许多退休人员得到的更少，虽然有些人是得到了最高的退休金——每个月大约是 2 323 美元。

参加了保险的员工，如果退休前在身体上或精神上变成了残疾的人，则也有资格获得保障津贴。残疾必须达到影响正常工作最少一年或被认为结果将是死亡的程度。2009 年平均每个月对残疾员工的支出大约是 1 064 美元。

虽然还有很多复杂的规定，但是退休金（被计算为职工的基本保险数额的百分比）也经常可以支付给退休的或残疾的员工供养的家属，以及已经去世的员工的遗属。遗属和供养人口一词涉及配偶、未成年子女和残疾的成年子女，有时候也包括所覆盖员工的父母。遗属和供养人口必须满足某些资格要求，诸如年龄要求或残疾的标准。例如，一位 62 岁或年龄更大的从没有从事过就业意义上的工作的妇女，或者虽然她工作过，但是没有她的配偶挣得多，一般情况下她有资格得到的津贴数量是她的退休配偶的津贴的一半。寡妇或鳏夫可以得到津贴，一般在 60 岁开始，如果有残疾可以从 50 岁开始。如果寡妇或鳏夫要照顾年龄在 16 岁以下的儿童，那么他/她们在任何年龄都能得到津贴，而且他/她们的孩子也有获得津贴的资格。参加保险的员工死亡，其合法的子女或配偶还可以得到 255 美元的一次性给付津贴。

一些附加形式的保障津贴也是可以得到的。例如，一种特殊的最低津贴可以支付给那些常年从事就业意义上的工作但是赚得很少的人。事实上，所有 65 岁或以上的人，不论他们是否缴纳过社会保障金，他们都被允许享受医疗照顾。

资料来源："Benefit Calculation Examples for Workers Retiring in 2009"（Washington，DC：Social Security Administration）. Retrieved December 24，2009，from http：//www. socialsecurity. gov/OACT/ProgData/retirebenefit1. html.

162

信托基金的状况

1983 年的改革把社会保障置于一个更加稳固的基础上。[15]现在，一个世纪已过去四分之一之后，老年、遗属和残疾保险（OASDI）筹集的资金已经远远多于支出，例如，在 2008 年老年、遗属和残疾保险（OASDI）信托基金支出 6 250 亿美元，收到 8 050 亿美元，累计有 2.4 万亿美元的资产。[16]医疗保险信托基金不是这样。2008 年，医疗保险信托基金筹集了 2 310 亿美元，支出了 2 360 亿美元，累计仅有 3 210 亿美元的资产。

每年社会保障理事会（Social Security Board of Trustees）的 6 个成员（财政部部长、劳工部部长、卫生和人类服务部部长、社会保障专员、两位由总统任命并由参议院确认的公民代表），分别使用低成本（乐观的）、中间成本（中度或最可能出现的情况）和高成本（悲观的）假设国家的经济形势和人口变化，诸如预期寿命、生育能力和移民率等，确定信托基金的健康状况。预测总是有风险的，因为即使是最精明的经济学家也不能精确地预测将来会发生什么。甚至在假设中的小的差异就可以对长期预测产生重大影响，而且，并不是每个人都同意与展现社会保障未来状态有关的经济假设或其他构成模型的因素。但是，这些是有助于我们理性地规划未来的最好的"推测"。

使用中间成本的假设，社会保障理事们 2009 年的报告显示，短期内（未来 10 年），老年和遗属保险（OASI）信托基金在资金上是充足的，但是残疾保险（DI）信托基金的资产在 2014 年年底之前将开始低于年度支出的 100%。然而，老年和遗属保险（OASI）信托基金能够被用来维持残疾保险（DI）信托基金。国家的经济衰退正在减少社会保障工资税的数量，否则能够筹集到的资金会更多些，老年和遗属保险（OASI）与残疾保险（DI）信托基金结合在一起在短期内仍有足够的资金。

长期的景象是令人沮丧的。随着"婴儿潮"一代（从 1946 年到 1964 年大约 7 900 万人出生）进入退休年龄，退休人员的数量预计从 2010 年到 2030 年将快速增长，将对社会保障体系施加一个巨大的压力。2030 年之后，由于预期寿命的延长和较低的生育率（"婴儿潮"一代忘了需要有足够的孩子支持社会保障），压力将继续增加。2016 年，年度老年、遗属和残疾人保险（OASDI）成本开始超过社会保障税筹集的资金数量，从信托基金资产获得的利息收入将被用于支付一些老年、遗属和残疾人保险（OASDI）津贴。到 2037 年，老年遗属和残疾人保险（OASDI）信托基金将被消耗殆尽——没有足够的钱支付那一年所有应支付的津贴。

因为医疗照顾费用预计将比工资上升得快，所以医疗保险基金处于更糟糕的状态。医疗保险津贴已经超过了筹集到的税款。如果目前的预测成立，医疗保险信托基金将在2017年耗尽。

是社会保障发生了危机吗?

考虑到目前的老年、遗属和残疾人保险（OASDI）信托基金资产，说社会保障计划面临危险，可能被认为是夸大了事实。一些人指责提出警报的“那些人敌视政府并因此支持以私人投资账户全部或部分替代这个国家最成功的计划”[17]。但是，也有很多人支持社会保障体系的同时更关心确保国家主要的退休金计划的偿付能力。最谨慎的人可能会认为，长期规划是十分必要的。为了使国家安心，资金需要保持良好的精算平衡。下文考虑的是社会保障面临的问题以及国家如何确保退休人员、残疾员工及其家属和幸存者在未来的经济安全。

社会保障的目标：适当、公平与效率 163

很多美国人，包括年轻的和年老的，都支持社会保障的观念，但也相信这项计划正在逐渐衰落，特别是年轻人。社会保障的官员们可能已经听得厌烦了，年轻人认为收取社会保障金和 UFOs 比起来，他们会更相信 UFOs。[18]一项用 2 005 个随机数字确定的全国范围的拨号样本的调查发现，近 60%的人对社会保障的未来缺乏信心，但 86%的人认为这个项目应该继续下去。[19] 2008 年的一项调查也发现，在信心下降的退休人员和在职者中，认为社会保障“将继续提供至少等值于今天退休人员收到的津贴的津贴”[20]。在我们思考未来的社会保障时，让我们先评价一下这个计划在保持其目标——适当、公平和效率方面做得如何。

代际的适当与公平

社会保障被赞誉为实现了“适当性与个人的公平之间的一种独特的混合”，项目是在这两个原则的基础上建立的。[21]社会保障计划是适当的，因为它可以帮助很多老年人摆脱贫困。它是公平的，因为供款较多的人得到的津贴也更多，同时，低收入者（他们与较高收入的人支付税率相同的社会保障税）获得的津贴比例比高收入者的比例更高。

对大多数退休的美国人来说，社会保障是主要的收入来源。[22]社会保障至少涵盖了20%的老年夫妇受益者和41%的单个受益者的收入中的90%。社会保障至少涵盖了52%

的老年夫妇受益者和72%的单个受益者的收入中的50%。1959年，美国年龄在65岁及以上的老年人的总贫困率为35%。到1984年，这个数字下降为大约12%，2008年是10%（尽管老年妇女和有色人种的贫困率要高得多）。专家一致认为，社会保障对帮助老年人摆脱贫困是最重要的。[23]在社会保障中，“社会”这个词是重要的，因为不同于私人养老金和退休计划，社会保障也向那些不太幸运的人进行收入再分配（在他们的工作时薪较低、因残疾提前退休或遭受养家糊口的人死亡时）。

然而，对年轻一代来说，参与社会保障与老一代相比是不同的经历。现今的职工意识到他们为参与其中支付了大量税款。如果满足以下条件，当前的系统看上去也可以不那么令人悲观：(1) 社会保障税能够不被今天的职工和雇主看作是过度繁重的负担（现今低收入的员工支付的社会保障税比收入所得税还高）；(2) 被工作人口赡养的年老人口的数量增长得不是那么快。这些因素使一些为社会保障供款的年轻人不确定他们能够得到什么回报。事实上，社会保障从没有打算充分支持那些处于“黄金”时期的人。

三个支柱的类比已经被用于描述职工对舒适的退休生活的需要：第一个支柱是社会保障；第二个支柱是养老收入；第三个支柱是个人存款和投资。很多受益人至少拥有一种不同于社会保障金的少量的收入，但是大多数人收到的社会保障退休津贴大大超过了他们原来的投入，如果把医疗照顾也考虑进去会更多。在当前的近520万的受益人之中，计划如此受欢迎是不足为奇的，他们中的大多数老年人构成了美国最活跃的投票人中的一个非常大的集体，拥有如此强大的支持，使得对计划做出重大的改变是十分困难的。

作为缴纳社会保障税支持当前的退休人员的随后的一代的成员，他们也希望得到一个相对于他们的投入而言公平的回报。今天的职工花出去的金钱“划得来”吗？对年轻一代
164 来说，他们将需要更长的时间收回他们的投资。一个出生在1910年的单身职工，在1975年达到规定的65岁的退休年龄，在退休前其收入是平均工资水平，向社会保障的供款是5 857美元，在67岁之前，他就能收回其老年和遗属保险税税款再加上利息。[24]一个出生在1930年的单身职工，在1995年65岁时退休，在退休前其收入是平均工资水平，向社会保障的供款是67 564美元，在73岁之前，他能够收回其老年和遗属保险税税款再加上利息。同样是一个单身职工，出生在1949年，他要在2015年66岁时退休（记得吗，领取全额退休金的年龄在慢慢地上升），在退休前其收入是平均工资水平，向社会保障的供款是258 824美元，要到78岁时，他才能够收回其老年和遗属保险税税款再加上利息。如果再加上这些职工的雇主支付的税款和利息，这三个年代的这些职工收回付款的年龄将分别是68岁零7个月、83岁零6个月和95岁。很清楚，收回供款需要的时间在加长，许多退休人员不会活到95岁。

如果今天你是一个年轻人会怎样？你要领取退休需要付出些什么？例证5—2提供了你可能会在社会保障津贴中得到什么和退休后你要舒适生活可能需要多少钱的一个粗略的估计。

例证 5—2

你会有足够的退休金吗？

你可能会提前想到自己退休的事情，并且想知道你能从社会保障系统得到多少钱和距离允许你生活得比较舒适有多远。如果一个人想在 62 岁提前退休、一直等达到领取全额退休金的年龄时退休（年龄要求逐步上升到 67 岁）、在 70 岁或者更晚退休，社会保障署（SSA）会帮助人们估算社会保障退休金。你也可以在 http：//www. ssa. gov /OACT/anypia /index. html 网站上估算自己的社会保障退休金。

这些数字只是估算，因为很难预测一个人的未来收入和未来的社会保障体系会是什么样子。现在比较年轻的人也不太容易确切地计算退休时间。但让我们使用一个示例。我们使用社会保障署的快速计算器，以一个生于 1984 年 1 月 1 日、2009 年时 25 岁、工资为 30 000 美元、名字叫乔的人为例（见表 A）。社会保障署必须假定乔从 2001 年到 2004 年是在大学里，或者不是在大学里只是挣得比较少，并且给他的收入赋值较小。社会保障署也必须假设乔第一次得到稳定的工作是在 2005 年，年收入是 23 400 美元。社会保障署基于对国家平均收入增长的预测估计乔未来的收入。在 2045 年乔将 62 岁，以 2009 年 30 000 美元的收入为基础，乔在 2045 年时的收入将是 115 300 美元。如表 B 所示，如果乔在 62 岁时提前退休，那他每月的社会保障津贴估计是 3 369 美元（乔也可能有配偶，但她的津贴在此不显示了）。如果乔一直工作达到领取全额退休金的年龄，即 67 岁时退休，那么他的津贴将是每个月 5 391 美元。如果他 70 岁退休，那么他每月的津贴将是7 358美元。

这在今天听起来可能像很大的一笔钱。但是，让我们更实际地看看这些数据。我们假定乔在 2051 年 1 月 1 日满 67 岁时退休。在 2050 年，预计他的年收入是 132 900 美元。在 67 岁时，乔的社会保障月收入是 5 391 美元或年收入 64 692 美元，比他 2050 年的工作收入少一半还多一点。乔退休后可能不像工作时需要那么多钱。退休以后他可能还需要为他的住房付钱，他可能在买衣服、汽车或计算机等方面不需要像工作时那样花费那么多，但是收入减少了 50%可能比乔曾预计的要多。如果在 62 岁提前退休，他的年度社会保障津贴将比他在 2045 年达到 62 岁之前的收入 115 300 美元的三分之一还要少。或许乔将有一个通过他的雇主（或雇主们）的退休计划，这将使情况变得不同。如果乔在达到退休年龄之前变成残疾，他的社会保障津贴将更低，因为他不工作的时间会相应增加。

退休期间需要的任何额外的钱，在比较年轻的时候进行储蓄比在年纪比较大时进行储蓄要好，因为利息（对你的钱的回报）会随着时间的推移混合进本金中。例如，如果乔投资 5 000 美元，利率为 5%。利息每年混合一次，他在 10 年里将有 8 144 美元（是最初价值的 1.63 倍，或增加 63%）；如果他相同的投资保持了 30 年，总额将是 21 610美元（是其原始价值的 4.32 倍，或增加 332%）。有一句老话说，“生命是短暂的，要享受现在”，但是，乔在晚年会活得更好，而且，到那时他可能也希望能够享受生活。

表 A　乔的年收入（选择一些年份）

过去的收入		未来的收入[a]	
2001 年	2 400 美元	2025 年	55 200 美元
2004 年	2 800 美元	2045 年	115 300 美元
2005 年	23 400 美元	2046 年	118 600 美元
2007 年	26 600 美元	2049 年	129 200 美元
2008 年	28 200 美元	2050 年	132 900 美元
2009 年	30 000 美元	2052 年	140 600 美元

[a] 根据估计的国家平均工资增长做出的调整（通货膨胀）。

表 B　乔的月度和年度社会保障津贴估算

退休年龄[a]和年份		月度津贴	年度津贴[b]
62 岁零 1 个月	2046 年	3 369 美元	40 428 美元
67 岁	2050 年	5 391 美元	64 692 美元
70 岁	2053 年	7 358 美元	88 296 美元

[a] 用来估算退休津贴的挣工资的最后一年是退休开始那一年的前一年。

[b] 假定的未来收入或价格的增长。

由于没有为每个向社会保障供款的个人设置一个利息增长账户，所以项目的适当性和公平性直接受到抚养比——受益人与工作人的比率——的影响。1950 年是 16 个工作的人对 1 个受益人。随着美国人口因低出生率和寿命增长日益老龄化，抚养比也在降低。今天需要大约 3.2 个工作的人对 1 个接受津贴的人。到 2034 年供养 1 个受益人的工作的人将降到 2.1 个。[25]这是加在年轻一代的工作的人身上的一个沉重的责任。

社会保障被描述为一个“代际契约”，在其中工作着的一代人同意帮助当前退休的人，它是以前者得到在退休时将能够获得帮助的许诺为前提的。[26]当后一代人多于前一代人时，这将不会产生什么问题。今天，使得每个人都对计划感觉更好的关键点可能是推进“代际平等”，即尽可能同样公平地对待老一代和年轻一代。[27]

作为老年、遗属、残疾和医疗保险的一项主要的结果，这些年里老年人的财政情况已经得到了改善。一些人争论说年长的美国人现在享受到的更好的生活是年轻人在掏钱。另外一些人非常不同意这个想法。他们认为，生育高峰期出生的人创造了一种可能性，使相对年轻的人在他们的成长期享受到了一种非常好的生活标准。他们还认为，许多老年人并 166
不十分富裕。(2008 年 23%的人的生活水平在贫困线以上 150%或更低，36%的人生活水平在贫困线以上 200%或更低。[28]）其他人认为，削减社会保障津贴的建议不一定意味着对年轻人有更多的好处。需要考虑的更多的突出问题是，为确保各代的成员都能够有一个体面的生活，我们能够做些什么，但是就如我们在第七章将会看到的，帮助年轻人是一个与帮助美国老年人不同的政治问题。

“婴儿潮”时期之后出生的第 X 代和第 Y 代是否在看到那些“婴儿潮”时期出生的人退休时，将其作为一种恐怖的来源呢？经济学家亨利·亚伦（Henry Aaron）认为，对“婴儿潮”时期出生的人给年轻一代带来的压力感到大惊小怪是不成立的。[29]毕竟，“婴儿潮”时期出生的人们已经为他们将来的退休支付了稳固的税款，同时供养着那些已经退休的人员并使他们得到比他们以前的付出更多的回报。“婴儿潮”时期出生的人和老一代人相比将不会得到同样比率的保障金。将来能够进入工作的人太少了，这个问题并不局限于社会保障体系。同样，也只有较少的工作着的人去支撑所有政府（和私人部门）的活动。[30]

社会保障的另一个至关重要的代际方面的问题是，它使年轻人从支持自己的年老或残疾的父母方面得到了保护。大多数职工发现在经济上支持其父母是困难的（尽管他们可能在其他方面提供帮助），而且老年人通常也不愿意让自己的孩子承担这种责任。从历史上看，社会保障的收益和成本一直是“广泛跨代分布的”[31]。

种族和族群之间的适当和公平

争论的另一个焦点是社会保障计划是否对某些种族和族群的成员在操作上存在支付上的不公平。由于国家在种族上变得越来越多样化，人们对这个问题的关心也日益增长。一些组织，诸如自由主义的卡托研究所（Libertarian Cato Institute）和保守主义的传统基金会（Conservative Heritage Foundation）一直认为，社会保障歧视有色人种。[32]例如，他们指出，非洲血统的美国人比白人的平均寿命要短，因而他们得到社会保障退休津贴的时间也比较短，即使他们在工作时按照相同的税率向系统交税。

保守主义者和自由主义者还认为，累退的社会保障税加大了有色人种和白人之间的贫富差距。他们认为社会保障税将非洲裔美国人（和其他人）本来能够在年轻时形成资产或财富

（例如，拥有一套房子、为孩子的大学教育进行储蓄、建立私人退休储蓄）的钱抽走了。

此外，非洲和西班牙血统的美国人往往被雇到一些需要体力劳动的工作岗位上，这样的工作岗位使他们较早地被消耗了。社会保障改革，诸如延长退休年龄，将他们置于了一个更加难以守住的位置上。再有，西班牙血统的人比白人要年轻，这就将更沉重的负担加在了他们的身上，由他们去支持由不成比例的白人和更富裕的人构成的退休人口。[33]

许多自由主义的组织以及代表美国老年人和有色人种的团体拒绝社会保障计划对有色人种是不公平的观点。他们提出了很多理由来证明社会保障对非洲裔和西班牙裔美国人是一个好的理念。[34]他们的论点之一是，在退休方面有色人种比白人更依赖社会保障。这是因为他们经常工作在低工资的岗位上，这使他们无法进行适当的个人储蓄，他们的雇主通常也不会为能够给他们提供一笔退休金的私人退休账户缴费。（当然，自由主义者和许多保守主义者则认为这就是社会保障对非洲裔和西班牙裔美国人来说不是一件好事的原因。）

167 在承认非洲裔美国人的平均寿命比白人短的同时，像全国维护社会保障和医疗保险委员会（National Committee to Preserve Social Security and Medicare）这样的组织提出了另外一点。他们指出，虽然非洲裔男性与白人男性相比明显地去世较早，但那些达到 65 岁的非洲裔美国男性，他们的平均寿命只比白人男性短两年。此外，由于非洲裔美国男性倾向于提前退休，平均而言，他们与白人男性相比得到社会保障津贴的时间上的差别比人们想象的要小（不到两年）。[35]

许多组织也认为社会保障对非洲裔美国人是公平的，因为他们接受的残疾津贴及其家属得到的抚恤金通常比白人多。[36]虽然接收更高比率的残疾和遗属津贴对非洲裔美国人没有多少慰藉作用，但预算和政策优先中心的研究表明，非洲裔美国人的社会保障供款的总体回收率是略高于白人的（老年和遗属项目相同或略高，残疾、保险部分更高）。[37]

矛盾的是，西班牙裔的美国人有更高的发病（残疾）率，但比一般人有更长的预期寿命。因此，他们更多地依赖社会保障计划的残疾部分，并且有更长的时间接受退休津贴。[38]没有社会保障，所有的种族和族群中的许多较年轻的人的收入可能会剩不下多少或完全没有剩余。他们很可能没有私人残疾保险或大型寿险保单以使自己或家人在发生不幸的事件时有足够的收入。

移民是另一个讨论的焦点。支持移民的团体强调移民有助于社会保障，因为移民们常常是就业者和支付社会保障税的。甚至非法移民都可能缴纳这些税款，虽然他们没有资格得到社会保障津贴。[39]在一般情况下，移民群体的生育率往往略高于非移民群体，这又有助于降低抚养比。[40]然而，也有分析指出，额外的移民对社会保障资金的影响可能是很弱（但有利）的，预算和政策优先中心表明，“无论在制定移民政策还是社会保障政策时，这都不应该成为一个需要考虑的因素”[41]。

改变移民政策可能会对社会保障产生更积极的影响。根据乔治城大学移民学者苏珊·马丁（Susan Martin）的看法，一项移民申请被批准通常需要 15～20 年的时间，主申请人的年龄中位数是55岁，这些得到接收的移民往往接近退休年龄了。[42]如果申请人特别是高收入的申请人在他们最富有成效的工作年龄期间得到接受，那么他们对于改善社会保障的财务状况可能会有更多的影响（并且可能减少非法移民）。

适当、公平和性别

一般来说，男性和女性在退休期间都严重依赖社会保障，但是社会保障情况对女性的影响更为明显。女人的平均寿命比男人长，并且她们有养老金或其他退休收入的可能性更小，这增加了她们对社会保障的依赖。2007年，在65岁及以上的人中，女性的年均社会保障收入是10 685美元，与之相对照，男性的是14 055美元。[43]未处于婚姻状态的个人，包括寡妇和鳏夫，社会保障占女性平均收入的48%，与之相对照，这部分收入构成了男性平均收入的37%（构成了夫妻收入的30%）。此外，所有的未处于婚姻状态的65岁及以上的女性社会保障受益人中，有47%的人，其收入中的90%或更多依赖社会保障。

首次采用社会保障体系时，男人和女人的角色与今天相比是不同的。女性很少在家庭之外工作，离婚也是很不普遍的。社会保障体系反映了20世纪30年代的社会状况，大多数女性被认为是她们工作的丈夫的“家属”。大多数减少性别不平等的努力对社会保障项 168
目的影响最小。有一项措施允许离婚的丈夫根据他们的前任妻子的收入记录申请津贴。另一项措施允许离婚者在前配偶的收入基础上在62岁时获得津贴，前提是前配偶还没有提出申请。国会尚未解决许多继续存在于计划中的性别不平等问题。性别不平等现象继续存在的原因有很多[44]：

1. 女性的工资普遍比男性低，导致女性在退休或残疾时得到的社会保障津贴也较低。

2. 女性可能花费更少的时间在有工资的工作上，因为她们继续承担着的主要是无偿照顾家庭的义务。这也导致对女性较低的社会保障给付。

3. 结婚至少10年后离婚的人有权利得到她们前配偶的一半的退休社会保障津贴。女性使用此规则的比男性多，因为它通常提供比她们自己的工作记录更高的津贴。如果这是一个女人的唯一的收入，它可能不足以满足其在退休期间的生活需要。

4. 家庭主妇没有自己的社会保障，除非她们拥有一份向劳动力支付工资的工作。

5. 失去配偶的女性直到60岁之前，通常没有资格得到社会保障津贴，除非她们有残疾或有18岁以下的孩子。这一规定也表明了一直在家庭里的女人的弱势。

6. 社会保障退休金往往以主要的工作者的收入为基础，通常是丈夫的收入。工资收入处于次要地位的通常是妻子，夫妇结合的社会保障津贴可能不会提高。

7. 即使两对夫妻的总收入是相同的，若一对夫妻中有一个人工资较高（通常是丈夫），那么他们能够得到的退休津贴就比丈夫和妻子的收入相同的那对夫妻更高。

> 8. 越来越多的女人从未结过婚。已婚员工从社会保障中得到的津贴比单身工作人员要多，因为从来没有工作的已婚的人也可以基于他们的配偶的工作获得社会保障津贴。单身工作人员不能获得额外的津贴，虽然他们与结婚的人缴纳同样税率的社会保障金。

女性劳动参与率的提高，增加了她们退休时的社会保障津贴。也有越来越多的妇女的收入高于她们的配偶。[45]然而，许多妇女仍然比她们的丈夫收入低，但是仍然依据丈夫的收入，而不是依据她们自己的收入，获得较高的社会保障津贴。有几个选项已经被提出来了，以纠正在社会保障体系中存在的性别不平等现象，使计划跟上时代。

> 收入分享的选项将处于婚姻状态的丈夫和妻子每年的收入平分，使社会保障津贴在丈夫和妻子那里分别计算，而不管他们是否仍然处于婚姻状态。[46]这个选项可以消除“主要的挣工资的人”和“依赖配偶的人”的观念，并且承认主要负责照顾家庭和/或孩子的配偶是婚姻中的平等的伙伴。然而，依赖年度的总收入、记入每年处于
> *169* 婚姻状态的每个配偶名下的金额可能会相当低，并且大大降低每个人有资格得到的退休或残疾社会保障津贴。对每个配偶记入年度收入的完整的数量，将增加项目的适当性，但它会降低对从未结过婚的工作人员的平等性，因为她不能以这种方式“双重支薪”。与当前的社会保障制度安排相比，这也将是相当昂贵的。
>
> 根据“双重支薪”计划，每一个美国人都有资格获得一个基本的津贴，无论他/她们是否曾经工作并缴纳过社会保障税。[47]那些有过有偿工作经历的人在基本的津贴之外还能够得到更多的给付。
>
> 照顾受抚养人的建议集中于照料的角色，通常假定是妻子承担照料者的角色。[48]其中一个建议是照顾受抚养人的收入抵免，即每年给一个因为抚养孩子而待在家里或收入很少的人至少一个最低的社会保障收入。另一个建议是将指定的一定量的收入算作社会保障收入。在一个固定的年数之内，照顾的提供者因为有一个孩子需要照顾，因而没有收入或收入很低，对此，按照她在此之前的每年的平均收入的一半记入。另一个选项是从收入平均数量中减去提供照顾的年数。今天，社会保障津贴是以员工收入最高的35年为基数的。一段没有收入或收入很低的年数是可以排除在外的。因为低收入的父母可能无法几年都完全不工作，所以这种方法可能和照顾受抚养人的建议一样不会给他们提供什么帮助。

为妇女和其他退休收入较低的人提供社会保障津贴的其他建议也被提出了。它们包括提高最低津贴和遗属津贴，以及减少要求离婚的配偶必须已经结婚10年才能收集其前配偶的收入记录的时间要求。其他人可能会说，决定离开劳动场所是一种选择，政府没有责任给那些没有向社会保障体系缴费的人提供退休收入补助。

社会保障体系的效率

除了适当性和公平以外，效率也是社会保障计划的一个目标。在筹集到的每一美元中只有不到一美分被用于管理这项计划。然而，社会保障署（SSA）工作人员的数量与使用这个体系的人数相比是如此之少，以至于有困难和疑虑的人很难得到帮助。如本书第六章所描述的，社会保障署也正在艰难地面对巨量积压的残疾案的听证会。

拯救社会保障

在不久的将来，总统和国会显然将不得不决定是修复当前的社会保障体系还是采取新的行动。

修复当前的体系

许多人呼吁对当前的社会保障体系进行修改。例证 5—3 介绍了其中的几项修改建议以及它们在解决社会保障计划的资金缺口方面能够走多远。选项 1、2 和 3 是加重目前工作的人的负担。选项 1，提高应税工资基数，可以大大缩小资金缺口。事实上，如果所有工资都纳税，对于高收入者不提高津贴，就没有缺口，尽管这将使社会保障看起来更像公共救助，并且可能会削弱对项目的支持，美国退休者协会的一项调查发现大量公众支持这个选项。

例证 5—3 170

弥补预期的社会保障资金缺口

	选项 1	选项 2	选项 3	选项 4
	至少按收入的 90%征收社会保障税。	提高工资税率。	逐渐将领取全额退休金年龄从 67 岁提高到 70 岁。	对生活费用进行调整，以便更真实地反映通货膨胀率。
弥补缺口	35%～50%	50%～100%	20%～35%	20%～75%

描述	社会保障退休和残疾津贴是以一系列的以工资数量为基础的税收建立的。2009年，作为税基的工资是106 800美元。以所有工资的90%为税基的目标并没有实现。上限是美国人收入的一个小的比率。一种观点是提高上限至收入的90%或是全部收入。	雇员和雇主各自向退休、残疾和遗属津贴缴纳6.2%的税（合在一起的税率是12.4%）。提高至上限13.4%将减少预期缺口的一半，如果提高到14.4%就能够完全弥补缺口。	这种观点以美国人的预期寿命延长为基础。	每一年社会保障给付都因通货膨胀进行调整，但是有些人说目前的消费者物价指数夸大了通货膨胀。
优点	提高上限至工资的90%，将能够减少35%～50%的缺口。如果今天所有的工资都作为税基，那么将没有预期的短缺。	自1990年以来，工资税率一直没有提高，有人认为这是弥补缺口的直接方法。	由于美国人的寿命延长了，所以他们应该工作更长的时间，以便为更长的退休时期提供资金。	生活费用调整应该反映实际的通货膨胀情况。
缺点	对社会保障的政治支持可能会减弱，因为工资较高的人即使缴费增加了，其得到的津贴也并不会增加太多。	这将使工资税更加是累退的。雇主将拒绝缴更多的钱，还可能引起他们裁员。	领取全额退休金的年龄已经从65岁提高到了67岁，但是大多数人已经选择在这个年龄之前领取社会保障津贴了。这对那些在繁重的体力劳动岗位上工作，同时需要照顾年老的配偶或父母的人可能是最不利的。	一个较低的生活费用调整不可能对提高医疗照顾成本做出适当的调整。任何向下的调整都将严重伤害贫穷的接受者。

前景	对提高上限的广泛的公众支持为两党的行动提供机会。	美国退休者协会报告了对这个提议的实际的公众支持，但是法律制定者们对此是不安的。	这个观点可能触发强烈的反对。	前景复杂，但是劳工统计局正在检查一个新的CPI。

171

	选项 5	选项 6	选项 7	选项 8
	对社会保障津贴征税。	减少未来的退休者的津贴。	将社会保障信托基金的一部分投资于证券。	维持一个限定的财产税，将其提供给社会保障。
弥补缺口	10%～15%	25%～70%	15%～45%	25%～30%
描述	较高收入的退休者已经以他们的津贴为基础交税了。对较高收入等级者来说，税将进一步增加。	可以用许多方法实施，诸如用不同的公式计算退休津贴，这样低收入者的收入将不被减少，或不像高收入者减少得那么多。	今天，不需要支付现在的津贴的社会保障总收入投资于安全、低息的政府债券。这些钱中的一部分投资于指数基金，能够获得更高的利息并能够弥补长期的基金缺口。	财产税已经降低了，在2009年只对财产达到700万美元或以上的夫妻征收。冻结在这个水平，将征收的税款提供给社会保障体系，将减少长期的基金缺口。
优点	那些处于较高收入等级的人可能基于他们的津贴被征收较高的税，而不会影响他们的生活方式。	不是将负担仅仅加在当前的工作人员身上，退休人员也为减少计划的资金缺口承担一些责任。	低风险、较高收益的投资至少能够部分弥补预计的缺口，又可以不将更多的负担加在当前工作的人和已经退休的人身上。几乎所有其他的公共的和私人的养老基金都这样做。社会保障能够经受住市场低迷的考验。	对国家中最富的家庭保持一定的税收是公正的。

缺点	对于已经缴纳社会保障税并设法维持一种舒适标准的退休生活的人进一步征税是不公平的。基于税收的结构，中产阶级可能被伤害。	伴随着私人养老金的衰落，401（k）计划和其他投资处于风险中，私人储蓄也处于低水平的危险境地，许多老年人可能最终需要依靠公共救助或来自他们子女的帮助。	政府不应该介入股票市场。	如果一个限定的财产税被保留，它将被专门用于医疗照顾的紧急需要。
前景	这种选择具有可行性，但是它将依赖于国会和总统十分愿意考虑增加任何种类的税。	对这种方式，国会在政治上将是谨慎的。	因为当前的股票市场的波动性，决策者对推动这个建议是不放心的。	财产税不是普遍征收的，但是公众舆论可能会发生转变。

资料来源：AARP，"Keeping Social Security Afloat：How We Can Do It，" AARP Bulletin，May 2007，pp. 12－13. Office of the Actuary，Social Security Administration，www. ssa. gov/OACT.

172 选项 2 是提高工资税。据美国退休者协会报告，公众对这个选项的支持比想象中要高，2007 年在此基础上的分析表明，如果老年、遗属和残疾保险税占员工工资的比例从当前的 12.4%提高到 14.4%，就可以完全弥补资金缺口。然而，它将使社会保障税收更加具有累退的特征，并且将把一个更大的负担加在低收入员工身上。雇主也可能不愿支付更多的税，这可能导致雇主裁员。奥巴马总统已经提出了一个将选项 1 和 2 结合的建议：增加那些收入在 25 万美元或更多的人的社会保障税收（不是目前的 12.4%老年、遗属和残疾保险税率，而是雇主和雇员的联合缴费增加 2%～4%）。

选项 3 是逐步推迟领取全额退休金的年龄到 70 岁。尽管它可能减少三分之一以上的资金缺口，但是很可能引发大量的反对。美国人生活和工作更长的时间，但是大多数人开始领取社会保障津贴的年龄要早于他们领取全额退休金的年龄，而且这个选项对那些从事繁重的体力工作的人是最不利的。

选项 4、5、6 是将责任推给退休人员。选项 4 是生活成本调整，将伤害最贫穷的社会保障接受者。很少有政治家会支持这项建议，尽管它有可能弥补接近四分之三的资金缺口。选项 5 是对社会保障津贴增加税收，通过将责任加在收入较高的退休人员身上来支撑社会保障，这将会使系统更具有累进性。对于弥补社会保障资金缺口，它比其他选项的作用要弱（10％～15％）。

选择 6 是削减未来退休人员的津贴，但是低收入的退休人员需要得到保护以免他们陷入贫困，只有这样这个选项才具有可行性。尽管这个选项可能会削减超过三分之二的资金缺口，但还是令人担忧的，因为许多美国人在退休以后严重依赖社会保障。这个选项的一个例子被称为累进价格指数（progressive price indexing）。[49] 对于低收入的人（目前年收入 2 万美元或更少的人），社会保障将按照现在的状况对待他们。他们的津贴将继续根据平均工资的增加被指数化 ，调整后他们的津贴不会减少。收入较高的人（目前年收入 9 万美元或更多的人）的津贴将根据价格（物品和服务支出的增加）被指数化。他们的津贴将会比现在减少，因为价格的增长慢于工资的增长。中等收入者的社会保障将使用工资和物价的组合被指数化。

预算和公共政策优先中心对累进价格指数持强烈批评态度，主要是因为这个建议削减未来退休人员的退休金。例如，一个挣得平均工资的人在 2045 年 65 岁时退休，他将有 16％的津贴被减少，假设一个挣得平均工资的人在 2075 年 65 岁时退休，他将有 28％的津贴被减少。此外，尽管员工向其系统的缴税有差别，但他们最终将获得相同的退休津贴。尽管这种方法保护了低收入的退休者的退休津贴，但它还是会将社会保障从其社会保险的使命转移动更接近公共救助上。提议者不担心这一点。他们将累进价格指数作为一个对解决社会保障的未来问题的坚实的中间派，因为费用将由那些最能负担得起它们的人承担，同时还保持了项目的财务状况并维护了社会保障安全网。[50]

如果修改当前的社会保障体系，考虑将上述一些选项相结合，使目前工作的人和退休人员共同分担修复社会保障体系的成本，在政治上可能是更具有可行性的。另一个选择是在社会保障体系之外寻找资金来源。选项 8 就属于这样的类型。它将利用财产税保持社会保障运转。财产税是对富人征收的税，尽管它在富人中是不受欢迎的，但是这个选项对富人的伤害较小，而且至少能够弥补资金缺口的四分之一。

173

创建一个新的系统

美国也可能在改革社会保障方面选择一个完全不同的方向。这一类建议中的主要建议是私有化和预缴款系统。

私有化

例证 5—3 中给出的选项 7 是将社会保障税收中不需要支付当前津贴的部分谨慎地投资于股票市场。与其他许多社会保障私有化的思路相比，这是一种更温和的建议。

在小布什政府时期，社会保障私有化受到大量的关注。在社会保障私有化方面，智利和美国得克萨斯州的加尔维斯顿市常常被誉为成功的例子。批评者指出这些系统存在许多缺点，尤其是社会保障体系风险增加、对项目的监督较少，以及长期存在的社会保险被损毁了。

私有化可以采取许多形式。一种极端的形式是，工作者可能仅仅根据他们对退休生活的期望进行储蓄或投资。显而易见，这是所有策略中风险最大的。工作者可能完全不进行储蓄或投资，到退休时他们可能身无分文，要依赖家庭、朋友、公共救助或私人慈善机构。工作者也可能会投资，但他们可能选择了表现不佳的投资，使他们的退休收入很少，或者由于投资策略不佳或被欺骗，他们可能选择了完全失败的投资，在退休时也得依赖他人。许多关于社会保障私有化的想法比这种类型更安全，更多地依赖政府投资基金。有13个成员的社会保障咨询委员会，成立于1969年，存在到1994年，期间每四年举行一次会议。因为该委员会无法达成一个社会保障改革计划，为了避免老年、遗属、残疾和医疗保险信托基金枯竭，其最终报告提供了三个计划。所有的建议都通过股市投资涉及某种程度的社会保障私有化。[51]

当社会保障咨询委员会发布报告时，股票市场的表现明显好转。许多人认为（或希望）这种上升趋势还将继续。社会保障咨询委员会的报告在经济学家、国会与其他决策机构和个人、公众之中引发了大量的讨论。总统小布什全国巡回造势支持私有化。在国会休会期间，他任命了一个私有化的狂热支持者担任社会保障署副局长，但对这种可以说是最成功的美国社会福利计划的变化势头从未实现过。因为从那时起，经济和股市已经经历了重大变革。2000年和2001年，股票市场损失数十亿美元，2008年损失更为惊人，因此阻止了对社会保障私有化的考虑。像许多美国人试图理解他们的私人养老金和私人投资账户的损失一样，许多人也在考虑他们是否在退休之前尽可能地工作更长时间，他们知道社会保障依然为他们存在着。

是国会的渐进式的决策方法能够稳定大局，还是像卡托研究所这样的组织是对的?[52]卡托也许是这个国家社会保障私有化的最热心的支持者，他坚持认为，尽管股市损失巨大，但从长远来看，私有化仍然是产生退休收入的最好的方法。例如，迈克尔·坦纳（Michael Tanner）报告，假设在1965年投资100美元，在社会保障的年度回报率大约是2.2%时，今天会形成约255美元的个人退休金，相比较，如果在投资市场投资，即使有2008年的经济衰退，今天依然会形成约4 136美元的资金。[53]

预缴款系统

另一种使社会保障系统更稳健的备选方案是将它转换为一个预缴款系统。[54]在当前的现收现付制度下，一代人（当前工作的人）所缴纳的税款用于支付另一代人（退休者）的津贴。在预缴款系统中，每一代人通过将今天的社会保障税投资，为自己的退休生活建立
174 基金。至少从理论上讲，退休基金永远不会耗尽。然而，这取决于它是怎样建构的，预缴款系统可能会消除在现行体制下存在的对低收入者的更优惠的退休待遇。

预缴款系统可以通过私有市场创建，但如前文所述，这一方法具有内在的风险，因为

市场是不可预测的，甚至是反复无常的。在这种情景中，个人将承担因他们的个人状况、个人投资选择和一般经济状况造成的风险。预缴款系统的建立也可以有另外一种方式，即以政府为基础而不是以市场为基础。因为政府可以控制职工缴费数量和给受益人提供的津贴的数量，当前系统的适当性和公平得以保留，同时确保信托基金的长期偿付能力。

转换到预缴款系统将出现标价冲击①——2008 年这一数字接近 14 万亿美元（社会保障目前的负债数额[55]）。虽然这是一笔巨额的预付标价，但它也是可以解决几乎涉及所有美国人的一个重大问题的一次性费用。这笔费用可以循序渐进地和跨代地转入，以减轻负担。

避免枯竭

国会、顾问委员会、智库和游说团体对如何修复社会保障系统、应对增加的问题、筹集所需的资源以避免破产的辩论越来越多。1996 年，社会保障理事会（Social Security Advisory Board）取代了社会保障咨询委员会（Advisory Council on Social Security）。这个两党委员会由国会建立，总统和国会任命其成员。就像老的咨询委员会、咨询理事会负责监控老年、遗属、残疾和医疗保险计划的状况一样，它监控信托基金的状况，并提出完善系统的建议。咨询理事会提供了一系列令人信服的现在应该采取行动的理由：

- 可以得到更多的选择。
- 在逐渐变化中转入费用，将减轻工作的人和/或受益者的负担。
- 费用可以更加均匀地在一代又一代工作的人和受益者之中分布。
- 对退休计划将会有更加提前的通知。
- 对社会保障向后代的支付能力的信心将得到加强。
- 个人和家庭将有更多的时间对消费和储蓄做出决定。
- 将会有更少的劳动力市场混乱。例如，对增加工资税的提前通知可以帮助雇主规划其雇用员工的规模。[56]

社会保障理事会还建议尽快采取行动。

国会已经多次修改《社会保障法》来解决社会保障体系的资金问题和其他重要问题。它从未允许系统中断它向公众的承诺，它也从来没有考虑过要这样做。咨询理事会建议的社会保障体系的任何改革措施都是与加强个人退休计划的其他部分相整合的，诸如私人养老金和私人投资。

为了打破在修复社会保障系统方面的政治僵局，美国前财政部部长罗伯特·鲁宾

① 这是一个美国术语，形容定价太高，人们看了标签上的价钱后受到冲击。——译者注

(Robert Rubin) 提议两党合作，就像 1983 年通过《社会保障法》修正案那样：总统与民
主党和共和党的参众两院代表一起工作，共同制订计划，并把他们的建议作为一个一揽子
计划提交给国会，但是这个计划不能违背《社会保障法》修正案。[57]《基督教科学箴言
175 报》报道说，奥巴马总统试图组成一个两党委员会，但是在他任总统的早期遭到一些民主
党人反对。[58]由于大衰退问题和医疗保险改革提上议程，解决社会保障的问题尚未成为关
注的焦点，但它将重新返回最前线。尤其是年轻的美国人，为了他们的未来，应该思考他
们需要什么样的社会保障计划。

公共政策与私人养老金计划

本章在前文已经主要讨论了社会保障——社会保险或三个支柱性的退休储蓄工具中的公共资助。我们现在转向第二个支柱养老金收入和第三个支柱个人储蓄和投资。因为公共政策（或公共政策的不存在）对它们来说也是重要的。

许多雇主，尤其是政府和大公司，为其员工提供了养老金计划。雇主代表员工向这些计划供款。通常员工也可以供款。一种由雇主赞助的养老金计划是收益确定型计划（defined benefit plans）。[59]在退休时，根据计划中列出的公式，雇主担保员工可获得一个确定（规定）数量的生活费。供款是一种投资，但是不管投资收益怎样，雇主都应该向雇员支付规定比率的费用。

为了保护雇员，使雇主在出现破产，没有足够的资金继续收益确定型计划，不得不关闭其收益确定型计划等情况时，不终止计划，国会依据 1974 年的《雇员退休收入和安全法》(Employee Retirement Income and Security Act of 1974)，建立了联邦退休津贴担保公司（Pension Benefit Guaranty Corporation，PBGC)。退休津贴担保公司完全是由已经确定了为员工提供收益确定型计划的雇主支付的保险费提供的资金建立的。为了能够参与退休津贴担保公司，收益确定型计划必须满足国内税收代码 401 条款的要求。担保仅仅适用于在破产或计划终止之前员工的津贴。退休津贴担保公司担保的数量是受到法律限制的，可能只是基于员工缴费应该得到的那部分津贴。

许多雇主已不再实施收益确定型计划了，因为它们太昂贵了。2006 年的《养老金保护法》(The 2006 Pension Protection Act，PPA）旨在加强收益确定型计划，但是并不鼓励公司提供这些计划，它的更严格的规则导致更多的雇主选择缴费确定型计划（defined contribution plan)，在这种类型的计划中，雇主缴费，但是员工承担所有的投资风险。退休津贴担保公司不保证缴费确定型计划。如果你听到人们谈论他们的 401（k）计划，他们可能是指其雇主的缴费确定型计划。如果员工换工作，他们通常可以带走他们在这些计

划中的投资，不像收益确定型计划中的投资那样带不走。但是很多人不参加这些自愿 401（k）计划。一个支撑退休基金的建议是自动地将员工列入参加计划的名册之中，如果他们希望退出，可以再选择退出。

绝大多数有缴费确定型计划的人仍然陷在国家 2008 年的投资市场崩溃影响之中。他们想知道为什么对公共的和私人的抵押贷款公司没有更好的监督，为什么美国证券交易委员会不能防止投资者遭受损失。

大约一半的美国员工没有雇主为他们提供私人养老金计划[60]，但他们可以自己为退休进行储蓄。一般来说，工作的人在工作期间向退休账户存钱被允许一个有上限的资金免税。当他们退休将钱取出时，这些钱像大多数其他类型的退休账户中的钱一样被征税。个人退休账户对于那些没有雇主赞助的养老金计划的人尤为重要。

养老保障的第三个支柱——个人储蓄和投资，效果怎样呢？很明显，许多美国人并没 176
有为他们的退休需要进行储蓄，而且严重低估他们的退休需要。以某些标准衡量，美国人与其他主要工业化国家的人相比，储蓄较少，美国个人储蓄率已降至大萧条时代的水平（在 2005 年和 2006 年少于个人可支配收入的百分之一）。[61]近三分之一的员工没有为退休储蓄。[62]如果预测是正确的，"婴儿潮"时期之后出生的第 X 代人为退休所做的资金方面的准备比"婴儿潮"一代还少。没有更多的储蓄或工作时间更长，由于我们已经讨论的那些因素的影响，如由收益确定型计划覆盖的工作者的数量减少、预期寿命和退休期延长，"退休储蓄危机"将更严重。[63]在中低收入的美国人中鼓励私人退休储蓄的公共政策，比如大幅度的税收减免，甚至成立储蓄匹配项目，可能会使美国人在退休时的财政状况好一些。

失业保险

另一个主要的社会保障项目——失业保险（有时称为失业补偿）对许多不是因他们自己的原因在近期失业的个人提供临时收入，这也有助于在衰退时期稳定经济。为了实现这个目标，联邦政府要求雇主向州政府管理的、符合联邦标准的失业保险计划缴费，但是州政府在建构自己的项目时有相当大的灵活性。

在 1935 年失业保险作为最初的《社会保障法》的一部分第一次被采用之前，一个人失去工作可能意味着陷入绝对贫困。大多数家庭是靠一个工作者来养活的——一般是父亲。如果他失去了工作，家庭收入将会立刻变成零。今天许多美国家庭从不止一个人的工作所得中获益，失业仍是非常严重的事情，但是第二个人的收入提供了一个预防经济灾难发生的缓冲器。在失业持续较长时间的情况下，失业保险（和补充营养援助计划等公共救助项目）能够减少一些困难。这些改变对失业的人的动机和预期也具有一些重要的作用。失业保险不能抵御长期失业或“硬核”（hard-core）失业，但它可以在两次工作之间对美国人提供一个保护，特别是在经济形势糟糕的时期。这样，失业者可以决定放弃低薪或不喜欢的工作，至少在一段时间内可以这样做，以便有希望找到工资更高一些和能够更好地利用他们的技能的工作。[64]但是，失业时间越长，劳动者越担心难找到好工作。

为了能够得到失业保险津贴，失业者必须完成申请过程，并表明他们愿意、能够和准备去工作。实际上，这就意味着失业者必须到美国就业服务部门去登记（一般情况下与州的失业保险办公室位于同一幢楼内），积极寻找工作，如果找到的话就接受一项“合适的”工作。合适，一般从对生命、健康和道德的威胁方面进行界定，同时也包括个人的身体能力，还有先前的教育程度、工作经验和收入，以及在某个习惯的工作领域获得就业的可能性，还有到工作场所的距离。随着失业时间的延长，失业保险计划可能希望失业者考虑更广泛地选择工作。一个人自己的资金储备的减少可能也会使失业者做相同的考虑。

州里的失业保险机构不能拒绝给因为罢工而不接受工作的失业者提供津贴，也不能拒
177 绝给因收入或其他条件明显低于该地区类似岗位而不接受工作的失业者提供津贴。同样，州的失业保险机构也不能拒绝因为要求工会成员身份而不接受工作的失业者提供津贴，它们也不能仅仅因为一个女人怀孕了就拒绝给她失业保险金（不过，试图让劳动者离开工作时获得失业保险的《家庭与医疗休假法》没有被通过）。

大多数与资格要求、津贴数量、津贴给付时间等有关的决定是由州政府做出的，但是在所有的州，失业保险都是暂时的，一般情况下州政府最多承担 26 周的正常资金给付，在有些情况下还有 13 周的额外附加资金给付，由州和联邦政府共同承担。当失业率高的时候，国会通常延长津贴给付时间。例如，2002 年和 2003 年，美国国会失业保险金给付时间额外延长了 13 周（共 39 周）。同样，2008 年，当经济形势恶化时，津贴给付时间被延长了两次。第一次是额外延长了 13 周。第二次是失业率最高的州延长 7 周或 13 周，使失业保险金总的给付时间达到 46 周或 59 周。这发生在失业保险给付触及 16 年以来的最高点和一些州的失业保险资金面临枯竭的情况下。2009 年，当全国失业率达到 10.2%时，类似的延长分别是 14 周或者 20 周，2010 年，再次给予了同样的延长期，国会对津贴给付延长作出了更多的规定。一些州对延长失业保险津贴给付也作出了自己的规定。

根据《联邦失业税法》（Federal Unemployment Tax Act，FUTA），雇主的税款被放置在联邦的一个失业信托基金中，在其中每个州有一个账户以及一些群体的账户，诸如联邦员工的账户。目前，联邦政府要求雇主为每一个员工工资收入中的第一个 7 000 美元缴纳 6.2%的税款（每个雇员每年 434 美元）。[65]州在不拖欠联邦贷款的条件之下得到 5.4%的返回款。联邦政府保留的资金主要用于支付联邦项目管理费用，提供联邦和州政府共同承担津贴的延长给付的一半资金，在州里的失业信托基金枯竭时为其提供一个能够使用的贷款账户。

各州负责支付正常的失业保险申请和联邦、州共同负责的额外增加的失业保险津贴的一半。州政府可以通过改变税收工资基数和税率来为它们的失业保险计划筹集资金。44个州使用的工资基数高于联邦政府的规定。3个州对员工的工资征税。[66]各州根据雇主以前的失业率（裁员）情况决定其税率，税率范围为0～10.96%。各州也确定每周支付给失业者的保险金数量。2008年，失业保险金每周最高可支付额度为：从密西西比州的230美元到马萨诸塞州的600～900美元（在那里失业保险金的数量也考虑员工供养的人口数量）。失业保险金有所上升，但是平均而言，其支付金额略低于全国平均收入的一半。[67] 2007年，大约750万名工人得到了总额322亿美元的失业保险[68]，平均每周约288美元[69]。

失业保险计划中的资金缺口

虽然几乎所有挣工资和薪金的工作人员都被涵盖在失业保险计划之中，但是估计有60%的失业者没有得到失业保险金。[70]他们中的许多“财源耗尽者”——不是一个坏名声，因为大多在26周或更长的时间里拖着沉重的脚步到处跑或在网上寻找工作，都会感到筋疲力尽。“财源耗尽”者实际上指的是这样的个人：他们已经用尽了有资格领取的所有津贴，但是仍然没有找到工作。其他人则因为工作所得不符合领取失业保险的要求，或者因为他们最后一份工作时间不够长而没有达到获取失业保险津贴的资格，或者他们只是在失业的早期有权利领取几周的失业保险。还有一些人是失业时间相对较短，不愿意费心去申请失业保险金。各州也收紧适用人群，使更多的人不够资格申请失业保险金。[71]另外一些则是由于工作表现不佳被解雇或自愿离开工作的人，包括罢工的人，都没有资格领取 178
失业保险金。

失业保险覆盖的低收入者的比例高于高收入者，但工资较低的人不符合领取失业保险资格的比例却高于工资较高的人，尽管他们的失业率更高（他们可能最需要得到资金上的援助）。城市研究所的研究人员发现，在2006年的失业者中，有22%的低收入工薪家庭领取了失业保险，相比而言，中等收入者的比例是33%，而高收入者的比例则是39%。[72]

工资较低的劳动者经常换工作，也更经常地受雇于打零工的岗位。这使他们不能满足失业保险津贴所需要的工作时间和收入要求。[73]政府问责办公室（GAO）还发现，低工资的要求成为失业者的可能性是高薪员工的2.5倍，但是低收入者即使全时工作了同样长的时间，其中也只有一半人可能会得到失业保险金。[74]零售和服务行业中的许多低收入者能够得到失业保险金的比例是最低的。打零工的人一般来说赚取的工资较低，拥有的就业技能较少，工作保障较少，而得到失业保险金的可能性也非常小。另外，虽然雇主代表打零工的员工向系统支付失业保险金，但是大部分州要求那些接受失业保险金的人是愿意接受全职工作的。

现代化的失业保险

失业保险计划没有跟上就业结构的变化，诸如临时工作和应急工作的增加、在工作场所引进大量的女性等变化。[75]失业保险通过在计算失业保险金时给较高收入者算出更多的月份，可以较好地帮助失业的美国人。失业保险金也可以提供给那些必须被归类为打零工的失业者，他们或者想要全职工作，或者渴望但只能打零工，以及提供给那些由于怀孕、家庭暴力、刺激、照顾家庭成员或为了新工作接受培训而离开工作岗位的人。[76]

一些州已经采取措施，通过覆盖这类群体，来改变保险计划对失业工人的反应。联邦政府可以对进行了这类改革的州提供激励，或者可能要求各州进行这样的改革。联邦提出要求的想法遭到强烈反对。当联邦政府告诉州政府该做什么时，特别是在州政府主要对计划负责的情况下，反对产生了，并且反对者相信联邦要求的改革太昂贵了。各州还指出，可以通过补充营养援助计划、贫困家庭临时救助计划和州劳工委员会帮助人们安全地工作。此外，各州的就业和失业的状况也有很大差别，而且有些州已经推进了符合它们的经济形势和劳动力特征的改革。

联邦政府没有要求各州将它们的失业保险项目现代化。相反，作为 2009 年美国《复苏与再投资法》的一部分，各州已经提供了数百万美元的额外临时资金，将之作为激励手段，扩大它们的失业保险计划。是否接受额外的资金在一些州引起了争议。一些人认为，一旦州政府改变法律确定的资格，在经济衰退期间帮助更多的人，那么它将很难恢复到原
179 来的规则。于是，各州就将被要求增加雇主的工资税或采取其他措施支持扩大的失业保险计划。雇主通常回避增加税收，声称这将阻止他们创造新的工作岗位，或使他们裁减工作人员。

为了增加失业保险计划的资金，各州也可以基于雇主的裁员历史采用更高的税收税率（这可能会进一步阻止雇主解雇员工）。[77]应税工资基数也可以增加，这可以减少税率的累退，与较低的税率相结合可能会鼓励雇主雇用更多的低技术工人。

联邦政府也能够做出自己的变化。从技术上讲，当失业率很高时，联邦法律可包括一个自动扩展保险金的计划，但是各州很难达到计划所要求的失业率，所有的意图和目的也就都不存在了。此外，扩展失业保险金的给付主要是对国家的失业率做出的一种反应。它对失业率的差别不是非常敏感的，特别是对于特定的地区，即使其所在的州或国家的整体失业率很低时，它们也可能因为经济衰退而有较高的失业率。与其在每次经济衰退时采取行动，国会不如使各州甚至更小的地区能够有资格自动扩展失业保险金的给付。

三种类型的失业

在过去的一个世纪里，美国失业率大幅波动。最糟糕的一次发生在 20 世纪 30 年代的

大萧条时期，失业率估计达到了 20%～30%，另一次是在 20 世纪 80 年代早期，在某些月份失业率超过了 10%。最好的时期是 20 世纪 50 年代，失业率低至 2.5%～3.5%；20 世纪 60 年代末和 21 世纪初，失业率在有些月份也是在 4%以下。图 5—2 显示了 1989—2009 年失业率的波动。在 21 世纪第一个十年后期爆发的经济危机造成了严重的后果。到 2009 年 10 月，1 560 万美国人失业，使美国的失业率达到 10.2%，这是自 1983 年以来的最高水平。[78]有 9 个州的失业率至少是 10%，密歇根州居于最前列，是 15.1%。

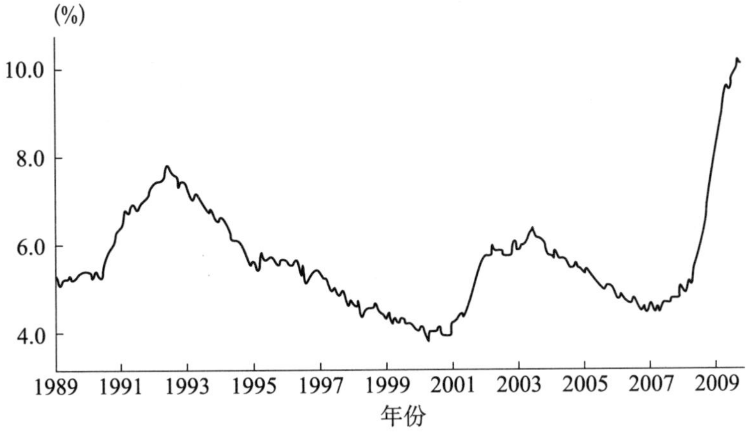

图 5—2　1989 年 1 月至 2009 年 12 月失业率的季节性变化

资料来源：Labor Force Statistics from the Current Population Survey (Washington，DC：Bureau of Labor Statistics)．Retrieved February 9，2010，from http://www.bls.gov/data/#unemployment.

有一些最小失业人口是不可避免的。在一个大型的自由经济体中，有成千上万的人辞去或更换工作，从而暂时失业了。这种失业被称为摩擦性失业。第二种类型是周期性失业，这类失业在经济表现不佳时增加，越来越多的人失业并且找不到工作。当经济形势好转时，许多这样的个人重返工作岗位。但是，有一些人则由于工作技能差、健康不良、知识能力有限，或是因为他们住在就业机会很少的地区，从而长期处于失业状态。这是第三种类型的失业，被称为结构性失业，是最难解决的失业。在经济没有衰退的时期，摩擦性失业大约占总失业率的一半。结构性失业估计少于 20%。今天，由于技术和其他劳动力市场的变化，造成失业的结构性因素已经超过了周期性因素。[79] 180

谁被视为失业者？

美国劳工部每月都估算失去工作的人和寻找工作的人占劳动力总量的百分比（州和地方的失业数字以不同的方式来计算）。这个官方的失业率是以对 6 万个家庭中的 16 岁或以上的人的调查为依据的。[80]劳工部经常由于许多受压迫的人从来没有被计算到失业人口中去而遭受批评。这些与劳动力市场只有“微弱联系”的工人希望工作，也能够工作，在12个月里的某些时候也在寻找工作，但是，只有那些在4个星期前积极找工作的失业者才被包括在官方统计的失业人口之中。2009年12月，大约有250万准待业人口，他们之中的92.9万人是消极的失业者。[81]这些消极的失业者认为没有适合他们的工作，并且已经放弃寻找工作。如果包括所有的准待业人口，官方失业率就会增加。

劳工部也一直因为它把打零工的人作为全职就业人员进行统计而受到批评，即使那些打零工的人想要全时就业也不应该如此统计。那些每周工作35个小时或更多时间的人被定义为全职工作者，即使他们在不止一个岗位上工作，即使他们希望得到一份全时工作。1994年的家庭调查发现了这个问题和一些其他问题。打零工的岗位通常工资都比较低，工人通常也没有附加的津贴。有过量的人以打零工的方式就业是经济状况不像国家希望的那样好的指示器。

在任何给定的时间，以打零工的方式工作（每周少于35小时）而不是全职工作的个人中，为非经济原因工作（在学校、家庭义务工作）的人数总是超过那些因经济原因（萧条的工作或商业环境）打零工的人数。在经济困难时期，因经济原因打零工的人口的比例增长了。如果这些因经济原因打零工的人的数量与准待业人口的数量加总，并将其加入官方的统计数据里，那么失业率会更高。

还有一个完全未被统计的数据，即未充分就业人口的数量。当人们的工作能力超过了岗位要求，却由于需要而非个人意愿不得不接受这份工作时，未充分就业现象就产生了。这些工作岗位也趋向于给本来有能力挣得更多工资的雇员支付更少的薪水。

有多少人失业算得上太多了呢？有这样一句老话：“你的邻居失业，代表经济不景气；你失业，代表的是经济大萧条。”虽然关于测量失业的大多数争论强调的是它低估了失业率，但是也有人相信这些数据已经太高了。例如，一些领取失业保险金的人未必努力寻找工作。[82]为了获得一项计划提供的帮助的资格，诸如补充营养援助计划，有劳动能力的个人必须到本地的州的失业办公室登记。这样的方式被认为人为地提高了失业率，因为一些
181 公共救助的受益人并不真的想要寻找工作。[83]福利改革有可能减轻这种影响，因为许多公共救助的接受者现在必须满足更严格的工作要求，以通过对他们的审查。

同样重要的是检查全国失业人口中的子群体。在好的或不好的经济时期，非洲裔美国人的失业率至少都是同期白人的一倍。2008年，亚洲裔的失业率平均为4.0%，白人是5.2%，西班牙裔是7.6%，黑人是10.1%。[84]（在2009年经济衰退恶化时，所有这些数字都增加了。）年轻人（16～19岁）的失业率经常要比一般人的失业率高出3倍。在所有各类人中，失业率最高的是那些年轻的非洲裔美国人。自20世纪90年代以来，女性的失业率至少略低于男性（以前女性的失业率更高），但是妇女大都集中在低工资的工作岗位上。

如果工作岗位和失业人员之间能够得到更好的匹配，失业的图景将会有很大的改变。

这至少可以通过两种方法来实现。第一，提供更高质量、更有针对性的工作训练和再教育计划，帮助那些只有很少的技能或拥有过时技能的人，使其学习到雇主正需要的技能（见第九章）。第二，鼓励和帮助那些不能在自己居住地附近找到工作的人到有适合的工作岗位的地方居住。雇主通常为高薪工作阶层提供重新安置于新的居住地的帮助，但是不对那些低薪工作阶层的人提供，其实那些低收入阶层的人可能是最需要这样的帮助的人。随着越来越多的美国公司将操作性的工作转到其他国家，对于这种"海外用工"的影响和在全球经济环境中确保美国人充分就业所需要的策略的激烈的辩论接踵而来。

在 21 世纪第一个十年末期，经济衰退开始减轻，经济重新稳定，未来人口变化趋势可能有助于缓解失业状况。在 20 世纪 70 年代至 80 年代，"婴儿潮"时期出生的人开始大量进入劳动力市场，导致失业率增加。随着"婴儿潮"一代逐渐退休，年轻人在劳动力市场上会有更多的空间。特别是对黑人、西班牙裔和移民，他们将大大有助于劳动力的补充。未来人力资源的储备是至关重要的，因为工资和福利待遇好的新工作岗位将需要高技能的劳动力。那些没有过硬素质的人将继续停留在穷人和失业者的行列。

工伤赔偿

工伤赔偿（不要与失业保险混淆）是一种社会保险项目，对受了工伤或得了职业病的人提供医疗津贴，通常是现金补偿。津贴也提供给在与工作相关的事故中死亡的职工的遗属。虽然对职工的工伤赔偿不像那些更大的社会保障计划那样，得到同样的公众关注，但是，这对那些在工作中受到严重伤害的人而言，也是一个关键的安全网络的组成部分，它也面临着类似的政策挑战。

每个州在其管辖范围内对有关工伤赔偿计划的法律完全负责，每个州的劳工部门负责计划的管理。联邦政府负责项目涵盖的联邦雇员和某些类别的职工（因硅肺病导致永久残疾的煤矿工人、沿岸港口工人、参与核武器生产和测试的人员）。[85]美国劳工部的工伤赔偿局负责管理联邦的这些计划。美国退伍军人事务部为伤残退伍军人管理一个单独的项目。个体经营者没有被工伤赔偿覆盖。

追随着走在前面的德国，引领着紧随其后的英国，美国在 1908 年实施了一个对联邦 182
雇员提供工伤赔偿的计划。[86]最早建立工伤赔偿计划的州是威斯康星州和新泽西州，这发生在 1911 年；所有的州都建立这一计划是在 1948 年。[87]工伤赔偿计划是由于州的努力而建立的，因为企业想要让离家更近的地方对此进行控制。

工伤赔偿计划被认为是企业和劳动者的一个主要的成就。[88]在它出现之前，大多数工人在工作中受伤或残疾以后只能以雇主的疏忽为依据进行诉讼。诉讼过程总是漫长而昂贵的。雇主通常声称，受伤是一个普遍的就业风险或是因为员工的疏忽所致。雇主通常会赢得诉讼，但是，他们也可能遇到雇员赢得一大笔赔偿的情况。今天，工伤赔偿①为员工提供了快速获得赔偿的方式，也为雇主提供了一种划定其责任的方式。

工伤赔偿是为了给受伤或得病的人补偿损失掉的工资，是将劳动者作为一个"整体"进行赔偿，而不是为了减轻"痛苦"或实现广泛的共同接受的正义。[89]工伤赔偿有上诉过程，但除了在不同寻常的情况下，劳动者或他们的遗属是被阻止起诉雇主的。是谁的错通常不是一个问题，但是，如果劳动者是因为酗酒或行为不当而受伤，那么他们没有得到补偿的权利。

工伤赔偿中的问题

工伤赔偿是为了限制诉讼，但近年来诉讼增加了。[90]劳动者和他们的雇主可能在工伤或疾病的严重程度、需要治疗和休养的时间上有不同意见。索赔需要数年时间才能解决。与在工作中发生创伤性损伤的情况相比，疾病的发生是很难被证明与工作相关联的，因为疾病可能需要一个很长的发展时间，而雇员可能有多个雇主，或造成疾病的原因可能并不清楚。需要花些时间才能弄清楚的医疗问题也是难以处理的，因为工伤赔偿计划可能包括申请索赔的时间限制。新型的工伤或残疾问题（例如，腕管综合征这样的重复运动障碍）也必须解决。

尽管各州工伤赔偿计划有许多共同的方面，但是在残疾评估和补偿确定方面，它们考虑的因素有很大的差异。目前还没有联邦规定的工伤赔偿资料的报告。国家社会保险学会（National Academy of Social Insurance，NASI）使用各种来源的资料来分析项目特点和趋势。[91]绝大多数劳动者都没有被工伤赔偿②覆盖。大多数劳动者在短期疾病和残疾的情况下通过他们的雇主支付生病期间的报酬得到了保护，但是30%的劳动者既没有得到短期生病或残疾期间获酬的保护，也没有得到工伤赔偿。在除了得克萨斯州以外的其他所有各州，大多数私营雇主必须参加工伤赔偿计划。在得克萨斯州，77%的劳动者被覆盖，其他人是因为他们的雇主没有参与，而受伤的员工可以就此提出起诉。

行政和法律上的便利已经导致了诸如一览表这样的援助方法的发展，一览表把同等特定伤害与给定补偿周数相联系。在受伤或生病期间工伤赔偿的资金通常依据工人的周工资的三分之二进行计算。这些支付上限在管辖区之间的差距很大，通常联邦计划比州计划更
183 慷慨。劳动力补偿和平均工资等因素的差异使得对各计划的跨州比较很难实现。但是，2006年，对造成永久和完全残疾的工人每周的赔偿金额有一个大致范围：最高的是伊利

① 此处原文是 unemployment compensation，应是笔误。——译者注
② 此处原文是 unemployment compensation，应是笔误。——译者注

诺伊州和艾奥瓦州，为 1 173 美元；最低的是密西西比州，为 351 美元。[92]

工伤赔偿计划的描述提出，津贴被假定为是适当的，但是替代的工资比他们的全部价值要少，目的是鼓励职工回到工作岗位和阻止职工在申请索赔时进行欺诈。保险信息研究所（Insurance Information Institute）认为有些州的津贴“不足”，而有些州则“过于慷慨”，并提出在有些州存在着不平衡，即对永久性部分残疾的个体过度补偿，而对永久性完全残疾的个体补偿不足。[93]

就像社会保障的残疾保险和医疗照顾一样，当残疾是长期或永久和完全的时（就与工作相联系而言），工伤赔偿可以提供帮助。工伤赔偿尤为重要，因为它不同于社会保障，它还可以帮助短期残疾和长期部分残疾的人。大多数受伤的员工很快就能复原并只接受医疗津贴。他们占工伤赔偿个案的 77%，而接受的补偿仅占全部工伤津贴支付的 6%。其他 23%的个案涉及现金和医疗津贴，占全部工伤津贴支付的 94%。[94]死亡或永久完全残疾的人占全部个案的 1%。永久完全残疾的人既可以获得工伤赔偿，也能够得到社会保障津贴。津贴要调整到与他们过去的收入持平。

雇主承担工伤赔偿项目的花费。大多数雇主通过私人保险公司为其员工投保；有些人是自己投保；在某些情况下，州政府也为雇主投保。雇主的保险费是基于工作的危险程度和他们的安全记录确定的。由于某些行业的风险很高，雇主可能无法获得私人保险，必须依靠州政府运作的“高风险池”。

全国范围内平均而言，2008 年雇主为工伤赔偿支付的钱占员工工资的 1.7%。[95]2006 年雇主向工伤赔偿计划支付了将近 880 亿美元。[96]支付给工人或他们遗属的津贴总计约 550 亿美元，其中一半是支付现金，一半是支付医疗费。从 2004 年到 2005 年，在全国范围内，现金和医疗津贴的总支出下降了 1.5%。这在很大程度上是由于加利福尼亚州的人口状况导致现金和医疗支付下降。很多州已经看到工伤赔偿①费用的增加。

近年来，与工作相关的死亡人数增加了，同时劳工统计局的调查显示，私营部门的员工表示，随着时间的推移，非致命性的事故大幅减少了。[97]技术设备（如机器人、助力设备、无线工具）有助于减少工作场所的事故。[98]雇主更加重视工作场所的安全，保险公司也经常要求进行特定的安全活动，如建立事故预防计划或设立安全委员会。获得津贴的资格标准也变得更加严格。此外，大量受伤的人从来不申请津贴。原因可能有以下几点：员工不知道他们被保险覆盖；担心雇主报复；认为获得津贴是困难的、有压力的或者有风险的；没有意识到受伤或生病是与工作相关的（特别是那些需要一段时间才能发现的伤病）。[99]

随着工作场所事故减少，申请补偿的数量下降了，但是由于工伤医疗费用比一般的医疗照顾费用上升得快，所以它支付的金额增加了。[100]近年来，一些州的工伤赔偿计划，除 184
了其他问题之外，还面临着成本增加、保险费率快速上升和大型项目赤字等问题。一位专

① 此处原文是 unemployment compensation，应是笔误。——译者注

栏作家总结了这个问题：

> 有组织的劳工说太多受伤的工人没有得到适当的补偿，面临来自保险公司的赔付阻力。企业抱怨在这个系统中有太多的医生和按摩师是为了最大化的利润而不是专注于让一个受伤的职工回到工作岗位而进行治疗。医生面对这么多证明治疗的麻烦，他们中的很多人都放弃了接受工伤患者。医疗照顾本身的成本——就它为每一个人的支出而言——迅速攀升。[101]

现代化的工伤赔偿

各州已经使用各种手段来控制工伤赔偿个案中的医疗成本，如以费用一览表限制将支付的医疗费，利用复审和治疗计划的协调、以证据为基础的治疗指南限制医生选择等。[102]这些类型的改革在加利福尼亚州已经大幅度削减了计划的成本。对现代化的工伤赔偿的另一个想法是将雇主提供的团体医疗和残疾保险计划协调或整合。[103]

除了努力公平地评估个案、减少欺诈性的申请，主要的思路是鼓励职工在需要的时候使用职业康复系统，以便尽可能快地返回岗位（见第六章）。尽快返回工作岗位被认为对职工和雇主都是有利的。一个职工离开工作岗位的时间越长，雇主支付的成本越高，职工将重返工作岗位的可能性也越低。[104]重点是启动早期治疗和康复，使系统易于运行，减少精神压力，保持职工与工作场所的接触和结合，所有这些也可以限制律师的参与和诉讼。[105]

与其他的社会福利问题的关注点一样，现代化的工伤赔偿也认为通过一个联邦计划，可以获得更大的一致性。[106]但是，没有迹象表明国家在向这个方向行动。1972 年，全国工人赔偿法律委员会发布了 19 项建议，考虑从根本上改善计划。[107]尽管许多州完善了它们的计划[108]，但许多州还是没有采纳全部建议。一些州的工伤赔偿计划还排除了只雇用几个工人的雇主，津贴水平通常也低于委员会推荐的标准。

各州对它们的计划主要担心的是企业在决定开办地点时可能会考虑工伤赔偿的环境。计划要考虑受伤工人（在某些情况下还包括他们的代理人）、雇主、保险公司、医疗提供者的利益平衡，也要考虑州的系统能够保持运行。当政策的变化导致工伤赔偿的成本自动上升时，就会产生附加变化，州的经济就会受到不利影响。[109]从技术上讲，雇主承担工伤赔偿的成本，但是，企业承担的任何成本都被认为是雇主可能支付给员工的工资。因此，有许多鼓励有效地运作工伤赔偿①和公平地对待雇员的方法。

---

① 此处原文是 unemployment compensation，应是笔误。——译者注

总结

社会保险计划主要是一种防止劳动者和退休人员及其家属和遗属陷入贫困的策略。不同于社会保障最初创建时的想法，现在要求在社会保障退休和残疾信托基金中建立一个庞大的储备金。由于资金被用来振兴经济、预期寿命增加、生活费用上涨等，社会保障发展成了一个现收现付的计划。许多改变使计划保持了偿付能力，但是要维持系统在几十年里能够走在大量的退休者开始领取津贴的前面，需要更深层次的结构性变化。面临的挑战是如何去做，与此同时维护当前的社会保险系统的适当性和公平。社会保障系统需要修复，但它是这个国家最有效的反贫困的努力，在未来它仍将是美国最重要的社会福利项目。

失业保险，是另一个重要的社会保险计划，由雇主支付税金筹集基金，帮助短期失业的劳动者。失业保险计划没有跟上劳动力成分的变化，高失业率地区的失业者往往无法获得扩展的保险金，因为州和国家的失业率可能会更低，不会触发所需的保险金。州政府的工伤赔偿计划也属于社会保险计划，由雇主支付保险费建立基金。工伤赔偿计划帮助在工作中受伤或在与工作相关的环境中生病的工人。工伤赔偿计划是特别重要的，因为它对暂时和部分残疾的工人提供医疗和现金补偿，也对完全和永久性残疾的工人提供这些补偿。此外，它还具有在第一时间防止损伤或疾病的作用，这些项目也需要现代化，要了解受伤或生病的工人尽快返回工作岗位需要得到的服务。社会保险项目仍然是美国社会福利制度的基石。

讨论问题和课堂活动

1. 讨论社会保障系统改革的多种选项（见本章例证 5—3）。阅读这个主题的文章，与各个年龄组的人交谈，了解不同年龄组的人对当前社会保障计划的看法，以及他们对社会保障系统未来的改变有何思考。你认为哪个选项是最可行的？

2. 阅读例证 5—2 “你会有足够的退休金吗？”，考虑你一生可能会赚多少钱。去社保网站，计算你的潜在社会保障退休津贴。你认为你将需要多少养老金或个人储蓄，以保证一个舒适的退休生活？

3. 去美国劳工统计局（Bureau of Labor Statistics）网站比较你所在的州和其他州的失业率。为什么你所在的州的失业率高于或低于其他州？了解你所在的州的失业保险或失业补助计划。与其他州的津贴和覆盖情况相比，你所在的州是怎样的？例如，打零工的工人被覆盖了吗？为了应对联邦政府鼓励各州修改其失业保险计划，以便提供经济刺激资金的做法，州政府最近对计划提出了改变吗？你认为你所在的州的计划应该被修改吗？如果应该修改，如何修改？

4. 了解你所在的州的工伤赔偿计划。与其他州相比，你所在的州在确定残疾方法、支付水平以及其他方面的问题上表现如何？你认为应该在哪些方面进行修改？

186

网站

美国劳工统计局（美国劳工部的一个部门），网址：http：//www. bls. gov。美国劳工统计局提供了关于就业、劳动力、失业以及相关专题的大量数据。

社会保险国家研究所，网址：http：//www. nasi. org。社会保险国家研究所是由社会保险专业人士组成的一个非政党的、非营利的组织，该组织致力于增加对于扩大社会保险的覆盖范围的理解以及相关方案，“为经济安全以及一个充满活力的经济作出贡献”。

社会保障在线，网址：http：//www. ssa. gov。这是社会保障部的官方网站。它提供了大量的信息，包括老年人、幸存者、残疾人的保险方案，补充保障收入方案，包括为方案参与者提供的方案数据和工具。

注释

[1] Thomas Paine，“Agrarian Justice，” 1797. Retrieved January 14，2009，from Social Security Administration，“Social Security History Page”，http：//www. ssa. gov/history/tpaine3. html.

[2] Eric R. Kingson and Edward D. Berkowitz，*Social Security and Medicare*：*A Policy Primer*（Westport，CT：Auburn House，1993），pp. 29 - 37.

[3] 虽然大多数美国人不想成为公共救助的接受者，但是分析表明，年满 65 岁的人中有 65%的美国人将接受某些形式的公共救助。See Mark R. Rank，*One Nation Underpriveleged*：*Why Poverty in America Affects Us All*（New York：Columbia University Press，2004）.

[4] Kingson and Berkowitz，*Social Security and Medicare*：*A Policy Primer*，p. 33.

[5] Joseph A. Pechman，Henry J. Aaron，and Michael K. Taussig，*Social Security*：*Perspectives for Reform*（Washington，DC：Brookings Institution，1968）.

[6] See Andrew W. Dobelstein，*Understanding the Social Security Act*：*The Foundation of Social Welfare for America in the Twenty-first Century*（New York：Oxford University Press，2009）.

[7] *Social Security Basic Facts*（Washington，DC：Social Security Administration，August 5，2009）. Retrieved January 25 ，2010，from http：//www. socialsecurity. gov/pressoffice/basicfact. htm.

[8] *Ibid.*

[9] Wilbur J. Cohen，*Social Security*：*The Compromise and Beyond*（Washington，DC：Save Our Security Education Fund，1983），pp. 4 - 5.

[10] *Cost-of-Living Adjustments*（Washington，DC：Social Security Administration，October 15，2009）. Retrieved January 25，2010，from http：//www. ssa. gov/OACT/COLA/colaseries. html.

［11］Dan Muldoon and Richard W. Kopcke, *Are People Claiming Social Security Later*? (Boston: Trustees of Boston College, Center for Retirement Research, June 2008). Retrieved January 14, 2009, from http: // crr. bc. edu/images/stories/ib _ 8 - 7. pdf.

［12］Jeanne Sahadi, "A Retirement Mistake Boomers Should Avoid," CNNMoney. com, June 6, 2007. Retrieved July 24, 2008, from http: //money. cnn. com/2007/06/06/pf/retirement/social _ security _ early/index. htm; also see Carrie Schwab-Pomerantz, "Social Security Benefits: Timing Can Make A Difference" (Charles Schwab & Co., Inc., 2009). Retrieved May 13, 2010, from http: //www. creators. com/lifestylefeatures/business-and-finance/money-and-you/social-security-benefits-timing-can-make-a-difference. html.

［13］Scott S. Burns, "Tax on Social Security Benefits Snares More Retirees Each Year," *Austin American-Statesman*, August 12, 2008, p. D2; "Changing the Income Tax Treatment of Social Security Benefits" (Washington, DC: Urban Institute, 2010). Retrieved February 8, 2010, from http: //www. urban. org/retirement _ policy/ssincometax. cfm.

［14］*Social Security: Understanding the Benefits, 2009* (Washington, DC: Social Security Administration, January 2009), SSA Publication No. 05 - 10024. Retrieved January 14, 2009, from http: //www. socialsecurity. gov/pubs/10024. pdf.

［15］对于1983年改革的更详细的描述，参见"Report of the National Commission on Social Security Reform," *Social Security Bulletin*, Vol. 46, No. 2, 1983, pp. 3 - 38。对众议院和参议院行动的更多描述，参见"Social Security Rescue Plan Swiftly Approved," *1983 Congressional Quarterly Almanac* (Washington, DC: Congressional Quarterly, 1984), pp. 219 - 226。关于改革的简要思考参见 Wilbur J. Cohen, "The Future Impact of the Social Security Amendments of 1983," *The Journal/The Institute of Socioeconomic Studies*, Vol. 8, No. 2, 1983, pp. 1 - 16。 *187*

［16］在这个段落中报告的老年、遗属、残疾和医疗保险信托基金的数据来自 *The 2009 Annual Report of the Board of Trustees of the Federal Old-Age and Survivors Insurance and the Federal Disability Insurance Trust Funds* (Washington, DC: Social Security Administration, March 15, 2009)。Retrieved May 26, 2009, from http: //www. ssa. gov/OACT/TR/2009/index. html; Social Security Administration, *Status of the Social Security and Medicare Programs*, May 12, 2009. Retrieved May 26, 2009, from http: //www. ssa. gov/OACT/TRSUM/index. html.

［17］Matt Homer, Elah Lanis, and Bernard Wasow, *Why Social Security Is Not In Crisis* (New York: The Century Foundation, 2008). Retrieved January 14, 2009, from http: //www. tcf. org/Publications/RetirementSecurity/ScareTactics6 - 25 - 2008. pdf.

［18］See Marshall N. Carter and Williams G. Shipman, *Promises to Keep: Saving Social Security's Dream* (Washington, DC: Regnery Publishing, 1996), based on a Third Millennium Survey by Frank Lutz and Mark Siegel; Sam Beard, "Minimum-Wage Millionaires: The Capitalist Way to Save Social Security," *Policy Review*, No. 73, Summer 1995. Retrieved January 14, 2009, from http: //www. hoover. org/publications/policyreview/3565567. html.

［19］*Social Security 70th Anniversary Survey Report: Trends Over Time* (Washington DC: American Association of Retired Persons, August 11, 2005). Retrieved January 14, 2009, from http: //assets. aarp. org/rgcenter/econ/ss _ 70 _ anniv. pdf.

[20] Ruth Helman, Mathew Greenwald & Associates, Jack Van Derhei, and Craig Copeland, *The 2008 Retirement Confidence Survey: Americans Much More Worried About Retirement, Health Costs a Big Concern*, EBRI Issue Brief #316 (Washington, DC: Employee Benefit Research Institute, April 2008). Retrieved January 14, 2009, from http: //ebri. matrixgroup. net/publications/ib/index. cfm? fa=ibDisp&content _ id=3903.

[21] Eric R. Kingson, "Misconceptions Distort Social Security Policy Discussions," *Social Work*, Vol. 34, No. 4, 1989, pp. 357 - 362; also see Kingson and Berkowitz, Social Security and Medicare: A Policy primes; Gordon Sherman, "Social Security: The Real Story," *National Forum, The Phi Kappa Phi Journal*, Vol. 78, No. 2, 1998, pp. 26 - 29.

[22] *Social Security Basic Facts*.

[23] Committee on Ways and Means, *2004 Green Book*, Appendix H: Data on Poverty (Washington, DC: U. S. House of Representatives, August 4, 2004), p. H-38. Retrieved January 14, 2009, from http: //www. gpoaccess. gov/wmprints/green/2004. html.

[24] Patterson Clark, "Will You Get Your Money's Worth?", *The Miami Herald*, August 13, 1995, p. 45.

[25] *Social Security Basic Facts*.

[26] Kingson and Berkowitz, *Social Security and Medicare: A Policy Primer*, p. 23; J. Douglas Brown, *Essays on Social Security* (Princeton, NJ: Princeton University Press, 1977), pp. 31 - 32.

[27] Martha N. Ozawa, "Benefits and Taxes under Social Security: An Issue of Intergenerational Equity," *Social Work*, Vol. 29, No. 2, 1984, pp. 131 - 137.

[28] U. S. Census Bureau, *POV01: Age and Sex of All People, Family Members and Unrelated Individuals Iterated by Income-to-Poverty Ratio and Race*. Retrieved January 25, 2010, from http: // www. census. gov/hhes/www/cpstables/032009/pov/new01 _ 000. htm.

[29] Henry J. Aaron, "Costs of the Aging Population: Real and Imagined Burdens," in Henry J. Aaron, Ed., *Social Security and the Budget: Proceedings of the First Conference of the National Academy of Social Insurance* (Lanham, MD: National Academy of Social Insurance and University Press of America, 1990), pp. 51 - 61. Also see Ellen M. McGee and Gloria M. Gutman, Eds., *The Overselling of Population Aging: Apocalyptic Demography, Intergenerational Challenges, and Social Policy* (Canada: Oxford University Press, 2000).

[30] Philip J. Longman, "Costs, of the Aging Population: Financing the Future," in Aaron, *Social Security and the Budget: Proceedings of the First Conference of the National Academy of Social Insurance*, p. 67.

[31] Eric R. Kingson, Barbara A. Hirshorn, and John M. Cornman, *Ties That Bind: The Interdependency of Generations* (Washington, DC: Seven Locks Press, 1986).

[32] Michael Tanner, "Disparate Impact: Social Security and African Americans," *Briefing Paper*, No. 61, (Washington, DC: Cato Institute, February 5, 2001). Retrieved January 15, 2009, from http: // www. cato. org/pubs/briefs/bp-061es. html; William W. Beach and Gareth E. Davis, Social Security's Rate of Return, *Center for Data Analysis Report* #98 - 01 (Washington, DC: The Heritage Foundation January

15, 1998). Retrieved December 22, 2008, from http: //www. heritage. org/Research/ socialsecurity/CDA98 - 01. cfm; William W. Beach and Gareth G. Davis, Social Security's Rate of Return For Hispanic Americans, *Center for Data Analysis Report* #98 - 02 (Washington, DC: The Heritage Foundation, March 27, 1998). Retrieved December 22, 2008, from http: //www. heritage. org/Research/SocialSecurity/CDA98 - 02. cfm. 188

[33] 对这些问题的讨论，参见 Bernard Wasow, *Setting the Record Straight: Social Security Works for Latinos* (New York: Century Foundation, May 2002). Retrieved January 15, 2009, from http: // www. socsec. org/facts/Record _ Straight/Latinos. pdf.

[34] William Spriggs and Jason Furman, *African Americans and Social Security: The Implications of Reform Proposals* (Washington, DC: Center on Budget and Policy Priorities, January 19, 2008). Retrieved July 28, 2008, from http: //www. cbpp. org/1 - 18 - 06socsec. htm.

[35] National Committee to Preserve Social Security and Medicare, *Why Social Security Is Important to African Americans* (Washington, DC: Author, May 2008). Retrieved July 28, 2008, from http: // www. ncpssm. org/news/archive/vp _ africanamericans.

[36] Eric Kingson, "Misconceptions Distort Social Security Policy Discussions," *Social Work*, Vol. 34, No. 4, 1989, pp. 357 - 362; Bernard Wasow, *Setting the Record Straight: Two False Claims about African Americans and Social Security* (New York: Century Foundation, March 2002). Retrieved January 15, 2009, from http: //www. socsec. org/facts/Record _ Straight/African _ Americans. pdf.

[37] Spriggs and Furman, *African Americans and Social Security: The Implications of Reform Proposals*.

[38] National Committee to Preserve Social Security and Medicare, *Why Social Security Is Important to Hispanic and Latino Americans* (Washington, DC: Author, August 2008). Retrieved December 23, 2008, from http: //www. ncpssm. org/news/archive/vp _ hispanics/; National Education Association, *Social Security Privatization: A Bad Deal for Hispanic Communities* (Washington, DC: Author, February 2005). Retrieved May 6, 2009, from http: //www. nea. org/home/16499. htm.

[39] League of United Latin American Citizens, *The Truth About Undocumented Immigration* (Washington, DC: Author, no date). Retrieved January 15, 2009, from http: //www. Iulac. org/advocacy/issues/immigration/truth. html; also see Paul N. Van de Water, *Immigration and Social Security* (Washington, DC: Center on Budget and Policy Priorities, November 20, 2008). Retrieved January 15, 2009, from http: //www. cbpp. org/11 - 20 - 08socsec. htm.

[40] Joel Feinleib and David Warner, *The Impact of Immigration on Social Security and the National Economy*, Social Security Advisory Board Issue Brief #1 (Washington, DC: Social Security Advisory Board, December 2005). Retrieved January 15, 2009, from http: //www. ssab. gov/documents/IMMIG _ Issue _ Brief _ Final _ Version _ 000. pdf.

[41] Van de Water, *Immigration and Social Security*.

[42] Feinleib and Warner, *The Impact of Immigration on Social Security and the National Economy*, Social Security Advisory Board Issue Brief #1.

[43] Social Security Administration, *Social Security Is Important to Women*, October 2008. Retrieved December 22, 2008, from http: //www. socialsecurity. gov/pressoffice/factsheets/women. htm.

［44］U. S. Department of Health, Education and Welfare, *Social Security and the Changing Roles of Men and Women* (Washington, DC: U. S. Government Printing Office, February 1979), Chapters 1 & 2; also see Ekaterina Shirley and Peter Spiegler, *The Benefits of Social Security Privatization for Women*, SSP No. 12 (Washington, DC: Cato Institute, July 20, 1998). Retrieved January 15, 2009, from http://www.cato.org/pubs/ssps/ssp 12.html.

［45］Richard Fry and D'Vera Cohn, *New Economics of Marriage: The Rise of Wives* (Washington, DC: Pew Research Center, January 19, 2010). Retrieved January 24, 2010, from http://pewresearch.org/pubs/1466/economics-marriage-rise-of-wives.

［46］U. S. Department of Health, Education and Welfare, *Social Security and the Changing Roles of Men and Women*.

［47］*Ibid*.

［48］Government Accountability Office, *Retirement Security: Women Face Challenges in Ensuring Financial Security in Retirement* (Washington, DC: Author, October 2007). Retrieved December 22, 2008, from http://www.gao.gov/new.items/d08105.pdf

［49］累进价格指数的信息依据 Jason Furman, *An Analysis of Using "Progressive Price Indexing" to Set Social Security Benefits* (Washington, DC: Center for Budget and Policy Priorities, May 2, 2005). Retrieved January 16, 2009, from http://www.cbpp.org/3-21-05socsec.htm.

［50］Ed Lorenzen, *Progressive Approaches to Benefit Changes in Social Security Reform* (Washington, DC: Centrists. Org, January 26, 2005). Retrieved January 16, 2009, from http://www.centrists.org/pages/2005/01/26_lorenzen_wealth.html.

［51］Advisory Council on Social Security, *Report of the 1994-1996 Advisory Council on Social Security* (Washington, DC: Social Security Administration, January, 1997). Retrieved January 17, 2009, from http://www.ssa.gov/history/reports/adcouncil/report/toc.htm.

［52］Michael Tanner, "The 6.2 Percent Solution: A Plan for Reforming Social Security" (Washington,
189 DC: Cato Institute, February 17, 2004). Retrieved January 17, 2009, from http://www.socialsecurity.org/pubs/ssps/ssp-32es.html.

［53］Michael D. Tanner, *Personal Accounts for Social Security: Still the Best Deal* (Washington, DC: Cato Institute, October 31, 2008). Retrieved December 22, 2008, from http://www.cato-at-liberty.org/2008/10/31/personal-accounts-for-social-security-still-best-deal/.

［54］Social Security Advisory Board, *Social Security: Why Action Should Be Taken Soon*, revised edition (Washington, DC: Author, July 2001), pp. 18-19. Retrieved January 17, 2009, from http://www.ssab.gov/Publications/Financing/actionshouldbetaken.pdf; Alan D. Viard, "Pay-as-you-go Social Security and the Aging of America: An Economic Analysis," *Economic and Financial Policy Review* (Dallas: Federal Reserve Bank of Dallas, 2002), Vol. 1, No. 4. Retrieved January 17, 2009, from http://www.dallasfed.org/research/efpr/pdfs/v01_n04_a01.pdf.

［55］Richard W. Fischer, "Storms on the Horizon," Remarks before the Commonwealth Club of California (San Francisco, California, May 28, 2008). Retrieved January 17, 2009, from http://www.dallasfed.org/news/speeches/fisher/2008/fs080528.cfm.

[56] Social Security Advisory Board, *Social Security: Why Action Should Be Taken Soon*, revised edition, pp. 14 - 15.

[57] "Legacy Politics Could Save Social Security," *AARP Bulletin*, May 2007, p. 3.

[58] David R. Francis, "Obama Faces Larger Problems than Social Security Shortfalls," CSMonitor. com, March 2, 2009. Retrieved May 8, 2009, from http: //www. csmonitor. com/2009/0302/p 15s01-wmgn. html.

[59] Pension Benefit Guarantee Corporation, "FAQs About PBGC". Retrieved January 2, 2009, from http: //www. pbgc. gov/about/wrfaqs. html; Committee on Ways and Means, Section 14— "The Pension Benefit Guarantee Corporation," *2008 Green Book* (Washington, DC: U. S. House of Representatives, 2008). Retrieved January 2, 2009, from http: //waysandmeans. house. gov/Documents. asp? section =2168.

[60] General Accountability Office, *Retirement Security: Women Face Challenges in Ensuring Financial Security in Retirement* (Washington, DC: Author, October 2007), p. 9. Retrieved January 17, 2009, from http: //www. gao. gov/new. items/ d08105. pdf.

[61] *Ibid.*, p. 10.

[62] *Social Security Basic Facts*.

[63] Alicia H. Munnell, Anthony Webb, and Francesca Golub-Sass, "Is There Really a Retirement Savings Crisis? An NRRI Analysis," August 2007, Number 7 - 11 (Boston: Trustees of Boston College, Center for Retirement Research). Retrieved June 16, 2010, from http: // crr. bc. edu/index. php? option=com _ content&task=view&id=466&Itemid=3.

[64] Alan Krueger, "Insuring Against Recession," *Pathways*, Summer 2008 (Stanford, CA: Stanford University, The Center for the Study of Poverty and Inequality). Retrieved January 7, 2009, from http: //www. stanford. edu/group/scspi/pdfs/pathways/ summer _ 2008/Krueger. pdf.

[65] Employment and Training Administration, "Unemployment Insurance Tax Topic" (Washington, DC: U. S. Department of Labor, October 1, 2008). Retrieved January 5, 2009, from http: // www. workforcesecurity. doleta. gov. /unemploy/uitaxtopic. asp.

[66] Employment and Training Administration, "Significant Provisions of State Unemployment Insurance Laws" (Washington, DC: U. S. Department of Labor, October 22, 2008). Retrieved January 5, 2009, from http: //www. workforcesecurity. doleta. gov. /unemploy/content/sigpros/2000-present/July2008. asp; also see Margaret C. Simms and Daniel Kuehn, "Unemployment Insurance During a Recession" (Washington, DC: The Urban Institute, December 2008). Retrieved January 5, 2009, from http: //www. urban. org/ UploadedPDF/411808 _ unemploymentinsurance. pdf.

[67] Simms and Kuehn, "Unemployment Insurance During a Recession."

[68] *Ibid.*

[69] Howard Rosen, "Unemployment Insurance Is in Desperate Need of Modernization" (Washington, DC: Urban Institute, July 16, 2008). Retrieved January 19, 2009, from http: //www. urban. org/ publications/411731. html.

[70] Simms and Kuehn, "Unemployment Insurance During a Recession."

[71] *Ibid.*

190 [72] *Ibid.*

[73] *Ibid.*; Rosen, "Unemployment Insurance Is in Desperate Need of Modernization."

[74] Government Accountability Office, "Unemployment Insurance: Low-Wage and Part -Time Workers Continue to Experience Low Rates of Receipt," GAO-07 - 1147 (Washington, DC: Author, September 7, 2007). Retrieved January 19, 2009, from http: //www. gao. gov/products/GAO-07 - 1147.

[75] *Ibid.*

[76] Krueger, "Insuring Against Recession"; Simms and Kuehn, "Unemployment Insurance During a Recession."

[77] Krueger, "Insuring Against Recession."

[78] "Regional and State Employment and Unemployment Summary" (Washington, DC: Bureau of Labor Statistics, November 20, 2009). Retrieved January 25, 2010, from http: //www. bls. gov/news. release/archives/laus _ 11202009. pdf.

[79] Rosen, "Unemployment Insurance Is in Desperate Need of Modernization."

[80] Bureau of Labor Statistics, *Handbook of Methods*, Chapter 1, "Labor Force Data Derived from the Current Population Survey" (Washington, DC: U. S. Department of Labor, April 17, 2003). Retrieved January 21, 2009, from http: //www. bls. gov/opub/hom/homch1 _ b. htm.

[81] Bureau of Labor Statistics, "The Employment Situation: December 2009" (Washington, DC: U. S. Department of Labor, January 8, 2010). Retrieved January 25, 2010, from http: //www. bls. gov/news. release/empsit. nr0. htm.

[82] Amity Shlaes, "Job Hunters Slack Off When Given a Helping Hand," Bloomberg. com, April 12, 2010. Retrieved May 13, 2010, from http: //www. bloomberg. com/apps/news? pid=20601039&sid=aC1feyaZB9zU.

[83] Kenneth W. Clarkson and Roger E. Meiners, "Government Statistics As a Guide to Economic Policy: Food Stamps and the Spurious Rise in the Unemployment Rates," *Policy Review*, Vol. 1, 1977, pp. 27 - 51.

[84] Economic News Release, Table A-2 and Table A-3, Bureau of Labor Statistics. Retrieved January 25, 2010, from http: //www. bls. gov/news. release/empsit. t02. htm; http: //www. bls. gov/news. release/empsit. t03. htm.

[85] Office of Workers'Compensation Programs, "About OWCP" (Washington, DC: U. S. Department of Labor). Retrieved January 16, 2009, from http : //www. dol. gov/esa/owcp/index. htm.

[86] Ishita Sengupta, Virginia Reno, and John F. Burton, Jr., "Workers' Compensation: Benefits, Coverage, and Costs, 2006" (Washington, DC: National Academy of Social Insurance, August 2008). Retrieved January 15, 2009, from http: //www. nasi. org/publications2763/publications _ show. htm? doc _ id=702308.

[87] Edward D. Berkowitz, *Disabled Policy: America's Programs for the Handicapped* (Cambridge, England: Cambridge University Press, 1987), pp. 15 - 16.

[88] 这段的大部分内容依据 Sengupta et al., "Workers' Compensation: Benefits, Coverage, and Costs, 2006"; also see Committee on Ways and Means, Section 15— "Workers' Compensation," *2008*

Green Book（Washington，DC：U. S. House of Representatives，2008）. Retrieved May 13，2010，from http：//waysandmeans. house. gov/singlepages. aspx? NewsID=10490。

[89] 这段的大部分内容依据 Committee on Ways and Means，Section 15 "Workers' Compensation"。

[90] 这段的大部分内容依据 Committee on Ways and Means，"Workers'Compensation"。

[91] 这段的其他内容依据 Sengupta et al.，"Workers'Compensation：Benefits，Coverage，and Costs，2006"。

[92] See U. S. Department of Labor data reported in Committee on Ways and Means，"Workers'Compensation."

[93] Insurance Information Institute，"Workers' Compensation"（New York：Author，June 2010）. Retrieved June 18，2010，from http：//www. iii. org/media/hottopics/insurance/workerscomp/.

[94] Sengupta et al.，"Workers' Compensation：Benefits，Coverage，and Costs，2006."

[95] See Insurance Information Institute，"Workers' Compensation."

[96] 这段的大部分内容依据 Sengupta et al.，"Workers' Compensation：Benefits，Coverage，and Costs，2006"。

[97] *Ibid.*

[98] Insurance Information Institute，"Workers' Compensation."

[99] 对这个主题的研究概括，参见 Sengupta et al.，"Workers' Compensation：Benefits，Coverage，and Costs，2006"。

[100] Insurance Information Institute，"Workers' Compensation."

[101] Bruce Hight，"Who Can Clean Up Workers' Compensation?" *Austin American-Statesman*，July 8，2004，p. A11.

[102] See，for example，Committee on Ways and Means，"Workers' Compensation." 191

[103] See，for example，Insurance Information Institute，"Workers' Compensation."

[104] *Ibid.*

[105] Sengupta et al.，"Workers' Compensation：Benefits，Coverage，and Costs，2006."

[106] Berkowitz，*Disabled Policy：America's Programs for the Handicapped.*

[107] See Committee on Ways and Means，"Workers' Compensation"；Insurance Information Institute，"Workers' Compensation."

[108] Insurance Information Institute，"Workers' Compensation"，参见其中关于联邦工伤赔偿计划的最新变化的列表。

[109] *Ibid.*

第六章

192 # 残疾政策：从公共救助到公民权利

有很多情况可能导致残疾——截肢、关节炎、失明、脑损伤、脑瘫、耳聋、糖尿病、精神疾病、癫痫、心脏病、学习困难、多发性硬化症、呼吸道疾病、中风和口吃等等。每一种情况都可能对那些有这类情况的人形成独特的挑战。有些人的残疾严重到几乎不能从事与日常生活有关的活动，但是，另外一些人虽然有严重的残疾却能够生活得很好。本章主要考虑对残疾的公共政策反应。

193 ## 一个公平的定义，一项公平的政策

虽然我们可以将残疾视为从没有残疾到严重残疾之间的一个连续统或损伤的程度，但是公共政策往往将人归类为残疾人或非残疾人。这种归类很少是个人的观点。一些人采用的残疾概念体现在各种公共政策中，另一些人反对这样定义。残疾的定义涉及与健康有关的问题：残疾是否会阻止一个人工作？是否会限制其承担任何角色？残疾人通常在社会中能够从事哪些活动？[1]残疾的定义从几乎完全集中在医疗因素到开始考虑社会、经济和政治环境。[2]没有一个写在纸上的定义能够真正抓住一个有残疾的人的能力或受到的限制，但是为了使解决残疾的政策精巧，必须写出定义、形成指南，以便执行政策。

除了对残疾的定义有分歧，国家的残疾政策和计划也因为对确定谁是残疾人、谁有资格获得帮助的争议受到困扰。更重要的是，学者们提出了残疾政策的根本目标这个重要的问题：获得社会福利津贴是残疾人的权利？抑或做能够做出的任何力所能及贡献是残疾人的义务？社会是否更愿意给残疾人提供津贴而不做必要的将残疾人纳入美国生活主流的事

情？我们的目标是让残疾人适应工作场所和其他社会机构还是使社会顺应残疾人？[3]在多大程度上美国人应该寻求能更充分地将残疾人整合进劳动场所和社区生活其他方面的措施？这些主题在今天的美国是讨论残疾政策的关键。

第五章已经介绍了两项重要的关于残疾人的社会保险计划——社会保障的残障保险和工伤赔偿。联邦政府对残疾的反应还包括一个公共救助计划，这个计划包括提供现金津贴、社会服务和康复项目、民权立法和针对残疾退伍军人的计划。美国人也可以为自己购买私人残疾保险。

对“值得帮助的穷人”的公共救助

在 1935 年的《社会保障法》之前，许多州已经有了救助不能工作的贫穷老年人的公共救助计划。马萨诸塞州第一个指定了一个委员会研究老年人问题。[4] 1914 年亚利桑那州通过了一项为老年人建立养老金计划的法律，1915 年阿拉斯加州也做了同样的事情。到 1935 年已经有 30 个州建立了老年救助计划。这些州计划对资格的要求是很严格的。除了经济方面极端贫困外，受益人一般还必须至少达到 65 岁，是美国公民，而且必须满足申请津贴的地方对居住时间方面的要求。如果其亲属有能力支持年纪较大的家庭成员，津贴申请通常也是会被否决的。老年参与者通常必须同意当他们死亡以后将自己所留下的任何资产转交给所在的州。

盲人也被认为是“值得帮助的”。实际上，在各州对个人提供帮助的有关法律规定中，对盲人的资格要求一般都比对老年人的资格要求更宽松。到 1935 年时已经有 27 个州建立了对盲人的补助金计划。[5]其他的残疾类别也得到了考虑，但是在 20 世纪早期帮助这些人的政策在各个州各有不同，而且也有不少州完全没有这类计划。直到 1956 年，残疾工人才被纳入社会保障计划，因为许多官员显然更愿意使用公共救助计划帮助他们。[6] *194*

根据许多州的先例，最初的《社会保障法》包括三种公共救助计划：儿童救助（Aid to Dependent Children，ADC）、老年人救助（Old Age Assistance，OAA）、盲人救助（Aid to the Blind，AB）。对其他残疾人的公共救助政策仍然滞后，但是在 1950 年对永久性的和完全残疾者的救助（Aid to the Permanently and Totally Disabled，APTD）增加进《社会保障法》之中。

老年人救助、盲人救助、对永久性的和完全残疾者的救助被统称为对成年人的公共救助计划（adult categorical public assistance programs）。虽然这些公共救助计划是由联邦授权的，但是每个州可以自行决定是否参与。所有的州都逐渐采用了老年人救助和盲人救助，但是有几个州没有选择参加对永久性的和完全残疾者的救助。联邦政府与州共同分担计划的成本并设定对参加者的基本要求。老年人要接受联邦的救助至少要达到 65 岁，盲人和其他类型的残疾人至少要达到 18 岁。州政府承担主要的行政管理责任，并且决定资格要求和每个月的津贴。

各州对老年人救助、盲人救助以及对永久性的和完全残疾者的救助计划的行政管理，对某些受益人而言是存在问题的。那些从一个州流动到另一个州的人，其获得津贴的资格可能就被否决了，因为他们没有满足新的州对居住时间的要求，或者因为他们被要求重新确定居住地。津贴通常是很少的，在比较穷的州的受益人一般得到的津贴更少，因为这样的州没有那么多钱支持这些计划。另外一些州则是因为具有限制公共救助的传统。

联邦政府介入

当尼克松在 1969 年担任总统时，他提出清除"福利的混乱"，并希望结束在各个州之间存在的福利接受者待遇方面的不平衡。为实现这个目标，他想用经济困难群体年收入保障计划（a guaranteed annual income program for those in economic need）代替有未成年子女的家庭救助计划、老年人救助计划、盲人救助计划以及对永久性和完全残疾者的救助计划。他的经济困难群体年收入保障计划，以家庭救助计划（Family Assistance Plan，FAP）为人所知，成为国会争论的焦点。自由主义者认为它太吝啬。保守主义者认为改革提供了太多的福利津贴并减少了对工作的刺激。争论主要集中于有未成年子女的家庭救助计划（AFDC），这个计划没有被改革。[7]但是，老年人救助、盲人救助及对永久性和完全残疾者的救助计划却在完全没有被注意的情况下改变了。[8]

1972 年国会公布的主要的改变是，在一个被称为补充保障收入（Supplemental Security Income，SSI）的新计划下，将对成年人的救助计划"联邦化"，这个改变被记入《社会保障法第十六修正案》（XVI of the Social Security Act）。联邦化意味着在很大程度上国会从州的手里把计划拿了过来，包括大部分政策和管理方面的事项。补充保障收入计划 1974 年正式启动，这些改变最彻底地改革了自 1950 年实施的对永久性和完全残疾者的救助。补充保障收入计划对参与者设立了最低收入标准，以之取代了各州对老年人救助、盲人救助及对永久性和完全残疾者的救助计划的不同标准，没有一个州对参与者的支付能够少于其之前收到的津贴。今天，除了五个州（阿肯色州、堪萨斯州、密西西比州、田纳西州和西弗吉尼亚州），其他各州至少都向一些参与者提供了最低补充保障收入。[9]

社会保障署既管理社会保障残疾保险，也管理补充保障收入计划，但是明白两者之间的区别是重要的。社会保障残疾保险是一个对因工作导致残疾的工人提供津贴的社会保险计划。如第五章中讨论的，参与者需要在此之前通过个人所得税进行供款。补充保障收入
195 计划提供津贴仍然是一个带有经济状况调查的公共救助计划，它不需要之前的供款作为参与的要求。社会保障署不同于州的福利部门，对计划的参与者而言，由它管理可以少一些

因接受补充保障收入而感到的耻辱。

一个人如果从社会保障和其他来源获得收入以及他的财产没有超过补充保障收入的资格要求，他就可以在社会保障的退休或残疾津贴之外再接受补充保障收入津贴。尽管它以保障那些不能靠自己的能力挣得收入的人获得收入闻名，但是补充保障收入是“最后的求助计划”，即申请人必须在此之前申请了其他所有的他有权利申请的津贴才有资格申请补充保障收入津贴。如同它的名称的含义一样，补充保障收入的意图是补充其他的收入。但是，因为人们必须贫穷才有资格，所以他们不能有太多其他收入或财产。很难用几页纸来描述补充保障收入的许多资格规则，但是例证 6—1 提供了一些基本要素。

例证 6—1

补充保障收入项目是怎样运作的

谁能有资格?

● 美国公民和一些取得美国合法居民资格的移民。

● 盲人、其他残疾人或 65 岁以上的人。

● 居住在许多公共机构中的居民是没有资格的，但是也有例外。

谁是残疾人?

● 因为一种从医学上确定的身体的或精神的损伤而不能够工作的成年人（18 岁及以上）。

● 由于一种从医学上确定的身体的或精神的损伤导致明显和严重的功能障碍的儿童（18 岁以下或 22 岁以下的全日制学生）。

● 视力较好的那只眼矫正视力不足 20/200，或者管状视力仅有 20 度或不足 20 度的个体。

● 一个人的残疾会导致死亡或导致长期持续或至少持续 12 个月的损失。

资产和收入：

● 资产（如储蓄账户、不动产、个人物品），个人资产不能超过 2 000 美元，夫妇共同资产不能超过 3 000 美元。有些资产不被计算在内（如家庭住房和普通的家用物品），汽车要视其价值而定。

● 在确定资格时，“可计算的”收入不能超过联邦的每月最高的补充保障收入给付。可计算的收入可以是挣得的（如工作收入）或“不劳而获”（例如社会保障和其他现金津贴、利息收入）。

● 在确定给付时，可计算的收入不能超过最高的联邦给付加上任何州的补充津贴。

● 用于教育支出的奖学金和助学金、补充营养援助计划的津贴，以及由非营利组织提供的多数食品、衣服、住房的价值，是不被作为收入计算的，但是一些实物（非现金）援助是被计算在内的。

196

● 配偶、孩子的父母、移民的赞助人的收入的一部分通常是被计算的。

在计算津贴时不计算的收入包括：

● 通常，从任何来源获得的每个月的第一个 20 美元。

● 来自工作的收入的第一个 65 美元，再加上另外增加的收入的一半直到个人的可计算的收入超过了资格限制，那一点以前也不计算在内。

● 某些与残疾有关的工作支出和对盲人而言与工作有关的额外支出。

影响补充保障收入资格和给付的其他因素：

● 由于补充保障收入的不同部分导致的不被计算的某些收入不同，一个人的资格可能在一个部分下比在另一个部分下低得多（如年龄和残疾），所以应该考虑在哪个部分可以得到更高的津贴。

● 个人不能同时接受补充保障津贴和贫困家庭临时救助津贴；如果一个人在两个项目中都有资格，决定应该考虑哪个能够提供最多津贴。

● 如果一位补充保障收入的接受者居住在一个为他或她提供帮助的人的家里，补充保障收入将减少 1/3。

● 每年将对每个月的补充保障收入进行调整，以使之跟上通货膨胀。

资料来源：*Background Material and Data on the Programs within the Jurisdiction of the Committee on Ways and Means* (Washington, DC: U. S. House of Representatives, 2008). Retrieved August 14, 2009, from http://waysandmeans.house.gov/media/pdf/110/ssi.pdf.

补充保障收入数据

2008 年 12 月，有约 750 万人收到补充保障收入。[10] 大约 120 万人得到补充保障收入是因为年龄，7 万人是因为视障，620 万人是由于其他残疾（见表 6—1）。在 750 万人中，大约有 120 万儿童，200 万老年人，430 万人的年龄为 18～64 岁。

表 6—1　补充保障收入：参与者、给付和成本（2008 年）

	老年人	盲人	残疾人
接受联邦管理的给付的参与者数量（万）	120	7	620
平均每月津贴（包括联邦管理的州的补充）（美元）	393	508	494
联邦的支出和联邦管理的州补充支出年度总额（亿美元）	54	4.16	372

资料来源：*Social Security Bulletin, Annual Statistical Supplement, 2009*, Table 7. A1 and 7. A4. Retrieved February 27, 2010, from http://www.ssa.gov/policy/docs/statcomps/supplement/2009/7a.pdf.

在补充保障收入项目开始时，其采用的残疾的标准定义有助于更多的人加入接受者的行列。多年以来，法律、法规和法院的判决也在放宽资格要求。接受补充保障收入的18～64岁的成年人数量的增加确实令人担忧，尤其是在20世纪90年代初，他们的数量增加了50%。近年来，增速已经变得平缓，接受补充保障收入的人占美国人口总量的2.3%左右。[11]

接受了补充保障收入的儿童和成年人（18～64岁）大约有五分之一是由于智力残疾（弱智）。受益者中有接近40%的成年人和50%的儿童有其他精神疾病。[12]接受补充保障收入的盲人的数量一直比较低，这是因为在预防失明方面的技术改进和自立的盲人数量的增加。

肯塔基州和西弗吉尼亚州补充保障收入的参与比例最高——各占本州总人口的4.3%。这个比例比最低的州——犹他州、新罕布什尔州和怀俄明州——高出4倍。各州的参与率 197
不同可能归因于多种因素，如各州的贫困水平和居民的职业不同（例如，煤炭开采和白领工作）。

2008年，联邦补充保障收入支付的总成本为387亿美元，联邦管理的州的补充给付是44亿美元。在那一年，联邦补充保障收入付款大约构成贫困线下个人收入的74%和夫妇收入的82%。[13]这个构成比例低于2002年，2002年的补充保障收入支付构成了贫困线下收入的76%和夫妇收入的90%。[14]这些数字不包括各州补充保障收入的价值、营养计划津贴以及补充保障收入参与者可能会收到的其他援助。尽管如此，可以公平地说，联邦的补充保障收入充其量也就是适度的。在2010年，联邦补充保障收入最多的月度支付，个人是674美元，当夫妻二人都是补充保障收入的接受者时为1 011美元。补充保障收入的月平均支付（见表6—1）低于联邦最高付款，因为一些人有其他收入，这会减少他们能够得到的补充保障收入。大多数接受补充保障收入的人也有资格得到医疗照顾，这是联邦与州共同为许多低收入的个人建立的医疗保险。

确认谁是残疾人

确定一个人是否残疾似乎是一个相对简单的过程，但实际上通常不是这样的。补充保障收入的收入和财产调查通过后，更困难的部分是确定申请人是否符合联邦政府对残疾的定义，这在例证6—1中曾经提及。这个残疾定义基于一种身体上的或精神上的伤害是否阻止了一个人从事任何“实质上有报酬的活动”（substantial gainful activity），即在劳动力市场上是否有足够多的付酬工作可供其选择。[15]从1980年到1989年，多数能够在实质上有报酬的活动中每月挣得300美元或更多的个人，不计算某些支出（诸如用于工作的某些特殊设备），就没有资格继续得到补充保障收入和社会保障中的残疾保险金。近年来，这个数字已经提高了，在2010年，对残疾的个人，在社会保障中的残疾保险和补充保障收入项目中，“实质上有报酬的活动”是指每个月1 000美元。对于盲人，在补充保障收入项目中没有“实质上有报酬的活动”的要求，在社会保障的残疾保险项目中，数量是 1 640 美元。[16]

补充保障收入项目对残疾的确认与社会保障中的残疾保险项目对残疾的确认过程一样。[17]它包括五个前后相继的阶段。

> 第一阶段：成年申请人挣的钱超过实质上有报酬的活动所给定的金额，一般而言就没有资格得到补充保障收入。申请人如果没有工作或挣的比较少，就进入第二个阶段。
>
> 第二阶段：确定一个人的情况是否妨碍其从事基本的与工作相关的活动。如果其状况是不妨碍的，个人也就没有资格得到津贴；如果确实妨碍，申请人就进入了第三个阶段。
>
> 第三阶段：社会保障署提供了一个包括人体 14 个主要系统（如肌肉骨骼系统、呼吸系统、神经系统）的“损伤一览表”，这个表可以严格地自动确定一个人的残疾程度。（适合于成年人和儿童的一览表都可以在社会保障署的网站看到。）如果一个人的状况不在一览表之中，则由社会保障署决定这个人的状况是否严重到与一览表中列出的情况相同。符合标准的案例将被批准获得补充保障收入给付。情况不满足这些标准的人，继续进入第四个阶段。
>
> 第四阶段：确定申请人是否可以从事他或她以前所做的工作。如果结论是能够从事，这个个案就被否决了。如果确定个人不能够承担他或她以前曾经承担过的工作，就进入第五个阶段。
>
> 198 第五阶段：决定申请人是否可以调换到其他工作岗位。申请人的残疾、年龄、教育、工作经历和技能等都要被考虑。那些不能调整工作的人被批准给予补充保障收入，那些能够调整从事其他工作的人不能得到补充保障收入。

补充保障收入申请是一个递进的过程：首先通过社会保障办事处验证各种非医疗类的资格标准，如国籍、合法居留权、收入和资源；其次，由菲德尔基金的州级机构——该机构被称为残疾确认服务（Disability Determination Services）机构——对残疾进行评估。申请可以是申请人亲自去，也可通过邮件、电话、视频在线进行。残疾确认服务通常使用来自申请人自己的医疗提供者的信息，但是可以要求从独立的来源获得信息。一个由两人组成的裁决团队对残疾状况进行审查，并与医疗或心理顾问一起对申请做出最初的决定。

补充保障收入和社会保障中的残疾保险给付通常直到一个人至少已经残疾了 5 个月才开始。在涉及被称为“富有同情心的补助”的情况下，残疾申请才能被迅速处理，因为个人明显地处于一种严重的状况（如急性白血病、肌萎缩侧索硬化症、胰腺癌）中。在其他情况下，即在补充保障收入和社会保障中的残疾保险资格申请很多的情况下，“对残疾的快速判断”是使用电脑进行的。但是，残疾确认过程往往需要几个月甚至更长的时间，不只是因为必须获得医学上的证据，还因为社会保障署管理了太多的个案。

对补充保障收入决定的上诉

许多申请残疾津贴的人并不能得到它们。例如，在过去的 45 年里，在社会保障的残疾保险项目中，申请残疾补助得到批准的比例一直在三分之一至二分之一之间摇摆。[18] 2008 年，大约 38％的申请得到批准，但是申请的总量还在持续增长。

因为大多数对补充保障收入和社会保障中的残疾保险的最初申请是被否定的，因此许多申请者提出上诉。申请人也可以对其他事项提出上诉，诸如他们得到的“数量”（津贴）。上诉有四个层级。[19]

- 第一级上诉：“复议”，很像最初的申请过程，但是由一个不同的判决团队重新审查个案。如果申请人不成功，他或她可能要求举行一场听证会。
- 第二级上诉：一位行政法官通常举行一场听证会，并考虑提供任何额外的证据或要求更多的信息。申请人可以参加听证会，法官可能会向申请人和任何“目击者”提出问题。申请人、律师或其他代表申请人的人也可以提出问题。
- 第三级上诉：允许听证会没成功的申请人请求一个上诉委员会进行审查。上诉委员会可能会否决或驳回此案，也可能将它返回给法官以采取进一步的行动。
- 第四级上诉：申请人对上诉委员会的决定不服，可以继续进行第四级的也就是最终的上诉，到他或她所在地区的美国地方法院提出民事诉讼。

有残疾的补充保障收入的参与者可能被要求接受职业康复服务，因为联邦政府和州政府出于经济利益考虑，愿意看到人们去工作而不是接受公共救助。个案会被定期重新审查以确保个人仍然有资格获得津贴。当个人的状况被预计能够得到改善时，重新审查是更为常见的。如果预计个人情况能够改善，每 18 个月就进行一次重新审查。如果个人的情况 199
可能改善，每三年进行一次。[20]随着里根政府时期努力进行的福利名单调整之后出现的呼吁，标准被设定得有助于保证申请人不被从补充保障收入计划中删除，除非他们的状况得到了改善，或能够从事“实质上有报酬的活动”。

也许由于经常卷入为取得补充保障收入和社会保障中的残疾保险金而发起的上诉和诉讼案件，许多律师成为这个领域的专家并宣传他们的服务。由于许多上诉会被驳回，所以那些相信自己是残疾人和想要得到津贴的人必须要坚持和有耐心，但残疾人可能缺乏这样做的精神、体力和经济来源。

补充保障收入的焦点问题

补充保障收入项目自启动后，就出现了许多问题。例如，20 世纪 80 年代对艾滋病病毒感染的状况是否符合残疾的定义就存在争议。一些法院判决艾滋病病毒感染者和艾滋病患者的残疾状况被包括在各种联邦法律之中。但是，定义上的问题依然存在。社会工作者和残疾政策理论家吉尔松（Gilson）和德颇伊（DePoy）提出：

> 通常情况下，各政策领域都是从医学的角度来解释酒精依赖症、肥胖症和化学物质过敏症。它们分别是自我控制问题、自我放纵问题和过分担心问题。但是这种解释在残疾保险政策中界定合法残疾状态时是不被接受的，即使这种解释跟该政策指导描述的长期、永久的损伤是一致的。[21]

让我们更具体地了解一下，补充保障收入项目对一些群体和过程的关注与争议。

有酗酒和吸毒问题的人

当1974年补充保障收入政策开始实施时，由于酒精和毒品而残疾的个人是有资格获得津贴的。他们被要求由第三方（称为“代理收款人”）来接收他们的津贴，因为他们通常被认为没有能力管理自己的钱。他们也被强制要求参与一项物质滥用治疗项目。显然，对其治疗情况没有进行很好的监控，人们对这类接受者的不满在增加。除了感觉如果他们能够停止使用酒精或毒品，那么其中的大多数人是能够工作的以外，一些人认为“那些补充保障收入支票是给毒品成瘾加油”[22]。1994年，对有酗酒或吸毒问题的残疾人的津贴限制为三年。尔后，在1996年，作为福利改革的一部分，完全是因为酒精或毒品导致残疾的个人不再有资格获得补充保障收入和社会保障中的残疾保险。

1996年的福利改革后，有超过20万的补充保障收入或社会保障中的残疾保险的接受者被识别为是因酒精或毒品而残疾的，其中60%的人失去了他们的津贴。另外40%的人继续领取津贴是因为其他方面的残疾或因为年老。[23]对这些补充保障收入参与者的研究表明，两年之后，那些失去了津贴的人与仍然有资格得到津贴的人相比，前者物质滥用的比例更高，更有可能进行与毒品有关的犯罪。[24]在一项研究中，物质滥用治疗的参与人数从41%下降到15%。[25]在另一项研究中，失去了津贴的人中有近一半的人没有接受医疗照顾，因为他们也同时失去了他们的医疗补助津贴。[26]

200
移民

另一组备受关注的补充保障收入接受者是移民，他们是合法进入美国的，但不是美国公民（非法移民没有获得补充保障收入或其他公共救助津贴的资格）。接受补充保障收入的非公民的数量在增长，而且他们的津贴往往高于公民，因为移民中的很多人没有在美国工作或没有工作足够长的时间来获得领取社会保障津贴的资格。[27]作为国会于1996年通过的福利改革方案的一部分，大多数不是公民但合法居住在这个国家的移民被宣布没有得到津贴的资格，即使他们已经收到了补充保障收入。一些被作为难民和政治避难者的移民除外，他们出于政治原因逃离了原先的国家，并且在美国工作和支付社会保障税十年或更长时间。

对移民和补充保障收入的争论于 1997 年再次掀起。美国《国会季刊》称之为在 1996 年的福利大检查对应该改变什么的争论中“最旷日持久的斗争”。[28]也许较好的经济时期帮助平息了一些反对的声音。这一次，决定允许那些 1996 年 8 月 22 日（这一天签署《福利改革法》）身在美国的人，在未来他们成了残疾人时应该得到津贴（众议院共和党人曾提出津贴只提供给那些在此日期已经残疾的人）。

移民申请人的特殊状况是被仔细考虑的，以确定他们对补充保障收入的资格。难民或政治避难者的资格可能被限制为 7 年，除非他们成为美国公民。2008 年，一些移民被允许临时覆盖到。1982 年，不是美国公民但被法律承认的移民占补充保障收入接受者的 3％多一点，1995 年是 12％，2008 年略低于 9％。[29]他们在盲人和残疾人接受者中超过 5％，在老年接受者中接近 28％。

未成年人

引起福利改革家关注的另一个群体是未成年人，这个群体不太可能被作为一个目标。1990 年，美国最高法院在萨利文对泽伯里（Sullivan v. Zebley）的诉讼中公布了一项裁决。[30]在这一裁决之前，没有达到损伤一览表中的标准的未成年人是没有资格的，而且一些严重的未成年人的状况没有列在一览表中。泽伯里裁决要求对未成年人提供额外的功能检查，而这类检查之前只向成年申请者提供。根据这一规则，如果一个未成年人基本不能像同龄人那样活动，那么他或她就被认为是功能受损的（例如，不能从事与年龄相当的活动）。当这一规则落实下来时，社会保障署试图找出并重新界定远在 1980 年时被否定了津贴资格的 45.2 万名未成年人。[31]

泽伯里裁决后不久，进入补充保障收入名单的未成年人数量翻了一番。[32]但是主要的增加是由于精神疾病的范畴扩大，包括了智力残疾（弱智）和注意力缺乏导致的多动症。人们担心这样的未成年人可能会终生留在名册中。后来，报告表明，父母在训练孩子方面做出的努力远不如他们为使自己的孩子得到补充保障收入进行的努力。要证实这样的情况是困难的，但是一些政府主持的研究提议“强化”对残疾的界定和资格标准审核。

作为 1996 年的福利改革的一部分，国会再次改变了对未成年人的残疾定义，提出未成年人必须有“明显和严重的功能障碍”才有资格。对未成年人的功能测试被取消了，未成年人必须再次满足损伤一览表中的标准，或有与之相当的残疾。目前损伤一览表反映了对残疾未成年人的新界定。

1996 年大约有 100 万未成年人接受补充保障收入津贴，比 1974 年增长了 14 倍。1996 年的《福利改革法》后，28.8 万名未成年人被提出重新确定资格。另外，10.1 万名未成年人的津贴被终止，因为他们没有满足包含在新的法律中的更严格的资格界定。在 1996 201
年 8 月 22 日新的法律通过之前接受了补充保障收入津贴的未成年人，即使因为关于残疾的新界定而失去了补充保障收入津贴，也能够保留接受医疗救助的资格。

到2000年12月，未成年人补充保障收入的个案已经降至大约84.7万。[33]虽然未成年人个案的总数后来已经增加了，但是未成年人接受补充保障收入的比例已经稳定在占全国18岁以下人口的大约1.4%。[34]未成年人补充保障收入接受者中大约三分之二是男性。

当孩子达到18岁时，他们为接受补充保障收入要以成年残疾人的标准被重新评估。在这个时候，大约三分之一的人失去了领取补充保障收入的资格。人们还特别关注那些“智力低下且行为、精神失常的人”，因为他们“如果没有补充保障收入将无法生活”[35]。接受补充保障收入的儿童的辍学率是较高的。在他们成年时，他们接受的服务可能不再适用了。失去补充保障收入也可能意味着失去医疗救助。

接受补充保障收入的孩子，当他们长大成人时较好地做了进入劳动市场的准备，社会保障署正在研究一个计划，允许他们保留更多的个人收入，并为他们提供更多的就业指导和规划服务。[36]纽约的一个项目旨在帮助接受补充保障收入的年轻人提高自主能力，该项目包括父母—朋辈辅导班和夏季工作经历。马里兰的一个项目，目标是有严重情绪问题的青年，为他们提供指导和咨询，包括工作发展、工作经验、与社区机构联系和生活技能教育。这个项目也包含了父母和顾问，并考虑了必需的后续服务。[37]

老年人

多年来，年龄在65岁及以上的老年人，随着越来越多的人具有领取社会保障津贴的资格或者有其他的收入来源，参与补充保障收入的人数和占老年人口的比例都已明显下降。1974年，在美国有大约9%的老年人接受补充保障收入，今天这个数字大约是3%。[38]由于“婴儿潮”一代人已经达到很可能发生残疾的年龄，补充保障收入和社会保障中的残疾保险的接受者似乎也会增加，但研究表明，40%～55%的有资格的美国老年人没有参与补充保障收入。[39]对一些人来说，他们的补充保障收入的现金津贴可能很少，另外一些人不参与可能是由于资格审核过程漫长、自身难以到社会保障机构办理手续、耗费时间长、不愿公开个人信息或者不愿接受福利的污名。那些有资格但不参与的人比那些参与的人情况要好。例如，他们更有可能拥有私人健康保险，拥有自己的住房。即使只是稍微提高一点补充保障收入津贴，老年人的参与率就可能会大幅增加。研究人员估计，每月的津贴增加100美元，参与率就会提高15%。如果自动忽视决定资格的收入数量（20美元，自1972年以来这个数字一直没有改变）和资产限制（个人2 000美元、夫妇3 000美元，自1984年以来一直没有改变）提高，资格和津贴也将增加。[40]这样的措施也将使更多的老年人摆脱贫困，对老年女性特别有帮助。

无家可归者

估计无家可归者中有不到1%的人接受补充保障收入，相比较，有居所的人中大约有2.3%的人接受补充保障收入。[41]无家可归的人参与项目面临许多障碍：资格标准混淆、丢失了个人的或与补充保障收入申请有关的信息、缺乏所要求的文件、难以完成登记后的申请程序。

一旦他们提出补充保障收入的申请，无家可归的申请人会不成比例地被否决[42]，而 202
且他们往往被终止公共救助项目，因为他们接收不到对他们的重新决定的通知[43]。在一些州，他们的补充保障收入申请有95%被否决。[44]甚至在一些对无家可归的人做得比较好的州，像马萨诸塞州，否决率也几乎是有住所人口的两倍。马萨诸塞州做得比较好的一个原因是，它创建了无家可归者的申请机构，其工作人员由那些对无家可归者的需要敏感和了解并推进他们的申请程序的人组成。

针对前总统小布什的结束长期无家可归的撒玛利亚倡议，国会为将符合条件的无家可归的人纳入补充保障收入计划的推广示范项目拨付了资金。对无家可归者的国家照顾项目鼓励社会保障署从这些项目和计划中吸取经验教训，对补充保障收入做出其他改进。这些改进包括：增加补充保障收入支付，这样无家可归的人就可能不再保持“近于一无所有”的状态；减少受理上诉需要花费的时间；恢复有酒精或毒品上瘾的人的补充保障收入，并增加反映这种状况的医疗知识，“包括需要的医疗服务和对这些状况以及常常是致命的疾病的治疗”[45]。

种族和其他因素

也存在着对种族和其他因素可能影响残疾确认的担心。美国审计总署（GAO）发现，提交给行政法官的个案，没有代表律师的非洲裔美国人比没有代表律师的白人更少可能得到津贴。[46]其他种族或民族的成员被批准的情况经常和白人一样。在都有律师代表提交申请的情况下，黑人和白人的批准利率相同。该研究没有给出解释的是，这些不同的批准率是由于种族歧视，还是因为其他因素。社会保障署的反应一直是教育员工限制种族偏见的可能性，但是否存在种族歧视仍然是一个问题。其他不太可能获得津贴的群体是男性、收入较低的人、不会说英语在听证会上需要翻译的人。

改善残疾确认程序

对确定谁不能从事实质上有报酬的活动的更好方法的需要，使得社会保障署要求医学研究所（Institute of Medicine，IOM）重视面临的挑战，提出改善程序的方法。[47]对在美国各地的54个残疾确认服务办公室改变其确认过程也存在这一种担忧。一个州的资源也会影响残疾申请过程，因为一些办公室缺乏可以帮助他们确认个案的全方位的医学专家。各个办公室的资格认证程序也不同。医疗保险或其他个人资源可以使申请人能够进入临床或实验室测试，也可能影响个案的确认。标准化，例如要求54个州残疾确认服务（DDS）使用相同的处理系统，被认为是姗姗来迟的。尽管建立一个统一的系统将是一个巨大的、昂贵的和繁冗的任务，然而，从长远来看，它可能会向消费者提供更高质量的服务，并在跟踪个案趋势、案件处理中的问题识别等方面取得进步。

其他方面的挑战涉及当前的伤残一览表。一览表允许批准显然满足社会保障提供保障的残疾的定义。然而，一览表批准的申请曾经覆盖90%，现在却只覆盖了大约一半。在某种程度上，这是因为一览表依赖定义残疾的医疗模式，而这个模式未能考虑帮助残疾人从事各种活动的技术和治疗方面的进步。

203 医学研究所建议使用一种更广泛和更全面的人体功能评估，这个评估主要关注个人能做什么，而不仅仅是医疗诊断，但是发展这样一种功能评估标准将是一个重大的任务。与此同时，由于目前还没有更好的工具存在，一览表也还是很重要的。因为一些一览表几十年没有更新，社会保障署打算每五年更新一次。[48]社会保障署的数据库如果得到更好的利用，那么便提供了确定个案类型的可能性，专家的知识也可以更好地用来更新一览表和程序。

在监测社会保障署更新残疾标准和残疾确认流程的尝试中，许多群体有着巨大的利益。例如，当新规则被考虑用于确定精神障碍和智障的未成年人和成人时，社会保障署在《联邦公报》（*Federal Register*）上发布了征求意见建议的公告。做出反应的有抑郁症和双相情感支持联盟（Depression and Bipolar Support Alliance）。联盟的意见是，目前的一览表发挥的作用很好。它提出警告的原因之一是，一些规则的改变可能使一些残疾人无法得到能改善身体功能和帮助人们保持就业的新药物。这些药物可能是昂贵的，是医疗照顾和医疗救助不能覆盖的。

减少案件积压

社会保障署的工作负荷是沉重的。目前，它每年大约处理 250 万名残疾人的申请。社会保障署面临的最严重的问题也许是在补充保障收入和社会保障的残疾保险项目中积压案件的听证会。[50]1997 年，处理残疾申请诉求的平均时间是 398 天。克林顿总统承诺将其减少到 284 天，并提出减少处理最初的申请、听证和上诉的时间。[51]2003 年，上诉处理时间降至 294 天。[52]今天，社会保障署承认，一些人到死都没能在行政法官面前举行上诉听证会。现在为一项资格确认的平均等待时间是 500 天，所以 2008 年有 75 万名申请者正在等待一场听证会或许并不令人惊讶。[53]社会保障署呼吁取消听证会积压案件是道义上必需的是机构的“最高优先级事项”[54]。到 2013 年，社会保障署希望将积压案件减少至 46.6 万例，减少等待时间近一半，即 270 天，但是对于那些不能工作、缺乏所需的收入养活自己和他们的家庭的人来说，270 天仍然是一个很长的等待时间。为改变这种状况，一个建议是在上诉过程中消除“复议”这一步。

导致案件积压的因素包括：随着“婴儿潮”一代步入老年人行列，残疾申请增加；社会保障署资源不足；社会保障署在接受更有效的技术方面存在惰性。从 2000 年到 2006 年，适合申领残疾津贴的个人的数量增加了 60%。现在 50 多岁的人的健康状况显然比他们自己过去的情况更差。为了跟上需求，社会保障署可以利用在线申请、视频听证会和改进的数据库。对于改进残疾确认程序，高质量的研究也是需要的。

退伍军人管理局的残疾军人系统

基于美国的残疾概念，公共救助已经被提供给残疾退伍军人。这类津贴通常比许多平民可能会收到的更多。今天，有那么多的美国军队驻扎在伊拉克和阿富汗等危险地区，不断有关于人员严重受伤导致终身残疾的报告。如果退伍军人的残疾发生在服役期间或在服役期间加重，那么即使造成残疾的原因不是军事服务，他们也可以得到津贴（补偿）。

退伍军人补偿制度不同于社会保障中的残疾保险和补充保障收入，因为它覆盖了部分 *204*
永久性残疾者和完全的永久性残疾者。与社会保障署一样，退伍军人事务部（Veteran's Affairs，VA）残疾测定系统也因为案件积压和在案件处理中存在的缺陷而受到批评。[55]也有很多关于受伤的士兵在沃尔特里德陆军医疗中心在最恶劣的条件下接受治疗和康复的报道。一份报告表明，63 万例残疾申请等待的时间超过了六个月。在上诉中，60％的案件的判决被发现“缺陷或错误”。就像社会保障署一样，退伍军人事务部是一个联邦机构，但是对类似伤病的退伍军人在不同的州处理支付有差异。国防部（DOD）和退伍军人事务部正在努力改正有关问题。他们面临许多挑战，如人员配备不足、处理的案件复杂、改变规定等。确定创伤后应激障碍症和创伤性脑损伤的发生率，另一个建议是，退伍军人事务部和国防部确保“成员在离开军队之前和之后都能够得到连续的精神健康服务”[56]。2008 年的《退伍军人福利改进法》（Veteran's Benefits Improvement Act of 2008）试图纠正当前残疾系统中的许多问题。

残疾与工作

在美国第一个对残疾人提供照顾的制度是在 19 世纪早期建立的，但是帮助那些生活在社区里的具有就业潜能的人的训练和教育计划直到 20 世纪才形成。[57]这类教育计划中的第一个是 1916 年在马萨诸塞州开始的。之后，美国国会很快通过了自己的职业恢复法案。[58]

职业恢复和就业服务

1920 年国会通过了《职业恢复法》（Vocational Rehabilitation Act），又被称为《史密

斯—费斯法》(Smith-Fess Act)，通过联邦—州匹配的方式提供资金来帮助那些从职业上（工作上）看是残疾的平民。[59]联邦和州政府以各自承担50%资金的方式共同分担职业恢复（Vocational Rehabilitation，VR）计划的成本。计划是从保守的和经济的观点提出的，因为恢复正常生活及就业资格一般来说比长期照顾和维持给付花费要少。事实上，据说：

> 人们不认为职业恢复是一项福利计划……在福利助长了依赖性的地方，恢复正常生活及就业资格促进了独立性。福利代表的是对社会的净成本，职业恢复是对未来社会的一种投资。[60]

虽然最初的计划是用于身体残疾的人的，但1 943名患有精神疾病和智力残疾的人也被包括在职业恢复计划中。20世纪60年代，那些有着“社会阻碍”状况的人，包括成人罪犯和青少年罪犯，也被包括在其中了。[61]

美国教育部的康复服务管理局（Rehabilitation Services Administration，RSA）负责按照既定的方案向各州实施职业恢复的机构提供相应的拨款。美国共有80个州级的职业恢复机构（很多州都有一个单独的针对盲人的职业恢复机构）。职业恢复机构“通过提供支持来帮助身体或精神有残疾的人就业和独立生活，如提供咨询、医疗和心理服务、职业培训和其他个性化服务”[62]。在遵守联邦指导方针的前提下，各州可以自由运行它们的计划。今天，使用基于各州人口和人均收入形成的公式，联邦政府负责支付职业恢复计划的
205 大部分成本。1980年，联邦和州的职业恢复计划资金是11亿美元，1990年是19亿美元，1999年是31亿美元，2005年是34亿美元。在2005年的34亿美元中，联邦资金是26亿美元，各州提供的资金是7.72亿美元。[63]与花在诸如补充保障收入等公共救助项目上的资金相比，这些都是相对少量的花费。

在计划实施的较早时期，项目被指责“撇油花”(creaming)——集中接受那些最容易实现恢复正常生活及就业资格的申请人。批评者声称，计划的案主大多数是年轻的白人男性，他们的残疾既不是长期性的也不严重。[64]这对于潜在的顾客（案主）和职业恢复的倡导者而言是很难接受的。对那些有着更严重的残疾的人服务的压力在增加，今天这样的残疾人被称为“值得注意的”残疾人。1973年对《职业恢复法》的修正帮助完成这个改变。

医生和其他专家对职业恢复服务的申请人进行评估，以确定他们是否真正有残疾。那些有合适机会就能够得到雇用或重新被雇用的人，因此获得服务。每个案主或顾客接受一套职业恢复辅导员设计出来的服务，每个发展步骤都是以就业为目的的个性化的计划，其中包括案主的就业目标和实现目标所需要的服务。虽然这听起来像一个使服务最佳化的理性的方式，但职业恢复并不是一个权利项目，它可能因为可用的资金紧张而很难满足所有那些符合要求的人对服务的需要。在州管理的项目中，这是常有的事，具有相同或相似情况的个人往往得到不同类型和数量的服务，这取决于他们生活的地方。

职业恢复计划大约每年使20万人进入工作岗位。[65]这个数字“对全国范围的就业率并

没有产生令人注意的影响”[66]，也许是因为投向这些项目的资金有限。州的职业恢复机构办理的新的申请数量这些年实际在减少。1975 年办理的申请案件是 80 万，2005 年是 59 万。[67]1975 年职业恢复机构共服务了 140 万个案主。之后，随着时间的推移，这个数字逐渐下降，但是在 2005 年回到了近 140 万。有 91%的案主有明显的残疾。那些接受了职业恢复服务的案主，如果连续工作 9 个月，就被认为是成功地恢复了。[68]

联邦政府使用各种绩效指标来确定州的职业恢复机构是否实现了它们的目标。[69]例如，与前一年相比，机构应该使满足它们的就业结果的个人数量增加。在 2005 财政年度，80 个州级职业恢复机构中有 64%达到这一目标。另一个绩效指标是，24 个只为盲人提供个人服务的机构，被期望至少帮助案主中的 69%实现就业目标，在 2005 年，这类机构中的 13 个（54%）做到了这一点。其他 56 个机构被期待至少帮助 56%的案主离开职业恢复服务机构，实现就业，其中 40 个机构（71%）做到了这一点。康复服务管理局的年度业绩报告还提供了一些案主收入状况的信息，但是它没有给我们提供想知道的更多信息，如案主对收入和他们的工作的其他方面的看法。

除了州的职业恢复机构外，州的就业办公室对帮助残疾人找到工作也有法律上的责任，根据《劳动力投资法》或其他项目（见第九章），残疾人也可以拥有相应的权利。下面描述的计划也旨在鼓励更多的残疾人工作。

消除工作障碍，支持工作

多年来，大部分的努力，包括补充保障收入的增长，主要集中在残疾确定和审查过程上。政府问责办公室提出警告称：“如果社会保障署减少对补充保障收入和残疾人社会福利保险等项目的长期依赖……它将需要更少地依赖于评估医疗改善和更多地转向工作项目。”[70]尽管医学和辅助技术在进步，但是 2008 年也只有不到 6%的 18～64 岁的补充保障收入的接受者自己挣到一些收入。[71]也许这不足为奇，因为接受补充保障收入的个人已经被宣布没有能力参与实质上有报酬的活动。[72] 206

公共政策的一个反常的特性就是，接受残疾人社会福利保险或补充保障收入的残疾人，如果他们工作，可能会失去所有政府资助的津贴。因此，长期以来，一直有人指出，这些项目更有可能促进依赖而不是促进自立。[73]（残疾退伍军人的养老金计划和有些人购买的在残疾的情况下保护自己免受收入损失的私人保险，同样适用。）最初预想的州和联邦的残疾人现金救助项目与职业恢复之间的紧密联系从未实现过。

虽然接受了残疾付款工作和以前的试图提高工作参与的人中只有一小部分在最好的情况下满足了最温和的成功标准，但是对补充保障收入和残疾人社会福利保险的接受者还是具有努力坚持的鼓励作用。一个原因是，鉴于补充保障收入和残疾人社会福利保险的既定规模，即使接受者中返回工作的人的数量最小幅度地增加，都可能带来可观的成本节约。[74]

保留更多的现金津贴和医疗津贴

至少为了在一定程度上解决对失去社会保险津贴的担忧，残疾人社会福利保险的接受者希望被提供一个试用工作的时期。从 1990 年到 2000 年，试用期工作采取这种方式：一旦残疾人社会福利保险的接受者，除去与工作相关的支出，在超过 6 个月的时间里，连续 9 个月每个月挣得的收入超过 200 美元，他们通常就会失去所有的残疾人社会福利保险和医疗健康照顾所覆盖的补贴。今天，这个数额每年调整一次。2010 年是 720 美元一个月。[75]

美国国会在 1980 年也试图通过修改《社会保障法》，鼓励更多的补充保障收入的接受者去工作，在随后的这些年里再次提出了以 1619 条款为人所知的规定。这个条款允许盲人或有其他残疾的补充保障收入的接受者保留更多的从工作中得到的收益，条件是，在存在残疾的情况下，其收入不超过他们如果不工作则有权利得到的补充保障收入总额。2006 年 12 月有超过 17 000 名补充保障收入接受者在 1619 条款的规定下工作，并继续得到补充保障收入。这仅仅占 18～64 岁的补充保障收入接受者的 0.4%。[76] 2006 年 12 月，他们的平均收入约为 500 美元，高于实质上有报酬的活动的标准。2009 年，在 1619 条款下，补充保障收入接受者一个月可以赚 1 433 美元，到达该点时，他们的补充保障收入现金将减少到零。

1619 条款的另一个好处是，补充保障收入的参与者因为挣得的收入增加而不再接受补充保障收入现金津贴时，如果他们仍然有残疾，仍然满足补充保障收入的资产审查，需要医疗来维持就业，则可以继续接受医疗补助。如果参与者的收入不超过其所在州的补充保障收入的上限，则医疗补助继续，这个上限包括除了联邦的补充保障收入之外的州的任何补充保障收入增补，加上州的人均医疗支出。[77] 在 2009 年，这个上限的范围从亚拉巴马州的近 24 000 美元到康涅狄格州的近 55 000 美元。[78] 几个州对盲人有更高的上限。在对一个人确定上限时，其他因素也可以被考虑，例如，较高的医疗费或与工作相关的支出。考虑到私人医疗保险的高成本，考虑到残疾人可能产生的大量医疗费用，保持扩大医疗补助的规定是受欢迎的，但是在 2006 年 12 月，18～64 岁的补充保障收入接受者中只有 2.2% 的人在这个规定下得到医疗补助。在类似的规定下，对残疾人的医疗照顾津贴也可以延长接受的时间。

207

实现自立的计划

帮助残疾人的另一个计划是实现自立的计划（Plan to Achieve Self-Support，PASS），这个计划允许有残疾的、正在接受补充保障收入的个人为一个特定的工作目标进行储蓄，比如参加学校学习或创业。储蓄的钱必须来自挣得的收入，例如工作的报酬，而不是补充保障收入。实现自立的计划是与政府的一个正式协议。储蓄的钱在计算参与者的补充保障收入时是被忽略的。如果个人违背了实现自立的计划的协议，这笔储蓄的钱可以被算作收入或资产，可能会导致个人必须偿还政府给予的任何补充保障收入津贴的超出部分。

例证 6—2 描述了一个补充保障收入的接受者，在其工作和使用实现自立的计划时发生的事情。很少有补充保障收入的接受者使用实现自立的计划。在 2006 年 12 月，18～64 岁的补充保障收入的受益人中有不到 1 600 人，即不到 0.4%的受益人有实现自立的计划的账户。[79]

例证 6—2

在补充保障收入计划下工作和使用实现自立的计划

丹尼·亨特是一个残疾人，她没有补充保障收入之外的增补收入。她每个月得到联邦的最高补充保障收入给付是 674 美元（她也被医疗补助覆盖）。她没有其他的收入。她得到了一份地方快餐馆的工作，她决定接受这份工作。社会保障机构不计算她工作所得中的第一个 85 美元（其中的 20 美元是自动忽略不计的，另外的 65 美元是单个人工作时忽略不计的）。她的工作所得中超过 85 美元的部分，有一半也不被计算，只有另外一半被用于抵补补充保障收入给付。下面表明的是她的补充保障收入是怎样被影响的：

挣得的月总收入（美元）	275
减去工作所得中的 85 美元扣除额（美元）	− 85 190
被计算的工作所得除以 2（美元）	÷ 2 95
从 SSI 给付中减去被计算的工作所得（美元）	674① − 95
新的 SSI 给付（美元）	579
加上挣得的月收入（美元）	+275
全部收入（美元）	854

注意，在丹尼开始工作以前，她的总收入是她的补充保障收入 674 美元。一旦她工作，除了她的补充保障收入之外，她还有了额外的收入，于是她的总收入是 854 美元，虽然她的 SSI 给付被直接减少了。

几个月以后，丹尼的工资增加到了每个月 367 美元。为了帮助她更好地工作，她购买了一辆电动轮椅，这要使她每个月花费 60 美元，可以从她的被计算的挣得的收入中减去这笔支出。她的总收入还是增加了。

① 2010 年对个人的最高的联邦补充保障收入是 674 美元。——译者注

208

挣得的月总收入（美元）		375
减去工作所得中的 85 美元扣除额（美元）		− 85
		290
减去工作支出（美元）		− 60
		230
被计算的工作所得除以 2	÷ 2	
		115
从 SSI 给付中减去被计算的工作所得（美元）		674
		− 115
新的 SSI 给付（美元）		559
加上挣得的月收入（美元）		＋ 375
全部收入（美元）		934

这样，虽然她工作所得增加了 100 美元（从 275 美元到 375 美元），但她的补充保障收入给付只被减少了 20 美元（从 579 美元到 559 美元），因为她的新的轮椅是与工作有关的支出，被扣除了。她的总收入现在是 934 美元，实际上比她开始工作以前得到的 674 美元要多。

丹尼又决定要到学院里去读一个学位。她的姐姐帮助她写了一个实现自立的计划，描述了她的工作和为了上学进行储蓄的计划。她打算为了上学每个月储蓄 100 美元。下面是实现自立的计划对她的帮助：

挣得的月总收入（美元）		375
减去工作所得中的 85 美元扣除额（美元）		− 85
		290
减去工作支出（美元）		− 60
		230
被计算的工作所得除以 2	÷ 2	
		115
减去 PASS（美元）		− 100
		15
从 SSI 给付中减去被计算的工作所得（美元）		674
		− 15
新的 SSI 给付（美元）		659
加上挣得的月收入（美元）		＋ 375
全部收入（美元）		1 034

虽然丹尼的工作所得与先前一样多，但是她的补充保障收入支票的数量增加了，因为社会保障署在确定她的补充保障收入时，没有将她为了上学而支出的费用计算在内。她现在每个月总收入是 1034 美元（375 美元工作所得加上 659 美元的补充保障收入）。 209

资料来源：Adapted from Social Security Administration，*Social Security*：*Working While Disabled*…*How We Can Help*，SSA Publication，No. 05－10095，January 1997.

工作许可证

1999 年美国国会颁布了《工作许可证和工作激励改进法》（Ticket to Work and Work Incentives Improvement Act），为许多补充保障收入和残疾人社会福利保险的接受者和服务的提供者对传统的职业恢复服务体系进行改进。愿景是使工作许可证计划成为一个自愿的、综合的、“全面的”计划，以帮助残疾人进入、维持工作和有长期的收益；目的是为了减少对补充保障收入和残疾人社会福利保险计划的使用，并提高参与者的生活质量。因为这个项目没有得到充分利用，所以 2005 年又进行了改变，但是在 2008 年颁布新的项目规则之前，它花了三年的谈判时间。根据这些新规定，所有年龄在 18～64 岁的、接受补充保障收入和残疾人社会福利保险现金的成年人，都有获得这个项目的资格。

工作许可证计划允许补充保障收入和残疾人社会福利保险的接受者从州的职业恢复机构获得职业恢复、就业服务和其他支持性的服务，也可以接受通过竞标过程选择的私人就业网络（Employment Network，EN）提供的服务。[80]工作许可证计划已尝试吸引更多的私人康复服务提供商，以便为补充保障收入和残疾人社会福利保险的接受者提供更多的选择。康复服务提供者可以是以社区为基础的康复服务提供者、州的劳动部门的一站式服务中心、教育机构，也可以是商会等商业取向的实体。补充保障收入和残疾人社会福利保险
的参与者接到一个工作许可证后（见例证 6—3），可以将其交给就业网络提供商或州的职 210
业恢复项目机构。参与者也可以通过传统的州职业恢复项目请求服务，不一定使用工作许可证。

从一开始，就出现了对这个项目的担心。一个受到关注的问题是，作为一种私有化的形式，工作许可证计划可能导致“撇油花”，更委婉的说法是“偏好风险选择”[81]。例如，就业网络提供商可能不愿接受有严重残疾的客户，因为这些人面临的障碍可能会影响他们所能够挣得的收入的数量（如完全的实质上有报酬的活动），因此可能难以使就业网络提供商通过为他们提供服务获得回报。工作许可证项目被批评，还因为未能认识到帮助那些只能赚一点钱的残疾人的益处。[82]事实上，工作许可证项目只吸引了少数参与者和私人提供者。[83]

例证 6—3

工作许可证

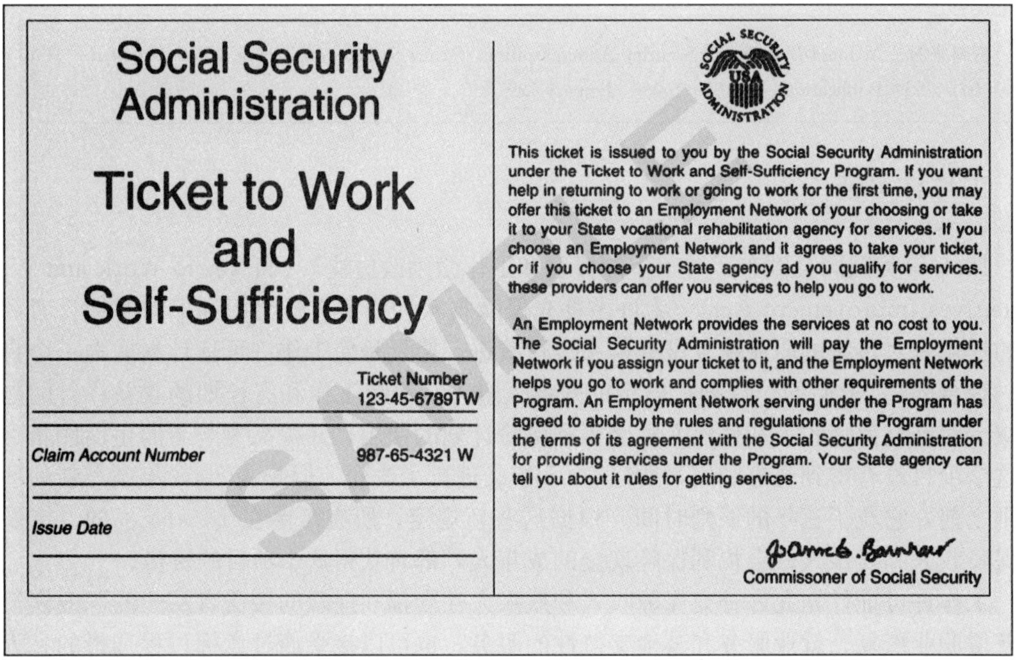
Social Security Administration

Ticket to Work and Self-Sufficiency

Ticket Number 123-45-6789TW

Claim Account Number 987-65-4321 W

Issue Date

SOCIAL SECURITY USA ADMINISTRATION

This ticket is issued to you by the Social Security Administration under the Ticket to Work and Self-Sufficiency Program. If you want help in returning to work or going to work for the first time, you may offer this ticket to an Employment Network of your choosing or take it to your State vocational rehabilitation agency for services. If you choose an Employment Network and it agrees to take your ticket, or if you choose your State agency ad you qualify for services. these providers can offer you services to help you go to work.

An Employment Network provides the services at no cost to you. The Social Security Administration will pay the Employment Network if you assign your ticket to it, and the Employment Network helps you go to work and complies with other requirements of the Program. An Employment Network serving under the Program has agreed to abide by the rules and regulations of the Program under the terms of its agreement with the Social Security Administration for providing services under the Program. Your State agency can tell you about it rules for getting services.

Commissoner of Social Security

SAMPLE

资料来源：Social Security Administration，“Picture of a Ticket”．Retrieved February 27，2010，from http：//www. yourtickettowork. com/ttw _ ticket.

截至 2008 年 4 月，只有 1.8％的门票用于州的职业恢复机构，1％的门票用于私人的就业网络。[84]尽管有 40％的残疾人社会福利保险的受益者表示对工作感兴趣，有 16％的人说他们计划在五年内赚到足够的钱离开残疾人社会福利保险[85]，但是，很少有人试图使用他们的门票，也许是因为他们认为全职工作对他们而言是不可行的[86]。其他的原因可能是，他们害怕危及他们的现金和医疗补助津贴，或者也许他们的残疾太严重，服务与他们的需求不匹配，或提供的激励不足以鼓励他们参与工作。个人因素也可能参与其中，使公共政策及其提供的激励措施无效。

尽管有来自就业网络提供商的令人愉快的出版物和奖品[87]，但是许多实体从来没有接到一张许可证并正在退出项目。证据表明，就业网络无力承担要求他们做大量前期投资的案主，他们接受的是那些他们的财务支出将会非常小的案主，他们将需要较高成本的案主返给州的职业恢复项目机构。[88]人们可能会不同意将之称为一个理性的经济选择或偏好的风险选择。

就业网络在报销上也是处处受阻的。除了报销滞后外，在工作许可证计划下，提供商得到的补偿也与传统的州就业恢复计划不同。在传统的州就业恢复项目下，州的机构必须展示成果，但一旦取得一定成果，服务就以费用报销为基础被支付。最初，只要补充保障收入和残疾人社会福利保险的接受者成功返回工作岗位，就业网络提供商就可得到报酬。提供商可以选择两种支付方式中的一种。在“结果付款”的选项下，任何一个月案主因为工作收入没有领取补充保障收入和残疾人社会福利保险金，服务提供商就能得到案主的补充保障收入和残疾人社会福利保险金的月平均数的一定百分比，受益最长 60 个月。在“具有里程碑意义的结果付款”选项下，在超过 15 个月工作期间，如果参与者挣得的收入至少可以视为有实质性报酬的活动，服务提供商基于参与者在特定的月数里取得的进步（里程碑）分批接受付款。服务提供商选择“具有里程碑意义的结果付款”不同于选择“结果付款”，在较早时就要能够得到有关服务的付费，但他们得到的报酬比根据结果付款的选择要少。私立服务提供者必须为其服务的所有案主选择一种或另一种付款方式。州的就业恢复机构可以为案主选择费用报销的方式，而不必选择结果或里程碑的付款方式。今天，在就业过程中当参与者满足中间目标时，就业网络可以获得更早地得到付款的方式，并且在两种付款方式下，计划都增加了支付。然而，工作许可证项目是由一系列复杂的工作规章制度控制的，可能使消费者和提供者都难以参与。

生活保障署已经使用各种方法来鼓励更多的残疾人参与工作许可证项目。一个主要的努力是工作激励计划和救助（Work Incentives Planning and Assistance，WIPA）项目。工作激励计划和救助的员工主动开展工作，以识别潜在的项目参与者，向他们宣传有关的工作激励的选择、教给他们如何应对将影响他们收入的工作上的问题，以及如何与适当的 211
就业网络连接。前提是门票的参与者向他们的就业目标取得“及时的进展”，他们的持续补充保障收入和医疗残疾评估将会被推迟。

工作许可证项目的参与者因为医学方面的原因无法继续工作，不必提出新的申请就可以恢复他们的补充保障收入津贴，前提是他们的津贴被终止是由于收入的增加，并且他们的津贴终止时间是在 60 个月的要求之内。各州对参与者可以提高医疗补助收入和资产资格限制。州也可能要求参与者在根据他们的收入以一定的比例，通过“购买”参与医疗补助计划。在回到工作之后，医疗照顾可以持续八年半。[89]即使有这些甜味剂，看起来参与者则必须有强烈的参与有偿工作的愿望，就业网络提供商则必须有一个帮助他们这么做的强有力承诺。与此同时，重要的是要探索帮助残疾人追求自己的就业目标的新方法，以及对服务提供者能够进行选择。项目有限的成功率可能提出了这样的问题，即资金是否应该引导流向传统的职业恢复服务项目，提供这类服务的机构已经有了几十年的协助残疾人重返工作岗位的经验。

残疾人的公民权利时代

在历史的长河中，残疾人曾经受到羞辱、贬低、隔离，甚至更糟糕的对待。[90]在美国，20世纪早期，由于社会达尔文主义或适者生存观念的推动，形成了一个优生运动。这个运动的参与者使用有缺陷的“科学证据”，主张通过隔离、绝育、法律限制移民和婚姻等方法寻求完美的基因池。[91]在纳粹德国，成千上万的残疾人成为种族灭绝的受害者。今天，一个关心孩子可能天生残疾的人可以选择胎儿流产。一些人认为，由于严重的残疾而决定流掉胎儿或结束生命是个人的事情。其他人则坚持认为，这样的决定贬低了人类的生命。

在现代社会，人们对有严重的身体和精神残疾的人的第一个反应是“院内救济”——把他们“储存”在大型机构之中。在这样的地方被对待的方式经常使人失去信心。即使努力去了解病人和居住者使其得到体面的照顾，但人不应该在机构中生活的信念还是在增长。

职业恢复构成了对残疾人更为进步的公众反应的第一次浪潮，通过公共救助和社会保险计划的收入维持是第二次浪潮。第三次和最近的浪潮就是公民权利改革。[92]

> 残疾人权利的视角将残疾人看作一个少数群体，这个群体已经成为被歧视和不公平对待的对象——从法律方面说，已经成为人群中的一个等级。权利视角不同于将残疾人视为不幸的和需要怜悯与照顾的慈善的视角。同样，权利的视角也不同于医疗模式，医疗模式将残疾人看作需要被“治疗的”。权利的视角与恢复正常生活及就业资格的视角也是不同的，恢复正常生活及就业资格的视角认为残疾人需要专家和专业人员，这些人能够提供服务以增强个人的功能。[93]

残疾人权利或社会模型的视角，认为残疾是人类多样性的一个方面，因为人类在很多方面是不同的，包括他们的能力。[94]残疾被认为是“自然和正常的人类经验的一部分”。这种模
212 式关注的不是“修复”个体，而是“消除有残疾的个体充分参与社会主流生活的态度和制度方面的障碍”[95]。

从去机构化到正常化和包容

朝向去机构化的运动最终获得司法上的支持是在1972年，在怀亚特诉斯蒂克尼（Wyatt v. Stickney）的案子的裁决中，美国最高法院宣布“除非先前已经做出了居住在机构中的决定，否则没有人应该被收容进机构中，有关人员应该生活在限制最少的康复设

施中”[96]。随后的法院裁决重申了这样的权利，例如，1985 年在克利波恩市的得克萨斯州对克利波恩生活中心（City of Cleburne，Texas v. Cleburne Living Center）的案件中，以及在 1999 年奥姆斯特德诉 L. C. 和 E. W. （Olmstead v. L. C. and E. W.）的案件中，裁决都支持智障人士有权利居住在社区中。在 6 比 3 的奥姆斯特德的裁决中，法官鲁斯·巴德·金斯伯格（Ruth Bader Ginsburg）向法庭递交了多数人的意见说明：

> 如果专业治疗人员断定，将患有精神疾病的人转入社区是合适的，并且那些受影响的个体不反对将其从公共机构转入限制设施较少的社区中心，那么各州就应当将其转入社区。社区配置可以合理调整，可按照州的资源供应能力和其他精神残疾者的需要进行调整。[97]

但是，残疾人权利运动的目标更远，它不是简单地去机构化，使精神障碍者和有其他残疾的人脱离公共机构——“如果社区配置可以合理调整”，其目标是使他们“正常化”（normalization）和“独立生活”（independent living）。

“正常化”的概念似乎是在斯堪的纳维亚形成的，特别是在丹麦，是它 1959 年《精神发育迟滞法》（Mental Retardation Act）的一部分。[98]这个概念在其他国家也被采用了，并且被扩展到包括有其他残疾的人。正常化意味着不考虑人们的残疾的严重程度，他或她都应该有机会像其他公民一样生活，包括购物、娱乐和从事其他日常活动，住在坐落于正常的居民社区的房屋里，并且其住房与社区中的其他住宅类似。[99]正常化也意味着残疾人应该有权利像其他人一样承担同样的社会角色——配偶、父（母）亲、工作者等。[100]

正常化或包容的概念被提出已经有 50 多年了，但是残疾人继续面临来自一般公众、雇主的消极态度，甚至人类服务专业人员也会低估他们的能力。建筑物和其他妨碍因素也继续阻碍或限制着残疾人对建筑物的使用。公共交通以及其他的设施和安排也仍然只是提供了很小的帮助，并且是增加了依赖而不是推进整合。[101]此外，在去机构化通常被认为是人道主义观念的同时，很多残疾人在社区适当生活所需要的教育、职业、经济和社会资源并没有被提供。

几乎每一项政策都有一些反对意见。有些家长拒绝去机构化。他们觉得转入社区将会给他们多年来一直生活在公共机构的孩子造成创伤，或认为社区很难达到公共机构的护理质量。[102]公共机构的雇员和代表他们的工会、民选官员、社区居民也可能反对去机构化，因为这将意味着很多致力于照顾残疾人的人失业，或者他们感觉这样会危及病人或居民的保健。[103]

独立生活运动 213

沿着去机构化和正常化的方向，随之而来的是独立生活运动。独立生活中心（independent living centers）是“私人的非营利的自助组织，这样的中心提供一系列的基本服务以帮助残疾人在社区中独立地生活”[104]。教育手段、技术和医疗的进步已经使更多的人有可能独立生活。同样重要的是残疾人已经开始重视他/她们的公民权利问题。独立生活中心通过在地方的努力和主张残疾人经过自己的自力更生运动增权增能而逐渐发展起来。其原型是加利福尼亚州伯克利的一个独立生活中心。独立生活中心打破了专家照顾模式，因为在那样的模式中残疾人是被负责的。这些中心教给其他残疾人如何得到他/她们有权利得到的全部服务，诸如社会保险、公共救助、恢复正常生活及就业资格服务、教育、护理照顾（也叫做个人帮助服务），以及其他的能够使他/她们像自己能够和希望的那样独立地生活的服务。全国草根辩护团体美国残疾人今日服务项目（American Disabled for Attendant Programs Today，ADAPT），集中于获得这些服务。美国残疾人今日服务项目的口号是“使我们的人自由”。美国残疾人今日服务项目在世界网站的主页宣称：“没有什么地方比家更好，我们要建立真正的家，而不是护理之家。”[105]除了大多数草根组织追求的活动，美国残疾人今日服务项目的成员有时从事非暴力不合作活动，以促进残疾人作为公民和人的权利，并因此冒着被捕的危险。

残疾人想要和其他人一样选择和控制他们的居住、工作、休闲方式。残疾人权利支持者抗议试图减少资金的住房选择代金券计划的第 8 款（见第四章），因为它会严重影响残疾人需要的适于独立生活的住房。联邦政府的钱流向个人（Money Follows the Person，MFP）的示范奖金，是小布什政府发起的，它允许许多州实验项目利用通常是拨给护理院的钱帮助人们生活在社区。钱流向个人项目面临的挑战是缺乏负担得起的住房，包括残疾人可以获得的负担得起的住房。[106]此外，许多州医疗补助计划不包括转到社区生活或独立生活需要的医疗保健服务或不覆盖那么长的时间。一个关于联邦政府资助的钱流向个人项目的示范奖金结果的综合报告，是由于 2012 年国会也在考虑制定《社区选择法》（Community Choice Act），这个法案将扩展钱流向个人项目。钱流向个人项目已经要求采取实际行动，如例证 6—4 中所描述的。

214

例证 6—4

《社区选择法》的谈话要点

我们**国家的人口正在发生变化**。越来越多的残疾人活着并“茁壮成长”。这些变化的原因包括：（1）老龄化，美国老龄化人口；（2）天生残疾的孩子生存下来；（3）以前会死于事故或疾病的年轻的成年人活着——感谢医疗技术进步和其他进步。

我们**长期的服务系统必须改变**。该系统是 40 多年前创建的，主要通过医疗照顾资金和医疗救助资金来运作，而医疗资金最初并不是为了满足人们的长期护理需要。我们必须想出增强人们权利的框架，并允许真正的选择。**钱应该流向个人，而不是设施或提供者。**一个国家的长期服务政策应该不偏好任何一种设置，它应该让案主选择在什么地方得到服务。**我们当前的系统不是中性的，它并没有反映人们的选择。**

当前系统是不必要的、昂贵的。我们必须探索有性价比的方式来满足人们的需要。**平均而言，社区服务已经比机构服务便宜，而且更被个人喜欢。在2005财政年度，我们的长期护理医疗补助总额**945**亿美元中的**62.8%（593.4**亿美元）用于护理院和其他机构服务，**只留下37.2%（351.6亿美元）用于所有社区服务（减免、个人护理、家庭健康等等）。

残疾人，包括老年残疾人和年轻的残疾人，甚至是那些有严重的精神和/或身体残疾的人，**都需要在尽可能综合性的场所中接受服务。**绝大多数的人更喜欢**社区服务**，因为这样他们就可以留在自己的家里。

残疾人士和他们的家庭想要真正的选择。这意味着：（1）平等地得到资金的机会；（2）没有项目或规则约束的社区服务；（3）对提供的服务进行选择，包括基于代理的服务、代金券和金融中介机构。增强残疾人及其家庭的权利。

家庭价值——**保持家人在一起：**（1）孩子属于家庭；（2）祖父母在家里；（3）**妈妈、爸爸**和孩子们在一起；（4）他们自己的**社区**提供照顾。

钱流向个人可以消除政府规则和管理的过重负担。

一个根据需要而不是根据医学诊断的功能系统能够结束服务提供系统的碎片化。

留在社区里为残疾人得到与工作有关的培训提供了机会，这样他们就可以成为**纳税人，而不是税金的使用者。**

在创建灵活的服务提供系统方面，联邦政府需要与各州相互合作，以便给人真正的选择。

改变会引起对未知的恐惧。某些长期服务的提供者和家庭相信真正的选择将威胁到他们已经拥有的。**我们不能继续使系统仍然像今天这样。**它是昂贵的、支离破碎的、过度医学化的和几乎所有人都不喜欢的。

资料来源：American Disabled for Attendant Programs Today，2009. Retrieved November 21，2009，from http：// www. adapt. org/cca-talkingpts. php. Reprinted by permission of ADAPT.

新的残疾人权利法

残疾人、他们的家庭和其他支持者的持久的政治努力已经引起了与残疾人有关的立法要求的增加。例如，1986年《航空承运人准入法》（Air Carrier Access Act，ACAA）禁止航空公司歧视有残疾的旅行者。最初的《航空承运人准入法》规则于1990年颁布，新规则于2009年5月生效。在《航空承运人准入法》的规定中，许多飞机被要求必须有可移动的扶手、宽体飞机必须有一个残疾人可进入的厕所。另外，残疾人必须被允许可以选择任何座位，除非这个座位有安全隐患。某些航空公司可能坚持要求由一个“安全助理”与乘客一起旅行，但如果乘客相信他或她自己可以独立旅行，那么航空公司就不能向旅客收取助理的费用。[107]

1968 年的《建筑物障碍因素法》（Architectural Barriers Act of 1968）目的在于保障盲人、聋人、使用轮椅的人和其他残疾人能够进入和安全使用公共建筑物。这个法案“要
215 求所有的建筑物和设施，凡是由联邦政府出资设计、建造或改造的，或是由联邦机构所有或租用的，都要达到联邦规定的物理上可进入的标准”[108]，诸如坡道、电梯和其他无障碍入口。今天许多建筑物的设施，如带卫生间的休息室、停车场、门和报警器等仍然没有达到标准。

达到普遍可进入的标准使每个人都可以方便使用的房屋或公寓是特别缺乏的。例如，那些使用轮椅的人发现，几乎没有公寓或住宅有适当的入口、足够宽的门或能够伸手可及的器具。可进入性（visitability）运动旨在确保“实质上所有新房屋——即便是那些为目前没有残疾的居住者定制的——都提供一些特定的功能，以便使之成为有移动障碍的人更容易生活和访问的房屋”[109]。让一套公寓或房屋更容易进入的条件各式各样，但一些州和社区已经通过可进入性立法，并且《可进入性法》已经被介绍给美国国会。立法一般只涉及新建房屋。

在建造时，使一套房屋或其他建筑可访问或可进入的建设成本比很多人意识到的可能低很多，比后来再改建需要的费用也低很多。根据“实实在在的变化”（Concrete Change）组织的估计：

> 在新建筑是混凝土结构的情况下，增加的总成本通常低于 100 美元；当建筑一个地下室时，增加的成本不超过 600 美元。不增加面积是必需的。将门加宽是必要的，至多是将几个门加宽，不需要所有的门都加宽……大多数法令只要求加宽主要的进入走廊的门（不是衣橱，也不是二楼的门）。只有一个入口的建筑物被强制要求不能有台阶，这对绝大多数的建筑物而言只需要增加很少的成本或完全不增加成本。[110]

通用设计和普遍无障碍的内容远不止“建筑环境”这一个方面。这一概念还包括交流方面，如印刷文档的字体要足够大，以方便阅读，要使用字幕和音频信号提醒人们可能遭遇的危险。

《康复法》

关于残疾人的公民权利立法的最重要的内容之一是 1973 年的《康复法》（Rehabilitation Act）的第五条款。[111]

> （1）要求联邦机构和企业、组织、研究所都要与美国政府缔结契约，在雇用和提升有资格的残疾人方面必须有积极的行动计划。

(2) 禁止所有接受联邦资助的公共的和私人的机构歧视符合条件的残疾人——雇员、学生、健康照顾与其他服务的接受者。

(3) 建立了一个委员会以执行1968年的《建筑物障碍因素法》。今天，这个委员会被称为无障碍委员会（Access Board)，并且除了建筑环境和交通工具以外，它也覆盖了电子通信、电子和信息技术的无障碍建设。

《康复法》第一次在接受联邦资金的计划中提供了对残疾人的特别保护。司法部和许多其他的美国政府机构，如教育部、卫生与人类服务部有责任强制实施联邦的禁止歧视残疾人的法律。

《美国残疾人法》 216

对残疾人来说，也许没有其他任何最近的立法、法院裁决、行政规则比《美国残疾人法》(Americans with Disabilities Act ，ADA）更有意义了。《美国残疾人法》1990年在国会以压倒性的多数通过，2008年被大幅修改。《美国残疾人法》的第一部是分关于就业的，第二部分是公共服务，第三部分是公共设施。民主党的众议院领袖斯特尼·霍耶(Steny Hoyer，马里兰州的议员)、《美国残疾人法》在众议院里的主要倡导者，称该法案对于残疾人而言是一个“解放宣言”。

《美国残疾人法》“三管齐下”，把残疾人定义为“身体或精神上受到损伤因而基本限制了其一种或多种生活活动的人，或者有伤残记录的人，又或者被认为已有这样的伤残的人”。对残疾人的这个定义与包含在《康复法》和《公平住房法》（Fair Housing Act）中的内容一致。《美国残疾人法》的目标是“机会平等、全面参与、独立生活和经济自给自足”。

《美国残疾人法》在要求私人部门的遵从方面比以前的任何立法都走得更远。例如，餐馆、旅馆、剧院这样的场所，必须建造成残疾人可以进入的。在对法的争论中，企业界认为，采用新的措施不仅在成本上是不现实的，会导致过度支出，而且也是不清楚的和具有潜在危险的。例如，在提供给参议院的证明中，美国影院业主协会（National Association of Theater Owners）的一位代表反对允许乘坐轮椅的观众坐在他/她们想坐的任何地方，提出的理由是，“这不仅是不适当的，而且从安全的立场看，乘坐轮椅的观众也应该坐在靠近入口的地方”[112]。

《美国残疾人法》的电信部分，要求电话公司要为有听力和语言障碍的客户提供中继服务。在交通工具方面，所有的新的公共汽车和火车必须使轮椅的使用者可以进入（航空公司已经被1986年的《航空承运人准入法》覆盖了)。

《美国残疾人法》对有15个或更多雇员的企业在雇佣歧视方面的禁令包括了更广泛的内容。它包括禁止在雇佣、解雇、补偿、提升、培训等方面歧视残疾人，并且要求雇主为残疾人提供“适当的便利设施”，除非这会引起“过分的困难”。适当的便利设施可以包括提供阅读器或翻译器、改造建筑物、调整工作时间表以及购买必要的装置。对雇主而言，过分的困难是指“有很大的困难或需要大量的花费”。有一种观点认为，《美国残疾人法》“是一项便宜的立法，在既不向雇主也不向残疾人本身提供任何新的资金的情况下，将新的责任委托给了私人雇主”[113]。平等就业机会委员会（Equal Employment Opportunity Commission）帮助雇主实现《美国残疾人法》的要求，并确定他们要做出“适当的”努力还需要走多远，以及什么将会被视为“需要大量的花费”。在1990年《美国残疾人法》被通过时，美国商会就称这个法案是一个“邀请诉讼的立法”[114]。

自从《美国残疾人法》被通过以后，许多相关诉讼已经增加。在当下保守的政治环境中，裁决更有可能支持企业（被告）而不是员工（穿工装的原告）。在许多情况下，法院的结论是个人的某些损伤是可以矫正的（例如，使用药物或戴眼镜），这并不是真正的残疾，因此没有资格得到雇佣保护。结果，一些人被认为“不够残疾”，无法得到《美国残疾人法》的保护，但他们却被认为“足够残疾”而被拒绝工作或被解雇，因为雇主觉得他
217 们的身体或精神限制了他们在安全或效率方面达到工作岗位的要求。在各种各样的案件中，法院裁决否定声称自己是残疾人的情况，包括视力障碍、高血压、腕管综合征、肝脏疾病和中风等。美国最高法院支持的一个严格的定义是，残疾必须干扰基本活动，比如刷牙或洗脸（例如，萨顿诉美国联合航空公司，肯塔基州丰田汽车制造公司诉威廉姆斯）。残疾的定义被解释得如此严格，“几乎没有人能符合那样的定义”[115]。

在美国宪法第十一修正案下，根据“主权豁免”条款，州雇员在就业歧视案件中也会败诉。主权豁免坚持，没有州的许可起诉是违法的。例如，当帕特里夏·加勒特试图起诉她的雇主时，她被拒绝赔偿。她的雇主是一个州立医院，她在被诊断患乳腺癌进行治疗后被降职。弥尔顿·阿什被拒绝赔偿，他从自己所在的州寻找到的雇主，针对他严重的哮喘未提供合理的工作场所。[116]在加勒特案件的裁决中，美国最高法院同意主权豁免保护州免受诉讼，个人根据《美国残疾人法》第一部分提起的诉讼被拒绝。法院诉讼对原告来说可能是长期而艰辛的。这些判决成为重要的先例，尽管它们通常不是原告希望看到的先例。

一些人认为《美国残疾人法》超越了主权豁免权。其他人则认为《美国残疾人法》和《康复法》违宪，因为国会插手告诉州该做什么。虽然美国最高法院裁定，作为私人的个人无权根据《美国残疾人法》第一部分起诉州，但是“在原告不寻求金钱赔偿的情况下，个人可以对州政府官员的能力进行起诉”[117]。随后的法院判决表明，在《美国残疾人法》第二部分的有关规定下，个人有权起诉州，要求其提供公共服务，在这类案件中，法院和监狱都是易相处的。其中一个案件是，一位使用轮椅的案主声称，他不得不爬两层楼梯来提出一项法律诉讼。

在2008年《美国残疾人法》进行了重大修改。[118]最初返回国会的法案，旨在将残疾的定义设定为更宽泛的解释，而不是正在使用的比较狭窄的定义或较高标准的定义。除了使用“普通眼镜和隐形眼镜”，其他的“缓解措施”，像使用助听器、药物和假肢设备等，

不再被包括在对一个人是否残疾的确定中。“主要的生活活动”的定义也被扩大，使更多的人能申请到依据《美国残疾人法》提供的保护。除了自我保健，还有主要的生活活动和主要的身体功能。前者包括“手工操作、看、听、吃饭、睡觉、走路、站着、弯曲、说话、呼吸、学习、阅读、专心、思考和沟通”；后者主要包括“免疫系统的功能、正常细胞增长、消化、肠、膀胱、神经系统、大脑、呼吸、循环、内分泌、生殖功能”。

《美国残疾人法》的修改，将使员工在这个法律的第三个部分对残疾的定义下更方便地采取行动。之前，员工必须证明雇主认为“他们有残疾，这个残疾基本限制了他们的主要生活活动”。在新的、更宽泛的标准下，使用的语言是，雇主“能感知到”一个人有残疾，即使认为（或实际）残疾并不限制其主要生活活动。

修改的法案阐明平等就业机会委员会有权对《美国残疾人法》的执行目的提出规定和解释指导。2008 年修正案对于那些声称残疾歧视的人，可能会把门开得更大，雇主和其 218
他被告要改变被提出的指责会更加困难。[119]

《美国残疾人法》修正案在 2009 年 1 月 1 日生效。但是，直到 2009 年秋天，公众听证会才举行，这也是对规则制定的评论的最后结束期限。由于 2010 年已经接近，所以没有对最终规则提出问题。《美国残疾人法》的一部分的重要性是，它适用于整个美国，但是一些州已经有更严格的立法，或包括了《美国残疾人法》没有的规定。例如，加利福尼亚州的《公平就业和住房法》，提供了《美国残疾人法》不包括的赔偿条款。[120]

联合国《残疾人权利公约》

2006 年 12 月，联合国大会通过了《残疾人权利公约》，它是 21 世纪联合国的第一个公约。[121]这个综合性的文件概括了联合国认为的所有残疾人都应该享有的权利。美国众议院通过了一项决议，令人鼓舞地提供了这个公约，奥巴马政府在 2009 年 7 月签署了这个文件。美国参议院将考虑赞同这个公约。这对于批准是必要的。批准意味着一个国家将遵守条款的所有约定。在保守党的历史上，美国只批准了三个联合国公约（这些公约涉及的是酷刑、公民的和政治的权利、种族歧视）。

全国残疾人事务委员会（National Council on Disability，NCD）——一个独立的联邦机构，负责向总统、国会和改善残疾人生活的联邦机构提供建议——将《美国残疾人法》和联合国的《残疾人权利公约》进行比较，发现《美国残疾人法》与公约的精神是一致的，并激发了《残疾人权利公约》的许多方面。全国残疾人事务委员会还指出，在其中的很多领域，美国缺乏包含在公约中的措施。例如，关于无障碍，全国残疾人事务委员会认为联邦的法律得到了执行，在独立生活和社区包容方面，美国的法律“限制了在社区中生活的权利，有关的服务没有引起变化”[122]。全国残疾人事务委员会建议进一步加强执行和强有力的行动，以使美国更接近会议公约的目标。例证 6—5 提供了更多的联合国残疾人公约的信息。

219

例证 6—5

美国和联合国残疾人公约

2009 年 7 月 30 日

今天大使苏珊·赖斯（Susan Rice）将代表美国，在联合国签署一个国际人权条约。在 26 个国际人权条约中美国只批准 3 个。国会中仍然有一些人坚持认为美国应该永远把自己视为一个例外。这不是一种明智的政策，奥巴马总统向另一个方向的移动是正确的。

几十年来美国领导人之间对人权的不同声音和美国对国际公约的制度化的抵制一直在增长。关于残疾人公约的历史体现了这一点。

美国人创造了《美国残疾人法》（ADA）和《康复法》，给了政府一个教育，使之了解应该怎样将残疾人包容进他们的社会和经济结构之中。当艾滋病流行时，美国法律最终通过《美国残疾人法》的棱镜将其视为一种疾病，整个世界的领先的政策制定者不再实行诸如检疫隔离、工作歧视等报复政策。然而仍然存在着抵制加入国际社会对人权原则的大多数的口头承诺的情况，方法是使盟友和支持者感到迷惑。

在上一届美国政府时期，当 2001 年联合国大会正式考虑制定一个专门的残疾人人权条约时，美国外交官说残疾是国内的问题，没有国际的重要性。美国坚称它不会签署或批准一个与残疾人权利相关的国际协议。为什么？

全球有 6.5 亿残疾人，80％生活在发展中国家。残疾人在贫穷的国家面对着被排斥和更糟糕的情况。妇女和女童更是特别脆弱。印度 2004 年的一项调查发现，几乎所有残疾的妇女和女童在家里都遭到毒打，25％有智力残疾的妇女遭到强奸。冲突制造了人类的不安全感，包括很多残疾人。

国务卿克林顿将促进广泛发展的目标作为美国外交政策的支柱。很清楚，联合国《残疾人权利公约》与美国在后冲突国家正在进行的努力是一致。实现法治和参与式民主都要求残疾人的可进入性；社会更加尊重残疾人的权利，这与尊重妇女和其他少数族裔的权利一样重要。

美国的人道主义援助和残疾救助必须包含一个残疾的标准，以进入应急准备和救灾项目中，这符合《残疾人权利公约》的第 11 款，该条款提出了残疾人在危险情况下的权利。残疾人权利不仅仅是小布什政府坚持认为的“国内的”问题。残疾人的权利——与女童和妇女的权利一样——反映的是一个跨领域的问题，这个问题超出了个人的范围，有着国内的、区域的和国际的政治结果。

为了使他支持联合国《残疾人权利公约》的承诺做得更好，奥巴马总统已经朝向更明智的美国政策，航向修正姗姗来迟。参议院将支持奥巴马总统和整个世界的残疾人，并批准这个公约。

南希·兰格（Nancy Langer）

资料来源：Nancy Langer "The US and the UN Disability Convention", July 30, 2009, copyright © 2009 by The Henry L. Stimson Center. Retrieved November 21, 2009, from http://www.Stimson.org/pub.cfm?ID=841.

残疾儿童政策

20 世纪 60 年代的政治努力在帮助发育中的残疾人（individuals with developmental disabilities）方面产生了许多进步。改善政策的倡导获得了一个宝贵的盟友，即肯尼迪总统。肯尼迪有一个智力残疾的姐姐。

《发育中的残疾人救助和比尔的权利法修正案》

联邦最早的对发育中的残疾人的界定出现在 1970 年的《发育中的残疾人和设施建造法》（Developmental Disabilities and Facilities Construction Act of 1970）中，在 1975 年的《发育中的残疾人救助和比尔的权利法》（Developmental Disabilities Assistance and Bill of Right Act of 1975）中又被扩展了。在 1987 年的《恢复正常生活及就业资格综合服务和发育中的残疾人法修正案》（Rehabilitation Comprehensive Services and Developmental Disabilities Amendments）中排除了智障、中风、癫痫和孤独症等一些特殊的疾病类型，这些疾病在比较宽泛的发育中的残疾人的界定中是受到偏爱的。20 世纪 80 年代和 90 年代的修正案继续促进了一个更可以接受的定义的发展。现在联邦对发育中的残疾人的定义是在 2000 年的《发育中的残疾人救助和比尔的权利法修正案》（Developmental Disabilities Assistance and Bill of Right Act Amendments of 1994）中提出的。根据这个法案： 220

> 发育中的残疾人患有一种严重的、长期性的疾病，这种疾病造成了精神的或身体的或精神与身体同时的损伤；这种疾病是在个人达到 22 岁以前被证明了的；这种疾病很可能无限期地持续。结果导致在下面列举的领域中三种或更多的实质性的功能局限：
>
> 自我照顾
>
> 理解和语言
>
> 技能（听和说）

学习
移动
自我定向
独立生活的能力
经济上的自给自足
在没有辅助服务的情况下，独立“运行”的能力

发育中的残疾人需要从许多提供者那里得到持续的、个性化的、有计划的、辅助的服务与支持（例如，住房、就业、教育、公民权利和人权保护、医疗照顾），以便能够在社区中生活。[123]

就积极的方面说，这个定义更具有功能性的取向，较少有羞辱性的考虑，并且没有限制只对那些经过特殊诊断的人提供服务。就消极方面说，这个定义留下了太多的解释空间，阻止了不太严重的残疾人得到能够实质性地提高他们生活质量的服务。[124]

除了各州的为盲人服务的职业恢复机构，整个美国还有许多学校为盲童和/或聋哑儿童提供教育和训练。在联邦的层次，恢复正常生活及就业资格服务局为各个州发展对失聪和有其他沟通障碍的儿童的服务提供咨询。它也在发展技术性的设施为残疾人服务方面发挥作用。在 1972 年的《经济机会法》中，包括了一个目标，即启蒙教育计划要包括 10%的残疾儿童。

残疾儿童教育政策

许多有残疾的儿童一旦被归类进入“特殊教育”班级，他们在学校里，即使不是全部时间，也有大部分时间是与其他学生分离的。今天，大多数学校可允许残疾儿童和他们的家庭进入，这要感谢由杰拉尔德·福特（Gerald Ford）总统签署的 1975 年的《所有残疾儿童教育法》(Education for All Handicapped Children Act of 1975)，在 1990 年被命名为《残疾人教育法》(Individuals with Disabilities Education Act，IDEA)。

《残疾人教育法》

《残疾人教育法》阐明每个残疾儿童都有权利得到“适当的初等和中等教育”。大多数
221 儿童都在正规的公立学校接受教育。如果地方教育当局把一个儿童安排到私立学校，目的是使这个儿童获得适当的教育，那么这样的服务必须不能让该儿童的家庭承担有关的花费。其他的服务，包括交通和特别的设施，也必须被提供。1997 年，《残疾人教育法》在进行了多方面的修改后重新得到授权，包括当父母和学校对于儿童需要什么和将得到什么意见不同时，提供调停服务的规定。2004 年，总统小布什签署了《残疾人教育修正法》，对其重新授权。

包容曾经被欢呼为一种明智的和有效的方法，可以确保身体上和精神上有残疾的儿童

得到充分的机会学习，并与其他儿童互动。它允许将残疾儿童整合进主流社会，并且为他/她们成为共同体的一部分做了准备。在2006—2007学年，公立学校中3～21岁的学生中有670万人或14%的学生接受了与残疾有关的服务。[125]其中大约40%的人有特殊的学习障碍、22%的人有说话或语言障碍、8%的人有智力残疾、7%的人有情绪方面的困扰，以及其他方面的残疾。残疾学生待在普通班级中的时间增加了。[126]

尽管进入主流的观念具有吸引力，但是，当要求得到服务的儿童数量增加和州承担他们的教育费用的主要成本提高时，反对的声音还是出现了。那些比较小和比较穷的学校，感觉满足法律的要求是特别有压力的。提倡者已经进行了长时间的争论，国会从来没有达到其在1975年的法案中承诺的为残疾儿童教育增加的成本提供40%的资金。目前估计，联邦政府为残疾儿童服务提供了18%的费用。[127]一些人认为这是一种不提供资金的联邦授权。美国的教育部声称，这个没有资金的授权是因为州可以决定不参加某个特殊的联邦项目。[128]然而，许多州将在没有联邦资金的情况下艰难地为残疾儿童提供服务。

《不让一个孩子掉队法》

影响残疾学生和他们的学校的另一项法律是2001年的《不让一个孩子掉队法》（No Child Left Behind Act of 2001，NCLB），这是由小布什政府大力倡导的。小布什总统称这项法律是一个试图解决“低期望的偏见”问题的法律。[129]事实上，特殊教育还因其他原因受到批评——它成了有行为问题的儿童的垃圾场，成为一个包含了太多的有色儿童，特别是黑人男童的分类场，因为普通学校不能满足他们的需要。[130]

《不让一个孩子掉队法》是对初等和中等教育法案的再授权，最初是在1965年颁布的（在第九章将进行更详细的阐述）。《不让一个孩子掉队法》要求所有的学生，包括残疾学生，要通过阅读、计算和科学课程的考试。各州必须报告各类学生的有关数据，包括残疾学生，在过去这些学生很多是被排除在各州的考试之外的。这些考试通常涉及“升级”，因为州可以使用这种考试结果决定一个学生能否升入下一个年级，或能否毕业。[131]

一方面，许多老师和家长欢迎提高确定的预期，因为这样学校就能够被期望提供为残疾儿童的生活做准备的更好的教育。另一方面，他们又认为这种新的期望可能引发意外和残酷的结果。由于这是联邦法律第一次要求公立学校证明它们为残疾儿童提供了多么好的服务，所以使之以一种公平和适当的方式实施是重要的。许多残疾学生的学习能力并没有受到损害，特别是在给予适当座位的情况下，但是，另外也有一些学生有严重的学习障碍。需要适当座位的残疾学生接受与其他学生相同的考试被假设为是对他们的接纳，诸如 222
大声读出来的考试，或有更长时间的考试。在《不让一个孩子掉队法》下进行考试的第一年，39个州中的30个州有完整的数据，在这30个州中，四年级的阅读考试，在特殊教育中的学生的得分比其他学生低了30个百分点，其中有6个州的差距超过50个百分点。[132]

2003年12月，美国教育部就人们关心的对有最严重认知障碍的学生的考试程序做出反应。各州可以使用“替代形式”评价等级水平或“替代标准”，换言之，学生的学习水平并不是学生的等级水平。例如，一个学生可能被给予一个较低等级水平的考试，或者用他（或她）的操作中的一个实例或组合进行考评。但是，在评估“适当的年度进步”中，各州计入这种评估的学生不能超过1%。[133]给出新的规则，有人担心学校可能改变它们评估残疾学生的方式，或者改变确定有多少残疾学生的方式。[134]

2005年，在考查残疾程度不及那1%的群体的学生时，各州被给予了更多的灵活性，可以不采用通常的考试办法。这种考试被描述为使用“替代方式”和“修改的标准”。在报告年度进步情况时，州可以将这种方式用于最多2%的学生。

评估成绩差距和比较各州做得多么好是困难的，因为“数据模糊”——各州使用不同的考试方法和多样化的替代考试。[135]替代方法的设计和实施是昂贵的，并且没有唯一的评估能够获得成功，因为在考试中学生有各种各样的情况需要予以照顾。[136]各州报告达到熟练水平的学生的百分比可能相似，但是，这是以不同的方法取得的。例如，2007年，堪萨斯州报告四年级的残疾学生中73%达到了能够熟练阅读的水平，内布拉斯加州的数字是78%。[137]堪萨斯州的数字包括50%的学生参加了普通考试，6%的学生接受的是替代标准的考试，19%的学生接受的是修改标准的考试。在内布拉斯加州，并没有采用修改标准的考试，74%的残疾学生接受了普通考试，4%的学生接受的是替代标准的考试。

残疾学生已经取得了进步，但是差距仍然存在。例如，在四年级的学生中，在阅读和计算方面有30～40个百分点的差距，这不是个别现象。[138]前进的道路上还存在着严峻的挑战。到2014年，所有的学生，包括残疾学生，都被期待着在州的考试中达到熟练的水平。当考试到来时，对学生以及他们的家庭、学校、州教育部门来说，确实是一个关键时刻。

另外被关心的一个问题是《残疾人教育法》与《不让一个孩子掉队法》之间的衔接，《残疾人教育法》集中于学生个性化的学习计划和目标，而《不让一个孩子掉队法》要求所有的学生达到同样的熟练水平。[139]《不让一个孩子掉队法》在2004年重新授权的一个目的就是增加《残疾人教育法》及《不让一个孩子掉队法》之间的一致性。一种方法是使学生的个人教育计划与《残疾人教育法》及《不让一个孩子掉队法》要求的熟练标准更好地接轨。

残疾政策的未来

美国人可以对残疾定义有不同的意见，但是他们现在对残疾政策的许多方面是接受的——对残疾人提供功能性的安全网，这个安全网针对的是他们可能遇到的各种阻碍，
223 这个安全网帮助他们就业，使他在能够就业或返回工作岗位的情况下接受康复服务，使环

境具有可进入性（例如轮椅可进入的通道、电梯、公共交通工具、建筑物的斜坡、对公共发言人和公共事件的手语解释），以及诸如有资格工作时没有就业歧视的公民权利受到保护。然而，功能性的安全网并非是特别慷慨的，因为政策制定者担心诈病、残疾人落入贫困陷阱的比例高于一般人口。失业率是比较高的，或者是因为对残疾人的持续的歧视，或者是因为适应成本。必须敦促某些所有者，使他们的设施和建筑物能够具有充分的可进入性。

对残疾人而言，许多其他的公民权利问题仍然没有得到解决，诸如得到和拒绝治疗的权利、知情同意权、监护权、如果被指控犯罪得到公平对待的权利、投票权、社区居住的分区限制问题。此外，还有智障人士的权利问题。制度化是一个特别令人烦恼的问题，因为智障的个人经常和有精神疾病需要被他人管理的人一样被否定有关的权利。再者，如果他们被虐待，他们可能没有机会表达自己的希望或告诉其他人。2002 年，美国最高法院最终判决对智力发育迟滞的罪犯执行死刑，构成了残忍的和非同寻常的惩罚，但是，它给州保留了决定什么是智力发育迟滞（智力残障）的权力。

我们还可以讨论关于残疾人政策的很多其他问题。例如，是否会有一个残疾体系比现存的混合体系更能够使残疾人和国家普遍受益？现存的混合体系是，对有足够的就业记录的残疾人提供残疾人社会福利保险，对没有足够的就业记录的残疾人提供补充保障收入，对退伍的残疾军人提供职业恢复项目。是否津贴和服务完全以需要为基础而不是以就业记录为依据？另一个已经被提出的重要问题是，排除了残疾人的政策设计是否加剧了残疾人与社会其他部分的分离，而不是像普遍可进入性的政策，那样促进了社会整合。[140]

残疾人权利活动家和倡导者认为，监督和强制执行是确保残疾人权利得到提升的关键。[141]平等就业机会委员会每一年都会报告它已经解决的案件数量和它收集到的代表着遭遇到就业歧视的人的就业收入状况。联邦强制执行机构也经常对没有更积极地追寻更多的个案提出批评。

为了改进残疾人政策，历史学家和残疾政策专家爱德华·伯科威茨（Edward Berkowitz）提出，要设立一个规划监督委员会和一个联邦机构，致力于将利益相关者集中在一起，以一种功能整体的方式解决残疾人问题。[142]委员会将负责解决对残疾人政策和项目的国家预算，并以此作为服务于残疾人政策的通道。此外，伯科威茨提出，扩大全国残疾人事务委员会的规模。全国残疾人事务委员会本身已经推动奥巴马总统发布了一个行政命令以建立一个整合的残疾人事务协调委员会（Disability Coordinating Council），所有服务于残疾人的联邦机构均参与其中。[143]伯科威茨还提出，要以灵活的政策对那些能够并希望留在劳动力市场的人提供需要的支持，并祝其他人有尊严地退休。他提出倡议，创造“独立主动性”，以使个人能够利用所购买的服务人员的照顾或使环境得到改善；还倡议提供“独立生活固定拨款”，以使地方政府与医疗保障组织、公民权利强力推进组织、一起建立一个独立生活中心。224

总结

美国人已经用公共救助、社会保险、社会服务和公民权利立法对残疾问题做出了回应。对残疾政策的研究已经从医学或集中于专业的角度移向了对有残疾的人的控制轨迹中的一点。有些残疾政策，诸如《康复法》的许多方面，目的是覆盖所有的残疾人。另外一些，像《职业恢复法》和《美国残疾人法》，则更集中于那些希望获得或维持就业的人。还有一些政策，如《美国残疾人法》的某些部分和其他政策是推进普遍的可进入性，可以使所有人的生活都更加方便。虽然残疾政策在许多方面已经有了改进，但是残疾人与一般人相比，仍然有较高的贫困率和失业率。那些想要工作的人可能面对着障碍，因为如果在使工作环境方便残疾人时遭遇过度支出，雇主是得到保护的。许多残疾人在选择住房时是受到限制的，在社区生活参与的其他方面也面对障碍，例如投票。为有残疾的人进行辩护是重要的。那些不能直接参与政治过程的人必须通过依赖其他了解他们的人使自己的权利得到保护。联合国公约试图更多地改善在美国和其他国家的残疾人的状况。

讨论问题和课堂活动

1. 从最近的社会保障机构邀请一位讲演者，讨论在你所在的州社会保障中的残疾保险项目和补充保障收入项目。准备向讲演者提出问题：残疾确定过程、申请过程、州可能提供的附加的补充保障收入。你还可以邀请一些残疾人社会福利保险或补充保障收入的接受者，与其讨论他们对项目的感受，邀请在探索发育中的残疾人的过程中给人们提供帮助的律师或倡导者，请他们谈谈对这些项目的经验。

2. 从美国残疾人今日服务项目等残疾人权利组织中邀请一位演讲者，讨论他们当前工作中遇到的问题和在推进残疾人政策与残疾人权利方面采用的策略。

3. 研究一项残疾人权利问题，如更有深度地提出社区选择法案或承认联合国公约，给支持这种措施的国会成员写一封信，建议改进或采取另外的立场。

4. 参观你们的校园（或你所在社区的其他公共的或私人的设施），指出对各种类型的残疾人的进入障碍。邀请一位或几位负责你的校园的建筑设计或其他设施的可进入性的工作人员（或实施工作的政府官员），讨论有关法律和挑战或隐藏在可进入性规则背后的问题。

5. 从你的校园邀请一位工作人员，讨论为残疾学生服务问题和在为残疾学生服务方面学院或大学面对的挑战。

6. 阅读一位残疾人的传记或自传，报告在传记或自传中使你感到惊讶或使你增加了对残疾人和残疾政策的认识的要点。

7. 邀请一位因参加战斗遭受了身体或精神损伤的军人，对你的班级讲他的经历，参加战斗怎样改变了他，其康复过程，以及个人愿意与他人分享的其他信息。提出问题：为了更好地帮助有残疾的退伍军人和其他人，他或她需要什么样的政策改变?

8. 对酒精和毒品依赖、肥胖症或其他通常被认为是个人可以控制的疾病是否应该被覆盖在参加政策之下进行辩论，如果应该被覆盖，在接受津贴方面应该有什么特别的规定或条件?

9. 邀请一位学校社会工作者、教师、学习管理者或其他为残疾学生和他们的家庭工
作的人，讨论他（或她）的与发育中的残疾人救助、权利法案、《残疾人教育法》、《不让 225
一个孩子掉队法》有关的工作，邀请参加学生和他们的家长讨论这些立法对他们的影响方
式。这些立法中哪些影响比较强，哪些比较弱？你可以将组织这些活动作为一个专题
演讲。

网站

美国残疾人今日服务项目，网址：www.adapt.org/。美国残疾人今日服务项目是一个全国性的草根共同体，组织残障人士人权活动家参与非暴力直接活动，包括非暴力反抗，确保公民以及残障人士自由生活的人权。

美国红十字会，网址：http：//www.thearc.org/NetCommunity/Page.aspx?pid=183。美国红十字会是一个“为智力和发育障碍的人士提供服务的团体组织”。美国红十字会和它所在的州及其地方分会为个人和家庭提供服务和支持。

全国残疾人事务委员会，网址：http：//www.ncd.gov。全国残疾人事务委员会是一个独立的联邦机构，在出版物和其他资源上提供信息以促进所有残障人士享有平等的机会，并且增强残障人士实现经济上的自给自足、独立生活以及融入社会各个方面的能力。

特殊教育及康复服务处，网址：http：//www.ed.gov/about/offices/list/osers/programs.html。特殊教育及康复服务处是一个联邦政府机构，是美国教育部的一个部门。它的使命是“引导和支持鼓励残障人士发展的一系列全面的方案和项目”。它有三个组成部分：国家残疾与康复研究所、特殊教育项目处、康复服务管理处。

社会保障部，网址：www.ssa.gov。社会保障部是一个管理社会保障残障保险方案以及补充保障收入方案的联邦政府机构。社会保障部的网站涵盖了关于这些方面以及相关项目的信息，比如：医疗照顾、医疗补助、鼓励社会保障残障保险方案和补充保障收入方案的受助者就业等方面的信息。

注释

［1］关于残疾定义如何演变的信息，参见 Monroe Berkowitz，William G. Johnson，and Edward H. Murphy，*Public Policy Toward Disability*（New York：Holt，Reinhart，& Winston，1976），especially p. 7；Edward D. Berkowitz，"The American Disability System in Historical Perspective，" in Edward D. Berkowitz，ed.，*Disability Policies and Government Programs*（New York：Holt，Rinehart，& Winston，1979），especially p. 43；Gary L. Albrecht，Katherine D. Seelman，and Michael Bury，eds.，*Handbook of Disability Studies*（Thousand Oaks，CA：Sage Publications，2001）；Stephanie L. Bernell，"Theoretical and Applied Issues in Defining Disability in Labor Market Research，" *Journal of Disability Policy Studies*，Vol. 14，No. 1，2003，pp. 36-45。

［2］Stephen French Gilson and Elizabeth DePoy，"Explanatory Legitimacy：A Model for Disability Policy Development and Analysis，" in Karen M. Sowers and Catherine N. Dulmus，eds.-in-chief，*Comprehensive Handbook of Social Work and Social Welfare*，Ira Colby（Ed.），*Social Policy and Policy Practice*，Vol. 4（Hoboken，NJ：John Wiley & Sons，2008，pp. 203-218）.

［3］Edward D. Berkowitz，*Disabled Policy*：*America's Programs for the Handicapped*（Cambridge，
226 England：Cambridge University Press，1987）；Eric Kingson and Edward D. Berkowitz，*Social Security and Medicare*：*A Policy Primer*（Westport，CT：Auburn House，1993）.

［4］这段依据 Robert J. Myers，*Social Security*（Bryn Mawr，PA：McCahan Foundation，1975），pp. 400-401；John G. Turnbull，C. Arthur Williams，Jr.，and Earl F. Cheit，*Economic and Social Security*（New York：Ronald Press，1967），p. 83。

［5］这段的大部分内容依据同上。

［6］Berkowitz，*Disabled Policy*：*America's Programs for the Handicapped*，p. 58.

［7］Daniel P. Moynihan，*The Politics of a Guaranteed Income*（New York：Random House，1973）.

［8］Robert A. Diamond（Ed.），*Future of Social Programs*（Washington，DC：Congressional Quarterly，August 1973），p. 15.

［9］关于州补充保障收入的附加信息，参见"SSI Benefits，" in *Understanding Supplemental Security Income*（Washington，DC：Social Security Administration，2009 Edition）. Retrieved August 14，2009，from http：//www.ssa.gov/ssi/text-benefits-ussi.htm；Committee on Ways and Means，"Supplemental Security Income，" *2008 Green Book*（Washington，DC：U.S. House of Representatives，2008），pp. 3-14—3-16. Retrieved February 27，2010，from http：//waysandmeans.house.gov/singlepages.aspx?NewsID=10490。

［10］这段话的数据来自 *Social Security Bulletin*，*Annual Statistical Supplement*，*2009*，"Supplemental Security Income." Retrieved February 27，2010，from http：//www.ssa.gov/policy/docs/statcomps/supplement/2009.

［11］Committee on Ways and Means，"Supplemental Security Income，" *2008 Green Book*，pp. 3-29，3-30.

［12］*Ibid.*，pp. 3-24—3-25.

［13］*Ibid.*，p. 3-17.

[14] Committee on Ways and Means, "Supplemental Security Income," *2004 Green Book* (Washington, DC: U. S. House of Representatives), p. 3 - 6. Retrieved May 16, 2010, from http://waysandmeans. house. gov/ singlepages. aspx?NewsID= 10489.

[15] Committee on Ways and Means, "Supplemental Security Income," *2008 Green Book*, p. 3 - 4.

[16] 关于这些总额的历史信息，参见 "Substantial Gainful Activity" (Washington, DC: Social Security Administration, October 15, 2009)。Retrieved November 16, 2009, from http://www. ssa. gov/ OACT/COLA/sga. html。

[17] 这节依据 *Disability Evaluation Under Social Security* (also known as the "Blue Book") (Washington, DC: Social Security Administration, September 2008). Retrieved August 7, 2009, from http://www. ssa. gov/disability/professionals/bluebook/ general-info. htm。

[18] "Applications for Disability Benefits and Disability Awards" (Washington, DC: Social Security Administration, June 1, 2009). Retrieved August 10, 2009, from http://www. ssa. gov/OACT/ STATS/table6c7. html.

[19] "Appeals Process;" in *Understanding Supplemental Security Income* (Washington, DC: Social Security Administration, 2009 Edition). Retrieved August 14, 2009, from http://www. ssa. gov/ssi/ text-appeals-ussi. htm.

[20] *What You Need To Know When You Get Social Security Disability Benefits* (Washington, DC: Social Security Administration, November 2008), SSA Publication No. 05 - 10153. Retrieved August 7, 2009, from http://www. ssa. gov/pubs/10153. pdf.

[21] Stephen French Gilson and Elizabeth Depoy, "Policy Legitimacy: A Model for Disability Policy Analysis and Change," *Review of Disability Studies*, Vol. 5, No. 4, 2009.

[22] Melanie Conklin, "Out in the Cold: Washington Shows Drug Addicts the Door," *The Progressive*, Vol. 61, No. 3, March 1997, pp. 25 - 27.

[23] Committee on Ways and Means, U "Supplemental Security Income," *2004 Green Book*, pp. 3 - 45—3 - 47.

[24] "Report Highlights Impact of Welfare Reform on Addicted Population," *Alcoholism and Drug Abuse Weekly*, Vol. 15, No. 31, August 18, 2003. 深入阅读 "Multi-Site Study of the Termination of Supplemental Security Income Benefits for Drug Addicts and Alcoholics," 见 *Contemporary Drug Problems*, Vol. 30, Issue 1/2, 2003。

[25] James A. Swartz, Kevin Campbell, Jim Baumohl, and Peggy Tonkin, "Drug Treatment Participation and Retention Rates among Former Recipients of Supplemental Security Income for Drug Addiction and Alcoholism," *Contemporary Drug Problems*, Vol. 30, Nos. 1/2, 2003, pp. 335 - 364.

[26] Patricia Hanrahan, Daniel J. Luchins, Lea Cloninger, and James Swartz, "Medicaid Eligibility of Former Supplemental Security Income Recipients with Drug Abuse or Alcoholism Disability," *American Journal of Public Health*, Vol. 94, No. 1, 2004, pp. 46 - 47.

[27] Committee on Ways and Means, "Welfare Benefits for Noncitizens," Section J, *2004 Green Book*, pp. J - 1—J - 11.

[28] "Issue: Welfare," *Congressional Quarterly*, December 6, 1997, p. 3013. 227

[29] 这段的其余内容依据 *Social Security Bulletin*，*Annual Statistical*，Supplement，2009，Table 7. E6. Retrieved February 27，2010，from http：//www. ssa. gov/policy/docs/statcomps/supplement/2009/7e. pdf。

[30] 对泽伯里决定进一步的描述，参见 Committee on Ways and Means，U. S. House of Representatives，*Overview of Entitlement Programs*，1996 *Green Book*（Washington，DC：U. S. Government Printing Office，1996），pp. 262 - 263.

[31] Committee on Ways and Means，U. S. House of Representatives，*Overview of Entitlement Programs*，*1993 Green Book*（Washington，DC：U. S. Government Printing Office，1993），pp. 852 - 853.

[32] Committee on Ways and Means，U. S. House of Representatives，*1996 Green Book*，pp. 297 - 298；Committee on Ways and Means，U. S. House of Representatives，*Overview of Entitlement Programs*，*1998 Green Book*（Washington，DC：U. S. Government Printing Office，1998），pp. 301 - 302

[33] Committee on Ways and Means，"supplemental security Income，" *2004 Green Book*，pp. 3 - 42—3 - 44.

[34] 这段的其余内容依据 U. S. House of Representatives，"Supplemental Security Income，" *2008 Green Book*，Table 3 - 8，p. 3 - 25 and Table 3 - 11，pp. 3 - 27—3 - 28.

[35] Jeffrey Hemmetera，Jacqueline Kauff，and David Wittenburgb，"Changing Circumstances：Experiences of Child SSI Recipients Before and After Their Age-18 Redetermination for Adult Benefits，" *Journal of Vocational Rehabilitation*，Vol. 30，2009，pp. 201 - 221. Retrieved November 2，2009，from http：//www. mathematica-mpr. com/publications/PDFs/Disability/changingcircumstances. pdf.

[36] *Journal of Vocational Rehabilitation*，Vol. 30，No. 3，有几篇文章讨论了青年转型示范项目。

[37] 有关特定项目的更多信息，参见"Youth Transition Demonstration（YTD）Project Descriptions"（Washington，DC：Social Security Administration，November 9，2009）. Retrieved November 27，2009，from http：//www. ssa. gov/disabilityresearch/ytdprojects. htm.

[38] Committee on Ways and Means，"Supplemental Security Income，" *2008 Green Book*，pp. 3 - 29—3 - 30.

[39] 这段的大部分内容依据 Paul Davies，"SSI Eligibility and Participation Among the Oldest Old：Evidence from the AHEAD，" *Social Security Bulletin*，Vol. 64，No. 3，2001/2002，pp. 38 - 63。

[40] Kilolo Kijakazi and Wendell Primus，"Options for Reducing Poverty Among Elderly Women by Improving supplemental security Income"（Washington，DC：Center for Budget and Policy Priorities，2000），paper presented at the National Academy of Social Insurance 12th Annual Conference，January 27，2000. Retrieved May 16，2010，from http：//www. cbpp. org/cms/index. cfm? fa=view&id=1522

[41] Social Security Administration，*U. S. Interagency Council on Homelessness 2005 Annual Report*（Washington，DC：Author，2005）；"Social Security Online：Services to the Homeless." Retrieved January 4，2010，from http：//www. socialsecurity. gov/homelessness/SSA _ Homelessness _ Report _ 2005. htm.

[42] See "Reducing SSI Enrollment Barriers for Homeless Claimants"（Washington，DC：National Health Care for the Homeless Council）. Retrieved November 2，2009，from http：//www. hrsa. gov/homeless/pdf/pa4 _ post _ handou _ 3. pdf

[43] Patricia A. Post，*Casualties of Complexity*：*Why Eligible Homeless People are not Enrolled in Medicaid*（Washington，DC：National Health Care for the Homeless Council，May 2001），pp. 1 - 73. Re-

trieved November 2, 2009, from http://www.nhchc.org/Publications/CasualtiesofComplexity.pdf.

[44] see "Reducing SSI Enrollment Barriers for Homeless Claimants."

[45] "Disability Benefits and Homelessness," *2009 Policy Statements* (Nashville, TN: National Health Care for the Homeless Council, 2009). Retrieved November 2, 2009, from http://www.nhchc.org/Advocacy/PolicyPapers/2009/DisabilityBenefits2009.pdf.

[46] 这段依据 General Accounting Office, *SSA Disability Decision Making: Additional Steps Needed to Ensure Accuracy and Fairness of Decision at the Hearings Level*, GAO-04-14 (Washington, DC: Author, November 12, 2003). Retrieved December 29, 2009, from http://www.gao.gov; General Accounting Office, *SSA Disability Decision Making: Additional Measures Would Enhance Agency's Ability to Determine Whether Racial Bias Exists*, GAO-02-831 (Washington, DC: Author, September 9, 2002). Retrieved December 29, 2009, from http://www.gao.gov。

[47] 这段和下一段依据 John D. Stobo, Michael McGeary, and David K. Barnes, Eds., *Improving the Social Security Disability Determination Process* (Washington, DC: National Academies Press, 2007)。 228

[48] Social Security Administration, *Strategic Plan: Fiscal Years 2008-2013* (Washington, DC: Author, September 2008), SSA Pub. No. 04-002. Retrieved August 9, 2009, from http://www.ssa.gov/asp/index.htm.

[49] Depression and Bipolar Support Alliance, "Advance Notice of Proposed Rulemaking on Criteria for Evaluating Mental Disorders," June 16, 2003. Retrieved November 27, 2009, from http://www.dbsalliance.org/site/PageServer?pagename=advocacy_ssaremarks.

[50] 这段和下一段依据 Social Security Administration, *Strategic Plan: Fiscal Years 2008-2013*。

[51] Executive Office of the President, *Budget of the United States Government, Fiscal Year 1999* (Washington, DC: U.S. Government Printing Office, 1998), p. 232.

[52] Social Security Administration, *Performance and Accountability Report: Fiscal Year 2003* (Washington, DC: Author, 2003), p. 67. Retrieved December 29, 2009, from http://www.ssa.gov/finance/2003/FY03_PAR.pdf.

[53] Social Security Administration, *Strategic Plan: Fiscal Years 2008-2013*, p. 7.

[54] *Ibid.*

[55] 这段的其余内容依据 Government Accountability Office, *Military Disability System: Increased Supports for Servicemembers and Better Pilot Planning Could Improve the Disability Evaluation Process* (GAO-08-1137) (Washington, DC: Author, September 24, 2008). Retrieved December 20, 2009, from http://www.gao.gov/products/GAO-08-1137; Government Accountability Office, *Military and Veterans' Benefits: Analysis of VA Compensation Levels for Survivors of Veterans and Servicemembers* (GAO-10-62) (Washington, DC: Author, November 13, 2009). Retrieved December 20, 2009, from http://www.gao.gov/products/GAO-10-62; Mary Sneyd, *A Call to Duty: Fixing the VA's Disability Benefits System*, Cleveland Live, Inc., April 28, 2009. Retrieved December 20, 2009, from http://www.cleveland.com/opinion/index.ssf/2009/04/a_call_to_duty_fixing_the_vas.html.

[56] National Council on Disability, "National Disability Policy: A Progress Report" (Washington, DC: Author, March 31, 2009). Retrieved December 20, 2009, from http://www.ncd.gov/newsroom/

publications/2009/Progress _ Report _ HTML/NCD _ Progress _ Report. html.

[57] 解决残疾的计划和政策历史，参见 Richard K. Scotch, *From Good Will to Civil Rights*: *Transforming Federal Disability Policy* (Philadelphia: Temple University Press, 1984); Berkowitz, *Disabled Policy*; E. Davis Martin, Jr., *Significant Disability*: *Issues Affecting People with Significant Disabilities from a Historical*, *Policy*, *Leadership*, *and Systems Perspective* (Springfield, IL: Charles C. Thomas, 2001)。

[58] See Berkowitz, "The American Disability System in Historical Perspective," p. 43.

[59] Office of Special Education and Rehabilitative Services, Rehabilitation Services Administration, *Annual Report*, *Fiscal Year 2005*, Report on Federal Activities Under the Rehabilitation Act (Washington, DC: *U. S.* Department of Education, 2009). Retrieved December 19, 2009, from http: //www. ed. gov/about/reports/annual/rsa/ 2005/index. html.

[60] Berkowitz, *Disabled Policy*, p. 164.

[61] Richard K. Skotch, *From Good Will to Civil Rights*: *Transforming Federal Disability Policy*.

[62] Office of Special Education and Rehabilitation Services, "About RSA" (Washington, DC: U. S. Department of Education). Retrieved November, 2007, from http: //www. ed. gov/about/offices/list/ osers/rsa/index. html.

[63] Office of Special Education and Rehabilitative Services, Rehabilitation Services Administration, *Annual Report*, *Fiscal Year 2005*, *Report on Federal Activities Under the Rehabilitation Act*.

[64] Berkowitz, "The American Disability System in Historical Perspective," p. 45.

[65] Office of Special Education and Rehabilitation Services, "About RSA."

[66] National Council on Disability, *Achieving Independence*: *The Challenge for the 21st Century* (Washington, DC: The Council, July 26, 1996), p. 63; Berkowitz, *Disabled Policy*; Kingson and Berkowitz, *Social Security and Medicare*: *A Policy Primer*, especially pp. 144 - 146。

[67] Office of Special Education and Rehabilitative Services, Rehabilitation Services Administration, *Annual Report*, *Fiscal Year 2005*, *Report on Federal Activities Under the Rehabilitation Act*.

[68] Committee on Ways and Means, "Supplemental Security Income," *2008 Green Book*, p. 3 - 20.

[69] Office of Special Education and Rehabilitative Services, Rehabilitation Services Administration, *Annual Report*, *Fiscal Year 2005*, *Report on Federal Activities Under the Rehabilitation Act*.

[70] General Accounting Office, "Social Security Disability: Improvements Needed to Continuing Disability Review Process," HEHS-97-1 (Washington, DC: Author, October 1996). Retrieved November 27, 2009, from
229 http: //www. gao. gov/archive/1997 /he97001. pdf; see also U. S. General Accounting Office, *Supple-mental Security Income*: *SSA Is Taking Steps to Review Recipients' Disability Status*, HEHS-97 - 17 (Washington, DC: Author, October 1996). Retrieved November 27, 2009, from http: //www. gao. gov/archive/1997/he97017. pdf.

[71] *Social Security Bulletin*, *Annual Statistical Supplement*, 2009, Table 7. D1.

[72] *Evaluation of the Ticket to Work Program*: *Initial Evaluation Report* (Washington, DC: Mathematica Policy Research, February 2004)。Retrieved November 16, 2009, from http: //www. socialsecurity. gov/disabilityresearch/ttw/ttw _ report. htm.

[73] See, for example, Gilson and Depoy, "Policy Legitimacy: A Model for Disability Policy Analysis and Change."

[74] Government Accountability Administration, *Better Planning Could Make the Ticket Program More Effective* (GAO-05-248) (Washington, DC: Author, March 2, 2008). Retrieved December 21, 2009, from http://www.gao.gov/docsearch/locate?searched=1&o=0&order_by=date&search_type=publications&keyword=GAO-05-248&Submit=Search.

[75] 关于试工作期间触发额的历史参见 Social Security Administration, "Trial Work Period" (Washington, DC: Social Security Administration, October 15, 2009). Retrieved December 19, 2009, from http://www.socialsecurity.gov/OACT/COLA/twp.html。

[76] Committee on Ways and Means, "Supplemental Security Income," *2008 Green Book*, p. 3-37.

[77] "SSI Only Employment Supports," *2009 Red Book* (Washington, DC: Social Security Administration). Retrieved November 12, 2009, from http://www.socialsecurity.gov/redbook/eng/ssi-onlyemployment-supports.htm#7.

[78] "Continued Medicaid Eligibility [Section 1619 (B)]" (Washington, DC: Social Security Administration, November 12, 2009). Retrieved November 15, 2009, from http://www.ssa.gov/disabilityresearch/wi/1619b.htm.

[79] Committee on Ways and Means, "Supplemental Security Income," *2008 Green Book*, p. 3-37.

[80] See Committee on Ways and Means, "Supplemental Security Income," *2004 Green Book*, pp. 3-49—3-50; Kalman Rupp and Stephen H. Bell, *Paying for Results in Vocational Rehabilitation: Will Provider Incentives Work for Ticket to Work?* (Washington, DC: Urban Institute, 2003). Retrieved June 17, 2010, from http://www.urban.org/publications/310603.html.

[81] Rupp and Bell, *Paying for Results in Vocational Rehabilitation*.

[82] David Salkever, "Tickets Without Takers? Potential Economic Barriers to the Supply of Rehabilitation Services to Beneficiaries with Mental Disorders," in Rupp and Bell, *Paying for Results in Vocational Rehabilitation*; Paul Wehman and Grant Revell, "Lessons Learned from the Provision and Funding of Employment Services for the MR/DD Population: Implications for Assessing the Adequacy of the SSA Ticket to Work," in Rupp and Bell, *Paying for Results in Vocational Rehabilitation*.

[83] David Stapleton, Gina Livermore, Craig Thornton, Bonnie O'Day, Robert Weathers, Krista Harrison, So O'Neil, Emily Sama Martin, David Wittenburg, and Debra Wright, *Evaluation of the Ticket to Work Program, Ticket to Work at the Crossroads: A Solid Foundation with an Uncertain Future* (Washington, DC: Mathematic Policy Research, September 2008). Retrieved November 7, 2009, from http://www.ssa.gov/disabilityresearch/ttw4/rollout-voll-title.html.

[84] Committee on Ways and Means, "Supplemental Security Income," *2008 Green Book*, pp. 3-20—3-21.

[85] Stapleton et al., *Evaluation of the Ticket to Work Program, Ticket to Work at the Crossroads: A Solid Foundation with an Uncertain Future*.

[86] Tim Silva, "The Involvement of Employment Networks in Ticket to Work," *Journal of Vocational Rehabilitation*, Vol. 27, 2007, pp. 117-127.

[87] *Ticket to Work: Inside Employment Networks*, Vol. 3 (Victor, NY: MAXIMUS Federal Services, October 2006). Retrieved November 27, 2009, from http://www.yourtickettowork.com/selftraining/Inside_Employment_Networks_Volume_3_October_2006.pdf?style=blind.

[88] Silva, "The Involvement of Employment Networks in Ticket to Work."

[89] "Ticket to Work—Work Incentives Improvement Act (TWWIIA), Overview" (Washington, DC: Centers for Medicare and Medicaid Services, November 4, 2009). Retrieved November 16, 2009, from http://www.cms.hhs.gov/TWWIIA/01_overview.asp.

[90] Romel W. Mackelprang, "Disability: Overview," in Terry Mizrahi and Larry E. Davis, Eds.-in-chief, *Encyclopedia of Social Work*, 20th ed. (Washington, DC: NASW Press, 2008), pp. 36-43.

[91] *Image Archive on the American Eugenics Movement* (Cold Spring Harbor, NY: Dolan DNA Learning Center). Retrieved February 28, 2010, from http://www.eugenicsarchive.org/eugenics/list3.pl.

230 [92] Berkowitz, *Disabled Policy*, p. 186

[93] National Council on Disability, *Achieving Independence: The Challenge for the 21st Century*, pp. 19-20.

[94] Mackelprang, "Disability: Overview"; Gilson and DePoy, "Explanatory Legitimacy: A Model for Disability Policy Development and Analysis."

[95] Robert Silverstein, "An Overview of the Emerging Disability Policy Framework: A Guidepost for Analyzing Public Policy," *Iowa Law Review*, Vol. 85, No. 5, 2000, pp. 1757-1802; quote from p. 1761.

[96] *Wyatt v. Stickney*, 3195 U. S. 3 (1972).

[97] *Olmstead V. L. C.*, 527 U. S. 581 (1999).

[98] Eric Emerson, "What Is Normalisation?" in Hilary Brown and Helen Smith, Eds., *Normalisation: A Reader for the Nineties* (London: Tavistock/ Routledge, 1992), pp. 1-18; Steven J. Taylor and Stanford J. Searl, "Disability in America: A History of Policies and Trends," in Martin, *Significant Disability*, pp. 16-63.

[99] Bengt Nirje, "The Normalization Principle," in R. Kugel and A. Shearer, Eds., *Changing Patterns in Residential Services for the Mentally Retarded*, rev. ed (Washington, DC: President's Commission on Mental Retardation, 1976), p. 231; Wolf Wolfensberger, Ed., *The Principle of Normalization in Human Services* (Toronto: National Institute on Mental Retardation, 1972).

[100] 关于正常化的各种概念的讨论，参见 Brown and Smith, *Normalisation*，尤其是 Emerson 写作的章节："What is Normalisation?"

[101] 这段依据 Roberta Nelson, *Creating Community Acceptance for Handicapped People* (Springfield, IL: Charles C. Thomas, 1978), pp. 12-22. See also Silverstein, "An Overview of the Emerging Disability Policy Framework"; Stephanie L. Bernelly, "Theoretical and Applied Issues in Defining Disability in Labor Market Research," *Journal of Disability Policy Studies*, Vol. 14, No. 1, 2003, pp. 36-45.

[102] See, for example, E. G. Enbar, Morris A. Fred, Laura Miller, and Zena Naiditch, "A Nationwide Study of Deinstitutionalization & Community Integration" (Chicago: Equip for Equality, 2004). Retrieved November 29, 2009, from http://www.equipforequality.org/publications/cippreport.php; Emily

Sweeney,“Test of Wills at Fernald,” *Boston Globe*, January 12, 2006. Retrieved November 29, 2009, from http: //www. boston. com/news/local/massachusetts/articles/2006/01/12/test _ of _ wills _ at fernald/.

[103] Enbar et al. ,“A Nationwide Study of Deinstitution-alization & Community Integration.”

[104] World Institute on Disability, *Just Like Everyone Else* (Oakland, CA: World Institute on Disability, 1992), p. 9.

[105] ADAPT 的网址是 http: //www. adapt. org。

[106] Mathematica Policy Research, Inc. and Centers for Medicare and Medicaid Services,“The National Evaluation of the Money Follows the Person (MFP) Demonstration Grant Program,” *Reports from the Field*, No. 2, June 2009. Retrieved November 21, 2009, from http: //www. cms. hhs. gov/DeficitReductionAct/Downloads/MFPfieldrpt2. pdf.

[107] 关于航空公司最新规定的一种解释，参见 United Spinal Association,“Accessible Air Travel: A Guide for People with Disabilities” (Jackson Heights, NY: Author, 2009) . Retrieved November 29, 2009, from http: //www . unitedspinal. org/pdf/accessible _ air _ travel. pdf。

[108] U. S. Department of Justice,“A Guide to Disability Rights” (Washington, DC: Author, September 2005) . Retrieved November 29, 2009, from http: //www. ada. gov/ cguide. htm#anchor66055

[109] Concrete Change,“Visitability” (Decatur, GA: Author, 2008) . Retrieved November 29, 2009, from http: //www. concretechange. org/visitability _ defined . aspx.

[110] Concrete Change,“Myths and Objections” (Decatur, GA: Author, 2008) . Retrieved November 29, 2009, from http: //www. concretechange. org/policy _ responses. aspx.

[111] U. S. Department of Justice,“A Guide to Disability Rights.”

[112] Testimony of Malcolm C. Green, Chairman, National Association of Theater Owners, presented on May 10, 1989, before the Senate Subcommittee on the Handicapped on S. 933, the “Americans with Disabilities Act,” *Congressional Digest*, December 1989, Vol. 68, p. 309.

[113] Kingson and Berkowitz, *Social Security and Medicare: A Policy Primer*, p. 148.

[114] Testimony of Zachary Fasman, U. S. Chamber of Commerce, presented on May 9, 1989, before the Senate Committee on Labor and Human Resources on S. 933, the “Americans with Disabilities Act,” *Congressional Digest*, December 1989, Vol. 68, P. 299.

[115] Office of Disability Employment Policy,“Accommodation and Compliance Series: The ADA Amendments Act of 2008” (Morgantown, WV: Author) . Retrieved December 6, 2009, from http: //www. jan. wvu. edu/bulletins/adaaa1. htm.

[116] Brian Holohan,“Disability & ADA: State Sovereign Immunity to Title I of ADA Under Review- 231
University of Alabama v. Garrett,” *American Journal of Law and Medicine*, January 1, 2001. Retrieved December 20, 2009, from http: //www. allbusiness. com/legal/3587395 - 1. html; “The Plaintiffs in the Garrett Case” (Washington, DC: Bazelon Center for Mental Health Law) . Retrieved December 20, 2009, from http: //www. bazelon. org/issues/disabilityrights/incourt/garrett/plaintiffs. htm.

[117] 这段的其余部分依据 Civil Rights Division, *Access for All: Five Years of Progress: A Report from the Department of Justice on Enforcement of the Americans with Disabilities Act* (Washington, DC: U. S. Department of Justice, October 12, 2006) . Retrieved December 6, 2009, from http: //www. ada.

gov/5yearadarpt/fiveyearada. pdf。

[118] 除了 2008 艾达修正案文本，还可参见 Peter N. Hillman, David Gallai, Maryone M. Glover, and Edward P. Smith, "ADA Amendments: New Protections for Employees and Key Obligations for Employers" (New York: Chadbourne and Clark LLP: September, 2008). Retrieved December 19, 2009, from http: //www. chadbourne. com/ clientalerts/2008/ adaamendsnewprotections。

[119] Fisher & Phillips LLP, "Meet the New ADA: Massive Changes Ahead for Nation's Employers" (Atlanta: Author, September 18, 2008)。Retrieved December 6, 2009, from http: //www. laborlawyers. com/ shownews . aspx? Show= 10879&Type= 1122.

[120] World Institute on Disability, "Just Like Everyone Else."

[121] 这段的一些内容依据 European Disability Forum, "Historical Step Ahead for the Rights of Persons with Disabilities" (Brussels: Author, July 31 , 2009). Retrieved November 21 , 2009, from http: // www. edf-feph. org/Page _ Generale. asp? DocID=13854&thebloc=22154。

[122] National Council on Disability, *Finding the Gaps: A Comparative Analysis of Disability Laws in the United States to the United Nations Convention on the Rights of Persons with Disabilities (CRPD)* (Washington, DC: Author, May 12, 2008). Retrieved November 21, 2009, from http: //www. disabilityfunders. org/un _ convention# compare.

[123] See Administration on Developmental Disabilities (Washington, DC: U. S. Department of Health and Human Services, January 28, 2009). Quote slightly edited. Retrieved December 14, 2009, from http: //www. acf. hhs. gov/opa/fact _ sheets/add _ factsheet. html.

[124] See, for example, Kevin DeWeaver, "Disabilities: The Fight for Inclusion Continues," in Diana M. DiNitto and C. Aaron McNeece, *Social Work: Issues and Opportunities in a Challenging Profession*, 3rd ed. (Chicago: Lyceum Books, 2008), pp. 217 - 237.

[125] National Center for Education Statistics, *Digest of Education Statistics 2008* (Washington, DC: U. S. Department of Education, 2009), Chapter 2, Tables 50 and 52. Retrieved December 14, 2009, from http: // nces. ed. gov/pubs2009/2009020 _ 2a. pdf.

[126] *Ibid.*, Table 51.

[127] National Education Association, "IDEA Funding Coalition Offers Proposal" (Washington, DC: Author, 2002 - 2009). Retrieved December 14, 2009, from http: //www. nea. org/home/18750. htm.

[128] U. S. Department of Education, *10 Facts About K - 12 Education Funding* (Washington, DC: Author, 2005). Retrieved December 14, 2009, from http: //www. ed. gov/about/overview/fed/10facts/ index. html.

[129] U. S. Department of Education, "Raising the Achievement of Students with Disabilities: New Ideas for IDEA" (Washington, DC: Author, August 2006). Retrieved December 24, 2009, from http: //www. ed. gov/admins/lead/speced/ideafactsheet. html.

[130] See, for example, Jawanza Kunjufu, "Black Boys and Special Education Change Is Needed," *Teachers of Color Magazine*, 2009. Retrieved February 28, 2010, from http: //www. teachersofcolor. com/2009/04/ black-boys-and-special-education-change-is-needed/; also see Martha J. Coutinho and Donald P. Oswald, *Disproportionate Representation of Culturally and Linguistically Diverse Students in Special Education: Measuring the*

Problem (Tempe, AZ: National Center for Culturally Responsive Educational Systems, 2006). Retrieved February 28, 2010, from http://www.nccrest.org/Briefs/students_in_SPED_Brief.pdf.

[131] Candace Cortiella. "Implications of High-Stakes Testing for Students with Learning Disabilities," *Great Schools*, January 2010. Retrieved February 28, 2010, from http://www.greatschools.org/LD/school-learning/high-stakes-testing-learning-disabilities.gs?content=886.

[132] "Quality Counts 2004: Count Me In, Special Education in an Era of Standards," *Education Week*, Vol. XXⅢ, No. 17, January 8, 2004. Retrieved December 15, 2009, from http://www.edweek.org/media/ew/qc/archives/QC04full.pdf.

[133] *Federal Register*, Vol. 68, No. 236, December 9, 2003, pp. 68697 - 68708. Retrieved December 15, 2009, from http://frwebgate.access.gpo.gov/cgi-bin/getpage.cgi?position=all&page=68699&dbname=2003_register.

[134] See, for example, Candace Cortiella, "No Child Left Behind and Students With Learning Disabilities: Opportunities and Obstacles," *GreatSchools*, January 2010. Retrieved February 28, 2010, from http://www.greatschools.org/LD/school-learning/NCLB-learning-disabilities-opportunities-and-obstacles.gs?content=856&page=all. 232

[135] Center for Education Policy, *Has Progress Been Made in Raising Achievement for Students with Disabilities?* (Washington, DC: Author, November 2009), Retrieved December 15, 2009, from http://www.edweek.org/media/ew/qc/archives/QC04full.pdf.

[136] Government Accountability Office, *No Child Left Behind: Enhancements in the Department of Education's Review Process Could Improve State Academic Assessments* (GAO 09 - 911) (Washington, DC: Government Accountability Office, 2009). Retrieved December 15, 2009, from www.gao.gov/new.items/d09911.pdf.

[137] 这段的其余内容依据 Center for Education Policy, *Has Progress Been Made in Raising Achievement for Students with Disabilities?*

[138] *Ibid.*

[139] *Ibid.*

[140] Gilson and DePoy, "Explanatory Legitimacy: A Model for Disability Policy Development and Analysis"; Gilson and DePoy, "Explanatory Legitimacy: A Model for Disability Policy Analysis and Change."

[141] Robert Silverstein, "An Overview of the Emerging Disability Policy Framework: A Guidepost for Analyzing Public Policy," *Iowa Law Review*, Vol. 85, No. 5, 2000, pp. 1757 - 1802.

[142] 这段的大部分内容依据 Berkowitz, *Disabled Policy*; Kingson and Berkowitz, *Social Security and Medicare: A Policy Primer*。

[143] National Council on Disability, "National Disability Policy: A Progress Report" (Washington, DC: March 31, 2009). Retrieved December 29, 2009, from http://www.ncd.gov/newsroom/publications/2009/Progress_Report_HTML/NCD_Progress_Report.html.

第七章

233 帮助贫困家庭：结束我们所知道的福利

234 家庭是社会的基本单位，但是美国没有对一个家庭的经济、健康、社会和心理需要进行综合性考虑的政策。相反，美国是以一系列不同的方式——公共救助、子女抚养、工作计划——来帮助家庭，特别是那些有未成年人、面对经济环境引起的困难的家庭。自 20 世纪初以来，有三个主要的计划在帮助那些经济困难的有孩子的家庭。如果说社会的哪部分需要人们给予同情的话，那就是儿童，他们完全依靠他人来满足自己的需要。然而为什么这些公共救助计划会陷入无休止的争吵中呢？如我们将要看到的，冲突集中在这些可怜的孩子的家长以及这些家长是否参与劳动并为孩子提供经济支持上。

从对母亲的帮助到帮助有未成年子女的家庭

20 世纪初，有三个主要的计划在帮助那些经济困难的有孩子的家庭。首先是各地方和州政府开始为有关的家庭提供现金帮助，当时称为母亲帮助（mothers' aid）或母亲补助金（mothers' pensions），目的是在孩子的母亲面临经济困难时帮助孩子留在他们自己的家里。[1]这些计划主要是为了帮助那些失去父亲的孩子，有时也帮助那些由于遭遗弃或父母离异而没有父亲的孩子。

1935 年，按照《社会保障法》的第四部分，依据帮助儿童计划（Aid to Dependent Children，ADC），联邦政府开始帮助州实施这些努力。帮助儿童计划被构想为对贫困家庭的儿童提供短期经济救助的一种方法。计划被设想为当有越来越多的家庭符合《社会保障法》之中的社会保险计划的资格要求时，接受帮助儿童计划的家庭将会逐渐减少，这项计划将逐渐过时。[2]参议员丹尼尔·P·莫尼汉（Daniel P. Moynihan，纽约的民主党议员）指出，“典型的受益者”被设想为一个“在西弗吉尼亚州的母亲，其丈夫在采矿时遇难”[3]。但是，帮助儿童计划的早期阶段，强调的不是对寡妇的帮助，而是对代表孩子的母亲提供帮助。

家里有男人的规则

公共救助接受者的道德已经成为贯穿于这个国家的历史的一个被关注的问题。在帮助儿童计划中，道德问题反映在“家里有男人的规则”中。接受公共救助的母亲会让健康的男人待在家里的想法，激怒了那些只是想确保支付直接地仅用于满足在帮助儿童计划下的家庭中的孩子的人。母亲允许其他任何人在福利支票中受益都是不道德的和违法的。“午夜突袭”——晚上去家里访问接受救济的母亲——时而进行，目的是确认没有健康的成年男性待在帮助儿童计划下的家庭中。这种做法被允许，是因为这些男人被认为可以“代替 235
父亲”来承担家庭经济的责任。

1968年美国最高法院决定，家里有男人的规则不能被作为一个“断然否认”儿童公共救助的方法。今天，运用的是更为成熟的方法——州和联邦核对电子支票的记录——当怀疑接受者违反项目规则时，就采用这类方法。

维系家庭的完整

在很多年里，帮助儿童计划发展缓慢，项目的某些方面也只有一些小的变化。直到1950年母亲（有时也包括残疾的父亲）的需要才被考虑到，家长们也变得能得到帮助。还有其他一些改进，比如接受者开始可以享受由联邦政府提供资金的部分医疗服务。1958年联邦政府设计了一个公式，这样人均收入较低的州就可以因为它们的帮助儿童计划从联邦得到比富裕的州更多的补助金。

但是计划的其他部分变成了令人痛心的污点。其中一个十分尖锐的指控是帮助儿童计划导致了父亲抛弃他的家庭。虽然这个指控很难被证实[4]，但是我们能了解它是如何产生的。在帮助儿童计划中，一个有健康父亲的家庭是不符合救助要求的。有些时候，失业的父亲符合其他救助要求——失业补偿、工伤赔偿、社会保障中的残疾保险、对终身残疾或完全残疾者的救助等。但是很有可能父亲不具有这些计划所要求的资格条件或是他花光了救济金。因此，一个失业的健康的父亲如果找不到工作并且不具有进入帮助儿童计划的资格，就不能支撑整个家庭。然而，如果他离开，这个家庭便能具备进入帮助儿童计划的资格并得到帮助。这种为得到帮助儿童计划的帮助而选择离开的父亲数目不得而知。父母或许因为很多原因而离异。他们或许因为不和而离异，或许他们要待在精神病院、护理院或监狱。但事实是，如果一个健康的父亲失业在家，他的家庭不能获得帮助儿童计划的资助。

为解决这个问题，帮助儿童计划（ADC）做了两个改变。第一个改变是，1961 年一个新的组成部分，即与帮助儿童计划关联的失业父母救助计划（ADC-Unemployed Parent，ADC-UP）颁布实施。这个反衰退措施使得那些父母失业在家的孩子也能得到救助。[5]第二个改变是，1962 年计划更名为有未成年子女的家庭救助计划（Aid to Families with Dependent Children，AFDC），以此来强调家庭这个单位。更重要的是，在父母一方丧失劳动能力的情况下，另一方有资格进入与有未成年子女的家庭救助计划关联的失业父母救助计划（AFDC-UP）。

1967 年，AFDC-UP 更名为与有未成年子女的家庭救助计划关联的失业父亲救助计划（AFDC-Unemployed Father，AFDC-UP），但是 1979 年美国最高法院判定：给予失业的父亲救济而他的妻子有工作是违反宪法的。因此该计划又变回原名 AFDC-UP。只有一半的州积极地实行 AFDC-UP 计划，并且得到帮助的父亲数目仍然很少。1988 年的《家庭支持法》（Family Support Act）要求每个州都要实施与 AFDC-UP 计划。尽管发生了混乱，但仍只有相对少的家庭加入接受救济的行列。[6]这或许是因为许多州对资格条件的要求十分苛刻，也因为 AFDC-UP 计划只是支持那些近期失业的家庭，而将失业人员的核心部分排除在外。

回顾过去，把那些有失业在家但身体健康的父母的家庭排除在帮助儿童计划（ADC）、AFDC-UP 计划之外是不公平的。此外，对于所有关心因为福利导致家庭破裂的人来说，1977 年的一项研究表明，并不能证明 AFDC-UP 计划与家庭婚姻的稳定
236 有联系。事实上，证据指向了它的反面。[7]虽然一些数据确实显示在 AFDC 计划给付较高的州婚姻不稳定性也更高，但几乎没有什么证据说明高补助“是一个强力的破坏者”[8]。

十年之后，研究人员得出的结论是，“福利对于家庭结构的影响是非常小的。家庭结构变化和福利系统的改变以及各州家庭结构的不同，都显示出福利对家庭结构的影响甚微”[9]。家庭动态和家庭成分的改变发生在人口的每个阶层，它似乎能更合理地解释接受 AFDC 计划帮助的家庭构成。20 世纪 90 年代的证据同样是这样：“虽然整个系统确实提供了破坏双亲家庭结构的动机，但经验研究最终显示，这种因素的实际影响非常小，如同福利体系不能解释女性在领导职位的高比率和犯罪（illegitimacy）的高发生率一样。”[10]不过，相信福利导致家庭破裂的人依然存在。事实上，1996 年的《国家福利改革法》的一个明确目标就是通过支持婚姻结束福利依赖。[11]

让父母付钱：子女抚养强制执行的历史

1950 年，国会首次尝试让未履行责任或无监护权的家长为他们的孩子提供抚养费。随后的同时也是作用甚微的努力发生在 20 世纪 60 年代，是各种改进对子女抚养措施的集合。[12]从 1950 年到 1975 年，联邦政府限制了它对接受公共救助孩子的支持方面的努力。20 世纪 70 年代出现了单亲家庭，并且明显变得越来越多，这些单亲家庭不是因为一方死亡，而是因为离婚或分手，或因为父母从来没有结婚。1975 年，国会在《社会保障法》的第四部设立了标题为 D 的内容（Part D of Title IV of the Social Security Act），称之为第四部分 D 项目（called the IV-D program），联邦为各州提供匹配的资金，各州能够使用这笔资金收集子女抚养费，并在需要的时候支持和建立亲子鉴定系统。理由是，通过对无监护权的父母施加更大的压力，要求他们对抚养自己的孩子承担责任，以便单亲家庭更少地使用福利。事实上，在贫穷的父母可以收到现金福利津贴之前，他们已经与州签署了关于他们的孩子的抚养权利的协议。州一直是收集任何接受 AFDC 的家庭的孩子的抚养费的代表，以便用收集的钱支付福利津贴的成本。为了防止接近贫困的家庭接受现金福利，在社会保障法的第四部分 D 项目下授权州的儿童抚养强制执法机构，在没有接受公共救助的家庭提出要求时，也对他们提供帮助。[13]

因为各州没有收集到大部分的子女抚养费欠款，再加上它们被认为存在工作懈怠，1984 年《子女抚养强制执行修正案》（Child Support Enforcement Amendments，CSEA）加强了各州能够使用的收取延误的抚养费的方法。父母如在规定期限内未支付供养费（通常为 30 天或是更久）将会接到警告通知，被向信用机构通报，被扣押工资，受到民事或刑事指控，联邦或州政府给予的所得税退款被拦截，以其财产做抵押，查封并拍卖其财产以及要求他们邮递一个合同。这样的父亲或母亲的失业补助金也可能被扣除。即使如此，这些方法也只帮助得到了一小部分欠款。[14]1984 年的修正案还要求各州追加医疗支持的裁定（除了现金裁定），以确保单亲的孩子获得医疗保健。[15]

为进一步加强子女抚养法律，1996 年颁布的《个人责任和工作机会协调法》（Personal Responsibility and Work Opportunity Reconciliation Act，PRWORA）使《子女抚养强制执行法》做了 50 处改变。要得到公共救助资金，一个州必须使其《子女抚养强制执行法》的操作达到联邦的标准。《个人责任和工作机会协调法》为各州提供资金以创建自动化数据库，借此确定父母在何处，并跟踪和监控个案（试图通过 1988 年的《家庭支持法》，要求所有的州都建立类似的数据库，但失败了）。此外，各州的《子女抚养强制执行法》必须给那些脱离了对贫困家庭的临时救助计划的家庭最高优先权，以便他们清收欠 237

款，远离福利。[16]

每个州还被要求采取措施，对那些不与自己的孩子在同一个州的没有监护权的父母更多地订立和加强执行子女抚养协议。1996年的法律建立了国家新员工目录。雇主要提交新雇用的员工的名字，政府官员使用目录来确定这些人是否拖欠抚养费。此外，为了更容易地追踪没有监护权的父母，要求申请社会保障号（SSNs）必须有职业许可证、法庭记录和死亡证明。强制执行子女抚养协议的工作人员现在有权力命令安排基因检测，以便在没有法院命令的情况下证实亲子关系。1996年、1998年和2008年，联邦政府对各州提供更多的帮助，以提高它们的子女抚养协议强制执行项目的有效性和效率。

让没有监护权的父母支付子女抚养费是困难的，部分是因为对于正在接受公共救助的孩子，支付的钱是被用于偿还州提供给家庭的公共救助现金，而不是直接给孩子。为了鼓励家长通过正式的子女抚养协议强制执行系统提供抚养费，2008年的联邦福利再授权立法提供了财政激励政策，各州允许接受公共救助的家庭每月保留从无监护权的家长那儿获得的第一个100美元或200美元。[17]回顾过去几十年，关于子女抚养协议强制执行有两件事情是清晰的：（1）收集到更多的子女抚养费；（2）收集到的仍然是远远不够的。

儿童抚养的益处

订立子女抚养协议和收集子女抚养费的益处，超越了改善儿童的经济状况。这种努力也为父亲们参与自己子女的生活提供了机会。从历史上看，孩子的抚养和探视是被作为一个独立的法律问题对待的。然而，研究表明，如果父亲拥有探视权或共同监护权，他们更有可能提供孩子的抚养费。[18]除了经济利益之外，父亲的参与对孩子的社会和心理的发展也有好处。研究表明，与父亲有积极关系的孩子，在学校里表现得会更好，能够发展更好的社会技能，行为问题更少，酗酒和吸毒的也更少。[19]有机会了解去世的父母的患病史对孩子的健康也有益。

最近的民主党和共和党总统的政府都支持采取措施增加父亲对自己孩子的生活的参与度。这些举措为建立亲子关系提供了激励，增加了父亲的工作机会，支持了不与子女居住在一起的父母对孩子的探视权利，为准备做父亲的人提供了负责任的为人父母的教育项目。例如，在佛罗里达州，装备父母以强化家庭（Equipping Parents to Strengthen Families），一个佛罗里达的负责任的父母委员会（Florida's Commission on Responsible Fatherhood）和佛罗里达劳动力公司（Workforce Florida，Inc.）之间的伙伴关系，帮助没有监护权的父母实现并维持就业，使他们支付子女抚养费，增进他们与子女的关系。对这个项目的一个初步评估表明，50%的参与者被安置到一个工作岗位上，25%的人就业以后在工作岗位上稳定了下来。对父母教育和抚养子女的责任的态度也有了改善。然而，没有证据表明亲子互动的水平提高了。[20]

子女抚养强制执行的代理服务

显然，父亲在孩子的生活中的社会和经济参与有着根本的重要性。为了提高父亲的参与度，子女抚养协议强制执行机构提供了七项基本服务：(1) 建立亲子关系；(2) 订立子女抚养协议书；(3) 收集和分配子女抚养费；(4) 跨地区强制执行子女抚养；(5) 订立并强制执行子女医疗支持协议；(6) 确定父母何在；(7) 重新审查和修改子女抚养协议。 238
2006 年，大约 70%的符合条件的家庭得到某种形式的政府资助的子女抚养服务。子女抚养强制执行机构协助建立了 170 万对亲子关系，订立了 120 万份子女抚养协议书，给 850 万位案主收集和分配了抚养费。[21]

建立亲子关系

2007 年，近 40%的新生儿的母亲是未婚女性[22]，在所有的女性做户主、有 18 岁以下孩子的家庭中，45%的户主是未婚女性[23]。在这样的女性户主家庭中的孩子，比其他的孩子更有可能生活在贫困中，因此，很多这类家庭需要在孩子的抚养费方面获得经济上的支持。

子女抚养费支付之前，如果不是父子关系已经得到承认，亲子关系就必须建立。在建立亲子关系中，未婚妈妈必须合作，以便得到孩子的抚养费和福利救助，除非这样做对他们的孩子的利益不是最好的，或把母亲置于家庭暴力的危险中。那些不合作的人会失去部分或全部的现金福利救助。

2008 年，在需要这种服务的孩子中，有 89%建立了父子关系。[24]联邦和州的法律的变化促进了亲子关系的建立。例如，1988 年的《家庭支持法》要求，对于自愿承认的父子关系各州采用“简单的民事程序”，包括当孩子在医院出生时，努力使父亲承认的父子关系，也采用“简单的民事程序”。研究表明，在亲子关系确定比例高的郡里，父亲有更多的机会自愿承认父子关系，而在另外一种情况的郡里，所有的个案都需要通过法院处理。[25]使用社会保障号码寻找到失踪的父亲也是有用的，这给予子女抚养强制执行人员更多的权力进行基因测试和简化父子关系确定流程。

订立子女抚养协议

一份由法院订立的子女抚养协议在法律上要求无监护权的家长对他（或她）的孩子提供指定数量的金钱支持。为了提高每个州在孩子的抚养费给予过程中的一致性，各个州必须采用儿童抚养指南，把指南提供给所有法官。各州通常使用以下三种基本方法中的一种决定应支付的费用：收入分享方法、收入比例方法、梅尔森—迪拉华（Melson-Delaware）方法。[26]

其中有 37 个州使用收入分享方法，这种方法的目的是帮助子女维持和与父母在一起生活时相同的标准。收入比例方法是当父母的收入越高时支付的抚养费比例越低，但在父母收入增加时，抚养费的总数是上升的。在这种方法下，父母的总收入是确定的。每个父母的贡献基于他（或她）的总收入的一定比例。无监护权的一方的贡献必须是支付给子女的抚养费。

有 9 个州采用的是收入比例方法。这种方法的支付率，是以不负责监护一方的收入和孩子的数目为基础的。使用了这个方法的各州所设定的比例不同。以威斯康星州为例，一个孩子按收入的 17%提取，五个及以上孩子按 34%提取。虽然这种方法是相对容易使用和容易理解的，但是一些人认为这种方法是不公平的，因为没有考虑监护一方所能做出的贡献。

只有 3 个州使用了梅尔森—迪拉华方法。按照这种方法，州要确定父母双方满足各自
239 的基本生活所必需的金额，然后确定由父母双方分担的每个孩子的基本供养费数额。如果父母有更多的收入，那么要提取一定比例给孩子。

尽管大多数州使用的是收入分享方法，但是对这种方法是否最好地实现了目标缺乏一致性看法，诸如遵从性和行政效率等。有证据表明，收入分享方法产生的最高支付是低收入家庭，梅尔森—迪拉华方法产生的最高支付是中等收入家庭，收入比例方法产生的最高支付是高收入家庭。[27]也许最引人注目的是在各个州之间支付数量上存在的较大差异，特别是对低收入家庭。[28]

子女抚养法律的公平性已经在宪法的基础上进行了论辩（如正当程序、取得财产）。[29]当律师和法律学者争论宪法问题时，这些问题是重要的，但家庭和政治家们更感兴趣的是公平的基本概念。在建议的确保公平的原则中，子女抚养指南是基于孩子的需要，基于其父母可以承担的支付数量，以及承认父母双方都有责任根据自己的财力抚养孩子。[30]不用说，子女抚养费在许多父母中是一个有争议的问题。当家庭包括了继父和混合家庭时，子女抚养费支付公平的问题可能增多。

严格的子女抚养立法和推进州对立法的强制执行，有助于增加有监护权的父母得到孩子的抚养费的数量。[31]2008 年，79%的有监护权的父母得到了支付，与早些年相比略有增

加，但仍低于孩子可能会受益于它们的数量。[32]

有几个原因可解释为什么有些父母没有得到孩子的抚养费。一个详细的分析表明，2005 年，大约有 30%的没有得到支付的有监护权的母亲没有进行追讨；有 14%无法确定孩子的父亲在哪里；34%与无监护权的父亲有一个不受法律保护的协定；24%的人觉得无监护权的父亲没有钱支付。[33]

人口学特征也与孩子的抚养费支付有关。有监护权的母亲比有监护权的父亲更可能得到孩子的抚养费支付（2005 年分别是 61%、36%），有监护权的曾经结婚的父母比没有结婚的更多地得到抚养费支付（65%比 38%）。大约 63%的非拉美裔白人的孩子得到抚养费支付，而非西班牙裔黑人和西班牙裔都是有 50%得到抚养费支付。[34]此外，贫困母亲的孩子最需要得到抚养费支付，但是她们的孩子得到抚养费支付的比例低于所有母亲的平均比例（54%比 61%）。[35]

收集和分配子女抚养费

得到子女抚养费涉及的事项比订立子女抚养协议要多。1998 年只收集所有个案的 23%，2008 年增加到 62%。最近的分析表明，大多数有监护权的父母收到的付款状况的改善，在很大程度上是由于州对子女抚养协议强制执行更加努力。[36]

即使有收集，大多数孩子还是不能获得完整的支付。2005 年，只有 41%的母亲收到全部付款。得到支付的贫穷的母亲比可能收到付款的所有母亲的平均比例稍微低一些（73%比 78%），当她们成功地收到子女抚养费支付时，贫穷的母亲每年收到的钱要少于所有母亲收到的钱的平均数（贫穷的母亲是 3 369 美元，所有母亲的平均数是 4 719 美元）。[37]这里还有许多改进的空间，尤其是对贫困母亲，子女抚养费可以提高孩子们的生活水平。平均而言，它使有监护权的母亲（在默认孩子数量的情况下）的收入增加 17%，同样是平均而言，生活在贫困中的母亲和儿童的收入可增加 30%。[38]

有些人将抚养费直接交给负责监护的一方，虽然通常家长要通过当地政府机构转交。240
为了更好地保证抚养费的支付，现在的规定是要求雇主直接从不负责监护孩子的员工工资中扣除抚养费。从 1994 年起，不论州的子女抚养强制执行部门是否卷入其中，当一个新的抚养规定确定实施的时候，每个州都必须遵守这个规定（虽然也有例外）。[39]

子女抚养强制执行的官员还更多地使用了适合于他们收集欠款的技术，例如，拦截联邦和州的退税与失业保险支票。各州还被要求建立程序将子女抚养费债务报告给信用机构。一些社区组织了刺痛或搜查“游手好闲”的父母（就像他们通常被称呼的那样）的行动，一些法官将总是不交抚养费的父母毫不犹豫地送入监狱。一些社区将不支付抚养费的父母的名字或照片登到当地的报纸上，或利用互联网达到此目的。1998 年，国会通过《赖账的父母惩罚法》（Deadbeat Parents Punishment Act），事情变得严重了，对于未支付子女抚养费数额达到 5 000 美元或更多的父母，最多判处监禁两年。[40]

其他法律也有助于将不支付抚养费作为刑事犯罪。一些无监护权的父母是在可能进监狱的威胁下付钱的，但许多父亲，特别是年轻的父亲，自己很穷。在有些情况下，父亲已经建立了新的家庭，这就会使他们供养所有家属的资金进一步紧张。不用说，这也引发了对性行为的责任的争论。城市研究所发现，不与他们的孩子居住在一起、不支付孩子的抚养费的贫困的父亲，面临着巨大的就业障碍（缺乏教育、较少近期工作的经验、健康问题），他们缺乏进入改善他们的就业状况项目的潜力。[41]帮助他们为工作做准备或在就业方面做出更多努力，而不是惩罚他们，将更加有助于他们支付子女的抚养费。

跨地区强制执行子女抚养

离婚或分居后，父母中的一方搬到另一个州的可能性在增加。[42]2007 年，估计有 25%～30%的个案，父母居住在不同的州。[43]为了使子女抚养强制执行的命令更容易执行，当父母生活在不同州的时候，1998 年之前所有州必须统一采用《家庭供养法》（Uniform Interstate Family Support Act，UIFSA)。《家庭供养法》最重要的特征是，它将无监护权的家长的子女抚养费置于一个州（通常是孩子的家所在的地方）的控制下。改善《家庭供养法》的修正案是在 2001 年通过的，但并不要求各州采纳。此外，各州也不需要跟进《家庭供养法》的所有个案。在某些情况下，使用其他的州际程序可能更有效。[44]

当一个无监护权的家长生活在美国以外的时候，确保子女抚养支付是特别困难的。在《家庭供养法》承认国家之间的权利资格时，它不一定帮助父母建立子女抚养计划支付单或从生活在国外的父母那里收集抚养费，因为缺乏国家之间对无监护权父母的责任的协议，包括在孩子的生活方面的经济责任。[45]

订立并强制执行医疗支持协议

根据联邦法律，所有的州都必须要求子女抚养协议包括提供医疗支持的协议，医疗支持可以通过父母的雇主提供医疗保险或通过其他手段实现。州可以强制父母执行医疗支持协议，既包括有监护权的父母，也包括无监护权的父母。[46]除了给儿童提供医疗照顾外，医疗支持协议还是一项重要的联邦和州的成本节约机制，因为它们可以使政府不必为贫困儿童提供医疗保险（医疗补助或其他相关补助)。然而，2008 年，只有 28%的订立了医疗协议的父母实际支付了这项费用。[47]

241

确定父母何在

当不能从监护人提供的信息中找到离去的不支付抚养费的家长的时候，州政府就使用它们自己的父母寻找服务（要求每个州都要有）从各种途径——税收记录、机动车登记簿、失业补偿记录以及其他类似的来源——获得信息。联邦的家长查找服务（Federal Parent Locator Service，FPLS）利用社会保障、国内税收服务、退伍军人名单以及其他全国性的数据库进行追查，这也是有用的。现在，各种各样的申请都必须使用的社会保障号码对于确定父母在什么地方有很大帮助。[48]2006 年联邦的家长查找服务提供了 500 万个无监护权的父母的信息。[49]

重新审查和修改子女抚养协议

最初，子女抚养协议的重新审查和修改只有在父母请求以及承担抚养责任的一方提出请求时才进行。这个过程可能是法院的突发奇想。今天，各个州必须为重新审查和修改子女抚养协议建立指导方针。在 1996 年的《福利改革法》以前，各州被要求每三年重新审查一次接受公共救助的家庭（如接受有未成年子女的家庭救助计划帮助的家庭）的子女抚养协议。1996 年，这个要求被放松，32 个州停止或计划停止这种做法。[50]然而，2005 年的福利再授权恢复强制执行对接受公共救助的家庭每三年一次的子女抚养协议的审查。[51]对于没有接受公共救助的家庭的重新审查，必须在父母请求时才进行。

子女抚养强制执行的效果

子女抚养强制执行的效果可以用三种主要方式进行测量：(1) 实现项目目标的能力，如建立亲子关系、订立子女抚养协议、收集抚养费；(2) 其成本效益；(3) 使用这个系统的父母和为这个系统提供资金的纳税人的满意度。

实现子女抚养强制执行项目的目标

子女抚养强制执行项目为了得到抚养费使用了多种服务和多种机制，在单亲家庭成倍增加和许多无监护权的父母面临经济困境的情况下，政府在为有监护权的父母和他（她）们的孩子收集抚养费方面有多么成功？在过去的 25 年里，子女抚养强制执行的最大成功是在确定父母在什么地方和建立亲子关系方面。从 1994 年到 2008 年，建立亲子关系的数量急剧增加，从 67.6 万增加到 180 万。[52]

子女抚养强制执行项目在鼓励有监护权的父母为孩子订立抚养协议方面的努力也有回报。订立抚养协议的父母的比例从 2002 年的 70%增加到 2008 年的 79%。[53]此外，最新的详细数据表明，在儿童抚养强制执行方面，贫困的母亲比富裕的母亲取得了更多的进展。从1978年到2005年，贫困的母亲有了子女抚养协议的比例急剧上升，相比而言，富裕的母亲的比例略有下降。虽然最贫穷的母亲和儿童获得抚养协议的比例最高，但是许多人仍然没有获得任何子女抚养协议。[54]

子女抚养强制执行在收集抚养费方面被认为是公平的吗？2008年，联邦和州政府收
242 集了约320亿美元，与1998年相比增加了超过45%。[55]但是，在所有的子女抚养强制执行抚养费收集个案中，只收集到62%。据估计，2008年有120亿美元抚养费拖欠。[56]2005年是有详细数据可查的一年，该年只有25%的有监护权的母亲收到全部付款，相应的比例在过去的十年里基本保持不变（在得到付款的人中，从1991年的46%的人收到全部付款，下降到只有41%）。[57]因而子女抚养强制执行系统受到强烈的批评，这没有什么令人奇怪的。

在订立强制抚养协议方面，虽然贫困的母亲已经取得了成果，但是，在过去的25年里收到全部付款的人仅仅增加了一个百分点（从24%增加至25%）。[58]尽管75%的贫困母亲没有得到子女抚养费的全部支付，但是她们至少收到了一些钱，使她们的贫困状况有所缓解。2005年，子女抚养费支付使大约50万儿童摆脱了贫困。[59]城市研究所的研究人员发现，子女抚养费收集使贫困的母亲减少了对政府项目的依赖，使包括有未成年子女的家庭救助计划、食品券计划（现在称为补充营养援助计划）、医疗补助、补充保障收入和联邦住房项目在内的政府项目显著节省了资金。[60]例如，2004年，作为子女抚养强制执行的结果，33.1万个家庭（福利个案的16%）成为失去接受公共救助资格的家庭。[61]

在订立医疗支持协议方面，状况也有明显的改善，但是仍然存在一些问题。2008年，子女抚养强制执行抚养费收集的所有个案中，有77%的个案包括了覆盖医疗保险的协议（高于2001年的49%），但是，如上所述，遵守协议的只占个案的28%。[62]此外，2005年的详细数据显示，未婚母亲和那些受教育程度较低的母亲（两个劣势指标）的子女抚养费协议较少包括医疗支持。[63]总之，子女抚养强制执行项目已经取得了成绩，然而许多孩子还没有获得已经要求支付的抚养费。

子女抚养强制执行的成本—效益

子女抚养强制执行项目在成本上是否可行取决于成本—效益计算。如果只考虑管理成本，子女抚养强制执行项目是非常有效的。全国范围内，2008年每收集4.79美元子女抚养费平均所需支出是1美元，尽管相关数字在各州有很大的不同。[64]这个数字可能夸大了子女抚养强制执行项目的效益，因为许多没有监护权的父母可能在支付子女抚养费方面不需要子女抚养强制执行项目的参与。

1998年，各州为没有接受福利的家庭收集了117亿美元的子女抚养费；2008年，收

集的这类抚养费增加到近 256 亿美元。在同一时期，作为福利改革的结果，领取福利的家庭数量急剧下降，为接受福利的家庭收集的抚养费总数也从近 26 亿美元下降到 10 亿美元。[65]图 7—1 显示了收集到的子女抚养费在接受贫困家庭临时救助的家庭、接受医疗救助的家庭和没有接受临时救助的家庭等之间的分布。总的来说，子女抚养强制执行计划个案处理向公众提供了一个净成本。2006 年，联邦政府和州政府花费了逾 31 亿美元在子女抚养强制执行计划个案上。[66]当然，我们应该考虑子女抚养费收集得到的任何资金对接受贫困家庭临时救助的家庭都是收益，因为它通常至少在某种程度上会降低公众救助的成本。

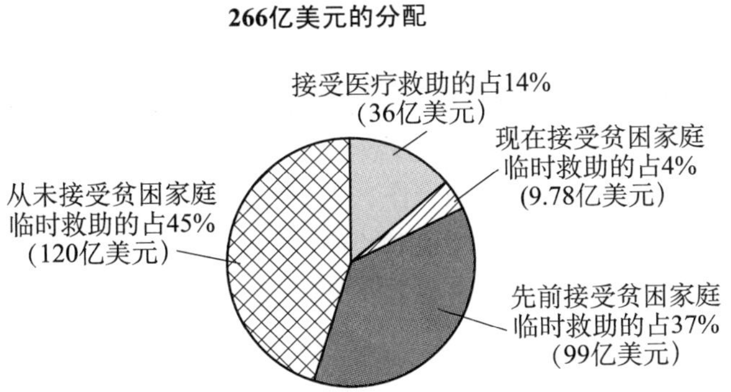

图 7—1　2008 财政年度子女抚养费在接受贫困家庭临时救助的家庭、接受医疗救助的家庭和没有接受临时救助的家庭之间的分布①

资料来源：Adapted from Administration for Children and Families, *Office of Child Support Enforcement Preliminary Report FY 2008* (Washington, DC: U. S. Department of Health and Human Service), Figure 6. Retrieved February 13, 2010, from http: //www. acf. hhs. gov/programs/cse/pubs/2009/reports/ preliminary-report-fy2008/.

子女抚养强制执行的满意度

给出子女抚养强制执行计划成功的混合画面，公众对子女抚养强制执行计划的看法是什么？计划的一些批评者抱怨说，有太多的母亲没有得到抚养费，有太多的抚养费没有收集，收集到的抚养费的总量太少了。尽管如此，在过去的 25 年里，这些项目对公众的态度和期望还是有重要影响的。 243

子女抚养强制执行立法的最初目的是收集子女抚养费以抵消公共救助的成本。之后，国会和大众广泛认识到它在减少贫困和确保无监护权的家长对自己的孩子承担责任方面的

① 此图中数据原书有误。根据正文叙述，“266 亿美元的分配”应改为“256 亿美元的分配”，从未得到贫困家庭临时救助所占金额应为约 115 亿美元，现在接受贫困家庭临时救助的所占金额应为约 10.2 亿美元，先前接受贫困家庭临时救助的所占金额应为约 95 亿美元。——译者注

重要性。一个强大的子女抚养强制执行计划将信号发送给无监护权的父母，如果他们试图逃避支付子女抚养费，系统将让他们负起责任。美国公众已经开始相信，支付子女抚养费既是法律的也是道德的责任。父亲已经学会支付，母亲已经学会期望从孩子的父亲那里得到经济支持。

就像一些不满意子女抚养强制执行系统的美国公众一样，有监护权和无监护权的父母对子女抚养强制执行机构也有许多抱怨。母亲抱怨子女抚养强制执行机构在让父亲支付抚养费方面不够努力，而且子女抚养强制执行机构失去了抚养费支配权。父亲和母亲抱怨说，他们没有看到钱，因为州把这笔钱偿还给了福利体系，而这可能导致父亲"在桌子底下"支付。[67]

希望这个项目能够继续改进。豁免项目和资助鼓励各州创建和测试在子女抚养强制执行中的介入。2005 年的福利再授权展示了一些进步，承诺每年向负责任的父亲计划类的项目分配高达 5 000 万美元的资金。[68]大多数州已经获得了拨款或者豁免，以施行新的子女抚养强制执行模式，采取与现有机构合作、为更好的结果发展新措施、测试评审和修改现有的协议的新方法。由联邦拨款的其他对州的激励资金正在探索，以便更好地为本地美国人服务、改善教育、加强父亲的身份、改善探视权。

州的遵从和子女抚养强制执行的私有化

每年各州都必须向美国卫生和人类服务部报告它们的子女抚养强制执行计划满足联邦要求和执行标准的情况。没有达到要求可能会使州的福利支出增加。第一次没达到要求，
244 州的贫困家庭临时救助拨款会被减少 1%。第二次没有达到目标，惩罚是 2%～3%。第三次是 3%～5%。[69]由于严厉惩罚的威胁，各州都优先考虑遵守联邦的规定。如同在人类服务的其他领域，私人公司正在从事收集子女付费工作，并且被期望能够以比政府机构成本—收益更好的情况满足联邦的规定。

由于待处理的个案急剧增加等原因，州的子女抚养强制执行办公室已经转向私人部门。2005 年，私人机构处理了所有子女抚养个案的不到 40%。[70]一份早期的报告表明，在收集支付子女抚养费、定位父母所在地、订立协议书、提供支付等方面，完全私有化的地方机构一般与公共机构做得同样好，有时比公共机构做得更好，也许是因为它们有更多的用人上的灵活性和能够获取更好的技术。[71]到 2002 年 3 月，16 个州使用了 38 个私人公司提供部分或全部的子女抚养强制执行服务。随后，美国总审计署考察了独立从事工作的私人公司。[72]这些公司的运作类似于州的机构，收集抚养费方面的工作在所有个案中占大约 60%。此外，这些独立的公司承接个案是有选择的，一般不承接接受公共救助的个案，承

接的个案数量少得多，它们收取大量费用而州政府机构是不收费的。对独立公司的另外的抱怨包括，他们在与父母进行书面和口头沟通时试图表现为是官方的政府机构，骚扰雇主、家庭成员、无监护权的父母的邻居，拒绝根据有监护权的父母的要求终止服务。[73]

福利和工作的转换

最初的帮助未成年人的计划是在母亲被期望待在家里照看自己孩子的情况下设立的。要求母亲去工作或是强制父亲支付孩子的抚养费还没有被考虑进去。但是人口、社会和经济的变化使得该计划包含了一些没有人能够预料到的模式。正如 20 世纪 60 年代所显示的，重点不再是把提供经济帮助作为摆脱贫困的主要方法；“使人复兴”，通过给他们提供更好的机会而使其摆脱贫困被提上议事日程。但随着有未成年子女的家庭救助计划的名单持续增长，美国人越来越不乐于给那些有能力工作的人提供公共救助。重点又一次改变，这次变成通过给予更多的工作刺激和更强硬的工作要求来减少对福利的依赖。

为了工作的康复

第一次提出大范围地促使人们恢复就业的方案是为了打破有关个人与公共救助之间的关联，这是在 1962 年的《社会保障法》的社会服务修正案中提出的。这个方案通过解决阻碍着经济独立的个人的和社会的问题来减少贫困。[74]提供的服务包括：咨询、职业培训、儿童管理培训、家庭计划服务和法律服务。各州在为公共救助的接受者提供社会服务方面获得了一项额外的津贴——州政府每支出 1 美元，联邦政府就追加给它们 3 美元的配套资金，比有未成年子女的家庭救助计划的现金支付的退还公式更为有利。为了确保社会服务修正条款获得成功，每一个工作人员的办案量必须要小一些——不能多于 60 个案主。[75]但有人对州政府为它们已经向案主提供的许多服务要求联邦给予配套资金提出了批评。[76]找到具备足够资格的社会工作者来提供服务也很困难。可见，理论上听起来不错的事情未必能应用于实践。 245

职业培训和工作激励

当社会服务作为帮助福利接受者实现经济独立的一种方法被引入时，有未成年子女的家庭救助计划的个案工作人员负责了解家庭得到的津贴和社会服务。事实上，在有未成年子女的家庭救助计划下的母亲们或许会担心如果她们不接受社会服务，她们的现金津贴有可能被终止。与此同时，社会工作者抱怨在判断是否符合资格方面花费的时间太多，只留下很少的时间来提供社会服务。[77]

1967年国会将资金给付从社会服务中分离出来。一个负责资金给付的员工专门处理与福利支票相关的事项，而另一名员工则提供社会服务。这是福利权利的标志性事件，这种新的方法认识到有些贫困可能纯粹是经济原因造成的。不是所有的家庭都需要通过社会服务恢复就业。那些愿意接受社会服务的家庭仍然具有资格并被鼓励去获得服务。社会工作者可以腾出更多的时间来处理这样的案例。

对恢复就业方案的热情随着福利制度的不断发展而迅速衰退。需要提出新的方法，而且必须更加强硬。1967年通过的修正案再次强调了工作的重要性，并且为了实现目标引入了胡萝卜加大棒的方法。[78]“大棒”包括：要求参与有未成年子女的家庭救助计划的家庭中的失业的父亲必须去找工作，这个要求同样也适用于母亲和一些青少年。“胡萝卜”是指工作激励计划（Work Incentive Now，WIN），由国会制订，用来帮助接受者进行劳动技能培训并帮助他们（她们）实现就业。对于向健康的但又拒绝工作或拒绝接受工作培训的接受者提供津贴的州，联邦政府威胁拒绝给它们提供有未成年子女的家庭救助计划的配套资金。

为了鼓励接受者去工作采取的其他措施包括“30加三分之一规则”。最初赚的30美元不会被从福利给付中扣除，在判断是否符合资格时全部收入的三分之一不被计算，在计算的劳动所得收入达到有未成年子女的家庭救助计划的津贴数量之前，家庭都有接受津贴的资格。工作激励计划的参与者被假定孩子得到了日托服务，但多数情况下，由于缺少合格的设施，在孩子的母亲外出工作或是接受培训时，他们没有得到日托服务。

有未成年子女的家庭救助计划的名单仍在不断增加。旨在鼓励福利接受者工作的手段再次失败，没有产生理性的计划者所预期的结果。也许这些失败与这样的事实有关，即参与者不能从边缘的低薪的工作中挣到足够的钱使工作成为一个合理的替代物。[79]短期培训计划一般不能使接受者的收入产生实质性的增长。对某些人来说，要想生存，就必须依赖于“一边工作一边领福利”相结合的方式。事实上，研究者发现，有40%的参加有未成年子女的家庭救助计划的母亲有过两年以上的工作经历，这些妇女或者是边工作边领取福利，或者就是在工作和领取福利间循环反复。[80]

工作福利

随着越来越多的有小孩的母亲加入劳动大军，人们开始讨论接受公共救助的母亲们也应该这么做。因此，福利和工作的下一个轮回被称为“工作福利”——为了得到福利给付而被强制就业。这实际上是个极古老的概念。其最严厉的惩罚形式就是伊丽莎白时期的贫民习艺所，以及美国工作福利制名义下的类似机构。[81]

一位作者以这样的方式概括工作福利制：在经历了近400年、采用了各种形式之后，实践和经验都证明，这些计划没有提高参与者的工作技能，也没有降低福利的成本，更没
246 有阻拦装病，因为装病的人数已经被忽略了；而且如果有体面的工作，福利接受者是愿意

去工作的。[82]但是我们也应该看到，要求工作的呼吁得到越来越多的公众和政治支持。

有一些证据显示，工作帮助计划可以发挥作用。例如，在 20 世纪 80 年代马萨诸塞州的自愿就业和培训计划（Employment and Training Program，被称作 ET），得到了好评（虽然那时该州的失业率很低而且接受者更容易找到工作）。就业和培训计划当时是自愿参与的，参与者可以在职业咨询、教育和培训、在职培训、安排工作等项目之间进行选择。那些接受培训的人可以得到一年的日托服务和 15 个月的医疗补助。在工作帮助计划中实施强制方案的做法是否能获得同样的成功呢？以前的一项由福特基金会资助、由非营利性的劳动力示范研究公司（Manpower Demonstration Research Corporation，MDRC）领导的控制研究，表明这样也可以成功，但是参与者通常在入门级岗位上就业，就业并没有实质性地提升他们的工作技能。[83]

劳动力示范研究公司也进行了一个长期的工作福利项目研究，研究显示了类似的结果。例如，在圣迭戈实施的饱和工作创造模型（Saturation Work Initiative Model，SWIM）研究发现，实验小组的参与者同样有更高的就业率并且增加了收入，福利费用也得到了节约。但是接受实验的小组成员的净收入同样也没有多大改变——“收入上的增加有很大一部分被失业补偿金的减少所抵消了”[84]。

在劳动力示范研究公司对在弗吉尼亚州、阿肯色州、巴尔的摩和圣迭戈实施的饱和工作创造模型（在工作激励计划下创造的）进行的五年研究中，研究者发现，项目通过利用有限的资源取得了成本—效益方面的成效；有未成年子女的家庭救助计划的接受者中就业的人增加了，短期的有未成年子女的家庭救助计划的接受者减少；四个项目中有两个（圣迭戈和阿肯色州）节省了公共救助资金，有一个（弗吉尼亚州）可能是突破了。不太正面的情况是，项目中的两个参与者很少或没有净收入的增加，只有一个（巴尔的摩）有清晰的指标表明工作收入增加了；长期的有未成年子女的家庭救助计划的接受者在两个项目中没有受到影响，在另外两个项目中的减少“至多是轻微的”。劳动力示范研究公司得出的结论是：“这样的服务的有效性可能取决于适当的项目结构、奖励和制裁、支持性的服务、工作激励的结合”[85]。

工作机会与基本技能计划

支持传统的工作计划的证据似乎是比较弱的，但国会并不准备放弃对工作的要求，所以国会颁布了一个被期望会更好的方案——工作机会与基本技能计划（Job Opportunities and Basic Skills，JOBS）。作为 1988 年《家庭支持法》（Family Support Act）的一部分，工作机会与基本技能计划试图成为“一份政府和福利领取者间的新的社会契约”，以便将有未成年子女的家庭救助计划从现金救助计划转变为就业和独立的计划。[86]工作机会与基本技能代替了工作激励计划，并与《职业培训伙伴关系法》（Job Training Partnership Act）（将在第九章进一步讨论）的计划配合进行。工作机会与基本技能计划提供基础教育，工作技能和预备性训练，职业发展、寻找和安排，支持性服务，在职培训，社区工作体验等。[87]大多数州都指派了“个案管理者”去了解在从福利转向工作中，有未成年子女的家庭救助计划的接受者需要什么服务，并推动他们参加工作机会与基本技能计划。

接受与有未成年子女的家庭救助计划关联的失业父母计划的家庭，至少要有一个家长每星期必须在公共部门或私企工作 16 个小时。如果州里的资源允许，带孩子的单身父母，只要孩子三岁或三岁以上，也必须参加工作机会与基本技能计划；各州可以提取 90%的配套资金用于多种与就业相关的服务，但是许多州声称它们的预算太紧张，并没有全额提取它们能够提取的资金。

247 有未成年子女的家庭救助计划的接受者中符合工作机会与基本技能计划资格要求的比例，全国是 15%，但各州的迥然不同。例如，堪萨斯州是 6%，内布拉斯加州称有 73%。联邦期望单亲家庭中 20%的有未成年子女的家庭救助计划的接受者参加工作机会与基本技能计划。而全国实际平均参与率超过了这个期望值，达到了 27%。在与有未成年子女的家庭救助计划关联的失业父母计划的接受者中，参与率是 38%，低于期望的 50%。在工作机会与基本技能计划中，没有高中学历的青少年父母不被要求去工作，但以他们必须去学校上学作为接受有未成年子女的家庭救助计划津贴的条件。

1988 年的法案也要求各州为出去工作的有未成年子女的家庭救助计划的接受者提供儿童照顾，提高对劳动所得收入的忽略不计的部分，当一个家庭不再接受有未成年子女的家庭救助计划的津贴时，医疗救助和健康照顾扩大至包括这样的家庭。对于接受有未成年子女的家庭救助计划的去工作或接受培训的父母，各州为他们提供儿童照顾，联邦政府提供不封顶的配套资金。对于没有接受有未成年子女的家庭救助计划的家庭，父母去工作时，既提供儿童照顾服务，也提供相应的配套资金。那些没有提供儿童照顾的州，有失去配套资金的风险。

工作机会与基本技能计划试图重新定义“福利问题”，从贫困且缺乏机会，到依赖——需要有更多的工作和自立的激励。[88]但是，工作机会与基本技能计划是否比以前的那些努力更有效呢？劳动力示范研究公司用两年多的时间研究了两个工作机会与基本技能计划的方案，一个叫劳动力归属方案（一种短期的方案，使参与者迅速工作），另一个叫人力资本发展方案（重点是，经过一段较长时间的工作技能培训，然后再加入工作）。[89]第一个方案使工作的人增加了 24%，使脱离有未成年子女的家庭救助计划的人增加了 16%，收入增加了 26%。然而仍有 57%的实验组成员留在接受有未成年子女的家庭救助计划的行列中，而且实验组成员的平均月收入只有 285 美元。对照组成员平均每月挣 226 美元，有 66%的人仍然接受有未成年子女的家庭救助计划津贴。也许两年的跟踪调查时间相对有点短，人力资本方案并没有产生收入的稳定增长或就业的增加，但却为有未成年子女的家庭救助计划节省了 14%的费用。审计总署对 453 个工作机会与基本技能计划的管理者进行调查，发现有不到一半的“预备工作”（job-ready）的参与者被雇用，工作机会与基本技能计划没有一个突出的雇用重点。[90]

劳动力示范研究公司进行的一个更广泛的研究，是对一个典型的工作机会与基本技能计划方案的研究，即加利福尼亚州的“更广阔的独立之路”（California's Greater Avenues for Independence，GAIN）方案。研究也表明，参与者只产生了很轻微的改变。[91]“更广阔的独立之路”方案，强调基础教育，要求有未成年子女的家庭救助计划的接受者参与这个方案的活动。三年之后，实验组中的单亲家长比对照组的单亲家长的收入总共多出1 414美元，或者说多出22%，而且实验组接受有未成年子女的家庭救助计划津贴的人比对照组少8%。实验组中有一半以上的人（53%）在这三年的实验期结束以后仍然接受救济，而对照组有56%。结果是单亲家庭要弱于双亲家庭。对六个县的研究结果是，其中的一些要比另一些给人的印象深刻。令人印象最深刻的是河边县（Riverside County），那里的实验组成员比对照组成员劳动所得收入多49%，实验组成员接受有未成年子女的家庭救助计划津贴的比对照组少15%。总体上说，在河边县实施的计划每投入1美元就会产出2.84美元的收益（劳动所得收入增加，有未成年子女的家庭救助计划的支出及税收减少）。在考察了劳动力示范研究公司进行的诸多研究后，参议员丹尼尔·莫尼汉（Daniel Patrick Moynihan）一点也不感觉惊奇，他称朱迪斯·格朗（Judith Gueron）——劳动力示范研究公司的领导人，是“端庄的但总去寻找积极结果的女士”[92]。

为什么对福利大惊小怪？

公共救助，更多地被称为福利，是一个热点话题，尽管许多人对于那些接受贫困家庭临时救助的人的特征不是很了解（见例证7—1）。让我们回顾一下催生了1996年的重要福利改革的事实、数据和观点。

248

例证7—1

没有人正在驾驶福利凯迪拉克

今天大多数人可能意识到这是一个神话，即福利的接受者开着新的凯迪拉克，但是接受贫困家庭临时救助的人的特征是什么呢？

大多数接受贫困家庭临时救助的家庭是由一个家长和一个或两个孩子组成的，这样的家庭占贫困家庭临时救助个案的45%，钱只是给孩子们的，没有成年人的。[a]这可能是因为孩子需要由一个亲人或成年人照顾，而这个照顾者对贫困家庭临时救助的津贴是没有权利的。所有的贫困家庭临时救助的个案中，有略多于一半到三分之二的没有成人就业的家庭中有一个6岁以下的孩子。[b]城市研究所的研究人员报告说，有三分之一的贫困家庭临时救助计划下的成年人有残疾，有四分之一是孩子有残疾。[c]尽管规则也允许双亲家庭接受贫困家庭临时救助，但是其中的双亲家庭的数量已经下降。现在，接受救助的家庭中，包括一个以上成年人的不到个案总数的6%。[d]

由于接受临时救助的贫困家庭普遍缺乏传统核心家庭结构，所以其中的成人既面对着增加的作为经济提供者的压力，也面对着作为养育者的压力。所有救助接受者中，90%是女性。只有11%的成年接受者是已婚的，或是与其他成年人生活在一起的。[e]

大约有75%的在贫困家庭临时救助计划下的成年人是20多岁或30多岁的人。那些接受贫困家庭临时救助的人中有7%是青少年父母。大约40%的接受贫困家庭临时救助的成年人没有接受过高中教育。虽然大多数接受贫困家庭临时救助的成人没有就业，但是2006年，其中有将近22%的人就业，比1988年高了不到7%。贫困家庭临时救助的接受者中黑人占36%，非拉美裔白人占38%，西班牙裔（任何种族的）占21%。[f]

在先前的有未成年子女的家庭救助计划下和现在的对贫困家庭临时救助计划下，大多数家庭留在这些项目中的时间都是相对较短的。福利改革之前，在1994年，停留的平均时间是23个月。1995年有34%的人接受有未成年子女的家庭救助计划时间是一年或更少，大多数接受救助的家庭（51%）持续的时间是两年或更少。只有20%的个案接受津贴的时间超过五年。[g]作为福利改革的一部分，贫困家庭临时救助计划将家庭能够接受津贴的时间长度进行了限制。只有很少的家庭是由于时间限制而失去了救助津贴，因为大多数家庭都不会在这个项目下停留那么长的时间。在2002年和2006年之间，在全美范围内有22.2万个家庭由于时间限制而失去了津贴。[h]

[a] U. S. House of Representatives, "Temporary Assistance for Needy Families," *2008 Green Book* (Washington, DC: Committee on Ways and Means). Retrieved February 11, 2010, from http://waysandmeans.house.gov/singlepages.aspx?NewsID=10490, pp. 7-32.

[b] *Ibid.* pp. 7-43.

[c] Sheila R. Zedlewski and Donald Alderson, *Do Families on Welfare in the Post-TANF Era Differ from Their pre-TANF Counterparts?* (Washington, DC: The Urban Institute, February 1, 2001). Retrieved February 11, 2010, from http://www.urban.org/publications/310298.html.

[d] U. S. House of Representatives, "Temporary Assistance for Needy Families," *2008 Green Book*. Table 7-12.

[e] Administration for Children and Families, "Characteristics and Financial Circumstances of TANF Recipients," *TANF Eighth Annual Report to Congress* (Washington, DC: Department of Health and Human Services), p. 75. Retrieved February 15, 2010, from http://www.acf.hhs.gov/programs/ofa/data-reports/annualreport8/TANF_8th_Report_111908.pdf.

[f] *Ibid.*

249

[g] Administration for Children and Families, " Characteristics and Financial Circumstances of AFDC Recipient, FY 1995" (Washington, DC: U. S. Department of Health and Human Services, December 31, 1996) . Retrieved February 15, 2010, from http: //www. acf. hhs. gov/programs/ofa/character/FY95/t12. htm.

[h] U. S. House of Representatives, "Temporary Assistance for Needy Families," *2008 Green Book*, p. 7 - 83.

接受者和成本

接受有未成年人的家庭救助计划津贴的个人数量，从 1940 年的 120 万（34. 9 万个家庭和 84 万名儿童）增加到 1970 年的 850 万（220 万个家庭和 620 万名儿童），到 1990 年为 1 150万（400 万个家庭和 790 万名儿童）。[93]在某种程度上，这种增长可以归因于儿童贫困的增加（见图 7—2）。还有一些增长也是由于人口的增长。我们还可以查看有未成年子女的家庭救助计划的接受者数量占总人口的比例。1950 年，接受者占总人口的 1. 5%；1970 年，超过 4%[94]；在 1994 年救助接受者人数的顶峰是 1 420 万人，占总人口的 5. 5%。也许这比一些人预想的比例要小，但是在这个比例下，有太多的人是依靠“福利”的。

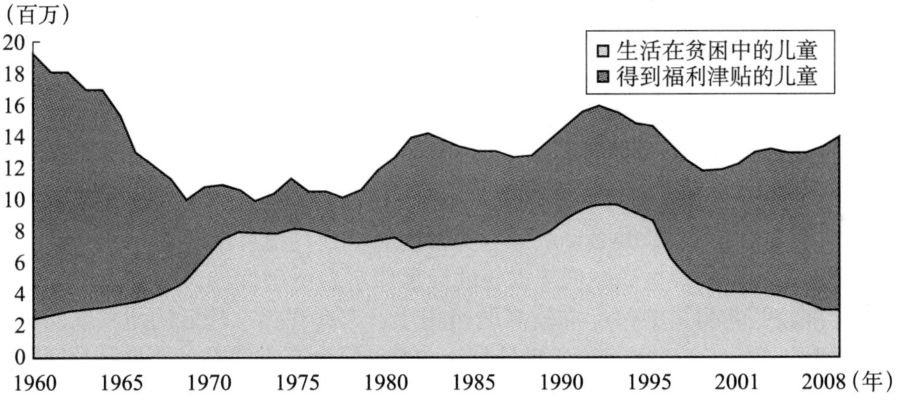

图 7—2　得到福利津贴的儿童数量与生活在贫困中的儿童数量（1960—2008）

资料来源：Compiled from data in U. S. House of Representatives, *2008 Green Book* (Washington, DC: Committee on ways and Means) . Table 7 - 8. Retrieved February 15, 2010, from http: //waysandmeans. house. gov/singlepages. aspx? NewsID = 10490; Administration for Children and Families, *TANF Data* (Washington, DC: U. S. Department of Health and Human Services) . Retrieved February 15, 2010, from http: //www. acf. hhs. gov/programs/ofa/data-reports/caseload/caseload _current. htm; Carmen DeNavas-Walt, Bernadette D. Proctor, and Jessica C. Smith, *Income, Poverty, Health Insurance Coverage in the United States, 2008*, P60-236 (RV)(Washington, DC: U. S. Census Bureau, September 2009) . Retrieved February 15, 2010, from http: //www. census. gov/prod/2009pubs/p60-236. pdf.

项目成本也在增加。1940 年帮助未成年人的计划资金总额为 1. 34 亿美元，1970 年为 49 亿美元[95]，1990 年有未成年子女的家庭救助计划资金总额为 185 亿美元[96]。即使控制了通货膨胀的影响，支出也在不断加速增长。但有未成年子女的家庭救助计划只是政府预算中很小的一个部分。即使在它的接受者人数达到历史最高峰的 1994 年，对这项计划的支出也只占联邦、州和地方政府全部支出的不到 1%（0.9%）。[97]但是，仍然有许多人认为相当多的成年接受者应该去工作，没有必要为其提供救助。

虽然计划的总支出增加了，但是，从 1970 年到 1995 年，按购买力计算，津贴下降了 51%。[98]在福利改革之前的 1996 年，给一个三口之家的津贴的上限，密西西比州最低，为每个月 120 美元，纽约州的萨福克郡最高，为每月 703 美元。[99]即使是考虑了各地不同的生活水平，这两个地区间的差距也相当大，而且各个地区给付的津贴在最好的情况下也仅仅是勉强维持一个家庭的生活。

各州自己决定提供津贴的数量。通常它们都是以一种理性的方式来计算。它们计算出
250 规模大小不同的家庭在食物、住房、衣着以及其他基本需要方面的标准量。确定津贴水平的最普遍的方法是，采用联邦政府制定的贫困指导线或使用劳动统计局（Bureau of Labor Statistics）统计出的适中的生活水平（modest standard of living）的数据计算出一定区域的生活支出。[100]还有其他的一些方法可以采用，但有些州并没有真正地去做出判定。例如，在少数几个州，立法机构制定标准的基础是看有多少可以利用的资金，另外有几个州由于过去很长时间都是用某种方法而无法取消它。

在确定了向家庭提供的津贴数量以后，各州就被假定依据贫困指导线来确定哪个家庭有资格获得津贴。资格是一个家庭的总收入不超过标准需要的 185%，或者他们的净收入（在减去允许的扣除之后）不超过标准需要。然而，州设定的给付津贴标准可以低于需要的标准。实际上，1996 年，大多数管辖区域的津贴给付标准低于需要的标准。[101]例如，在亚拉巴马州，一个家长和两个孩子的需要标准大约是每个月 673 美元，但该州的给付标准的上限只有 164 美元。

当我们考虑到这些领取公共救助的家庭通常还会得到其他补助时，如帮助人们满足生存需要的食品券等，提供的现金津贴低于需要的标准似乎是更理性的。有未成年子女的家庭救助计划给付标准较低的州与给付标准较高的州相比，家庭在标准较低的州领取的食品券津贴更多。这是因为有未成年子女的家庭救助计划津贴要计算食品券津贴（而食品券津贴则不需要考虑有未成年子女的家庭救助计划的津贴）。今天，计算家庭津贴采用的仍然是同样的做法。

1996 年，在福利改革之下，贫困家庭临时救助计划取代了有未成年子女的家庭救助计划。在新计划下，大多数州保持相同的给付水平，但是所有的州都减少或取消了某些接受群体的津贴。[102]图 7—3 显示了 2008 年对贫困家庭临时救助计划的最高补贴水平。在考虑了通货膨胀因素后，自 1994 年以来，大多数州的福利津贴的价值已大幅下降。

对有未成年子女的家庭救助计划的反思

对公共救助计划的实质性改革时代开始于里根执政时期。里根总统想要“更准确地判断福利需要，加强对计划的管理，减少欺骗和滥用行为，降低联邦的和州的费用”[103]。为此，有未成年子女的家庭救助计划做了各种改变，如在判定是否符合资格时计算继父母的

收入，对与工作相关的支出（如儿童照顾）的扣除设定上限，将“30 美元加三分之一”的扣除时间规定缩短为 4 个月。约有 50 万个家庭被要求离开该计划。[104]根据研究人员的发现，很多孩子因此而陷入更深的贫困。[105]

也许老布什总统对福利改革最显著的贡献是鼓励更多的州对有未成年子女的家庭救助计划进行改革。这被一些人看作是积极的改革，另外一些人则认为是惩罚。例如，在威斯康星州的学习福利（Learnfare）计划下，去工作的家庭可以保留更多的收入而不失去有未成年子女的家庭救助津贴，但如果有一个十几岁的孩子辍学（“一个月中有三天无故旷课被认为是辍学”），家庭的津贴将会被减少。[106]在威斯康星州和新泽西州，妇女在领取有未成年子女的家庭救助津贴期间生孩子不再被给予额外的补助。在密歇根州，对于不去工作或上学或者没有参与志愿者服务的有未成年子女的家庭救助计划接受者每月减少 100 美元的津贴。另一个由威斯康星州发起的叫做“新娘福利”（Bridefare）的计划，鼓励青年女性结婚，允许她们婚后仍保留一些津贴，尽管她们的丈夫有收入。一些右翼保守派呼吁作出更严格的改变，如结束所有政府参与的公共救助，父母负担不起的贫困儿童都由孤儿院照顾。

对三口之家的月最高补贴

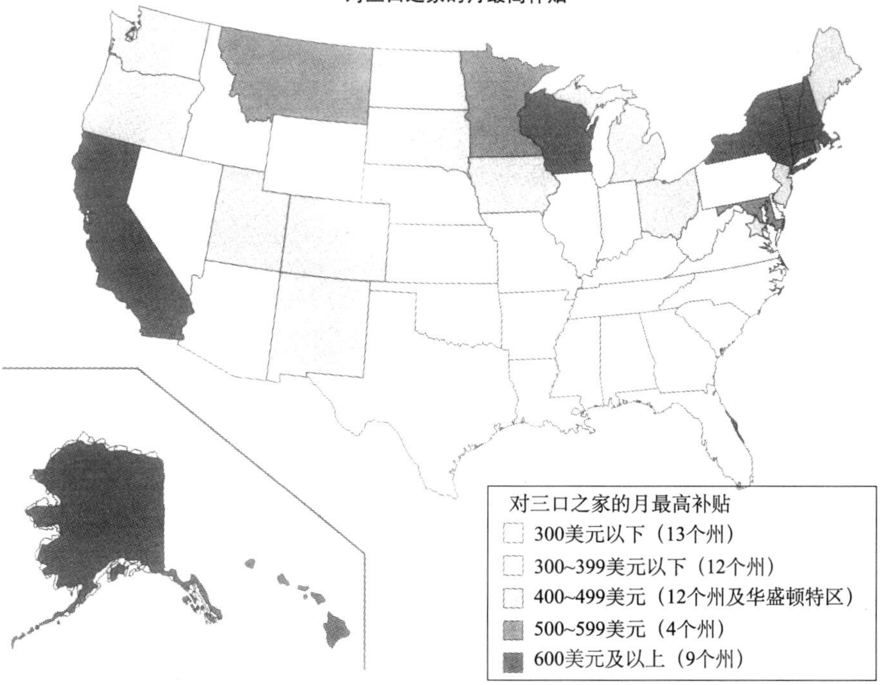

图 7—3　对贫困家庭的临时救助最高补贴水平（2008 年） 251

资料来源：Athens County Job and Family Services，*TANF*：*Failing America's Poorest Children*（Athens，OH：Department of Job and Family Services，October 2009）．Retrieved February 20，2010，from http：//jfs. athenscountygovernment. com/documents/AmericasPoorestChildren. updated10-09. pdf.

当比尔·克林顿竞选总统时，他发誓要“结束我们所知道的福利”，设定的舞台就是取消有未成年子女的家庭救助计划，以一个突出强调工作的计划取代它。他想通过教育和培训、提高工作所得税抵免额、提供连续的儿童照顾和医疗津贴等来增强对自力更生的激励。他还想通过提高资产限制和收入忽略以及允许有个人发展账户“来使工作付账”。他的其他建议包括，加强亲子关系确定和儿童抚养费的征收工作，推进孩子和他们没有监护权的父母之间订立协议。克林顿总统还想发起一项全国性的运动来控制青少年怀孕。比尔·克林顿同意许多保守派的观点：福利给付应该限制在两年，“福利不应该是一种生活方式”[107]。

很多人非常关心是否有足够的岗位提供给这些必须以工作代替领取救助津贴的人，如果找不到工作怎么办。由于工作机会与基本技能计划只使一部分接受者工作，所以有人推
252 测想要结束福利制还需要很多的就业对策。建议包括补贴私人雇佣者，为安置福利接受者在私人部门工作的团体（groups）付账，像大萧条时期的联邦公共工作计划那样，安置福利接受者在社区中的公共部门工作。工会担心任何大规模的就业努力都可能取代现在已经在低薪岗位上就业的人。也有人预测说，很难取得比工作机会与基本技能计划所取得的更好的成果，除非有相当多的人被分派去培训和学习。

当国会仔细斟酌这项计划时，各州已经提前开始福利改革了。威斯康星州立法机构宣布，将用十年时间完全撤销有未成年子女的家庭救助计划。它已经开始执行了一项被称作“工作，而不是福利”的试验，延缓提供有未成年子女的家庭救助计划津贴两年。佛罗里达州开始了一项试验，雇用福利接受者并为找不到工作且依赖有未成年子女的家庭救助计划生活两年的人提供最低薪金的工作。到国会和总统同意福利改革计划的时候，已经有 40 个州从联邦政府那里得到了放弃的权利，所以它们可以超出现有规定自己修改有未成年子女的家庭救助计划。

我们所知道的福利结束了吗？

虽然到 1994 年接受有未成年子女的家庭救助的数量就开始下降，但是保守派和其他人仍认为该计划需要彻底重组。国会两次向克林顿总统递交了全面福利改革的议案，但总统认为它们过于严厉而予以否决。第三次时，总统变温和了，并签署了 1996 年的《个人责任和工作机会协调法》，虽然他不喜欢部分内容。全国最著名的福利专家和总统最亲密的福利顾问马丽·乔·贝恩（Mary Jo Bane）、戴维·埃尔伍德（David Ellwood）和彼得·埃德尔曼（Peter Edelman）也放弃了反对签署的意见。许多穷人的辩护者批评总统的背叛。就如戴维·埃尔伍德所说，由共和党控制的国会把鼓励性的改革变成一个“非凡的政治旅

程”[108]。一位专栏作家写道，总统签署彻底的福利改革法的决定“将成为他总统任期内最大的社会决策的成就，即使这项法案是由共和党写的，而且民主党讨厌它”[109]。这项法案的最大变化是结束以有未成年子女的家庭救助计划闻名的 61 岁权利计划（61-year-old entitlement program），并诞生了一项一揽子拨款计划，即对贫困家庭的临时救助计划。

对贫困家庭的临时救助计划最初授权到 2002 年，并通过持续的权宜措施持续到 2006 年，而后，又通过 2006 年的《赤字削减法》再授权至 2010 年。尽管再授权收紧了对现金福利的工作要求，为基本的对贫困家庭的临时救助计划和健康的婚姻与负责任的父亲倡议提供了额外的资金，对贫困家庭的临时救助计划维持了它在 1996 开始实施时的相似的状况[110]，重点仍然是对家庭提供暂时的帮助。

对贫困家庭的临时救助计划的目标

在《个人责任和工作机会协调法》之下，对有未成年人家庭的公共救助进一步从一个历史上集中于收入支持的体系转变成了一个强调工作和经济上自立的体系。[111]对贫困家庭的临时救助计划的四个主要目标是：

- 对贫困家庭提供救助以便使儿童能够得到他们的父母或其他亲属的照顾。
- 通过工作准备、工作、婚姻等结束孩子的父母对福利的依赖。
- 减少非婚怀孕。
- 鼓励双亲家庭的形成。[112]

253

对贫困家庭的临时救助计划的一揽子拨款

对贫困家庭的临时救助计划替代了有未成年人的家庭救助计划和《工作机会与基本技能法》。与此同时，有未成年人的家庭救助计划保证对所有符合资格要求的家庭提供现金补助，直至最小的孩子达到 18 岁，而对贫困家庭的临时救助计划的一揽子拨款对帮助参与者实现自立的服务提出了时间限制。对贫困家庭的临时救助计划项目资金是有上限的。在一个财政年度结束前，一个州应该花出其整个对贫困家庭的临时救助计划的分配额，附加的联邦基金可以不提供给那些有需要的人。

对贫困家庭的临时救助计划实际上是由两部分拨款组成的：一个是家庭救助拨款，另一个是对儿童照顾的拨款。家庭救助拨款是用于为家庭提供现金救助的，帮助家庭成员去工作，避免未婚先孕。这些钱还可以用来鼓励父母建立或维持双亲家庭。家庭救助拨款这项拨款是有上限的，直到 2010 年，每年 165 亿美元（略高于在 1995 财政年度为有未成年人的家庭救助计划和《工作机会与基本技能法》花的钱）。因为资金自 1996 年以来一直保持不变，但受通货膨胀影响，其实整体拨款的价值是下降的，到 2008 年相当于减少了 25％。[113]

对儿童照顾的一揽子拨款，目的是帮助家庭利用公共救助，并脱离公共救助的行列，或通过提供儿童照顾使家长去工作、寻找工作、为工作做准备，而不必再领取公共救助。这项拨款合并了政府支持的几个儿童照顾计划，在六年里总计提供了 200 亿美元。2006 年，对贫困家庭的临时救助计划中的儿童照顾支出总计 54 亿美元，尽管根据通货膨胀情况进行了调整，还是比 2000 年减少了 22％。[114]

对贫困家庭的临时救助计划的联邦资金

为了得到对贫困家庭的临时救助计划的全部资金分配额，一个州必须支付相当于 1994 年花费在有未成年人的家庭救助计划上的费用的 75％。这被称为州的"维护工作"或"效能测量"（MOE)。州的"效能测量"包括花在对贫困家庭的临时救助计划上的现金救助和帮助缓解贫困的支持性服务的钱，支持性服务包括儿童照顾、学前教育项目、青年课外项目、成年人的后中等教育、工作支持、工作保留和发展计划、对无监护权的父母的支持性服务，以及对贫困家庭的临时救助计划的行政成本。[115]

各州在某一年如果没有完成联邦政府制定的工作参与比率，则其在下一年至少要支出 1994 年花费在有未成年人的家庭救助计划上的费用的 80％（而不是 75％)。在 1997 年，期望是 25％的单亲父母去工作。到 2010 年，对单亲父母，这个数字已经增加到 70％。对双亲家庭的工作参与率要求更高。自 1999 年，90％的双亲家庭必须至少有一个人去工作。各州可以降低对工作参与率的要求。贫困家庭的临时救助计划的接受者每减少一个百分点，对州的工作参与率要求也就减少一个百分点。

人口增长高于平均人口增长速度的州，或每个穷人得到的联邦福利资金低于全国平均数的州，有资格得到追加的对贫困家庭的临时救助计划资金。自 1998 年以来，有 17 个州得到了这些追加拨款，一半是比较贫穷的南方各州。[116]

直到 2006 年对贫困家庭的临时救助计划重新授权，对贫困家庭的临时救助计划"高水平实施"(定义为接受者的工作进入、工作保留和收入）的州有资格获得额外奖金。此外，从 1999 年到 2002 年，多达 25 个州因最大限度地减少婚外生育和最大限度减少堕胎得到额外奖金。6 个州和哥伦比亚地区、维尔京群岛获得这些奖金的数额范围，从近 100 万美元到 8 500 万美元不等。尽管有这些努力，在此期间国家的未婚出生率还是略有增加。[117]

254 2006 年对贫困家庭的临时救助计划的重新授权取消了额外奖金基金，为健康的婚姻与负责任的父亲倡议建立了竞争性的拨款。从 2006 年到 2010 年，每年拨款 9 800 万美元用于促进健康的婚姻，包括在一般人群中开展的促进健康婚姻的活动、为考虑婚姻的夫妇提供的“社交技巧”教育、减少结婚的经济约束（如在确定对贫困家庭的临时救助计划的资格时，不计算继父或继母的一些收入）。每年至多 5 000 万美元用于对负责任的父亲家庭的倡议，包括对促进婚姻和健康的育儿技能的倡议，提供就业和职业技能培训，并创建一个国家范围的负责任的父亲的信息交流所。[118]

对贫困家庭的临时救助计划的联邦主义

以对贫困家庭的临时救助计划为例的联邦主义比喻是指权力下放，将更多的责任返回给州里。在对贫困家庭的临时救助计划下，除了现金救助以外，各州可以提供很多服务，特别是与它们的经济贫困人口最相关的服务。各州在实施对贫困家庭的临时救助计划时，在以下方面有相当大的自由裁量权[119]：

- 设置资格限制和现金津贴水平；
- 确定对就业的家庭的收入补助；
- 为家庭提供额外的激励和制裁措施；
- 采用非现金项目和服务的方式使用这笔资金，以实现对贫困家庭的临时救助计划的目标；
- 为应对经济衰退将对贫困家庭的临时救助计划的一揽子拨款储蓄起来；
- 延长过渡医疗补助计划超出 12 个月；
- 设计工作和教育项目。

在项目资格规则领域，州可以选择提供现金津贴的时间限制少于联邦政府设定的五年期限，或者它们可以用州的资金而不是联邦资金提供更长期的福利津贴。州可以选择是否为未婚青少年母亲提供现金支付以外的服务，诸如综合性的个案管理；州也可以决定是否实行一个“家庭上限”，对正在接受对贫困家庭的临时救助计划津贴的家庭拒绝向一个新出生的孩子提供额外支付。灵活性并不仅限于州的层次。如果州愿意，它们也可以允许地方政府决定如何分配资金以满足对基层社区适用的需要。各州在《个人责任和工作机会协调法》之下拥有的广泛的行动自由意味着不同的州之间项目和项目资格的多样化，有时是地区之间的多样化。

各州一般使用对贫困家庭的临时救助计划的资金必须至少支持它的四个主要目标中的一个，但是只要州将服务与这些目标链接，在提供服务方面它们就有极大的灵活性。此外，各州可以与宗教组织或私人组织签订合约提供公共救助服务。这个条款存在争议，有些人认为宗教服务和公共服务功能不能很好地相融，还有些人认为政府不应该把公共职责转移给可能存在盈利动机的企业。每个州也近乎自由地定义哪些群体将被包含在对贫困家庭的临时救助计划中，或被排除在外。然而，联邦资金中对贫困家庭的临时救助计划津贴不能支付给大多数合法居住在美国，但居住时间不满五年的移民。大多数未婚青少年父母要得到对贫困家庭的临时救助计划津贴，必须和一个成年人生活在一起，并到学校上学。

对贫困家庭的临时救助计划的工作要求

在 2006 年的重新授权中，对贫困家庭的临时救助计划的定义是，“有工作条件的”成年人通常是指在对贫困家庭的临时救助计划下的家庭中的任何成年人，这个成年人是美国公民、没有接受补充保障收入或社会保障中的残疾人社会保险津贴，并且不需要在家里照
255 顾残疾的家庭成员。[120]根据联邦规定，“有工作条件的”成年人接受现金救助不超过五年（有 8 个州的时间限制少于五年，有几个州的时间限制是两年或三年[121]），他们被期望去工作，并且通过工作实现自给自足，而不是过了两年之后又开始接受救助（43 个州要求接受工作多于两年）。在严格的时间限制方面也有例外。州可以对其个案量中的 20%免除工作要求，这主要适合存在家庭暴力问题或有残疾人的情况，在这样的情况下，家庭里的主要的成年人如果没有津贴可能会难以照顾家庭。

各州不能使用联邦基金对更大比例的成年人免除工作要求，也不能使用联邦资金救助那些已经达到他们的时间限制的人。然而，州可以使用自己的资金放宽要求。实际上，9 个州暂时放宽了联邦时间限制，通过只使用州的资金支付津贴使一些家庭“超时”。一些州也通过使用自己的资金向有一个成年人工作的家庭支付津贴使联邦的时间限制之钟停摆。不过，大多数州还是执行了严格的联邦工作要求或建立更为严格的州工作要求，导致案主在找不到工作的情况下的个案终止。卫生和人类服务部报告说，在 2002 年至 2006 年之间，22.2 万个接受对贫困家庭的临时救助的家庭因已达到他们的时间限制被终止继续得到救助津贴的资格。[122]

在对贫困家庭的临时救助计划下，当前定义的工作包括 12 种活动。在大多数情况下，教育和培训仅一年可以算作工作活动，而且在任何给定的时间，一个州参与教育和培训活动的案主能够被计算为在工作的人不能超过 30%。[123]寻找工作和康复活动最多可以计算为 12 周。[124]有劳动能力、家里有学龄期的孩子的成年人必须每周工作 30 小时才算达到工作时间要求，家里有 6 岁以下孩子的成年人每周必须工作 20 小时。那些没有达到工作时间要求的人至少要被减少一部分津贴。

与之前的《工作机会与基本技能法》相比，接受对贫困家庭的临时救助的成年人从事教育活动的更少。在工作机会与基本技能计划下，1995 年有 47%的参与者参加的活动是高中教育活动、普通教育、补习教育、英语作为第二语言的教育、职业培训或高等教育。相比之下，在 2006 年只有 7%的对贫困家庭的临时救助的参与者作为工作参加教育活动。[125]多个观察者对试图将穷人移出对贫困家庭的临时救助与进入有适宜工资的工作之间的逻辑关系提出质疑，在致力于通过教育和培训发展适合市场需求的技能方面投入的那么少，而低技能的工作通常工资又很低（见例证 7—2）。

256

例证 7—2

如何提高支付以改变工作的贫穷？

福利改革的一个关键内容是推动自立或从政府支持下独立。《个人责任和工作机会协调法》（PRWORA）为工作支持分配了更多的资金，像儿童照顾、交通凭证；它比有未成年人的家庭救助计划更能使接受者希望通过他们的工作脱离所有的政府支持，包括现金支持、食品援助、救助项目、医疗补助和儿童照顾等。在导致对贫困家庭的临时救助接受者成为劳动人口的努力中，当接受者通过就业增加收益时，一些州在接受者仍然能够保持其津贴的劳动所得收入数量方面比另一些州更慷慨，至少在初期如此。然而，当接受者的工作继续增加时，他们的现金津贴和食品券价值以及他们有资格得到的各种与推动工作有关的项目津贴就会减少。在理论上，《个人责任和工作机会协调法》提供的支持是使家庭有人去工作，并在能够自立时离开支付提供的支持。

然而，研究表明，在他们努力朝向自立的时候，家庭失去现金救助和项目资格可能太早。当一个家庭因为自己劳动所得收入增加而失去政府的津贴时，这种现象被称为“隐形税收”——接受者不能100%地保有他们增加的劳动收入，因为他们失去一项或多项有财产状况审查的津贴。接受者的劳动收入被以各种比例“征了税”，在一些情况下这样的税可能超过100%。换言之，接受者的劳动收入越多，失去的津贴也越多。如下两个例子说明隐形税收是如何损害接受者的经济生活的。

凯伦是一个有3个孩子的单身母亲，她从事家庭健康助理工作。最初，她得到补充营养援助项目的援助（食品券）、住房补贴和医疗救助津贴。当她的工资从每小时6.25美元增加到9.25美元时，她失去了住房补贴，每个月的食品补贴也被减少了50%。当她缴纳了工资税后，每月劳动所得收入超过462美元时，她失去了每月177美元的住房补贴、81美元的食品券和154美元的对低收入者的税收抵免。凯伦的隐形税率是89%［(177＋81＋154)／462)］。在凯伦收入增加的过程中，她每个月的净增加值仅仅是50美元。这样一个微小的劳动所得收入增加导致凯伦减少了工作时间，以便她能够恢复得到附加津贴的资格。

伊迪丝的情况是收入提高和隐形税收是如何损害单身母亲的家庭的另一个例子。伊迪丝31岁，有3个孩子，最大的6岁。她作为一个低工资的接受者，有资格接受儿童照顾补贴和医疗救助。由于她的工作技术好，她被提升为办公室经理，工资增加到每个月可以拿回家554美元。作为她收入增加的一个结果，伊迪丝没有资格再得到儿童照顾补贴，失去儿童照顾补贴意味着她要增加 600 美元的儿童照顾支出。因此，伊迪丝的隐形税率达到 108%（600/554）。她被置于比被提升之前更糟糕的状况中。由于伊迪丝失去了儿童照顾补贴，她必须请一位亲属照看孩子，虽然她知道她的亲属不能像在她能够得到儿童照顾补贴时那样为孩子提供有关的教育。

这些实例清楚地表明，在工作的穷人中，隐形税收如何可以使挣得的工资偏移。虽然政府通过从工作的家庭取消补贴节省了资金（至少是在短期内），但是，如果要家庭达到《个人责任和工作机会协调法》设置的自立目标，那么为项目的受益者和受益资格设置适当的梯度和范围就是十分关键的。

资料来源：Jennifer L. Romich，Jennifer Simmelink，and Stephen D. Holt，"When Working Harder Does Not Pay：Low-Income Working Families，Tax Liabilities，and Benefit Reductions，" *Families in Society：The Journal of Contemporary Social Services*，Vol. 88，No. 3，July-Sept.，2007，pp. 418-426. DOI：10.1606/1044-3894.3651.

尽管很少有参与者能找到足以维持生活的工作，使他们摆脱贫困[126]，但是接受对贫困家庭的临时救助的家庭中有一个家长参加了工作或与工作相关的活动的数量还是在增加。1997 年，在全国范围内，大约 28%的接受对贫困家庭的临时救助的家庭有已经工作的成年人。这个比例在 1999 年达到略高于 38%，但在 2006 年下降到 32%。双亲家庭的比例更高（近 46%）。在所有的参与的父母中，大约有一半人参与的是没有补助的工作活动（这是州支出成本最少的），剩下的另一半从事的是工作准备活动，包括求职、职业教育和工作经验学习。[127]

尽管取得了一些进展，但是 2006 年全国贫困家庭的临时救助计划的参与者的工作参与率平均为 32%，远远达不到单亲家庭 50%和双亲家庭 90%的联邦参与要求。不过，在各州之间这个数字相差很大。单亲家庭工作参与率的范围从马萨诸塞州的近 14%到蒙大拿州的刚刚超过 79%。双亲家庭的参与率之间的差异类似：从俄勒冈州的 15%到罗得岛州的 94%。联邦法规继续允许免除 20%的工作参与困难的案主，直到 2007 年，许多州已经得到豁免，允许它们使用不同的规则来计算工作参与率。由于这些削减和豁免案主的调整，大多数州达
257 到了联邦工作参与的要求。[128]这可能在未来会改变——在州面临更严格的工作要求和不再有资格获得豁免时。经济困难时期也会导致失业率上升，并将更多的家庭置于经济困境中。

对贫困家庭的临时救助计划的附加资金

除了对贫困家庭的临时救助计划的一揽子拨款，各州还有机会竞争对贫困家庭的临时救助计划的附加资金。2004 年 9 月国会为从福利到工作（Welfare-to-work，W-t-W）项目拨款 30 亿美元，此项拨款特别针对面临多重就业障碍的人、无监护权的家长、在 12 个月

内就面临5年时间限制的对贫困家庭的临时救助计划的接受者。[129]通常提供给从福利到工作的参与者的“核心”服务是：进门、评估、工作准备、就业前个案管理、职业发展和工作安置、安置后随访。对这些集中于从福利到工作项目的评估发现，至少有60%的参与者在接受服务的两年中的某个时间段是在工作的。在大多数项目设计中，两年后这一数字下降到40%。平均每小时工资是相对较低的8美元（但高于联邦最低工资），只有20%的人得到雇主提供的医疗保险。[130]特别需要关注，但也许没有什么可惊奇的是，60%从福利到工作的新参与者在跟着项目两年以后仍然生活在贫困中。从福利到工作的拨款项目没有收到额外的一轮资金，并且也没有继续。

然而，对贫困家庭的临时救助计划的重新授权，鼓励各州使用创新项目来帮助对贫困家庭的临时救助计划的接受者。不同于从福利到工作项目——主要关注点是工作，从2006年到2010年，父职倡导组织得到2.5亿美元拨款，健康婚姻倡导组织得到4.9亿美元拨款。[131]父职倡导组织针对无监护权的父亲提供服务项目：婚姻指导、养育技能、工作和就业培训、媒体宣传和研究。健康婚姻倡导组织的项目有：在一般人群中促进婚姻、丰富社交技巧、指导已婚夫妇之间的沟通，以及对那些考虑婚姻的人减少婚姻阻碍（如一些税法）。低收入夫妇对这些服务表现出兴趣，项目效果的研究也正在进行。[132]小布什任总统期间，其促进健康的婚姻的努力受到大量的批评，批评者认为他们把资金从现金援助、教育和就业计划上转移出去了。[133]这些批评者提出将促进婚姻视为出路，不如提供经济上的保障，对贫困家庭的临时救助计划应该集中于使家庭在经济上更有保障，将这种经济保障作为通往健康婚姻的路径。

对贫困家庭的临时救助计划的津贴水平

大多数州都将现金津贴维持在1996年的水平。有些州增加了津贴，但是有6个州和哥伦比亚特区实际上减少了津贴，以致低于1996年的水平。在大多数州，对贫困家庭的临时救助计划的现金津贴的实际价值是持续下降的。下降最多的是夏威夷（近35%）。2008年，一个三口之家能够得到的最多的津贴差别很大，从密西西比州的每月170美元的低水平（是联邦政府的官方贫困线的12%）到在最高点的阿拉斯加州的923美元（是贫困线的50%）（见图7—3）。[134]2006年，81%的对贫困家庭的临时救助计划的接受者也收到了食品券（平均每月322美元），对于一个三口之家，在密西西比州，总的津贴每个月提高到558美元（现金加上食物券，是贫困线的38%），在阿拉斯加州是1 191美元（贫困线的65%）。

对贫困家庭的临时救助计划的重点是工作和自立，那么劳动所得收入将如何影响一个家庭获得现金和非现金津贴？各个州在如何对待劳动所得收入方面是不同的。例如，有4个州（亚拉巴马州、密西西比州、内华达州和北卡罗来纳州）在前三个月忽略所有的就业收入， 258
康涅狄格州忽略所有劳动所得收入，只要收入低于联邦的贫困指导线。对就业的前12个月的收入限制范围，从亚拉巴马州的每月269美元至阿拉斯加州的1 897美元。[135]收入水平一旦达到这些上限，家庭就不再有资格得到对贫困家庭的临时救助计划的现金救助。

几乎每一个加入对贫困家庭的临时救助计划的家庭都有资格获得医疗救助（或州的医疗救助项目）。[136]为了进一步帮助家庭实现自立，在家庭离开对贫困家庭的临时救助计划以后，各州必须提供 12 个月过渡期的医疗救助（无论家庭离开是否由于就业）。一些州延长了医疗救助资格过渡期，时间超过 12 个月。尽管在州的层次有广泛的变化，但是它仍然是安全的。许多州在对贫困家庭的临时救助计划的接受者在从接受政府援助到实现自立时，都是提供最低的现金支付，同时这样的家庭还面临着失去医疗救助的状况。

传统的月度现金救助和工作活动并非州帮助贫困家庭达到自立能够使用的唯一选择。为保持个案数量下降，有 47 个州实施了“引导”项目，帮助那些在确保就业和自立时需要最小救助的个人。2008 年运用于 35 个州的一次性给付项目，是最常见的引导项目。对一次性给付项目的具体指导方针在各州之间有很大的不同（引导项目的数量、引导项目给对贫困家庭的临时救助计划的接受者的未来资格的影响、引导项目给付资格的分布），但是潜在的概念是相同的。代替常规的对贫困家庭的临时救助计划的接受者的现金救助，这些项目以每个个案的实际情况为基础，为有资格接受对贫困家庭的临时救助计划的家庭提供短期或一次性现金救助或实物津贴。最常见的一次性给付的总额等于每月对贫困家庭的临时救助计划的家庭所得津贴的 3 倍。[137]因为这些一次性给付通常对接受贫困家庭的临时救助计划的家庭的未来有负面影响，潜在的接受者对选择一个较多的一次性给付必须小心翼翼。出于这个原因，各州一般将有一个成年人就业或有一份工作邀约的家庭作为目标对象，因为这样的家庭需要持续救助的可能性比较小。

对贫困家庭的临时救助计划的支出水平

有未成年人的家庭救助计划的总支出在 1995 年达到顶峰，刚刚超过 300 亿美元，在福利改革之下实施的对贫困家庭的临时救助计划的支出水平急剧下降。1998 年总支出近 240 亿美元，是 1991 年以来的最低水平。2006 年，联邦政府和州政府在对贫困家庭的临时救助计划上的花费超过了 280 亿美元。支出水平自 2000 年以来一直保持不变，但是因通货膨胀调整后，2006 年的支出比高峰期的 1995 年低了 31%。联邦在有未成年人的家庭救助计划/对贫困家庭的临时救助计划上的支出份额从 1995 年的 54%增加到 2006 年的 58%。[138]

对贫困家庭的临时救助计划的现金救助案件数量在 1996 年到 2000 年之间下降了约 50%，这一急剧下降释放了对贫困家庭的临时救助计划基金。2006 年，在基本救助（主要是现金）上各州只支出了对贫困家庭的临时救助计划的 41%，即大约 100 亿美元，低于 1997 年的 73%，即大约 140 亿美元（见图 7—4）。[139]

各州用它们曾经花在现金福利津贴上的钱做了什么？除了攒钱为将来做准备之外，州在支持工作方面花了更多的钱，最早是用于被称为“非救助”现在叫“非福利”项目的支出。非福利的支出用提供非现金或实物的方式帮助对贫困家庭的临时救助计划的接受者去工作；增加劳动所得收入，比如劳动所得税抵免和儿童抵免；提供工作支持，如儿童照顾、交通和工作补贴。这些“非福利”支出在增长，从 1997 年的少于对贫困家庭的临时救助计划支出的五分之一到 2006 年占到支出的一半（见图 7—4）。[140]“福利”与“非福利”支出之间的区别是很重要的，因为对贫困家庭的临时救助计划的许多规则，尤其是时间限制，适用于现金福利救助而不是非福利救助。[141] 259

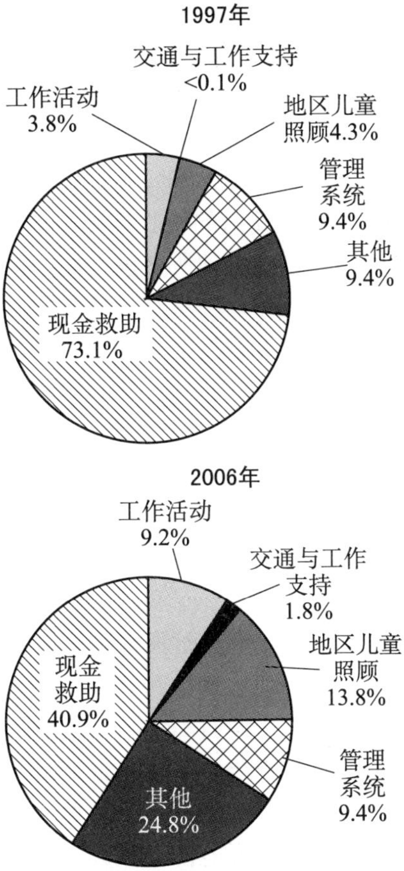

图 7—4　1997 年和 2006 年对贫困家庭的临时救助资金和各州支出费用

资料来源：Administration for Children and Families, “Characteristics and Financial Circumstances of TANF Recipients,” *TANF Eighth Annual Report to Congress* (Washington, DC: Department of Health and Human Services), Figure A, p. Ⅱ-15. Retrieved February 15, 2010, from http: //www. acf. hhs. gov/programs/ofa/data-reports/annualreport8/TANF _ 8th _ Report _ 111908. pdf.

对贫困家庭的临时救助计划的附加服务和工作的贫困家庭

鉴于福利改革的重点是工作和自立，并且考虑到近一半的对贫困家庭的临时救助计划

260 的基金是用在了服务，而不是基本的现金救助上，让我们仔细看看那些用于加入对贫困家庭的临时救助计划的家庭和其他贫困家庭的津贴。对贫困家庭的临时救助计划强调工作与工作支持增加之间的协调，至少在理论上是如此。

劳动所得收入税抵免

这种联邦税收抵免创立于 1975 年，是经济刺激方案的一部分，基于经济学家米尔顿·弗里德曼（Milton Freedman）的负所得税观点。负所得税的基本理念是，与其向那些不工作的人提供津贴（现金福利），政府不如通过补助低工资收入者来鼓励他们参加工作。国税局分配劳动所得税抵免（The Earned Income Tax Credit，EITC）作为一种可退还的联邦收入税抵免。它主要适用于低收入家庭（自 1993 年，单个人也可以得到一小部分抵免）。不同于其他税收优惠，如儿童照顾支出的税收抵免，合格的接受者不需要为了得到劳动所得税抵免而纳税。但是，他们要收到劳动所得税抵免必须提交纳税申报表。此外，不同于其他的工作支持，劳动所得税抵免保证所有有资格并提出申请的人都能够得到。

劳动所得税抵免有三个基于年度收入的类别：变化阶段（补贴随着收入增加而增加）、高原阶段（收入增加补贴保持不变）、超范围阶段（随着收入增加补贴减少）。这个设计旨在鼓励工作，使低工资的工作者受益最大，在家庭收入足够达到自立时补贴减少。2009 年，对于一个有两个孩子的单身父母，劳动所得税抵免的价值是第一个 12 570 美元收入的 40%（最大的补贴数额是 5 028 美元）。单身父母年收入超过 16 420 美元就达到了超范围阶段，其劳动所得税抵免将随着收入上升而下降。一旦他们的收入达到 40 295 美元，他们将不再有资格获得抵免。

劳动所得税抵免是目前美国最大的家庭反贫困计划。在 20 世纪 90 年代中期，劳动所得税抵免支出超过现金福利支出，并持续上升。2005 纳税年度，大约 2 400 万个家庭获得超过 410 亿美元的劳动所得税抵免退款。[142]有 15%～25%的符合条件的家庭没有申请税收抵免，导致每年数十亿美元无人认领的资金。收入非常低的家庭，西班牙裔、移民、食品券接受者、对贫困家庭的临时救助计划的接受者，以及那些没有高中文凭的人，与其他人相比，不了解或不申请劳动所得税抵免的可能性比较大。[143]各州也有自己的相对少一些的劳动所得税抵免。[144]

儿童照顾

儿童照顾是另一个支持，至少在理论上可以用于对贫困家庭的临时救助计划家庭和其他低收入家庭。在对贫困家庭的临时救助计划下，各州被要求为工作或参加与工作相关活动的接受者提供儿童照顾。尽管在 1996 年福利改革立法之下，儿童照顾基金增加，但是在对贫困家庭的临时救助计划下各州没有责任提供儿童照顾。然而，州可以利用对贫困家庭的临时救助计划资金来提供儿童照顾补贴，这样就可以允许父母选择合适的儿童照顾，如托幼所集中照顾、非正式的家庭照顾或亲属照顾。各州已经将资金从现金救助支出向儿童照顾补贴转移。1997 年到 2000 年照顾孩子的花费大幅增长，从 2.49 亿美元到 40 亿美元，但是到 2007 年又下降至 32 亿美元。[145]即使有大量的儿童照顾支出，2000 年也只有七分之一合格的儿童通过对贫困家庭的临时救助计划资金接受了儿童照顾救助。这一比例相对稳定地保持到 2007 年。2003 年，在所有的 6 岁以下儿童中只有 6%的儿童通过对贫困家庭的临时救助计划资金接受了儿童照顾补助，生活在贫困中的接受对贫困家庭的临时救助计划的 6 岁以下儿童中有 15%接受了儿童照顾补助。[146]与其他工业化国家相比，美国提供的儿童照顾救助少很多（见图 7—3*）。

261

例证 7—3

与其他国家相比，美国的儿童照顾救助做得怎样？

人们一般将生活在贫困中的婴儿和幼儿分类为“值得帮助的”穷人的一部分。谁能够因为家庭的生活状况谴责一个从医院来到家里的婴儿？很清楚的，他们需要依赖他人满足自己的需要。鉴于社会不能因为一个小孩子的经济状况谴责他，那么政府为儿童提供一个“安全网”需要花费多少钱？

与他们在政府支出中应得的公平份额相比，婴幼儿得到的是比较少的。2007 年全国有婴幼儿 1 250 万，大约占总人口的 4%，只得到政府国内支出的 2%（441 亿美元）。一般公众通常认为教育状况是对一个国家的社会弊病的反映。但是，联邦政府只将其预算的 7%用于婴幼儿早期照顾和教育项目，诸如启蒙教育计划、儿童照顾救助。联邦政府对小孩子的最大的支出是医疗救助，构成了对这部分人口的预算的 38%。虽然人们经常抱怨有小孩的单身母亲依靠从系统中得到的现金生活，但是有婴幼儿的家庭从提供现金救助的项目（如现金福利）中得到的仅仅占联邦政府支出的 2%。[a]

美国政府以安全网的形式对儿童提供的很少，相反，福利改革要求有孩子的父母去工作。既然有严厉的工作要求，那么儿童照顾是可用的吗？2006 年，《个人责任和工作机会协调法》为儿童照顾指派了 54 亿美元，但是有资格的家庭中只有 12%接受了对贫困家庭的临时救助计划的儿童照顾补助。[b]这些家庭中的一些正在接受对贫困家庭的临时救助，另外一些已经离开了这项救助计划，还有一些是工作的贫困家庭，他们利用这笔钱避免变成对贫困家庭的临时救助计划的接受者。

在美国，有孩子的贫困家庭的需要与他们能够得到的政府津贴之间是存在差距的。放眼全球，与其他国家相比，美国的儿童服务提供方面是否公平？简单地说，美国对贫困家庭和非贫困家庭提供的比其他国家少很多。如图 7—5 所

* 此处应为图 7—5，英文原文有误。——译者

262 示，美国为3岁以下儿童提供的儿童照顾支出仅占国内生产总值（GDP）的0.9%，比大多数国家少很多。美国比较慷慨的是对3～5岁的儿童的照顾支出（占GDP的0.31%），这种支持的大部分是通过税收抵免、学前教育的公共资金、幼儿园项目等提供的。

美国政府承担的儿童照顾成本比例是什么状况？在可以得到的发达国家的数据中，美国排在25%～30%的最低的位置，与此同时，其他国家覆盖的儿童照顾成本至少是三分之二，依据儿童的年龄和国家的不同在68%至100%之间排列。[c]

总而言之，与其他经济发达国家相比，美国将儿童照顾视为私人的决定，对儿童照顾仅仅提供了很少的支持，特别是对婴幼儿。如果美国想要建设一个对家庭更为友好的环境，那么由政府向家庭提供补贴的儿童照顾、高质量的儿童照顾、有额外的资金补偿儿童照顾成本的政策，能够减轻家庭的经济压力，并且也能够推动儿童的健康发展。

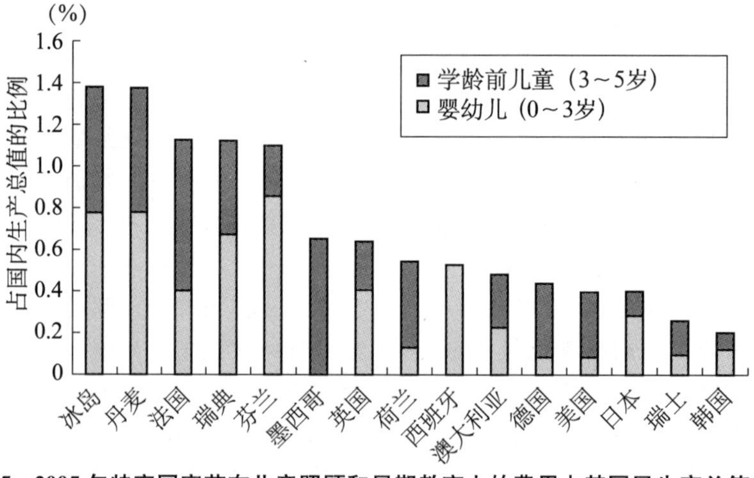

图7—5　2005年特定国家花在儿童照顾和早期教育上的费用占其国民生产总值的比例

[a]这段内容大多引自 Jennifer Ehrle Macomber Julia Isaacs，Tracy Vericker，Adam Kent，and Paul Johnson，*Federal Expenditures on Infants and Toddlers in* 2007：*Key Facts*（Washington DC：The Brookings Institution and the Urban Institute，May 2009）。Retrieved February 11，2009，from http：//www. urban. org/publications/411878 html.

[b]Committee on Ways and Means，"Temporary Assistance for Needy Families，" 2008 *Green Book*（Washington DC：U. S. House of Representatives），pp. 7 - 64—7 - 65. Retrieved February 11，2010，From http：//waysandmeans. house. gov/singlepages. aspx？NewsID=10490.

[c]Jane Waldfogel，"International Policies Toward Parental Leave and Child Care，" *The Future of Children*，Vol. 11，No. 1，Spring-Summer 2001，pp. 99 - 111.

资料来源：Public Spending on Childcare and Early Education (PF 10)，*OECD Family Database*（Paris：Organization for Economic Cooperation and Development）. Retrieved February 20，2010，from www. oecd. org/els/social/family/database.

联邦法律允许各州以两种方式使用对贫困家庭的临时救助计划资金提供儿童照顾：(1) 州可以直接将对贫困家庭的临时救助计划资金用于儿童照顾；(2) 州可将最多为 30% 的对贫困家庭的临时救助计划资金转换为儿童照顾和发展一揽子拨款（Childcare and Development Block Grant，CCDBG）。类似于直接的对贫困家庭的临时救助计划资金，在使用儿童照顾和发展一揽子拨款资金满足对贫困家庭的临时救助计划家庭的儿童需要方面，州有很多自由裁量权。各州也可以使用儿童照顾和发展一揽子拨款资金帮助没有接受对贫困家庭的临时救助计划的低收入工作的家庭。1999 年，各州将 26 亿美元的对贫困家庭的临时救助计划资金转换为儿童照顾和发展一揽子拨款资金，2007 年是 20 亿美元。[147] 儿童照顾支出的减少，与 21 世纪初的几年经济衰退和随后的国家预算危机有关，但是政治家们普遍支持儿童照顾资助。尽管对贫困家庭的临时救助计划重新授权没有增加什么资金，但是，从 2006 年到 2010 年，分配给儿童照顾的资金额外增加了 20 亿美元。[148]

其他支持

如上所述，对贫困家庭的临时救助计划使各州有机会提供一种非现金服务的独特组合来满足贫困家庭的需要。总有好的条文或规定，联邦政府可能会挑战一些用途，但是只要州将它们的服务直接与对贫困家庭的临时救助计划的目标相联系，它们就有很大的灵活性。从理论上说，关键可能是创新服务的极限；然而，与劳动收入所得税抵免和儿童照顾相比，州在其他支持服务方面的支出是相对较少的。2006 年，只有不到 2%（4.07 亿美元）被用来“提高技能”。用于交通和支持服务的数量类似（4.72 亿美元）。

在预防怀孕项目上的支出从 2000 年的 1.02 亿美元增加到 2006 年的 7.23 亿美元，构成对贫困家庭的临时救助计划资金总量的 2.5%。一些州已经开始了一项双亲家庭的项目，但在全国范围内只有很少量的资金（2006 年为 2.17 亿美元）用于这项努力。[149] 也许是因为这个项目是有争议的，或者因为这样做缺乏以证据为基础的模型。

各州也可以帮助家庭以自立为目标存钱。个人发展账户（Individual Development Accounts，IDAs）是一个积累资产和投资的方法，设计的目的是补充福利项目、帮助家庭为未来的需要进行储蓄。个人发展账户允许家庭通过政府配套资金积累“财富”。例如，一个州可以为家庭节省的每一美元匹配一美元。州对个人发展账户的投资从 2002 年的 770 万美元增长至 2006 年的 900 万美元。[150] 在先前的有未成年子女的家庭救助计划下，接受者积累了很小量的现金或其他资产，通常都会被取消接受救助的资格。但没有资产，他们可能永远无法离开福利。依赖于其他特定的项目，个人发展账户可以用于买房、支付教育费或创业。[151] 263

另外一种方式是，州可以使用因接受对贫困家庭的临时救助计划的个案数量下降节省下来的钱，支持没有接受对贫困家庭的临时救助计划的传统的基本（现金）救助的贫困家庭，方法是将对贫困家庭的临时救助计划资金的最高 10% 转换为对他们的社会服务一揽子拨款（Social Service Block Grant，SSBG）。像其他对贫困家庭的临时救助计划资金的支出趋势一样，每年转移到社会服务一揽子拨款项目下的资金都有大量增加，直到 1999 年，达到其顶峰的 13 亿美元。2006 年转移到社会服务一揽子拨款项目下的资金是 9.74 亿美元。[152]

支出预测

当《个人责任和工作机会协调法》通过后不久，个案数量急剧下降时，各州开始积累储蓄以备不时之需。在 21 世纪初，经济恶化，但个案数量（接受者总数）继续下降，虽然比对贫困家庭的临时救助计划通过后立即下降的速度慢不少（全国从 2005 年到 2006 年下降 6%，弗吉尼亚州和南达科他州的报告个案数量增加）。[153]“雨天到达”，导致各州从它们之前的对贫困家庭的临时救助计划储蓄中拿出资金。这些储备资金从 2000 年的 3.2 亿美元下降到 2006 年的低于 22 亿美元。[154]

在经济困难时期，公共救助的倡导者和各州越来越关心维持现金救助和工作支持的能力，而这一问题由于税基被侵蚀、医疗成本不断上升和其他事项变得更加复杂。[155] 2008 年 10 月，有 410 万人接受对贫困家庭的临时救助。2009 年 12 月是 460 万。[156]有不少“理论”已经进一步解释了在这个高失业率的时代为什么对贫困家庭的临时救助计划的个案没有增加：对贫困家庭的临时救助计划发生了变化，如时间限制的改变；津贴数量逐渐减少；增加了去工作的压力，即使不可能得到工作岗位时；还有其他的“麻烦”，包括接受公共救助津贴的耻辱。[157]另一种理论是，在当前的对贫困家庭的临时救助一揽子拨款计划下，各州有了更大的动力去让人们离开救助计划的名单。

对贫困家庭的临时救助计划效果如何？

对贫困家庭的临时救助计划的有效性取决于测量方法的成功。最被公众接受的方法是离开了福利名单的个案数量。接受现金福利的家庭数量从 1994 年的 500 万[158]的峰值大幅下降至 2009 年的 170 万[159]。下降是由于更少的家庭进入对贫困家庭的临时救助计划系统和更多的家庭退出这个系统。

是否是《个人责任和工作机会协调法》导致有未成年人的家庭救助计划/对贫困家庭的临时救助计划的接受者数量下降？福利改革始于 20 世纪 90 年代末的经济繁荣期，在经济上增加了 2 100 万个工作岗位。个案数量的大幅度下降可能不仅仅是对福利改革政策的反应，也因为有更多的就业机会。一直有人指出，同样重要的是，要注意到在福利改革之前，经济繁荣时期并未导致个案的大量减少。[160]筹款委员会（The Committee on Ways and Means）说，减少申请个案数量的因素是“‘新’的工作第一的文化，经济的快速增长，更严厉的工作制裁……对联邦资金津贴的一辈子的限制，以及转移实践的广泛采用”[161]。经济顾问
264 委员会将三分之一的下降归因于福利政策变化，8%～10%是由于经济增长，10%是由于最低工资提高，同时还有多达 5%是因为现金福利津贴的价值下降。[162]其他人同意，强劲

的经济、福利政策的变化对低工资收入者的影响，共同导致了在工作的低收入单身母亲的增加和对贫困家庭的临时救助计划的接受者数量下降。[163]

我们也可以问家庭离开对贫困家庭的临时救助计划是自愿的，还是由于不得不遵守项目规则等其他原因。2006 年平均每个月批准 95 000 个家庭（对贫困家庭的临时救助计划的接受者数量的 5.3%）进入该计划，同时，每个月 16 000 个家庭不得不离开救助计划。从 2002 年到 2006 年，超过 22.2 万个家庭达到了他们的时间限制，他们作为个案被关闭。[164]总的来看，2006 年大约 10%的人被迫离开了福利系统。

检查对贫困家庭的临时救助计划的有效性的另一种方法是，了解离开对贫困家庭的临时救助计划的家庭的情况。对离开贫困家庭临时救助计划时间不长的接受者的研究表明，大约 75%的人在离开后的当年的某个时间段是在工作的，30%～40%的人在退出后整年都在工作。[165]大约一半至三分之二的“福利毕业生”在退出对贫困家庭的临时救助计划一到两年之后仍然在工作，而大约 25%的人又返回到对贫困家庭的临时救助计划。尽管对许多福利退出者而言，就业是至关重要的，但是，与在 20 世纪 90 年代末离开福利系统的人相比，2000 年和 2005 年之间就业率降低了近七个百分点。[166]2002 年，“福利毕业生”一小时平均挣得 8 美元，是一个相对较低的工资，虽然远远超过 5.15 美元的联邦最低小时工资。大约三分之一的被雇用的退出对贫困家庭的临时救助计划的人是打零工（一周少于 35 小时）为生。[167]典型的是离开福利的母亲一年约挣 10 000 美元。[168]

这些研究并没有反映出经济危机的冲击，尤其是开始于 2008 年秋天的艰难时期。对福利改革的真正的指控是，即使在经济比较好的时期，很多离开对贫困家庭的临时救助计划的家庭仍然贫穷、经历着艰难困苦，因为劳动收入低。大多数离开对贫困家庭的临时救助计划的人都工作在低薪的服务行业。[169]对贫困家庭的临时救助计划的“毕业生”中有 41%左右的人收入低于贫困线，即使劳动收入所得税抵免和食品券的价值增加了其收入。[170]在美国卫生和人类服务部对 2001 年 15 个州的离开对贫困家庭的临时救助计划的人的研究中，只有两个州工人的月平均收入超过贫困线。[171]

美国卫生和人类服务部的另一项研究检查了整个美国的各种实验项目，包括那些提供教育、职业培训或收入补贴（政府对低工资收入者转移补贴）的项目。结论是，无论是高等教育还是职业培训，对参与者的经济环境或他们孩子的健康，都显示了一贯的积极的结果。集中于工作的服务增加了就业，减少了对贫困家庭的临时救助计划的依赖，但是案主依然贫穷。获得收入补贴的参与者在短期内收入增加、孩子的学习成绩提高，但是积极的效果在五年后的随访期间减弱。[172]

城市研究所的计划被称为“评估新联邦主义”，它跟踪福利从联邦政府控制中权力下放的效果。它报道说，离开福利就业的人的数量从 1999 年的 50%下降到 2002 年的 42%。[173]与 2000 年之前的福利接受者相比，当前的福利接受者更困难，更可能有妨碍工作的健康方面的情况，不太可能完成了高中学业。一些人成为与劳动力和福利制度都没有

联系的人。对这些人没有其收入来源的报道——他们没有工作、没有工作的配偶、没有得
265 到对贫困家庭的临时救助计划或残疾津贴。城市研究所也报道这类“与福利没有联系的离开者”的情况，其百分比从1999年到2002年翻了一番。他们中的大多数人面临多重障碍就业，因此比其他离开对贫困家庭的临时救助计划的人经历了更多的物质困难。63%的被报道的人说，他们已经没有钱购买食物。[174]所有离开对贫困家庭的临时救助计划的人中有不到一半的人（43%）接受食品券，只有15%的人使用儿童照顾支持，尽管50%～85%的人得到了劳动所得税抵免。[175]

导致家庭进入福利系统的问题依然存在，它们仍然是对贫困家庭的临时救助计划接受者的工作障碍，如医疗问题、缺乏教育和技能、精神疾病、药物滥用和其他不利因素。对于获得和保留一份工作而言，儿童照顾和交通问题是突出的障碍。乔伊斯基金会（The Joyce Foundation）发现，人们面临的问题越多，他们就越不太可能去工作，而且那些有着最严重问题的人往往非自愿地离开福利系统，因为没有满足项目的要求而受到制裁。[176]评估对贫困家庭的临时救助计划的政策和项目成功或失败是具有挑战性的，因为家庭离开项目后很难追踪。

如果对贫困家庭的临时救助计划不乐观的评估结果听起来有些耳熟，那只能说这是必然的。它们反映了先前的工作项目的结果，包括工作激励、工作福利、工作机会与基本技能计划。很多时间和注意力一直针对的是发展、实施、评估集中于工作的福利，但是对于参与者和他们的孩子的净收益的研究往往很少或不一致。问题的产生在于集中于工作的福利的效果几乎很少有经验性的支持。在一个如此重视工作的社会里，对于福利接受者而言，被雇用才是最重要的吗，无论劳动报酬多低？2006年福利再授权提出的更严格的工作要求表达的是，这是重要的。

我们也可以对将注意力放在要求工作上的人说的价值与国家让母亲（或父亲）待在家里抚养孩子提出疑问。美国中产阶级中双职工家庭的增多表明，一位家长待在家里抚养孩子的观念已经被否定了。虽然工作似乎没有帮助低收入家庭，但是无论在经济好的时期还是坏的时期，我们仍然强调工作。

对贫困家庭的临时救助计划的未来

在一定程度上，政治家们在对贫困家庭的临时救助计划的有效性方面缺乏一致意见，因为他们专注于对成功的不同的测量。那些相信更多的工作和更少的公共救助的人有他们的方式，但是由于在什么是有效性问题上缺乏共识，政治家们在下一步对贫困家庭的临时救助计划立法方面产生了分歧。

想一想初期为确保《个人责任和工作机会协调法》被通过而展开的斗争，那么国会在达成再授权立法的一致性上会遇到麻烦也就不足为奇了。从2002年到2005年，通过一系

列的权宜法案，州的对贫困家庭的临时救助计划项目被保留下来继续运行，2006 年的《赤字削减法》（Deficit Reduction Act，DRA ）授权对贫困家庭的临时救助计划延续到 2010 年。《赤字削减法》在没有对通货膨胀进行调整的情况下将资金维持在目前的水平，并增加了工作要求。工作要求比以往更严格：州必须提高工作参与率，以 2005 年而不是 1995 年为基数，更多的单亲家庭必须工作（2010 年为 70%），州必须严格遵循关于什么是“工作”的指导方针。[177]

尽管在经济恶化的形势下，对贫困家庭的临时救助计划重新授权没有得到额外的资金，但 2009 年通过奥巴马总统的《美国复苏与再投资法》还是增加了资金。《美国复苏与再投资法》为 2009—2010 年的对贫困家庭的临时救助计划提供了高达 50 亿美元的额外资金。如果各州至少在三个方面的支出增加就有资格获得这些“紧急”资金，这三个方面是：基本救助、短期一次性转移支付、就业补贴。此外，各州可以自行使用应急资金，只要钱是至少直接指向对贫困家庭的临时救助计划的一个目标的。[178]各州对贫困家庭的临时 266
救助计划个案数量增加并没有提高工作参与率，但是，如果参与者的数量增加就要求参加工作的个案数量增加。[179]

联邦给对贫困家庭的临时救助计划提供的 50 亿美元的紧急资金中的绝大部分未被使用。这是因为每使用 4 美元的联邦资金，各州必须自己提供 1 美元的资金，一些州在经济衰退的情况下不能这样做。[180]慈善家乔治·索罗斯（George Soros）给了纽约州数百万美元，这可以减少它们的资金支出。在加利福尼亚州，由于州预算危机，削减州的福利项目的讨论已经在进行。[181]

在准备对贫困家庭的临时救助计划再授权的争论重新开始时，以下问题可能引起注意：

- 应对经济衰退期间增加家庭的需要。
- 帮助有严重就业障碍的家庭更多地获得就业成功。
- 对贫困家庭的临时救助计划是否应该提供更多的教育和培训，以便帮助父母获得更好的工作。
- 州应该得到多少对贫困家庭的临时救助计划的资金。[182]

在地方、州和国家失业率高的时期，制定切合实际的工作参与标准也成为人们关心的一个问题。有人建议，在民主党总统和民主党议员控制的国会里，可以尝试“取消工作要求，或将对贫困家庭的临时救助计划资金再次作为一种权利”[183]。

总结

父母有责任抚养他们的孩子，但是在美国许多孩子没有得到有关的经济支持。有些父母无力支付，有些人则是推卸自己的责任。对于没有为自己的孩子提供法定抚养费的人，联邦和州法律增加了处罚，但大部分的子女抚养费还是没有收集到。

一些国家提供了普遍的儿童津贴和儿童照顾，以确保所有的孩子有一个体面的生活，无论其家庭状况如何。在美国，只有非常贫穷的人有权利得到公共救助，这样就使这类救助成为有经济状况审查的公共救助津贴。在 20 世纪的大部分时间里，这种救助被称为有未成年子女的家庭救助计划。没有社会福利计划像这个计划那样一直处于争议之中。由于有未成年子女的家庭救助计划个案数量的上升与离婚、遗弃特别是与非婚生子女的数量增加有关，以及没有监护权的父亲不支付孩子的抚养费，对有未成年子女的家庭救助计划表示担忧，认为这个计划需要彻底检查的意见急剧增加。这项工作于 1996 年完成，原来的计划改为对贫困家庭的临时救助计划，同时颁布了《个人责任和工作机会协调法》，这也被称为福利改革。

大多数家庭可以在有限的一段时间里接受对贫困家庭的临时救助计划帮助，家长或父母必须去工作或参加与工作相关的活动，比如寻找工作或接受教育。许多保守派人士称赞对贫困家庭的临时救助计划受案量急剧下降，将这种现象视为计划成功的证据。一些父母找到了工作。其他人已经被终止接受对贫困家庭的临时救助，因为达到了计划的时间限制，或没有遵守项目的有关规则，或有参与项目的障碍。不管原因是什么，许多离开计划名单的家庭经济状况不佳。从福利到工作项目的诸多版本有了有限的成功，但是工作参与率并没有达到预期的标准。

越来越多的美国人获得劳动所得收入税收抵免，这是针对工作着的家庭，而不是针对接受对贫困家庭的临时救助的家庭，但许多有资格的家庭从未申请过抵免。美国人普遍认
267 为，鼓励工作的政策比公共救助更可取。但是，与此同时，美国人又认为当一位母亲的孩子非常小的时候，她应该在家里。今天，人们期望的是，在必要时，每个父母都应该工作以维持生计。美国人已经意识到，一些家庭需要公共救助，但是公共救助已经变得更加困难了。

讨论问题和课堂活动

1. 更多地了解你所在的州和社区关于子女抚养强制执行计划，以及它与其他州和社区相比较有何不同之处。这个计划服务了多少家庭？有多少家庭收到部分和全部支付？收集了多少抚养费？采用了什么方法来寻找拖欠抚养费的父母？在子女抚养强制执行活动中有私有化吗？这个项目面临哪些挑战？从州子女抚养强制执行项目的工作人员中邀请一位讲演者，如果一个私人项目在本地有办公室，也邀请一个人来讲演。

2. 邀请现在或先前的参与者（有监护权和没有监护权的父母），讨论他们子女抚养强制执行的经验（或邀请致力于改善儿童抚养状况的团体或组织的代表）。他们对项目质量

的想法和他们对子女抚养强制执行服务的反应是什么？对他们（或者他们所代表的人）而言，项目的效果如何？他们希望看到项目有什么变化？

3. 更多地了解你所在的州和社区实施的对贫困家庭的临时救助计划，以及它与其他州和社区相比较有何不同之处。近年来支付水平是否改变？计划的时间限制和其他规则是什么？实施了什么支持工作的计划和其他服务？有多少家庭接受了援助，以及自 1996 年以来这些数据有什么变化？邀请对贫困家庭的临时救助计划的工作人员，讨论他们对贫困家庭的临时救助计划的观点和看法。

4. 获得你所在州的对贫困家庭的临时救助计划申请表，仔细地查看它。讨论一下，如果要你回答这些问题会有什么感觉。注意需要填写的信息的类型和数量，注意对回答错误进行起诉或其他警告的语句。你对完善申请表有何建议？

5. 邀请现在（或先前的）对贫困家庭的临时救助计划的参与者，讨论他们对项目的经验。询问并与他们一起讨论项目的申请流程和项目参与的各个方面。他们是否还接受了什么其他救助（如补充营养援助计划的津贴和医疗救助）？他们是在工作、寻找工作，还是参与了教育项目或其他与工作有关的活动？为了使对贫困家庭的临时救助计划更多地帮助有需要的人，他们提出了什么建议？

6. 研究其他发达国家使用的帮助有孩子的家庭的方法，诸如儿童津贴和普遍的日常照顾。可将班级分成两个部分或小组，每一个小组可以选择不同的国家进行研究。讨论美国没有采用这些方法的原因。你认为美国应该使用什么方法援助有孩子的低收入家庭？

网站

儿童保护基金会，网址：http：//www. childrensdefense. org/。这是一个由民权的领导者玛丽安·莱特·埃德尔曼创建的非营利组织。儿童保护基金会致力于为全美国那些不能为他们自己发声、游说或者演讲的儿童发出强有力的、有影响的和独立的声音。儿童保护基金会的工作集中于结束儿童贫穷、争取心理健康保险、防止监禁和发展青年领导者等领域。

子女抚养强制执行办公室，网址：http：//www. acf. hhs. gov/programs/cse。它是美国卫生和人类服务部儿童和家庭管理局的一部分。子女抚养强制执行办公室旨在通过定位父母、建立亲子鉴定和支持性义务、强制承担义务来提供帮助，使儿童获得财政和医疗支持。

家庭援助办公室，网址：http：//www. acf. hhs. gov/programs/ofa/。它是美国卫生 268
和人类服务部儿童和家庭管理局的一部分。家庭援助办公室通过管理对贫困家庭的临时救助项目来帮助低收入家庭实现自我满足。儿童照顾管理局的儿童保健和发展基金项目帮助低收入家庭来获得可负担得起的、优质的儿童保健。家庭援助办公室和各州、各地区、各部落密切合作，在发展和管理这些项目中扮演着一个关键的角色。

注释

［1］关于母亲帮助的历史，参见 Linda Gordon, *Women, the State, and Welfare* (Madison, WI: University of Wisconsin Press, 1990)；Linda Gordon, *Pitied But Not Entitled: Single Mothers and the History of Welfare* (New York: Free Press, 1994)。

［2］Laurence E. Lynn, Jr., "A Decade of Policy Developments in the Income-Maintenance System," in Robert H. Haveman, Ed., *A Decade of Federal Antipoverty Programs: Achievements, Failures, and Lessons* (New York: Academic Press, 1977), p. 60; Martin Rein, *Social Policy: Issues of Choice and Change* (New York: Random House, 1970), p. 311.

［3］Quoted in Lynn, "A Decade of Policy Developments in the Income-Maintenance System," p. 73.

［4］Gilbert Y. Steiner, *The State of Welfare* (Washington, DC: Brookings Institution, 1971), p. 81.

［5］See Committee on Ways and Means, U. S. House of Representatives, *Overview of Entitlement Programs, 1993 Green Book* (Washington, DC: U. S. Government Printing Office, 1993), p. 623.

［6］*Ibid.*, p. 733.

［7］John Bishop, "Jobs, Cash Transfers, and Marital Instability: A Review of the Evidence," Institute for Research on Poverty, University of Wisconsin, Madison, written testimony to the Welfare Reform Subcommittee of the Committees on Agriculture, Education and Labor, and Ways and Means of the U. S. House of Representatives, October 14, 1977, p. 9.

［8］*Ibid.*, p. 8.

［9］David T. Elwood and Lawrence H. Summers, "Poverty in America: Is Welfare the Answer or the Problem?" in Sheldon H. Danzinger and Daniel H. Weinberg, Eds., *Fighting Poverty: What Works and What Doesn't* (Cambridge, MA: Harvard University Press, 1986), pp. 92-93.

［10］Hilary Williamson Hoynes, "Work, Welfare, and Family Structure: What Have We Learned?" *Working Paper 5644* (Cambridge, MA: National Bureau of Economic Research, July 1996), p. 36.

［11］Library of Congress, Personal Responsibility and Work Opportunity Reconciliation Act of 1996 (Washington, DC: Thomas: Legislative Information on the Internet, August 22, 1996). Retrieved September 15, 2009, from http://thomas.loc.gov/cgibin/querylz?c104: H. R. 3734. ENR: htm.

［12］Alfred J. Kahn and Sheila B. Kamerman, *Child Support: From Debt Collection to Social Policy* (Newbury Park, CA: Sage, 1988).

［13］Committee on Ways and Means, "Child Support Enforcement Program," *2004 Green Book* (Washington, DC: U. S. House of Representatives, December 30, 2003). Retrieved February 2010, from http://waysandmeans.house.gov/media/pdf/greenbook2003/108Transmittal.pdf.

［14］Committee on Ways and Means, "Child Support Enforcement Program," *1993 Green Book*, p. 776.

［15］Committee on Ways and Means, "Child Support Enforcement Program," *2008 Green Book*

(Washington, DC: U.S. House of Representatives), p. 8 - 2. Retrieved September 18, 2009, from http://waysandmeans.house.gov/media/pdf/110/cse.pdf.

[16] *Ibid.*, pp. 8 - 77—8 - 81.

[17] 这节依据 Committee on Ways and Means, "Child Support Enforcement Program," *2008 Green Book*。

[18] Julien O. Teitier, "Father Involvement, Child Health and Maternal Health Behavior," *Children and Youth Services Review*, Vol. 23, No. 4/5, April/May, 2001; U.S. Department of Health and Human Services, "Fatherhood Initiative". Retrieved September 18, 2009, from http://www.cfw.tufts.edu/?/category/family-parenting/2/topic/fathers/36/site/us-department-of-health-and- 269
human-services-fatherhood-initiative/565/

[19] M. Robin Dion and Barbara DeVaney, *Strengthening Relationships and Supporting Healthy Marriage among Unwed Parents* (Princeton, NY: Mathematica, April 2003); Sara S. McLanahan and Marcia J. Carlson, "Welfare Reform, Fertility, and Father Involvement," *The Future of Children*, Vol. 12, No. 1, Winter/Spring 2002, pp. 147 - 165.

[20] Florida Commission on Responsible Fatherhood, "Program Evaluation of Five TANF-Funded Responsible Fatherhood Programs in Florida," February 28, 2003. Retrieved September 29, 2009, from http://web.archive.org/web/20061109200525/http://www.ounce.org/pdf/fathereval.pdf.

[21] Committee on Ways and Means, "Child Support Enforcement Program," *2008 Green Book*, p. 8 - 5.

[22] Stephanie J. Ventura, "Changing Patterns of Nonmarital Childbearing in the United States," *NCHS Data Brief*, No. 18 (Hyattsville, MD: National Center for Health Statistics, May 2009). Retrieved February 14, 2010, from http://www.cdc.gov/nchs/data/databriefs/db18.pdf.

[23] Committee on Ways and Means, "Child Support Enforcement Program," *2008 Green Book*, p. 8 - 4.

[24] Administration for Children and Families, *Office of Child Support Enforcement Preliminary Report FY 2008* (Washington, DC: U.S. Department of Health and Human Services), Table 9. Retrieved February 13, 2010, from http://www.acf.hhs.gov/programs/cse/pubs/2009/reports/preliminary_report_fy2008/.

[25] Freya L. Sonenstein, Pamela A. Holcomb, and Kristen S. Seefeldt, "Promising Approaches to Improving Paternity Establishment at the Local Level," in Irwin Garfinkel, Sara McLanahan, and Philip Robins, Eds., *Child Support and Child-Well Being* (Washington, DC: Urban Institute, February 1994), cited in Committee on Ways and Means, *1993 Green Book*, pp. 756 - 757.

[26] Committee on Ways and Means, "Child Support Enforcement Program," *2008 Green Book*, pp. 8 - 23—8 - 25; see also Support Guidelines.com, "Child Support Guidelines on the Web." Retrieved July 22, 2009, from http://www.support-guidelines.com/links.html.

[27] Lauren W. Morgan, "Child Support Models," in *Child Support Guidelines: Interpretation and Application* (Aspen Law & Business, 1996 & Supps.). Retrieved March 13, 2004, from http://www.supportguidelines.com/book/chap1a.html; also cited in Committee on Ways and Means, "Child Support Enforcement Program," *2008 Green Book*, p. 8 - 26.

[28] Maureen A. Pirog, Marilyn E. Klotz, M. , and Katherine V. Byers, "Interstate Comparisons of Child Support Awards Using State Guidelines," *Family Relations*, Vol. 47, No. 3, 1998, pp. 289 - 295.

[29] Laura W. Morgan, "The Constitutionality of Child Support Guidelines, Part Ⅰ," SupportGuidelines. com, May 16, 2002. Retrieved May 24, 2009, from http: //www. supportguidelines. com/articles/art200204. html; Laura W. Morgan, "The Constitutionality of Child Support Guidelines, Part Ⅱ, An Analysis of Georgia's *Sweat v. Sweat*," May 2002, June 5, 2002, SupportGuidelines. com. Retrieved May 24, 2009, from http: //www. supportguidelines. com/articles/art200205. html; Roger F. Gay, "The Constitutionality of Child Support Guidelines Debate, Part Ⅱ," May 20, 2002. Retrieved May 24, 2009, from http: //www. geocities. com/capitolhill/5910/FatherMag/ ResponseToMorgan _ 2. htm.

[30] R. Mark Rogers, "The Economics of Child Support Determination" (Peachtree City, GA: Economic Consulting, June 17, 2005) . Retrieved May 24, 2009, from http: //www. guidelineeconomics. com/files/faf _ presentation. pdf.

[31] Chien-Chung Huang and Richard L. Edwards, "The Relationship Between State Efforts and Child Support Performance," *Children and Youth Services Review*, Vol. 31, 2009, pp. 243 - 248.

[32] . Administration for Children and Families, *Office of Child Support Enforcement Preliminary Report FY 2008*, Table 2.

[33] Committee on Ways and Means, "Child Support Enforcement Program," *2008 Green Book*, p. 8 - 26.

[34] *Ibid.*, p. 8 - 26.

[35] *Ibid.*, Table 8 - 6.

[36] Huang and Edwards, "The Relationship Between State Efforts and Child Support Performance"; Administration for Children and Families, *Office of Child Support Enforcement Preliminary Report FY 2008*, Table 9.

[37] Committee on Ways and Means, "Child Support Enforcement Program," *2008 Green Book*, p. 8 - 80.

[38] Elaine Sorensen, "Child Support Gains Some Ground" (Washington: DC. Urban Institute, October 6, 2003) . Retrieved February 18, 2010, from http: //www. urban. org/uploadedpdf/310860 _ snapshots3 _ no 11. pdf.

[39] Committee on Ways and Means, "Child Support Enforcement Program," *2008 Green Book*, p.
270 8 - 38; Administration for Children and Families, *Office of Child Support Enforcement Preliminary Re-
port FY 2008, Figure 7.

[40] Committee on Ways and Means, "Child Support Enforcement Program," *2008 Green Book*, p. 8 - 55.

[41] Elaine Sorensen and Chava Zibman, "Poor Dads Who Don't Pay Child Support: Deadbeats or Disadvantaged?" (Washington, DC: Urban Institute, April 1, 2001) . Retrieved May 24, 2009, from http: //www. urban. org/Publications/310334. html.

[42] Mary S. Hill, "The Role of Economic Resources and Dual-Family Status in Child Support Payments" (Ann Arbor, MI: Institute for Social Research, University of Michigan, May 1988), cited in Com-

mittee on Ways and Means, U. S. House of Representatives, "Child Support Enforcement Program," *2004 Green Book*, p. 8-43.

[43] Committee on Ways and Means, "Child Support Enforcement Program," *2008 Green Book*, p. 8-49.

[44] *Ibid.*, pp. 8-50—8-51.

[45] David S. Rosettenstein, "Choice of Law in International Child Support Obligations: Hague or Vague, and Does It Matter? An American Perspective," *International Journal of Law, Policy, and the Family*, Vol. 22, *2008*, pp. 122-134.

[46] Committee on Ways and Means, "Child Support Enforcement Program," *2008 Green Book*, p. 8-31.

[47] Administration for Children and Families, *Office of Child Support Enforcement Preliminary Report FY 2008*, Table 11.

[48] Committee on Ways and Means, "Child Support Enforcement Program," *2008 Green Book*, p. 8-15.

[49] *Ibid.*

[50] Office of Child Support Enforcement, *Automated Cost-of-Living Adjustments of Child Support Orders in Three States* (Washington, DC: U. S. Department of Health and Human Services, April 16, 2001). Retrieved May 24, 2009, from http://www.acf.hhs.gov/programs/cse/pubs/reports/cola.

[51] Committee on Ways and Means, "Child Support Enforcement Program," *2008 Green Book*, p. 8-87.

[52] *Ibid.*, p. 8-17; Administration for Children and Families, *Office of Child Support Enforcement Preliminary Report FY 2008*.

[53] Administration for Children and Families, *Office of Child Support Enforcement Preliminary Report FY 2005* (Washington, DC: U. S. Department of Health and Human Services), Table 2. Retrieved February 14, 2010, from http://www.acf.hhs.gov/programs/cse/pubs/2005/reports/annual_report/table_2.html; Administration for Children and Families, *Office of Child Support Enforcement Preliminary Report FY 2008*, Table 2.

[54] Committee on Ways and Means, "Child Support Enforcement Program," *2008 Green Book*, pp. 8-5—8-6, 8-81—8-82

[55] *Ibid.*, p. 8-5; Administration for Children and Families, *Office of Child Support Enforcement Preliminary Report FY 2008*.

[56] Administration for Children and Families, *Office of Child Support Enforcement Preliminary Report FY 2008*.

[57] Committee on Ways and Means, "Child Support Enforcement Program," *2008 Green Book*, pp. 8-82, 8-83, 8-92.

[58] *Ibid.*, pp. 8-5—8-6, 8-81—8-82.

[59] Elaine Sorensen, "Child Support Gains Some Ground."

[60] Laura Wheaton, "Child Support Cost Avoidance in 1999, Final Report" (Washington, DC: Urban Institute, 2003). Prepared for HHS, Administration for Children and Families, OCSE. Retrieved February 18,

2010, from http: //www. acf. hhs. gov/programs/cse/pubs/2003/reports/cost _ avoidance/, cited in Committee on Ways and Means, "Child Support Enforcement Program," *2008 Green Book*, p. 8 - 78.

[61] Committee on Ways and Means, "Child Support Enforcement Program," *2008 Green Book*, p. 8 - 79.

[62] Administration for Children and Families, *Office of Child Support Enforcement Preliminary Report FY 2008*.

[63] Committee on Ways and Means, "Child Support Enforcement Program," *2008 Green Book*, p. 8 - 84.

[64] Administration for Children and Families, *Office of Child Support Enforcement Preliminary Report FY 2008*.

[65] *Ibid.*, Table 1.

[66] Committee on Ways and Means, "Child Support Enforcement Program," *2008 Green Book*, pp. 8 - 77—8 - 78.

[67] Frank F. Furstenberg, Jr., "Daddies and Fathers: Men Who Do For Their Children and Men Who Don't," in Frank F. Furstenberg, Jr., Kay E. Sherwood, and Mercer L. Sullivan, Parents' Fair Share Demonstration, *Caring and Paying: What Fathers and Mothers Say About Child Support* (New York: Manpower Demonstration Research Corporation, July 1992). Retrieved February 18, 2010, from http: //fatherhood. hhs. gov/pfs92/index. htm.

[68] Committee on Ways and Means, "Child Support Enforcement Program," *2008 Green Book*, pp. 8 - 9—8 - 10.

[69] *Ibid.*, p. 8 - 8.

271 [70] *Ibid.*, p. 8 - 57.

[71] U. S. General Accounting Office, *Early Results on Comparability of Privatized and Public Offices*, GAO/HEHS -97 - 4 (Washington, DC: Author, December 1996). Retrieved June 29, 2009, from http: //www. gao. gov/archive/1997/he97004. pdf.

[72] U. S. General Accounting Office, *Child Support Enforcement: Clear Guidance Would Help Ensure Proper Access to Information and Use of Wage Withholding by Private Firms*, GAO-02 - 349 (Washington, DC: Author, March 2002). Retrieved February 18, 2010, from http: //www. gao. gov/new. items/d02349. pdf.

[73] National Conference of State Legislatures, Regulation of Private Child Support Collection Companies (Washington, DC: Author, *2008*), cited in Committee on Ways and Means, "Child Support Enforcement Program," *2008 Green Book*, pp. 8 - 57—8 - 58.

[74] Steiner, *The State of Welfare*, p. 36; Lynn, "A Decade of Policy Developments in the Income-Maintenance Programs," pp. 62 - 63.

[75] Donald Brieland, Lela B. Costin, Charles R. Atherton, and contributors, *Contemporary Social Work: An Introduction to Social Work and Social Welfare* (New York: McGraw-Hill, 1975), p. 100; Steiner, *The State of Welfare*, p. 37.

[76] Steiner, *The State of Welfare*, p. 37.

[77] Andrew W. Dobelstein with Ann B. Johnson, *Serving Older Adults: Policy, Programs, and*

Professional Activities（Englewood Cliffs，NJ：Prentice Hall，1985），p. 126.

［78］Lynn，"A Decade of Developments in the Income-Maintenance System，" p. 74.

［79］对此的进一步讨论，参见 Sheldon H. Danzinger，Robert H. Haveman，and Robert D. Plotnick，"Antipoverty Policy：Effects on the Poor and the Nonpoor，" in Danzinger and Weinberg，*Fighting Poverty*，pp. 50－77.

［80］Roberta M. Spalter-Roth，Heidi I. Hartmann，and Linda Andrews，*Combining Work and Welfare：An Alternative Anti-poverty Strategy*（Washington，DC：Institute for Women's Policy Research，1992）；Heidi Hartmann，Roberta Spalter-Roth，and Jacqueline Chu，"Poverty Alleviation and Single-Mother Families，" *National Forum*，Vol. 76，No. 3，1996，pp. 24－27.

［81］Leonard Goodwin，"Can Workfare Work?" *Public Welfare*，Vol. 39，Fall 1981，pp. 19－25.

［82］*Ibid.*

［83］Judith M. Gueron，*Reforming Welfare with Work*（New York：Ford Foundation，1987）.

［84］Gayle Hamilton and Daniel Friedlander，*Final Report on the Saturation Work Initiative Model in San Diego*（Washington，DC：Manpower Demonstration Research Corporation，November 1989），pp. Ⅹ，Ⅶ.

［85］Daniel Friedlander and Gary Burtless，*Five Years After：The Long-Term Effects of Welfare-to-Work Programs*（New York：Russell Sage Foundation，1995），p. 35.

［86］Jan L. Hagen and Irene Lurie，"How 10 States Implemented Jobs，" *Public Welfare*，Vol. 50，Summer 1992，p. 13

［87］这节的一些内容依据 Committee on Ways and Means，*1993 Green Book*，Section 7，especially pp. 624－644。

［88］Robert B. Hudson，Personal Communication.

［89］Stephen Freedman and Daniel Friedlander，*The JOBS Evaluation：Early Findings on Program Impacts in Three Sites*，Executive Summary（New York：Manpower Demonstration Research Corporation，1995），also cited in Committee on Ways and Means，*1996 Green Book*（Washington，DC：U. S. House of Representatives），p. 428.

［90］U. S. General Accounting Office，*Welfare to Work：Most AFDC Training Programs Not Emphasizing Job Placements*，GAO/HEHS -95－113（Washington，DC：Author，May 1995）. Retrieved February 18，2010，from http：//www. gao. gov/archive/1995/he95113. pdf.

［91］James Riccio，Daniel Friedlander，and Stephen Freedman，*GAIN：Benefits，Costs，and Three-Year Impacts of a Welfare-to-Work Program*（New York：Manpower Research Development Corporation，1994）.

［92］Peter Passell，"Like a New Drug，Social Programs Are Put to the Test，" *New York Times*，March 9，1993，pp. C1，10. 关于工作福利项目更多、更深入的信息参见 Dan Bloom，*After AFDC：Welfare to Work，Choices and Challenges for States*（New York：Manpower Demonstration Research Corporation，1997）。

［93］Administration for Children and Families，"Temporary Assistance for Needy Families（TANF），1936－1998"（Washington，DC：U. S. Department of Health and Human Services，May 1998）.

[94] Administration for Children and Families, "Aid to Families with Dependent Children (AFDC), Temporary Assistance for Needy Families (TANF), 1960 - 1998" (Washington, DC: U. S. Department of
272 Health and Human Services, August 1998) .

[95] Social Security Administration, *Social Security Bulletin*, *Annual Statistical Supplement*, *1991* (Washington, DC: U. S. Department of Health and Human Services, 1992), p. 305.

[96] Committee on Ways and Means, "Aid to Families with Dependent Children and Related Programs (Title IV-A)," *1996 Green Book* (Washington DC: House of Representatives), p. 459.

[97] See U. S. Bureau of the Census, *Statistical Abstract of the United States*: *1997* (Washington, DC: Government Printing Office, 1997), Table 477, p. 299.

[98] Committee on Ways and Means, "Aid to Families with Dependent Children and Related Programs (Title Ⅳ-A)," *1996 Green Book*, p. 442

[99] *Ibid.* , pp. 435, 437.

[100] 这种用于确定生活支出的描述，基于 Kathryn A. Larin and Kathryn H. Porter, *Enough to Live On* (Washington, DC: Center for Budget and Policy Priorities), cited in "Study Faults State AFDC'Need Standards," *NASW News*, Vol. 38, July 1993, p. 11。

[101] Committee on Ways and Means, "Aid to Families with Dependent Children and Related Programs (Title IV-A)," *1996 Green Book*, pp. 436 - 438, 451 - 453.

[102] Center on Budget and Policy Priorities, "The Cato Institute Report On Welfare Benefits: Do Cato's California Numbers Add Up?" (Washington, DC: March 7, 1996) . Retrieved on September 26, 2009, from http: //epn. org/cbpp/cbcato. html.

[103] Executive Office of the President, Office of Management and Budget, *A Program for Economic Recovery* (Washington, DC: U. S. Government Printing Office, 1981), p. 1 - 11.

[104] John L. Palmer and Isabel V. Sawhill, Eds. , *The Reagan Record* (Cambridge, MA: Ballinger, 1984), p. 364.

[105] "AFDC Cuts Hurt," *ISR Newsletter* (University of Michigan, Spring-Summer 1984), p. 3.

[106] Executive Office of the President, *Budget of the United States Government*, *Fiscal Year 1991* (Washington, DC: U. S. Government Printing Office, 1990), p. 176.

[107] 这节的大部分内容依据 Jeffrey L. Katz, "Clinton's Welfare Reform Plan to Be Out in Fall, Aides Say," *Congressional Quarterly*, Vol. 51 , July 10, 1993, p. 1813; National Association of Social Workers, "Policy Recommendations of the Clinton Administration's Working Group on Welfare Reform, Family Support and Independence." (Washington, DC, May 6, 1994); also see Executive, Office of the President, Office of Management and Budget, *Budget of the United States Government*, *Fiscal Year 1995* (Washington, DC: U. S. Government Printing Office, 1994)。

[108] David T. Ellwood, "Welfare Reform As I Knew It: When Bad Things Happen to Good Policies," *The American Prospect*, No. 26, May-June 1996, pp. 21 - 29. Retrieved from http: //epn. org/prospect/26/26ellw. html.

[109] Robert A. Rankin, "Clinton Steers to the Middle, and Traditional Welfare Falls," *Austin American-Statesman*, August 4, 1996, pp. D1, 6.

[110] Committee on Ways and Means, "Temporary Assistance for Needy Families (TANF)," *2008 Green Book*, pp. 7-5-7-7.

[111] 对贫困家庭的临时救助变化情况的描述，参见 Committee on Ways and Means, *1996 Green Book*, Appendix L; see also David A. Super, Sharon Parrott, Susan Steinmetz, and Cindy Mann, "The New Welfare Law" (Washington, DC: Center on Budget and Policy Priorities, August 13, 1996)。Retrieved September 20, 2009, from http: //www. cbpp. org/archiveSite/WECNF813. HTM。

[112] Committee on Ways and Means, "Temporary Assistance for Needy Families," *2008 Green Book*, pp. 7-10—7-1 1.

[113] *Ibid.*, pp. 7-6—7-7.

[114] *Ibid.*, p. 7-89.

[115] *Ibid.*, p. 7-5.

[116] *Ibid.*, pp. 7-7—7-8.

[117] Committee on Ways and Means, "Temporary Assistance for Needy Families," *2004 Green Book* (Washington, DC: U. S. House of Representatives, 2004), p. 7-22.

[118] Committee on Ways and Means, "Temporary Assistance for Needy Families," *2008 Green Book*, pp. 7-95—7-96.

[119] 有关这些主题的更多信息，参见 Committee on Ways and Means, *2008 Green Book*; Margy Waller, "TANF Reauthorization, Options and Opportunities," Presentation to the U. S. Conference of Mayors Annual Meeting, June 15, 2002。Retrieved September 20, 2009, from http: //www. brookings. edu/speeches/2002/0530metropolitanpolicy _ waller. aspx.

[120] Committee on Ways and Means, U. S. House of Representatives, *2008 Green Book*, p. 7-60—7-61.

[121] Gretchen Rowe, Mary Murphy, and James Kaminski, *Welfare Rules Databook: State TANF Policies as of July 2007* (Washington, DC: The Urban Institute, December 2008). Retrieved September 20, 2009, from http: //anfdata. urban. org/wrd/databook. cfm. 273

[122] Committee on Ways and Means, *2008 Green Book*, pp. 7-81—7-84.

[123] *Ibid.*, pp. 7-64—7-65.

[124] *Ibid.*, Table 7-27, pp. 7-61—7-62.

[125] *Ibid.*, p. 7-75.

[126] U. S. Department of Health and Human Services, *Final Synthesis Report of Findings from ASPE's "Leavers" Grants* (Washington, DC: Office of the Secretary, Office of the Assistant Secretary for Planning and Evaluation, November 27, 2001). Retrieved February 18, 2010, from http: //aspe. hhs. gov/hsp/leavers99/synlthesis02/.

[127] Committee on Ways and Means, "Temporary Assistance for Needy Families," *2008 Green Book*, pp. 7-56-7-58, 7-74.

[128] *Ibid.*, 7-66-7-67.

[129] *Ibid.*, p. 7-87.

[130] Thomas M. Fraker, Dan M. Levy, Irma Perez-Johnson, Alan M. Hershey, Demetra S.

Nightingale, Robert B. Olsen, and Rita A. Stapulonis, "The National Evaluation of the Welfare-to-Work Grants Program: Final Report" (Princeton, NJ: Mathematica Policy Research, Inc., September 2004). Retrieved September 21, 2009, from http://aspe.hhs.gov/hsp/wtw-grants-eval98/final04/index.htm.

[131] Committee on Ways and Means, "Temporary Assistance for Needy Families," *2008 Green Book*, pp. 7-95—7-96.

[132] Committee on Ways and Means, "Appendix J: The Experimental Evidence of Welfare-Related Initiatives," *2008 Green Book*, p. J-26.

[133] Elizabeth Bauchner, "Bush Marriage Initiative Robs Billions from Needy," *Women's eNews*, September 10, 2003. Retrieved September 21, 2009, from http://www.womensenews.org/article.cfm/dyn/aid/1519/context/archive.

[134] Committee on Ways and Means, "Temporary Assistance for Needy Families," *2008 Green Book*, Table 7-22.

[135] *Ibid.*, pp. 7-56—7-58.

[136] Administration for Children and Families, "Characteristics and Financial Circumstances of TANF Recipients," *TANF Eighth Annual Report to Congress* (Washington, DC: Department of Health and Human Services), p. Ⅹ. Retrieved September 28, 2009, from http://www.acf.hhs.gov/programs/ofa/data-reports/annualreport8/TANF_8th_Report 111908.pdf.

[137] Linda Rosenberg, Michelle Derr, LaDonna Pavetti, Subuhi Asheer, Megan Hague Angus, Samina Sattar, and Jeffrey Max, "A Study of States' Diversion Programs: Final Report" (Princeton, NJ: Mathematica Policy Research, Inc., 2008). Retrieved July 8, 2009, from http://www.acf.hhs.gov/programs/opre/welfare_employ/identify_promise_tanf/reports/tanf_diversion/tanf_diversion.pdf.

[138] Committee on Ways and Means, "Temporary Assistance for Needy Families," *2008 Green Book*, pp. 7-13—7-14.

[139] Administration for Children and Families, TANF Financial Data (Washington, DC: U.S. Department of Health and Human Services). Retrieved September 20, 2009, from http://www.acf.hhs.gov/programs/ofs/data/chart1_1997.html; Committee on Ways and Means, U.S. House of Representatives, "Temporary Assistance for Needy Families," *2008 Green Book*, p. 7-17.

[140] Committee on Ways and Means, "Temporary Assistance for Needy Families," *2008 Green Book*, p. 7-87.

[141] See, for example, "Work First 105-Federal 60 Month Time Limit" (Raleigh, NC: North Carolina Department of Health and Human Services, August 1, *2008*). Retrieved September 21, 2009, from http://info.dhhs.state.nc.us/olm/manuals/dss/csm-95/man/WF105.htm.

[142] The National EITC Outreach Partnership, "The Earned Income Tax Credit—A Fact Sheet" (Washington, DC: Center on Budget and Policy Priorities). Retrieved February 18, 2010, from http://www.cbpp.org/eitc-partnership/eitcfactsheet.htm.

[143] 这段来自 Sondra G. Beverly, "What Social Workers Need to Know About the Earned Income Tax Credit," *Social Work*, Vol. 47, No. 3, July, 2002, pp. 259-266; Elaine Maag, "Disparities in

Knowledge of the EITC," *Tax Notes* (Washington, DC: Tax Policy Center, Urban Institute and Brookings Institution, March 14, 2005). Retrieved September 21, 2009, from http://www.urban.org/publications/1000752.html; Katherine Ross Phillips, "Who Knows About the Earned Income Tax Credit?", Series B, No. B-27 (Washington, DC: Urban Institute, January 2001). Retrieved September 21, 2009, from http://www.urban.org/UploadedPDF/anf_b27.pdf; Paul Trampe, "The EITC Disincentive: The Effects on Hours Worked from the Phase-out of the Earned Income Tax Credit," *Econ Journal Watch*, Vol. 4, No. 3, September, 2007, pp. 308-320.

[144] "Policy Basics: The Earned Income Tax Credit" (Washington, DC: Center for Budget and Policy Priorities, December 4, 2009). Retrieved February 18, 2010, from http://www.cbpp.org/cms/index.cfm?fa=view&id=2505.

[145] "TANF Childcare in 2007: New Data Released" (Washington, DC: Center for Law and Social Policy, 2009). Retrieved July 16, 2009, from http://www.clasp.org/issues/in_focus?type=child_care_and_early_education&id=0024. 274

[146] Akemi Kinukawa, Lina Guzman, and Laura Lippman, "National Estimates of Childcare and Subsidy Receipt for Children Ages 0 to 6: What Can We Learn from the National Household Education Survey?" (Washington, DC: Child Trends, October 2004). Retrieved September 21, 2009, from http://www.childtrends.org/Files/NHES_Research_brief_10_19_04.pdf.

[147] 关于儿童照顾的话题，参见 Jennifer Mezey and Brooke Richie, *Welfare Dollars No Longer an Increasing Source of Childcare Funding: Use of Funds in FY 2002 Unchanged from FY 2001* (Washington, DC: Center for Law and Social Policy, August 6, 2003); "Welfare Reform: States Provide TANF-Funded Work Support Services to Many Low-Income Families Who Do Not Receive Cash Assistance," GAO-02-615 (Washington, DC: General Accounting Office, April 10, 2002), especially p. 8. Retrieved September 21, 2009, from http://www.gao.gov/new.items/d02615t.pdf; Committee on Ways and Means, "Temporary Assistance for Needy Families," *2008 Green Book*, pp. 7-15—7-16, 7-88—7-90.

[148] Communication Workers of America, *109th Congress Reauthorizes Temporary Assistance Program: Contentious Legislative Process Concludes*, March 2, 2006. Retrieved October 29, *2008*, from http://www.cwa-legislative.org/fact-sheets/pagejsp?itemID=27482970.

[149] *United States: Use of TANF and Maintenance of Effort (MOE) Funds in Fiscal Year* 2006 (Washington, DC: Center for Law and Social Policy). Retrieved May 18, 2010, from http://www.clasp.org/admin/site/publications_states/files/0597.pdf.

[150] *Ibid.*

[151] Michael Sherraden, Mark Schreiner, and Sondra Beverly, "Income, Institutions, and Saving Performance in Individual Development Accounts," *Economic Development Quarterly*, Vol. 17, No. 1, February, 2003, pp. 95-112.

[152] Committee on Ways and Means, "Temporary Assistance for Needy Families (TANF)," *2008 Green Book*, pp. 7-11, 7-13—7-14.

[153] 计算基于 Administration for Children and Families Office of Family Assistance Caseload data。

Retrieved September 21 , 2009, from http://www. acf. hhs. gov/programs/ofa/data-reports/caseload/caseload _ recent. html.

[154] Center for Law and Social Policy, *United States: Use of TANF and Maintenance of Effort (MOE) Funds in Fiscal Year 2006*.

[155] Government Accounting Office, "Welfare Reform: Information on Changing Labor Market and State Fiscal Conditions," GAO - 03 - 977 (Washington, DC: Author, July 2003) . Retrieved September 21, 2009, from http: //www. gao. gov/new items/d03977. pdf.

[156] Administration for Children and Families, *Combined TANF and SSP-MOE: Total Number of Recipients Fiscal Year 2009* (Washington, DC: U. S. Department of Health and Human Services, January 28, 2010) . Retrieved February 6, 2010, from http: //www. acf. hhs. gov/programs/ofa/data-reports/caseload/2009/2009 _ recipient _ tanssp. htm.

[157] 这段的其余部分依据 Elizabeth Lower-Basch, "Looking Ahead to TANF Reauthorization" (Washington, DC: Center for Law and Social Policy, July, 2009)。Retrieved September 21, 2009, from http: //www. clasp. org/admin/site/publications/files/Looking-Ahead-to-TANF-Reauthorization. pdf.

[158] Committee on Ways and Means, "Temporary Assistance for Needy Families," *2008 Green Book*, pp. 7 - 4

[159] Administration for Children and Family Assistance, *TANF: Total Number of Families* (Washington, DC: U. S. Department of Health and Human Services, January 29, 2010). Retrieved February 20, 2010, from http: //www. acf. hhs. gov/programs/ofa/data -reports/caseload/2009/2009 _ family _ tan. htm

[160] Joyce Foundation, *Welfare to Work: What Have We Learned* (Chicago: Author, March 2002) . Retrieved September 21 , 2009, from http: //www. joycefdn. org/ pdf/welrept/welfarereport. pdf.

[161] Committee on Ways and Means, "Temporary Assistance for Needy Families (TANF)," *2004 Green Book*, p. 7 - 31.

[162] *Ibid.*

[163] Gregory Acs and Pamela J. Loprest, *TANF Caseload Composition and Leavers Synthesis Report* (Washington, DC: Urban Institute, March 28, 2007) . Retrieved September 21 , 2009, from http://www. acf. hhs. gov/programs/opre/welfar e _ employ/tanf _ caseload/reports/tanf _ caseload _ comp/tanf _ caseload _ final. pdf.

275 [164] Committee on Ways and Means, "Temporary Assistance for Needy Families," *2008 Green Book*, pp. 7 - 78—7 - 79, 7 - 82—7 - 83.

[165] Margy Waller, "TANF Reauthorization: Options and Opportunities"; Committee on Ways and Means, "Temporary Assistance for Needy Families," *2008 Green Book*, p. 7 - 85.

[166] General Accounting Office, "Welfare Reform: Information on Changing Labor Market and State Fiscal Conditions"; Acs and Loprest, *TANF Caseload Composition and Leavers Synthesis Report*.

[167] Pamela J. Loprest, *Fewer Welfare Leavers Employed in Weak Economy* (Washington, DC: Urban Institute, August 21 , 2003), No. 5 in Series, "Snapshots of America's Families Ⅲ." Retrieved September 21 , 2009, from http: //www. urban. org/urlprint. cfm? ID=8550.

[168] General Accounting Office, "Welfare Reform: Information on Changing Labor Market and State Fiscal Conditions"; Acs and Loprest, *TANF Caseload Composition and Leavers Synthesis Report*.

[169] General Accounting Office, "Welfare Reform: Information on Changing Labor Market and State Fiscal Conditions"; Alan Weil, "*Ten Things Everyone Should Know about Welfare Reform*" (Washington, DC: The Urban Institute, May, 2002). Retrieved September 21, 2009, from http://www.urban.org/UploadedPDF/310484.pdf.

[170] Joyce Foundation, *Welfare to Work*; General Accounting Office, "Welfare Reform: Information on Changing Labor Market and State Fiscal Conditions."

[171] Committee on Ways and Means, "Temporary Assistance for Needy Families (TANF)," *2008 Green Book*, pp. 7-85—7-86.

[172] Committee on Ways and Means, "Appendix J," *2008 Green Book*, p. J2-3.

[173] Pamela J. Loprest, *Fewer Welfare Leavers Employed in Weak Economy*.

[174] Pamela J. Loprest, *Disconnected Welfare Leaver Face Serious Risks* (Washington, DC: The Urban Institute, August 21, 2003); Gregory Acs & Pamela J. Loprest, *TANF Caseload Composition and Leavers Synthesis Report*.

[175] Waller, "TANF Reauthorization"; Michael Wiseman, "Food Stamps and Welfare Reform," *Welfare Reform Policy Brief #19* (Washington, DC: Brookings Institution, March 2002).

[176] Joyce Foundation, *Welfare to Work*.

[177] Committee on Ways and Means, "Temporary Assistance for Needy Families," *2008 Green Book*, pp. 7-59, 7-61; Communication Workers of America, *109th Congress Reauthorizes Temporary Assistance Program: Contentious Legislative Process Concludes*.

[178] National Women's Law Center, "$5 Billion in Additional Funding for Temporary Assistance to Needy Families Now Available to States to Meet Urgent Needs" (Washington, DC: Author, April 13, 2009). Retrieved July 21, 2009, from http://www.nwlc.org/details.cfm?id=3552&section=child%20and%20family%20support.

[179] Sharon Parrott, "Despite Critics' Over-Heated Rhetoric, the Economic Recovery Bill Does Not Undermine Welfare Reform" (Washington, DC: Center on Budget and Policy Priorities, February 17, 2009). Retrieved September 29, 2009, from http://www.cbpp.org/cms/index.cfm?fa=view&id=2648.

[180] Michael Grabell and Chris Flavelle (ProPublica), "States: We Can't Afford Costs Tied to $5B Emergency Fund," *USA Today*, September 8, 2009. Retrieved September 29, 2009, from http://www.usatoday.com/news/nation/2009-09-07-stimulus_N.htm.

[181] Olivia Golden and Sheila R. Zedlewski, "Reject Proposal to End Welfare" (Washington, DC: Urban Institute, June 14, 2009). Retrieved September 29, 2009, from http://www.urban.org/publications/901261.html.

[182] Liz Schott, "Policy Basics: An Introduction to TANF" (Washington, DC: Urban Institute, March 19, 2009). Retrieved September 29, 2009, from http://www.cbpp.org/cms/?fa=view&id=936.

[183] Ron Haskins, "Elite Opinion and Welfare Reform" (abstract), Thirty-first Annual Association for Public Policy Analysis and Management Research Conference, *Evidence Based Policy Making in the Post-Bush/Clinton Era*. Retrieved February 18, 2010, from http: //www. appam. org/conferences/fall/search _ results. asp.

第八章

医疗融资：所有的美国人都可以被保险吗？ 276

美国的医疗政策是理性的政策制定存在许多问题的例证。政治问题渗透到了政策制定的每个阶段——医疗政策的目标界定、确定可替代的行动过程、估算它们可能需要的成本，以及在挑选能够将效果最大化、人们可以就近得到医疗服务而又节省支出的可替代的政策等各阶段。近一个世纪以来，对全面的联邦医疗政策的努力一直是美国政治格局的一部分。从进步时代为普遍照顾的第一次努力到 2009 年医疗改革的辩论，这些努力既证明了美国政治制度最好的地方，也证明了其最糟糕的地方。 277

医疗服务：政治和社会福利政策的核心地带

医疗是人类的一种基本需要。任何人都不应该因为缺乏获得医疗的经济资源而遭受疾病的痛苦或者死亡。但是，美国人愿意或者说能够支付给医疗服务的费用是多少呢？如果医疗服务是一种稀有的资源，那么我们如何决定谁将会得到什么样的照顾以及如何得到？这些在很大程度上来讲是政治问题，并不能够轻易地用理性的计划来解决。

在 20 世纪 40 年代之前，很少人有私人医疗保险。[1]当他们需要医疗服务时，他们自己向当地的医生或医院付款。在大萧条的早期，医院开始提供预付服务计划，这个计划现在以“蓝十字”为人所知，当时的预付医疗费，在经济危机时期，为医院提供了持续的收入。十多年之后，预付款由医生所有的计划（蓝盾）发展为覆盖了医生服务成本的计划。在这些计划中，每个月溢价消费的人有权在医疗服务中得到补偿。随着医疗实践和技术更加复杂，以及私营医疗保险计划和像医疗照顾和医疗补助这样的政府计划的影响，医疗成本也迅速攀升。在美国，医疗服务是最紧迫的社会福利问题之一。所有公民的医疗成本是如此之高，以至于政策制定者不能再仅仅考虑如何对穷人和老年人提供医疗服务的问题。政治家、医疗服务提供者、雇主和所有的公民都在考虑整个国家的医疗服务问题。

健康还是医疗？

医疗政策的理性方法的第一个障碍是决定我们的目标。医疗政策是否就是一个良好的健康问题——我们是否都活着、我们活的如何、我们活多长时间，还是我们争取好的医疗服务——频繁而又便宜地访问医生、装备精良和方便进入的医院、所有公民平等地获得医疗照顾?

好的医疗服务并不一定意味着良好的健康。健康涉及许多医务人员和设施不能控制的相关因素，遗传（某人父母和祖父母的健康状况）、生活方式（吸烟、饮食、饮酒、运动、压力)、物理环境（污水处理、水质条件、工作环境等等）。当然，医生可以处理骨折、停止药物感染、消除肿胀等。任何人有了健康问题当然想要得到医术高的医生的细心关注，也希望使用最好的医疗设施。但是，令人惊讶的是，从长远来看，婴儿死亡率、疾病和伤
278 残、寿命长短等很少受到医疗服务质量的影响。[2]如果你想长寿、健康地活着，就要有长寿的父母、健康的生活，做所有你母亲总是告诉你应该做的事情：不吸烟、不过量饮酒、多锻炼和注意休息、不要吃太多、放松、不要焦虑。

在人口的不同部分，健康状况和死亡率是有很大不同的：

1. 平均起来，穷人和老年人比一般人需要更多的医疗关注，实际上，“许多慢性疾病发病率是直接与年龄有关的，而且与家庭收入成反比”[3]。

2. 种族和少数族裔人口与非西班牙裔白人相比，经常有比较差的预防、诊断和治疗服务。他们不太可能得到适当的癌症诊断检查，也不太可能治疗癌症、诊断和治疗哮喘，或适当地控制疼痛。他们更有可能遭受可怕的后果，如下肢截肢和侵入性手术、没有控制的慢性疾病。[4]在种族和民族群体之间即使控制了收入变量，主要健康差异依然存在。

3. 医疗服务提供系统（设施和人员）在贫穷的社区——旧城区和农村地区尤其混乱和不足。

婴儿死亡率被认为是对医疗服务的充分性特别敏感的指标，并且经常被作为一般的幸福指标使用。图 8—1 显示各种族的婴儿死亡率差异很大，每 1 000 个活产婴儿的死亡率，最低的为古巴裔的约 4.4‰，最高的为非西班牙裔黑人的约 13.6‰ 。[5]即使在贫困率非常高的美国印第安人中，婴儿死亡率也比非西班牙裔黑人低得多，美国印第安人的活产婴儿死亡率约为 8.1‰。同样令人感兴趣的是，西班牙裔和非西班牙裔白人的婴儿死亡率几乎

相同，尽管西班牙裔有更高的贫困率和低得多的医疗保险参与率。例如，西班牙裔美国人的婴儿死亡率是约5.5‰，而非西班牙裔白人的婴儿死亡率是5.8‰。这种现象被称为西班牙悖论。[6]与其他族群相比，西班牙裔美国人也更有可能没有去就医。2007年，25%的西班牙裔美国人没有访问过医疗专业人士，相比之下，22%的美国原住民和亚裔美国人没有访问过医疗专业人士，黑人和白人都是16%。[7]

黑人像白人一样经常看医生，他们的预期寿命的延长速度也比白人快，但黑人的预期寿命仍然比白人短大约5年。[8]黑人的婴儿死亡率比白人和西班牙裔美国人高两倍。黑人的年度艾滋病个案数增加速度是西班牙裔的3倍和白人的近9倍。[9]除了相对较低的婴儿死亡率，西班牙裔美国人也有一个比白人和黑人年龄越来越小的癌症发病率。西班牙裔美国人比白人更有可能肥胖，而亚裔美国人和太平洋岛民有着最低水平的超重和肥胖率。在美国的各族群中，亚裔美国人是最健康的人群。性别也是影响健康结果的一个重要因素。例如，男性死于心脏疾病或癌症的可能性比女性高50%，但中风或其他脑血管病导致的死亡很少有性别差异。[10]

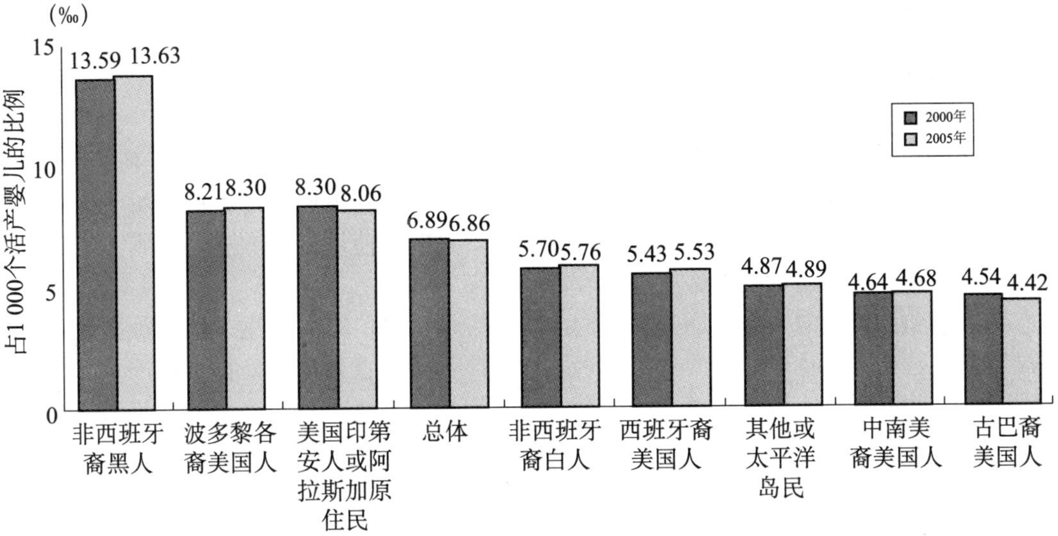

279

图8—1　2000年和2005年美国婴儿死亡率：按种族和民族划分

资料来源：Marian F. McDorman and T. J. Mathews, "Recent Trends in Infant Mortality in the United States" (Atlanta: Centers for Disease Control and Prevention, October 2008). Retrieved December 24, 2009, from http://www.cdc.gov/nchs/data/databriefs/db09.htm.

联邦政府到2010年要实现的全民健康的总体目标是：(1)"提高健康生活的质量和年限"；(2)"消除人口不同部分之间的健康差距"[11]。对于美国人中的不同群体也有许多不同的具体目标。在2010年到来时，联邦政府报告称，2010年的目标也许过于雄心勃勃。大多数目标没有实现，虽然有些改进，如疫苗接种率提高，减少了工作场所受伤，降低了中风、癌症和心脏病的死亡率。然而，越来越多的美国人患肥胖症、高血压，更多的孩子没有治疗蛀牙。[12]到 2020 年要实现的全民健康的总体目标是：

1. 通过预防疾病、残疾、受伤和过早死亡达到高质量、更长的寿命。
2. 实现医疗公平，消除差异，提高所有群体的健康状况。
3. 为所有人口创造能够促进身体健康的社会和物理环境。
4. 提升所有生命阶段的生活质量、健康发展和健康的行为。[13]

美国人如何支付医疗服务费？

美国人主要使用四种方式支付医疗服务费。2008 年，政府保险覆盖了 29%的人口。以就业为基础的群体的医疗保险覆盖了 59%。私人的、个人购买的医疗保险覆盖了约 9%。一些美国人有多个来源的医疗保险，但是也有 15%约 4 600 万美国人没有医疗保险。[14]他们必须自费或不理睬医疗服务账单。

280 私人计划、团体计划和大多数政府计划的一般特征是，它们不包括“第一笔”（first-dollar）费用。换句话说，大多数计划要求患者在其保险计划开始为之有任何付费之前，先自己支付某些费用。这些实付费用称为免赔额或自付额。他们通常需服从每个人或每个家庭的最大的数量。这个限量的目的是阻止人们“过度”使用医疗服务，否则人们就不去跑步而只要有点小毛病就去看医生。

免赔额和自付额的一个问题是，它们阻碍了许多比较贫穷的人进入他们被覆盖的预防保健服务。这种方式也可能导致人们延迟寻求医疗服务，直到情况变得更加严重。在这些情况下，早些就医可能可以拯救人的生命，或者至少使系统节省相当大的一笔钱。延迟就医的一个因素是推高医疗费用。这是通过检查国家每年的总医疗支出予以证实的。2006 年，美国人中收入最高的 1%人口的医疗费用支出超过 41 580 美元。这个群体的支出占全部医疗服务支出的 21%多一点，与此同时，收入处于底部的 50%的人口，每个人的平均医疗支出不到 776 美元，仅占逾 3%的医疗支出。[15]许多死亡的主要原因，比如癌症、中风和心脏病，是可以通过活动预防或控制的，比如饮食、锻炼和生活方式的改变，诸如戒烟。只将 5%的支出以预防资金的形式转入底部 50%人口就可能会降低国家的医疗费用支出总额。

医疗照顾：事实上为所有美国老年人的医疗服务

社会福利政策在满足美国老年人的收入和医疗需要方面已经做出了很大的努力，要比为任何其他群体做得多。实施医疗照顾计划（于 1965 年作为《社会保障法》的第十八条颁布）之前，只有不到一半的老年人有医疗保险。即使有医疗保险，医疗服务费中自掏腰包的部分对美国老年人来说也是巨大的。2006 年，这个数字平均到每个名字被登入名单者，每人要分担近 3 000 美元。[16] 2009 年，一对 65 岁有医疗照顾的老年人在他们的余生里将以自掏腰包的方式支付约 24 万美元的医疗费用。[17] 这代表的是自 2002 年以来自付成本 50%的增加。多数医疗照顾的受益者是 65 岁及以上的领取社会保障退休金的老年人（或者是具备社会保障资格还没有申请退休金的人们）。某些年龄稍小的人也可以具备资格。多数年轻的受益者是从前工作过的领取社会保障中的残疾保险（SSDI）至少两年的人。计划还包含一个不考虑年龄的群体——那些肾脏疾病晚期的患者（如肾衰竭）。作为社会保障体系的一部分，医疗照顾计划强制雇主和被雇佣者在工作时期为计划支付保险费以便在其退休或长期残疾后能够获得医疗照顾。

2008 年，约有 3 800 万老年人和 700 万年轻的残疾人具备接受医疗照顾的资格。联邦支出约为 4 680 亿美元。[18] 从 1995 年的 1 570 亿美元的医疗照顾成本到 2008 年的数字，这是一个巨大的增长。对医疗保险信托基金能够跟上医疗照顾成本的能力有持续的担忧（见第五章）。这样的担心随着“婴儿潮”一代开始申请医疗照顾而不断增加。

医疗照顾的 A 部分：住院保险

医疗照顾计划有两个部分：住院保险（hospital insurance，HI）叫做 A 部分，补充医疗保险（supplemental medical insurance，SMI）叫做 B 部分。A 部分为受益人支付住院照顾费用，包括住院期间的专业护理、一些（通常是短期的）家庭健康护理和住院护理。 281
全部由社会保障税金总额的一部分提供经费（也请看第五章）。这项税收的 1.45%现在是强制性地从所有在职人员的工资中征集而来的。不符合社会保障条件的老年人可能会通过支付保险费而参与进 A 部分（根据个人工作历史，2010 年为每月 461 美元）。

在 A 部分下，使用服务的受益人必须支付扣除条款规定的费用（2010 年为 1 100 美元），在这之后医疗照顾支付住院前 60 天的剩余部分，以及额外天数的一部分。在 2010 年，第 61 天到第 90 天，患者的共同保险支付额是每天 275 美元，而联邦政府支付每个受益期间的剩余的部分。对于第 91 天到第 150 天，共同保险支付额为每天 550 美元（这 60 天是储备量，一个人可以一次使用，也可以在一生之中分成多次使用）。如果需要更多的住院天数，患者必须自己承担所有的费用。如果病人需要专业护士在家里提供护理，则每一个受益期的前 20 天是免费的。从第 21 天到第 100 天有一个每天 137.5 美元的共同保险。在受益期内，医疗保险也不包括 100 天后的家庭护理。当一位医疗照顾的病人进入医院或专业护理设施时，一个受益期就开始了，当病人不再接受医院或专业护士的家庭护理连续 60 天以后，一个受益期结束。对接受医疗照顾的人的受益期数量没有限制。

医疗照顾的 B 部分：补充医疗保险

医疗照顾的 B 部分是一项自愿的组成部分，覆盖了医生服务、医院门诊服务、某些家庭医疗服务和耐用医疗设备。医疗照顾 A 部分的受益人想要参与到 B 部分之内是要缴纳额外费用的。2010 年，B 部分的保险费是每人每月 96.4 美元，对一个受益者，调整后的总收益不到 85 000 美元，一对夫妻的总收益是 17 万美元。少数受益人有较高收入可以支付更高的保险费。这个成本与私人保险相比是很低的，所以几乎所有 A 部分的参与者都参加 B 部分。B 部分的保险费可以从社会保障退休金或残疾津贴支票中自动扣除。即使是那些年龄在 65 岁及以上没有参加 A 部分的人，也可以参加 B 部分。在 B 部分的受益人每年支付了免赔额（2010 年是 155 美元）以后，医疗照顾支付大多数服务的 80%，而患者支付剩余的 20%。联邦政府的一般税收收入也用于补贴 B 部分。

从 2004 年到 2006 年，所有医疗照顾的受益人 B 部分的免赔额是实际成本的 25%。从 2007 年开始，对那些较高收入水平的人百分比开始逐渐增加，在 2011 年再次增加。例如，2011 年，收入为 80 000～100 000 美元的个人，与通货膨胀指数挂钩，将支付 35%的实际成本。那些收入超过 200 000 美元的人，与通货膨胀指数挂钩，将支付最多——B 部分实际成本的 80%的免赔额。[19]

覆盖“医疗服务缺口”

美国医疗服务体制存在的一个严重问题是多数医疗保险——公共的和私人的都不能提供足够的项目。私人医疗保险计划可能会限制支付头 30 天或 60 天的住院治疗费用，对为他或她在一生的时间里支付给医生和医院的费用设置上限，将各种诊断检查、门诊治疗、诊室就医等排除在外。另外，私人保险一般要求投保人在投保前身体状况良好，而那些身体状况不好的人才最需要保险。也许对于私人保险最大的担心就是它通常不包括“灾难性的”——那些可能轻易就花费掉数十万或数百万美元的严重的、长期性的疾病——医疗费用。如果这样的灾难发生，大多数人会失去他们拥有的一切。

282 医疗照顾计划存在的缺口被称作医疗缺口（medigaps）。医疗照顾不支付养老院护理、大多数牙科治疗（包括安装义齿）、私人负责的护理、眼镜和眼科检查、大多数常规的体检、听力测试和听力设备、很长时间的住院。直到 2004 年，医疗照顾没有承担处方药物的成本。

为了至少覆盖这些缺口中的一部分，一些医疗照顾的受益人购买了补充保险。这些保险中的一些比其他保险更好地覆盖了医疗缺口。为了防止不讲道德原则的个人利用美国老年人对因疾病导致贫穷的担心，国会通过立法规范了医疗保险补充或“医疗缺口”销售的政策。开展弥补医疗缺口业务的保险公司（medigap insurance carriers）必须提供从 A 到 L 共 12 个等级的保险。在任何一个等级，补助金提供的形式必须相同。等级 A 给予最少的补助，费用最低；等级 J 提供最高的补助，费用也最高；等级 K 和 L 费用相对较低，覆盖的是医疗照顾的 A 和 B 部分中要求的许多共同保险或共同付费的一部分。这种结构使各公司的政策容易比较，但费用和覆盖范围因为一些因素而存在很大差异，包括购买保险的人所在州的政策的不同。

医疗照顾进步（C 部分）

每年 11 月，医疗照顾的受益人都收到邮寄来的有关医疗照顾目前的津贴和计划类型的信息，以供他们进行选择。作为 1997 年《平衡预算法》（BBA）的一部分，医疗照顾受益人得到了有管理的医疗选择，健康维护组织可能覆盖一些“医疗缺口”，并且以控制医疗成本为目的。这些选项被称为医疗保险＋选择或 C 部分。根据 2003 年医疗照顾立法，C 部分现在叫医疗照顾进步，还提供医疗保险受益人各种私人的有管理的医疗安排代替传统有偿服务。这些计划显著地改变了参与者的成本和收益，比如如果参与者想要其成本得到覆盖，那么他们是否只能使用“网络内”的医生。2005 年，这些有管理的医疗安排的实际成本比传统的医疗照顾成本高了 12%[20]，2008 年这些在医疗照顾进步之下的私人收费服务（PFFS）计划平均比传统的医疗照顾成本多出近 17%[21]。2008 年的《患者及医疗机构医疗保险改善法》（Medicare Improvements for Patients and Providers Act of 2008），为使这些私人收费服务必须发挥作用，国会做出了变化。国会预算办公室规划的这些变化在私人收费服务的名册中将缓慢增长。

在医疗照顾的 A、B、C 部分外中增加 D（处方药）

在第一次颁布医疗照顾政策时，药物成本并非像今天这样是主要的费用。在医疗照顾中包括处方药的建议被拒绝了。[22]在克林顿政府时期为处方药提供补贴的势头再次成为主流。2003 年，美国国会勉强通过了备受争议的《医疗照顾处方药改进和现代化法》（Medicare Prescription Drug，Improvement，and Modernization Act of 2003）。众议院的投票是 220 比 215，参议院表决是 54 比 44。

截至 2006 年 1 月，现代化法案允许医疗照顾的参与者加入一个每月支付溢价私人药物计划。尽管参与是自愿的，但是在前 6 个月没有注册的有资格的人也可能会导致更高的费用。根据选择的计划，每月的免赔费用有很大的不同。每个计划的费用和承保范围也不同，但是医疗照顾必须为所有人都提供一个最低级别的覆盖。在一个典型的计划里，一个人可能会先支付 310 美元的药物成本。在那之后，受益人可以支付共同付费的自费部分，计划将支付其余的费用，直到计划和受益人已经支付了 2 830 美元。之后，受益人又要全部负责所有成本，直到他或她一共花了口袋里的 4 550 美元。这种覆盖缺口的方式被称为“甜甜圈漏洞”。在一个受益人花费了 4 550 美元以后，灾难性的津贴被接管了——受益人只需支付费用的一小部分，也许 5%，为每个处方和医疗照顾的药物计划覆盖了其他成本。 283
收入及资产有限的医疗照顾计划的受益人可以得到更多的帮助。

处方药覆盖是医疗照顾政策的一个主要的变化，它的诞生经过了痛苦的斗争。D 部分在处方药成本上已经帮助了许多老年人，但是也有许多人认为最大的受益者是处方药公司和保险行业。法律禁止联邦政府与制药公司谈判价格，这是对制药业的一个明显的让步。毋庸置疑，制药公司的游说可以确保任何能够使其受益的立法在国会通过。根据 D 部分，要由私人保险计划与制药公司协商价格。制药公司认为价格被控制是事实，因为保险公司和医疗服务管理组织使用其所有的谈判力量维持药品价格下降。但是这些保险公司也因为其提供的计划而受益。另外一些人认为，政府应该介入和管理处方药的成本和效益，就像他们在其他医疗照顾服务中做的很多事那样。

作为 2010 年通过的国家医疗改革立法的一部分，来自蒙大拿州的民主党参议员麦克斯·鲍克斯（Max Baucus）——参议院财政委员会主席，宣布他与制药公司达成协议，根据“甜甜圈漏洞”的规划设计，支付老年人的处方药成本的一半，估计在未来十年的成本是 800 亿美元。在美国，每当国会开始讨论在医疗服务付费和管理方面应怎样进行主要改变时，这样的“自愿的”协议就会经常出现。作为立法的一个结果，在“甜甜圈漏洞”下需要个人付费的部分将逐渐减少——通过制药厂商同意不计算的部分和联邦政府的补贴的结合。这些变化在 2011 年开始，并且要经过多年的努力。[23]

长期护理

虽然现在美国老年人在处方药物费用支付方面得到了帮助，但是长期护理仍然是一个主要的“医疗缺口”。当人们由于活动困难不能照顾自己时，比如穿衣、洗澡、吃饭、购物和管理钱财困难，就需要这些服务。长期照顾服务包括医疗服务和支持性服务。照顾服务可以由养老院（nursing homes）、社区照顾中心或家庭提供。

养老院护理包含三个等级——专业技术、媒介物和监管。专业技术是最高的等级，并且是唯一的由医疗照顾计划付费的类型。需要运用专业技术提供照顾服务的情况一般都是只需要很短的时间，比如在外科手术之后。补充医疗照顾政策只覆盖医疗照顾政策覆盖的内容，因此，不包括媒介物或监管类的护理费用，虽然入住的人经常需要这类照顾。

家庭照顾服务包括各种在当事人自己的家庭住宅中提供的服务，有时也包括以社区为基础的护理之家计划（in home like community-based programs）。家庭照顾服务是增长最快的医疗照顾服务。医疗照顾包括一些家庭护理，但它不包括 24 小时全天候的护理。不同于付费的服务，家庭照顾是由配偶、子女和其他免费照看者以非正式的形式提供的，这些人在家里提供大多数照顾服务（参见第十章）。

需要养老院照顾的人，医疗照顾不提供费用的部分就要由他们自己付费，但是，即使是收费最低的养老院也超出了许多人的经济承受能力。在养老院中，一个半私人的房间的成本大约为每天 183 美元，或每年 66 795 美元，一个私人房间平均每日房价为 206 美元（每年 75 190 美元）。[24]很多进入养老院的人是有一些钱的，但以这样的成本，储蓄很容易便被耗尽。一天 24 小时的家庭护理的费用可能更多。

医疗补助（政府对一些美国穷人的医疗服务计划）是长期照顾的主要的政府资金来
284 源。为了在医疗补助计划之下限定接受养老照顾的资格，申请者必须符合其所在的州对贫穷的界定。各州的界定有很大不同。以前，当家里有一个配偶时，必须耗尽住养老院的人和配偶的资产才能获得医疗补助计划的资格。目前，依据的是 1988 年通过的医疗补助贫困规定（medicaid impoverishment provisions），住养老院的人的配偶被允许保留较多的财产和收入。一个没有结婚登记的配偶（a non-institutionalized spouse）可以保持50%的夫妇资产，在2009年最高额度是109 560美元，外加每月收入补贴。住养老院的人去世后，虽然各州可以通过变卖其房子和其他不动产而弥补医疗补助支出，但是用这种方法几乎不可能弥补多少损失。因为如果房子有当事人的配偶或其他合格的家庭成员居住，州是被禁止拥有对房子的处置权的。人们十分关注老年人为了具备由公共资金支付的养老院照顾费用的资格而转移财产（这已经被称作“医疗补助不动产计划”）。为了确定这类情况，如果财产在申请前的5年内被转移或以低于公平市价的价格出售，个人的资格认证时间可能会被推迟。[25]

由于人们越来越担心在老年时需要护理，长期护理保险的销售已经增长。[26]这些保险可能包含养老院护理和家庭照顾。在1987年至2002年之间，售出了900万份保险。保险的价格随年龄增长上涨。根据美国的医疗保险计划，2002年一份保单每天支付150美元的保险金，预期的通胀率是5%，覆盖时间是4年，50岁的购买者平均年保险费是1 134美元，65岁的购买者是2 346美元，79岁的购买者是7 572美元。[27]低收入的个人很难负担得起这样的保险费。事实上，那些将很快就能获得医疗补助资格进入养老院的人，几乎不认为长期护理保险是值得付出的代价。高收入的个人可能会假设他们需要长期照顾就自己承担付费的风险。长期照顾政策可能对中等收入的个人最具有吸引力，他们想为家庭成员保护他们的资产。雇主赞助的保险单可能不仅提供给雇员，也提供给雇员的配偶、父母、配偶的父母。雇主赞助的保险单鼓励年龄较低的人参与，将风险在更大的人群中分散。联邦政府是提供长期护理保险的最大的雇主。

购买长期护理保险单的更具吸引力的方式是，雇主的供款从员工的应纳税所得额中排除，给予的补贴也是免税的。另外，长期护理费用也可以包含在其他医疗费用之中，如果它们超过调整后的总收入的7.5%就可以被列入免税清单。长期护理保险费的免赔费也可以包括在其中，作为免税清单的一部分，基于一个数量随着一个人年龄的增加而增长。这些政策仍然是相对较新的，人们可能会担心将来是否能够提供他们所需要的照顾。

2006年，公共和私人为长期照顾（养老院和家庭医疗服务）的支出近1 780亿美元，约占个人医疗服务支出的10%。这包括为有精神缺陷的人花在中间保健设施上的费用。医疗补助计划支付41%（720亿美元）的长期护理费，医疗照顾计划支付23%，消费者从自己的口袋里支付22%的成本，私人医疗保险支付9%，其他来源的资金支付3%。[28]

可以做更多的工作来帮助那些仍然住在自己房子里的老年人（和年轻一些的残疾人），可以把更多公共资金转移到家庭护理上。还可以做更多的事情，如提供税收和更多的政府支持性的服务，包括为那些家庭看护者提供短暂的休息时间，使家庭把老年人和残疾人留在家里（见第六章）。很多研究表明，以家庭为基础的护理可能实际上并未产生费用的节省，因为愿意住在家里的老年人要比住在机构里的老年人更频繁地去医院[29]；然而，老
年人、他们的护理者、服务提供者和政策制定者都对家庭和社区基础的护理表示满意。这 285
样的事实使人们有足够的理由继续追求这样的选择。

选择私人长期护理满足需要的人口正在迅速增长。例如，协助生活的特别设施（assisted living facilities），根据每个居住者的需要和愿望提供帮助（如餐饮、家政、运输和可能的援助与个人护理、药物、社会化和娱乐），尽管他们不提供广泛的医学或护理照顾。[30]另一个选项是，持续护理退休社区（continuing care retirement communities），实际上它是多个设施位于同一块地产。居民可以在自己的公寓里开始实施，这可能是购买或租赁，也可能是除了每月的费用还包括入场费。当居民的需要发生变化时，他们接受的护理水平或数量也增加。最终，他们可能需要的照顾是共同体中专业的或监控性的护理的组合。这些替代安排可能会非常昂贵，一个进行选择的人需要清楚地了解成本和法律的承诺。有些定价更适中，因为宗教附属团体或其他组织具有为成员或老年人服务的渴望。

随着人口老龄化，人们担心长期护理成本会年复一年地增加。从 2010 年到 2030 年，65 岁及以上的老年人将从大约占美国总人口的 13%增长到占 20%左右。[31]这一群体的人数从 2000 年到 2030 年也将翻一番，从 3 500 万增加到 7 000 万，2030 年 75 岁及以上的人口将达到 3 300 万，85 岁及以上的人口近 900 万。到 2035 年对机构化的照顾需求将增加 70%，如对养老院或替代性的生活设施的需求，对家庭护理的需求将增加 85%。

医疗补助：对某些穷人的医疗服务

国会于 1965 年颁布了医疗补助计划，作为《社会保障法》的第 19 条。所有的州都实施了医疗补助计划，尽管亚利桑那州一直拖延到 1982 年。医疗补助计划迅速成长为联邦政府最昂贵的公共救助计划。医疗补助计划的支出现在超过了任何其他的“福利”（公共救助）计划的支出（补充保障收入、对贫困家庭的临时救助、补充营养援助计划）的总和。[32]

1970 年，医疗补助计划的总支出大约为 50 亿美元，到了 1990 年这个数字增长到了大约 720 亿美元，2008 年的总支出达到了大约 3 390 亿美元。联邦政府大约支付医疗补助计划支出的 57%，各州提供另外的 43%。2007 年，被医疗补助计划覆盖的 4 900 万人，平均而言，在任何时间点上，每个人的成本都是 6 800 美元。医疗照顾和医疗补助计划服务中心预计每年医疗补助支出的平均增长率为 7.9%，在 2017 年支出将达到 6 740 亿美元。[33]

联邦政府从一般税收收入中支付它承担的医疗补助费用。各州使用它们自己的一般税收收入来为医疗补助提供资金，并且它们一直处于这种压力下，即为它们自己负责支付的部分提供更多的资金，以便尽最大可能以此来吸引联邦的匹配资金。各州从联邦政府那里能够领到的医疗补助服务配套资金占总支出的 50%～83%，越贫困的州（由个人平均所得决定）收到的资金比例会越大。这个比例是每年都计算的。2009 年，8 个州和哥伦比亚特区从联邦政府收到的资金至少是它们的医疗补助资金的 70%；密西西比州得到的比例最高，接近 76%[34]；16 个州收到 50%或略多一点。美国的领地从联邦政府得到此项服务补偿的比例是 50%。在面对始于 2008 年末的国家经济衰退时，联邦对各州分担的份额暂时增加。在所有的有司法权的地方，因提供服务支出的多数管理费用被偿还的比例是 50%。

众议院筹款委员会承认，很多人认为医疗补助计划像一个谜。不仅项目复杂，也没有为大多数穷人提供服务。每个州管理自己的项目并设置它自己的规则，而且每个州都有许多不同的医疗补助的组合，根据不同类别的人的资格提供不同的服务。本章只能希望在描述医疗补助时在其表面划出一些痕迹。 286

每个州必须指定一个唯一的机构（通常是州的医疗或福利机构）开展医疗补助项目。州可以处理自己的申请或服务合同。各州可以自己决定医疗补助服务的偿还率。自 1989 年以来，联邦指导方针规定，偿还率必须是充分适当的，这样对于医疗补助接受者的服务才会像对于地区内普通人的服务一样具有可及性。接受者也拥有某些选择服务提供者的自由。但这并不意味着医疗服务的提供者要为接受医疗补助的支付款项而担忧。许多医生并没有参与其中，因为支付维持在很低的水平，处理文件的工作是繁重的，报销经常需要太长时间。

谁得到了医疗补助？

与补充保障收入（SSI）计划和补充营养援助计划（食品券计划）一样，医疗补助也是一个福利项目，所有合格的申请人必须得到。联邦法规实际上定义了 50 个以上的不同的群体有资格获得医疗补助。在没有深入了解一个州的医疗补助计划时，很难确切地说谁有资格，谁没有资格。甚至在有着最慷慨的医疗补助计划的州，许多贫困人口也不符合任何资格类别，因此没有申请医疗补助。尤其是对贫困的、有劳动能力、没有未成年子女的成年人，这是真实的情形。2006 年，美国人口中有近 13%接受了医疗补助，其中包括 40%的贫困人口。所有的接受医疗补助的人中，有 42%的人收入低于贫困线，58%的人收入在贫困线以上。近一半（46%）的医疗补助受益人是未成年人，他们的父母占 22%，年龄在 65 岁及以上的人占 8%，残疾接受者占 14%，剩下的 10%属于其他类别。[35]

老年人和残疾人

虽然州可以决定许多资格要求，但是它们必须涵盖某些类别的人，如大多数补充保障收入的接受者。补充保障收入的接受者挣得的收入足以让他们失去接受补充保障收入的资格以后，他们还可以有一个延长期接受医疗补助（见第六章）。州也可以覆盖一些老年人和残疾人，如果他们的收入不超过贫困线的 100%，或如果他们正在工作，其收入没有超过贫困线的 250%的那些残疾人。

各州必须通过它们的医疗补助计划为“符合资格的医疗照顾受益人”——收入在联邦贫困线 100%以下和限定的资产（个人 4 000 美元、夫妻 6 000 美元）以下——支付医疗保险费用、共同保险费、免赔额。各州必须为其他低收入的医疗照顾的受益人支付医疗照顾 B 部分的免赔额提供更有限的救助。各州还必须使用医疗补助资金为这样一类人支付医疗照顾 A 部分的免赔额（住院保险），即那些以前得到医疗照顾和社会保障伤残保险，已经重新回到了工作岗位，仍然残疾，收入不超过贫困线的 200%，拥有的资源不超过 4 000 美元，没有另外的医疗补助资格的人。

儿童和他们的父母

在 1996 年的福利改革以前（见第六章），州需要覆盖所有那些接受有未成年子女的家庭救助计划的人。有未成年子女的家庭救助计划被对贫困家庭的临时救助计划所取代。在
287 医疗补助和对贫困家庭的临时救助计划之间没有自动的联系，但总的来说，各州必须覆盖所有那些 1996 年 7 月 16 日在经济资格上符合他们所在的州对贫困家庭临时救助计划标准的人，因此，低收入家庭能够继续得到医疗服务。如果州有愿望，它们可以选择提高或降低先前的接受有未成年子女的家庭救助计划的收入和资源标准。大多数州通过放宽资格要求选择包括更多低收入家庭。

对于没有达到对贫困家庭的临时救助计划的工作要求的成年人，州可以终止其医疗补助计划，但他们的孩子必须继续被计划覆盖。对贫困家庭的临时救助计划的接受者挣得的收入或其子女或配偶提供的收入支持将会足够使其失去对贫困家庭的临时救助计划的资格时，他们可以继续接受一定时间的医疗补助，以免他们的医疗补助突然终止。

各州还必须包括收入不超过官方贫困指南 133%的孕妇和 6 岁以下的儿童。这些妇女只是有资格得到与妊娠相关的服务，但儿童接受所有的医疗补助补贴。

所有在 5 岁以下的儿童和家庭收入 100%地低于贫困指南的 19 岁以下青少年也有权接受医疗补助。医疗补助还必须覆盖一些其他类别的贫困儿童，如 18 岁以下的等待被收养和寄养照顾的儿童。州也可以将资格扩展到“年龄超过”寄养照顾的青少年，直到他们的年龄达到 20 岁。

州还可以对其他儿童群体提供医疗补助，如生活在某种类型的机构中的儿童。对于已经成为医疗补助计划参与者的儿童，即使他们的环境变化，不再符合资格要求了，他们仍然可得到连续 12 个月的医疗补助计划的覆盖。

在州儿童医疗保险计划下的儿童

在医疗服务覆盖面方面的一个重要发展是针对低收入儿童的州儿童医疗保险计划（State Children’s Health Insurance Program，称为 SCHIP 或 CHIP）。州儿童医疗保险计划与医疗补助有关，但它是根据 1997 年的《平衡预算法》和《社会保障法》的第 19 条建立的一个一揽子拨款计划。一个不符合医疗补助资格要求、没有其他医疗保险、生活在低收入家庭的孩子，有资格获得州儿童医疗保险计划覆盖。

各州可以为家庭收入不超过贫困指南 200%的儿童提供州儿童医疗保险。已经覆盖了收入高于贫困指南 200%的儿童的州，可以将它们先前建立的收入水平标准提高 50 个百分点。州还可以通过扩大医疗补助计划，使之覆盖州对儿童医疗保险计划有资格的儿童，创建一个新的计划，或使用结合的方法。

州儿童医疗保险计划和医疗补助计划之间的关系有一些反常。[36] 与仅将比较贫穷的孩子覆盖在医疗补助计划下相比，因使较高收入的孩子有资格覆盖在州儿童医疗保险计划之

下，大多数州得到联邦相当多的返还。州儿童医疗保险计划对州的返还资金公式，在某种程度上，是基于没有被保险的孩子的数量。这就惩罚了那些已经在低收入家庭儿童保险方面取得了更多进展的州。然而，人均收入较高的州，在州儿童医疗保险计划之下，比人均收入较低的州在对儿童提供保险方面得到更高比例的增加。

这个观念的主要意思是州应该做的更多，以便使有资格的儿童参加州儿童医疗保险计划和医疗补助计划。例如，在得克萨斯州没有保险的儿童的比率最高，在实施州儿童医疗保险计划时不存在对申请延迟的担心，另外，州的共和党（和女性）审计人员联合许多儿童辩护者和民主党人抱怨说，10.7 万名儿童被从计划中剔除以后，联邦的计划还是被留在了桌子上。[37]

众议院选举委员会的共和党主席（女性）对州的医疗服务支出的反应是，考虑到州的
创纪录的预算赤字，收紧州儿童医疗保险计划的资产（不是收入）审查，这是立法机关做 288
了正确的事情。她认为有昂贵车辆的家庭在交通方面的支出就会相应地少一些。[38]监理署认为每包香烟增加 1 美元，对州的医疗服务预算就将提供一个需要的资金转移。针对州在医疗补助计划下是否对儿童提供了足够的预防服务，还爆发了诉讼。此外，州还被控诉在关注推广州儿童医疗保险计划的同时，忽视了医疗补助计划的推广，并使进入州儿童医疗保险计划比进入医疗补助计划更容易（前者的登记已经简化）。所有这些争议都是指责州在医疗补助计划下为服务支付了过高的费用，并且可能需要偿还 3 亿美元。

到 2007 年，全国范围内所有符合条件的孩子中有 81%参与医疗补助或州儿童医疗保险计划，但 500 万名符合资格的没有保险的儿童（没有保险儿童的 64%）还没有登记。[39]医疗补助和州儿童医疗保险计划的参与率在地区之间差异很大。一旦他们的首次注册期结束，许多孩子就得不到认证了。[40]阻碍登记和再次登记的程序“可能包含面对面的访谈、困惑于申请形式、烦琐的文件要求、核实收入和资产”[41]。2005 年的《赤字削减法》增加了一个新的要求，目前的医疗补助接受者和未来的申请人需要提供身份证明和国籍。

2000 年的《农业风险保护法》（Agricultural Risk Protection Act of 2000）鼓励学校使用他们的联邦学校供餐补助计划，那些确定获得医疗补助或州儿童医疗保险计划的孩子也有得到联邦学校供餐补助计划的资格。自 2008 年经济危机爆发以来，各州对是否接受新的医疗补助和州儿童医疗保险计划的参与者可能会犹豫不决，但是新一届政府刚刚开始工作两个星期，奥巴马总统就签署了 2009 年的《儿童医疗保险计划再授权法》。法案再授权将州儿童医疗保险计划扩大到包括额外的 400 万名儿童。该法案以 290 票对 135 票在众议院通过。新的法律使儿童更容易进入计划，因为在申请和再申请的过程中，大量的父母不知道他们的孩子是有资格的或面临困难的。[42]例如，新法律包含“快车道”条款，允许各州使用数据库的信息来为申请的孩子登记，因为许多符合资格的儿童居住的家庭接受其他公共救助或填写过收入所得税抵免。

医学上的需要

有 35 个州和哥伦比亚特区还为被分类为有“医学上的需要”的人提供医疗补助。这

些个人和家庭类似于其他由医疗补助覆盖的群体，但是，他们的收入和资产在某种程度上超过医疗补助的资格要求。在界定有医学上的需要方面，各州有自由裁量权，但是如果一个州提供了一个医学上需要的项目，则它必须包含所有在一个强制性的医疗补助类别下有资格的 18 岁以下的儿童，以及在一个强制性的或可选择的医疗补助类别下有资格的孕妇——如果他们的收入和资源较少（一般不超过 1996 年 7 月 16 日各州有未成年子女的家庭救助计划给付食品的 133%的 1/3）。

移民

许多法律上承认的移民没有资格获得医疗补助。那些在 1996 年 8 月 22 日之后得到承认的移民，5 年内不能加入医疗补助计划，但是，在社会保障之下获得 40 个工作积分的永久居民（见第五章）能够得到。各州可以选择覆盖 1996 年 8 月 22 日之前居住在美国的移民，如果在那个日期之前他们已经接受医疗补助或者他们成为残疾人。州必须为得到承认的政治避难者或难民提供长达 7 年的医疗补助。与美国过去或当前军事服务有关的移民及其家属也有资格。各州必须对所有符合资格要求的非公民提供紧急医疗服务，无论他们在美国居住是否合法。

289 其他人

各州也可以选择覆盖某些低收入的妇女，在她们被治疗乳腺癌和宫颈癌期间，如果她们没有被其他医疗服务计划覆盖的话，42 个州有这样的政策。8 个州开始有选择地覆盖接受肺结核治疗的低收入个人。

医疗补助的受益人可以得到什么服务?

联邦政府要求各州为大多数医疗补助的登记者提供某些适当的服务：住院和门诊护理；医生诊断；实验和 X 光服务；为年龄超过 21 岁的人提供的护理院舍；家庭医疗护理（只针对有权获得护理院舍照顾的人）；牙科手术；计划生育服务和物品供给；助产护士服务；为 21 岁以下的人提供早期的和定期的检查、诊断和治疗服务，包括牙科服务和各种其他服务；家庭和儿科护理服务；妊娠和产后服务。各州可以限制很多服务设置（比如，住院护理的天数或者访问医生的次数），但它们不能限制对儿童的某些服务。

各州还可以给医疗补助的受益者提供其他补贴，如为 21 岁以下 65 岁以上的人提供处方药、眼镜、精神病治疗服务或者为有残疾的老年人或发育中的残疾人提供特别服务。各州一般来说，至少提供了一些选择。2005 年，至少 40 个州提供处方药、牙科服务、验光师服务和眼镜，物理治疗，讲话、听力和语言治疗，职业疗法，听力学服务，针对精神发育迟滞患者的护理服务，精神健康服务，足部医疗，假肢，针对未满 21 岁的人的专业护理照顾，照顾管理和交通服务。[43]

2006 年，医疗补助服务支出的 17%是用于护理设施服务（如果包括为精神发育迟缓的人提供的居住设施，则占 21%），这是最高医疗补助支出的类别。大约 14%是用于住院服务。处方药大约占医疗补助支出的 11%。2006 年，每个老年人的平均医疗补助成本约 13 300 美元，每个残疾人的医疗补助成本是 14 000 美元，每个未成年人是 1 700 美元，这些孩子的父母每人是 2 600 美元。[44]在医疗补助受益人中，儿童是最大的类别，他们的服务成本是最低的（见图 8—2）。

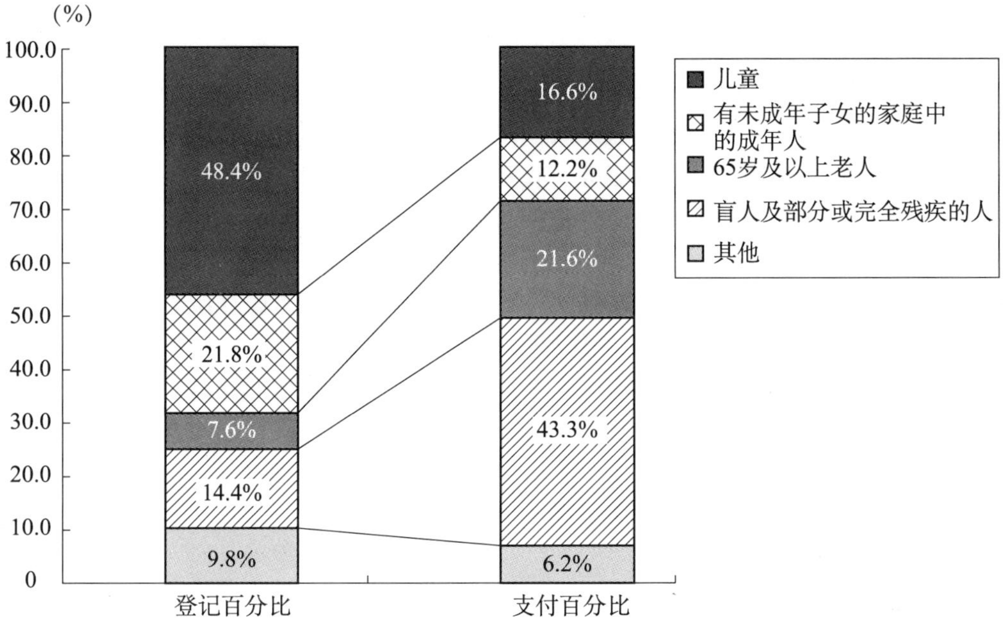

图 8—2　2006 年按类别划分的医疗补助登记和支付情况

资料来源：Social Security Administration，Annual Statistical Supplement，2008，released March，2009：Table 8. E2. Retrieved January 2，2010，from http：//www. socialsecurity. gov/policy/docs/statcomps/supplement/2008/.

医疗补助服务是怎样提供的？

医疗补助服务提供的是实物。医生和其他医疗服务提供者为病人服务，政府直接向这些提供者拨付资金。很多州确实在使用某种费用分担计划，比如要求接受者为得到的服务支付小额的免赔费用或者自付费用，但它们不能强制要求 18 岁以下的儿童分担服务费用，也不能对急诊、怀孕和家庭计划服务征收费用。处于监管护理设施中的人和处于其他护理中的人也不能被要求分担费用，因为实际上这类人的所有收入都已经用在他们的照顾费用上了。

大多数州的医疗补助受益人同时使用收费服务安排和管理式医疗计划。为了控制成本、提高服务质量，更多的州转向管理式医疗，但正如众议院筹款委员会所指出的那样，无论是针对目标还是实现过程的不确定性而言，这都是一种好的处理方法。[45]由于保险公司的合并

和破产，管理式医疗计划的趋向是有来有去。这种方式的一些困难可能来自低还款利率或
290 失败的风险分担方法（涵盖许多对医疗服务需要较高的受益人）。1991 年，医疗补助受益人 10%被覆盖在管理式医疗之下。到 2008 年，这个数字已经增长到了 71%。[46]

许多州使用多个管理式医疗安排。例如，大多数儿童和家庭的服务，一般只需要日常医疗照顾，可以使用一个基于风险的管理式医疗组织（managed care organization，MCO）。管理式医疗组织被给予一定的费用，提供一套界定补贴方案，并在为病人服务中负责任何额外费用。各州也可以为特定类型的服务使用预付医疗费计划，诸如为精神健康服务。一些州利用初级护理个案管理（primary care case management，PCCM）为接受者协调服务，尤其是对那些有较多的医疗服务需要的人。在计划中有周转率要求的时候，这种方法还可以提供更多的连续性的服务。收费服务安排大多用于计划中的老年人和残疾接受者，他们需要更多的照顾，收费服务安排也用于那些生活在很少有机会选择管理式医疗的农村地区。

各州正在测试各种方法，以便在它们的医疗补助计划下改善医疗服务的交付状况。这些活动中的一些发生在豁免项目（许多人称之为第 1115 款）之下，它允许各州偏离某些医疗补助规则。例如，各州可以向有医疗补助资格的个人和其他低收入个人提供一个综合补助包。

为穷人提供医疗服务的其他途径

一揽子拨款也被用于提供医疗服务，主要是提供给低收入人群。母亲和儿童的医疗服务整体一揽子拨款由美国卫生和人类服务部的医疗资源和服务管理局（Health Resources and Services Administration）管理，以便帮助更多低收入孕妇和幼儿。预防医疗和卫生服务一揽子拨款，由预防医疗和卫生服务的疾病控制中心管理，这项拨款为各种各样的服务
291 提供了一笔资金。在如何使用资金问题上，各州都有大量的发言权。资金通常用于教育服务和风险降低计划，比如戒烟计划和营养建议；治疗那些特殊的健康问题，如高血压和肺结核；提供一些紧急医疗服务和侵蚀性疾病的控制项目。[47]预防医疗和卫生服务的一部分资金必须用于强奸的预防和治疗。联邦政府也提供了许多其他医疗和与医疗有关的项目。州和社区也在探索满足医疗需要和充分利用它们的医疗资金的创造性的方式。

雇主赞助的和私人的医疗保险

凯撒家庭基金会和卫生研究与教育信托基金报告，每年平均一个家庭的医疗保险费，从 1999 年的 5 791 美元增加到 2009 年的 13 375 美元，增长了 131%。在同一时间段，被覆盖的员工的平均交费从 1999 年的 1 543 美元增加到 2009 年的 3 515 美元，增加了

128%。2009 年用人单位分担数额，平均为 9 860 美元。对于大多数全时工作的员工而言，这是额外的每小时 4.93 美元的不纳税的保险费。对被覆盖的个人来说，保险费从 1999 年的 2 196 美元增加到 2009 年的 4 824 美元，上升了 120%。在同一时期，员工的供款从 318 美元上升到 779 美元。雇主为被覆盖的员工的年均供款是 4 045 美元，相当于每小时提供 2 美元的额外非税报酬。[48] 自第二次世界大战以来，雇主和雇员已经受到对医疗保险费非常有利的税收待遇——若提供这种保险费，则雇主得到税收减免，员工也不用为这些保险费纳税。

基于雇主的计划的类型

基于雇主的计划通常被称为"真正的团体"计划，一般分为四种类型：优选医疗组织（preferred provider organizations，PPOs）、健康维护组织（health maintenance organizations，HMOs）、定点服务组织（point-of-service plans，POS）、高免赔额医疗计划与储蓄选择（high deductible health plans with a savings option，HDHP / SOs）。86%的公司只提供一种方案的医疗保险津贴。这很重要，因为 2009 年的医疗改革的争论主要是关于选择权的，而几乎半数从他们的雇主哪里接受医疗保险费的人没有选择医疗计划。

优先医疗组织

许多基于雇主提供的团体计划的建立由一个优先医疗组织（PPO）安排。在优先医疗组织方式下，保险人与医生、医院和其他为优选医疗组织参与者提供服务的提供者订立合同。在许多情况下，优选医疗组织的合同价格表示的是为与医疗保险相同的服务支付的一个百分比。这种合同安排意味着改变医疗保险报销率对优选医疗组织服务这类私人计划有广泛的影响。

通常，优选医疗组织计划的参与者可以在从初级保健医生到专家的范围中进行选择，有时他们也对医院和其他医疗服务提供者进行选择。这些医疗服务提供者被称为"入网的"提供者，这意味着他们与保险公司有以预先确定的价格提供他们的服务的合同。计划的参与者使用一个"入网的"提供者，这个提供者通常不能收取超过预先确定的价格。

参与者也可以使用"未入网的"提供者满足自己的医疗服务需要。然而，这样的选择通常意味着计划只会支付一部分费用，通常是 80%的费用。计划参与者对费用和计划提供者支付之间的任何差异负责。这意味着参与者通常有一个主要动机——坚持使用"入网的"提供者。

健康维护组织 292

健康维护组织在美国自 20 世纪初就被使用了。[49] 这些组织是医疗成本管理的一种方法，最初是利用带薪的医生和计划拥有的医院设施为参与者提供医疗服务。今天，大多数健康维护组织是与初级保健医生订立合同，合同医生作为其他所有医疗服务的看门人。在许多方面，健康维护组织变得几乎与优选医疗组织相同。通常情况下，健康维护组织不允许参与者去看专家，除非他们的初级护理医生推荐，服务提供者的选择是有限的。在费用返还方面，参与者为医生和其他服务支付很少的费用。在1973年通过的《健康维护组织法》（Health Maintenance Organization Act）真正促进了健康维护组织的发展。当时，法案对提供传统医疗保险计划的雇主提出了一些要求，要求他们提供一个针对健康维护组织的选择。《健康维护组织法》是尼克松政府提出的，其通过的原因与1966年医疗保险和医疗补助面对的问题一样，即试图控制不断上升的医疗成本。

1973年通过的《健康维护组织法》提供了一个了解社会福利经常是一种政治决定的瞬间。最初，尼克松总统喜欢的是一个国家的医疗服务计划，然而，当参议员爱德华·肯尼迪（Edward Kennedy，马萨诸塞州的民主党议员）支持这个计划时，尼克松停止了对这个计划的支持。埃德加·凯撒——最大的健康维护组织凯撒医疗机构的管理者，为《健康维护组织法》广泛地游说了尼克松的白宫。

1973年2月，白宫的助手约翰·埃利希曼（John Ehrlichman）就医疗服务计划，特别是凯撒的建议，会见尼克松总统。最初，尼克松总统对计划不感兴趣，后来埃利希曼告诉他凯撒的建议是建立一个"私人企业的计划"，他才有了兴趣。现在这个臭名昭著的谈话已经被曝光，和尼克松白宫磁带一样，其合法性已经丧失。这可能是就医疗服务曾经进行的政治对话中比较有启示作用的一次，埃利希曼向尼克松指出："所有的朝向更少的医疗服务——给予更少照顾、得到更多的钱……的努力等激励正在以正确的方式运行。"尼克松的反应是："不坏。"[50]

定点服务组织

定点服务组织是健康维护组织和优选医疗组织的一个混合。定点服务计划的参与者从计划提供的参与医生的列表中选择一个初级保健医生，就像健康维护组织一样。这个医生成为计划的成员的"服务点"，这意味着他或她为参与者指导所有的医疗服务。如果一个参与者需要一位专家，定点服务组织就试图为参与者介绍一位网络内的提供者。大多数网络有广泛的提供者。

在定点服务计划下，参与者也可以选择网络外的服务提供者，与他们在优选医疗组织中能够做的一样。然而，在大多数定点服务组织下，参与者必须预先自付费用，完成自己的索赔表单，为报销提交索赔表单，然后等待定点服务组织的任何金额的报销。在许多情况下，参与者事先不知道将给报销多少。像优选医疗组织计划一样，保险公司为网络外的提供者支付的费用百分比低于它们为网络内的参与者所提供的。大多数定点服务计划要求初级保健医生向参与者推荐网络内的提供者；参与者如果自己寻找网络外的提供者，对其得到的服务可能只给予很少的报销或没有报销。

高免赔额医疗计划与储蓄选择

由于在过去的十年里医疗保险费已经翻了一番多，一些公司已经开始提供一些具有非常高的免赔额的计划，这样的计划会使保险费低得多，力求包含雇员保险费成本。这些公司通常提供给员工一部分保险费储蓄，员工可以将其存入有税收优惠的医疗储蓄账户

(Health Savings Account，HSA)。员工可以用账户中的钱支付医疗费用的免赔额部分。

医疗储蓄账户的税收优势超过税收扣除。到年底任何未使用的数量都可以留在账户 293
里，并继续增长为递延税收的基础。一旦所有者达到 65 岁，账户中的余额基本上就可以像其他个人退休账户（IRA）中的金钱一样使用。

当然，高免赔额医疗计划与储蓄选择计划增加了风险，在医疗储蓄账户有充足的资金覆盖高比例的免赔额之前，员工或被覆盖的家庭成员可能发生重大的、意外的医疗费用支出。在这种情况下，员工必须从自己的口袋里拿出这笔钱来弥补计划的免赔额和自付费用。

人们如何选择一个计划？

只有大约 53%的员工对雇主提供的医疗保险计划有选择。这些员工大部分为大公司（有 200 名或更多的员工的公司）工作。其他 47%的员工有雇主选择计划。对于那些有一个选择的员工而言，计划选择有时会很混乱。哪种方案是最好的涉及的因素可能包括以下一些：员工或被覆盖的家庭成员是否经常需要看医生，是否有慢性疾病，他们是否预见到在即将到来的计划下有任何重大开支，如手术。如果员工没预测有主要的支出，通常他们会选择在他们的净工资单中能够剩下最多的钱的计划，这就导致自己要承担更大的风险。这可能导致也可能不会导致他们为疾病和事故付费，因为长期来看，疾病和事故（根据定义）一般是不可预测的。

个人的私人保险计划

大约有 9%的美国公众被个人购买的私人保险计划覆盖。在医疗费用如何覆盖方面，这些计划的运作就像雇主赞助的“真正的团体”计划一样。然而，在个人和团体计划之间还是存在重要差异的。

第一个主要区别是它们如何承保。承保是一个过程，在这个过程中，保险公司决定是否提供保险、以什么价格提供保险。大多数团体计划不需要个人参与者提供健康证明。特别是在大企业，保险公司认为，就医疗风险而言，企业的人员组成在很大程度上大致相当于一般人群的构成。（这一点当然不是真的，有些企业从事的工作会提高员工的风险，如采矿或高层建筑行业。）

个人计划通常要求申请者至少完成一份医学调查问卷。公司也可能在提供保险费之前要求申请人进行体检。这额外的、更多的限制，对于承保是必要的，因为一个人如果没有适合他们的团体计划，通常是知道他们更可能发生重大的医疗费用的人将更有可能尝试购买能够提供给他们的医疗保险。保险公司称这种现象为逆向选择的风险。保险费、免赔额、自付额和自付费的最大值，在私人计划中通常都高于团体计划。这是因为与私人计划有关的逆向选择风险增加。

另一个主要区别是预设承保条件。团体计划可能有一般规定，不包括任何在过去一段特定的时间内接受治疗的人。个人计划可能列举出各种具体情况，如果被保险人承认有这些情况，或者在承保过程中被发现有这些情况，他们将会被排除在外。排除性的预设承保
294 条件允许保险公司为没有预测到的风险提供保险，同时限制他们对已知的被保险人的风险敞口。尽管 2010 年国会通过的医疗保险立法将不再允许保险公司排除对预设的状况的覆盖，但是这种变化直到 2014 年不会影响申请医疗保险的成年人。

没有保险的人：现收现付

将所有形式的公共和私人保险放在一起，你可能会认为所有的美国人都从某些来源获得了医疗保险。在 2006 年到 2008 年的 3 年间，平均 4 600 万人，即大约占美国人口 15％的人，在任何时候都没有被医疗保险覆盖（见图 8—3）。[51]没有医疗保险的人怎么获得医疗服务？

正如您可能想到的，穷人和低收入人群与他们比较富裕的同伴相比，更可能没有医疗保险。2008 年，大约 25％生活在年收入不到 25 000 美元的家庭里的人没有医疗保险，同时，大约 8％生活在年收入 75 000 美元或更多的家庭里的人也没有医疗保险。

更糟糕的是，那些生活在贫困中的人没有医疗保险的比例是 30％，不同于总人口的 15％。如图 8—3 所示，那些生活在贫穷中的人与一般人群相比，无论从他们的年龄、种族、教育还是其他特征来看，都是不太可能有保险的。

超过一半的没有医疗保险的成年人是“工作的穷人”，而且这一数字是在增加的。2007 年，近 2 700 万（18％）年龄在 18～64 岁之间的人没有保险，他们在一年的某些时间是工作的。到 2008 年，这一数字已升至近 19％，约 2 800 万人。如图 8—3 所示，那些全职工作但是收入仍然处于贫困水平的人，没有保险的比例是约 53％。

种族也是一个因素。非西班牙裔白人，几乎 11％的人没有保险。黑人没有保险的比例约 19％，夏威夷原住民和其他太平洋岛屿居民没有保险的比例约为 17％，亚洲裔 18％没有医疗保险。西班牙裔没有医疗保险的比例最高，约为 31％。

2008 年，大约 10％的 18 岁以下的儿童都没有保险。这是自 1987 年以来儿童保险率最低的一年。即使有医疗补助和州儿童医疗保险计划，与一般人口中的 10％相比，没有保险的贫穷儿童的比例也相对较高，为 16％。在没有保险的儿童中，种族也是一个影响因素。2008 年，非西班牙裔白人的孩子没有保险的不到 7％，与此同时，黑人孩子和亚裔美国人的孩子没有保险的比例几乎是 11％。西班牙裔的儿童没有保险的比例超过 17％（见图 8—4）。

没有保险的人通常拖延看病，直到疼痛或疾病的程度发展到不能再拖延，他们经常使

295

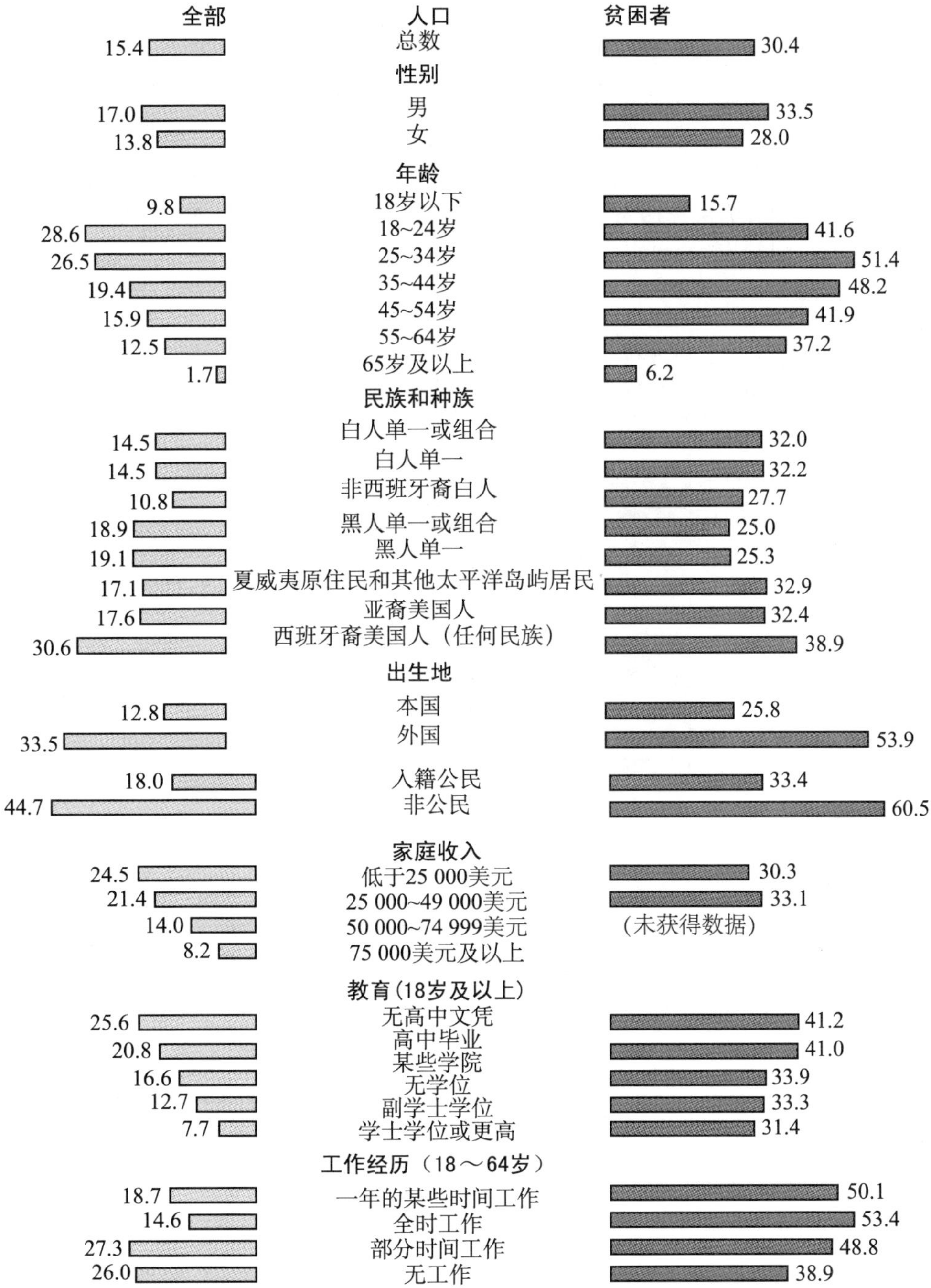

图 8—3　2008 年特定类型的全年未被健康保险覆盖的人口

资料来源：U. S. Census Bureau，Current Population Survey，2008 Annual Social and Economic Supplement.

296 用医院的急诊室作为他们的“一般全科医生”，而这是最昂贵的医疗服务。医疗成本也因之被推得更高。如果这些人有一种为之付费的方式，他们可能已经得到了远比急诊收费低得多的治疗（注意，在一个人的名字之后，大多数服务提供者接下来的问题是有没有医疗保险，许多服务提供者在前台签字就表明已经为服务付款）。不同于那些有保险的人，没有保险的人之中没有人代表他们与医生、医院和其他医疗服务提供者谈判价格。因此，他们通常比有保险的人为医疗服务支付更高的价格。一项研究表明，2007 年，美国 62％的破产是由于医疗问题。[52] 自 2001 年以来，医疗破产率几乎增加了 50％。大多数申请破产的都有医疗保险。

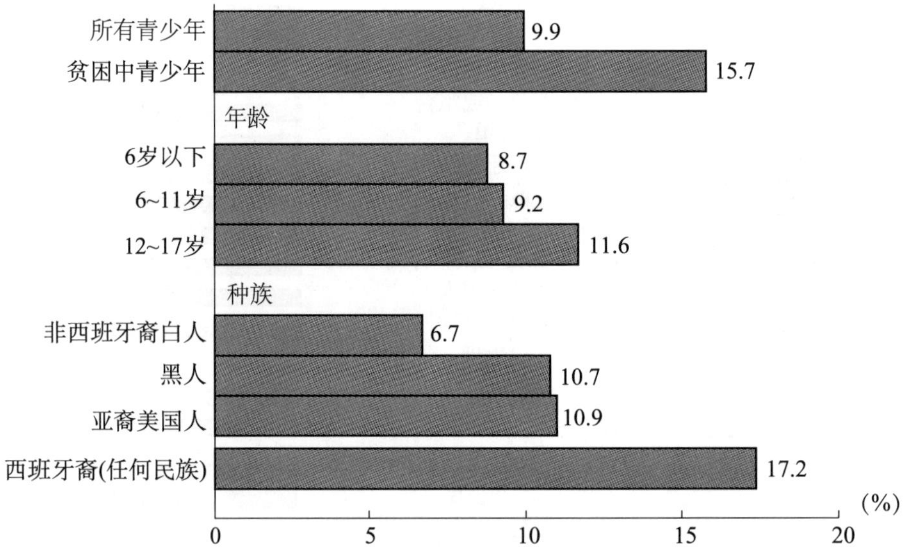

图 8—4　2008 年未被保险覆盖的儿童状况：贫困状况、年龄、种族

资料来源：Carmen DeNavas-Walt，Bernadette D. Proctor，and Jessica C. Smith，*Income*，*Poverty*，*and Health Insurance Coverage in the United States*：*2008*，U. S. Census Bureau，Current Population Reports，P60 - 236（Washington，DC：U. S. Government Printing Office，2009）. Retrieved December 19，2009，from http//www. census. gov/prod/2009pubs/p60 - 236. pdf.

医疗服务到底出了什么问题？

毫无疑问，由于医疗照顾计划、医疗补助计划和更多的由雇主提供的保险，美国人获得的医疗服务增加了。不幸的是，这种在医疗服务获得方面的增加，并没有相应地改善人们的健康状况。在这一点上，从 20 世纪 70 年代早期就有证据表明结果是特别黯淡的——

在增加医疗服务支出与改善弱势群体的健康之间似乎没有关系。[53]一般卫生统计中改进就像医疗补助和医疗照顾之前一样，它们是追随着这些计划颁布的。

美国需要的不是更多的药物，而是一个更合理的分配稀缺资源——医疗服务——的方式，一个更有效的改善国民健康的方式。我们真的不能奢望提供每个人都想要拥有的 297
医疗服务，但我们可以将更多的资金用于帮助美国人采取更健康的生活方式。这可能是最好的使用医疗服务资金的方式之一。如果人们饮食更健康、多运动、不吸烟，以及做所有的显然是说比做更容易的事情，就能够产生健康和减少医疗成本的最大好处。但是，争论也随之而来，采用更健康的生活方式的责任在政府、食品和烟草产品的制造商还是在个人？

以国际角度看医疗服务

多数人认为一个发达的社会应该在医疗服务方面投入相当大的资金。美国确实是这样做的，它的医疗服务超过了所有其他发达国家。表 8—1 提供了几个国家的医疗服务支出的信息。2007 年，没有一个国家能接近美国在医疗服务上的花费：每人 7 290 美元。最接近的是挪威，4 763 美元；其次是瑞士，4 417 美元。[54]美国的医疗占国内生产总值（GDP）的比例也比其他国家高，2007 年是 16.0％，它超过了法国的 11.0％和瑞士的 10.8％。美国的医疗服务成本来自公共资源的比例不到一半（45.4％）。除了瑞士，其他国家的医疗支出中公共资金占比都超过三分之二。这些其他国家几乎每个人都有公共资金支持的医疗保险。只有美国和南非这两个工业化国家没有某种形式的国家医疗保险。

表 8—1　所列国家人均医疗支出和占 GDP 的比重以及有公共医疗保险的人口比重（2007 年）

国家	以美元为单位的人均支出（美元）	医疗服务支出占 GDP 的比重（％）	在全部医疗服务支出中公共支出所占的比重（％）
澳大利亚[a]	3 137	8.7	67.7
加拿大	3 895	10.1	70.0
芬兰	2 840	8.2	74.6
法国	3 601	11.0	79.0
德国	3 588	10.4	76.9
爱尔兰	3 424	7.6	80.7
意大利	2 686	8.7	76.5
日本[a]	2 581	8.1	81.3
挪威	4 763	8.9	84.1
西班牙	2 671	8.5	71.8

续前表

国家	以美元为单位的人均支出（美元）	医疗服务支出占GDP的比重（%）	在全部医疗服务支出中公共支出所占的比重（%）
瑞典	3 323	9.1	81.7
瑞士	4 417	10.8	59.3
英国	2 992	8.4	81.7
美国	7 290	16.0	45.4

[a]澳大利亚和日本的各类别的数据均是2006年的。

资料来源：Organization for Economic Cooperation and Development，*OECD in Figures 2009*，p. 8，www.oecd.org/infigures.

如果美国人可以夸口说他们比其他国家的人更健康，那么美国的医疗服务成本可能不会如此令人难以接受，但是这完全不是真实的情况。尽管获得了最先进的医疗技术，但是
298 美国人的预期寿命低于许多其他工业化国家（在30个国家中女性排在第23位，男性排在第22位），婴儿死亡率高于许多工业化国家（排在第25位）。[55]

国家的医疗服务法案

如果医疗费用不是如此之高的话，为全部美国人提供医疗津贴就会变得容易一些。全国医疗支出在美国迅速增长。1965年，在实施医疗补助和医疗照顾以前，全国总的（包括公共的和私人的）医疗费用为420亿美元；1990年为6 980亿美元；2008年医疗支出超过2.3万亿美元（见表8—2）。2008年，花在医疗服务上的每一美元，私人保险和其他私人基金支付的总和占41美分，政府支出（联邦、州和地方政府支出，包括为医疗照顾计划、医疗补助计划和州儿童医疗保险计划的支出）占47美分，现金支出12美分（见图8—5）。

雇主正在承受着更多的员工医疗保险成本和一些被覆盖的员工无法承受的对他们的家庭成员的保费的额外免赔额。一些人工作只是为了得到医疗保险覆盖，因为他们害怕没有它。

有以下几个因素推动了医疗费用的逐步上升：

1. 第三方资金，包括私人保险（特别是提供雇主）和公共保险（医疗补助和医疗照顾计划）的扩展，推动了医疗服务费用快速增长。所有这些都增加了对医疗的需求。

2. 不断增长的老年人数量是另外一个推动因素，因为年龄超过65岁的老年人比其他人口更多地使用医疗服务。

3. 医疗技术的进步也是一个原因。很多疾病的诊断和治疗有了很大的改善，包括心脏病和癌症——这在不久前总被认为是致命的。设备［如计算机轴向断层扫描（CAT）、核磁共振成像（MRI）］、技术（如器官移植以及其他延长生命的非凡的方法）也使费用增加。不断发展的技术增加了存活可能性极小的婴儿和严重病患的存活率。

4. 医疗设施不断扩充，包括需要高额费用来维护的医院病床（尽管农村地区可

能没有医生，更不用说医院）。医疗补助资金催生了许多新的养老院设施，导致了越来越多的人住到里面。

5. 诉讼是另外一个因素。对医疗失当诉讼的担心导致医生进行更多的检查，即使检查的效用受到质疑。病人一般都希望得到所有最好的服务，医生也这样做。由于医疗失当诉讼的威胁（和律师寻求追诉案件）、医疗事故保险成本增加，这些成本也转嫁到消费者身上。

6. 医疗费用的通胀也是原因之一。由于管理式医疗、更多的竞争和提供者努力避免在医疗服务领域更大的政府干预，20 世纪 80 年代出现的两位数的医疗成本上涨已经减弱。2009 年医疗费用预计以 7.4%的速度增加，使得 2009 年成为医疗费用通胀连续下降的第三年。[56]然而，在这个比例下计算的总成本继续增长，而且医疗通胀继续超过一般的价格通胀。随着医疗成本继续增加，复合的增长率的效果，加上“婴儿潮”人口老龄化预测的对美国的医疗服务需求的不确定的未来，如果不采取措施就会出现“弯曲的成本曲线”。

表 8—2　2008 年美国全国医疗支出（十亿美元） 299

支出类别	数额
医疗服务和供给	2 181.3
个人医疗照顾	1 952.3
住院护理	718.4
医生与临床服务	496.2
牙科服务	101.2
其他专业服务	65.7
家庭医疗服务	64.7
护理院护理	138.4
处方药	234.1
耐用医疗产品	39.0
医疗易耗品	26.6
其他个人医疗服务	68.1
政府管理和私人保险净费用	159.6
政府公共卫生活动	69.4
医学研究	43.6
建筑和医疗设施	113.9
总计	2 338.8

资料来源：Centers for Medicare and Medicaid Services, Office of the Actuary. Retrieved May 22, 2010, from http://www.cms.hhs.gov/NationalHealthExpendData/02_NationalHealthAccountsHistorical.asp#TopOfPage.

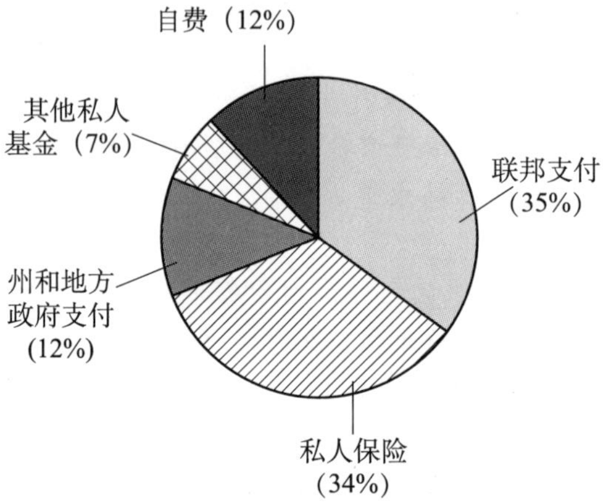

图 8—5　2008 年美国医疗照顾资金的来源

资料来源：Centers for Medicare and Medicaid Services，Office of the Actuary. Retrieved May 22，2010，from http://www.cms.hhs.gov/NationalHealthExpendData/02_NationalHealthAccountsHistorical.asp#TopOfPage.

300

试图控制医疗服务的成本

20 世纪 80 年代，联邦政府采取行动来遏制迅速攀升的公共医疗服务成本。由于医疗补助计划报销比例已经如此之低，所以最初的这些努力的目标是医疗照顾计划。

对医疗照顾计划的控制

制定的控制迅速增长的医疗照顾成本的主要手段是诊断关联归类（diagnosis-related groups，DRGs）和医疗照顾的分配。1983 年国会采用了颇受争议的诊断关联归类系统。在这之前，对于医疗照顾计划给予医院的补偿有一些限制，但是一般医院得到的都是在治疗病人时发生的“合理”费用的偿还金。这是一种回顾性的（事后）支付医院医疗服务的方法。尽管遭到强烈的反对，诊断关联归类系统还是引入了一种预付偿还金的方法，按照这种付费，联邦政府针对 487 种疾病或诊断关联归类预先分别规定了它将支付给医院的费用。联邦政府设计了一个公式来计算偿还金，它包括在医院治疗一个有医疗照顾资格的病人的平均费用，治疗诊断关联归类的平均费用，不论医院是在一个大的城市地区还是其他地区，也不论在某个地区的医院的工资与全国平均的医院工资相对照是怎样。对于花销很大的个案，政府将会给医院更多的补偿，如医院为相当多的低收入病人服务或是在某个区域里是唯一一个提供服务的医院，以及是区域指定中心和癌症治疗中心，政府也将会给医院更多的补偿。任何花费时间读诊断关联归类体系的规则的人，都会被它的烦琐搞得头晕目眩。当一家医院治疗一个病人花费的成本超过了规定时，它们需要自己承担这部分增加的费用，但如果医院使用的费用低于诊断关联归类体系允许的水平时，它们可以自己留下余额。参加的医院对有医疗照顾资格的人收取的费用不能超过诊断关联归类的规定。很明显，诊断关联归类系统的目的就是使医院费用支出更有效，当医院节约成本时，医疗费用支出很快就能够减少了。

对医生费用的控制是很难实现的。传统上医疗照顾支付给医生的费用，是在他们同行中的"一般的、惯例的、合理的"费用。医生和美国医疗协会（AMA）对控制费用的反对是一个难以逾越的障碍。[57]费用控制条款包括为参与的医生对有医疗照顾资格的人收费设置最高限额。参与的医生和其他提供者同意接受医疗照顾补偿费作为他们的全部治病费用，而没有参与的医生可以向被医疗照顾计划覆盖的病人收取更多的费用。每年，美国卫生和人类服务部会决定医疗照顾计划支付给医生的费用。激励医生参与计划的因素包括更高的工资、激励性的补偿费用、分发参与计划的医生名单。

1989 年，国会认为需要进一步与美国医疗协会建立重大变化来控制医生的费用。这样的一个变化是从 1992 年起根据一个包含约 7 000 种不同的治疗服务费用的表格支付医生费用。

尽管国会试图抑制支出，但是政府在医疗服务费用中承担的份额，相对于由私营部门支付和家庭承担的份额，在 20 世纪 90 年代还是大幅增加。[58]最令人不安的是，医疗照顾信托基金即将枯竭，尽管国会采取措施控制成本，通过向所有员工的收入征收医疗保险税筹集更多资金。在国会寻找使联邦预算实现平衡的方法时，医疗服务成为 1997 年《平衡预算法》的主要目标。

《平衡预算法》

1997 年的《平衡预算法》（BBA），使得医疗补助和医疗照顾的费用减少了，绝大多数的节省来自对新提供者的付款的较小增加。在第一个 5 年内医疗照顾计划节省了1 150 亿美元、医疗补助只节省 150 亿美元。该法案也废除博伦（Boren）修正案，要求各州对医院和养老院支付"合理和适当"的报酬。这为各州提供了更大的灵活性，但特别有争议的是，在很多地方医疗补助提供给养老院的补偿金比例已经非常低了。[59] *301*

从非均衡分担医疗支出（disproportionate share hospital，DSH）中节省钱也受到质疑。在过去，医院和医生通过将付不起钱的人看病的费用转移给第三方（政府计划和私人医疗保险）及能够支付其费用的个人，来弥补自己的服务费用支出。如今，由于公共的和私人的费用节约政策，这种分担费用的方式变得越来越困难了。非均衡分担医疗支出服务用于很多的医疗补助计划中的人和许多没有医疗保险的穷人。非均衡分担医疗支出用来补偿医院提供这些服务的支出。20 世纪 90 年代通过的《平衡预算法》和先前的立法限制了可以吸引来的非均衡分担医疗支出补助。这些办法意在通过更加高效的医疗服务来节省政府的资金。

在《平衡预算法》之下，医疗照顾的受益者自费的医疗服务费比以前多。例如，B 计划部分的免赔额比以前更高了。《平衡预算法》也试图通过使用更多的管理式医疗以及其他为穷人和老年人提供的医疗保健选项实现节省。根据众议院筹款委员会的看法，《平衡预算法》"通过放缓对服务提供者支付的速度和制定项目的结构变化取得了大量的节省”[60]。《平衡预算法》可能做得太好了。有人认为支付减少大于预期，是因为一些工厂关闭和限制一些受益者获得服务。后续的增加支付率措施也将被采纳。但也有额外的努力来限制支出。例如，2003 年，美国国会决定减少医疗照顾受益人在一年内能从身体的、语言的和职业的治疗师那里得到的服务。

为什么美国人没有普遍的医疗服务？

自从罗斯福总统以来，进步人士一直试图在美国引入普遍的医疗服务。为什么美国的医疗服务费支出超过所有其他国家，而 4 600 万美国人没有医疗保险？

对这个问题有很多反应。也许最好的解释来源于一个被称为路径依赖的理论。这种经济理论，是在生物学中建立的，它坚持认为，一个过程中的早期决定会强化后来的决策。对于最终的结果，初始条件是非常重要的。[61]

大多数其他国家都有使医疗服务普遍受益的公共政策，由国家税收收入以一种或另一种形式为医疗服务付费。[62]在英国、加拿大以及许多其他国家采用国家医疗服务的方式，这是福利国家形成的相对较早的时期，但这些国家采取了几种不同的做法。英国有其国民医疗服务系统，这个系统的皇冠是国家拥有医院而医生是政府员工。这种“国家”的系统通常被称为“公费医疗”。加拿大的系统与之有很大不同：医院是私人所有的，医生不是政府雇员。加拿大有一个单一保险人支付系统，在这个系统中，省级政府向这些私立医疗服务提供者支付所有索赔金额和成本。服务被认为是很好的，据报道，系统通过集中服务和设备有效地运行。[63]在加拿大的计划下，医生保持可观的收入。在加拿大的国家政府 1958 年普遍采用医院保险和 1968 年采用全民医生保险以前，一些省份已经为它们的居民担保。

美国在其早期有一个更为个人化的系统。富兰克林·罗斯福总统打消了最初在《社会
302 保障法》中包括一个全民医疗保险的想法，因为他的顾问让他相信，任何试图包括国家的医疗服务的想法都会危及社会保障的退休保险。哈里·S·杜鲁门（Harry S. Truman）总统和比尔·克林顿总统的全民医疗保险的尝试都失败了。在每种情况下，对手都会提出“公费医疗”（socialized medicine）的幽灵对美国的生活方式来说是外国的东西。

在 30 年代的大萧条时期，当病人很难为医疗服务付费时，私人的“蓝十字”和“蓝盾”计划为医院和医生提供了一个资金支持。随着美国在第二次世界大战中发现自己的成本失控的通货膨胀是一个迫在眉睫的危险，1942 年《工资稳定法》（Wage Stabilization Act of 1942）禁止雇主提高大多数员工的工资水平。代替工资的增长，工会（有组织的劳工）鼓励雇主提供附加的补贴，很大程度上为员工采取了医疗保险的形式。联邦政府允许这种情况发生。因此在美国形成了就业和医疗保险之间的联系。

约翰逊总统认为医疗照顾是迈向承认医疗服务是一项基本权利的第一步。在他 1971 年的回忆录中，他表达了自己的希望：医疗照顾最终会带来普遍的医疗服务。[64]这是在 20

多年前通过的一项确保所有美国人都得到医疗保险的严肃尝试。

在第一次竞选总统时，比尔·克林顿的头号竞选承诺就是建立全民医疗保险。总统对这个问题十分投入，他指派妻子希拉里·克林顿主持一个特别工作组来设计计划。支持者希望它为所有的美国人提供一个得到预防和早期治疗的机会，同时还希望它能通过支出控制来约束全国医疗费用。

在这个计划之下，所有公民和合法移民将得到一张“医疗保障卡片”以保证他们的综合性的医疗服务津贴，包括终生的预防性治疗。[65]每个人都将获得医疗保险，不管失业与否都将持续获得医疗保险。资格和报销规则会在全国范围内标准化，以代替许多现有的医疗服务政策和计划下的各种各样的规则。竞争是计划的一个主题，参与者要进入一个大型采购池（医疗服务联盟，health care alliances）进行购买，以便使他们的医疗资金得到最有价值的使用。每一个联盟提供一套可选择的计划。雇主必须为标准的一揽子津贴支付平均保险费的80％，员工支付其余的部分。保险费的目标在于阻止费用膨胀。贫穷的个人可以得到免赔额的折扣或免除。医疗补助将为最贫穷的个人提供医疗保险费，他们也能够得到免赔额的折扣或免除，但是他们必须在联邦中得到服务。医疗照顾计划将继续保留，但是个人可以选择医疗照顾还是一个地区的联盟。处方药补贴将被添加到医疗照顾计划中。一个联邦—州的长期补贴将包括以家庭和社区为基础的对残疾人的服务，这种服务不论他们的年龄和收入。

预计四分之三的《医疗保障法》的资金将从现有资源——雇主和被保险人——获得，以及从医疗照顾和医疗补助结余中获得资金。作为对医疗服务的期待，尤韦·莱因哈特（Uwe Reinhardt）这样写道：

> 总统的建议……不是一个清楚的、简单的依照一种哲学思想而设计的，比如，像加拿大和德国的体系那样。鉴于美国的传统，它……是一个复杂的折中，将多元的伦理道德和在政治上有影响力的群体追求的同样多元的狭隘的经济利益弯曲、扭曲混杂为一张普洛克路斯特斯之床（*the Procrustean bed*）。[66]

紧跟总统议案之后的是许多不同的建议。很多自由主义者提倡更大的政府调控，包括一个单一支付体系（single-payer system），在其中，联邦政府征收所有用于医疗和补偿要求的资金。单一支付体系的倡议者希望终结美国的双重医疗体系，在这个体系中，富人获得更好的治疗，穷人只能得到二流的服务。但也有人担心，如果没有竞争，将不再会有对效率的刺激因素。 303

在连续统的另一端的人们则认为克林顿计划的政府调控程度太高了。他们担心很多医疗服务决定会由官僚做出而不是在医生和病人间达成。保守派希望更多地依靠自由市场产生的竞争，他们还希望采用一种更为缓和的渐进式方法。政治上的赌博淹没了公众对计划的支持。在第一夫人的带领下，对共和党来说，《医疗保障法》的胜利是很容易掌握在民主党的手中的。来自佐治亚州的共和党的众议院代表纽特·金里奇认为，总统和民主党会大败，而这将成为共和党夺回众议院和参议院的控制权的一个机会。使用医疗改革建立他与美国人的契约（限制政府和社会福利），金里奇在两个方面都取得了成功，击败了全国医疗服务改革，看到共和党夺回了在国会参众两院的控制权。因为自己的努力，金里奇得到的回报是当选众议院议长。[67]

> 一个人只需看看美国之前在医疗服务改革方面的失败，就会认识到这是一个复杂的任务。面临的挑战是艰巨的，因为它必须吸引广泛的政治支持，但是，在这个国家中，从来没有使得在医疗服务中的所有其他有价值的目标都必须放在第二位，就一个压倒一切的社会伦理（全民覆盖）取得共识……这种矛盾状况的结果——打开对一个崇高的目标的支持，但也打开对实现这一目标的唯一方法的敌意——导致一个多年的僵局，就是全民医疗保险成为国会争论的热点。[68]

对全民医疗保险的哪怕一丝希望都迅速消失了，它一直被搁置到 2009 年。

渐进主义和 2009—2010 年对全民医疗服务的努力

没有任何地方比美国在医疗服务领域中那样有更多的证据证明，它以独特的方式对待社会福利政策。美国人习惯于医疗服务的现状，医疗服务领域的既得利益者，如医生、制药公司、医院和保险公司进行的活动使美国人对医疗服务领域中更大的政府干预感到担心。2010 年，巴拉克·奥巴马总统和民主党主导的国会战胜了统一的共和党的反对，通过了《国家医疗服务改革法》，这是自 1965 年医疗照顾计划被通过以来，通过的第一个主要的医疗改革法案。

美国医疗服务体系的问题是显而易见的。成本是很高的。政府对医疗照顾和医疗补助计划的支出威胁经济的稳定。雇主正因员工的医疗保险成本不断增加而面临压力，一些大公司同时还面临为退休人员提供补贴的压力。通用汽车公司申请破产之前，面临 150 亿美元的医疗保险债务。福特汽车公司每年支付超过 30 亿美元的医疗保险费用。[69]在经济衰退时期没有医疗保险的美国人的数量在增长。为没有医疗保险的人提供医疗服务的费用是由社会承担的。此外，没有保险的人口是一个不断变化的群体。虽然有些人通过就业获得了医疗保险，但是与此同时其他人可能失去了他们的工作和医疗保险。公共医疗保险除了美国老年人以外不包括其他人。今天由医疗补助计划提供了保险的个人，由于增加收入或其他情况的变化，明天可能就不被覆盖了。

304 面对这些令人生畏的政策挑战，有人可能会认为政府需要迅速和大规模地采取纠正措施。然而，即使在面对巨大的需求时，美国的政府体制也倾向于阻止大刀阔斧地改革的方法，偏爱的是一种渐进主义的方法。这通常是可取的，因为它可以防止采取不彻底的行动，并进行缜密的讨论。然而，一些问题要求重大变化，这其中就包括医疗服务。这样的变化很难实现，在过去的100年里，全民医疗保险的失败就是明证。

大多数美国人有一个像样的医疗服务的来源，尽管他们可能会抱怨自己的医疗服务计划的某些方面，但是大多数人对当前系统感到满意。由三个著名的民意调查小组进行的一项调查发现，"美国人支持在当前系统的基础上改善医疗服务的方式，他们不希望进行大刀阔斧的改革"[70]。医学研究所（Institute of Medicine，IOM）试图说服美国人，"以增量方法扩展覆盖是不充分的"[71]。美国医学协会和美国医疗保险协会也加入了对某种类型的全民医疗保险的呼吁中。许多年前，美国医学协会开始支持强制由雇主提供的医疗保险。但这些组织批评克林顿总统的全民医疗保险方案的某些内容，特别是支出控制。[72]

医疗服务改革的争论要点

美国的医疗服务支付系统是复杂的。它涉及许多政治和经济利益，并非所有的方式都与提供更好的和更多的医疗服务有直接关系。这些利益为争夺国会和公众的关注进行竞争，希望对未来的医疗服务的争论产生影响。2009年至2010年的辩论有三个主要内容：(1）美国人在医疗服务领域应该有怎样程度的选择；(2）医疗保险公司是否应该被禁止根据预先检查到的情况或事后的索赔将某些人从保险承销的覆盖中排除；(3）是否使获得充足的、可以负担得起的医疗服务成为一种权利而非导致对医疗服务进行分配的特权。

医疗服务选择

美国人有一个植根于坚固的个人主义的国家概念的文化历史。美国人愿意相信他们是有选择的，他们能够掌握自己的生活。在医疗改革的争论中，这一点是很明显的，它推动对范围的选择、对提供者的选择，并保护着医患关系。医疗改革辩论中的对手在一定程度上表达的是这样一种争论，即在病人和医生之间对政府官僚的位置的想象。美国人对政府的怀疑，尤其是对"大政府"的怀疑是根深蒂固的。对手们知道，他们可以利用这一怀疑努力击败有关的想法，诸如以政府运作的选择覆盖没有医疗保险的美国人，更不用说一个单一付款人系统。

事实上，很少有美国人利用全部的选择或自己控制他们的医疗决定。那些未被政府计划覆盖的人，主要是由雇主提供医疗保险计划。正如本章前面提到的，由雇主赞助的计划中只有约一半提供一个可选择的计划。即使对那些有选择的计划，选择往往也是相对有限而且很难比较的。在大多数计划下，患者可以选择自己的医生、医院和其他提供者，但是如果他们选择的提供者不在保险计划的合同中，他们就得支付高额的自付费用。至于控制医疗服务，至少从理论上讲，最终这是依靠患者的。然而，患者的医疗保险计划可能拒绝覆盖某些环节。在这种情况下，它不是政府官僚做出的医疗决定，而是为受利润驱动的保险公司工作的官僚做出许多关于医疗服务支付和程序的决定（见例证 8—1）。

305

例证 8—1

太少，太迟了

2009 年的医疗改革争论呈现了许多面孔，比较引人注意的面孔之一是娜塔林·萨尔基燕（Nataline Sarkisyan），一个 17 岁的女孩。在治疗白血病时，采用骨髓移植，并发症导致她的肝脏衰竭。2007 年 12 月，信诺（CIGNA）医疗保险公司起初拒绝为萨尔基燕的肝脏移植付费，尽管她的医生请求这样做。信诺提出，这项医疗服务不被覆盖，是因为在本质上它是实验性的。当媒体施压加剧，青少年和护士集合到信诺位于费城外的总部要求保险公司改变其决定时，2007 年 12 月 21 日该公司妥协了，并且说："在这种罕见的和不寻常的情况下，做一个例外的决定。"在保险公司宣布同意为娜塔林·萨尔基燕的肝脏移植手术付费几小时后，她去世了。

资料来源：参照了多种媒体报道，例如："Family Sues Insurer Who Denied Teen Transplant," *MSNBC*，December 21，2007. Retrieved January 2，2010，from http：//www. msnbc. msn. com/id/22357873。

由于考虑到美国的私人保险系统的范围和影响，一个单一付款人系统是不可能的，所以在最近的医疗辩论中，许多人推动了所谓"强势的公共选项"或一般选项（见例证 8—2）。一种公共的选项可以有很多种形式。医疗补助和医疗照顾计划可以通过让没有保险的人购买这些项目扩展到包括他们，那些没有能力支付免赔额的人，可以部分或全部地由政府提供补助支付免赔额。虽然许多人都认为政府运作的选项将会失败，而实际上医疗照顾和医疗补助是高度成功的项目。没有它们，将会有更多的美国人没有医疗保险。

除了公共选项，奥巴马政府支持保险"交换"，这是一种市场，在那里个人、家庭和小型企业可以对私人保险公司提供的计划和公共选项进行比较，选择一个对他们自己最好的计划。由于私人保险公司在过去没有加强对数以百万计的没有医疗保险的美国人的覆盖，造成了一个严重的扭曲。一个观点是公共选项可能会提供竞争，以帮助私人保险公司覆盖更多的美国人。在有关医疗改革的争论中，另一个争论焦点被称为"个人强制保险"，即要求所有的美国人都取得医疗保险。许多提议者要求国会包括这样一个强制。反对它的各种论据被提出。论据之一是，它将把一个沉重的经济负担加在许多低收入的个人身上，因为他们很可能还要承担一些医疗费用的免赔额。另一个论据是，它仅仅是政府干预过度了，政府没有权利要求人们必须投保。在真正有全民医疗保险的国家，政府并不要求人们取得医疗保险，而是通过公民或居民美德，人们自动地被覆盖。他们可以选择被覆盖，也可以选择不被覆盖。

预设承保条件

医疗服务争论中的第二个主要问题与医疗保险的实践有关，例如通过预设承保条件限制对某些人的覆盖。保险是基于在池子中的风险，即人们是在没有覆盖需求的情况下支付保险费的，这样，当他们需要医疗服务时，他们就能够被覆盖。对于保险的运作来说，池 306
子必须从这样一些人那里得到保护，这些人由于具有优势，直到他们有一个“保险事件”之前不必为其支付保险费（或不在支付范围）。允许人们没有限制地在任何时候购买医疗保险，将类似于让他们在家里真的失火时购买火灾保险。这不会使人们形成经济意识。

例证 8—2

对公共选项的战斗

在2009年至2010年医疗改革的争论中，在最初由众议院和参议院通过的立法中，一个主要的区别是“强势的公共选项”。众议院议案H. R. 3200包含公共选项的条款，原来的参议院财政委员会议案没有这样的选项。然而，在议案被各参议院委员会报道出来以后，多数党领袖哈里·瑞德试图在议案中插入一个公共选项作为“领导人的标志”。

在与各个民主党的和独立的参议员谈判的过程中，需要获得必要的选票以结束对提议的立法的辩论。多数党领袖哈里·瑞德的努力受到参议员乔·利伯曼（Joe Lieberman）的阻挠，他坚称自己不会投票给任何包含公共选项的法案。利伯曼代表了一种情况，许多医疗保险公司总部或大型合作中心雇用他的许多选民。多数党领袖哈里·瑞德最初提出在公共选项方面，从对医疗照顾的资格为55岁返回到由那些年龄在55～64岁之间希望进入医疗照顾的人作为保险费购买人。然而，利伯曼拒绝附和这个提议。最后，瑞德被迫放弃公共选项或任何65岁以下的人购买医疗照顾的主张，以换取利伯曼的投票支持法案。

许多进步人士认为在参议院的法案中失去公共选项是一个主要的令人失望的点。2009年9月中旬，美国最大的医疗保险公司信诺医疗保险公司公共关系部的前副总经理温德尔·波特（Wendell Potter），在众议院民主党的指导和政策委员会之前作证，在他的开场白中说，波特现在是媒体民主党的医疗服务中心的高级研究员。

他告诉国会，“如果不能创造一个公共保险选项与私人保险公司竞争，提交给总统的法案就应该被称为保险行业的利润保护和增加法案”。

虽然波特加入了许多其他对参议院在2009年圣诞节上午7点通过的法案表示失望的人之中，但是他在短期内不认为该法案已经最终失败了，相反，他呼吁改革的支持者“承认所有的令人失望的妥协和缺陷，但是应该以参议院通过法案为基础，在未来继续进行建设”。

资料来源：这段分析依据以下网站的新闻报道：CNN. com，MSNBC. com，The Huffington Post online edition。温德尔·波特的引语均来自 The Huffington Post。Retrieved January 2，2010，From http://www. huffingtonpost. com/2009/09/15/wendell-potter-public-opt _n _287733. html and http：//www. huffingtonpost. com/wendell-potter/why-im-not-joining-the-ca _ b _ 403176. html，respectively.

消除预设承包条件限制的一种方法是确保每一个人，包括那些认为自己太年轻、很健康因而不需要医疗保险覆盖的人，都加入风险池之中，这也是提高对个人的强制的观念。对个人的强制将有助于消除人们只有在知道他们需要索赔时才购买保险的问题。每个人都
307 将分担系统的成本。在当前私人医疗保险系统中，这如果不是不可能的话，也将是非常困难的。为了控制保险费成本，如果想取消预设承包条件的限制，则除非有一个强制个人参加保险的条件被包括在内。

医疗改革的支持者强调了需要被医疗保险覆盖，但是有很多因为预设的承保条件而不能得到医保的令人伤心的故事。有医疗保险的人们也使用了同样的悲伤故事，一旦提出索赔，他们的保险就被取消了，通常是源自被称为“事后索赔承保”的某些情况。在事后索赔承保中，保险公司需要就覆盖的事项拿出钱来；然而，当被保险人提出索赔要求时，保险公司回头去查看被保险人的情况，如果被保险人有预设承保条件排除的情况，他或她在购买保险时没有披露，那么他或她就可能拿不到钱了。通常在法律上，事后承销有助于防止保险公司向声称没有预设承保问题、存在欺诈行为的消费者支付大笔索赔款。毫无疑问，一些保险公司也可能滥用事后索赔承销，简单地避免支付大笔索赔款。这种滥用在一定程度上已经发生了，但与坊间传闻相比还没有良好的文档记录。对个人的强制保险将有助于消除事后承销的必要性。

特权、权利或分配？

第三个主要的争论点是，在美国提供优质的、负担得起的医疗服务应该是一种权利还是一种特权。在其他发达国家，这个问题早就解决了。在公费医疗或全民医疗保险体系下，医疗服务是一种权利，因为每个人都有资格得到。在美国，有一种观点，反对将医疗服务确定为一种权利或普遍资格，认为这会导致对医疗服务的分配。这是真的，但它是一个不完整的图景。由于医疗服务在任何地方都是一种稀缺商品，每个国家，包括美国，都

以这样或那样的方式分配医疗服务。

在公费医疗的英国和实行全民医疗保险的加拿大，部分医疗服务是依据时间而不是金钱配给的。看医生时，病人可能需要等待几个小时，接受非紧急外科手术，可能需要等上几个月。这是那些与为他们得到的服务付钱相比，愿意也有能力等待的人。对这些系统有一些不满，在英国，一些私人执业医生已经被允许为能够并且愿意付钱的病人提供服务。在美国的系统中，医疗服务是由一个人是否有保险、保额是否充足来分配的。换言之，美国人是基于支付能力分配医疗服务的。很值得怀疑的是，任何习惯了全民医疗保险的国家会选择像美国这样的体系。同样值得怀疑的是，美国将采用英国的系统。自由企业的盛行——医生、制药公司、其他医疗服务提供者、保险公司都强大到足以抵挡那么多的政府控制。另一方面，大多数美国人可能会认为，这个国家应该努力发现多数美国人已经有了连续的、全面的医疗保险，包括眼科和牙科的医疗服务（见例证 8—3）。

2009—2010 年医疗改革的政治

2008 年 11 月，民主党再次控制了白宫，并且自 1994 年以来首次控制了国会两院。医疗改革是政党竞选平台上的一块主要的板材，也是 2009 年的大部分时间里美国国会遇到的各种计划和建议中的主要内容。

2009 年 1 月 20 日，巴拉克·奥巴马宣誓就任第 44 任美国总统，这是自大萧条以来 80 年中最严重的经济衰退的中期。金融经济处于崩溃的边缘。不久之后，通用汽车申请破产。在新政府通过的第一批法案中，一个就是 7 970 亿美元的刺激拨款计划，紧随其后的是 7 000 亿美元的不良资产救助计划，这是应财政部长亨利·鲍尔森（Henry Paulson）的要求，在小布什政府时期通过的。尽管面临巨大的经济问题，也许就是因为这些问题，308
奥巴马总统明确表示，他希望推进美国的医疗改革计划。

例证 8—3

无保险的代价

如果医疗保险对于一些人来说是很难得到的，那么牙科医疗保险就更加困难了。即使有“好的”私人牙科保险的人，通常也承担着大量的自付额。而且，即使医疗补助应该提供儿童的牙科医疗服务，也可能很难找到一个牙医接受医疗补助，因为它的偿还比例非常低。病人可能因为缺乏运输工具难以进行预约，特别是当离自己最近的牙医仍然是在很远的地方时。在迪蒙特·德里弗（Deamonte Driver）

短暂的生命中，没有常规的牙科治疗。他的母亲是想让牙医治疗他兄弟的几个腐烂的牙齿，迪蒙特有一个脓肿的牙齿已经发展成大脑感染。家庭的医疗补助已经过期了，也许文件已经送到无家可归者的庇护所，但是他们已经离开那里了。迪蒙特的妈妈带他去了医院。不久之后，他就接受了脑部手术。虽然起初迪蒙特的情况有所好转，但最终他还是悲剧性地死了，这本来是可以通过一个简单的拔牙就能够防止的。

资料来源：根据多种媒体报道整理，尤其是 Mary Otto，"For Want of a Dentist," *The Washington Post*，February 28，2007。Retrieved January 31，2010，from http：//www. washingtonpost. com/wp-dyn/content/article/2007/02/27/AR2007022702116. html。

不同于克林顿总统，奥巴马总统并没有打算自己写出一部医疗改革立法。在 1993 年克林顿已经表示他希望国会写出一部立法，但是，时任众议院筹款委员会主席的丹·罗斯滕科斯基（Dan Rostenkowski，圣迭戈的民主党议员）相信克林顿政府应该准备一部立法，然后让国会对它进行谈判。[73]奥巴马显然意识到这种做法是徒劳的，而且激励国会让他在 2009 年夏天签署法案。

无论是众议院还是参议院在夏天的最后期限之前都没有会见总统。当委员会遇到多个法案版本时，反对者集结了他们的力量。说在医疗改革争论期间情绪高涨，一点都不为过。保守的电台和电视名人与保守的议员和其他人联合在一起，从 2009 年春天开始，推动一系列抗议刺激支出和抗议医疗改革方案的事件。这些事件的组织者被称为“茶党”（在美国殖民后期，波士顿茶党发动了抗议“无代表不纳税”运动），他们的活动吸引了大量的人，并被描绘成一个草根运动。诺贝尔经济学奖获得者和银团专栏作家保罗·克鲁格曼（Paul Krugman）如此叙述道：

> 草皮（假草根）事件，由通常的嫌疑犯人为制造。其中一个关键的角色是由弗里德姆·沃克斯（Freedom Works）扮演的，这是一个由前众议院多数党领袖理查德·阿米（Richard Armey）运作的组织，并且得到右翼亿万富翁群体的支持……由福克斯新闻大力推广。[74]

在漫长的 2009 年夏天过去时没有提出一项法案，参议员和国会成员因暑假到来回家了，当国家的立法者回家时，也是筹措竞选资金、关注家乡情况的时候，在大多数情况
309 下，他们会举行市政厅会议，与他们的选民一起讨论问题。他们中的多数人，主要是民主党人，在这些市政厅会议上，在讨论医疗改革时，会爆发愤怒的争吵，偶尔还会发生身体的碰撞。发生在宾夕法尼亚州莱巴嫩县的一个事件，就是由民主党参议员阿兰·斯皮克特（Arlen Specter，以前是共和党人，2009 年转党）喊叫导致推搡。参议员克莱尔·麦卡斯

基尔（Claire McCaskill，来自密苏里州的民主党议员）在家乡密苏里州举办的一个论坛上反复喊叫。民主党议员戴维·斯科特（David Scott，佐治亚州，黑人）收到的信件中有"国字头"（N-word），把他与奥巴马总统称为马克思主义者。斯科特的办公室外的一个代表标志被漆成纳粹党所用的十字记号，这是一个民间话语，表示越来越不文明之意。[75]

国会议员刚刚从夏季休会返回时，2009 年 9 月 9 日奥巴马总统在医疗联席会议上发表了演讲，对他希望达到什么样的医疗改革进行了广泛陈述。总统显然触动了敏感点，他表示这项法案将不包括对非法移民的免费医疗，此时共和党的代表乔·威尔逊（Joe Wilson，南卡罗来纳州）对总统喊道："你撒谎！"这时每个人都震惊了。威尔逊为喊叫发表了道歉，但不是因为自己的情绪。[76]两党领导人都谴责了威尔逊的喊叫，但在威尔逊大喊大叫之后的 48 小时内他的竞选战争支票增加了超过 70 万美元。[77]

众议院和参议院的议员们着手起草他们各自的议案版本。众议院版本包括一个强势的公共选项，将其定义为一个政府运作的计划，不要求产生利润，主要覆盖那些没有被其他项目覆盖的人。这个版本大量讨论通过削减医疗照顾支出和对年收入超过 50 万美元或夫妇年收入在百万美元以上的人征收收入附加税，为公共选项提供资金。参议院的版本是将对医疗照顾的削减和所谓 40%的税相结合成为所谓的"凯迪拉克"医疗计划筹措资金，这个计划主要涵盖工会成员，他们能够通过协商以较多的加薪代替更好的津贴。

在参议院，五个不同的委员会对法案的形成有权限。其中主要是参议院财政委员会，与参议院多数党领袖哈里·瑞德（Harry Reid，来自内华达州的民主党议员）磋商后，使大部分的决策在参议院提出了。财政委员会主席是参议员麦克斯·鲍克斯（Max Baucus，来自蒙大拿州的民主党议员），委员会最初的工作是听取大约 45 位专家的证词，他们对改革应该采取的形式给出专业的建议。民主党中进步和自由主义的成员支持单一支付计划，在其中联邦政府将充当所有美国人的保险人，令人沮丧的是，没有一个专家支持这个选择。鲍克斯明确表示，统一支付计划"已经出局"。

美国参议院经常被称为"世界上最审慎的机构"。参议院关于拖延的规则近年来使它更加审慎。任何参议员都可以拖延一项法案，即"通过谈论使之死亡"。为了结束辩论——终结争论，"多数"的即五分之三的参议院成员（60 位）必须投票赞成终结争论。

2009 年 11 月 21 日，参议院以 60 票比 39 票开放对医疗服务立法的全面讨论。[78]在接下来的一个月，为了达到终结争论需要的 60 张票，多数党领袖瑞德与许多参议员进行了磋商讨论。在第 111 届国会上，58 位民主党参议员加上两位独立人士（他们参加了民主党人的核心会议），构成了所需要提供的 60 票。由于在投票过程中共和党人能够保持完整的团结一致，瑞德必须确保他的核心团队中的每一位成员都投票支持结束辩论，否则法案就会死在拖延中。

对医疗改革的争论有一个焦点是，国会不得不在非常短的时间内同以技术性的、很难理 *310*
解的语言撰写的超过 1 000 页的议案进行搏斗。许多人抱怨民主党人试图通过不给予足够的时间考虑、可能会从根本上改变医疗服务的面貌和花费数千亿美元的条款，冲击法案。

最后来到结束辩论这个棋盘上的参议员是本·尼尔森（Ben Nelson，来自内布拉斯加州的民主党议员），一只所谓的“蓝狗”（Blue Dog）或财政上保守的民主党人。尼尔森是反堕胎运动的坚定支持者，坚持认为这个法案应该包含限制任何使用联邦基金支付堕胎的语言，特别是在通过私人营利性企业建立的“保险交易”之下，对于那些以收入为基础、有资格获得部分由联邦补贴的堕胎要严格限制。多数党领袖瑞德和参议员尼尔森之间的谈判的最终结果是，被交换覆盖和想要覆盖堕胎的女性每个月必须分别填写两份检查单——一份是覆盖她们的定期保费的部分，另一份是单独的附加的对堕胎的覆盖。除了法案中有关堕胎的语言，尼尔森还获得了对法案的一项修正（被嘲弄地称为“剥玉米皮回扣”），即要求在法案下免除内布拉斯加州在增加的医疗补助成本中它应该分担的份额，而其他州从2016年开始将支付它们的份额。[79]最后，“剥玉米皮回扣”被取消了。

在2009年12月21日下午1点，参议院在严格的党派基础上以60票比40票通过了结束辩论，为圣诞节投票通过参议院版本的法案提供了一个前提。在12月21日下午，多数党领袖瑞德和财政委员会主席鲍克斯举行了一个新闻发布会。塞西尔·威尔逊（Cecil Wilson）博士——来自佛罗里达州冬季公园大道的一位内科医生、美国医学协会（AMA）主席，表达了美国医学协会对参议院法案的支持。威尔逊博士说：

> 美国有世界上最好的医疗服务，如果你能得到它。但是，对太多人来说，获得医疗服务是遥不可及的，因为他们缺少保险，这对医生来说是不能接受的，他们经常是在一个碎片化的体系中提供高质量的医疗服务，这个体系并不服务于他们或他们的病人。[80]

2009年12月24日，参议院批准了8 710亿美元的议案——《患者保护和支付得起的医疗服务法》（Patient Protection and Affordable Care Act）。投票再次明确显示了党派界线，58位民主党议员和两个独立议员投了赞成票，39名共和党人投了反对票。

通常情况下，众议院和参议院成员组成的委员会会议试图对最终议案和出自会议报告的报告达成共识。众议院和参议院民主党领导人和白宫担心参议院的共和党人采用对与会的参议员点名的方式阻挠议案。由于这种担心，他们在2009年12月和2010年1月初开始召开闭门会议，尝试起草一个妥协的法案，这个法案能够在两院形成一个基础，能够得到参议院民主党党团的所有选票以便击败共和党。保持民主党党团的团结一致不是一件轻而易举的事情。参议员尼尔森和利伯曼说，如果他们为之战斗的条款发生了显著变化，他们将投票阻止该法案。与此同时，众议院中的进步民主党人在公共选项和最初使用的堕胎语言上挣扎，关于堕胎语言，他们想表达禁止使用联邦资金直接为堕胎支付，但允许保险费与政府资金对堕胎提供补贴。

在民主党领导人争论这个问题的同时，马萨诸塞州发生了一次特别选举，填补因民主党参议员爱德华·肯尼迪（Edward Kennedy）于 2009 年 8 月去世后留下的席位空缺。肯尼迪曾是美国国会中对全民医疗服务最热心的支持者，1962 年当选国会议员，在其中工 311
作超过 46 年。在这次特别选举中，共和党候选人、州议员斯科特·布朗（Scott Brown）击败了民主党候选人、马萨诸塞州检察长玛莎·考克莱（Martha Coakley），民主党的据点被打破了，这对民主党是一个惊人的打击。布朗是为反对医疗改革作战的，他的选票成为共和党人在参议院需要的维持阻挠任何法案的第 41 张票。[81]

即便不是大多数也有许多政治分析人士认为，布朗的当选敲响了奥巴马总统医疗改革尝试的丧钟。布朗当选后，有人呼吁民主党在布朗就任之前赶快投票。奥巴马总统反对这样的一个动作。其他人提出，众议院通过参议院的法案。虽然在宪法上是可能的，但众议院议长南希·佩洛西（Nancy Pelosi，来自加利福尼亚州的民主党议员）暗示她没有足够的选票通过参议院的没有修改的版本。[82]至少要能够说服一位共和党参议员投票赞成结束阻挠，唯一剩下的大道似乎就是在一个“和解”法案中包括最后的协商议案。根据参议院的规则，不能阻挠和解法案。经过一段时间的辩论，他们的结论是保证投票。如果这个是最终的选项，只需要 51 票就能通过法案。具有讽刺意味的是，比尔·克林顿希望利用 1993 年的和解进程通过医疗改革。在那个时候，阻止他这样做的是多数党领袖罗伯特·伯德（Robert Byrd），他认为医疗服务太复杂，一个短期的辩论不能在和解的过程中实现问题的解决。第一夫人希拉里·罗德姆·克林顿——克林顿专责小组的负责人，虽然很失望，但她还是同意参议员伯德的看法。[83]

2010 年 3 月 21 日，经过将近 12 个小时的辩论后，众议院以 219 票比 212 票通过了参议院的医疗改革法案。178 位共和党议员中的每一个人和 253 位民主党国会成员中的 34 人投票反对该法案。然后，众议院对一个修改参议院法案的单独的和解法案进行投票表决。和解法案试图调和现在通过的参议院的法案与众议院原来通过的法案。这一和解法案之后回到参议院，现在，它能够以简单多数投票通过，因为和解法案不受阻挠。四天后，参议院通过了和解法案。

无论是最初的参议院法案，还是和解法案，都包含一个对医疗保险的公共选项。尽管如此，法案对朝向所有美国人都有医疗保险提供了一个重要步骤。2019 年，国会预算办公室（CBO）将根据新的法律提供 3 200 万美元，使目前没有保险的 4 600 万人成为被保险人。这意味着非老年美国公民和其他合法居民中的 94%将得到医疗保险覆盖，相比之下，目前大约是 83%。[84]在法案颁布 6 个月后，将结束以预设承保条件为基础的对儿童的医疗保险的否定，并从 2014 年开始结束对任何人的否定。在新的法律下，孩子们被允许待在其父母的保险计划之下，直到 26 岁。

在 2020 年，医疗照顾受益人将看到医疗照顾计划的 D 部分中的处方药“甜甜圈漏洞”被关闭。老年人的“甜甜圈漏洞”在 2010 年将获得 250 美元的折扣，从 2011 年开始，在处方药缺口中的这些将得到 50%的折扣。然而，法律还包括在 2010 年和 2020 年之间对医疗照顾的 5 000 万美元的削减。

根据新的法律，医疗补助扩大至包括收入不高于联邦贫困线 133%的个人。新的法律还要求各州开始覆盖 2014 年对医疗补助有资格的、没有孩子的成年人。直到 2016 年，联邦政府将 100%支付新的符合资格的被保险人的费用。

法律建立了一个强制大多数美国居民到 2014 年拥有医疗保险的基础。那些没有保险
312 的人或个体经营者将被允许以州为基础交换购买保险。那些收入介于联邦贫困线 133%和 400%之间的个人和家庭的保险费将得到补贴。从 2014 年开始，将逐步创建小型企业为员工购买保险的单独的医疗保险交易所。联邦政府在法案颁布的一年内直到 2015 年 1 月 1 日，将为各州提供资金建立的交易所。[85]

国会预算办公室估计，从 2010 年到 2019 年，新的法律将减少联邦赤字 1 430 亿美元，而不是像批评者声称的那样增加它。预测 10 年以后的事情将是很困难的，国会预算办公室很少这样做。然而，国会预算办公室表示，在第二个十年（2020—2029）法律的作用将会把联邦赤字额外减少到占国内生产总值四分之一到一半的比例。[86]

法案包含许多保险改革——对个人的强制、对工作着的穷人购买医疗保险的补贴、建立保险交易所以便整合小雇主之间的购买力。虽然有这些重要步骤，但是许多进步人士对法案没有为美国人提供全民医疗仍然感到失望。

其间各州的状态

鉴于在美国尚未形成全民医疗保险计划，所以如何为那些没有被雇主提供的保险、医疗补助、医疗照顾或其他计划覆盖的人提供保险的问题就主要落在了州政府那里。各州已经尝试了各种方式，诸如以保险池的方式帮助人们获得较低成本的计划或强制雇主为员工购买医疗保险。今天，马萨诸塞州被誉为在覆盖人口方面最成功的州。它已经使用了医疗补助和私人保险计划相结合的方式，并实施了对个人的强制，以使更多的居民被覆盖。2008 年，超过 94%的马萨诸塞州的居民都被覆盖在医疗保险之下，使马萨诸塞州成为没有保险的人口比例最低的州。相比之下，得克萨斯州没有保险的居民比例最高，略高于 25%，每 4 个人中就有 1 个人没有医疗保险。[87]其他州也努力增加有保险的居民的数量，尤其是田纳西州、俄勒冈州、缅因州。

在签署了《医疗改革法》以后，各州官员都在竭尽全力满足他们的新义务，同时，他们中也有许多人为废除部分或全部新条款在施加压力。21 个州提起或加入对医疗的废除诉讼，30 个州提起医疗立法废除诉讼。[88]

直到诉讼和撤销措施得出结论，各州还是要投入资源去创建医疗保险交易所，以便使

没有被雇主购买的保险覆盖的人在那购买保险。这些医疗保险交易所在 2014 年建立，如果某个州拒绝开设医疗保险交易所，联邦政府可以在那个州开设。[89]新法律还提供了 50 亿美元给那些无法为没有能力获得医疗保险的人建立或扩大高风险池的州。截至 2010 年 5 月中旬，28 个州和哥伦比亚特区已经为没有能力获得医疗保险的人建立或扩大高风险池，19 个州选择联邦政府为它们处理高风险池，3 个州尚未决定如何做。[90]

医疗服务：更多的道德困境

除了看到所有美国人都有了一个医疗保险的来源外，在医疗服务领域还有许多其他的伦理问题需要考虑：从医疗保险的便携性和医疗信息的隐私性到干细胞研究和克隆。 313

便携性和隐私性

根据 1986 年的《统一预算与和解法》（Consolidated Budget and Reconciliation Act，COBRA），许多员工失去工作以后，如果他们可以负担得起免赔额，就能够继续他们的团体医疗保险。1996 年的《医疗保险携带和责任法》（Health Insurance Portability and Accountability Act，HIPAA）还使参加团体医疗保险计划的人在换工作或发生某些生活事件时，如结婚、离婚或孩子出生时，能够继续获得医疗保险。《医疗保险携带和责任法》也限制新雇主以预设承保条件排除对某些员工提供覆盖的能力。法律还禁止基于健康因素歧视员工或其家属，并保证某些个人可以得到或重新得到个人医疗保险费。一些州的法律比《医疗保险携带和责任法》更慷慨，但《医疗保险携带和责任法》规定是国家的最低要求。2010 年的《医疗保险改革法》消除了预设承保条件的条件，但是，在 2014 年以前对成年人无效。

与强调医疗保险的便携性一样，《医疗保险携带和责任法》强调了医疗服务的隐私性。大多数人可能会希望自己的病历被视为机密。美国卫生和人类服务部网站将《医疗保险携带和责任法》描述为第一个联邦标准，提供了保护病人医疗记录的隐私性的统一基础。[91]自 2003 年 4 月 14 日起，如果你收到医疗服务或处方单，毫无疑问你会被要求签署一份《医疗保险携带和责任法》通知。但是，法律在让患者知道他们的医疗信息将怎样被发布到其他各方（主要是与“协调”、“管理”或为寻求治疗赔偿有关的各方）那里，需要做的与它在保护隐私方面已经做的一样多。[92]

随着医疗改革的进展，许多人正在呼吁电子形式的医疗记录格式标准化。这种改变的好处包括降低行政成本、便于服务提供者之间进行信息共享，潜在的更好的效果是服务提供者可以通过电子医疗记录了解患者的整个病史。但是，我们也知道，在互联网时代，电子数据可以被希望利用那些数据记录的所有者有目的地利用，无论是否经过批准。在发展任何此类电子系统时，病人的医疗记录的隐私性将是一个重要的问题。面对不断变化的技术，《医疗保险携带和责任法》必须不断更新。

医疗服务的定量分配

在美国 2009—2010 年医疗改革的争论中可以看到这个问题，像医疗伦理困境一样，医疗服务分配也是个社会福利问题。可以提供的医疗服务的数量是有限的，在分配中什么因素应该被考虑？例如，我们是否应该放弃对年纪很大的人的生命支持，而赞成给儿童提供更多的预防性的医疗服务？这是一个非常困难的问题，在如何为医疗服务划分等级或进行配给问题上，没有一致的意见。事实上，一些人坚持认为花费 16%或者更多的 GDP 在医疗服务上，根本不应该是一个问题，国家应该避免配给服务。但由于诸多原因，医疗确实被配给着——不论一个人是否有第三方保险或者以其他方式承担医疗费用，无论生病的人是否自己支付治疗费，也不论医疗机构是否根据需要进行治疗而不是拒绝治疗贫穷的患者或者“甩掉”贫穷的患者。在另外的情况下，绝望的父母试图影响分配决定，当他们感到通过既有的网络不能尽快传递信息时，他们通过电视恳求为他们生命垂危的孩子捐赠器官。除非有大量的钱做支持，否则器官移植离很多患者都很遥远。一些医疗补助计划不再为器官移植支付费用。

费用并不是分配唯一必须考虑的基础。在未来几年，资源的纯粹可用性很可能成为更
314 大的挑战，尤其是随着越来越多的人获得医疗保险，随着人们的寿命的延长。有限数量的一般从业者、建立新的医院或扩大现有医院的阻碍因素、有限的可用的实验设施（特别是那些要求大量投资的设施，如核磁共振成像机器）、国家发展和人口老龄化的趋势，都会增加对分配医疗服务的需要。

徒劳的医疗

我们中没有人想要处于这样一种情况下，即我们无法决定自己的医疗服务。这就是为什么美国人被敦促着预先澄清他们的愿望。但即使一个人有了预先指令，也不能保证其医疗愿望能够得到执行。家庭成员、医疗专业人员或法院可能不赞成那些愿望的目的，或者，如果有什么事情是应该做的话，他们可能什么也不同意。一个关键的问题就是“徒劳的医疗服务政策”或“徒劳的医疗服务理论”，根据这种理论，医院对身患绝症或持续性植物状态的人保留拒绝治疗的权利，甚至不顾他们或他们的家庭的反对。对什么构成了徒劳的医疗服务的话题在医学文献中有广泛的讨论。显然，“医生没有责任提供徒劳的医疗

服务，即使病人或其代理人坚持”[93]。批评者则认为，不顾患者及其家人的反对决定停止治疗，动机就是提供这种治疗的高成本。[94]在管理式医疗下，这些决定受到更多的怀疑关怀。[95]很多医院都有一个伦理委员会，通常包括社区成员、神职人员等，帮助解决病人、家庭成员和医院工作人员面临的艰难决定。[96]医务人员也必须坚持自己的伦理准则，遵守联邦和州的法律。美国医学协会的伦理和司法事务委员会建议为解决徒劳的医疗建立一个程序，但它也承认“病人或代理人与医生可能有补贴的价值或医疗目标”，“对徒劳的医疗服务达成全民共识不太可能实现”[97]。

徒劳的医疗服务在 2009 年的医疗改革辩论中被提出，形成了所谓的“死亡板块”。前阿拉斯加州州长莎拉·佩林（Sarah Palin）、2008 年共和党竞选中失败的副总统约翰·麦凯恩（John McCain），指控众议院的法案包含的一个条款是“死亡板块”，这个条款要决定祖母是活着还是死亡。实际上，法案中的这个条款是共和党人插入的，呼吁医疗照顾计划为病人对于医生的关于临终医疗的指示进行的咨询付费。最终，民主党人把这个条款从议案中删除了，而不是面对所产生的愤怒。

安乐死和辅助自杀

那些坚持认为病人有选择结束生命的权利的人以荷兰作为依据，荷兰允许医生帮助病人完成自愿的积极的安乐死，医生管理或者规定给病人药物来使病人平静地死去。[98]虽然积极的安乐死在技术上讲是不合法的，但是它在荷兰已经实施了一段时间并且没有引起什么严重的法律纠纷，只要医生按照由 20 世纪 70 年代法院的判决而发展起来的指示去做。比如，患者必须提出要求，医生必须之前就认识患者，并且医生并没有被强迫同意要求。荷兰议会在这个问题上的道德思考形成两派完全不同的意见。但是 1993 年它还是同意了这项主张。并且，在 2001 年，议会对此形成了立法，使之成为世界上对安乐死最宽大的政策。[99]那些反对这项法律的人认为，这个举措会促进达尔文主义（适者生存）的发展并且会被不恰当地使用。

在美国，俄勒冈州议会在 1994 年通过了一项法律，允许医生协助患者使用致命剂量 315
的药物。法律要求个人必须精神正常，最多只能活 6 个月，有一份书面要求且得到证明，喝一种鸡尾酒式的药物而不是注射，等上 15 天才能实施安乐死。必须要有两名医生同意，并且必须有一名医生与患者讨论过替代死亡的其他可能。1995 年，一位联邦法官裁定这项法律违反了宪法中的防止错误滥权和种族歧视的规定。

1996 年，第九巡回上诉法院推翻了华盛顿州对帮助个人死亡的医生判以重罪的法律，该法院认为一个精神正常且接近死亡的人有受宪法保护的提请医生帮助自己自杀的权利。同年，一个联邦上诉法院发现纽约的一项阻止医生帮助自杀的法律有偏见地违反宪法。不同于华盛顿案件的裁决，根据保障自由和隐私的第十四条修正案，法院认为没有受宪法保护的帮助自杀的权利。法院称虽然那些依靠机器支持维持生命的人可以通过移走维持他们生命的机器来加速死亡，但是其他没有这种资源的生命垂危的人却不能选择这样的死亡，因此违反了宪法规定的受平等保护条款。

美国最高法院同意审理华盛顿和纽约这两个案件，这个举动令人意外，因为通常最高法院都尽量避免这类议题。1997 年 6 月，最高法院判决医生没有受宪法保护的权利来帮助病人自杀。裁决允许各州禁止医生帮助患者自杀，但同时允许各州对特别案例可以个别处理。最高法院拒绝审理俄勒冈州的一个法律请求，但在 1997 年 11 月这个议题又被推到了选举人的身边。大约有 20%的俄勒冈人支持医生帮助患者自杀。

2008 年，在一个州投票提出倡议：华盛顿选民批准使用医生协助自杀，类似于俄勒冈州的《有尊严地死去的法》(Oregon's Death with Dignity Act)。2009 年 12 月 31 日，蒙大拿州最高法院支持在这个州医生帮助自杀，使其成为第三个允许这样做的州。[100] 这可能不是在蒙大拿州的讨论的结束。这一决定可能会在州议会或选民的公投中被挑战。

退休的病理学家杰克·科沃坎（Jack Kevorkian）致力于研究辅助自杀（或者至少是帮助结束痛苦）。科沃坎曾因这样的案件而被起诉过，但他每次都能全身而退。密歇根州有禁止辅助自杀的法律，并且有不成文的规定，但这些都没有阻止他，甚至为此而进监狱也没有阻止他。在 1998 年末，科沃坎在给《60 分钟》新闻节目提供了一盘他为一个患有肌萎缩性脊髓侧索硬化（Lou Gehrig ）疾病的男人执行安乐死的录像带后，他被提出控诉并被宣判有罪。他在一个 10～25 年的刑期中因为表现好，只服了 8 年刑，在 2006 年 6 月 1 日就被假释了。科沃坎医生的假释条件是同意未来不参与任何辅助自杀事件。[101]

同情和选择（原名铁杉会，Hemlock Society）社团，是一个对“自由选择有尊严的死亡和个人控制死亡”很感兴趣的组织。它支持“身患绝症、精神健全的成年人在精心照料下加速死亡的权利”[102]。问题的另一面是，国家生命权利委员会（National Right to Life Committee）的工作是阻止支持有权利死亡的努力。辅助自杀的问题被类同于堕胎问题，不只是在宪法的层面上得到讨论，围绕着这个问题已经集合了一些群体（如反堕胎、“生命权”组织），他们热心于表达自己的看法、积极推进他们的立场。因此，伦理、道德和合法性的问题都产生了。其中还有歧视的问题。很多人把它比作一个比多数人想到的走得更远的光滑的斜面。比如，有人担心辅助自杀的法律可能转变成一种死亡的责任，因为在
316 美国，一种晚期疾病和慢性的长期疾病可以使一个家庭破产（不像其他一些国家有全民医疗保险的保护，可以使家庭避免因医疗费而陷入绝境）。还有人担心，辅助自杀会贬损有严重残疾的人的生命价值。再者，还有人认为，在有些情况下，患者要求自杀是因为得不到足够的治疗，比如缺少充足的止痛药和其他可以减弱痛苦的护理。在这种情况下，解决问题的办法也许是进行专业药物知识的教育。其他人认为这是由于医生害怕给病人开足够的可能会上瘾的镇定类药物而对自身产生不利的影响。

1997 年的《辅助自杀资金限制法》(Assisted Suicide Funding Restriction Act of 1997) 表达了这样的观点：国会和克林顿总统将使利用联邦资金来支持医生辅助自杀非法化。在美国，最大的两个医生组织美国医学协会（AMA）和美国医师协会（American College of Physicians）也反对医生辅助自杀。

干细胞研究和克隆

随着医学科学的进步，生命伦理问题的列表也在加长。干细胞研究有希望治愈许多疾病，如阿尔茨海默症，里根总统和很多人都患有这种疾病，并且提供修复脊髓损伤的希望，像已经去世的演员克里斯托弗·里夫（Christopher Reeve）的瘫痪。一些人支持干细胞研究，但是在胚胎干细胞研究的应用上划定了界线，认为这种应用贬低了人类生命的神圣性。另一个问题是克隆。现在，动物已经被克隆，克隆人类不可能落后得太远，这尤其令人不安。

总结

在所有的收入水平上，导致死亡的主要原因与遗传和生活方式有关，而不是因为缺少医疗服务。与其他工业化国家相比，美国在医疗服务方面花了更多的钱，但是有医疗保险的美国人比较少，美国成人和婴儿死亡率超过大多数国家。黑人、西班牙裔、美国原住民、贫穷的美国人继续经受着医疗保险覆盖和许多医疗服务结果中的差别对待。在为穷人和美国老年人提供医疗服务的医疗补助和医疗照顾被采用前，反对者就通过给它们贴上“公费医疗”的标签，延迟主要联邦医疗服务建议达 50 年。

由于公共和私人医疗保险的扩张，医疗费在国内生产总值中的数量越来越多。快速发展的医疗技术也增加了医疗成本。健康维护组织和其他管理式医疗安排正在努力控制医疗成本。

鉴于数以百万计的美国人仍然没有保险，克林顿总统想要创建一个国家医疗服务计划，以确保所有美国人能够连续得到医疗服务，但是他的计划被否决了。随着 2008 年巴拉克·奥巴马当选美国总统，医疗改革重新成为国家关注的焦点。这是 2008 年民主党平台上的一个主要板块。一个夏天的政治动荡和民间骚乱没有破坏 2009 年的改革努力，民主党人在 2010 年 3 月最终通过了医疗服务改革。根据预测，当这个法案完全生效时，96%的美国人将有医疗保险。

医疗服务医疗伦理问题比比皆是。技术提出了医疗服务的隐私性问题。它还挑战了我们对如何延长生命的思考，打开了谁有权决定生命的争论，即在拯救生命的实践中，对什么时候应该终止或延长一个人的生命的争论。

317

讨论问题和课堂活动

1. 你所在的州目前没有保险的人口比例是多少？这个数字与其他国家比较如何？确定影响你所在的州没有保险的人口比例的因素。邀请来自公共卫生部门的医学专家，例如一个受雇于州的公共医疗补助计划或私人医疗保险公司的代表，讨论问题，了解这个州所有的有医疗保险的人。你所在的州使用什么方法去了解更多有医疗保险的人？这个州打算如何实施 2010 年通过的新的联邦医疗服务立法？你所在的州挑战新的法律吗？

2. 在课堂上讨论国家的医疗改革，包括“强势的公共选项”。在依靠政府还是依靠私人医疗保险公司帮助许多没有医疗保险的美国人的问题上，你的观点是什么？你是否也希望对国家采用一种联邦政府运作的、普遍的、单一付款人的医疗系统进行争论？考虑一下，获得医疗服务应该被视为一种权利还是一种特权？

3. 医疗服务是一种有限的资源。你将如何分配这个资源？假设每个人都有，你将如何分配这个资源？你的计划与美国人目前分配医疗服务的计划有什么不同吗？邀请一个经济学家讨论各种有效分配资源的模式。

4. 邀请一个服务于医院委员会、考虑徒劳的医疗案例的人，讨论他们处理案例的类型、他们遇到的困境以及委员会开展工作的方式。

5. 把班级分成几个小组，每组探讨一个医疗服务中的伦理困境，如干细胞研究、克隆、基因检测或辅助自杀。每组就这个题目已经提出的所有问题做演讲。或者邀请一位医学伦理学家来课堂上讨论这些问题。

网站

疾病控制和预防中心，网址：http：//www. cdc. gov。“通过健康承诺，预防疾病、伤痛、残疾和新健康问题的威胁的应对准备”，为个人和社区提供他们需要的工具和信息来保护健康。

医疗保险和医疗补助服务中心，网址：http：//www. cms. hhs. gov。提供美国联邦政府的医疗保险和医疗补助项目的信息，并提供广泛的、主要是公共资金支持的医疗保险项目的信息。

国家卫生研究所，网址：http：//www. nih. gov。作为美国卫生和人类服务部的一部分，它由 27 个研究所和中心组成。它是一个主要的联邦机构，引导和支持医学研究来预防疾病，识别疾病产生的原因，进行治疗，同时在常见疾病和罕见疾病的治疗上发挥着主要作用。

亨利·J·凯特家庭基金会，网址：http：//www.kff.org。它提供报告、图表、幻灯片和其他工具来帮助人们更好地理解诸如医疗照顾改革、医疗补助计划、医疗保险、雇主提供保险、处方药保险、国家卫生政策、少数族裔医疗和妇女健康政策等问题。

注释 318

[1] 对于医疗，包括健康保险的历史的广泛考虑，参见 Paul Starr，*The Social Transformation of American Medicine*（NewYork：Basic Books，1982）。

[2] 虽然这一点似乎是值得商榷的，但研究文献是广泛的。参见 Victor R. Fuchs，*Who Shall Live? Health，Economics，and Social Choice*（New York：Basic Books，1974）；Victor R. Fuchs，"The Clinton Plan：A Researcher Examines Reform，" *Health Affairs*，Vol. 13，No. 1，Spring Ⅰ，1994，pp. 102－114；Nathan Glazer，"Paradoxes of Healthcare，" *Public Interest*，No. 22，Winter 1971，pp 62－77；Leon R. Kass，"Rogarding the End of Medicine and the Pursuit of Health，" *Public Interest*，No. 40，Summer 1975，pp. 11－42；John B. McKinlay and Sonja M. McKinlay "Medical Measures and the Decline of Mortality，" in Peter Conrad and Rochelle Kern，Eds.，*The Sociology of Health and Illness：Critical Perspectives*（New York：St. Martin's Press，1994），pp. 10－23。

[3] Committee on Ways and Means，*2004 Green Book*（Washington，DC：U. S. House of Representatives，2004），Appendix B，p. B-2. Retrieved May 23，2010，from http：//waysandmeans. house. gov/ singlepages. aspx? New sID=10489；see also Robert Sapolsky "How the Other Half Heals，" *Discover*，April 1998，pp. 46，50－52.

[4] "Eliminating Racial and Ethnic Health Disparities：A Business Case Update for Employers"（Washington DC：National Business Group on Health，Center for Prevention and Health Services Issue Brief，February 2009）. Retrieved January 2，2010，from http：//www . businessgrouphealth. org/pdfs/Final%20Draft%20508 . pdf.

[5] 这段的大部分内容依据 T. J. Mathews and Marian F. McDorman，"Infant Mortality Statistics from the 2004 Period Linked Birth/Infant Death Data Set，" *National Vital Statistics Reports*，Vol. 55，No. 14，June 13，2007. Retrieved December 24，2009，from http：//www. cdc. gov/nchs/data/nvsr/nvsr55/ nvsr55 _ 14. pdf；Marian F. McDorman and T. J. Mathews，"Recent Trends in Infant Mortality in the United States"（Atlanta：Centers for Disease Control and Prevention，October 2008）. Retrieved December 24，2009，from http：//www. cdc. gov/nchs/data/databriefs/ db09 . htm。

[6] Kyriakos S. Markides and Jeannine Coreil，"The Health of Hispanics in the Southwestern United States：An Epidemiologic Paradox，" *Public Health Reports*，Vol. 101，No. 3，1986，pp. 253－265.

[7] U. S. Census Bureau，Statistical Abstract of the United States：2010（Washington，DC：U. S. Government Printing Office，2009），Table 160. Retrieved December 19，2009，from http：//www. census. gov/compendia/statab/cats/health _ nutrition/health _ care _ utilization. html.

[8] Jiaquan Xu，Kenneth Kochanek，and Betzaida Tejada-Vera. "Deaths：Preliminary Data for 2007，" *National Vital Statistics Reports*，Vol. 58，No. 1，2009. Retrieved December 30，2009，from http：// www. cdc . gov/nchs/data/nvsr/nvsr58/nvsr58 _ 01. pdf.

[9] "Key Health and Health Care Indicators by Race/Ethnicity and State," Publication ＃7633－02（Menlo Park，CA：The Henry J. Kaiser Family Foundation，2009）. Retrieved January 1，2010，from http://www. kff. org/minorityhealth/upload/7633－02 . pdf.

[10] "State Health Facts for 2006"（Menlo Park，CA：The Henry J. Kaiser Family Foundation）. Retrieved January 1，2010，from http：//www. statehealthfacts. org.

[11] "Healthy People 2010，What Are Its Goals?"（Washington，DC：U. S. Department of Health and Human Services）. Retrieved May 23 ，2010，from http：//www. healthypeople. gov/About/goals. htm.

[12] Mike Stobbe，"CDC：Nation Failing to Meet Most 2010 Health Targets，Getting Worse on Obesity，Blood Pressure，" *Chicago Tribune*，December 31，2009. Retrieved January 2，2010，from http：// www. chicagotribune. com/health/sns-ap-us-med -healthy-people，0，3405888. story.

[13] "Healthy People 2020 Public Meetings：2009 Draft Objectives"（Washington，DC：U. S. Department of Health and Human Services），Retrieved January 1，2010，from http：//www. healthypeople. gov/hp2020/objectives/files/Drr2009Objectives. pdf

[14] 数字来源于 Carmen DeNavas-Walt，Bernadette D. Proctor，and Jessica C. Smith，*Income，Poverty，and Health Insurance Coverage in the United States*：2008 ，U. S. Census Bureau，Current Population Reports，P60－236（Washington，DC：U. S. Government Printing Office，2009）. Retrieved December 19，2009，from http：//www. census. gov/prod/2009pubs/p60－236. pdf. 这些百分比加起来总和超过 100%，因为有约 10%的人口有多种来源的医保。

[15] "Concentration of Health Care Spending in the U. S. Population，2006"（Menlo Park，CA：The Henry J. Kaiser Family Foundation）；calculations are based on data from U. S. Department of Health and
319 Human Services，Agency for Healthcare Research and Quality，Medical Expenditure Panel Survey（MEPS），2006. Retrieved December 19，2009，from http：//facts. kff. org/chart. aspx? ch=822.

[16] Richard Johnson and Corina Mommaerts，"Are Health Care Costs a Burden for Older Americans?"，*Brief Series*，No. 26（Washington，DC：Urban Institute，July 2009）. Retrieved December 30，2009，from http://www. urban. org/publications/411924. html.

[17] Fidelity Investment，Fidelity Facts. Retrieved December 30，2009，from http：//personal. fidelity. com/myfidelity/InsideFidelity/NewsCenter/quickFacts/quickFacts. shtml. cvsr.

[18] "2009 Annual Report of The Boards of Trustees of the Federal Hospital Insurance and Federal Supplementary Medical Insurance Trust Funds"（Washington，DC：Centers for Medicare and Medicaid Services，2009）. Retrieved May 11 ，2009，from http：//www. cms. hhs. gov.

[19] "CMS Announces Medicare Premiums，Deductibles for 2009，" press release of September 19，2008，Centers for Medicare and Medicaid Services，Office of Public Affairs. Retrieved December 19，2009，from http：//www. cms. hhs. gov.

[20] Brian Biles，Lauren Hersch Nicolas，Barbara S. Cooper，Emily Adrion，and Stuart Guterman，"The Cost of Privatization：Extra Payments to Medicare Advantage Plans-Updated and Revised，" Issue Brief（New York：Commonwealth Fund，November 2006）. Retrieved July 20，2008，from http：//www. commonwealthfund. org/usr _ doc/Biles _ costprivatizationextrapayMAplans _ 970 _ ib. pdf? section=4039.

[21] Brian Biles，Emily Adrion，and Stuart Guterman， "Issue Brief：Medicare Advantage's Private

Feefor Service Plans：Paying for Coordinated Care Without the Coordination”（New York：The Commonwealth Fund，October 2008）．Retrieved December 19，2009，from http：//www. commonwealthfund. org/～/media/Files/Publications/Issue％20Brief/2008/Oct/Medicare％20Advantages％20Private％20Fee％20for％ 20Service％ 20Plans％ 20％ 20Paying％ 20for％ 20Coordinated％ 20Care％ 20Without％ 20the％20Coordinate/Biles _ MedicareAdvantageprivatefeeforserviceplans _ ib％20pdf. pdf.

［22］David H. Johnson，*A Structure by No Means Complete*：*A Comparison of the Path and Processes Surrounding Successful Passage of Medicare and Medicaid under Lyndon Baines Johnson and the Failure to Pass National Health Care Reform under William Jefferson Clinton*. Dissertation. The University of Texas at Austin，2009.

［23］“Explaining Health Care Reform：Key Changes to the Medicare Part D Drug Benefit Coverage Gap”（Menlo Park，CA：The Henry J. Kaiser Family Foundation，March，2010）．Retrieved May 12，2010，from http：//www. kff. org/healthreform/upload/8059. pdf/.

［24］A. Tumlinson and S. Woods，“Long-Term Care in America：An Introduction”（Washington，DC：Avalere Health LLC for the National Commission for Quality Long-Term Care，2007）．Retrieved November 30，2009，from http：//www. qualitylongtermcarecommission. org/pdf/ltc _ america _ introduction. pdf.

［25］“Guide to Choosing a Nursing Home”（Washington，DC：Centers for Medicare and Medicaid Services，November 2008）．Retrieved May 13，2009，from http：//www. medicare. gov/Publications/Pubs/pdf/02174. pdf.

［26］长期护理保险的信息大部分依据 Committee on Ways and Means，*2004 Green Book*，Appendix B，pp. B-40-B-44。

［27］ “America’s Health Insurance Plans Guide to Long-Term Care Insurance”（Washington，DC：America’s Health Insurance Plans，2004）．Retrieved December 30，2009，from http：//www. ahip. org/content/default. aspx? docid＝21018.

［28］“Health，United States，2008”（Atlanta，GA：Centers for Disease Control，2009）．Retrieved November 27，2009，from http：//www. cdc. gov/nchs/data/hus/ hus08. pdf.

［29］William G. Weissert，Cynthia Matthews Cready，and James E. Pawelak，“The Past and Future of Home-and Community-Based Long-Term Care，” *Milbank Quarterly*，Vol. 66，No. 2，1988，pp. 309－386.

［30］有关替代生活和照顾安排的信息参见网站 AARP（http：// www. arp. org）and ThirdAge（http：//www. thirdage . com）．

［31］Committee on Ways and Means，*2004 Green Book*，Appendix B，pp. B-27－B-29.

［32］这节其余大部分内容依据 Committee on Ways and Means，Section 15，“Medicaid，” *2004 Green Book*.

［33］Office of the Actuary，“2008 Actuarial Report on the Financial Outlook for Medicaid”（Washington，DC：Centers for Medicaid and Medicare Services，2008）．Retrieved November 20，2009，from http：// www. cms. hhs. gov/ActuarialStudies/downloads/MedicaidReport2008. pdf.

［34］Federal Matching Rate（FMAP）for Medicaid with American Recovery and Reinvestment Act（ARRA）Adjustments，FY2009（Menlo Park，CA：The Henry J. Kaiser Family Foundation）．Retrieved *320*

December 30，2009，from http：//www. statehealthfacts . org/comparemaptable. jsp? ind=695&cat=4.

[35] "Medicaid：Recipients," *Social Security Bulletin*，*Annual Statistical Supplement*，*2008*. Retrieved December 24，2009，from http：//www. ssa. gov/policy/docs/statecomps/supplement/2008/8e. pdf.

[36] Frank Ullman，Brian Bruen，and John Holahan，"The State Children's Health Insurance Program：A Look at the Numbers"（Washington，DC：Urban Institute，March 1，1998）. Retrieved May 23，2010，from http：//www. urban. org/publications/307470. html.

[37] "Federal Funds Left on the Table," *Fiscal Notes*（Newsletter of the Texas Comptroller's office），March 2004，p. 4. Retrieved May 23 ，2010，from http：//www . window. state. tx. us/comptrol/fnotes/fn0403/news . html.

[38] Dianne White Delisi，"Assets Test for CHIP Won't HurtTexas' Neediest Children," *Austin American Statesman*，April 2，2004，p. A19.

[39] Genevieve M. Kenney，Allison Cook，and Lisa Dubay，*Progress Enrolling Children in Medicaid/CHIP：Who Is Left and What Are the Prospects for Covering More Children?*（Washington，DC：Urban Institute，December 14，2009）. Retrieved December 30，2009，from Urban Institute website：http：//www. urban . org/publications/411981. html.

[40] Ian Hill and Amy Westpfahl Lutzky，"Is There a Hole in the Bucket?" Occasional Paper 67（Washington，DC：Urban Institute，May 16，2003）. Retrieved December 19，2009，from http://www. urban. org.

[41] Lauren Necochea，"The Challenge of Enrolling and Retaining Low-Income Children in SCHIP," Robert Wood Johnson Foundation Research Brief，Number 3，March 2007. Retrieved December 20，2009，from http：//www. rwjf. org/grants/product. jsp? id= 18636.

[42] Kenney et al. , *Progress Enrolling Children in Medicaid/CHIP：Who Is Left and What Are the Prospects for Covering More Children?*

[43] "Medicaid At-a-Glance 2005"（Baltimore，MD：Centers for Medicare & Medicaid Services）. Retrieved November 4，2009，from http：//www. cms. hhs. gov/MedicaidDataSourcesGenInfo/downloads/maag2005. pdf.

[44] Fiscal Year 2004 National MSIS Tables. Source：Medicaid Statistical Information System State Summary FY2004. Created 06/22/2007（Baltimore，MD：Centers for Medicare & Medicaid Services）. Retrieved November 17，2009，from http：//www. cms. hhs. gov/MedicaidDataSourcesGenInfo/ downloads/MSISTables2004. pdf.

[45] Committee on Ways and Means，"Medicaid," *2004 Green Book*，pp. 15－39.

[46] National Summary of Medicaid Managed Care Programs and Enrollment as of June 30，2008（Washington，DC：Centers for Medicaid and Medicare Services）. Retrieved December 23，2009，from http:// www. cms. hhs. gov/MedicaidDataSourcesGeninfo/downloads/08Trends508. pdf.

[47] National Center for Chronic Disease Prevention and Health Promotion，"Preventive Health and Health Services Block Grant，A Critical Public Health Resource：At a Glance 2009"（Atlanta，GA：Centers for Disease Control and Prevention）. Retrieved December 20，2009，from http：//www. cdc. gov/chronic-

disease/resources/publications/AAG/blockgrant. htm.

[48] "Employer Health Benefits：2009 Annual Survey"（Menlo Park，CA：The Henry J. Kaiser Family Foundation and Chicago，IL：Health Research & Educational Trust，2009）. Retrieved December 21，2009，from http：//ehbs. kff. org/pdf/2009/7936. pdf.

[49] 这段关于基于雇主和私人保险计划的大部分内容来自作者（DHJ）在生命和健康保险行业中的11年的经验。其他信息来自 The Henry J. Kaiser Family Foundation website at http：//www. kff. org，or the FamiliesUSA website at www. familiesusa. org.

[50] Rector and Visitors of the University of Virginia（2003）. Transcript of tape number 450－23 of a White House meeting between Richard M. Nixon and John Ehrlichman，February 17，1971. Miller Center of Public Affairs，University of Virginia，Presidential Recordings Program，as cited in David H. Johnson，*A Structure by No Means Complete：A Comparison of the Path and Processes Surrounding Successful Fassage of Medicare and Medicaid under Lyndon Baines Johnson and the Failure to Pass National Health Care Reform under William Jefferson Clinton*. Dissertation. The University of Texas at Austin，2009.

[51] 除非另有说明，本节依据 DeNavas-Walt et al.，*Income，Poverty and Health Insurance Coverage in the United States：2008*，Current Population Reports，P60－236。

[52] 这段的其余部分依据 David U. Himmelstein，Deborah Thorne，Elizabeth Warren，and Steffie Woolhandler，"Medical Bankruptcy in the United States，2007：Results of a National Study，" *The American January of Medicine*，in press. Retrieved January 1，2010，from http：//www. pnhp. org/ new _ bankruptcy _ study/Bankruptcy-2009. pdf. 321

[53] Paul Starr，"Healthcare for the Poor：The Past Twenty Years，" in Sheldon H. Danzinger and Daniel H. Weinberg，Eds.，*Fighting Poverty：What Works and What Doesn't*（Cambridge，MA：Harvard University Press，1986），pp. 106－137.

[54] "OECD Health Data 2009：How Does Canada Compare"（Paris：Organization for Economic Co-operation and Development，2009）. Retrieved December 21，2009，from http：//www. oecd. org/dataoecd/46/33/38979719. pdf.

[55] "OECD Health Data 2008－Frequently Requested Data"（Paris：Organization for Economic Cooperation and Development，December 10，2008）. Retrieved May 15，2009，from http：//www. oecd. org/document/16/0，3343，en _ 2649 _ 34631 _ 2085200 _ 1 _ 1 _ 1 _ 1，00 . html.

[56] "Health Care Cost Inflation Appears to Slow，but Statistics Can Be Misleading，" *Workforce Management*，May 18，2009. Retrieved December 21，2009，from http：//www. workforce. com/section/00/article/26/43/62. php.

[57] Paul Starr，"Healthcare for the Poor：The Past Twenty Years，" in Sheldon H. Danzinger and Daniel H. Weinberg，Eds.，*Fighting Poverty：What Works and What Doesn't*（Cambridge，MA：Harvard University Press，1986），pp. 109－110.

[58] Cathy A. Cowan and Bradley R. Braden，"Business，Households，and Government：Healthcare Spending，1995，" *Healthcare Financing Review*，Vol. 18，No. 3，1997，pp. 195－206.

[59] Joshua M. Wiener and David G. Stevenson，*Long Term Care for the Elderly and State Health Policy*（Washington，DC：Urban Institute，November 1，1997）. Retrieved May 23，2010，from http：//

www. urban. org/publications/307048. html.

［60］这段的其余部分依据 Committee on Ways and Means，*2004 Green Book*，Appendix D，"Medicare Payment Policies，" p. D-2.

［61］对路径依赖理论的更深入的探讨，参见 W. Brian Arthur，*Increasing Returns and Path Dependence in the Economy*（Ann Arbor，MI：University of Michigan Press，1994）。

［62］这节的其余大部分内容依据 Jacob S. Hacker，"The Historical Logic of National Health Insurance：Structure and Sequence in the Development of British，Canadian，and U. S. Medical Policy，" *Studies in American Political Development*，Vol. 12，1998，pp. 57－130。

［63］George Anders，"Canada Hospitals Provide Care as Good as in U. S. at Lower Costs，Studies Show，" *Wall Street Journal*，March 18，1993，p. B5.

［64］Lyndon B. Johnson，*The Vantage Point*：*Perspectives of the Presidency 1963—1969*（New York：Holt，Rinehart and Winston，1971）.

［65］这一对克林顿提案的解释依据 *Budget of the United States Government Fiscal Year 1995*（Washington，DC：Executive Office of the President，1994），Chapter 4。

［66］Uwe E. Reinhardt，"The Clinton Plan：A Salute to American Pluralism，" *Health Affairs*，Vol. 13，No. 1，Spring Ⅰ，1994，p. 116.

［67］Haynes Johnson and David Broder，*The System*：*The American Way of Politics at the Breaking Point*（Boston：Little，Brown and Company，1997）.

［68］Uwe E. Reinhardt and John K. Iglehart，"From the Editor，the Policy Makers' Dilemma，" *Health Affairs*，Vol. 13，No. 1，Spring Ⅰ，1994，pp. 5－6.

［69］Laurence Kotlikoff，*The Healthcare Fix*：*Universal Insurance for All Americans*（Cambridge，MA：The MIT Press，2007）.

［70］"NPR/Kaiser/Kennedy School Poll on Healthcare，" June 5，2002. Retrieved December 19，2009，from http：//www. npr. org/news/specials/healthcarepoll.

［71］"Incremental Approaches to Extend Coverage Are Insufficient，" *Uninsurance Facts & Figures*（Washington，DC：Institute of Medicine of the National Academies，n. d.）. Retrieved February 6，2010，from http：//www. iom. edu/～/media/Files/Report% 20Files/2004/Insuring-Americas-Health-Principles-and-Recommendations/Factsheet1universal. ashx.

［72］"Can Anything Resist Hillary Clinton? Time Will Tell，" *New York Times*，October 3，1993，Section 3，p. 2；Robert Pear，"Insurers End Opposition to Health Reform，" *Austin American-Statesman*，December 3，1992，pp. A1，17.

［73］Chip Hirzel（Writer），"Interview with Bill Clinton by Sanjay Gupta，" 2009. In H. Waters（Producer），Larry King Live：CNN.

［74］Paul Krugman，"Tea Parties Forever，" *New York Times*，April 12，2009. Retrieved December 22，2009，from http：//www. nytimes. com.

［75］Michael Saul，"Rage Boils Over at Town Hall Meetings Over Health Care，" *New York Daily News*，August 11，2009. Retrieved December 22，2009，from http：//www. nydailynews. com.

［76］"Rep. Wilson shouts，'You lie' to Obama during speech." CNNPolitics. com，September 10，

2009. Retrieved December 22, 2009, from http: //www. cnn . com/2009/POLITICS/09/09/joe. wilson/index. html.

[77] John McArdle, "Wilson's Fundraising Tops $ 700 000 after Outburst," *Roll Call News*, September 11, 2009. Retrieved December 22 , 2009, from http: //www. rollcall. com/news/38422 - 1. html. 322

[78] David Herszenhorn and Robert Pear, "Senate Votes to Open Health Care Debate," *New York Times*, November 21, 2009. Retrieved December 21, 2009, from http: //www. nytimes. com.

[79] Huma Khan, "President Obama Hails Senate Health Care Bill as Ben Nelson Jumps on Board" (Washington, DC: ABC News, 2009) . Retrieved December 19, 2009, from http: //abcnews. go. com.

[80] "Andrea Mitchell Reports," *MSNBC*, December 21 , 2009.

[81] Michael Cooper, "G. O. P. Senate Victory Stuns Democrats," *New York Times*, January 20, 2010. Retrieved January 31 , 2010, from http: //www. nytimes. com/2010/01/21 /us/politics/21elect. html.

[82] Shailagh Murray and Paul Kane, "Pelosi: House Won't Pass Senate Bill to Save Health-care Reform," *The Washington Post*, January 22, 2010. Retrieved January 31, 2010, from http: //www. washingtonpost. com/wp-dyn/content/article/2010/01/21/AR2010012101604. html.

[83] Hillary Rodham Clinton, *Living History* (New York: Simon & Schuster, 2003) .

[84] Douglas W. Elmendorf, Director of Congressional Budget Office, March 20, 2010, Letter to Honorable Nancy Pelosi, Speaker of the House of Representatives. Retrieved May 14, 2010, from http: //www. cbo. gov/ftdocs/113xx/doc/1379/Manager%27sAmendmenttoReconciliationProposal. pdf.

[85] 这节主要依据美国卫生和人类服务部网站上专门提供的关于 2010 年医疗改革法案的信息。Retrieved May 14, 2010, from http: //www. healthreform. gov。

[86] Douglas W. Elmendorf, Director of Congressional Budget Office, March 20, 2010, Letter to Honorable Nancy Pelosi, Speaker of the House of Representatives. Retrieved May 14, 2010, from http: //www. cbo. gov/ftpdocs/113xx/doc11379/Manager%27sAmendmenttoReconciliationProposal. pdf.

[87] U. S. Census Bureau, *2009 Annual Social and Economic Supplement*, Table HI06. Retrieved January 3, 2010, from http: //www. census. gov/hhes/www/cpstables/032009/health/h06 _ 000. htm.

[88] Linda Bergthold, "Repeal Health Care Reform? 41 States Think So," *The Huffington Post*, May 7, 2010. Retrieved May 22, 2010, from http: //www. huffingtonpost. com/ linda-bergthold/repeal-health-care-reform _ b _ 568472. html.

[89] Peter Grier, "Health Care Reform Bill 101: What's a Health 'Exchange'?" *The Christian Science Monitor*, March 20, 2010. Retrieved May 22, 2010, from http: // www. csmonitor. com/USA/Politics/2010/0320/Health-care-reform-bill-101-What-is-a-health-exchange.

[90] "Coverage of High Risk Individuals: State and Federal High Risk Pools" (National Conference of State Legislatures, May 17, 2010) . Retrieved May 22, 2010, from http: //www. ncsl. org/IssuesResearch/Health/StateHighRiskPoolsforHealthCoverage/tabid/14329/ Default. aspx.

[91] "Fact Sheet: Protecting the Privacy of Patients' Health Information" (U. S. Department of Health and Human Services, April 14, 2003) . Retrieved December 22, 2009, from http: //www. hhs. gov/news/ facts/privacy. html; "FAQs About Portability of Health Coverage and HIPAA"

(Washington, DC: U.S. Department of Labor). Retrieved December 26, 2009, from http://www.dol.gov/ebsa/faqs/faq_consumer_hipaa.html.

[92] "Fact Sheet 8a: HIPAA Basics: Medical Privacy in the Electronic Age" (San Diego, CA: Privacy Rights Clearinghouse, August 2009). Retrieved January 2, 2010, from http://www.privacyrights.org/fs/fs8a-hipaa.htm.

[93] John M. Luce, "Making Decisions about the Forgoing of Life-Sustaining Therapy," *American Journal of Respiratory and Critical Care Medicine*, Vol. 156, No. 6, 1997, pp. 1715-1718; quote from p. 1715.

[94] "Hospitals Reserve the Right to Refuse Service," *Mouth: Voice of the Disability Nation*, September 2003. Retrieved December 22, 2009, from http://www.mouthmag.com/news.htm.

[95] Luce, "Making Decisions about the Forgoing of Life-Sustaining Therapy."

[96] Arlene Orhon Jech, "Hard Choices: Ethics Committees Grapple with Complex Issues," *Health Week*, Vol. 5, No. 18, 2003, pp. 20-21.

[97] Council on Ethical and Judicial Affairs, American Medical Association, "Medical Futility in End-of-Life Care, Report of the Council on Ethical and Judicial Affairs," *Journal of the American Medical Association*, Vol. 281, 1999, pp. 937-941.

[98] Alan L. Otten, "Fateful Decision: In the Netherlands, the Very Ill Have Option of Euthanasia," *Wall Street Journal*, August 21, 1987, pp. 1, 6; Carol J. Williams, "Netherlands Legalizes Euthanasia," *Austin American Statesman*, April 11, 2001, p. A5.

[99] Tamara Jones, "Dutch Set Euthanasia Guidelines," *Austin American-Statesman*, February 10,
323 1993, p. A12；关于荷兰的案例和安乐死、辅助自杀的情况，参见 Michael M. Uhlmann, Ed., *Last Rights? Assisted Suicide and Euthanasia Debated* (Washington, DC: Ethics and Public Policy Center, 1998)。

[100] Matt Gouras, "Montana Becomes Third State to Allow Physician-Assisted Suicide after State's High Court Rules," *Chicago Tribune*, December 31, 2009. Retrieved January 2, 2010, from http://www.chicagotribune.com/business/sns-ap-us-physician-assisted-suicide, 0, 673120.story.

[101] Monica Davey, "Kevorkian Freed After Years in Prison for Aiding Suicide," *New York Times*, June 2, 2007. Retrieved January 1, 2010, from http://www.nytimes.com/2007/06/02/us/02kevorkian.html?r=1.

[102] Compassion & Choices. Retrieved December 22, 2009, from http://www.compassionandchoices.org; see also Derek Humphry, *Final Exit* (New York: Dell, 1991).

第九章

防止贫困：教育和就业政策 324

教育和就业是密不可分的。在美国，公共教育政策是作为地方事务开始的。在许多方面，它仍然如此。但是，在过去的几十年里，州和联邦增加了对地方教育领域的干预。今天，在一系列问题上，政治斗争接踵而至，诸如，通过12年制的学校需要多少资助、进化论和神创论教学、标准化考试和国家的学生教育标准，以及高等教育贷款应该如何管理等。

就业政策旨在确保在当今的劳动力市场上美国有准备填补工作岗位空缺的劳动力。就业政策也必须应对当就业和失业兴衰变换时劳动力市场中的扩大和衰落，以及许多其他问题，如什么构成一份体面的工资、其他公平劳动标准、移民的影响、离岸外包、外包就业 325
等。本章指出，在应该制定怎样的教育和就业政策以及谁应该对它们负责的问题上，有许多观点。

教育是为了少数人还是为了多数人？

在美国，公共教育已经根深蒂固。早在1647年，马萨诸塞州殖民地当局成为第一个通过公共义务教育法律的西方政府，这个法律要求有50个家庭的社区就要雇用一位教育者，有100个家庭的社区就要建立文法学校。[1]随着美国独立和发展出一种代议制政府形式，学校被认为是“必然形成国家认同”的最好的设置[2]（今天继续产生共鸣的情绪）。

1779年，托马斯·杰斐逊（Thomas Jefferson）——地方教育精英系统的强有力的倡导者，在弗吉尼亚州提出《知识的一般扩散议案》（A Bill for the More General Diffusion of Knowledge）。他构想了一个由地方支持的三个层次的公立学校，为年轻的白人男孩提供平等机会，使他们可以通过竞争进入更高层次的教育，从而复制欧洲的精英教育模式，但提供给男孩子们更多的进入机会。

杰斐逊对地方的关注行动产生了一个非正式的教育系统，这个系统包含富裕的父母对学校费用的支持，在更有同情心的地方，有为生活在贫困之中的儿童开办的慈善学校。与这种非正式的不同，马萨诸塞州霍瑞斯·曼（Horace Mann）领导的运动正在发展，这个运动倡导提供免费的、税收支持的、为所有儿童开办的学校，在学校领导下促进所有儿童的发展。曼主张的“公立学校”是基于 18 世纪在普鲁士得到实施的教育系统。[3]作为马萨诸塞州教育委员会的新部长，在 1837 年，曼推广了免费的非教派的学校、经过训练的教育专家、州控制的地方学校。[4]在普鲁士模式下，学校分八个年级提供基本的识字和入门性的算术技能。在当时的美国，学校很少有强制性，符合杰斐逊的意图通过竞争绩效推进的学校，在国家的很多地区辍学率非常高。[5]在教育可以获得的地方，学生得到相同的教育，“公共”教学不考虑学生的社会阶级或性别，因为目标是清楚的——准备参与新的民主的公民。

到 1860 年，公立学校运动的成功是显而易见的。在 13 个州（康涅狄格州、伊利诺伊州、缅因州、马萨诸塞州、密歇根州、新罕布什尔州、纽约州、俄亥俄州、宾夕法尼亚州、罗得岛州、佛蒙特州、华盛顿州和威斯康星州）超过 70%的 5～15 岁的白人孩子已经登记。14 个州（亚拉巴马州、阿肯色州、佛罗里达州、佐治亚州、堪萨斯州、路易斯安那州、马里兰州、密西西比州、内布拉斯加州、北卡罗来纳州、南卡罗来纳州、南达科他州、得克萨斯州、弗吉尼亚州）的失败一样突出，入学率低于 50%。[6]但是，黑人儿童的差异是比较大的。在新英格兰各州，67%以上的儿童参加了学校的学习，但这些州中只包含了全美国不到 5%的自由的黑人孩子。南大西洋地区（弗吉尼亚州到佛罗里达州）包含几乎一半的自由黑人孩子，但是入学率不到 4%。[7]

内战后南方各州的重建带来大规模的公共教育在该地区的扩张。联邦政府开始通过新的教育部（1867）和难民、自由人、废弃的土地局（以自由人署著称）参与公共教育。自由人署开始为自由的奴隶的孩子提供学校，因为在内战之前，南方各州的法律使教育奴隶
326 成为非法的。南方黑人孩子们不是唯一缺乏教育的孩子。为贫困的白人提供教育的慈善学校既是罕见的也是办得好的。建立公立学校中的种族对立遍布整个南方，最初是为了确保白人孩子不要落后于黑人孩子。自由人署倡议建立一个先后次序，在重建结束后由教会组织维护。北方的宗教教派赞助成千上万的教育传教士到学校做非洲裔美国孩子的老师，而且建立了今天被称为富有历史渊源的黑人学院和大学。

联邦军队在 1877 年从南方撤出，然而，却打开了种族隔离的大门，《吉姆·克罗法》（Jim Crow Laws）将非洲裔美国人从白人社会、教育和企业中孤立出来。在《吉姆·克罗法》下，“隔离但平等”显著降低了对非洲裔美国人的公共教育质量，也很少对他们给予平等或均衡的关心。例如，在亚拉巴马州，1890 年黑人和白人学校的老师的薪水是相同

的，但到了 1910 年白人学校教师的工资超过黑人学校教师工资一倍多。[8] 1910 年，亚拉巴马州朗兹县的公共教育支出是每个白人孩子 33.4 美元，而黑人的孩子只有 1 美元。[9] 在南方各州，为黑人孩子提供教育不再是违法的，但是，他们接受的公共教育的质量非常值得怀疑。

公共教育：从进步时代到二战

随着工业化之后的重建，到 1890 年，美国已经是世界上领先的制造业国家。新的制造业中心有大量的工作岗位，同时也有大量的移民涌入这个国家。到 1910 年，15%的美国人口是在外国出生的；移民中的 15%是儿童，另有 7%是移民的父母。[10] 到 1920 年，纽约、芝加哥、波士顿和底特律的居民超过三分之二是移民或移民的子女。[11] 对公立学校的要求首先是吸收，然后才是教育，这些孩子是势不可挡的。使数百万出生在外国的移民和他们的孩子"美国化"的任务压在了公立学校的肩上。美国在 1914 年对第一次世界大战的参与似乎强调了国家化而不是学习的重要性。

童工的存在对教育国家的青年是一个重要的威慑力量。在 20 世纪初，禁止使用童工的运动促使国家童工委员会组织 1904 年在纽约诞生，在 1907 年由国会接管。[12] 直到 20 世纪 30 年代的新政时期，因为美国最高法院中的商业保守主义，联邦政府通过了可持续的童工立法，但是各州在限制童工方面取得了重大进展。到 1910 年，41 个州已经颁布了对制造业就业的最低年龄限制。[13] 参加学校学习的孩子更不容易去工作。入学人数显著增加。到 1918 年，所有的州都有立法要求某种强制形式的学校入学率。[14] 在 1870 年，全部 5～15 岁的学龄儿童的入学率是 53%；到 1920 年是 80%，其中包括超过 60%的黑人孩子。[15] 此外，受教育的年限也在增加。

内战前，有学费支持的高中是准备上大学的少数精英的预备学校。1876 年，第一个走向公众的、由税收支持的高中出现在密歇根州的卡拉马祖。从 1900 年到 1920 年，全国高中学生从 20 万增加到超过 250 万。[16] 美国是世界上第一个建立普遍的高中教育的国家。

公立学校对这样的大规模快速增长是缺乏准备的。尤其是在以移民为主的北部各州的城市中心，教室是拥挤的，学生的个人发展需要很少得到老师的关注。与弗雷德里克·泰勒（Frederick Taylor）的时间和动作研究的成功相联系的科学的管理方法[17]，导致单间教室的学校合并为更大的教育设施，以便教师可以专门关注特定年龄段的儿童教育。 327

课堂纪律是常态。第一次大规模地运用智力测试是在美国加入第一次世界大战，军队开始征召新兵时，为将学生排序和进行差异化教育提供了一个工具[18]，成为公立学校中"追踪"的先行者。追踪成为了一个有争议的问题，如以下引用的内容所示：

> 新兴工业国家需要新的劳动力，新的劳动力将适合进入一个日益精细地分工的工作岗位，将通过在一个新的、高效的与他人一起工作的社会秩序中被社会化。根据孩子的天性的教学（即差异化教学）容易变成根据孩子在社会秩序中的位置的教学。[19]

某种形式的差异化教育，在其能够公平地实施时，可能是合适的。但是，种族和民族之间的敌意，在南方大多数时候不利于非洲裔美国人，在北方则不利于移民，导致了基于种族差异的偏见，进而是基于性别和财富的偏见。[20]根据一种观点，公立学校的分割变成了关注为富裕的孩子做学术准备，为那些少数族裔、移民和来自低收入家庭的孩子做职业准备，“一直以来困扰着知识的传授”[21]。为公立学校提供资金的第一部联邦立法是1917年的《史密斯-休斯法》(Smith-Hughes Act)，它有效地结束了事实上的19世纪的公立学校的状况，向讲授职业技能的教师支付工资的状况。与20世纪20年代的经济金融相关，到1924年大规模移民停止了[22]，随后在20世纪30年代的大萧条时期，由于面对经济挑战，教育不再是美国的公共话题。

当美国在1944年参加第二次世界大战时，州的立法和参差不齐的地方学校董事会实现了以公共教育为主。在某种程度上存在的问责制，非正式地和直接地取悦于特殊的公民和商业领导人。20世纪30年代，广泛的失业导致高中入学率和毕业率增加。从1920年到1954年，17岁的人口中接受了高中教育的比例从17%增加到60%[23]，尽管大多数高中教育的严谨性显著低于半个世纪前就存在的对富裕孩子的预备教育。美国政治体制尚未解决在教育的获得、教育质量和成就方面以阶级和种族为分界的差异性。

二战后：联邦增加对教育的参与

美国宪法对联邦政府在公共教育中所扮演的角色是沉默的。因此，根据第十修正案，教育是假定单个州的权限，公共教育的经费历来是地方和州的责任。直到20世纪50年代末，没有主要的联邦立法是针对中小学公共教育的。冷战和太空竞赛催生了《国防教育
328 法》(National Defense Education Act，NDEA)，向贫困宣战催生了《初等和中等教育法》(Elementary and Secondary Education Act，ESEA)。两个法案显著增加了联邦对公共教育的参与。

《国防教育法》(1958年)：冷战影响教育

第二次世界大战后，为提供资源来满足越来越多的学生人口的需要，地方学区在苦苦挣扎。“婴儿潮”时期出生的人正在进入学龄期。小学生和中学生从1946年的2 600万增

长到 1954 年的 3 600 万。[24]公共教育资金在 1950 前的 10 年里的增长超过 140％，在 1960 年前的 10 年里增加了 170％。[25]地方教育机构为应对学校扩张的需要，从 1940 年到 1960 年增加房产税 440％以上。这导致了大量的公众要求有更多的州和联邦资金直接进入学校。入学人数在增加，人们对教育的期望也在提高。父母开始要求为所有的孩子提供更严格的学习标准。1955 年《为什么约翰尼不能读书?》[26]（*Why Johnny Can't Read*）出版后，一直处在周畅销书排行榜的第一名[27]。毫无疑问，“经济上向上流动已经成为美国人生活的中心，教育已经成为向上流动的主要方式”[28]。从那时起，对学生教育的“追踪”就不断受到某些公众和一些教育行业人士的批评。

在国际上，美国及其卷入冷战的盟国与苏联集团国家处于敌对状态。美国公众已经准备好对公立学校学习质量的质疑。美国对苏联在 1957 年成功发射人造卫星感到沮丧。艾森豪威尔总统在 1958 年签署《国防教育法》，使之成为对苏联的优势作出的一种防御性反应的法律，得到了广泛的公众支持。《国防教育法》设置了一个向州里分配联邦基金的先例，它使用基于州学龄人口和收入水平的一个公式。然后，各州将资金配发给地方教育机构。各州的教育机构被要求它们的分配安排要得到联邦政府的批准，而且州或地方在第一年后要提供匹配资金。

《国防教育法》是第一个联邦政府试图改善公立学校的学习状况的法律，并且，重点是，在过去的 50 年里，一直享有广泛的公众的支持。通过对地方学校使用联邦资金建立机制，《国防教育法》使联邦政府可以对地方的教育决策提出意见，并且确立了一个先例，即联邦参与地方学校事务的方式是通过提供资金的“胡萝卜”而不是通过法律限制或惩罚的“大棒”。

《初等和中等教育法》(1965 年)：可得性和多样性

与《国防教育法》一样，《初等和中等教育法》主要关心的是优秀学生的学业，林登·贝恩斯·约翰逊总统在 20 世纪 60 年代提出的向贫困宣战，将联邦的优先关注点转向了比较差的小学和中学。如沃尔特·海勒（Walter Heller）所说，向贫困宣战的设计师明确地表达了“机会均等是美国梦，普及教育（原文如此）是我们实现它的高贵的承诺”[29]。普及教育运动植根于 19 世纪初的公立学校运动，在 20 世纪早期对移民美国化中开花，但是，公共教育结构和质量上故意的不平等一直延续到 20 世纪 50 年代。只有很少的资源被用于非洲裔美国学生和其他生活在贫困之中的儿童的教育。社会问题的解决方案是公立学校的整合，即向所有的孩子开放最好的公立学校，无论种族或社会经济阶级如何。从技术上讲，公立学校的整合是在联邦地区法院的指挥下进行的。但是，1965 年通 329
过的《初等和中等教育法》对整合提供了一个强大的额外刺激——额外的联邦资金（参见第十二章关于学校整合的内容）。

根据《初等和中等教育法》的第一款，在新的联邦资金中，给低收入的学生至少占40%的私人和公共的学校提供10亿美元。这笔资金是专门为弥补成长在低收入家庭的学生的“贫困文化”项目而设计的。然而，立法缺乏对有资格得到资金学校支出的限制。实际上，第一款的资金成为对有弱势学生进入学校的一般援助资金。[30]每一个国会选区都有一个或两个学校有资格得到这笔资金，因此有广泛的立法支持基础。1949—1950学年期间，联邦政府对公共教育的资金投入，54亿美元中只有不到3%用于K-12公立学校教育。在公立学校总收入中，约57%来自地方的财产税。与1958年的《国防教育法》和1965年的《初等和中等教育法》相联系，联邦的影响增加了。1959—1960年，联邦的公立学校资金比例是4.4%，近150亿美元；1979—1980学年，一度达到近10%的比例，即970亿美元。[31]尽管联邦份额仍然是最小的，但是，它代表了对学校资金的一个有意义的注入。图9—1显示了公共教育资金投入的变化趋势。

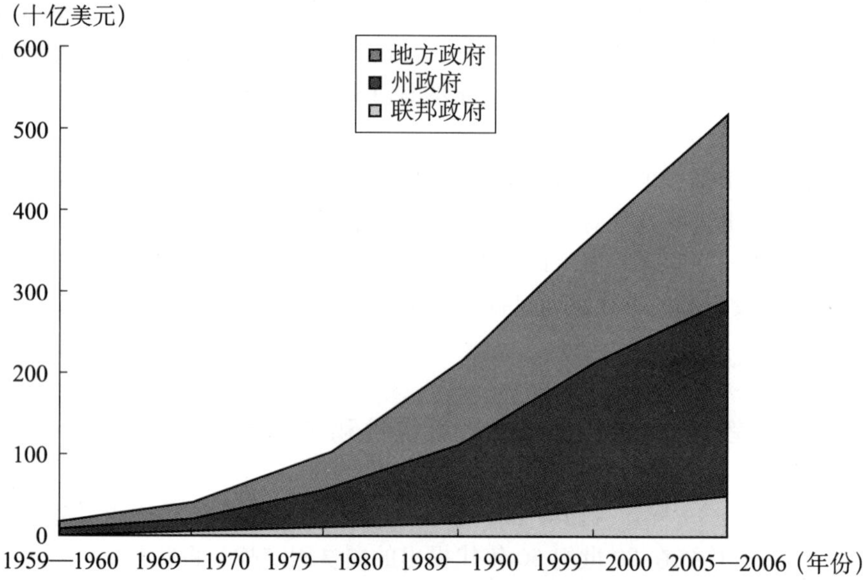

图9—1　政府为公立中、小学提供的资金

资料来源：Compiled using data from U. S. Department of Education, National Center for Education Statistics, *Digest of Educational Statistics*: *2008*. Table 32, Historical Summary of Public Elementary and Secondary School Statistics. Retrieved March 6, 2010, from http://nces.ed.gov/programs/digest/d08/tables/dt08_032.asp.

美国教育办公室的弗朗西斯·凯佩尔（Francis Keppel）专员，领导通过了《初等和中等教育法》，与“种族、共和党人、罗马天主教徒和红色派别”进行斗争。[32]许多南方人反对《初等和中等教育法》，因为他们正确地猜测到，它将加强消除种族隔离的努力。共和党人反对约翰逊的向贫困宣战的方方面面，但是，要阻止通过《初等和中等教育法》，他们拥有的席位太少。罗马天主教领袖反对通过加税增加对公立学校的支出，因为政教分离是传统，这解释了为何排除教区的学校接受公共资金。其他认为对地方的公立学校的任何集中控制都将是走向社会主义的人，被最初的立法中清楚明白的语言所安抚，最初的立 330
法中，明确禁止联邦控制课程、教学计划、管理、人员、教学材料。罗马天主教徒支持《初等和中等教育法》是因为获得“儿童津贴”，从理性上和理论上说，这笔资金都是使孩子受益，而不是使学校受益，因此允许教区和其他非公立学校接受资金。在国会两院占绝大多数的民主党议员能够使约翰逊提出的立法仅仅做出一个修正就得到批准，它建立了一个国家检测计划，被称为教育进展的国家评估（National Assessment of Educational Progress，NAEP）。[33]

1964 年的《民权法》第六款授权联邦政府扣留没有废止种族隔离政策的学区的资金，但这一规定在《初等和中等教育法》之前几乎没有什么影响。凯佩尔的继任者霍华德·豪二世（Howard Howe Ⅱ）积极实施取消种族隔离的政策。联邦资金的取消和联邦地区法院决定的推动，使在南部各州黑人孩子进入白人孩子的学校的比例从 1964—1965 学年的 11%增加到 1970—1971 学年的 84%。[34]

在联邦对公共教育的其他立法及其相应的影响下，其他弱势群体的处境也以零散的方式获得改善。《移民和国籍法》（Immigration and Nationality Act，1965）消灭了自 1924 年以来实行的移民配额制度。移民再次开始增加，使学生入学人数增长。1968 年提出的《双语教育法》（Bilingual Education Act）最终合并成《初等和中等教育法》的重新授权，解决英语水平较低儿童（即移民的孩子）的教育需要，通过提供资金，自愿地进行双语训练。《所有残疾儿童教育法》（Education for All Handicapped Children Act，1975）推动了精神和身体残疾的孩子进入主流社会，先前他们是被隔离在特殊教育项目中的（见第六章）。[35]《初等和中等教育法》不仅增加学校消除种族隔离和获得均等教育的机会，它还促使在中小学教育系统中植入多样性和包容性的道德。

《初等和中等教育法》再授权：从可得性到成就

《初等和中等教育法》的最初授权是整个 1970 年，从那时起，大约每五年再授权一次。每次再授权为联邦资金转换机制和优先次序提供机会。在 1965 年至 1981 年之间，《初等和中等教育法》的再授权主要关注跟踪基金以确保它们是根据联邦政府的意图使用的。教育办公室中的教育改革者从来没有支持《初等和中等教育法》的资金从补偿项目非官方地转换为一般援助。渐渐地，改革者就像影响《初等和中等教育法》的实施一样，影响了《初等和中等教育法》的立法。1970 年，这一意向被明确表示，联邦额外的基金必须用于对弱势儿童增加的训练，超过了由州和地方资金提供的训练。这种“补充，而不是取代”的方式，导致对地方和州的机构的沉重簿记要求。[36]

也许对课堂上的老师和学生更重要的是，努力限制使用《初等和中等教育法》针对补充项目的资金导致了脱离项目提供的意图，脱离出班级的个人被标识为弱势儿童。到1978年，接受《初等和中等教育法》资金的地方学校和学区，必须创建家长咨询委员会，并且给他们一个正式的教育决策者的角色。[37]老师和当地学区管理人员不喜欢联邦政府这种新的干涉形式，但是它间接地也是善意地被接受了。

卡特总统时期关注成就。卡特已经承诺在他的内阁中将提高对教育的重视程度，以便
331 在他1976年的竞选活动中获得教师工会的支持，他的承诺以1979年通过的《教育部组织法》(Department of Education Organization Act) 得到履行。1977年，卡特任命约翰逊总统的高级国内政策助手约瑟·卡利法诺（Joseph Califano）为卫生、教育和福利部部长，但是卡利法诺是教育的持续的可得性第一个议程的强力倡导者。他经常公开反驳卡特总统偏好的在可得性和成就之间更加平衡的政策。卡利法诺甚至反对自愿的国家标准和测验[38]，也反对将教育办公室提升为总统内阁级别的教育部[39]。在第一个问题上，卡利法诺占优势，然而，卡特认为可得性和成就之间的平衡更难以维持，医疗和福利问题仍然是与教育结合的问题。没有人清楚地预期后果。最终，“教育项目在真空中操作，强调成就而没有相应地考虑孩子生活的环境”[40]。

在1980年总统大选期间，总统吉米·卡特（Jimmy Carter）和共和党候选人罗纳德·里根（Ronald Reagan）在教育改革方面尖锐对立。里根反驳卡特在老师中的支持者，谴责联邦增加对公立学校的干预，尤其是法院提出的停止学校祈祷，他承诺如果当选为总统，就废除《教育部组织法》。随着里根的当选，有着15年总统支持历史的《初等和中等教育法》的扩张被停止了。[41]从关注可得性到关注教育成就的过渡是渐进的，但是，里根用其对公共教育的批评给了它新的动力。

然而，里根总统废除《教育部组织法》的承诺未能兑现，因为他在国会没有得到足够多的赞成票。在里根执政期间，联邦教育政策的辩论在很大程度上得到控制[42]，但是里根公开支持保守的意识形态的复兴，推动了地方和州对学校的争论。试图重新建立学校祷告，修改课程，包括“创世科学”或“智能设计”，限制性教育成为国家的头条新闻。在地方层次，共和党选民，尤其是那些由道德多数派（Moral Majority ）和基督教联盟(Christian Coalition) 代表的选民，在影响地方学校董事会方面非常成功。具有讽刺意味的是，在里根的支持下进入教育政策争议中的政治和宗教保守人士，没有意识到发生在里根政府的财政紧缩现象。联邦收入用于公共教育的比例从1979—1980年的9.8%减少到1989—1990年的6.1% 。[43]

在州和地方层面上，教育政策很快演变成一个针对资金的争论。当地的业主——地方学校收入的主要来源，抵制房产税征收运动升级。州政府被迫增加对地方学校的支持，但经常被拒绝提高销售税和州所得税以增加所要求的资金。当地区由于疲软的房地产税基在特定的州挑战不成比例的资金时，联邦法院加入争辩。例如，得克萨斯州与颇受争议的《罗宾汉法》进行了持续的斗争，这个法律目的是公平资助州里的每个学校的孩子，重新

分配比较贫穷和比较富裕学区之间的财产税收收入。[44]

在里根执政时期，一个象征性的转向成就的迹象，就是在 1981 年对《初等和中等教育法》重新授权时给予它的新标题——《教育整合与改进法》（Education Consolidation and Improvement Act）。这次重新授权也减少了联邦资金，并消除一些沉重的簿记要求，将分类财政补贴资金改为一揽子拨款。不过，在里根时期，其他所有的教育计划，与卓越的教育委员会的《一个面临风险的国家：教育改革的必要性》相比，都是苍白的。[45]这个 332
对美国教育具有里程碑意义的报告经常被引用的序言，似乎旨在引起震动："如果一个不友好的外国势力试图对美国今天存在的教育的平庸表现施加影响，我们可能会认为这是一种战争行为。"[46]自相矛盾的是，这份报告的建议是温和的：

- 通过要求中等教育增加英语、科学、数学、社会研究和计算机科学的学习年限，加强与学习有关的项目建设。
- 提高大学入学考试分数线。
- 需要更长的在校时间和更长的学年。
- 提高教师的工资。

很快就清楚的是，对美国教育系统的机会均等和可得性的关心不再是联邦参与的主导。学习优秀获得了优先权，特别是为了让美国工人在全球经济竞争中保持优势。教育和就业之间的联系，是早在 1917 年的《史密斯—休斯法》中就提出的观点，现已成为深入公众内心的观念。对《一个面临风险的国家：教育改革的必要性》和许多其他对国家的教育结果的研究批评的热忱[47]，逆转了美国教育的历史方向，"因为许多美国人担心我们的经济正在落后"，知识和学习成就被置于美德、个性、公民权利之上[48]。当《为什么约翰尼不能读书?》在 1986 年重印时，起到了火上浇油的作用。

在 1988 年对《初等和中等教育法》重新授权时，《霍金斯—斯塔福德小学和中学改进修正案》（Hawkins-Stafford Elementary and Secondary School Improvement Amendments）是一个远离首先关注学生成绩的制度的重大步骤。它要求各州：（1）为各学校获得条款 I 资金支持的弱势学生设定教育目标；（2）确定没有进步的学校，强制表现不佳的学校采取补救措施，包括发展改进计划，最终，如果没有取得进步，国家要干预和控制。尽管在为弱势学生建立教育的结果目标方面联邦政府并未直接参与，但是，1988 年《初等和中等教育法》再授权，第一次对弱势学生的教育成果建立了学校层面的责任。通过对弱势学生达到 75%的学校和超过州设定的教育成果目标的学校增加使用第一条款的资金的新的灵活性，教育家对联邦政策的这种转变的反对被平息了。[49]

国会两党对提高美国学生的学业成就的支持回应了广大公众要求进步的呼声。在美国总统老布什于 1989 年召开的夏洛茨维尔教育峰会上，出席的阿肯色州州长比尔·克林顿提出了 6 个目标，后来在 2000 年的《目标法》（Goals 2000 Act）中又扩展为 8 个，1994

年在克林顿政府时期通过。[50]这 8 大目标可以概括为：

- 所有的孩子将接受启蒙教育，为开始上学做准备。
- 高中毕业率将提高到 90%。
- 四年级、八年级和十二年级的学生将在挑战性的主题下证明有能力成为公民，为进一步学习、富有成效地工作做好准备。
- 美国学生将在科学和数学成就上居于世界第一。
- 每个成人成为有文化的、具有全球竞争力的和负责任的公民。
- 每个学校都没有毒品和暴力。
- 每个学校都没有枪支和酒精，建设有严格纪律的、有利于学习的环境。
- 333 每个学校会增加家长的介入和参与，促进孩子们的社会、情感和学习发展。

这 8 个目标中至少有 5 个是集中于学习结果的。2000 年的《目标法》要求各州设立自己的学习标准和启动测试，检查学生是否实现了既定的目标。1994 年《初等和中等教育法》重新授权，《改善美国的学校法》（Improving America's Schools Act）不允许对弱势学生设立单独的教育目标，并且授权对特许学校提供资助。来自教育者的反对再一次被抑制了，也是通过增加使用条款 I 的资金的灵活性。现在如果学校只有 50%的弱势学生，限制就被取消。第一次，教育部组织法案被给予了权力，在某些情况下可以搁置联邦政府的要求。这增强了州和地区对支出重点的控制，特别是在大的城市地区。[51]

从成就到责任：不让一个孩子掉队

从美国教育部组织法案的角度来看，2001 年《初等和中等教育法》重新授权的《不让一个孩子掉队法》，是"基于对结果更强的问责，对州和社区更多的自由，行之有效的教育方法，为家长提供更多的选择"[52]。从州和地方教育机构的角度看，《不让一个孩子掉队法》是一个灾难。在本地学校的层次上看，它们要对结果负更高的责任，以强制的形式要求学生考试，并以此对"年度的进度"进行评估。教育的"检验"方法是课程，是在联邦层次制定的。在地方层次实施联邦政府批准的课程教育几乎是通过对使用联邦资金的限制来保证的，例如，提供给阅读第一个项目。没有保持年度进步的学校的孩子家长被授权将他们的孩子转移到其他学校。老师抱怨教育的重点正在从学习优秀转向"为考试而教学"。地方管理者习惯了自 20 世纪 80 年代使用条款 I 资金的广泛的自由裁量权，不接受在成绩不佳的学校新指导要求的广泛的补偿项目。对"无资金托管"的喊叫在全国各地都能听到，尽管条款 I 最初的意图是对弱势学生提供资金补偿项目。州和社区在使用条款 I 的联邦资金上的自由裁量权不足以平息这一对立情绪。[53]

标准和测试

早在卡特政府时期，国家对于通过提高标准提升学生成果评价的兴趣就在增加，许多州也开始独立地设立测试标准。克林顿的《初等和中等教育法》重新授权为1994《改善美国的学校法》，要求各州提交实现2000年目标的计划。这样一个计划必须包括“具有挑战性的内容标准”[54]；然而，没有要求提交对这些标准的评估。各州被要求根据州界定的标准评估学生的学习，必须分为熟练、先进或部分熟练几个等级。每一年，各州还被要求评估单个学校在实现2000年目标上的进展。

实际上，实现这种由《不让一个孩子掉队法》要求的“高风险”（也称为“高赌注”）的测试所需的结构是在1994年实施的。因为在《初等和中等教育法》下提供的灵活性，并未导致州的教育进展在国家评估中获得更高的平均分数，也因为白人学生和少数族裔学生之间的差距没有消除（见图9—2），《不让一个孩子掉队法》对州和学校实施了更加严格的标准——了解所有学生的学习成绩。《不让一个孩子掉队法》的目标是消除基于社会经济地位、种族/民族、残疾、有限的英语水平的学生群体之间平均学习成绩的差距，以便所有的学生群体在学习上是熟练的。[55]最初专注于阅读和数学方面的成绩，《不让一个孩子掉队法》中概述的学习标准随着新的监管或立法条文上涨。目前，学习内容已经扩大到 334
阅读、数学和科学，期望的是，所有的学生和所有的学校在2014年对年级水平进行评估。[56]州的教育标准和强制检测程序现在必须提交给美国教育部部长审查和批准。州制裁没有按照要求取得足够进展的学校，父母可以把孩子从进展较差的学校转到取得足够进展的学校。

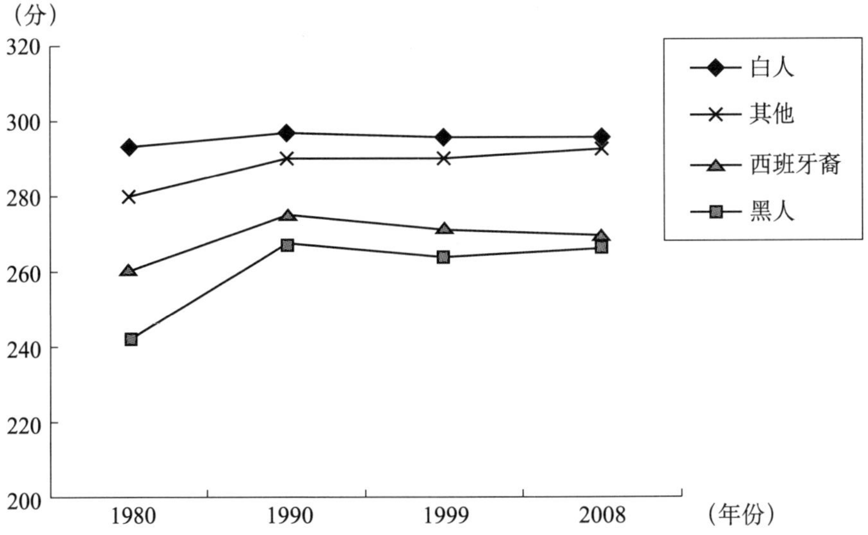

图9—2　全国不同种族/民族17岁青年人的平均阅读成绩

资料来源：U. S. Department of Education，Institute of Education Sciences，National Center for Education Statistics，*National Assessment of Educational Progress* (*NAEP*)，1980，1990，1999，*and* 2008 *Long-Term Trend Reading Assessments*. Retrieved March 6，2010，from http：//nces. ed. gov/nationsreportcard/pdf/main2008/2009479. pdf.

对教师的高要求

《不让一个孩子掉队法》要求“高素质的教师”。高素质教师的定义是，有学士学位、州的认证和许可证，并能证明他们熟悉自己所讲授的每一个学科。[57] 2001 年，国家教师教育资格认证委员会（National Council for Accreditation of Teacher Education，NCATE）通过出版学校专业发展标准，对《不让一个孩子掉队法》做出回应[58]，而且这些标准自那时以来不断升级[59]。所有 50 个州，或者是采用国家教师教育资格认证委员会对教师教学的专业内容标准，或者是遵守与国家教师教育资格认证委员会一致的现有内容标准。升级对教师的评估标准已经遇到了一些阻力。教师认为新评估标准是对他们任期的一个潜在的威胁，教育管理者也发现很难将足够多的合格的教师安排到不那么令人满意的学校。更高的标准也导致地方和州的财政问题，符合这些新教育标准的教师就需要更高的底薪。

特许学校和教育券

《不让一个孩子掉队法》的一个重点就是教育的创新和鼓励运用公共资金进行评估的多样化的努力，包括扩大对私人化的努力。接受公共资金的特许学校、私人教育机构是教育改革的一种方式。从概念上、法律上和经济上来看，特许学校比公立学校有更大的自治
335 权，对学生成绩有更高的责任标准。对一些人来说，这意味着特许学校有更大的创新潜力和许诺优异教育结果的能力。实际上并非总是如此，从全国范围来看，特许学校在质量和对其进行的监督方面存在相当大的差异。到 2009 年，40 个州已经通过立法授权某种形式的特许学校。[60]

在 20 世纪 80 年代末和 90 年代，私人基金会，像安南伯格（Annenberg）、麦克阿瑟（MacArthur）、卡内基（Carnegie）、皮尤（Pew）、福特（Ford）、洛克菲勒（Rockefeller）、凯洛格（Kellogg）、梅隆（ Mellon）、莫特（Mott）、休利特（Hewlett）以及最近的比尔和梅林达·盖茨基金会（Bill and Melinda Gates Foundation），投入了数亿美元到地方和国家范围的对现有的公立学校基础设施进行改革的努力中。更保守的捐助者，像林德和哈里·布拉德利（Lynde and Harry Bradley）、斯凯夫（Scaife）、约翰·M·奥林（John M. Olin）、史密斯·理查森（Smith Richardson）以及沃顿家庭基金（Walton Family Foundations），支持教育券实验。[61]教育券实验是一个尝试，它将学校资金的决定权交到孩子们的父母手中，通过此种压力，推动学校改革教育机制。父母向他们为孩子选择的学校提供教育券，学校通过对教育券的补偿获得资金。到目前为止，项目评估没有支持教育券或其他创新作为全国性的基础是必要的结论。[62]

从少数组织那里可能会寻找到竞争的优势，教师的工会领导人艾伯特·夏克尔（Albert Shanker）称，美国教师联合会（American Federation of Teachers）早在 1988 年就接受了“选择学校”的理念。教育改革中心报道，2007 年 4 月有 1 156 874 名学生在 40 个州

和哥伦比亚特区的 3 940 所特许学校学习。[63]更大的教师联盟全国教育协会（National Education Association）捍卫自身对公立学校的主导地位，不赞成特许学校，并且提出报告，认为评估并没有支持通过私有化优化教育成果的设想。[64]国家教育进展评估（NAEP）的评分倾向于支持这一结论[65]；然而，许多研究正在进行。例如，斯坦福大学教育结果研究中心采用配对设计，将 16 个州特许学校中 84%的学生与普通公立学校的学生进行比较。在数学成绩上，只有 17%的特许学校的学生超过公立学校学生，同时有 37%的学生成绩低于公立学校的学生。更仔细的调查表明，特许学校对初等和中等学校和生活在贫困之中的儿童可能是最有效的。[66]

教师反对《不让一个孩子掉队法》是可以理解的。在使用联邦基金面临更严格的审查时，州教育机构习惯于将联邦补贴视为一般收入。在试图补偿减少的联邦资源时，地方教育机构面临预算危机和纳税人的反对。在课堂上，教师面临更大的班级规模、课程要求和提升学生能力的期望。在教师只是影响孩子的学习准备和能力的许多变量中的一个时，教师应该在多大程度上对学生的教育成果负责？这提出了一个合理的问题。全国教育协会认为，处罚是苛刻的，包括一些老师的就业损失和关闭学校。[67]然而《不让一个孩子掉队法》在联邦政府层面得到两党的强烈支持。实施可能需要调整，但在很多人的眼中，《不让一个孩子掉队法》既是 50 年来在公共教育中趋向更高的可计量性的符合逻辑的结果，也是在全球经济中美国的必然选择。

更能说明《不让一个孩子掉队法》存在的问题的批评，针对的是其前提基础的哲学矛盾。[68]将平等的可得性转变为教育结果的平等，以标准化考试进行测量，忽视学生的能力和经验的差异，并且要求每个孩子至少达到平均水平（即“级别”），在算法上是不可能完成的事。《不让一个孩子掉队法》的普及教育的目标导致在许多课堂上重点是协助表现不佳的学生。虽然值得称赞，但是这样一个重点降低了提供给优秀学生的教育质量，为平庸牺牲了卓越。

336

儿童早期教育

20 世纪后半叶，除了已将幼儿园纳入公立学校系统[69]，儿童早期教育（即从出生到 5 岁的教育）还没有成为国家的重点。布鲁斯·福勒（Bruce Fuller）——加利福尼亚大学伯克利分校的教育和公共政策学教授，追踪不情愿的父母对州或联邦在儿童早期影响方面的不适，一种自由主义—人道主义的传统扎根于 19 世纪初。根据这一观点，生命早期是一个性格发展和社会化的时期（即家庭和文化价值的灌输），最好是通过游戏和亲子互动实现，而不是通过课堂教学，与之密切相关的问题是母亲在家庭中的经济作用。[70]第一所招收从出生到 5 岁儿童的学校，于 19 世纪初诞生在波士顿、纽约和费城。这类学校最初既是为贫穷家庭的孩子设计的，也是为富裕家庭的孩子设计的，这些所谓的“婴儿学校”扮演了一个主要是增加乐趣的角色，当 19 世纪中期被并入新的公共学校系统时就衰落了。[71]

20 世纪早期援助低收入家庭的努力催生了在母亲工作时对她们的学龄前孩子提供照顾的地方项目。这些项目通常缺乏一个固定的教育重点。到了 20 世纪 30 年代，在工程进度管理（Works Progress Administration）项目下，联邦提供了 1 000 万美元的资金直接给予幼儿园开展贫困救助工作。这个项目在 1946 年的《兰纳姆法》（Lanham Act）之下扩大，开始为在第二次世界大战期间从事与战争相关的工作的 40 万名母亲的学龄前儿童提供托儿服务。这种服务在 20 世纪 60 年代，在启蒙教育这个新名称下，成为约翰逊总统向贫困宣战的一部分。

启蒙教育是经济机会办公室最受欢迎的项目。项目的理念是给收入较低家庭的儿童一个正式的教育“启蒙”，除了教育之外，启蒙教育还强调社会技能、营养、健康及心理健康服务及父母参与。几乎所有的国家社区行动机构都实施了一个启蒙教育计划。在 20 世纪 60 年代晚期，整个美国有 50 万名儿童参加了启蒙教育[72]，但是，启蒙教育从来没有演变成一个权利计划。如在本书的第二章已经讨论过，启蒙教育和其他儿童早期教育计划本身以及对它们的评估是政治问题。2010 年发布的国家启蒙教育效果的最新研究中，将一个接受启蒙教育的学生群体与其他孩子（其中一些人接受了其他早期教育服务）进行对比。研究人员发现，“作为一个整体的项目人口，四岁时从启蒙教育获得的好处，在很大程度上是由于第一等级的缺乏”[73]。通过对参与启蒙教育的子群体的研究获得这一点和更微妙的发现，为讨论儿童早期教育的最佳途径，特别是对低收入家庭的孩子的早期教育，提供了更多刺激。

20 世纪 90 年代建立的儿童照顾和发展一揽子拨款，通过在第一个三年为其授权 25 亿美元延长了联邦政府对低收入的工作家庭的儿童照顾成本的支持[74]，2008 年增加到 50 亿美元[75]，但是不包括启蒙教育。大部分联邦支持是通过发放给父母代金券分配的，这样他们就可以用代金券支付儿童照顾和服务费用，代金券因而就成为收入再分配的一种形式。资金可以用来确保父母选择正式的或非正式的照顾形式：祖父母提供照顾（23%）、非亲属家庭照顾（14%）、有许可证的儿童之家照顾（6%），还有超过 20%的儿童待在日托所或学前教育中心。

据估计，联邦政府每年支付了学龄前儿童照顾总成本的四分之一到三分之一。[76]儿童照顾使用产生一个 U 型分布。收入最高和收入最低的家庭使用得最多，收入处于中产阶
337 级的家庭为儿童照顾支出的比例最高，超过全国平均的支出，因为他们的收入使他们没有好的联邦政府支持的资格。他们不太可能使用正式的照顾，即使当他们这样做时，他们也很少选择儿童照顾设施，因为他们在选择儿童照顾时更具有成本意识。负担得起的儿童照

顾的质量也是中产阶级父母看重的一个问题，因为在负担得起的中心，班级规模往往比较大，而教师教育水平比较低。[77]尽管有这些挑战，但是由于多数母亲和父亲要去工作，所以 3～4 岁进入学前教育设施的儿童数量急剧增加。今天，几乎 70％的 4 岁儿童在某个时期进入过学前中心。[78]

在美国，朝向学习结果的运动和对居主导地位的公共教育的问责制，已经对儿童照顾和儿童早期教育产生了重大影响。在罗布·雷纳（Rob Reiner）和沃伦·巴菲特（Warren Buffet）等个人的领导下，以及在皮尤慈善信托基金和现在学前班（Pre-K Now）等的影响下，对普遍的、制度化的学前教育的倡导正在进行。这一运动让人想起 19 世纪早期的公立学校，旨在为 3 岁和 4 岁的孩子提供公立幼儿园，这是孩子们父母的渴望。抓住学习效果的运动强调数学和文字技能培养，认为这些对未来学术上的成功是至关重要的。[79]

并没有每个人都相信的证据支持普遍的学前教育。[80]研究人员刚刚开始全面评估学前教育课堂经验是否是对孩子最有益的，能否产生持久的教育优势，以及学前教育是否应该强调认知的发展，而不是社会化和个性发展。

高等教育

与中小学公共教育相比，高等教育在美国有着更悠久的联邦政府的支持历史。1787 年的《西北条例》（Northwest Ordinance of 1787）是第一个提供土地建立教育机构的规定，但是，1862 年的《莫里尔法》（Morrill Act）建立了赠地大学，今天，有许多学生在这些大学就读。[81]与第二次世界大战联系在一起的一些事件彻底改变了美国的高等教育。这些事件包括：犹太移民和其他来自纳粹控制的欧洲学者将欧洲人在战前的更高的研究标准带到了美国；联邦资金对与战争相关研究的资助，像曼哈顿计划，创建了美国的研究型大学；1944 年的《军人调整法》（Serviceman's Readjustment Act of 1944，一般称为《退伍军人权利法》），使学院和大学入学人数增加。[82]《退伍军人权利法》给退伍军人提供了前所未有的获得大学教育的机会。大学入学人数从 1940 年的 150 万，增加到 1950 年的 300 万，增加了一倍。[83]最终，800 万退伍军人通过这项法案得到了教育援助。[84]1947 年，《退伍军人权利法》资助的 49％进入大学。[85]登记员完全没有准备处理数量如此庞大的申请人，教育考试服务（ETS）设计学术能力倾向测试（SAT）作为回应，来评估大量涌入的非传统意义上的学生。到 1957 年有 50 多万人参加了考试。[86]大众高等教育和使入学变得容易的测试机构，在美国开始改变了两件事——对教育的渴望和对学术的期望。

本科生和研究生数量的增加是 1958 年的《国防教育法》固有的内容。其第二款创建了国防学生贷款计划，在最初的 6 年，提供近 4.43 亿美元给大约 60 万名贫困学生。对贷款的学生设立了每一年和累计的还款限制，直到离开学校后的一年。贷款利率固定在 3％，

338 对于在小学或中学教师的岗位上工作多年的人，部分贷款可以免还。这个新的学生贷款项目旨在支持学术上有天资的学生和经济上贫困的学生。这个双重焦点影响了对经济上贫困的学生的贷款，大多数贷款的受益者是学术上有天赋的学生。结果几乎没有证据表明，大学招生中的中低收入申请者增加；然而，学生很容易接受支付大学贷款。[87]

约翰逊总统的向贫困宣战也集中在增加高等教育机会上。《经济机会法》（Economic Opportunity Act，1964）建立了现在所称的联邦工作学习项目（Federal Work Study Program），为贫困的学生提供经济援助。1965 年的《高等教育法》（Higher Education Act ，HEA）是对《初等和中等教育法》的一个补充，也增加了教育机会。其中的第四条款显然是这个立法中最重要的一部分。第四条款创建了教育机会拨款计划和学生贷款担保计划，前者第一次以公共资金为学生提供助学金，后者为私人对学生的贷款提供了联邦政府保险。[88]

与《初等和中等教育法》一样，《高等教育法》也一直通过定期的再授权被修改。1972 年，对第四条款的再授权将《国防教育法》的贷款项目转换进国家直接学生贷款计划（1986 年改名为帕金斯贷款），并创建了一个基本教育机会拨款计划（1980 年更名为佩尔助学金）。1992 年，学生贷款担保计划改名为联邦斯塔福德贷款计划，并且分为较小的贷款计划作为联邦的家庭教育贷款项目（FFEL）。所有第四条款的项目资金都是受限的，特别是在 20 世纪 80 年代里根执政的紧缩时期，随着佩尔助学金规模的限制和学生贷款利率补贴的降低，资格标准开始倾向于低收入家庭。佩尔助学金直到 1998 年在克林顿政府时期才通过对《高等教育法》的再授权得到扩大。[89]

争论总是伴随着《高等教育法》的重新授权，尤其是关于第四条款的项目。佩尔助学金显然是学生援助的主要来源。20 世纪 70 年代末，在公立的两年制教育机构，佩尔助学金几乎可以百分之百地支付学费和食宿费，在公立的四年制教育机构，可以支付超过 70%的成本，但这些拨款的购买力已经受到大幅侵蚀。[90]自 20 世纪 70 年代授权限制以来，国会没有给佩尔助学金拨付全部资金。[91]争议也困扰了贷款项目，目前大多与对大学工作人员拿银行回扣的指责有关，以及教育部对还款程序和收集过程缺乏足够的监督。[92]2010 年 3 月 30 日奥巴马总统签署了 2010 年的《医疗和教育和解法》。它所做的是事情就是，撤销对学生提供贷款的银行联邦补贴，所有学生贷款管理直接转给美国教育部，增加佩尔助学金的授予。[93]例证 9—1 讨论了对学生贷款变化的争论。

20 世纪下半叶，高等教育极速增长。在 1949—1950 年有 1 851 家学位授予机构，收入为 24 亿美元，有 270 万名学生。在 2005—2006 年有 4 276 个机构近 4 000 亿美元的收入和 1 750 万名学生。[94]（图 9—3 显示了高等教育资金来源）高中毕业生进入大学的比例，从 1960 年的 45%增加到 2006 年的 66%，女性的人数增加最多。[95]“今天有超过三分之一的美国成年人接受过高等教育，相比较，日本大约是五分之一，西欧国家是十分之一。”[96]在高等教育的机会增多时对其质量有争论，成人识字情况国际调查（International

Adult Literacy Survey）从 1994 年到 1998 年在 22 个国家从三个层次进行了测量：散文素养、文档读写素养和定量素养。只有两个国家的成年人在散文素养方面超过美国成年人，只有三个国家在文档读写和定量素养方面超过美国。[97]

339

例证 9—1

谁应该为高等教育学生提供贷款？

我们知道，经过漫长的学校生活之后，你已经厌烦了，当夏天这个热点问题直接关系到你时，你也并不想参与高等教育政策的讨论。然而，最新的立法几乎肯定会影响大学生的父母和使用联邦财政援助的学生。奥巴马总统的高等教育预算建议，从 2010—2011 学年开始，所有新学生贷款都将通过直接学生贷款项目，因此相应的所有联邦家庭教育贷款项目的学生贷款银行都要让位。你可以探索提议的变化，在 http：//edlabor.house.gov/newsroom/education/higher-education/。但是，我们将双方的一些争论要点概述如下：

- 通过直接贷款计划将联邦贷款移入进去，将完全消除竞争和选择。

过去，银行和其他学生贷款提供者为你的联邦贷款业务进行竞争。学生贷款借款人能够从这个竞争激烈的环境中受益——通过更好的客户服务、高效的流程和附加的贷款激励，如对于按时还款的降低利率的激励。尽管联邦学生贷款利率在哪里都是一样的，但是，不同银行的贷款激励是各不相同的，这往往是家庭选择一个贷款产品的决定性因素。

最激烈的资本家将劝阻政府接管工业和消除顾客的选择。如果这个法案成为法律，如果需要联邦学生贷款，学生和父母的唯一选择将是通过威廉·D·福特直接贷款计划（William D. Ford Direct Loan Program）向教育部申请贷款。你有过被迫使用一个公司，因为它垄断了市场的经历吗？现实情况是，即便你对它提供的服务不满意，你也没有选择。直到政府发现了一种提供伟大的服务的方法，这种方法等同于私营部门，这一点可能会保持一个消极点。

另一方面，根据国会预算办公室的看法，政府部门成为联邦学生贷款的唯一提供者能够节省纳税人的钱——教育部计划用于增加佩尔助学金和提供其他形式的学生援助的钱和奖学金，然后还节省了 10 亿美元纳税人的钱。如果国会预算办公室的计算是正确的（这也是在争论中的），未来十年将贷款从私人部门转入公共部门将为纳税人节省 1 000 亿美元。众议员乔治·米勒（George Miller）——教育和劳动委员会主席说，这些节省下来的数以十亿美元计的钱可以“被用来进一步提高学院的援助金、减少我们的赤字”，同时也“使我们国家更有竞争力”。

- 政府收集学生贷款比私人银行和其他出借人做得更好吗？

根据教育部最近的数据，在直接贷款项目中只有5.3%的借款人违约，在以银行为基础的贷款人中有7.3%的人违约。这个数据的准确性已经被贷款人质疑，他们指出这个数据是在提出立法的前一天出来的，而且类似的项目比较数字已经好几年没有公布了。学校类型（例如营利性的、非营利性的），可以使数据发生变化，大多数营利性学校趋向高违约率，并且通常不是直接贷款计划的参与者。萨利·梅（Sallie Mae）最近指出，通过州贷款担保机构参加了违约预防项目的借款人违约的可能性比直接贷款的借款人低30%。

340

- 立法如何影响学校并最终影响学生？

目前所有的在联邦家庭教育贷款项目中的学校都被要求改变他们的操作系统以支持直接贷款模式。对于目前处在联邦的家庭教育贷款项目中的学校，这意味着在预算被切断的核心，需要投入员工、时间和金钱改变系统和程序。它的现实的影响就是，这些成本可能不得不通过增加学费和学生费用被消化。

- 政府财政能够为每一个联邦学生贷款人提供美元吗？

最近信贷市场危机，使私人银行和其他贷款机构很难筹集资金贷款给学生。贷款的可得性危机可以通过一个权宜之计，即建立政府融资和贷款购买项目来避免，允许联邦的家庭教育贷款项目在信贷紧缩期间继续提供资金。但是，争论仍然存在，有人认为，如果今天银行借给学生的是政府的钱，则意味着，政府可以通过直接贷款计划介入和将钱直接借给学生本人。

另一方面，如果联邦的家庭教育贷款项目不再继续，那么政府到底需要借出多少钱，并将所有的新贷款转换为直接贷款？数量是每一年增长的，但现在是每年约600亿美元。要在一年内完成转换，这对直接贷款计划而言是一个大改变。立法获得通过，预计最初几年政府一路上会有较大的颠簸。如果你是一个学生，要确保你熟悉学生贷款文书和支付项目。

资料来源：College Loan Corporation，“The Debate on FFEL vs. Direct Lending Programs”. Retrieved March 6，2010，from http：//www. collegeloan. com/college-loan-corp-news/student-loan-articles/the-debate-on-ffel-vs-direct-lending-programs/.

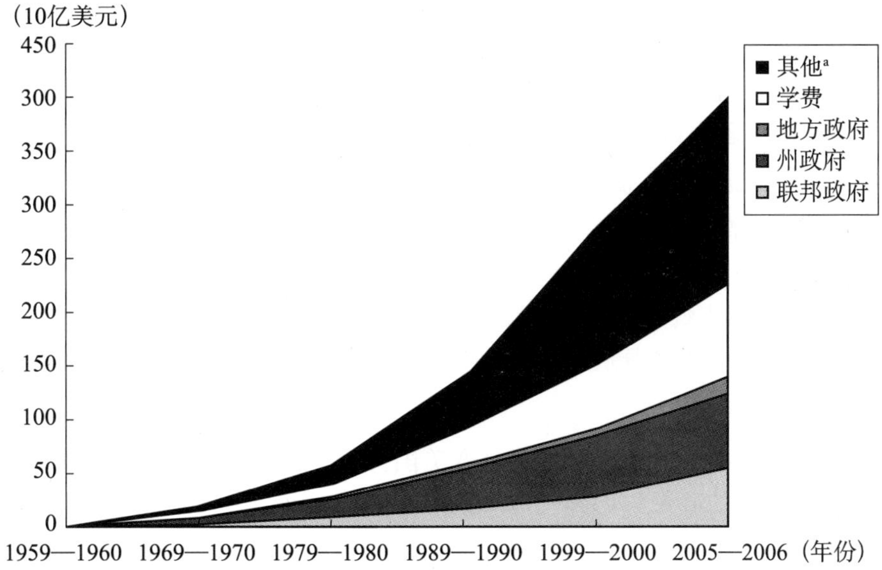

图 9—3　高等教育资金来源

[a]其他包括捐赠、礼物以及包含医院在内的附属机构的收益。

资料来源：Compiled using data from U. S. Department of Education，National Center for Education Statistics，*Digest of Educational Statistics*：*2008*，Tables *348* - *350*. Retrieved March *6*，*2010*，From http：//nces. ed. gov/programs/digest/*2008*menu _ tables. asp.

341

30 年的教育改革是必要的吗？

自从第二次世界大战以来，对美国教育体系的质量一直存在着潜在的公众和政治上的不满。这是准确的感知吗？桑迪亚国家实验室战略研究中心 1991 年的报告包含令人惊讶的发现。[98]在当时，美国高中学校毕业率 20 年来一直是稳定的，是世界上最高的。在同一时间段，国家教育进展评估标准化考试成绩一直稳定或有进步，最大的进步发生在基本技能方面。从 20 世纪 50 年代至 70 年代，学术能力倾向测试成绩的下降显然是由于来自质量较差的高中的考生数量的增加，而这又是一个值得称赞的指标，高中教育机会增多了。国际比较表明，美国的大学入学率和毕业率是世界上最高的。与所有“少数族裔”群体相关的大学招生的多样性也取得了重大进展，包括妇女，高中毕业后继续接受教育的人数正在加速增长。研究人员对与工作相关的补助项目的分析不支持有人声称的美国高中毕业生没有为就业做准备。在日本和德国这两个国家有着更好的教育系统，但它们的雇主比美国雇主在工作场所的训练上要花费更多的时间。[99]

桑迪亚的研究结果不支持老布什总统的教育改革政策，因为它是基于公众的感觉——美国的教育系统处于危机中。这严重阻碍报告的出版发布，报告被推迟了两年。学术界对报告充满了方法论的批评，但是对该报告发现的结论在很大程度上是维护的。根据教育教授劳伦斯·C·斯特德曼（Lawrence C. Stedman）的看法：

> 尽管在他们的分析和论证中存在几个问题，但是，桑迪亚的分析人员恢复了美国教育讨论的平衡，这是很值得赞扬的。在大纲中，他们的观点是正确的——在过去的20年里，美国教育系统的表现通常已经稳定，在某些领域已经有了改善，在高中和大学毕业方面，美国是一个在世界上领先的国家，对民族和种族组织需要有针对性地予以援助，因为他们仍然落后。桑迪亚分析人员从数据引出的分析是对批评者坚持鼓吹的卓越的下降观点的一个受欢迎的反论。[100]

在政治上，桑迪亚分析人员的发现是令美国公众不快的。哈罗德·布鲁姆（Harold Bloom）《美国人闭锁的心灵》（*The Closing of the American Mind*，《纽约时报》畅销书排行榜上连续四个月处于榜首），可能是一个令人惊奇的最好的例证，它表明对美国高等教育的批评是受欢迎的。[101]甚至连肯定桑迪亚分析人员的报告值得赞扬的斯特德曼，也加入了批评美国公共教育的合唱，对《制造危机：神话、欺诈和对美国公众学校的攻击》进行了过度严厉的评论。[102]

最近的分析凸显了美国教育的加强。自20世纪80年代以来，16～24岁人口的初中或高中辍学率已从14.1%下降到8.7%。[103]经济合作与发展组织（OECD），一个由30多个经济发达国家构成的国际合作组织，报告说，在25～64岁的成年人中，美国的大学毕业率在世界上最高（34.5%）。[104]此外，哈佛大学校长德里克·博克（Derek Bok）概括道：

> 无论是诺贝尔奖得主的数量、在科学期刊上发表文章的数量，还是在期刊上发表的科学结果被引用的次数，在促进新知识的发现中美国显然获得了巨大的成功。[105]

342

教育和奥巴马政府

“效力于美国”（Organizing for America）组织——一个支持美国总统巴拉克·奥巴马的全国性组织，以及他的竞选活动的直接继承者，认为美国第四十四任总统持有这样一种立场：

> 让我们的孩子在全球经济竞争中做好准备是我们所面临的最紧迫的任务。我们需要停止对公共教育的口头服务的支付，开始让社区、管理人员、教师、家长和学生负

> 起责任。我们将在大学和劳动人口中为下一代的成功做准备，确保美国儿童在创造力和成就上再次领导世界。[106]

许多沮丧的教育工作者反对《不让一个孩子掉队法》，支持奥巴马竞选，因为他清楚地将自己与过去 30 年的一般趋势——机会、成就和问责制——置于一条线上。

一般来说，教育工作者支持奥巴马对受教育机会和大学负担能力的关注。“美国机会”税收抵免，作为 2009 年《美国复苏与再投资税收法》（American Recovery and Reinvestment Tax Act）的一部分，将美国最高教育税收抵免提至 2 500 美元，根据纳税人的收入多少，其中一部分可以退还。税收政策中心估计，在未来十年，这将直接用 139 亿美元支持高等教育。[107]2010 年《医疗服务和教育和解法》取消了对私人贷款机构学生贷款的 680 亿美元补贴。一半是用于提高佩尔助学金，2010 年每个学生 5 550 美元，而且未来的佩尔授权将与通货膨胀相联系，直到 2017 年。[108]

关于成就，教育者不那么热情。奥巴马政府《初等和中等教育法》重新授权的“蓝图”，要求软化以学校为基础的、每年进行的进度评估，取而代之的是更广泛的目标：每个学生高中毕业时，“为大学和职业生涯的准备情况”[109]。消除社会经济和种族/民族间的差距的拥护者已经表示了关注，认为这标志着退出对成就的关注；然而，一个更好的结论是，“蓝图”提出了一个关注重点的转变，从以学校为基础到以学生为基础的问责。

以学生为基础的问责是对《不让一个孩子掉队法》下的标准的一个重大升级。政府的蓝图要求“新一代的评估”，衡量的是学生个人的进步，让老师和主要的评价基础是学生的学习进展。它提出了将在《不让一个孩子掉队法》下允许各州设立的教育标准转换成一个国家的能力标准。早在 1965 年通过《初等和中等教育法》时，共和党人、教育者和州政府就反对这样的举动。“蓝图”还打算鼓励州和地方的创新，将多数用于公共教育的联邦资金从某个学生的公式转变为竞争性拨款，这是另一个颇具争议的做法。2009 年的刺激计划已经包括了历史上最大的教育可自由支配的资金——43.5 亿美元，这种竞争资金的状态被称为“力争上游”。没有取消任何禁止基于学生学业成绩确定教师薪酬的立法或者限制特许学校立法的州，没有资格申请这个资金。各州必须建立修复表现较差的学校的程序，包括关闭、转换为特许学校或更换管理者和教员。

力争上游的首要任务就是创造跟踪学生进步的系统，根据国家标准化考试的检测，将这一进展与特定的教师和校长相联系。两个教师工会一直持强烈的批评态度，认为力争上游的提议是“布什三世”（Bush Ⅲ）的做法。[110]这种说法有一些道理。小布什的教育政策 343
和巴拉克·奥巴马的教育政策之间的主要差异是，收入的增强似乎是后者的偏好，而不是从学校到各个班级的老师的制裁和问责的变化。对《初等和中等教育法》重新授权和对它扩大的立法，能否使这种再授权实现“蓝图”还有待确定。来自教育机构的相当大的反对是可以预计的，许多声音已经加入了混战。[111]

联邦的不情愿的就业政策

从历史上看，联邦政府是不愿介入劳动力市场的，如同它不愿意介入公共教育一样。自殖民时期美国的主流情绪就是，对任何愿意工作的人，美国都是机会之地。早在1889年，当俄克拉何马州的领土的第一个地方被打开的时候，美国解决失业的主要办法便是土地。1862年由亚伯拉罕・林肯签署作为法律的《宅地法》（Homestead Act），为任何没有拿着武器反对美国、自愿提出申请的人提供四分之一平方英里（160英亩）的土地，供其耕种和居住。六个月后，契约通过，改为每英亩1.25美元。到1900年，共有8 000万英亩的土地被购买。[112]

在1913年建立美国劳工部之前，公众失业后被移交给地方和州政府。在17世纪，一些美洲殖民地沿袭英国的传统，建立了济贫院和贫民习艺所[113]，这在本质上是惩罚懒惰。“赤贫”（Pauperism），19世纪的一个术语，由于19世纪中期在北部城市中心日益增长的失业，表达了同样的不情愿和评判意识。在某种程度上，美国劳工运动的诞生可以追溯到普通劳动者在这些北方城市中难以立足，他们对危险的工厂中不合理和不受管制的工作规则没有反对的权利和力量，就只能居住在被污名化的济贫院里。

早在19世纪20年代，工人就组织了地方工会。但国家范围的可持续劳工运动在19世纪的周期性经济衰退之前没有得到发展，直到1886年塞缪尔・冈珀斯（Samuel Gompers）和美国劳工联合会（AFL）登上历史舞台。美国劳工联合会提出了一天工作八小时的主张，将熟练劳动者的工资从“下沉到乞丐的工资水平”提高上来[114]，最终为劳动者在总统内阁中争取到一个位置。1913年，《劳工部组织法》（Organic Act of the Department of Labor，DOL）开始代表劳动者的声音。劳工部的目的是“培养、促进和发展劳动人民的福利，改善他们的工作条件，促进他们可利用的就业机会”[115]。劳工部的第一位部长威廉・B・威尔逊（William B. Wilson）是劳动者的一个强有力支持者，并且将劳工部的创立解释为对雇佣劳动者的利益负责。在1915年的时候，他就将全国80个移民局转变为就业办公室，到1917年，有28.7万人通过劳工部的帮助实现就业。[116]威尔逊是一个有争议的人物。1920年，他受到弹劾的威胁，因为拒绝驱逐4 000名劳工活动分子中的大多数，按照1918年的《无政府主义者排斥法》（Anarchist Exclusion Act of 1918），他被逮捕了。法律对他倾向劳工的议程的支持力量是很小的。

早期的社会工作者密切参与对改善工作条件的支持和对劳动组织的支持。1899年，社会工作者简・亚当斯（Jane Addams）和约瑟芬・肖・洛厄尔（Josephine Shaw Lowell）使他们的同事佛罗伦萨・凯利（Florence Kelley）陷入困境，凯利是第一个全国消费者联盟（National Consumers League，NCL）的执行秘书。[117]以这样的一种能力，直到1932年，凯利的主要职责是组织当地的全国消费者联盟分会。她被指示推动州的规定落实，这个规定即1938年《公平劳动和标准法》（Fair Labor and Standards Act）前身，这个法案最出名的是它的最低工资、加班工资和保护童工的规定。[118]联邦对调节工作和干预劳动力市场的不情愿以造成毁灭性的失业的大萧条和1932年富兰克林·罗斯福的当选结束，罗斯福的计划是让人们重返工作岗位。 344

克服不情愿：新政

罗斯福上任时，美国有25%的人失业。国内生产总值——衡量美国经济规模的一个指标，下降了近48%。[119]社会工作者弗朗西丝·珀金斯（Frances Perkins）——第一位在总统内阁服务的女性，从1933年到1945年一直担任劳工部部长。在她的任期内通过的第一个立法是1933年的《紧急保护工作法》（Emergency Conservation Work Act），根据这个法案创建了平民保护营（Civilian Conservation Corps）。这个受欢迎的项目最终将300万年龄在18～25岁的男性城市青年安置到乡村的营队中，在那里他们工作一天得到一美元，工作内容是在公共土地上从事各种不同的保护工作。[120]除了《公平劳动标准法》，在帕金斯的领导下通过的其他主要就业立法，还包括1933年的《瓦格纳—佩泽法》（Wagner-Peyser Act of 1933），这个法案建立了美国的就业服务，1935年的《国家劳动关系法》（National Labor Relations Act）或《瓦格纳法》（Wagner Act），这个法案使集体谈判合法化。[121]

哈里·霍普金斯（Harry Hopkins）——罗斯福任命的另一位社会工作者，成为1933年建立的联邦紧急救助署（Federal Emergency Relief Administration，FERA）的负责人，1935年进入工作进度管理局（Work Progress Administration，WPA）。联邦紧急救助署主要是一个公共救助计划，但是工作进度管理局建立了一个低工资的公共工程计划。在第二次世界大战之前，工作进度管理局雇用了800万人。国家青年管理是工作进度管理局的一部分，为高中生和大学生提供了研究岗位的工作，为那些不在学校的青年人提供了各种临时工作计划。

尽管新政项目有所扩散，但是直到美国加入第二次世界大战，20世纪30年代的失业和经济危机才得到解决。[122]从1940年到1944年，1 000万男人进入美国军队，500万名妇女接替了他们的工作岗位。[123]在第二次世界大战结束时，《退伍军人权利法》帮助男性平滑地返回劳动力队伍，但是没有相应的规定帮助妇女返回她们传统的家庭主妇角色。通过马歇尔计划重建欧洲的挑战刺激了美国经济的增长，联邦政府对就业的关注减少了。例如，1947年《塔夫脱—哈特利法》（Taft-Hartley Act，1947），对工会施加了严格的限制。

向贫困宣战：寻找治愈方法

到20世纪中叶，美国已经尝试过若干策略来处理贫穷问题和它历史上的困难。它采用了公共救助的缓解策略，如有未成年子女的家庭救助计划等项目，其目的只是减轻贫困的苦难程度。它还采用了社会保险策略，如社会保障和失业保险等，迫使人们为防止因年老、死亡、残疾、疾病和失业可能导致的经济问题进行储蓄。它还通过平民保护营和工作进展管理等项目直接雇用在私营部门找不到工作的人。

在20世纪60年代向贫困宣战期间，联邦政府采取了另一种方法，这一次是采用“治疗”策略来帮助穷人，通过为他们个人和他们的环境带来变化使他们成为自立的人。向贫困宣战的“治疗”策略的设想是打破贫困的恶性循环，允许经济弱势的美国人进入国家的
345 工人阶级队伍，最终成为中产阶级的一员。这一策略是“恢复而不是救济”。1964年的《经济机会法》，向贫困宣战的核心是，“针对贫困的原因，而不仅仅是后果”进行努力。

在1958年撰写的一本具有影响的书《丰裕社会》(The Affluent Society) 中，约翰·肯尼斯·加尔布雷斯 (John Kenneth Galbraith) 变成了约翰·F·肯尼迪总统的经济顾问，唤起人们对整体富裕的社会中存在的贫困的关注。[124]加尔布雷斯区分了个案贫困 (case poverty) 和地区贫困 (area poverty)。个案贫困大部分是一些贫穷的个人特征的产物——年老、文盲、受教育少、缺乏职业技能、健康状况较差、种族——这些都阻碍了他们分享国家的财富。地区贫困是与国家特定部分相关的经济匮乏的产物，比如西弗吉尼亚州和阿帕拉契亚的大部分地区。“贫困地区”或者“经济萧条地区”的产生是因为技术的变更或缺乏工业化——例如，煤矿业的衰落、铁矿的枯竭以及小农场主被从农业市场中排挤出来等。地区贫困也是该地区汽车、钢铁、石油产业衰落的结果，人们开始称这些地区为“生锈带”，而且随着经济重心转移到郊区，老城区附近的环境不断恶化。

地区贫困：帮助经济匮乏的地区

《经济机会法》包括几种机制来解决地区贫困问题。

经济发展管理局

向贫困宣战的头一波攻击开始于肯尼迪政府，包括向贫困地区开战。例如，1961年的《地区经济恢复发展法》(Area Redevelopment Act of 1961) 赋予联邦拨款和放贷给那些被认定为“经济萧条地区”的政府和企业的权力，以促进经济发展。这项计划随后在1965年的《公共工程和经济发展法》(Public Works and Economic Development Act) 中

进行了修订。《公共工程和经济发展法》一直受到人们的批评。一些人称它为缓解贫困问题的涓滴（trickle-down）效应，它大多数的利益都流进了工商企业者的口袋中而没有分给穷人。共和党人还称它为政治拨款计划，就是为了帮助民主党获得选票。经济发展管理局（Economic Development Administration，EDA），是美国商务部的一部分，该机构长期为它自己的工作辩护，据说这个机构是通过帮助在贫困地区创造工作岗位和增加税收来筹集它自己的资金的。经济发展管理局的两个主要目标是"吸引私人资本投资和创造更有技术、更高工资的职位"[125]。今天，经济发展管理局是与州、地方政府、区域经济发展机构、公共和私人的非营利组织和印第安部落一起工作的，"其工作的基本指导原则是，痛苦的社区必须有权制定和实施它们自己的经济发展和振兴战略"[126]。

里根总统试图取消经济发展管理局。在小布什政府时期，该机构的年度拨款持续减少。但是，2008 年发生经济危机明显带来了经济发展管理局的拨款的显著增加，从 2007 年的 2.8 亿美元[127]增至 2008 年 7.79 亿多美元，创建一个在国内地区遭受自然灾害时维持经济发展的基金[128]。奥巴马政府 2009 年的《美国复苏与再投资法》（American Recovery and Reinvestment Act，ARRA），为因经济危机受灾最严重地区的就业和经济发展另外提供 1.5 亿美元。[129]

社区发展一揽子拨款

自 1974 年以来，联邦政府为地方社区发展企业也提供了资金，目的是通过经济发展努力和其他各种街区振兴活动援助贫困地区。[130]社区发展一揽子拨款由美国住房和城市发展部管理，受到了与以贫民为对象的经济发展管理局相同的批评。例如，小布什任职时说，尽管社区经济发展一揽子拨款"旨在促进低收入社区发展，但是，其有效性因为包括 346
了一些最富有的城市而被减弱了"[131]。除了救灾资金，社区经济发展一揽子拨款一直是被少量减少的，直到奥巴马当选总统。根据 2009 年的《美国复苏与再投资法》，额外拨付了 10 亿美元资金，社区经济发展一揽子拨款增加了 26%以上。

企业区

在 20 世纪 70 年代，对美国赫里蒂奇基金会（Heritage Foundation）倡导的"供给学派"的回应中，共和党人和保守派对联邦政府解决区域贫困的努力的反对开始减弱。从赫里蒂奇的角度来看，建立企业区是一个展示经济效益、证明减税和取消商业管制的有效性的机会。[132]企业区将鼓励企业定位在经济上陷入困境的地区以促进就业和当地经济发展，增加社区服务。尽管在 20 世纪 80 年代得到时任美国总统的里根大力支持，国会还是减少了给这些地区的资金支持，因为减税会导致联邦收入损失。1992 年由于无罪释放击毙了美国黑人罗德尼·金（Rodney King）的白人警察发生了洛杉矶骚乱，之后，美国国会重新考虑了企业区发展政策。

1993 年国会资助了 9 个赋权发展区（empowerment zones）或 EZs（6 个在城市，3 个在农村地区）和 95 个企业社区或 ECs（65 个在城市，30 个在农村地区），开放了 35 亿美元的竞争性联邦资金。每个被选择的授权区域可得到税收优惠，包括多达 2 000 万美元的免税贷款。在授权区域的企业雇用一个当地的居民，可以扣除高达 3 000 美元（员工收入的第一个 15 000 美元的 20%）税金，一些培训费用还可以从税金中扣除。每个城市赋权发展区还有一个 1 亿美元的社会服务一揽子拨款（如儿童发展、药物治疗和职业培训），每个农村区域有 4 000 万美元，每个企业社区可以得到大约 300 万美元用于这些目的。区申请者被要求提交一份用州和地方资源补充联邦资金的计划。

国会最终在 1999 年和 2001 年为第二轮和第三轮赋权发展区和赋权社区计划拨付资金。1999 年是 30 个城市赋权发展区和 10 个农村赋权发展区，2001 年是 65 城市赋权发展区和 50 个农村赋权发展区。2001 年的立法还在赋权发展区中确定了 40 个更新社区（renewal communities，RCs）。在最后一轮，社区得到了雇用当地居民的联邦税收优惠，并且改进了企业的运作形式，但没有给予资助。2008 年耶鲁大学的报告对城市赋权发展区改善当地劳动参与率的情况给了高分，与拒绝赋权发展区申请的地方相比，赋权发展区在改善出租房屋居住状况方面也得到了高分。[133] 少量商业分析师认为，证据是混合的[134]：就业增长和收入增长都很少，就业转向了赋权发展区而不是扩大区域。那些确实发生的经济效益往往是短暂的。联邦对这项计划的资助在 2009 年结束。然而，奥巴马总统推荐赋权发展区和更新社区持续时间延长至 2010 年 12 月。[135]

个案贫困：帮助经济匮乏的个人

除了地区贫穷，向贫困宣战也解决个案贫困问题，有其他政策计划。

林登·约翰逊和《经济机会法》

当 1963 年肯尼迪总统遇刺之后林登·约翰逊接任总统时，他看到了一个使他的政府杰出并继承和弘扬富兰克林·罗斯福的传统的机会。约翰逊，一位前公立学校的教师，相信政府工作和培训工作，特别是针对青年人的培训，可以打破贫困的恶性循环，通过向人们传授基本技能提高他们的就业能力，能够使他们成为自给自足的成年人。为此，他支持《经济机会法》。

347 经济机会局最初是为了支持扶贫计划由地方社区行动机构设计的。项目可能包括文化学习、医疗服务、法律援助、邻里服务中心、职业培训、儿童发展活动以及其他创新性的想法。

青年培训和就业

1964 年的《经济机会法》建立了三个主要的青年就业项目：工作营队（Job Corps）、邻里青年营队（Neighborhood Youth Corps）和勤工俭学项目（Work-study program）。每个项目旨在模拟大萧条时期的项目：平民保护营和第二次世界大战结束后的国家青年管理工作。工作营队在保守的农村地区给年龄 16～24 岁的未就业青年提供教育、职业培训和工作经验。工作营队的受训者是那些不能受雇者中的“中坚分子”，他们可以因为离开他们的家庭环境而从培训中获益——改掉妨碍他们就业的坏毛病和一些联系，同时学习阅读、算术、自我健康护理，以及汽车机械、行政工作和其他技能。工作营队在 1969 年转移到劳工部，继续运作 122 个全国各地工作营队中心。邻里青年营队旨在为那些生活在家中上学或不上学的青年人提供工作、咨询和在职的培训。邻里青年营队所服务的那些青年人比工作营队所服务的青年人就业能力稍强一些。勤工俭学项目向低收入家庭出身的中学或大学学生提供联邦资金，通过与公共或私人机构合作为其提供兼职等，以此来帮助他们维持学业。

工作营队：昂贵的和无效的

今天，工作营队每年在 122 个遍布全国的中心为近 6 万名 16～24 岁的青年提供服务。[136]工作营队是政府的青年就业培训项目中最昂贵的，2009 年支出超过 16 亿美元。[137]服务通常是在住宅项目中提供，包括密集的基本教育、职业培训和工作经验积累以及人际交往能力的发展、医疗、娱乐和其他支持性服务。工作营队的目的是吸引青年人。计算机管理教学教授阅读、数学、写作和思考技能。服务和参与的长度根据每个年轻人的需要确定。

在项目的历史上，劳工部在不同的时间已经委托对工作营队进行了两次评估。最近的研究报告发表在 2006 年。[138]研究基于随机抽样获取的从 1994 年底到 1995 年的 11 313 名工作营队的申请人（不仅是那些真的得到了服务的人），并追踪了他们 4 年。对照组可能不参加工作营队，但是他们可以自由进入其他服务。研究结果是以所有完成了四年级访谈的申请者为基础的（这包括大约 80%的实验和对照组成员）。

研究人员估计，政府为每个参加工作营队的人花费约 25 000 美元。[139]如果每年持续获得利息，工作营队的参与在加入者的一生将产生大约 31 000 美元，对社会而言，这是一笔微不足道的净收益。然而，根据 1998 年到 2004 年的年度收益记录，在第一次达到四年后收益不存在。因此，与工作营队项目相关的成本不能仅仅以参与者的未来收益为基础来证明是合理的。是否减少了公共救助和降低了涉及刑事司法系统的层次，以保证维护工作营队项目，还是一个有待仔细处理的问题。工作营队似乎是服务于有严重就业障碍的参与者，但是参与者未来收益没有明显上升，“该计划的成本超过它的收益”[140]。也许是时候尝试一些例证 9—2 展示的新方法了。

348

例证 9—2

获得教育、就业的更好方法

罗伯特·勒曼（Robert Lerman）

在全国的失业率临近 10%的时候，快速创造就业岗位和对劳动力进行技术培训，可以减少下一次经济衰退的伤害。奥巴马总统的政策帮助数以百万计的年轻人和失业者进入社区学院。但社区学院已经难以满足如潮水般涌来的申请者对培训的需要了，而政府能够为高等教育提供的资金已经极度紧张了。

由于现金拮据的州难以持续支持社区学院，或削减社区学院，联邦的刺激资金和佩尔拨款可以帮助更多的学生和流离失所的工人。但最终的结果很可能是，产生大量拥挤的教室和较低素质的教师。更糟糕的是，许多热切的申请者将会被拒。

有更好的解决方案吗？幸运的是，有的。明显比社区学院教育更有效地增加收入的是国家的学徒制度——一个在南卡罗来纳州落地生根的模型、扩大的学徒制以及与技术学院的混合。

如果你认为学徒听起来像一个来自过去几个世纪的古董——对本·富兰克林而言是足够好的，但是已经不适合21世纪的经济了——就再思考一下。几乎所有先进经济仍然在工作场所孵化。在德国——世界上最大的出口先进产品的国家，60%到70%的年轻人进入正式的学徒体系，参加多年严格的在职学习和专业学习。

在英国、澳大利亚和其他国家，学徒规模显著扩大。欧盟委员会号召公共和私营部门到2010年底创造500万个学徒位置。

在美国，这一点很大程度上被忽视了。实际上，目前学徒制培训了超过50万名工人。学徒在学习期间也挣工资，他们作为正式员工，既为公司的产量做贡献，又在培训者的指点下掌握技能，他们自己主要是在干的过程中学习。学徒也需要正式的课程。有时在社区学院或者他们的工作地点所在的社区学院学习。在工作、就业型培训课程和专业学习中经历了两到四年之后，学徒可得到一个公认的职业证书，证明他们掌握了新技术。

研究表明，学徒能够比仅仅在社区学院上课的工人的收入高很多。在华盛顿州，学徒的年度收入增长了近12 000美元，是先前的社区学院学生的两倍多。

学徒的吸引力在今天的现金匮乏的环境中尤其明显。政府成本——营销和监督成本——很低，因为雇主支付大部分培训成本。技能学习是根据市场需要进行的，明确了职工的职业前景。不像全日制学生，学徒在增加技能时就得到了工资。许多学徒获得大学学分、得到学位，这对许多工作岗位是重要的，是培训中的个人希望获得的。

鉴于学徒制的低成本和长期的高回报，我们要研究什么是扩大学徒制项目的最好方式。首先，增加一点工资，全国2 100万美元——分配给全国的劳工部的学徒办公室，它的员工可以帮助雇主建立新的项目。预算翻倍意味着数以千计的新学徒职位。除了盈利，这种规模的扩展将强力推动工资和收入税收的增加，增加的收入将远远超过增加的项目成本。

南卡罗来纳州在扩大注册学徒上的成功是一个好的开端。接下来要感谢州的工商业界对州提供的少量资金（一年约为100万美元），以及始于2007年的对南卡罗来纳州雇主的税收抵免——每位学徒每年

349

1 000美元。南卡罗来纳州的技术学院系统学徒制部门平均每周就有一个新的雇主赞助的学徒计划注册，学徒的数量翻了一番。在先进制造业、医疗服务、信息技术和其他热门行业创造了就业机会。

对学徒制的另一个刺激是，联邦政府可以报销雇主的课堂培训费用。毕竟，联邦对进入社区学院学生的补贴超过了45亿美元，而不管它是否会带来工作岗位。

在一个经济裁员的环境中，补贴学徒创造就业机会、帮助更多的工人打造高质量的职业生涯，是聪明的体现。补贴的成本效益可能是，为雇用每个学徒提供3 000～5 000美元，比去年高80%。

在国家的劳动力发展策略中，高等级的学习应该得到高等级的回报。但是，由于不断增加的数量，对于同时通过学习和收入得到最好回报的人来说，决策者和商界领袖必须形成伙伴关系，这样可以实现学徒制的承诺——为更多的美国工人创建工作岗位和有更多报酬的事业。

资料来源：thestate.com (Columbia, S.C.), August 3, 2009. "A Better Way to Get Educated, Employed", by Robert Lerman. R retrieved March 6, 2010, from the Urban Institule Website, http://www.urban.org/publications/901274.html.

美国服务营队：通过服务促进教育发展和就业

在克林顿政府时期，美国服务营队（AmeriCorps）为在美国境内的18岁以上的上大学或接受暑期教育的人提供各种选项，他们可以通过提供服务来挣钱。美国服务营队将先前的美国志愿者服务（VISTA）的计划合并为一个现在叫做美国服务营队之美国志愿者服务（AmeriCorps * VISTA）的计划。这个计划承诺帮助低收入的个人和社区脱离贫困。其他美国服务营队项目包括资助由志愿者支持的非营利组织（AmeriCorps * State and National)、国家平民社区营（AmeriCorps * National Civilian Community Corps，参与者年龄在18～24岁，他们集中居住在指定的提供服务的社区中的一个，同时，他们接受领导培训和团队建设，类似于军队)。美国志愿者服务和国家平民社区营队禁止成员在全职承担义务期间维持外部就业，但州和国家计划更灵活。[141]

美国服务营队参与者可以选择一个4 725美元教育奖或提供一年的社区服务得到1 200美元的现金。如果他们在9～12个月内工作1 700个小时，也可得到适度的生活津贴（各州有所不同)。兼职工作也可以得到一半的助学金。在教育、公共安全、环境、医疗和社会福利领域从事志愿者服务，他们可以获得医疗保险、学生贷款延迟还款，如果需要也可以得到儿童照顾补贴。没有最高年龄限制，任何收入的人都可以参与美国志愿者服务和州、国家的项目。

除了美国服务营队，国家和社区服务公司（Corporation for National and Community

Service）还负责监管老年营队（Senior Corps）和学习与服务美国（Learn and Serve America）计划。[142]老年营队包括赡养祖父母计划（Foster Grandparent Program）、老年退休志愿者计划（Retired Senior Volunteer Program，RSVP）、老年伙伴计划（Senior Companion Program），所有这些计划都是为了鼓励55岁以上的老人参与社区服务。学习与服务美国计划，鼓励小学生、中学生和大学生为社区服务。2008年国家和社区服务公司报告说，有50万名老年营队志愿者。[143]自1993年以来，老年营队成员提供了10亿个志愿
350 服务小时，超过40万人已经得到美国服务营队的服务，超过100万高中学生参与了学习和服务美国项目。奥巴马总统是联邦志愿计划的一个强大支持者，通过《美国复苏与再投资法》针对项目扩展提供了2.1亿美元。

联邦工作计划

对抗个人贫困的战斗开始于1962年的《人力资源开发和培训法》（Manpower Development and Training Act，MDTA）——第一个大范围的、联邦投资的职业培训计划。最后，《人力资源开发和培训法》被1973年的《综合就业和培训法》（Comprehensive Employment and Training Act，CETA）所吸收，后来则融入了1982年里根政府的《职业培训和伙伴法》（Job Training Partnership Act，JTPA）。今天，这些项目都归于1998年的《劳动力投资法》（Workforce Investment Act，WIA）。

《综合就业和培训法》：最初，《综合就业和培训法》是针对结构性失业——长期的"铁杆"失业者的：没有什么工作技能，没有工作经验，或者有其他就业障碍。但是此后不久，尤其是为了应对1974年至1975年的经济萧条，国会将间断性失业的人——由于经济萧条而暂时失业的人也包括在其中了。美国劳工部总体负责巩固这些工作培训计划，负责向市、县和州政府管理的项目分配资金。《综合就业和培训法》每年为350万人提供就业培训。计划包括课堂学习、实习和参与公益服务。地方政府是主要的经办者，他们同私人的以社区为基础的组织（community-based organizations，CBOs）签订协议来帮助穷人和少数族裔的受培训者，为之提供最初的课堂学习，将他们分配到公共服务岗位。

结果，各个城市共同分享《综合就业和培训法》的资金，为在一般市政工作岗位上工作的人支付工资。在某些情况下，面临财政压力的城市因为能够使用《综合就业和培训法》的资金减少自己的支出，而没有大量解雇自己的员工。据估计，地方政府最初资助了大约一半的与《综合就业和培训法》有关的工作。结果之一就是，《综合就业和培训法》受到批评：项目并没有针对那些最需要帮助的人——经济上贫困的人、长期的失业者、没有竞争力的失业者。有人估计只有三分之一的与《综合就业和培训法》有关的岗位上的员工来自领取公共救济的家庭。主要的资助者希望得到最有技能的失业者。尽管如此，根据联邦数据，约45%的参与者没有接受过高中教育，39%的参与者年龄在21岁及以下，约40%的参与者是少数族裔，还有73%的人被证明属于低收入者。[144]

1978年的《汉弗莱—霍金斯法》(Humphrey-Hawkins Act)，"保障"每一个"有能力并且有意愿的"成年美国人都得到工作。法案所用的语言充满雄心壮志，这反映了它的倡导者、后

来的参议员胡博特·H·汉弗莱（Hubert H. Humphrey，来自明尼苏达州的民主党议员）的领导能力。法案将联邦政府比作“最后的雇主”，发誓要创造新的公共服务岗位，让失业的人在公共项目中就业。其目标是将全国的失业率降低到3%。但是《汉弗莱—霍金斯法》更多的是一种慷慨的关心而非真正的承诺。即使是在经济最繁荣的时期也没有出现过。与其说是公共服务岗位，国会更关心的还是创造所谓的“真实的”、持久的、私营部门的工作岗位。

《职业培训和伙伴法》：为了应对批评，里根政府允许终止《综合就业和培训法》，并于1982年用《职业培训和伙伴法》代替它。《职业培训和伙伴法》由参议员爱德华·泰德·肯尼迪（Edward Ted Kennedy，马萨诸塞州的民主党党员）和丹·奎伊勒（Dan Quayle，印第安纳州的共和党参议员）——后来曾在老布什的政府中担任副总统——共同提出。这几乎是一个不可能的合作。资金以一揽子拨款的形式提供给各州。《职业培训和伙伴法》的目标与《综合就业和培训法》的目标是相似的：增加就业和收入，减少失业者的贫困和对福利的依赖，为失业人员和未充分就业人员提供技能培训、帮助其寻找工作、351
提出建议等。约有600个私有工业委员会（Private Industry Councils ，PICs）建立起来，这些委员会由工商企业中拥有社区所需工作技能知识的志愿者组成。委员会为州和地方政府用联邦资金建立的就业培训中心提供建议。

《职业培训和伙伴法》发挥了什么作用？对在16个不同站点随机抽取的20 000名分配参与者的州的《职业培训和伙伴法》研究发现，对成人参与者而不是青年人（22岁以下），项目是有成本效益的。[145]研究人员得出结论：“《职业培训和伙伴法》，对成人而言，运作得相当好。”对项目的1美元投资可以有1.5美元回报。[146]然而，实验组中接受有未成年子女的家庭救助计划补贴的女性项目的参与者几乎没有受到影响，接受食品券的男性或女性也都没有受影响。在职培训和求职协助似乎对接受有未成年子女的家庭救助计划补贴的母亲特别有帮助。研究发现，项目对青年人的影响令人失望。实验组中的低收入男性、实验组中的女性，与控制组相比，只有很小的收益增加，未达到统计上的显著水平。两组年轻人，《职业培训和伙伴法》产生的是净社会成本。研究人员还考虑了年轻人中的子群体，找不到任何群体从参与《职业培训和伙伴法》项目中获得经济收益。

《劳动力投资法》：在克林顿总统任职期间，他承诺“让福利办公室看起来更像一个职业介绍所”和“工有其酬”。为此，克林顿像他之前的老布什总统一样，支持“一站式服务”的想法——综合服务中心，将被人们称作“疯狂的拼凑”的由24个部门控制的150个联邦就业计划合并在一起。[147]将24个机构整合或协调的失业保险索赔、职业培训、求职和其他与就业有关的服务，可不是件容易的差事。使这个任务变得更加困难的是，对贫困家庭的临时救助计划（见第七章）、补充营养援助计划，以及帮助接受补充任职保障收入的残疾人安全就业（见第五章），各自有着不同的工作要求。

联邦政府职业培训和就业项目的现行版本是1998年的《劳动力投资法》，这个法案替代了《职业培训和伙伴法》，修改了《瓦格纳-佩泽法》。《劳动力投资法》包括成人项目和青年项目，包括工作营队。《劳动力投资法》目的是，“增加参与者的就业、稳定就业和收入，在这样做的时候，提高劳动力的质量来维持经济增长，提高生产率和竞争力，减少福利依赖”[148]。

在《劳动力投资法》下，18 岁以上的成年人可以接受的核心服务是技能和需要评估、求职和就业援助等。[149]那些需要这样的服务以获得或维持就业的人，也可能被提供更密集的服务，如培训。在 2006 年，将近 76%的低收入成年人收到密集的培训服务，在退出服务后 3 个月内就业，就业期间，季度的平均收入为 4 687 美元。2008 年，花了近 8.49 亿美元服务了约 276 800 名成年人。自从 2002 财政年度的拨款峰值到 2008 年，为成年人的《劳动力投资法》拨款已下跌逾 10%，接受服务的成年人的数量下降了近 42%。

在《劳动力投资法》下的青年服务项目包括辅导、学习技巧训练、替代性的高中学校服务和夏令营活动。2008 年，大约 9.24 亿美元被用于为大约 323 300 名年轻人提供这些服务，与 2002 年的高峰时期相比，拨款和得到服务的青年人下降超过 18%。

最近在 8 个州实施的对《劳动力投资法》的评估显示[150]，《劳动力投资法》的资金不
352 足以对所有申请者提供较高成本的培训服务，导致了“撇油花”——接受的申请人是被认为最容易服务的和最有可能快速就业的。一站式服务中心提供的无缝式服务，已经受到对贫困家庭的临时救助计划、职业康复计划、退伍军人就业和培训服务等项目的矛盾的目标和文化的损害。评价者指出，州层次的政策与地方的劳动力投资委员会（Workforce Investment Board，WIB）的政策不匹配，州层次的政策没有能力决定地方的劳动力投资委员会的执行。具体来说，劳动力投资委员会通常采用工作第一或人力资本开发优先的政策，不顾一个州是否更喜欢开发技术更加熟练或受过较高教育的劳动力。

最低工资和生活工资

1938 年的联邦《公平劳动标准法》（Fair Labor Standards Act of 1938）试图保证满足所有工人维持一个适当的生活标准的工资。最低工资开始时是每小时 25 美分，随着时间推移已经逐渐增加。劳动法还规定每周工作 40 小时；员工可以工作更长时间，但是对于按小时付薪的工人，超时需额外支付薪水。法律涵盖了 90%以上的非管理人员，只有某些特殊情况（一些农场工人、在最初 90 天培训期间的青年人和能够收到小费的人）没有被包括在其中。2008 年，220 万（3%）年龄在 16 岁以上的劳动者，每小时得到的工资处于或低于联邦最低工资水平。[151]约有一半是 25 岁以上的人。最低工资工作普遍缺乏像医疗保险这样的可以帮助工人减少生活成本的福利。

当然，较高的最低工资能够帮助有工作的人，尤其是一个非技术或半熟练的工人，最有可能受到最低工资水平的影响。自由派人士一贯主张提高最低工资。过去 20 年，保守派和许多经济学家大力谴责这种安排。他们的经典论据是，最低工资越高，导致的失业率也越高。越来越多的研究基于州最低工资的变化和 20 世纪 90 年代联邦对最低工资的提升

形成的自然实验，在经济学家之间形成了一致意见。虽然争论还在持续，但没有很明显的证据表明最低工资和失业之间的联系。[152]最近对最低工资的增加没有导致任何实质性的工作损失。提高最低工资的其他好处包括，在低工资的劳动力市场上产生了更高的生产率、降低了缺勤率、鼓舞了士气、增加了消费支出。[153]

由于更高的最低工资，可能被排除在工作之外的人是青少年，一些人感觉他们获得的技能还没有达到使他们的劳动与最低工资相称的水平。更高的最低工资可能会引起雇主如快餐连锁店、影院和零售商店减少对青少年的雇用，以便降低成本。因此，1996 年的《公平劳动标准法》确立了一个较低的、每天 4.25 美元的 90 天的培训期，现在仍然有效。[154]在一个较低的最低工资下，更多的青少年可能会找到工作。青少年失业率大约是成人失业率的 3 倍。

因为联邦最低工资立法不包括生活成本调整，所以任何增长都需要国会采取行动——使反对自由主义者倡导的提供增加最低工资实现收入再分配的保守主义者、商业利益相关者陷落的行动。例如，克林顿总统上任后，想要增加最低工资，但是《医疗服务和福利改革法》在那时已经提上日程，所以，直到 1996 年国会才开始努力推动提高最低工资标准。到这时，据报道，最低工资的购买力水平已经是近 20 年来的最低（见图 9—4）。支持者认为需要“工有其酬”，尤其是应该鼓励更多的人离开福利去工作。他们还认为，首席执行官的薪酬和其他高级员工的报酬比低端员工的报酬上升的速度快很多，而国会更为慷慨地 353
投票为自己加薪。反对增加的一个论点是，高薪工人也会要求加薪。所有这些提高将增加雇主的成本，结果或是导致失业增加，或是消费者面对更高的价格，或者两者兼有。

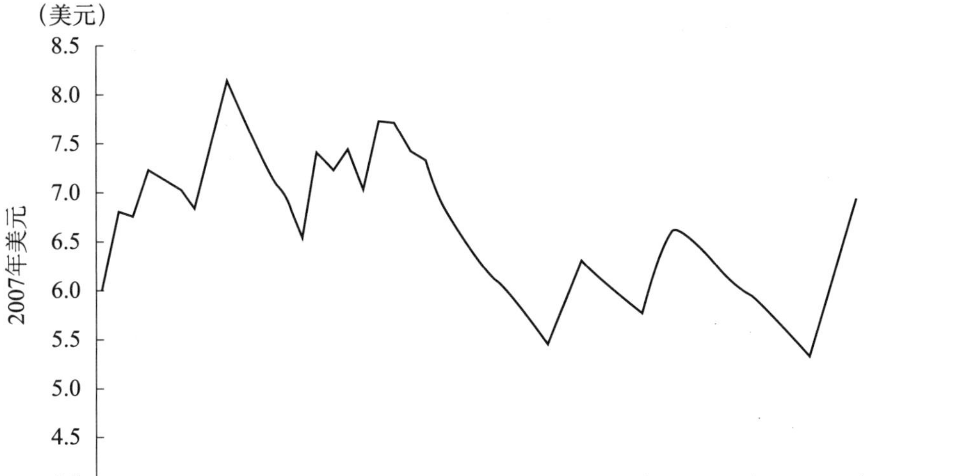

图 9—4　1960—2009 年最低工资的真正价值

资料来源：Reprinted from Lawrence Mishel，Jared Bernstein，Heidi Shierholz，*The State of Working America*，*2008/2009*. Copyright © 2009 by Cornell University. Used by permission of the publisher，Cornell University Press.

在这个议题上政治斗争也很激烈。民主党人士没有成功地将最低工资衡量办法加到由共和党支持的增加政府借款权利的议案和移民议案上来。参议院多数党领袖鲍勃·多尔（Bob Dole）过去曾支持提高最低工资标准，现在希望将最低工资议案同共和党支持的其他经济办法联系起来。总统克林顿说，如果议案中包括对新雇员和年收入少于500 000美元的企业的豁免的修正，那么他将否决该议案。最后议案通过时最低工资增长到4.75美元，随后于1997年7月增加到5.15美元。由此增加的企业成本也被转移了，因为议案包括了对它们的各种减税优惠。随后，国会在2000年提高最低工资的努力失败了，这很大程度上是因为它与减税绑在一起，民主党人反对。

在2006年的中期选举时，战斗重新开始，民主党在国会中赢得了大多数席位。2007年《公平最低工资法》得以通过，一个补充伊拉克战争资金的法案和在未来10年超过40亿美元的对小企业税收减免的法案也一起通过，对小企业的减税是战胜了美国国家餐馆协会和全美独立企业联盟说客的反对才通过的。[155]

许多人认为，最低工资是最直接和全面的增加工作的穷人收入的方法。但是，考虑到今天的最低工资水平，如果在一个家庭只有一个人就业，通常最低工资收入远远低于官方贫困水平。例如，2008年，一个四口之家（两个成年人和两个孩子）的贫困线是21 200美元[156]，全职工作（每周40小时），按联邦最低工资（2008年7月23日之前是5.85美元，之后是6.55美元）获得的工资总额为12 784美元。两个成年人全职工作，家庭仍将接近贫困水平。

354 在2007年通过的《公平最低工资法》下，第三次也是最近一次增加联邦最低工资，在2009年7月24日生效。13个州和哥伦比亚特区已经有了《最低工资法》，超过新的联邦级别的一个小时7.25美元。[157]在其他领域，“主流”工资也超过了联邦最低工资。经济政策研究所估计，提高最低工资的受益者76%是25岁及以上的成年人，有450万人，那些目前收入最低和收入略超过最低收入的人，将受益于2009年联邦最低工资的增加，总计多获得16亿美元工资。[158]在受益的各群体中，受益最多的是单亲父母，尤其是女性和有色人种。

许多倡导提高最低工资的人希望制定随着生活成本提高自动增加最低工资的立法，而不是像现在这样老是进行政治上的讨价还价。亚利桑那州、科罗拉多州、佛罗里达州、密苏里州、蒙大拿州、俄勒冈州、佛蒙特州和华盛顿州采取了某种形式的、依据年度生活成本调整最低工资的政策。[159]

增加低薪工人的收入的另一个想法是，将最低工资标准定为全国平均工资的一半。按照这个标准，2009年7月私营企业的生产工人每小时可获得18.46美元。[160]这将大幅度提升当前的最低工资标准，但是，目前尚不清楚为什么全国平均工资的一半是一个适当的数字。支付一种生活工资可能更有意义。一个叫普遍生活工资（Universal Living Wage，ULW）的组织和其他很多人相信，一个人全职工作应该能够负担起基本住房。[161]普遍生活工资组织根据公平市场租金和住房与城市发展部的指导方针计算生活工资，住房不应消耗超过低收入个人预算的30%（见第四章）。由于不同社区住房成本不同，普遍生活工资组织的生活工资计算也不同。例如，普遍生活工资组织估计2010年，一周工作40小时的职工，若要在阿肯色州的小石城保障一房一厅的公寓，那么每小时工资应为8.67美元，在科罗拉多州的博尔德则是每小时14.75美元。

经济危机和奥巴马的经济刺激计划

作为2008年经济危机的结果，未经调整的非农业失业率，从2007年12月的4.7%增长到2009年11月的10.%。[162]在此期间，美国丢失了逾790万个工作岗位。[163]

> 在2008年10月至2009年3月的6个月里，美国经济的紧缩速度比1958年以来的其他任何半年都快。2009年4月失业率达到了25年以来的高峰，预计回升至少要到年底。简而言之，今天美国经济深陷衰退之中。[164]

两位总统都试图解决2008年的经济危机：共和党的小布什和民主党总统候选人奥巴马。小布什对危机的反应是不良资产救助计划，根据2008年的《紧急经济稳定法》的授权，给金融机构提供了7 000亿美元的紧急救助资金。这项立法在限制高管薪酬的形式下提供了一些对纳税人的保护，部分联邦所有金融机构从接受紧急救助资金中受益。不良资产救助计划是基于涓滴效应来应对经济衰退。通过稳定金融机构，不良资产救助计划的假设是，信贷流动将正常化、产生总体经济增长、增加就业。[165]虽然不良资产救助计划可能被认为能够避免银行系统的更为灾难性的失败，但是，信贷仍然紧张，尤其是对小企业和 355
家庭购买者。

巴拉克·奥巴马处理危机的方法是，在2009年2月17日签署了7 870亿美元的《美国复苏与再投资法》。[166]《美国复苏与再投资法》是多个项目的混合物，旨在在两年内复苏经济，包括2 370亿美元的个人税削减和51亿美元的企业减税。然而，直到2010年他们填写完2009年纳税申报表之前，个人不会看到许多的好处。特别有效的是1 440亿美元对地方和州政府的援助，减轻了经济衰退在公共就业中的负面影响。尽管只有32%的《美国复苏与再投资法》资金要分散使用至2009年10月，但这个刺激计划已经对经济有了一个温和的积极影响，声称到2009年10月拯救或创造了超过64万个工作岗位。[167]

在奥巴马政府的刺激计划下，工作着的穷人获得了大幅的补助。《美国复苏与再投资法》增加了收入税抵免，最多达5 657美元。收入税抵免是一个为低收入的工人退还部分钱款的联邦税收抵免，已经被证明是最强有力的联邦反贫困计划之一（见第七章）。资格要求是结婚的纳税人联合获得，这可能会带来较高的家庭收入和降低收入税退款。《美国复苏与再投资法》修改了退款表，以减少这种“婚姻处罚税”。《美国复苏与再投资法》也创建了一个新的“工有其酬”的退还税收抵免，每个人退款 400 美元（夫妻二人 800 美元），以减少工资税累退效果，减少退还儿童税收抵免（Child Tax Credit，CTC）1 000 美元的收入上限，从 12 550 美元降到 3 000 美元，这样低工资工作者甚至很多打零工的人也将能够得到儿童税收抵免。

《美国复苏与再投资法》的这些措施依赖税收制度，而不是依靠雇主给工作着的穷人提供更多工资，在新的立法下，工作着的穷人可以获得高达 7 457 美元的退税。[168]它们展示了持续的和明显的对下列扶贫方式的偏好：（1）奖励工作；（2）通过联邦税收制度而不是公共救助的形式（也参见第一章和第七章）增加收入。这些退税是使收入较低的人受益的最重要的劳动政策。不幸的是，对许多工人来说，新的税收规定是为了应对国家的经济衰退，只有两年的时间，就到 2010 纳税年度。

总结

联邦对美国的教育系统和劳动力市场的参与，在 20 世纪急剧增加。对这种参与有其支持者和批评者。联邦政府对公立学校教育的参与已经从关注受教育机会转到了关心质量、提高标准，学生成绩是《不让一个孩子掉队法》的明证。这仍然使许多对初等和中等教育承担责任的州和地方政府紧张。联邦政府还参与了一系列的工作计划，成功帮助美国人获得就业机会。当前联邦主要工作项目立法是《劳动力投资法》。

2010 年的联邦预算提供给教育部和劳工部有自由裁量权的政府资金分别是 470 亿美元和 130 亿美元。如同这些教育和劳工政策已经表明的，联邦支出的决定更多地出于政治考虑而不是理性。一些教育和工作项目是在 20 世纪 60 年代向贫困宣战期间发起的，那是近
356 50 年来在政治上有弹性的年代，但是，严格的评估对一些项目提出严重质疑，诸如启蒙教育和工作营队是否是有价值的联邦投资选择。在国家支持更高的个人责任和制度水平的情况下，有一定讽刺意味的是，联邦决策者不愿对他们自己使用相同的审视标准。

讨论问题和课堂活动

1. 联系地方公立学校学区负责人或你所在区域中表现不佳的公立学校的校长。访问学区的管理办公室或公立学校，或者邀请学区负责人或公立学校的校长到课堂讨论《不让一个孩子掉队法》的执行情况，以及他或她的学区、学校的测试标准。向负责人或校长了

解《不让一个孩子掉队法》的影响，特别要联系儿童的社会经济背景。她或他认为哪些方面的测试标准是有用的？有什么可以改进的方法？听完演讲后举行课堂讨论，讨论公共教育的最重要的目的是什么或应该是什么：文化适应 、学习技能还是就业？为什么？

2. 从你所在的区域邀请一位受到高度重视的特许学校的校长到课堂讲演。与其讨论他或她认为特许学校和公立学校之间的主要差异。你也可以邀请特许学校学生和学生的父母一起讨论。在听演讲之前，阅读学术文献中有关特许学校的文章，包括评价研究，这样你就可以为提出问题做好准备。

3. 接触一个你所在地区的非营利社区发展公司。你的班级去访问社区发展公司或者邀请社区发展公司的人到课堂上讲演。与邀请的人讨论组织的使命、历史、资金来源、从事的项目、成功和挑战，尤其是低收入地区的居民就业。

4. 从你所在州的劳动力委员会或机构邀请一位主要负责实施联邦和州的职业培训和就业项目的演讲者。请演讲者描述他们的项目、提供的服务，以及如何成功的。准备好问题，在听演讲之前了解这些项目以便准备提出问题。查看机构的网站，搜索任何最近的对项目进行的评估。

5. 邀请一个专门帮助难民、有犯罪经历的人或其他弱势群体获得就业的非营利组织的负责人，让他或她讲讲组织成功的经验和面临的挑战。请他或她谈一谈对州机构对组织服务的客户实施职业培训和就业项目的有效性的看法。

6. 如果可能，访问一个对低收入家庭的儿童的启蒙教育项目或其他早期教育项目的负责人。请项目负责人描述其服务的儿童的数量、提供的服务，以及他或她认为这个项目对参加的孩子和他们的父母的影响。在访问之前阅读对启蒙教育项目的有关评价（例如，在 http：//www. acf. hhs. gov/programs/opre/hs/impact _ study /index. html 上看 2000—2010 年启蒙教育效果研究和随访）或其他学前教育计划，基于你的阅读准备提出问题。你也可以邀请你的大学里专门研究儿童早期或学前教育的老师到班上进行演讲。

7. 从你所在的社区邀请一位生活工资组织的人来课堂演讲，介绍组织进行的努力，如组织在社区推动增加工资活动中使用的策略。在演讲者到来之前，了解你所在的州是否有超过了联邦最低工资标准的确定最低工资的立法。如果有，工资与你所在地区的生活需要相比是怎样的状况？例如，你所在地区是否有一个普遍的生活工资计算或自给自足的标准（见第四章自立标准的信息），比较你所在州的最低工资与这种自立标准之间的关系。

8. 了解已经完成的支持最低工资立法的研究和认为最低工资对就业有负面影响的研究。在课堂上讨论这些研究的优势、弱点和产生的影响。班级成员认为什么方法使工人得到公平的工资是可行的？

9. 邀请你的大学或学院负责经济救助工作的主任，讨论 2010 年的《医疗服务和教育 357
和解法》对学生的经济援助的影响。将所有的学生贷款管理转移到教育部，对你所在的机构和其他大学和学院的学生意味着什么？

网站

美国教师联合会，网址：http：//www. aft. org/。美国教师联合会是一个工会和劳联—产联（AFL—CIO）的附属机构，代表着从学前班到高三年级的老师和其他学校人员，高等教育教师和专业人员，联邦、州和当地政府的雇员以及护士和其他医疗卫生领域的专业人士等群体的利益。

经济政策研究所，网址：http：//www. epi. org/。经济政策研究所是一个非营利性的华盛顿智库，它因在政治方面的特殊兴趣，从事影响低收入和中等收入的工人的经济政策研究。

国家教育统计中心，网址：http：//nces. ed. gov/。国家教育统计中心是一个收集和分析与教育相关的因素的主要联邦机构。

国民教育协会，网址：https：//www. nea. org/。国民教育协会是一个代表教育领域的专业人士（公立学校教师、教员、教育支持专家、退休的教育者和准备成为老师的学生）的组织，它也关注公共教育能否让学生走向成功。

美国教育部，网址：http：//www. ed. gov/index. jhtml。美国教育部是一个联邦机构，旨在通过培养教育英才和确保实现平等渠道来推动学生成功、为全球化竞争做准备。美国教育部建立联邦教育资助政策，分配资金和监督它们的使用状况；收集数据和监督对美国学校的研究；解决教育中的重大问题；加强在接受联邦资金的项目中禁止歧视的联邦法律。

美国劳工部，网址：http：//www. dol. gov/。美国劳工部试图提升美国工人就业、退休和医疗保健的权益以及自由的集体谈判。美国劳工部追踪就业、价格和其他经济措施的变化，并且执行涉及安全和健康的工作环境、最低时薪和超时工资、免于就业歧视的自由、失业保险和其他的收入支持等相关内容的联邦劳工法。

注释

［1］参见关于老撒旦欺骗法案的讨论：Carl L. Bankston and Stephen J. Caldas，*Public Education—America's Civil Religion*：*A Social History*（New York：Teachers College Press，2009），p. 21.

［2］Patricia Albjerg Graham，*Schooling America*：*How the Public Schools Meet the Nation's Changing Needs*（New York：Oxford University Press，2005），p. 18.

［3］Jonathan Messerli，*Horace Mann*：*A Biography*（New York：Knopf，1972）.

［4］Bankston and Caldas，*Public Education—American's Civil Religion*：*A Social History*，pp. 31 - 34.

［5］Graham，*Schooling America*：*How the Public Schools Meet the Nation's Changing Needs*，pp. 12 - 13.

［6］Bankston & Caldas，*Public Education—America's Civil Religion*：*A Social History*，Table 2. 1，

Percentages of White Youth Aged 5 through 15 in School, by State or Territory, 1860, p. 31.

[7] *Ibid.*, pp. 36 - 37.

[8] Graham, *Schooling America: How the Public Schools Meet the Nation's Changing Needs*, p. 22. *358*

[9] *Ibid.*, p. 22.

[10] Bankston and Caldas, *Public Education—America's Civil Religion: A Social History*, p. 43.

[11] Graham, *Schooling America: How the Public Schools Meet the Nation's Changing Needs*, p. 14.

[12] 参见国家童工委员会网站 http://www.nationalchildlabor.org/index.html。

[13] Robert Whaples, "Child Labor in the United States," *EH Net Encyclopedia*. Retrieved August 10, 2009, from http://eh.net/encyclopedia/article/whaples.childlabor.

[14] "Compulsory Education," *Encyclopedia of Everyday Law* (Seattle, WA: eNotes). Retrieved August 12, 2009, from http://www.enotes.com/everyday-law-encyclopedia/compulsory-education.

[15] Bankston and Caldas, *Public Education—America's Civil Religion: A Social History*, p. 54.

[16] Graham, *Schooling America: How the Public Schools Meet the Nation's Changing Needs*, p. 37.

[17] Sudhir Kakar, *Frederick Taylor: A Study in Personality and Innovation* (Cambridge, MA: MIT Press, 1970).

[18] Graham, *Schooling America: How the Public Schools Meet the Nation's Changing Needs*, p. 27.

[19] Bankston and Caldas, *Public Education—America's Civil Religion: A Social History*, p. 54.

[20] Graham, *Schooling America: How the Public Schools Meet the Nation's Changing Needs*, p. 27

[21] *Ibid.*, p. 44

[22] Bankston and Caldas, *Public Education—America's Civil Religion: A Social History*, p. 63.

[23] *Ibid.*, p. 75.

[24] Graham, *Schooling America: How the Public Schools Meet the Nation's Changing Needs*, p. 104.

[25] *Digest of Educational Statistics: 2008*, Table 32: Historical Summary of Public Elementary and Secondary School Statistics: Selected Years, 1869 - 70 Through 2005 - 06 (Washington, DC: National Center for Education Statistics, March 2009). Retrieved November 1, 2009, from http://nces.ed.gov/programs/digest/d08/tables/dt08_032.asp?referrer=list.

[26] Rudolph F. Flesch, *Why Johnny Can't Read: And What You Can Do About It* (San Francisco: Harper & Brothers, 1955).

[27] Bankston and Caldas, *Public Education—America's Civil Religion: A Social History*, p. 84.

[28] *Ibid.*, p. 98.

[29] Bankston and Caldas, *Public Education—America's Civil Religion: A Social History*, p. 115.

[30] John F. Jennings, "Title Ⅰ: Its Legislative History and Its Promise," in Geoffery D. Borman, Sam Stringfield, and Robert E. Slavin (Eds.), *Title Ⅰ: Compensatory Education at the Crossroads* (Mahwah, NJ: Erlbaum, 2001), p. 9.

[31] *Digest of Educational Statistics*：*2008*，Table 32：Historical Summary of Public Elementary and Secondary School Statistics：Selected Years，1869－70 Through 2005－06（Washington，DC：National Center for Education Statistics，March 2009）. Retrieved November 1，2009，from http：//nces. ed. gov/programs/digest/d08/tables/dt08 _ 032. asp? referrer=list.

[32] Graham，*Schooling America*：*How the Public Schools Meet the Nation's Changing Needs*，p. 134

[33] *Ibid.*，pp. 134－136，144.

[34] Graham，*Schooling America*：*How the Public Schools Meet the Nation's Changing Needs*，p. 139.

[35] *Ibid.*，pp. 144－145.

[36] Jennings，"Title Ⅰ：Its Legislative History and Its Promise，" p. 10.

[37] *Ibid.*，p. 11.

[38] Deanna L. Michael，*Jimmy Carter as Educational Policymaker*（Albany：State University of New York Press，2008），pp. 93－95.

[39] *Ibid.*，p. 95.

[40] *Ibid.*，p. 133.

[41] Jennings，"Title Ⅰ：Its Legislative History and Its Promise，" pp. 12－16.

[42] *Ibid.*，pp. 14－17.

[43] *Digest of Educational Statistics*：*2008*，Table 32：Historical Summary of Public Elementary and Secondary School Statistics：Selected Years，1869－70 Through 2005－06（Washington，DC：National Center for Education Statistics，March 2009）. Retrieved November 1，2009，from http：//nces. ed. gov/programs/digest/d08/tables/dt08 _ 032. asp? referrer=list.

[44] Terrence Stutz，"Robin Hood Law Touches Record Mumber of Schools，" *Dallas Morning News*，August 21，2008. Retrieved March 4，2010，from http：//www. dallasnews. com/sharedcontent/dws/dn/education/stories/082108dntexrobinhood. 41bd1a5. html.

[45] The National Commission on Excellence in Education，*A Nation at Risk*（Washington，DC：U. S. Department of Education，April 1983）. Retrieved October 31，2009，from http：//www. ed. gov/pubs/NatAtRisk/index. html.

[46] *Ibid.*，second paragraph.

[47] See，for example，Diane Ravitch，*The Troubled Crusade*：*American Education*，*1945－1980*（New York：Basic Books，1983）；Theodore R. Sizer，*Horace's Compromise*：*The Dilemma of the American High School*（Boston：Houghton Mifflin，1984）.

359 [48] Graham，*Schooling America*：*How the Public Schools Meet the Nation's Changing Needs*，p. 161.

[49] Jennings，"Title Ⅰ：Its Legislative History and Its Promise"，pp. 14－15.

[50] Bankston and Caldas，*Public Education—America's Civil Religion*：*A Social History*，p. 143.

[51] Jennings，"Title Ⅰ：Its Legislative History and Its Promise"，pp. 16－17.

[52] See "Four Pillars of NCLB"（Washington，DC：U. S. Department of Education）. Retrieved March 4，

2010，from http：//www. ed. gov/nclb/overview/intro/4pillars. html.

[53] See the ESEA Committee 2009 RA Report（Washington，DC：National Education Association，July 1，2009）. Retrieved March 4，2010，from http：//www. nea. org/home/NoChildLeftBehindAct. html. 美国教育协会这份 60 页的备忘录文件反对《不让一个孩子掉队法》，备忘录努力在全国范围内影响教育政策。

[54] Title I—Improving America's Schools Act，Part A—Improving Basic Programs Operated by Local Educational Agencies，Section 1111（b）（1）（A）. Retrieved October 31，2009，from http：//www. ed. gov/legislation/ESEA/sec1111. html.

[55] "Four Pillars of NCLB."

[56] "Standards and Assessment Group and Accountability Group"（Washington，DC：U. S. Department of Education，January 16，2009）. Retrieved August 17，2009，from http：//www. ed. gov/admins/lead/account/saa. html#plans.

[57] "No Child Left Behind Flexibility：Highly Qualified Teachers"（Washington，DC：U. S. Department of Education，November 29，2005）. Retrieved August 17，2009，from http：//www. ed. gov/nclb/methods/teachers/hqtflexibility. html.

[58] National Council for Accreditation of Teacher Education，*Standards for Professional Development Schools*（Washington，DC：Author，Spring 2001）. Retrieved August 17，2009，from http：//www. ncate. org/documents/pdsStandards. pdf.

[59] National Council for Accreditation of Teacher Education，*Professional Standards for the Accreditation of Teacher Preparation Institutions*（Washington，DC：Author，February 2008）. Retrieved August 17，2009，from http：//www. ncate. org/documents/standards/NCATE%20Standards%202008. pdf.

[60] "State by State Overview"（Chicago：National Association of Charter School Authorizers）. Retrieved March 2，2010，from http：//www. qualitycharters. org/i4a/pages/index. cfm? pageid=3305.

[61] Graham，*Schooling America：How the Public Schools Meet the Nation's Changing Needs*，pp. 180 - 181.

[62] *Ibid.*，p. 182.

[63] "Charter School Enrollment and Closures，by State"（Washington，DC：The Center for Education Reform，April 20007）. Retrieved August 16，2009，from http：//web. archive. org/web/20070819170450/www. edreform. com/_upload/CER _ charter-numbers . pdf.

[64] National Education Association，"For-Profit Management of Public Schools"（Washington，DC：Author，July 8，1998）. Retrieved August 16，2009，from http：//www. corpwatch. org/article. php? id=886.

[65] National Center for Education Statistics，*A Closer Look at Charter Schools Using Hierarchical Linear Modeling*（U. S. Department of Education，NCES No. 2006 - 460，August 2006）. Retrieved August 16，2009，from http：//nces. ed. gov/nationsreportcard//pdf/studies/2006460. pdf.

[66] Center for Research on Educational Outcomes，*Multiple Choice：Charter School Performance in 16 States*（Stanford，CA：Author，June 2009）.

[67] See "No Child Left Behind Act（NCLB）/ESEA：Background"（Washington，DC：National Education Association）. Retrieved October 31，2009，from http：// www. nea. org/home/NoChildLeftBehindAct. html.

［68］ See Bankston and Caldas, *Public Education—America's Civil Religion*: *A Social History*, chapter 8 for an extensive critique.

［69］ See Barbara Beatty, *Preschool Education in America*: *The Culture of Young Children from the Colonial Era to the Present* (New Haven, CT: Yale University Press, 1996).

［70］ Bruce Fuller, *Standardized Childhood*: *The Political and Cultural Struggle over Early Education* (Stanford, CA: Stanford University Press, 2007), chapter 2.

［71］ *Ibid.*, pp. 1-4.

［72］ Laura Lein, "Child Care Services," *Encyclopedia of Social Work* (New York: NASW Press, 2008), pp. 240-243.

［73］ Administration for Children and Families, *Head Start Impact Study*, *Final Report* (Washington, DC: U.S. Department of Health and Human Services, January 2010). Retrieved May 25, 2010, quote from p. xxvi, from http://www.acf.hhs.gov/programs/opre/hs/impact_study/reports/impact-study/executive_summary_final.pdf. See "Head Start Impact Study and Follow-up, 2000-2010" (Washington, DC: Administration for Children and Families), from http://www.acf.hhs.gov/programs/opre/hs/impact-study/index.html.

360 ［74］ "Factsheet Number 19: The Child Care and Development Block Grant Program" (Chapel Hill, NC: National Resource Center for Respite and Crisis Care Services, February 1993). Retrieved October 31, 2009, from http://www.archrespite.org/archfs19.htm.

［75］ Administration for Children and Families, "About the Child Care and Development Fund" (Washington, DC: U.S. Department of Health and Human Services, December 23, 2009). Retrieved March 5, 2010, from http://www.acf.hhs.gov/programs/ccb/ccdf/index.htm.

［76］ Fuller, *Standardized Childhood*: *The Political and Cultural Struggle over Early Education*, p. 12

［77］ *Ibid.*, pp. 12-14.

［78］ "Child Care Arrangements of 3-to-5-year-old Children Who Are Not Yet in Kindergarten, by Age and Ethnicity" (Washington, DC: National Center for Education Statistics). Retrieved March 5, 2010, from http://nces.ed.gov/fastfacts/display.asp?id=4.

［79］ Fuller, *Standardized Childhood*: *The Political and Cultural Struggle over Early Education*, pp. 9-11.

［80］ See *ibid.*, chapter 6.

［81］ Scott L. Thomas, "Finance, Higher Education—Overview," *The Encyclopedia of Higher Education* (New York: Macmillan Reference USA, 2003), p. 870.

［82］ Graham, *Schooling America*: *How the Public Schools Meet the Nation's Changing Needs*, pp. 221-224.

［83］ Bankston and Caldas, *Public Education—America's Civil Religion*: *A Social History*, p. 85.

［84］ "The Federal Role in Education," U.S. Department of Education (May 6, 2009). Retrieved August 12, 2009, from http://www.ed.gov/about/overview/fed/role.html.

［85］ Bankston and Caldas, *Public Education—America's Civil Religion*: *A Social History*, p. 84.

［86］ *Ibid.*, p. 86.

［87］ Pamela Ebert Flattau et al., *The National Defense Education Act of 1958*: *Selected Outcomes*,

Section 2 (Washington, DC: Institute for Defense Analyses, Science & Technology Policy Institute, March 2006). Retrieved May 25, 2010, from https://www.ida.org/stpi/pages/D3306-FINAL.pdf.

[88] See "History of Financial Aid" (Fort Collins, CO: Center for Higher Education Support Services, July 17, 2003). Retrieved November 1, 2009, from http://www.chessconsulting.org/financialaid/history.htm.

[89] *Ibid.*

[90] Charmaine Mercer, "Federal Pell Grant Program of the Higher Education Act: Background and Reauthorization" (Washington, DC: Congressional Research Service, January 30, 2008), p. 19. Retrieved May 25, 2010, from http://leahy.senate.gov/imo/media/doc/CRSFederalPellGrant.pdf.

[91] *Ibid.*, p. 10.

[92] Kelly Field, "Education Department Proposes New Rules for Student-Loan Programs," *Chronicle of Higher Education*, June 15, 2007, Vol. 53, No. 41, p. A19.

[93] Peter Baker and David M. Herszenhorn. "Obama Signs Overhaul of Student Loan Program," New York Times, March 30, 2010. Retrieved May 17, 2010 from http://www.nytimes.com/2010/03/31/us/politics/31obama.html?scp=5&sq=health%20care%20and%20education%20reconciliation%20act%20of%202010&st=cse

[94] *Digest of Educational Statistics: 2008*, "Table 187: Historical Summary of Faculty, Students, Degrees, and Finances in Degree-granting Institutions: Selected Years, 1869 - 1870 through 2006 - 2007" (Washington, DC: National Center for Education Statistics, March 2009). Retrieved November 1, 2009, from http://nces.ed.gov/programs/digest/d08/tables/dt08_187.asp?referrer=list.

[95] *Digest of Educational Statistics: 2008*, "Table 191: College Enrollment and Enrollment Rates of Recent High School Completers, by Sex: 1960 through 2006" (Washington, DC: National Center for Education Statistics, March 2009). Retrieved November 1, 2009, from http://nces.ed.gov/programs/digest/d07/tables/dt07_191.asp.

[96] Graham, *Schooling America: How the Public Schools Meet the Nation's Changing Needs*, p. 226.

[97] "Adult Literacy and Lifeskills Survey" (Washington, DC: National Center for Educational Statistics). Retrieved March 5, 2010, from http://nces.ed.gov/surveys/all/index.asp.

[98] Charles C. Carson, Robert M. Huelskamp, & Thomas D. Woodall, "Perspectives on Education in America," *The Journal of Educational Research*, Vol. 86, 1993, pp. 259 - 310.

[99] Robert M. Huelskamp, "Perspectives on Education in America," *The Phi Delta Kappan*, Vol. 74, Issue 9, 1993, pp. 718 - 721.

[100] Lawrence C. Stedman, "The Sandia Report and U.S. Achievement: An Assessment," *The Journal of Educational Research*, Vol. 87, Issue 3, 1994, p. 144.

[101] Harold Bloom, *The Closing of the American Mind: How Higher Education has Failed Democracy and Impoverished the Souls of Today's Students* (New York: Simon & Schuster, 1987).

[102] David C. Berliner, *The Manufactured Crisis: Myths, Fraud, and the Attack on American Public Schools* (Reading, MA: Addison-Wesley, 1995). 斯特德曼的观点发表于 *Education Policy Analy*

361 *sis Archives*, Vol. 4, Issue 1, with a response by Berliner in Vol. 4, Issue 3.

[103] National Center for Education Statistics, *The Condition of Education 2009* (Washington, DC: U. S. Department of Education, 2009) . Retrieved November 1, 2009, from http: //nces. ed. gov/fastfacts/ display. asp? id= 16.

[104] *Education, Attainment, OECD Index of Statistical Variables* (Paris: Organization for Economic Cooperation and Development, February 2009) . Retrieved November 1, 2009, from http: //www. oecd. org/dataoecd/26/40/38785295. htm#E.

[105] Quoted in Graham, *Schooling America: How the Public Schools Meet the Nation's Changing Needs*, p. 234.

[106] Issues: Education, Organizing for America. Retrieved November 1, 2009, from http: //www. barackobama. com/issues/education/index. php.

[107] Urban-Brookings Tax Policy Center, "Tax Stimulus Report Card: Conference Bill" (Washington, DC: Urban Institute) . Retrieved November 1, 2009, from http: //www. urban. org/UploadedPDF/411839 _ conference _ reportcard. pdf.

[108] Peter Baker and David M. Herszenhorn. "Obama Signs Overhaul of Student Loan Program," *New York Times*, March 30, 2010. Retrieved May 17, 2010, from http: //www. nytimes. com/2010/03/31/us/politics/31obama. html? scp = 5&sq = health% 20care% 20and% 20education% 20reconciliation% 20act%20of%202010 &st=cse.

[109] *A Blueprint for Reform: The Reauthorization of the Elementary and Secondary Education Act* (Washington, DC: U. S. Department of Education, March 2010), quotes from pp. 3 and 4. Retrieved May 25, 2010, from http: //www2. ed. gov/policy/elsec/leg/blueprint/index. html.

[110] Nick Anderson, "Unions Criticize Obama's School Proposals as Bush Ⅲ," *Washington Post*, September 25, 2009. Retrieved November 1, 2009, from http: // www. washingtonpost. com/wp-dyn/content/article/2009/09/24/AR2009092403197. html.

[111] 关于各种反对的声音的描述参见 NCLB Reauthorization Database on Education Commission of the States website at http: //ecs. org/ecsmain . asp? page=/html/IssueCollapse. asp。

[112] "Homestead Act," Web Guides, Library of Congress. Retrieved August 19, 2009, from http: //www. loc. gov/rr /program/bib/ourdocs/Homestead. html.

[113] Phyllis J. Day, "History (Colonial Times to 1900)", in Terry Mizrahi and Larry E. Davis, Eds. , *Encyclopedia of Social Work*, 20th ed. , Vol. 4, pp. 66 - 68 (New York: NASW Press and Oxford University Press, 2008) .

[114] "A Brief History of American Labor," adapted from the *AFL-CIO American Federationist*, March 1981. Retrieved August 19, 2009, from http: //www. albany. edu/history/history316/Labor MovementHistory1. html.

[115] "Chapter 1: Start-up of the Department and World War I, 1913 - 1921," *History at the Department of Labor* (Washington, DC: U. S. Department of Labor) . Retrieved August 19, 2009, from http: //www. dol. gov/oasam/programs/history/dolchp01. htm.

[116] *Ibid.*

[117] Dorothy Rose Blumberg, *Florence Kelley: The Making of a Social Pioneer* (New York: August M. Kelley, Publishers, 1966).

[118] "An Overview of the Fair Labor Standards Act" (Washington, DC: U. S. Office of Personnel Management). Retrieved August 19, 2009, from http://www.opm.gov/flsa/overview.asp.

[119] Iris Carlton-LaNey, "Social Policy History (1900 - 1950)," in Mizrahi and Davis, *Encyclopedia of Social Work*, 20th ed., Vol. 4, p. 73.

[120] "Chapter 3: The Department in the New Deal and World War Ⅱ, 1933 - 1945," *History at the Department of Labor*. Retrieved August 19, 2009, from http://www.dol.gov/oasam/programs/history/dolchp01.htm.

[121] *Ibid.*

[122] Paul Krugman, *The Return of Depression Economics and the Crisis of 2008* (New York: W. W. Norton, 2008).

[123] Susan E. Shank, "Women and the Labor Market: The Link Grows Stronger," *Monthly Labor Review*, March 1988, p. 3. Retrieved January 3, 2010, from http://www.bls.gov/opub/mlr/1988/03/art1full.pdf.

[124] John Kenneth Galbraith, *The Affluent Society* (Boston: Houghton Mifflin, 1958).

[125] Economic Development Administration, *Fiscal Year 2008 Annual Report* (Washington, DC: U.S. Department of Commerce). Retrieved September 18, 2009, from http://www.eda.gov/PDF/FY08%20EDA%20Annual%20Report.pdf.

[126] "Mission" (Washington, DC: Economic Development Administration). Retrieved September 18, 2009, from http://www.eda.gov/AboutEDN/Mission.xml.

[127] Economic Development Administration, *Fiscal Year 2007 Annual Report* (Washington, DC: U.S. Department of Commerce), p. 7. Retrieved August 24, 2009, from http://www.eda.gov/PDF/2007AnnualReport.pdf.

[128] Economic Development Administration, *Fiscal Year 2008 Annual Report*, p. 7. 362

[129] Economic Development Administration, *$150, Million in U. S. Economic Development Administration Funds Now Available Via the American Recovery and Reinvestment Act to Create Jobs and Boost Development in Areas Hard Hit by Recession* (Washington, DC: U. S. Department of Commerce, March 11, 2009). Retrieved August 24, 2009, from http://www.eda.gov/xp/EDAPublic/NewsEvents/PressReleases/PRWashington031109.xml.

[130] 关于社区发展一揽子拨款的信息可从这个网址获得：http://www.hud.gov。

[131] Office of Management and Budget, *Budget of the United States Government, Fiscal Year 2003* (Washington, DC: Executive Office of the President, 2002), p. 173.

[132] Andrew Blasko, "Reagan and Heritage: A Unique Partnership" (Washington, DC: The Heritage Foundation, June 27, 2004). Retrieved January 3, 2010, from http://www.heritage.org/Press/Commentary/ed060704e.cfm.

[133] Matias Busso and Patrick Kline, "Do Local Economic Development Programs Work? Evidence from the Federal Empowerment Zone Program," *Working Paper*, No. 36 (New Haven, CT: Yale Univer-

sity, Economics Department, February 2008). Retrieved January 3, 2010, from http://papers.ssrn.com/sol3/papers.cfm?abstract_id=1090838.

[134] Don Hirasuna and Joel Michael, "Enterprise Zones: A Review of Economic Theory and Empirical Evidence" (Policy Brief, Minnesota House of Representatives, Research Department), p. 13. Retrieved August 27, 2009, from http://www.house.leg.state.mn.us/hrd/pubs/entzones.pdf.

[135] "Welcome to the Community Renewal Initiative" (Washington, DC: U. S. Department of Housing and Urban Development, July 15, 2009). Retrieved August 27, 2009, from http://www.hud.gov/offices/cpd/economicdevelopment/programs/rc/index.cfm.

[136] 更多的信息参见 the Job Corps web-site at http://www.jobcorps.gov/Home.aspx。

[137] "Detailed Assessment on the Job Corps Assessment" (Washington, DC: Office of Management and Budget, Fall 2007). Retrieved January 3, 2010, from http://www.whitehouse.gov/omb/expectmore/detail/10002372.2007.html.

[138] 关于工作营队和研究发现的描述依据 Peter X. Schochet, John Burghardt, and Sheena McConnell, *National Job Corps Study and Longer-term Follow-up Study: Impact and Benfit-Cost Findings Using Survey and Summary Earnings Records Data* (Washington, DC: U. S. Department of Labor, 2006). Retrieved July 21, 2009, from http://www.mathematica-mpr.com/publications/PDFs/jobcorpimpactbenefit.pdf。

[139] "Detailed Assessment on the Job Corps Assessment."

[140] "Program Assessment: Job Corps" (Washington, DC: Office of Management and Budget). Retrieved January 3, 2010, from http://www.whitehouse.gov/omb/expectmore/summary/10002372.2007.html.

[141] 这个项目的信息来自 the AmeriCorps website。Retrieved August 27, 2009, from http://www.americorps.gov。

[142] 这段信息基于 the National & Community Service website。Retrieved August 27, 2009, from http://www.nationalservice.gov/Default.asp。

[143] Corporation for National and Community Service, *Fiscal Year 2008 Annual Performance Report* (Washington, DC, 2008). Retrieved August 27, 2009, from http://www.nationalservice.gov/pdf/2008_budget_justification.pdf.

[144] Executive Office of the President, *Budget of the United States Government, Fiscal Year 1982* (Washington, DC: U. S. Government Printing Office, 1981), p. 220.

[145] Larry L. Orr, Stephen H. Bell, and Jacob A. Klerman, "American Lessons on Designing Reliable Impact Evaluations, from Studies of WIA and Its Predecessor Programs," paper presented at What Can the European Social Fund Learn from the WIA Experience, Washington, DC, October 30, 2009, p. 3. Retrieved January 3, 2010, from http://www.umdcipe.org/conferences/WIAWashington/Papers/Orr%20%20American%20Lessons%20on%20Designing%20Reliable%20Impact%20Evaluations.pdf.

[146] Larry L. Orr, Howard S. Bloom, Stephen H. Bell, Fred Doolittle, Winston Lin, and George Cave, *Does Training for the Disadvantaged Work? Evidence from the National JTPA Study* (Washington, DC: Urban Institute Press, 1996).

[147] "Clinton Proposes Changes in Unemployment, Training," *Austin American-Statesman*, March

10，1994，p. A2.

[148] Workforce Investment Act (Washington，DC：U. S. Department of Labor) . Retrieved September 18，2009，from http：//www. doleta. gov/regs/statutes/finalrule. htm.

[149] Committee on Ways and Means，Section 15：Other Programs，"Workforce Investment Act，" *2008 Green Book* (Washington，DC：U. S. House of Representatives，2008) . Retrieved May 25，2010，from http：//waysandmeans. house. gov/singlepages. aspx? NewsID= 10490. 363

[150] See Burt S. Barnow and Christopher T. King，*The Workforce Investment Act in Eight States* (New York：The Nelson A. Rockefeller Institute of Government，February 2005) . Retrieved July 21，2009，from http：//www. rockinst. org/pdf/workforce _ welfare _ and _ socialservices/2005 - 02-the _ workforce _ investment _ act _ in _ eight _ states. pdf.

[151] Bureau of Labor Statistics，"Characteristics of Minimum Wage Workers，2008，" Table/ (Washington，DC：U. S. Department of Labor) . Retrieved August 25，2009，from http：//www. bls. gov/cps/minwage2008tbls. htm.

[152] Liana Fox，"Minimum Wage Trends：Understanding Past and Contemporary Research" (Washington，DC：Economic Policy Institute，October 24，2006) . Retrieved January 3，2010，from http：//www. epi. org/ publications/entry/bp178.

[153] Kai Filion，"Minimum Wage Issue Guide" (Washington，DC：Economic Policy Institute，July 21，2009)，p. 4. Retrieved August 25，2009，from http：//epi. 3cdn. net/9f5a60cec02393cbe4 _ a4m6b5t1v . pdf.

[154] "Fact Sheet #32：Youth Minimum Wage—Fair Labor Standards Act" (Washington，DC：U. S. Department of Labor，July 2008) . Retrieved January 3，2010，from http：//www. dol. gov/whd/regs/compliance/whdfs32. pdf.

[155] Paul K. Sonn，"The Fight for the Minimum Wage，" *American Prospect*，June 4，2007. Retrieved August 27，2009，from http：//www. prospect. org/cs/articles? article=the _ fight-for _ the _ minimum _ wage.

[156] "Annual Update of the HHS Poverty Guidelines，" *Federal Register*，January 23，2008，Vol. 73，No. 15，pp. 3971 - 3972. Retrieved September 18，2009，from http：//aspe. hhs. gov/POVERTY/08fedreg. htm.

[157] Filion，"Minimum Wage Issue Guide. "

[158] *Ibid.*

[159] Employment Standards Administration，"Minimum Wage Laws in the States" (Washington，DC：U. S. Department of Labor，July 24，2009) . Retrieved August 27，2009，from http：//www. dol. gov/esa/minwage/america. htm#Consolidated.

[160] Bureau of Labor Statistics，Table B-2 (Washington，DC：U. S. Department of Labor) . Retrieved August 27，2009，from http：//ftp. bls. gov/pub/suppl/empsit. ceseeb2. txt.

[161] See the Universal Living Wage website at www. UniversalLivingWage. org.

[162] Bureau of Labor Statistics，"Labor Force Statistics from the Current Population Survey" (U. S. Department of Labor，August，27，2009) . Retrieved August 27，2009，from http：//data. bls. gov/PDQ/servlet/ SurveyOutputServlet.

[163] Bureau of Labor Statistics, "Employment Situation Summary" (U. S. Department of Labor, December 4, 2009). Retrieved January 4, 2010, from http://www.bls.gov/news.release/empsit.nro.htm.

[164] "Economic Performance" (Economic Policy Institute, no date). Retrieved August 27, 2009, from http://www.epi.org/issues/category/economic_performance/.

[165] See Troubled Asset Relief Program website at http://troubled-asset-relief-program.net.

[166] John Irons and Ethan Pollock, "The Recovery Package in Action," Briefing Paper #239 (Washington, DC: Economic Policy Institute, August 13, 2009). Retrieved August 28, 2009, from http://www.epi.org/publications/entry/recovery_package_in_action.

[167] "Track the Money" (Washington, DC: Recovery.gov, January 4, 2010). Retrieved January 4, 2010, from http://www.recovery.gov/Pages/home.aspx.

[168] "Tax Stimulus Report Card" (Washington, DC: Urban-Brookings Tax Policy Center, February 13, 2009). Retrieved August 27, 2009, from http://www.taxpolicycenter.org/UploadedPDF/411839_conference_reportcard.pdf.

第十章

提供社会服务：帮助儿童、老年人、有精神障碍和物质滥用问题的人 364

社会福利计划通常被认为是为穷人建立的计划，但是还有很多能够使人受益的社会服 365
务，是不论人们的收入和社会地位的。本章简要回顾政府在社会服务中的作用，以及宗教、非营利组织和营利组织在提供社会服务中的作用。三个主要的社会服务领域是：儿童福利、帮助老年人以及治疗有精神疾病和酗酒及吸毒等问题的人。

美国的社会服务

信息、推荐、宣传和消费服务都属于社会服务，这些服务有益于各社会经济群体中的人。将所有在美国存在的社会服务列出，它将包括很多为个人、家庭、群体和社区的服务。[1]个人服务中，主要有针对儿童的服务，包括社区青年中心、儿童保护服务、家庭领养照顾、收养救助和志愿指导计划，比如美国大哥哥大姐姐组织（Big Brothers and Big Sisters of America）。其他的个人服务则是针对残疾人和老年人的，如交通、整理房间和家庭杂事服务、在老年中心获得社交的机会和其他社区计划，如成人保护服务、社区居住、长期护理。针对家庭的服务包括家庭规划、婚姻和家庭生活咨询、日托和照看放学后的孩子、对庭院和学校进行评估，当出现虐待和忽视时，家庭的维持和重新团结、短期替代照看老年人或残疾人的家庭成员以缓解他们的劳累。

其他的服务涉及帮助和动员群体，如动员社区居民关注毒品和犯罪，关注领取福利的母亲、流动打工者、新来的移民、房客、残疾人和他们的家庭，甚至是帮伙成员，通过有组织的活动为这些人和社区实现有意义的目的。有些服务，如教育、咨询和社区康复，是在社区层次满足需要。像教会、学校、综合医院、工作场所、青年中心和社区心理健康中心等组织经常满足社区需要以及个人和家庭的需要。

社会服务提供者

社会服务由五种组织提供：(1) 公共机构；(2) 私人非营利性组织；(3) 私人营利性组织；(4) 互助团体；(5) 宗教组织。像日托这样的服务可能由以上所有的组织提供。其他服务，如儿童和成人的保护，可能只由公共机构提供，因为这些机构有法律权利介入忽视或虐待的案件。

公共机构依据法律建立并由联邦、州或地方政府管理。美国卫生和人类服务部是主要的负责社会福利服务的联邦机构。同时，其他许多联邦机构也提供社会服务。一些州有大的伞状结构的部门来提供州的社会服务。其他一些州则是由几个独立的部门管理各种社会福利计划。很多县和城市也有自己的社会福利计划。

私人非营利性组织，也称作志愿机构或非营利机构，由董事会或受托人管理。这些机
366 构的资金来源有基金、捐款、案主缴费，其他社区组织，资金来自联合劝募会（United Way），或者地方、州和联邦政府的拨款、合同或服务费。私人非营利性机构提供众多服务，如儿童日托、精神健康服务和养老院护理等。很多这样的机构是按照浮动计算法来收取服务费的，依据是案主对服务的支付能力。其他非营利性机构，如强奸救助中心（Rape Crisis Centers），一般不向案主收取费用。一些非营利性机构像辩护者那样行动，将案主的需要传递给政策制定者和公众。ARC（以前的美国智障者协会，Association for Retarded Citizens of the United States）和它的地方分支机构——美国儿童福利联盟（Child Welfare League of America）、酒精和毒品依赖全国委员会（National Council on Alcoholism and Drug Dependence）都是私人非营利性组织。

私人营利性组织也被称作私营机构。它们提供诸如儿童照顾、养老院护理和精神健康护理等类别的服务，但是一般都要按市场价对客户收取费用。政府机构有时从私人机构购买一些服务，因为政府可能无法直接提供客户所要的服务同时又不能从非营利性组织获得。例如，医疗补助计划的三分之二覆盖的居民是在较大的、有中介护理设施的养老院[2]，其中许多是专有的。

互助团体也提供社会服务，但是一般都不依赖政府的资金支持。它们的组织结构不像其他社会服务机构那么正式。匿名酗酒者协会（Alcoholics Anonymous，AA）是最有名的互助团体，于 1935 年建立，帮助人们解决酗酒的问题。成为会员的唯一要求是想要戒酒。该团体只能依靠会员的资金支持。

互助团体也包括合助组织，人们联合起来一起照顾儿童、团购商品或者达成其他的共同目的。其他互助型团体有帮助精神疾病患者和他们的家庭的，其中包括全国精神疾病和

康复联盟（National Alliance for the Mentally Ill and Recovery）。其中一些可能会像非营利性机构那样组织起来，但是它们的重点还是有共同的问题的人相互提供帮助，而不是依靠专业服务提供者。

最后，宗教组织有着很长的提供社会服务的历史。虽然这些服务一般（但不完全）是由牧师或某一教派的信徒提供，但是它们也可以不论宗教信仰地为所有人服务。宗教团体提供的服务有照看儿童、危机怀孕咨询、收养、心理健康咨询、为无家可归者或穷人提供食物和住所、帮助那些被关进监狱的人。

有这些不同种类的机构为案主提供服务，案主在选择服务时有了更多的选项。很多替代性的服务组织已经出现，或者是因为公共部门不提供所需的服务，如强奸危机或药物滥用服务，或者是因为没有及时发现特殊案主关注的问题，如非洲裔美国人、女性或女同性恋、男同性恋、双性恋者、变性人。

私人操作的和以信仰为基础的社会服务组织经常接受公共资金以填补服务缺口和维持它们的服务。在某些情况下，机构也修改它们最初的目标和程序以便能够达到接受政府资金的标准。[3]其他机构拒绝接受政府资金，因为它们担心接受了将影响它们提供服务的方式，甚至改变了组织的性质。

社会服务的发展

在 20 世纪以前，社会服务由家庭成员、邻居、教堂、私人慈善组织和地方政府以户内或户外的救济形式来提供。实际上，19 世纪末的慈善组织会社（Charity Organization Societies），主要是帮助穷人，他们更愿意提供社会服务而不是资金上的救助。在 20 世纪上半叶， 367
大多数联邦政府和州政府的救助是给穷人提供现金和物品（如食品）。虽然儿童福利服务是 1935 形成的最初的《社会保障法》的一部分，但是多数社会服务还是在政府视野之外，直到 1956 年，国会通过了《社会保障法》的修正案为接受救济的家庭提供社会服务。[4]

更多的社会服务修正案于 1962 年和 1967 年增加到了《社会保障法》之中（见第七章）。其基本原理就是帮助穷人渡过难关，帮助他们解决个人问题，从而减少他们对社会福利的依赖。州政府每花 1 美元在社会服务上，联邦政府就给予 3 美元的补贴，并且没有花费的限制。联邦政府乐意资助社会服务的意愿无疑是对那些希望为案主提供更多的适当服务的州的鼓励。但是社会服务的支出增加得如此之快——从 1967 年的 2.82 亿美元增加到 1973 年的 17 亿美元，以至于国会决定采取行动。[5]

1975 年《社会保障法》增加了第二十部分，其中的内容为支出设置了上限并确保联邦资金的大部分都用来为穷人提供服务。1981 年，里根政府使国会决心用社会服务一揽子拨款代替《社会保障法》第二十部分的内容。一揽子拨款的目的是增强经济上的自我支持和自我满足，减少对儿童和成年人的虐待和忽视，减少不适当的机构照顾，并确保有需要时能够得到机构的照顾。拨款的基本前提是经济发展同社会需要是相互关联的，并且各州都清楚地知道它们的居民最需要的服务是什么。对州的配套资金被取消了，现在一揽子拨款是根据州的人口来分配。但是在这种新的拨款方式下，联邦政府对社会服务的贡献减少了很多。

不同于社会服务具有“权利资格”的地位时收到的开放式基金，《社会保障法》第二十部分的一揽子拨款是有上限的。国会不仅为社会服务设置了支出上限，如果它认为有必要，也有权力适当地提高或降低上限，在几年内拨款是适当减少的。用 2007 年不变的美元价格表示，拨款数额已经从 1983 年相当于 49 亿美元的数量下降到 2008 年的 17 亿美元。[6]大多数资金确实是用于帮助低收入的案主，州最有可能将它们的一揽子拨款资金用于儿童福利和相关家庭服务，以及成人的保护服务。[7]

从里根时代起，一揽子拨款已经成为联邦政府主要的支持社会服务的方式。除了《社会保障法》第二十部分中的社会服务专项拨款的内容外，还有预防性医疗和医疗服务一揽子拨款、母亲和儿童医疗服务一揽子拨款、药物滥用预防和治疗一揽子拨款、社区精神健康服务一揽子拨款、低收入家庭紧急救助一揽子拨款、发育中的残疾基本支持和倡导一揽子拨款，《美国老年人法》以及其他各种联邦的、州的和地方的立法为社会服务提供资金。

社会福利的一个重要发展是认识到那些并不贫困的人也能从社会服务中获益。主要针对中产阶级和上层社会群体提供服务的私人机构的成长，说明很多美国人都需要社会服务的帮助。有虐待和忽视儿童问题的人、虚弱的老年人、患有精神疾病的人、酗酒者和其他滥用毒品者，这些人中接受社会服务的数量的增加，从 20 世纪 60 年代起逐渐引起社会服务提供者的注意。

儿童福利政策和服务

美国人非常看重隐私，政府干涉家庭中的私人事务通常被认为是不受欢迎的入侵。因此，美国没有正式的国家家庭政策。相反，许多联邦、州和地方法律治理着家庭关系的各
368 个方面。家庭政策的一个关键领域涉及儿童福利，也被称为儿童保护。

州儿童福利系统经常处于困难的境地，因为许多美国人相信他们不必对国家的儿童虐待和忽视问题做足够的充分保护，而另一些人则相信他们没必要去撕裂家庭。对儿童福利服务的资助是复杂的，涉及联邦资金支持州和地方政府资金的多元性。本节的重点是儿童福利最具争议的领域之一——解决儿童虐待和忽视的政策和服务。

发现虐待儿童

根据英国习惯法的传统，美国殖民地的儿童被看成是奴隶——他们父母的财产。[8]父母

严厉地惩罚他们的孩子，甚至打他们，都不会被认为是违反了社区的道德准则或是违法；他们只要求自己的孩子服从。终于，判例法允许对一些非常严重的案例里的家长进行起诉，但是在现实中，在保护儿童方面做得还是很少。接受照顾的贫困儿童所受的对待同在社会福利中成年人受到的贬低一样——通常都是进入公共救济院或是贫民院，而且他们同样要签契约。这个传统在美国一直流传到带来大量新的社会问题的工业革命时代。在其中有城市环境问题，这点通常表现在城市过度拥挤、肮脏，而且在城市里饥饿以及疾病并非不寻常的事情。

在这个时期，有一种流行的哲学，即认为贫困家庭的儿童在公共机构中独立成长也许会更好一些。像纽约庇护所（New York House of Refuge）就是为了那些被忽视、被遗弃以及违法的青少年而设立的。但是重心依然不是保护儿童免受他们父母的伤害或忽视。人们认为社会的安排能够通过教导儿童适当的社会价值以及好的工作习惯来帮助其转变贫困的趋势。一些组织，比如由查尔斯·洛林·伯利斯（Charles Loring Brace）在1853年建立的儿童救助会社（Children's Aid Society），以及由马丁·冯·布仁·冯·阿斯达尔（Martin Van Buren Van Arsdale）在1883年建立的儿童之家会社（Children's Home Society），认定儿童最好在郊区接受服务，于是他们将数千人送到远离城市以及他们自己家庭的农村家庭（一般都是基督教徒家庭）中去生活和工作。

1874年，玛丽·埃伦·威尔逊（Mary Ellen Wilson）的著名案例引起了公众对于被严重虐待的儿童的关注。围绕着这个小姑娘的困境，民间纷纷传说，即便保护动物的法律也比那些保护儿童的法律强大，所以，纽约阻止虐待动物协会（New York Society for the Prevention of Cruelty to Animals，NYSPCA）的亨利·伯格（Henry Bergh）决定以儿童也是动物王国的一员为基础，为她的案例作辩护。历史的记录确实反映出了伯格先生的介入，但显然他是作为一个公民，将这个女孩以一个需要保护的儿童来对待，而不是作为动物王国中的一个成员来看待。[9]然而这个故事，还是被编入了儿童福利的历史中，并且确实唤醒了公众对于虐待儿童方面的意识（参见例证10—1）。

尽管有睦邻会所和后来的慈善组织会社对于以家庭为单位的服务加以关注，但是在20世纪早期，占主导的哲学思想仍是将儿童从他们的家中搬出，而不是使他们父母恢复正常生活。在这个时期所建立的少年法庭并没有对此做出太大的改变，但是随着时代的发展，对儿童的更多关注是由儿童自己所表达出来的。孤儿院以及抚养孤儿的家庭对于那些儿童而言开始变成安置他们的最佳的两个选择。各州新设立的母亲帮助计划以提供部分资金为手段来帮助儿童生活在他们正常的家中，并且慢慢地，在20世纪儿童福利的哲学开始转变："伟大的发现……就是对于正常儿童而言，最好的地方就是他们自己的家"[10]，尽管 369
有虐待倾向的父母本身并不是社会政策或社会计划的目标，而且公众大都会宽恕对自己的孩子进行体罚的父母。

例证 10—1

小玛丽·埃伦

在1875年之前，美国当局并没有法律手段介入殴打儿童案例中。这类法律在阻止虐待动物协会的帮助下得以改进。一位名叫玛丽·埃伦（Mary Ellen）的9岁小女孩成为殴打儿童事件的典型。作为弗朗西斯（Francis）和玛丽·康纳利（Mary Connolly）的女儿（传闻说她是玛丽前夫的女儿），她每天都要受到鞭打，被剪刀戳刺，并且被绑到床上。1874年，邻居将这种状况报告给了教堂工作者埃塔·惠勒（Etta Wheeler）。当埃塔·惠勒发现并没有合法的途径将这个小孩从残忍的监护人手中营救出来时，她转向了阻止虐待动物协会的亨利·伯格以寻求帮助。

在儿童也是动物王国中的一个成员的前提下，阻止虐待动物协会获得了人身保护权的文书，才将玛丽·埃伦从她家中接出来。1874年4月9日，她被带到了纽约最高法庭，在那里她的案件得到了审理。她瘦得可怜，剪刀戳出的伤痕还留在她的脸颊上。康纳利被判处入狱一年。玛丽·埃伦有了一个新家。转年的4月，纽约阻止虐待儿童协会（New York Society for the Prevention of Cruelty to Children，NYSPCC）成立了。

玛丽·埃伦在接受帮助前（好像一个可怜的等待救援的流浪儿童）和接受帮助后（一年后就像一个健康的儿童）的对比照片仍然悬挂在纽约阻止虐待动物协会处，旁边还有用框架封好的康纳利的剪刀。

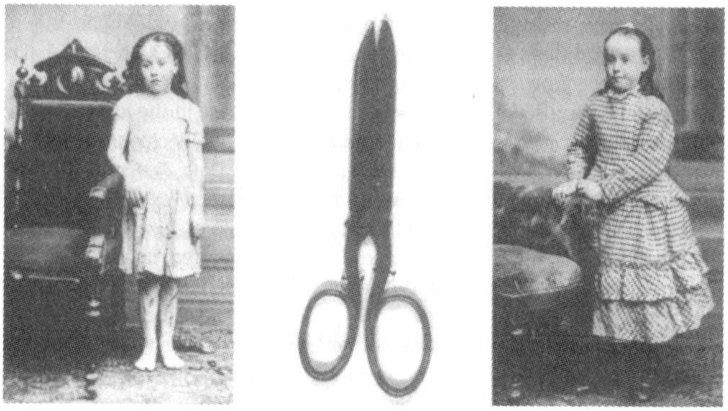

玛丽·埃伦被解救前后的照片

资料来源：首次发表于 *Parade* 杂志，Nov. 29，1981 issue。Copyright © 1989 Amy Wallace；Irving Wallace and David Wallechinsky。

根据斯蒂芬·福尔（Stephen Pfohl）的看法，不是社会改革者，不是少年法庭的权威人物，也不是大多数的公众最终“发现”了虐待儿童问题[11]，而是儿科放射专家认出了问题或是“症状”，给予阻止虐待儿童以合法性，并且唤起了公众的关注。从 1946 年开始，儿科放射专家约翰·卡菲（John Caffey）使得人们发现，造成儿童身上出现许多骨折 370
现象的罪魁祸首正是他们的家长。尽管急救室和家庭医师（不是放射专家）才是首先与虐待儿童产生联系的，但是至少有四个因素阻碍他们发现该问题：（1）儿童虐待并不是一项传统的诊断；（2）医生可能很难相信家长会有那样的行为；（3）如果整个家庭而不仅仅是儿童自己是这个医生的患者，那么报道虐待事件可能会造成对患者个人隐私的侵害；（4）由于犯罪案件耗时的本质和他们对于成为法律程序中的证人的厌恶情绪，医生们可能不愿意揭发犯罪行为。儿科放射专家们之所以会曝光儿童虐待事件是因为他们并不直接与儿童及其家庭相接触。有关个人隐私和法律程序的问题并不是他们所主要关注的。他们的“发现”还抬高了放射专家们的地位，因为他们并不直接为患者提供护理而使得他们处于较低的地位。

如果将虐待儿童问题继续留在医疗职业的范围之内，那它就会被看成一种医疗问题而不是社会或法律问题。1962 年，亨利·坎普（Henry Kempe）医生和他的助手将儿童虐待标注了一个医学上的术语“殴打儿童症状”，使得医生们的指认合法化。[12]杂志、报纸以及电视节目，比如《本·凯西 》（Ben Casey）和《基尔达尔博士》（Dr. Kildare）报道了这个问题。今天，儿童虐待立法的目标更倾向于让父母们改正而不仅仅是惩罚他们。而且，大多数案例是由地方社会福利机构处理，而不是由法律执行部门处理的。

粗暴对待儿童

粗暴对待儿童由两部分组成：虐待和忽视。虐待是指对儿童造成严重的伤害，比如骨折或是烧伤，同样也可以是精神虐待或是性虐待。忽视是指父母或监护人没能充分地提供给儿童生活的必需品，包括忽视儿童的医疗需要或造成儿童心理需要的欠缺，比如将儿童与其他人隔绝。其他类型的粗暴对待包括抛弃（见例证 10—2）、不提供足够的父母监督、威胁伤害儿童、剥削和先天性毒瘾。

例证 10—2

“婴儿摩西”或《避险法》(Safe Haven Laws)

1999 年，得克萨斯州第一个通过法律确定处于遗弃她们的婴儿的危机之中的母亲的问题。这些婴儿有时被发现死在了垃圾桶里。有一项被称为“婴儿摩西”

的法律，是从古老的婴儿摩西的故事引申出的名称。婴儿摩西被他的母亲放置在一个柳条篮子里以免于死亡。今天，50个州都制定了《避险法》。它允许母亲在指定的地方放弃她们的孩子，如医院和消防站，这样宝宝可以获得适当照顾，直到找到一个稳定的家庭。这些法律允许不愿透露姓名的父母免受起诉，以换取对婴儿的保护，以便将婴儿安置在安全的避风港。

法律有时会产生意想不到的后果。2008年，各种各样的媒体报道称，在内布拉斯加州一个新的避风港，法律被滥用。尽管法律意图满足被遗弃婴儿的需要，但是许多有抚养困难的家长开始将年纪大些的孩子送出去。一个叫奥马哈的男人在妻子去世后将他的九个孩子（1～17岁）遗弃在医学中心了。内布拉斯加州是唯一缺少对放弃孩子的年龄限制的法律的州。

371 州法律要求提供儿童服务的专业人员（如教师、护士、医生、执法人员、护理提供者和社会工作者）向当地儿童保护服务机构报告他们发现的虐待或忽视问题，甚至只是怀疑存在这样的问题时也可报告。2008年，被调查案件的58%是专业人士报告的。[13]家庭和社区成员报告了大多数其他案件。

儿童保护服务机构的工作人员应该对被怀疑的个案在规定的时间内做出反应，虽然当待处理案件很多、机构人员不足时，这并不总是可能的。高优先级的个案需要在24小时内处理。低优先级的个案，根据实际情况，需要在几天到几周内做出反应。2008年对报告的虐待或忽视案件，在全国范围内，做出反应的平均时间是80个小时。

2008年，全国各地的儿童保护服务机构收到330万份疑似儿童虐待和忽视的报告，涉及近600万名儿童。有时报告完全没有被调查，因为情况不属于州的规则所包括的可调查范围，或个案没有被列入优先等级，或者是州缺乏跟进每一个报告的资源。筛选后，这些个案大约有63%被调查，被调查的个案中又有大约24%被证实（粗暴对待的证据被发现）或被表明（有怀疑粗暴对待的理由）。其他76%的个案没有被证实，或者因为儿童保护服务机构的调查没有发现能够表明儿童被粗暴对待的证据或证据不足。各个州之间能够被证实的比例相差很大。总的来说，2008年，在美国大约有77.2万名儿童被视为儿童虐待或忽视的受害者。

被证实的粗暴对待个案类型的数据是相对一致的，并没有随着时间的推移而变化。2008年，美国国家儿童虐待和忽视数据系统报道说：73%的个案是被忽视，包括医疗疏忽；16%是身体伤害；9%属于“其他”类别，其中包括遗弃、威胁伤害和先天性毒瘾；9%的个案是被性虐待；7%是心理上的伤害（见表10—1）。年幼的儿童更可能被粗暴对待（见图10—1）。

报告的近一半（45%）的儿童受害者是白人，22%是非洲裔美国人，21%是西班牙裔美国人。非洲裔美国人和美国印第安人或阿拉斯加原住民的孩子们，在被报告的虐待和忽视的个案中比例偏高，分别为 17‰和 14‰（见图 10—2）。亚裔儿童的比例是最低的。大约 15%的受害者有残疾。在大多数情况下（81%），孩子们受到父母双方或其中一个人的虐待或忽视。估计 2008 年有 1 740 名儿童死于虐待或忽视。这些孩子中的大多数（80%）年龄在 4 岁以下。40%的死亡是由于多种类型的粗暴对待，三分之一是由于是由于忽视，四分之一是由于身体虐待。

表 10—1　儿童被粗暴对待的类型（2008 年[a]）

忽视	73%
身体伤害	16%
性虐待	9%
其他	9%
心理伤害	7%

[a] 本表中总量确实不等于 100%，因为儿童不止在一个类别中被计数。

资料来源：Administration for Children and Families，Administration on Children，Youth，and Families，Children's Bureau，*Child Maltreatment 2008*（Washington，DC：U. S. Department of Heath and Human Services，2010）. Retrieved May 31，2010，from http：//www. acf. hhs. gov/programs/cb/pubs/cm08/index. htm.

372

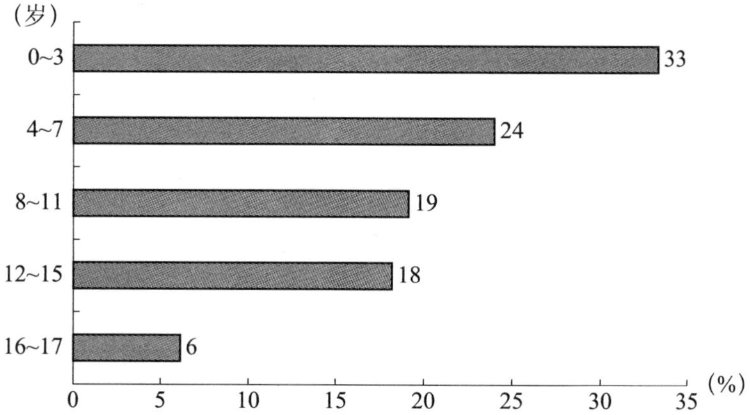

图 10—1　不同年龄组的儿童受虐待的比例（2008 年）

资料来源：Administration for Children and Families，Administration on Children，Youth，and Families，Children's Bureau，*Child Maltreatment 2008*（Washington，DC：U. S. Department of Health and Human Services，2010）. Retrieved May 31，2010，from http：//www. acf. hhs. gov/programs/cb/pubs/cm08/index. htm.

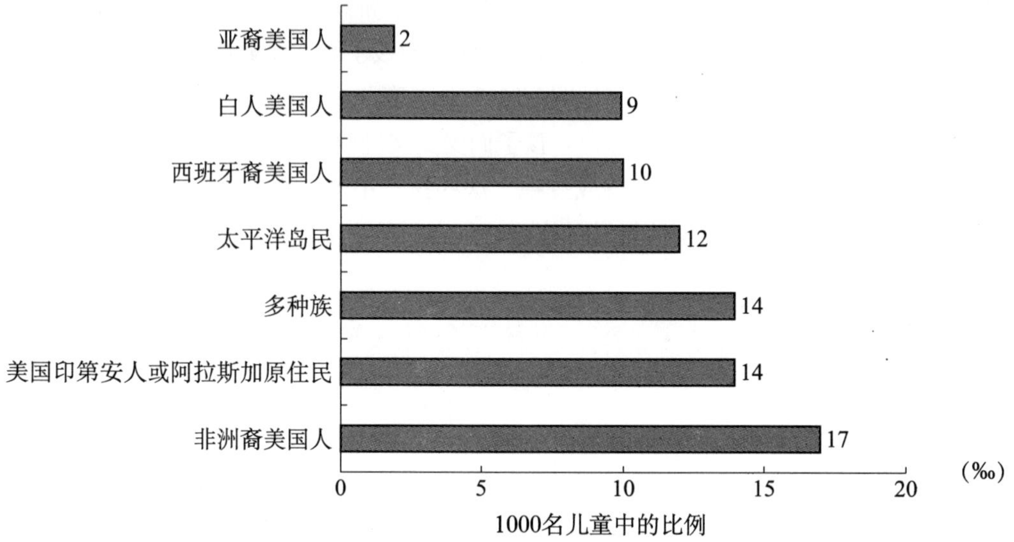

图 10—2　不同种族和民族的儿童受虐待的比例（2008 年）

资料来源：Administration for Children and Families，Administration on Children，Youth，and Families，Children's Bureau，*Child Maltreatment 2008*（Washington，DC：U. S. Department of Health and Human Services，2010）. Retrieved May 31，2010，from http：//www. acf. hhs. gov/programs/cb/pubs/cm08/index. htm.

上面报告的儿童虐待和忽视的数字是基于所有州和哥伦比亚特区。因为各州对问题的界定不同、使用的筛选和调查个案的程序不同，所以这里提供的数据构成的景象可能有不一致或缺口。许多情况下的虐待和忽视从来没有被有关部门注意到。神职人员猥亵儿童案例提醒我们，即使是社会中最值得信赖的成员也有可能伤害孩子。

儿童保护法案简史

联邦政府对于儿童的福利的最初关注是从 1909 年第一次关于儿童的白宫会议开始的。会议由西奥多·罗斯福（Theodore Roosevelt）总统召集。1912 年总统威廉·霍华德·塔夫脱（William Howard Taft）建立儿童办公署（Children's Bureau）。儿童办公署负责儿童福利问题的广泛事项，从医疗和童工问题到青少年犯罪和孤儿问题。1935 年的《社会保障法》第一次授权联邦为儿童福利服务拨款，并允许各州发展地方的机构和项目。服务主要在 20 世纪 60 年代被扩展了。有未成年子女的家庭救助计划下的抚养照顾计划（AFDC-Foster Care）建立于 1961 年，这是为贫困家庭的孩子提供家庭之外的照顾的计划。这个计划是在路易斯安那州将 22 000 名黑人儿童从有未成年子女的家庭救助计划中转出去之后建立的。州认为儿童自己的家“不够适合”儿童的健康，因为这些孩子的母亲是在非婚状态下生育子女的。这项变动导致养育护理系统的发展。[14] 1967 年，最初被包括在《社会保障法》第五部分中的儿童福利服务被扩大了，并且变成了第四部分 B（Ⅳ-B）——儿童福利服务。

从 1963 年到 1967 年，每个州都通过了儿童虐待报告的立法。1974 年，国会通过了《儿童虐待阻止和治疗法》（Child Abuse Prevention and Treatment Act，CAPTA），这是一项具有里程碑意义的立法。根据这项法案，联邦向各州提供资金帮助它们预防、评估、鉴定和治疗儿童虐待和忽视问题。它还提供了一个儿童虐待和忽视的最低定义，澄清了联邦政府在支持与研究、评估、数据收集和技术援助等努力中的作用。《儿童虐待阻止和治疗法》的通过，正好是在玛丽·埃伦这个著名的儿童虐待案件发生 100 年之后。多年来，《儿童虐待阻止和治疗法》已经被多次修改，最近的是 2003 年的《保持儿童和家庭安全法》（Keeping Children and Families Safe Act）。

1975 年，《社会保障法》增加了第二十部分，其目的是减少碎片化状态，并提供一个 373
更综合的方法来资助对儿童和家庭的服务。各州在如何使用资金实现第二十部分的目标上拥有一定的灵活性。今天，批评性的观点是认为被控制的支出水平限制了州对儿童和家庭生活产生积极影响的能力。

1978 年，《印第安儿童福利法》（Indian Child Welfare Act，ICWA）对为美国原住民孩子服务的儿童福利机构提出了新的要求，并且授予部落政府处理孩子的监护权的诉讼权力。这项法律的目的是保护美国本土文化和给予部落参与涉及本地孩子的照顾和监护权诉讼的权力。在《印第安儿童福利法》通过之前，更多的原住民的孩子被转移出去，不仅从他们的家庭，而且从他们的社区和文化中转移出去。

1993 年，第四部分 B（Ⅳ-B）——儿童福利服务被修改，创建了一个新的家庭保护和家庭支持计划（Family Preservation and Family Support Program）。其目的是把资金直接用于儿童福利保护项目，如家庭保护、以社区为基础的家庭支持服务、有时间限制的统一服务、促进和支持。1997 年，它被重新命名为推进安全和稳定的家庭计划（Promoting Safe and Stable Families，PSSF）。9 年后，国会通过了 2006 年的《儿童和家庭服务改进法》（Child and Family Services Improvement Act），对推进安全和稳定的家庭计划进行 5 年的再授权，即从 2007 年到 2011 年。这个立法提供了每年 3.45 亿美元的强制性资金（不必经过年度拨款过程）和 2 亿美元的可自由支配的资助（国会每年必须批准这个数目的资助额度）。它还包括一个给予州的 500 万到 2 000 万美元的计划，用于儿童福利工作者计划，旨在帮助州达到每月拜访寄养儿童的目标，两个 1 000 万美元的资助分别用于改进拨款和竞争性拨款方案以解决父母的毒品滥用问题。同时推进安全和稳定的家庭计划的一些资金也是竞争性的，其他基金以一个公式为基础分配给 50 个州、哥伦比亚特区和美国领地，并且对美国原住民和阿拉斯加本地部落有一个百分比。[15]

在《保持儿童和家庭安全法》下，《儿童虐待阻止和治疗法》被重新授权至 2008 年， 374
在结束日期临近时，美国的儿童福利联盟（Child Welfare League of America，CW-LA）——一个杰出的儿童福利倡导组织，再次呼吁对《儿童虐待阻止和治疗法》重新授权，重新授权包括三个主要的项目：州拨款、可自由支配的拨款、以社区为基础的预防虐待儿童拨款。美国的儿童福利联盟建议如下：

- 为解决儿童虐待和忽视的创新方法增加资金。
- 使对《儿童虐待阻止和治疗法》的重新授权集中在目前缺乏的预防儿童虐待和忽视的前端服务，以及这些前端服务在被粗暴对待的比例过高的有色人种儿童系统中的作用。
- 在授权拨款层次，对《儿童虐待阻止和治疗法》和以社区为基础的预防儿童虐待项目提供充足的资金，以使儿童虐待和忽视预防项目和服务能够得到实施。
- 加强对科研和项目评估的资助，以帮助推进预防儿童虐待和忽视领域的更多证据的提出和以证据为基础的项目与实践发展。[16]

2008 年，一项新的法律——《成功寄养与增加收养法》（Fostering Connections to Success and Increasing Adoptions Act）被通过，这个法案被称赞为十多年来最重要的儿童福利立法。它的目的是使儿童福利系统发生如下重要改进：

- 亲属护理照顾：州被允许使用第四部分 E 的资金补助亲属监护家庭，当孩子被放在寄养家庭时，必须通知孩子的近亲。该法案也资助“家庭连接”拨款来帮助孩子建立或维护与具有血缘关系的家庭成员的联系。
- 培养青年：州可以扩展第四部分 E 的培养照顾，使被抚养儿童可以一直待到 21 岁。儿童福利机构被要求帮助青年在退出抚养照顾以后发展一个为期 90 天的过渡计划。
- 部落：第一次部落政府和联盟可能运行适用于自己的第四部分 E 抚养照顾、抚养援助和亲属关系项目。
- 收养：法律给各州提供了一个更大的激励，如果它们收养的“大龄”儿童（9 岁以上）和有特殊需要的孩子的数量增加，就能够得到更多的拨款。州也被要求通知打算收养的父母，他们有权得到的收养税收抵免。
- 医疗服务：州必须处理它们的医疗补助计划，确保更广泛的计划和协调以满足被照顾儿童的医疗服务需要。这包括进行医疗检查的方式和时间。
- 兄弟姐妹：州必须做出合理努力，以使兄弟姐妹能够在一起，除非这样做会危及兄弟姐妹中的任何人的安全。如果兄弟姐妹不放置在一起，州必须作出合理的努力，为兄弟姐妹之间的经常探视提供条件。
- 教育：新照顾计划要求州直接发展一个安排或与当地学校机构订立一个协议，以便在孩子们搬出原来的学区后仍然可以继续在同一所学校上学，只要这符合孩子的最佳利益。当一个孩子确实需要搬出去时，必须立即安排入学事宜。各州现在被允许在根据寄养照顾率的支付中包含转学成本。

尽管联邦已经明显增强了它在解决虐待和忽视问题方面的作用，但是，对这些问题还没有一个单一的定义，也没有一个能够普遍地适用于整个国家的单一的立法。儿童虐待和忽视的法规仍然留在州的权限范围内。可用的典型法律通常作为州法规的基础，但它仍难以实现对定义的共识。即使有一致同意的定义，最好的干预策略也往往不清楚，提供给所有所需的服务的资金显然不足以满足弱势儿童的需要。这是事实，尽管联邦政府 2004 年专门为儿童福利服务分配了 76 亿美元。联邦和州的资金在第二十部分社会服务的一揽子拨款、对贫困家庭的临时救助和医疗补助计划中也支持儿童福利服务。非营利机构和基金会也致力于改善儿童的生活，比如，安妮 · E · 凯西基金会（Annie E. Casey Foundation）和法院任命的特别辩护者（Court Appointed Special Advocates，CASA）提供了许多儿童福利服务。 375

寄养和收养

在美国每年大约有 50 万名儿童被采取寄养（替代）照顾的方式。[17]州负责照顾和监护的儿童的数量，近年来已经受到华盛顿的政策制定者的更多关注。也许近期在儿童福利舞台上最重要的发展是 1980 年的《收养资助和儿童福利法》（Adoption Assistance and Child Welfare Act of 1980），这个法案还被称为"永久性的计划法律"（permanency planning law）。1997 年这个法案被《收养和安全家庭法》（Adoption and Safe Families Act of 1997）修订。1980 年和 1997 年两项法案的基本理念是孩子有权尽快得到一个永久的家。在他们的父母努力康复的同时，孩子被持续寄养是不健康的。

1980 年的法律是对儿童福利系统的严厉控告的一种反应，是为了阻止过多的儿童长期进入寄养照顾的趋势。批评者认为，联邦政策给寄养照顾提供了很多的资金，而对预防和在家庭内的服务提供的资金却很少，这无意中鼓励了将儿童从他们自己的家中领出来。因此，《收养资助和儿童福利法》的目的是通过更多的预防和重新统一，减少需要寄养照顾的儿童数量，减少儿童接受照顾的时间，并且在必要的时候尽快为儿童找到可以永久生活的地方。联邦政府可以对没有实施法律的各州强制实施经济上的处罚。这些法律还创造了一个新的权利项目——第四部分 E 款（Ⅳ-E）寄养照顾和收养资助，提供资金来帮助这些新政策和项目。

儿童福利机构被要求遵守新政策，包括通过"合理的努力"防止将一个孩子从自己的家里领走，尽可能快地将已经被从家里领走的孩子送回家。如果孩子被从家里领走是对孩子有益的，那么孩子也必须被放置在"最少受限制的环境"中和接近父母的家的地方。州也被要求为每个孩子写出计划，并且至少每 6 个月对每个案例进行一次审查。在安置的 18 个月内（后来减少为 12 个月），每个个案被要求举行听证会确定孩子是否可以回家，或被收养，或被提供其他永久性的生活安排。最后，各州必须提供收养资助，向有特殊需要或被认为是困难的（如，孩子较大、有身体或精神残疾、收养一组兄弟姐妹）收养孩子的父母支付。

如同1980年的《收养资助和儿童福利法》，1997年的《收养和安全家庭法》由克林顿总统签署成为法律，其得到通过是由于担忧州儿童福利系统的性能和有关批评，它们往往不是从儿童的最佳利益出发开展工作的。一些儿童权利的倡导者声称，儿童保护服务（CPS）系统过度关注团聚家庭的孩子的安全。《收养和安全家庭法》对儿童福利实践做出
376 许多重要的改变：（1）当对一个孩子做出安排决定时，澄清了安全性和永久性是最重要的；（2）通过向增加了收养数量、扫除了收养过程中的障碍的州提供奖金，解决了越来越多的孩子等待收养的问题；（3）缩短了确定终止父母权利的时间表（除了一些例外，如果一个孩子已经在过去的22个月寄养了15个月，各州必须开始终止父母权利的程序）；（4）缩短了为永久性安排举行听证会的时间，从18个月缩短为12个月；（5）澄清了儿童保护服务并不要求的做出“合理努力”使孩子回到他们的父母那里的具体情况（如，父母曾经对孩子造成了严重的身体伤害或杀害一个孩子）。

儿童福利系统长期存在的一个问题是如何找到足够的寄养家庭。系统总是处于需要更多的好家庭以安置弱势儿童的状况。多数养父母通常被描绘成负面形象，因为长期以来媒体报道中的大多数报道都是孩子在寄养家庭受虐待。作为养父母，可能会面临来自所照顾的儿童的情感和行为问题的一系列的挑战和压力，这些情感和行为问题是由于这些孩子曾经遭受的虐待或忽视导致的。重要的是，对养父母要仔细筛选，使养父母能够从儿童福利机构获得足够的培训和支持。许多孩子在寄养照顾中从得到的照顾中获得很大的益处。在对孩子提供的临时照顾中，养父母是至关重要的。在提供永久照顾中，他们也是关键，因为养父母收养的孩子中的60%都是由他们永久照顾的。[18]

另一个错误是，对养父母提供较多的资助，许多养父母“做这事是为了钱”。各州为养父母提供资金以帮助弥补照顾孩子的费用，直到孩子返回自己的家庭或被收养，尽管许多孩子留在寄养照顾服务中直到成年。各州提供的资助有很大的不同，一般对有特殊需要的孩子支付的金额比较高。根据2007年的一项研究，养父母照顾一个9岁的孩子，在俄亥俄州一个月可收到275美元资助，在哥伦比亚特区则高达869美元。全国平均的资助是一个月509美元。[19]

2007年，有超过5.1万名儿童被从公共照顾系统合法收养，有近13.4万人等待被收养。[20]2007年，对收养家庭的补贴差异很大，从俄亥俄州的每月250美元到犹他州的848美元。[21]根据儿童和家庭管理局（Administration for Children and Families）的数据，2008财政年度，联邦政府为收养资助、服务和相关的成本只花了20多亿美元，平均每个月为38.1万名儿童提供服务。第四部分E还包括延续这些被收养的孩子的医疗补助资格的条款。

除了第四部分E的收养资助，国会也做出了其他努力促进收养，包括以税收抵免来抵消成本。2001年，这项税收抵免成为永久的联邦税收代码的一部分，数量增加了一倍，

父母可以申请的数量从 5 000 美元到 10 000 美元不等，比养父母可以挣得的数量多了一倍，他们还可以申请全部抵免 75 000 美元至 150 000 美元，并为这个抵免提供一个生活成本调整。在最近这些年，联邦收养税收抵免增加了。在 2008 年完成收养的家庭，每个儿童的收养税收抵免是 11 650 美元，2009 年是 12 150 美元，家庭有 6 年可以使用完全抵免。自 2003 年以来，完成收养的家庭，若收养的是有特殊需要的孩子，则可以申请税收抵免，即使他们的收养支出少于这个数量。2006 年，国会也通过了《寄养儿童安全、及时的州际安置法》(Safe and Timely Interstate Placement of Foster Children Act)，这个法案加速了跨越州界的儿童收养安置。

由于法律和其他障碍的存在，许多在寄养体系中的年轻人，被安置在一个永久的家庭中是不可能的。2007 年，有大约 29 000 名青年达到“离开寄养的年龄”。[22] 研究已经证明，被强制离开对青年人产生了不良结果：处于失业的高风险中、教育程度低、有健康和 377
精神健康问题、早生孩子、贫困、被监禁和无家可归。[23] 第四部分 E 款提供服务帮助寄养儿童，以便他们长大成人后能够更好地过渡到独立生活。

改进独立生活服务，约翰·H·查菲寄养独立项目（John H. Chafee Foster Care Independence Program，CFCIP）是在 1999 年的《寄养独立法》（Foster Care Independence Act）下成立的。年龄在 18～21 岁的青年可以收到资金和住房援助、咨询和其他支持性服务，以帮助他们从寄养生活过渡到独立生活。[24] 联邦立法对独立生活项目的资金支持从 7 000万美元提高到 1.4 亿美元，翻了一番。2001 年，这项法律作了修改，提供资金用于一个为寄养青年的新的教育和职业培训计划。

儿童福利领域争论的问题

儿童福利服务充满了争议。联邦政府和各州选择用不同的方法解决这些问题。

争议 1：不同种族间的收养合适吗？

在儿童福利实践中，最激烈的辩论是不同种族间的收养。因为给从自己的家庭里永久带出的孩子寻找收养家庭是很困难的，儿童福利机构在实践中采用各种方法，如把这些孩子的照片和故事放在报纸、电视、网站上以引起人们的兴趣。许多有收养兴趣的人，通常偏好健康的、白人的婴儿。寄养儿童通常不符合这个要求。许多是年龄比较大、少数族裔背景，并且有行为、发育、医学或其他方面的问题。他们中的很多人在成年之前生活在多个寄养家庭。对于将非洲裔美国人、西班牙裔美国人和美国原住民的孩子安置给白人收养也是有争议的。[25] 1972 年全美黑人社会工作者协会（National Association of Black Social Workers，NABSW）对白人家庭收养黑人孩子的著名称呼是“文化灭绝”。全美黑人社会工作者协会的立场是孩子们被安置在相匹配的家庭，并可以保持他们的文化背景。这个组织指责州的儿童福利系统在吸收家庭时没有更好地注意家庭的肤色。今天，全美黑人社会工作者协会更关注倡导亲属照顾，或把孩子安置在亲戚家里，他们认为这是“关怀非洲的照顾、支持传统的延续，并为家庭提供文化上的连续性”[26]。

这个争论的另一面的论点是，由于在寄养中的有色儿童的数量不成比例地高（主要是非洲裔美国人的孩子），所以只有不同种族间的和跨文化的收养才可以确保更多的孩子有一个永久的家。一些人认为，把孩子与父母匹配应该是一个“色盲”的过程，一个充满爱的家庭才是一个好的家庭，尽管在家庭中可能存在一些种族差异。为了应对这一日益严重的全国性的争论，国会在 1994 年通过了《多种族安置法》（Multi-Ethnic Placement Act，MEPA），这个法案禁止州基于种族或民族延迟或拒绝收养和寄养安置，但是允许各州在做出安置决定时将种族作为众多需要考虑的因素之一。1996 年，《种族间安置规则法》（Inter-Ethnic Placement Provisions Act）使州将种族作为一个考虑因素是违法的。[27]

由于埃文·B·唐纳森研究所（Evan B. Donaldson Institute）2008 年公布的一份报告，争论继续，这个报告建议彻底检查《多种族安置法》和《种族间安置规则法》，当为一个孩子做出谁有资格收养的决定时，允许种族作为一个考虑因素（尽管不是唯一的因素）。[28]研究
378 所的这一建议是基于一项研究，这项研究得出的结论是对于等待收养的非洲裔美国人的孩子达到平等没有什么进展，现行法律与使个案接受最好的收养的实践是相互矛盾的。研究所还指出，应该有足够的资源对收养家庭提供援助，以使寄养儿童的种族背景与收养家庭相匹配。其他知名儿童福利组织，如美国儿童福利联盟（Child Welfare League of America）、北美收养儿童委员会（North American Council on Adoptable Children）、戴维·托马斯收养基金（Dave Thomas Foundation for Adoption）都支持这份报告。

争议 2：儿童福利系统应该更注重预防吗？

对儿童福利政策和实践的一个主要批评是，儿童福利机构没有投入充分的资源防止儿童虐待和忽视问题。一个引起对儿童关注的儿童福利机构可能受益于各种各样的服务。一些州将其大部分资金投资于事后调查服务，而将很少的资金用于预防服务。之所以会发生这样的情况，是因为各州有大量的需要寄养服务或家庭保护服务的孩子。

2008 年，近 330 万名儿童处于被忽视或虐待的“风险”中，或他们的父母接受了预防性服务。[29]防止儿童虐待和忽视的服务可能包括缓冲照顾、父母教育、住房补贴、药物滥用治疗（见例证 10—3）、托儿所、家访、个人和家庭咨询、家庭主妇的服务和交通。许多服务是在自愿的基础上进行的，家庭有权拒绝这些服务。与此形成鲜明对比的是预防服务，事后调查服务意味着保证未来不再发生虐待和忽视事件。2008 年，超过 100 万，即略超过一半的被调查的儿童个案或他们的父母得到事后调查服务。这些服务可能包括个人和家庭的咨询、基于家庭的或家庭中的服务（如家庭维护）、家庭恢复服务、法院服务、寄养和收养服务。

家访计划近年来受到更多的关注。许多人认为这是儿童虐待预防的一种重要的工具。护士、社会工作者或其他经过专业训练的人，对有从刚出生到 5 岁小孩的家庭经常家访，因为这几年对儿童的健康发展最重要。其目标包括减少父母的压力和抑郁情绪、发展积极

的育儿技能、健康和儿童发展、入学准备。全国有许多家访计划，包括父母即老师（Parents as Teachers）、护士—家庭伙伴关系（Nurse-Family Partnership）、启蒙教育（Early Head Start）、学前儿童父母的家庭指导（Home Instruction for Parents of Preschool Youngsters，HIPPY）、美国健康家庭（Healthy Families America）等等。在第 108 届、109 届和 110 届国会会议中，参议员基特·邦德（Kit Bond，来自密苏里州的共和党参议员）提出了《教育从家庭开始法》（Education Begins at Home Act），对各州提供资金以使它们能够实施家访计划，但尚未通过。为了相同的目标，议员吉姆·麦克德莫特（来自华盛顿州的民主党议员）在第 111 届国会会议中提出了《家庭早期支持法》。

预防和早期干预服务是值得称赞的。然而，出现的问题是，这是否过多地干涉家庭事务？是否违反保密规则？是否侵犯了公民自由，诸如公民的隐私权等？

争议 3：儿童福利系统是否应该在社会工作或刑事司法的框架中操作？

一些儿童辩护者认为，孩子们没有得到好的对待，因为美国缺乏一个全面的对待家庭的政策，以便能够了解每一个家庭帮助孩子成为健康、正常的成年人所需的基本资源。其他人认为这些问题根植于父母的一些荒唐的行为，父母太不成熟或者受到精神或物质使用障碍太严重的损害，以致不能照顾他们的孩子。因此，问题是，我们是否应该有一个"儿童福利系统"——这个系统主要关注儿童和他们的家庭的基本需要，或者一个集中于造成儿童的严重伤害的"儿童保护系统"[30]。换句话说，系统应该掌握在社会福利权威的手中（他们知道如何让家庭更好），还是掌握在执法官员的手中（他们能够惩罚伤害儿童的成年人）？

379

例证 10—3

药物滥用：造成儿童虐待和忽视问题的危险因素

大多数孩子被安置是由于被虐待或忽视。最近 15 年以来，药物滥用已经成为孩子们被从他们的家里领走的主要因素。估计表明，寄养个案中有三分之二是由于药物滥用。[a]在 20 世纪 80 年代霹雳可卡因的引入和最近冰毒的流行已经因儿童被粗暴对待和家庭之外安置的数量剧增受到指责。但是，围绕产前药物揭露和儿童福利系统应该如何回应父母的药物滥用问题，有一个很大的争议。

从儿童福利专家和其他许多人的角度看，是父母的药物滥用导致其判断能力受损，并使儿童处于被粗暴对待的风险中，造成受损害的增加。这种观点也经常认为对儿童的忽视是由于父母需要把钱花在住房、食品和药物上，或者是因为酗酒、非法使用毒品而失去工作。持这种观点的人还引用了产前药物暴露的毁灭性的后果，如胎儿酒精综合征、一定范围的认知和行为缺陷。

辩护者不是试图起诉在怀孕期间使用药物的女性，而是相信对这些女性进行康复治疗是更好的选择。他们担心依据《收养和安全家庭法》的较短时间框架，父母没有足够的时间成功地完成戒毒和戒酒的治疗。另外一个观点是，药物在子宫内暴露的影响被夸大了，成为国家的计划不周的对毒品宣战的一部分，在虐待或忽视的证据不足的情况下，孩子们就被从他们的父母照顾和监护下领走。他们引述了最近的研究表明，在危害暴露的婴儿方面有大量的多样性，范围从没有可检测的负面影响到有罕见严重伤害的结果。[b]

超过 800 万个孩子与有药物滥用或依赖的父母生活在一起。[c]美国卫生和人类服务部认识到对有药物滥用的父母提供儿童福利服务有许多障碍：药物滥用治疗设施缺乏，州和联邦法律通常使药物滥用治疗和儿童福利服务很难协调。儿童福利可能期望“治愈”，而药物依赖专业认识到复发是恢复过程的一部分。卫生和人类服务部已经确定了关键程序，使全面关注药物治疗和家庭的儿童福利需要发挥主要作用。这些需要包括：得到更好的培训的社会工作者、更多的预防性服务和在康复期间更好地获取药物滥用的治疗和支持。美国儿童福利联盟的建议是，增加对《药物滥用预防和治疗法》（Substance Abuse Prevention and Treatment Act）的资金，通过《基于家庭的冰毒治疗准入法》（Family-Based Meth Treatment Access Act）。

[a] Child Welfare League of America，*2008 Children's Legislative Agenda*（Washington，DC）. Retrieved July 30，2008，from http：//www. cwla. org/advocacy/2008legagenda. pdf.

[b] Steven J. Ondersma，Sharon M. Simpson，Elizabeth V. Brestan，and Martin Ward，“Prenatal Drug Exposure and Social Policy：The Search for an Appropriate Response，” *Child Maltreatment*，Vol. S，No. 3，2000，pp. 93－108.

[c] Substance Abuse and Mental Health Services Administration，Office of Applied Studies，National Household Survey on Drug Abuse，*Children Living with Substance-Dependent or Substance-Abusing Parents：2002－2007. The NSDUH Report*（Washington，DC：Author April 16，2009）. Retrieved May 30，2010，from http：//oas. samhsa. gov/2k9/SAparents/SAparents. htm.

380 当然，以下两种方法都是必需的：当父母在承担他们的角色需要帮助时提供基本服务，当他们明目张胆地违反社会的标准时进行法律干预。至关重要的是确定孩子的“最佳利益”。防止儿童遭受虐待和忽视，儿童福利系统使用两种类型的项目加强高危家庭或处于危机中的家庭：家庭保护服务项目和家庭支持服务项目。

家庭保护服务项目，如家庭建设者模式（Homebuilders Model），提供短期的、强化的服务，旨在防止把一个孩子从家里领走。在家里提供咨询、育儿技能、儿童发展和行为管理等服务。家庭保护个案工作者案件数量小（2 个到 6 个家庭），在 4 周到 12 周时间里，每周在每个家庭花 20 小时。家庭支持服务项目是不同的，因为它们集中于使服务提供给一个社区所有的家庭，不仅仅是那些处于危机中的家庭。这些以社区为基础的服务旨在增加生活在安全的、稳定的家庭环境中的孩子数量，增强父母对他们为人父母的能力的信心，促进儿童发展。服务的例子有日间照顾、临时服务、父母课堂、儿童发展规划、个人和家庭咨询、住房援助、娱乐和职业培训计划。另一个重点是通过利用亲属照顾维系家庭（见例证 10—4）。

例证 10—4

以亲属照顾维系家庭

把孩子从他们自己的家里带走，即使是暂时的，也会给孩子带来创伤，更何况找到一个合适的安排是很困难的。当孩子与其父母分开时，亲属照顾是一个可能减少孩子创伤的方法。孩子住在“奶奶”或“阿姨”家，可能不是不寻常的事情，但是被送到陌生人那里，即使在最好的情况下，也会令孩子感到困惑，在差的情况下，孩子会受到创伤。亲属照顾曾经被避免，因为它使孩子难以获得收养，或被认为增加反复被粗暴对待的风险，因为容易接近施虐的父母。但是利用亲属照顾是在发展的，因为它使孩子保持了与他们的家庭的联系，保护孩子们的文化遗产，并且有助于解决庇护所和收养家庭的短缺问题。一些禁止亲属获得寄养补偿的规则被取消了，从而使这种安排对那些想要照顾孩子的许多家庭的成员在经济上更可行。由亲属来照顾孩子与将孩子放在非亲属那里相比，孩子明显不太可能遭受重复的粗暴对待。[a]政策经历了一个重大的转变，现在，几乎在所有的州亲属照顾者都多于非亲属照顾者。

根据 2000 年美国人口普查，大约 600 万个孩子和亲属生活在一起，其中 450 万是与祖父母住在一起。非洲裔美国祖父母比白人或西班牙裔更有可能成为一个主要照顾者[b]，虽然大多数孩子和亲属生活在一 381
起不参与儿童福利系统。2007 年，25%的被州安排离开家庭照顾的孩子是与亲属在一起生活的，在一些州比例高达 50%。[c]

幸运的是，这么多的祖父母承担了主要的照顾角色。但这发展出了一个新的家庭模式，并引出了新的担忧。收入通常会随着人们的退休而减少，这些祖父母做户主的家庭经常生活在有固定收入但经济比较艰难的状况中。祖父母们的健康和精力往往也不如他们年轻的时候。祖父母可能需要支持性的服务，如临时照顾、交通、家内帮助、实物或现金援助他们的孙子女。在一项对纽约的祖父母照顾者的研究中发现，祖父母承受着“极大的”压力，他们担心无法把孙子女抚养到成年，或者他们担心孙子女将来会被从他们身边带走。[d]

在过去，联邦政府没有提供任何稳定的资金来帮助亲属和由他们照顾、监护的孩子们，很多亲属没有任何经济支持。由于 2008 年的《与成功培养相联系的增加收养法》

的通过，这种情况已经改变了。这个法案允许各州使用第四部分E的资金支持亲属家庭。它还扩展了对亲属父母教育的资金支持，以帮助他们更好地承担角色。当一个孩子需要得到照顾时，州将不得不创建一个通知亲属的体系。这个新的亲属部分还提供了每年至少500万美元的竞争性拨款，创建一个导航系统，以联系在州里的所有的亲属家庭确定他们是否收到第四部分E的资金。亲属导航项目补助祖父母和其他亲属照顾者学习查找和使用项目和服务，以满足他们照顾的孩子的需要，以及他们自己的需要。最后，法案澄清了可能放弃某些许可的标准，由州以具体问题具体分析的方式确定，以消除把孩子放到亲属家里的障碍。

[a] See Reid M. Jonson, "Foster Care and Future Risk of Maltreatment," *Children and Youth Services Review*, Vol. 25, No. 4, April 2003, pp. 271－294.

[b] U. S. Census Bureau, *Grandparents Living with Grandchildren: 2000* (Washington, DC, October 2003). Retrieved May 30, 2010, from http://www.census.gov/prod/2003pubd/c2kbr-31.pdf.

[c] Child Welfare League of America, *National Fact Sheet 2010*, Special Tabulation of the Adoption and Foster Care Analysis Reporting System (AFCARS) by National Data Archive for Child Abuse and Neglect (NDACAN) and CWLA (Arlington, VA: Author, 2007). Retrieved May 30, 2010, from http://www.cwla.org/advocacy/statefactsheets/2010/nationalfactsheet10.pdf; Child Welfare League of America, Special Tabulation of the Adoption and Foster Care Analysis Reporting System (Washington, DC: Author, 2006).

[d] Gerard Wallace, "Grandparent Caregivers: Emerging Issues in Elder Law and Social Work Practice," *Journal of Gerontological Social Work*, Vol. 34, No. 3, 2001, pp. 127－136.

对维系家庭的兴趣导致了大量的研究，以确定它的有效性，然而，发现是喜忧参半。最近的一项强化家庭保护服务（Intensive Family Preservation Services，IFPS）的元分析研究发现：

> 尽管一些研究……报告了有前景的结果，这一领域仍然需要更多的证据，证明强化家庭保护服务项目防止了不必要的儿童安置，也需要更多的数据证明哪种类型的以家庭为基础的服务项目对于不同子群体人口中的案主是最有效的，包括少数族裔和种族，以及那些涉及身体虐待、忽视和其他抚养问题的不同群体。我们还需要更好地理解强化家庭保护服务对不同年龄段的孩子的有效性，以及项目不同的构成要素对不同的家庭的作用（如家庭内服务、案主目标设定、具体服务），还有非程序性的构成要素，对某些家庭可能是重要的（如其他的社区支持服务、专业治疗服务）。[31]

争议4：儿童福利系统带来的伤害是否多于益处？

儿童福利机构有自己的问题，许多个人和组织质疑它们的作用有时会弊大于利。每个
382 孩子都应该有一个安全和幸福的家，但这一目标并不容易实现。由于对服务的高要求，州儿童保护服务机构不能完全满足孩子和家长的数量需要，所以它们将个案进行优先等级分类。比较严重的个案得到关注的同时，其他个案的问题可能不会得到解决，除非它们变得严重。

当一个孩子没有被从家里领走，而后由于虐待或忽视导致严重的伤害甚至死亡时，公众就特别愤怒。这是一种罕见的情况，但当它确实发生，抓住了媒体的关注时，就遮蔽了很少能成为新闻的成功案例。

例证 10—5

得克萨斯州诉摩门教基要派（FLDS）："向往天国"农场

2008年4月，美国被一个事件吸引了，得克萨斯州的儿童福利官员将450多名儿童从一夫多妻的摩门教场地迁移出来。[a]根据一位16岁女孩的申诉制作了一份备忘录，她告诉当局，她已经是第二次怀孕了，她的丈夫对她施加了身体和性虐待。在采访一些怀孕或曾经怀孕的未成年人以后，儿童保护服务机构迁移了所有的孩子，认为是摩门教基要派的信仰导致的，男性被培养成罪犯，女性成为性虐待的受害者。当儿童保护服务的工作人员与女孩会谈时，工作人员被告知，她们相信没有年龄太小不能结婚一说，要与任何年龄的男人"精神团结"。

美国人对于把孩子从他们的家庭迁移出去的做法是否正确，有着各种不同的意见。当他们听到有关申诉时，许多人吓坏了，觉得儿童保护服务机构的做法是正确的，它们使儿童得到保护，免受有害的家庭环境的伤害。另外一些人则批评儿童保护服务机构和它们对个案的处理。这些人认为，将孩子与他们的家庭和他们的兄弟姐妹分开是对孩子的伤害，其中许多人从来没有到过1 700英亩的农场之外。一些孩子不得不被安置在远离家乡的城市里，使孩子的父母很难看望他们。许多人也反对基于少数孩子提供的指控就认为所有的孩子处在"迫在眉睫的危险中"的逻辑。美国公民自由联盟表示担心这种做法违反了妇女和儿童的基本权利。最后，最初的报告者的身份从来没有确定。一些人认为这是一个科罗拉多州的33岁的习惯于说假话的女人报告给当局的。摩门教基要派的父母否认所有他们的孩子是身体和性虐待的受害者的指控，而是相信他们正在因他们的宗教信仰遭受迫害。

38个母亲起诉州，上诉法院裁定支持她们的陈述，"没有证据证明孩子成长在这个特殊环境中或许有一天他们的身体健康和安全会受到威胁，迫在眉睫的危险足以立即使用极端措施将孩子们迁移出去是在全部诉讼的问题之前"。这只是矛盾心理和感情冲突的一个例子。当孩子被从他们的父母的照顾和监护下迁移出去是适当的，是为了保护他们的健康、安全和幸福的时候，许多美国人的感受就是这样的。

[a]《纽约时报》的相关报道，可参见 http：//topics. nytimes. com/topics/reference/time stopics/subjects/f/fundamentalist _ church-of-jesus _ christ-of-latterday _ saints/index. html。

在连续统的另一端是家庭被儿童福利工作者破坏的故事：福利工作者没有正当理由即把孩子从他们的家里带走（例证 10—5 描述了这类问题的一个有争议的例子）。
383 法院可以要求被指控虐待孩子的父母得到专业人员的帮助，但是，当父母负担不起私人治疗费，在社区精神健康和物质滥用治疗中心要经过漫长的等待服务时，通常会感到沮丧。

争议 5：为什么儿童福利员工不能预先做好准备？

“社会工作者”经常为儿童福利体系中的问题承担责任，但在现实中，许多儿童福利员工不具有专业资格，而且还可能缺乏从事这项工作所必需的教育和经验。[32]根据美国儿童福利联盟的报道，州儿童福利机构的工作人员只有不到三分之一接受过正式的社会工作教育。[33]一些儿童福利专家认为，改善儿童福利系统的一个主要障碍是，难以招聘和留住儿童福利社会工作者。儿童福利工作非常紧张。儿童保护服务机构的个案工作者流动性很高，许多州的机构很难维持一个稳定的、能干的员工队伍。

美国儿童福利联盟设立了儿童福利实践的标准，并建议儿童保护调查人员承担的最大案件数量是每个月 12 个活跃的个案。辩护者认为需要更多的联邦资金来增加工资，雇用更多的社会工作者使待处理案件得到管理，并提供高级培训、对能够成为儿童福利工作者的社会工作（或相关领域）的学生豁免贷款。另一个策略是，为了招募和留住有能力的个案工作者，在大学社会工作项目和国家儿童福利机构之间发展更多的培训伙伴关系。

争议 6：诉讼是改变儿童福利系统的最好办法吗？

当发生错误时，诉讼威胁笼罩着儿童福利工作者和管理人员。罗得岛是因儿童福利体系过失受到严格审查的几个州中的一个。2007 年，罗得岛儿童维护组织（Child Advocate of Rhode Island，一个保护由州照顾的儿童的合法权益的州机构）和一个名为“儿童权利”的倡导组织起诉州政府。他们声称，州照顾的儿童经常受到虐待和忽视，对寄养父母没有进行充分筛选，危险高的待处理案件阻止了社会工作者进行家访，以确保孩子是安全的并得到了适当的照顾。对这种策略在改善儿童福利系统方面的有效性是有争议的。然而，一些人认为诉讼可以引起必要的系统改革。

1989 年，美国最高法庭以六比三裁定了公共部门的雇员无须为保护公民免受另外的平民伤害失败而负责。这个案例涉及威斯康星州温内贝戈县社会服务部门和乔舒亚·德山尼（Joshua DeShaney），由于该县的社会服务部门无法将其搬移出他的家庭，他因为父亲的虐待而遭受了严重的、永久性的大脑损伤。[34]许多儿童的辩护者被这个裁决所震惊，尽管对那些每天都要对孩子们的生活做出艰难决定的儿童福利工作者而言这无疑是一种解脱。更大的法律的影响可能导致大批儿童福利专业人员退出。无论如何，儿童福利工作者可以因明确地侵犯公民权利而被起诉。

1994 年，美国最高法庭通过声称即使社会工作者对有关的父母的控告是错误的，也可以免于被起诉，又一次为社会工作者提供了保护。在美国高等法院裁决来自肯塔基州的一个案例时，第六上诉法庭宣称，社会工作者应当“不必因为他们害怕承担个人责任而妨碍到他们原本应当充满活力的工作表现”[35]。

争议7：为什么不给儿童福利系统更好的资助？ 384

儿童福利辩护者的一个主要的抱怨是，儿童福利系统资金严重不足。大多数联邦儿童福利资金类别是权利类型的（尽管有些封顶），并要求州政府提供配套资金。从1995年到2004年，联邦儿童福利支出增加了近200%。2004年，儿童福利服务资金超过230亿美元，这些资金中的50%是联邦资金，39%是州资金，11%是地方政府的资金。[36]

虽然这听起来像有很多钱进入了儿童福利服务领域，但是，与其他社会服务项目相比则相形见绌，比如，社会保障或国家安全上的支出。儿童福利专家认为需要更多的资金来保证所有受到虐待的儿童获得他们所需要的服务，使案件数量保持在低水平，提供更多的预防性项目，使被领出来的孩子们更及时地通过系统得到收养或其他永久性的选择。儿童福利服务可能缺乏资金，因为在政治系统中缺乏孩子的直接声音。

争议8：改善寄养照顾服务必须做什么？

也许儿童福利系统受到批评最多的部分是寄养照顾系统。多年来，州的寄养照顾项目被指控生活在寄养照顾中的儿童被从一个家庭推向另一个家庭，导致生活的不稳定。指控还包括未能满足寄养青年的教育需要，没有足够密切地监测寄养青年的照顾情况，担心不成比例的非洲裔美国寄养儿童是由于偏见和非洲裔美国人中更高的贫困率。

每年有20 000多名青年达到离开寄养系统的年龄，这些青年人必须过渡到独立生活。鉴于许多寄养儿童的混乱生活，在18岁或21岁时他们面临着一场艰苦的战斗，他们只是简单地离开，然后就得靠自己。大量的寄养青年在离开寄养照顾以后驻留在无家可归者收容所。一些民族志研究人员认为，在离开寄养照顾以后，在无家可归者内外“漂移”的青年，是他们在寄养期间经历的“漂移”的延续。[37]有多个寄养安置和较少教育的孩子在过渡到独立生活中有着最大的困难。近年来，已经有增加对寄养中的儿童提供更好的服务的关注，减少变动寄养家庭的数量、通过加快立法保证孩子尽快得到“永久”安置。

大多数年轻人学习作为成年人必要的功能性的技能，需要在一个家庭中成长的自然过程。由于频繁地从一个寄养家庭到另一个寄养家庭或生活在替代设施中，如儿童成长之家，许多寄养青年便没有获得这些技能。今天，最常见的对年龄较大的寄养青年的服务是一个接受独立生活（independent living，IL）项目。在仍然接受照顾的同时，许多寄养青年参加课堂学习，主要是通过学习获得打造成功的家庭生活和社区生活的能力，以及所需要的劳动参与能力（如算账、烹饪、获得安全的住房和医疗服务、工作申请和面试技巧、与成年照顾者保持持久的联系）。许多州为寄养的和先前寄养的孩子在公立大学的大学教育付费，不幸的是，大多数的寄养青年不准备上大学。

独立生活项目开始十年后，卫生和人类服务部发现大量达到离开寄养生活年龄的青年从未得到过独立生活服务。[38]许多接受了服务的人在维持就业方面仍然存在麻烦：居住在大街上，涉及刑事司法问题。许多儿童指出，独立生活项目几乎没有提供具体的帮助，他们很难回忆起独立生活项目的内容是什么。根据 1999 年的《寄养照顾独立法》（Foster
385 Care Independence Act）所提供的资金，许多州已经开发出创新项目，为寄养青年在住房、教育、就业和职业生涯发展领域的转型提供支持。

尽管资金和项目在增加，但是离开寄养的年轻人仍然要经历许多挑战。一份 2005 年在美国伊利诺伊州、艾奥瓦州、威斯康星州的年龄较大青年的报告发现，没有足够的钱来支付房租或支付水电费的先前寄养的青年是普通人群中的青年的两倍。此外，年龄达到离开寄养的年轻人有时或经常没有足够的食物吃。[39]一项由凯西家庭项目进行的研究发现，四分之一的寄养青年在离开寄养以后，仍然在应对创伤后应激障碍的症状（symptoms of posttraumatic stress disorder）。[40]这是最近退伍的军人战争创伤后应激障碍率的两倍，是一般美国人口的六倍。许多儿童福利辩护者呼吁投入更多的时间和资源来帮助这种高度脆弱的人口。

争议 9：为什么不更好地保护儿童的权利？

在儿童福利问题上的另一个争议是应该给予儿童的权利和应该给予父母的权利。联合国《儿童权利公约》（Convention on the Rights of the Child，CRC）是一个国际人权条约，给出了基本的权利和保护所有的孩子应该有的权利，无论他们居住的国家。《儿童权利公约》促进儿童对医疗服务的权利、防止各种形式的暴力的权利、满足一个充足的生活标准的权利、潜力得到充分发展的权利。

辩护者认为《儿童权利公约》是一个有用的框架，所有国家的领导人可以使用它创建一个全面的、成本有效的政策和项目，以解决儿童和他们的家庭的特殊需要。通过坚持报告《儿童权利公约》中包含的要求，美国和其他国家将不得不评估儿童的福利状况和承担改善他们的生活的至关重要的努力。1989 年联合国大会通过《儿童权利公约》，1990 年该公约被制定为国际法律。截至 2009 年，193 个国家批准了《儿童权利公约》，美国和索马里是仅有的两个没有批准《儿童权利公约》的联合国成员国。[41]

20 世纪 90 年代初，在美国参议院有了批准《儿童权利公约》的呼声。1995 年，国务卿玛德琳・奥尔布赖特（Madeline Albright）签署了《儿童权利公约》，暗示美国打算批准这个公约。然而，由于这次没有转发到参议院外交关系委员会审议，导致了程序和政治障碍。美国审查批准国际条约的过程是相当漫长的，一些人担心，批准这类条约威胁着国家主权。此外，少量的保守宗教团体和个人声称批准《儿童权利公约》会损害父母的权利。他们认为《儿童权利公约》将决定父母如何抚养孩子，将使孩子为所欲为（如，采取法律行动反对父母、选择自己的宗教信仰、不需要经过父母的同意堕胎）。目前，一场全国性的运动——其总部设在华盛顿特区的推动美国批准《儿童权利公约》的运动，正在给美国批准《儿童权利公约》施加压力。[42]

儿童福利政策的未来

巴拉克·奥巴马总统的当选，在儿童福利领域带来了新的乐观情绪，他提倡推动将有利于儿童和他们的家庭的立法。美国儿童福利联盟呼吁总统尽快召开儿童和青少年的白宫会议。反映这种要求的立法，已经在众议院和参议院提出。辩护者还要求联邦政府和州政府在国家的经济危机期间保护人类服务和对脆弱家庭提供必要的支持。保护儿童基金会要求总统和国会找到一个方法扩大美国所有孩子的医疗服务。 386

社会工作者和其他专业人士正在不断寻找更有效的方法帮助孩子们和他们的家庭。联邦政府和州政府不仅关心人道主义的基础，还要将大部分议案植根于弥补社会问题上。联邦赠款和豁免，允许各州适度地改变由国会批准的既定规则，支持通过许多政府机构测试解决社会问题的实验方法。自 1994 年以来，国会已经批准了许多测试提供儿童福利服务创新方法的豁免。截至 2007 年 5 月，在这种创新下，23 个州已经实施了一个或多个实验。它们包括对州机构的新的资助机制、对有药物滥用问题父母的服务、收养后服务、强化照顾系统、部落管理、管理式医疗支付系统、补助永久监护/亲属系统、培训儿童福利员工。大多数项目仍在评估中。一些已经完成的项目展示出了有前景的结果，但是同时也有其他没有产生积极结果的项目。

其中一个创新的儿童福利实践，被称为家庭群体决策（family group decision making，FGDM）或家庭群体会议，它提供了一个与家庭一起工作的新的方法。家庭群体决策承认家庭最了解自己的情况，通常是他们所需要的解决问题的最好的判断者。家庭群体决策在发展他们的家庭服务计划的过程中给父母更多权利。一个受过训练的儿童福利专业人员可召开一个家庭会议，其中包括家人的朋友、大家庭的成员和社区成员，他们都可以作为服务资源协助父母确定家庭服务计划的目标。

鉴于越来越多地意识到，并不是所有情况下都需要正式调查，另一个规模迅速扩大的儿童福利实践是替代或分别响应机制。虽然这种做法在实际实施中略有变化，但基本思想是允许各州对儿童虐待和忽视的报告的反应有更大的灵活性。对不同的个案采用分别响应机制，对高危个案进行正式调查，而对危险性较低和中等的个案，可给家庭提供必要的帮助和服务以代替正式调查。

尽管儿童福利系统面临许多挑战，但在保护儿童免遭虐待和忽视方面它们有一个重要的使命，具有一个重要的作用。儿童福利政策和实践是不断发展的，新干预措施经过测试被证明对儿童和家庭有更好的效果时，就会由全国的儿童保护系统采用。

为美国老年人的社会服务

对于日常生活中需要帮助的老年人，家庭成员和朋友是重要的资源。2007 年，估计有 5 200 万人在一年的某些时候在帮助老年人。[43]当家庭成员和朋友无法满足这些需要时，联邦、州和地方机构试图做出回应。

在 20 世纪，美国老年人的生活质量已经有了很大的提升。公共政策对这种提升是有贡献的。对多数美国老年人来说，社会保障项目（见第五章）是重要的收入来源。补充保障收入（见第七章）是收入支持的另一个来源。医疗照顾和医疗补助（见第八章）是维护健康的关键。然而，也有相当数量的美国老年人生活在贫困之中。由于寿命延长，即使那些处于较高收入层次的人也可能需要公共支持的医疗服务、独立生活帮助、保护和长期照顾服务。[44]

387 《美国老年人法》

在满足老年人的需要方面，社会服务是一个重要的组成部分。也许在这方面最重要的立法就是 1965 年的《美国老年人法》（Older Americans Act，OAA）。2006 年该法被重新授权至 2011 年。[45]《美国老年人法》和“老年服务网”协调对美国老年人的主要的现金帮助和医疗项目。这些社会服务项目使老年人与社区相互联系，帮助老年人保持参与美国主流的生活，并且不必进入养老机构。美国老年人的利益团体关心被很好地公开宣传的服务确实得到了利用。

《美国老年人法》的目标实际上听起来适合世界上的任何群体。[46]其目标包括以下几个方面：

- 有适当的退休收入维持符合美国标准的生活。
- 无论经济地位如何，在科学能够实现的条件下尽可能地保持精神和身体健康。
- 提供老年市民负担得起的并能够满足他们特殊需要的适宜住房，住房可以独立选择、设计，坐落地点要适宜。
- 对那些需要由机构照顾的老年人提供足够多的康复性服务。
- 公平的就业机会，不因人员的年龄差别而歧视他们。
- 在为经济做出了贡献之后，为其提供健康、有尊严和体面的退休生活。
- 追求范围广泛的有意义的活动，包括市民活动、文化活动、娱乐活动等。
- 有效率的社区服务，包括得到低成本的交通，在支持性的生活安排中提供可选择的机会，以协商的方式提供社会救助，并且在真正需要的时候能够得到适当的帮助。

- 从能够被证实可以维持和促进健康和幸福的研究中立即受益。
- 在个人主动计划和处理自己生活的时候能够自由、独立并且自由操作。

《美国老年人法》提供了一个框架，并且对老年人的服务提供资金。对最脆弱的老年人提供服务，他们的家庭照顾者也是《美国老年人法》特别关注的对象。2000 年对法案的修改建立了国家家庭照顾者支持项目（National Family Caregiver Support Program）。2006 年的修正案增加了一项创新内容——“独立选择”——支持提供更好的医疗服务和更多的服务，旨在帮助老年人一直生活在他们自己的家里。

一年一度的情况报告证明了在实现《美国老年人法》的目标上取得的进展。一份报告（2004—2007）表明，超过 80%的年度计划目标得到实现。[47]例如，一个指标是“增加老年人事务管理局（Administration on Aging，AoA）每百万美元资金服务的案主数量”。2007 财政年度的目标是每百万美元服务 7 110 名案主。这个目标是被超过了，每百万美元的资金服务了 8 346 名案主。

《美国老年人法》创办了一个“老年服务网”来满足美国老年人的需要（见图 10—3）。这个服务网分别在联邦、地区、州和地方等层次运行。在联邦层次就是老年人事务管理局，它是美国卫生和人类服务部的一部分。[48]老年人事务管理局的主要功能是给州和地方政府提供技术性的帮助，以发展和实现为老年人的服务。它还管理一些针对老年人的评估和研究计划，并作为全国性的老年人信息汇聚中心运行。为了帮助它开展工作，整个美国一共有 10 个地区性的老年人事务管理办公室。

在州的层次，为老年人服务的工作机构，有些是州的人类服务部门或是福利部门的一 388
部分，另外一些则是独立的内阁层次的机构或部门。这些州的办公室帮助实现联邦的政策，作为老年市民的辩护者。它们使老年人事务管理局和州的立法机构了解老年人的需要和问题，州的立法机构决定怎样资助和管理关于老年人的州计划。

可用于美国老年人和他们的照顾者的项目因地区而异，在美国各个县都有不同。在地方层次，大约有 655 个地区老年工作机构（Area Agencies on Aging，AAAs）。每个地区老年工作机构都接受主要由老年人组成的顾问理事会的指导。地区老年工作机构评定在其社区内的老年人的需要，并分配资金给直接为老年人提供服务的社区机构。《美国老年人法》禁止州和地区机构直接为老年人提供服务，它们的工作主要是提供信息和中介服务，它们必须与地方机构订立提供服务的合同。[49]

地方机构提供的服务包括以下一些：营养项目，诸如送餐到家（“流动餐车”），以及
在老年活动中心等地点提供就餐服务；在老年活动中心开展社交活动和其他活动；交通、 389
家务劳动和家庭服务、法律咨询、护送服务、房屋维修和翻新、家庭健康助手、购物帮助、登门拜访、电话保证（通过电话给老年人提供安慰和了解他们的需要）。在 2009 财政年度，依据《美国老年人法》提供的资金中近 40%的资金用于营养服务工作，约 31%用于社区服务工作，以便帮助美国老年人保持适当的收入（见图 10—4）。

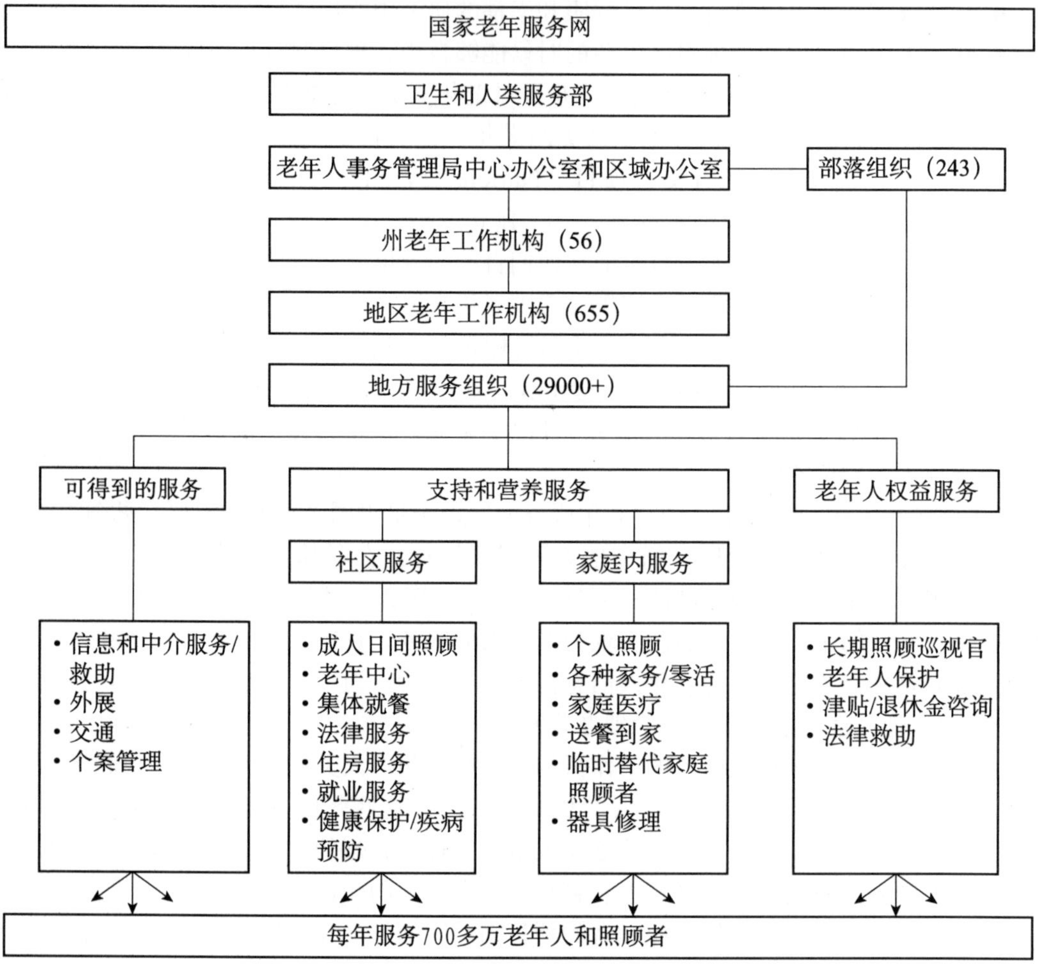

图 10—3 美国老年服务网

资料来源：*Administration on Aging*：*Emergency Assistance Guide*（Washington，DC：U. S. Department of Health and Human Services）. Retrieved February 9，2010，from http：//www. aoa. gov/AoARoot/Preparedness/Resources _ Network/pdf/Attachment _ 1357. pdf.

除了为老年公民提供服务之外，对老年人的家庭照顾者提供服务也是必要的，如果他们持续地照顾老年人，对他们的服务就是一种主要的支柱。例如，临时替代家庭照顾者，为主要提供照顾的配偶、成年的孩子和其他的家庭看护者提供一个短暂的空闲时间，这样他们可以去购物，有一些自由时间，或者去度假。许多家庭没有能力或不愿意购买临时护理服务，所以当需要调剂的时候，他们要么不使用它，要么就依赖其他家庭成员和朋友。2009 年，老年人事务管理局提供了超过 1.54 亿美元分配给国家的家庭照顾者支持项目，为那些照顾生病或残疾的家庭成员的人提供服务。[50]

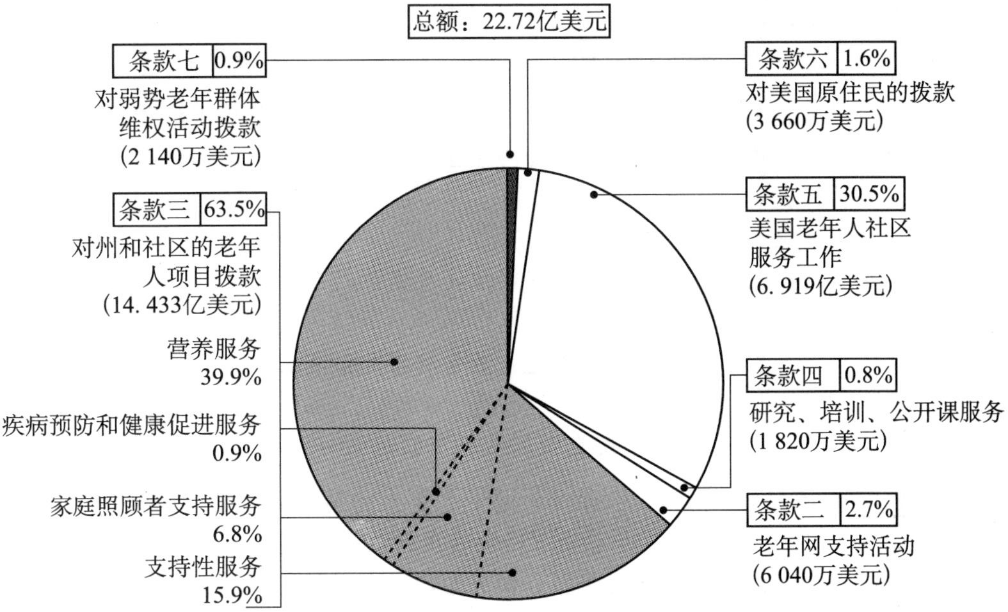

图 10—4 《美国老年人法》2009 财政年度拨款

资料来源：Carol O'Shaughnessy, "The Basics: Older Americans Act of 1965" (Washington, DC: National Health Policy Forum, October 8, 2009). Retrieved February 10, 2010, from http: //www.nhpf.org/library/the-basics/Basics_OlderAmericansAct_10-08-09.pdf, based on appropriations data in Angela Napili, "Older Americans Act (OAA): Funding," *Congressional Research Service*, Report RL33880.

1993 年由克林顿总统签署的《家庭和医疗休假法》(Family and Medical Leave Act)(见第十一章) 允许许多较大企业的雇员可以有 12 周不带薪的医疗休假，以便照顾其父母、孩子和配偶。一些州还扩展了家庭成员的定义，使其包括家庭伙伴和姻亲。[51]

其他可能鼓励更多的家庭加入老年照顾的公共政策包括下面一些：对为家庭老年成员提供照顾的人，允许医疗补助和医疗照顾覆盖更多的家庭医疗服务支出和所得税扣除或抵免。给为老年家庭成员提供照顾的人付费是另一个选择。这种变化特别有利于低收入家庭，他们希望为家里的老年人或残疾人提供照顾，但他们可能负担不起这样的照顾成本。 390
这些选项对于联邦和州政府来说，与机构照顾相比是可以节省费用的。

白宫老年人会议

有关老年人的白宫会议总共举行了 5 次，由来自整个美国的老年美国人为代表。最近的一次是在 2005 年举行的。[52]会议重申了《美国老年人法》的许多目标。

2005 年的大会代表采纳了 50 个决议。除了支持《美国老年人法》、社会保障、医疗照顾、医疗补助、长期护理服务、改善流动和交通状况、对老年问题进一步予以研究之外，2005 年的大会还关注“婴儿潮”一代的养老问题。2005 年大会的摘要是：

> 在社会保障、医疗服务计划和劳动力等领域，我们已经落后于形势。虽然经验是非常重要的，但是我们不太可能在过去的经验中发现所有未来问题的答案，因为明天的老年人口估计会区别于前代人口：
>
> 他们会更健康、更富有。
>
> 他们将获得更好的教育，希望做出超越传统退休状态的贡献。
>
> 他们在种族和族裔上更加多元化。
>
> 老年人口的平均年龄将随着百岁老人数量的增加而增长，他们将会有更长的预期寿命。
>
> 与过去的 70 年相比，人们留在劳动队伍中的时间有可能更长。[53]

美国众议院从 1974 年到 1992 年有一个关于老年人的特别委员会。参议院自 1961 年以来就有一个关于老年人的特别委员会。[54]特别委员会没有法定的权力，但是它可以吸引对所关注问题的注意力。州立法机关普遍有委员会，它们的职责同样包括对老年人需要的考虑。数年来，大约半数的州定时召集由老年人组成的“银发立法会议”，讨论他们这个年龄群体的需要，并将其报告给州长和州立法机关。

除了这些顾问群体之外，遍及整个国家的老年人有组织地努力使他们的需要为人所知。最卓越的老年美国人组织是无党派的美国退休人员协会（American Association of Retired Persons，AARP）。它有着超过 4 000 万的成员，可以被称为美国最大的利益团体。[55]另外一个规模稍小但是同样重要的协会是灰豹（Gray Panthers），它对代际问题有着特殊兴趣。在各州和社区提出老年人所关心的问题的群体的数量很可能会继续增长，因为“婴儿潮”一代正在成为老年人口。

对美国老年人的保护服务

当老年人不再关心自己时，或者当看护者无法鼓励他们吃饭或进行其他自我关心活动的时候，他们的状况就被称为“自我虐待”。另外一种严重的状况就是被其他人粗暴对待。大多数州有法令禁止对老年人进行身体上和精神上的虐待，以及剥削他们的资源（未经授
391 权使用他们的收入或财产）。这些虐待的形式可能发生在老年人家中、看护者家中，或者像护理院舍那样的机构中。对于不举报虐待老年人的公民的处罚是多样化的，但是在许多案例中，并没有实际进行处罚。[56]

很难说每年有多少美国老年人受到虐待、忽视或剥削。自 1986 年以来，全国受虐待老人中心（National Center on Elder Abuse，NCEA）——老年人事务管理局的一部分，已经在全美 50 个州和哥伦比亚特区收集数据。尽管形成报告的速度已经提升，但是信息

来源不同影响了报告的质量。32 个州能够从报告的 253 000 例对较年轻的脆弱的成人的虐待中区分出对老人的虐待。在 2003 财政年度，报告的对老年人的虐待比例为 8.3‰。[57]

虐待老人的鉴定由于许多问题的影响而变得复杂。举例而言，即使有能力举报虐待案例的老年人也可能不去举报，因为他们害怕失去他们的看护人而导致他们最终被安置在服务机构中。当施虐者是他们所爱的人的时候，老年人可能不希望冒让社会工作者或法律实施诉讼介入的风险。虐待老人的法律不像虐待儿童的法律那么健全，但是在多数地区，成人保护服务工作者或法律执行机构可以应召介入。

监护

老年人的公民权利的一个重要问题是监护或者接管。监护可以授权于其他人做出对另一个人的和/或经济上的决定，而接管仅提供经济上的决定。[58]

当老年人显现出不再有能力处理他或她的日常事务的时候，法庭就会为其指定监护人。在大多数州里，这些都是由遗嘱检验法庭进行，该法庭还处理儿童接管问题和有精神疾病的成年人对于治疗的需要。一旦监护人被指定，老年人可能就会被剥夺选择去哪里居住、如何花钱、是否接受治疗等等的决定权。监护人的职责是依据州的法律来界定的，而且因为越来越多的老年人不认可监护人职责，所以对于这些法律的详细审查不断增加。人们所关注的是，许多监护人职责决定是在没有足够信息的情况下做出的。这些决定可能仅仅建立那些相信监护是必需的个人观点之上，而不是基于任何可以令人信服的证据。甚至老年人可能都不被给予在法庭陈述的机会。在许多案例中，对于监护人的监督也是缺乏的。老年人可能被监护人抢掠财产或者被很差地对待，而监护人可能是他们的亲属，或者是他们之前完全不认识的一些人。

收费的监护是一个需要特别关注的剥削方式。2006 年，8 个州加强了对监护的监管。为老年人服务的家庭成员、金融机构、美国退休人员协会、美国酒吧协会（American Bar Association）提出了减少或消除滥用监护权的实例的努力。主要需要的是对监护的系统性的、道德的监督。[59]

在一个引人注目的例子中，经济学家莫利·奥珊斯基（Mollie Orshansky）——联邦贫困门槛的最初提出者（见第四章），成为哥伦比亚特区监护程序的目标。奥珊斯基女士的侄女成功解救她的戏剧性故事包括：强制性住院治疗，最终给奥珊斯基女士的健康带来新的威胁；偷偷非法跨境；诉讼悬而未决；奥珊斯基女士最终在离家人较近的纽约的一所公寓里度过余生。[60]

政府问责办公室一份关于监护的报告，部分源于奥珊斯基女士的困境、州法院对监护方面的评判、确定的典型的监护程序，并提出了州法院和联邦机构在保护脆弱的个人方面能做得更好的建议。该报告呼吁在法院和社会福利机构之间进行更多的合作。美国卫生和 392
人类服务部也正在努力实现建议的更改，但是，社会保障署说不能这样做，并对跨部门数据共享和隐私法表示担忧。[61]

养老院护理

老年人、他们的家庭、社区服务提供者、保护老年人的活动家们都说，养老院护理应该是最后一招，如果可能的话，要尽可能推迟或避免老年人进入养老院。然而，在现实世界中，大多数需要全时监护和照顾的人是生活在居住设施中的。医疗照顾计划只覆盖住院治疗后有限时间内的技术性护理。中介护理设施，通常称为养老院，能够提供全职照顾，然而即使是收费最适度的设施每天也轻易就要花费 100 美元或更多。一旦一个人需要长期护理又已经用尽了其个人资源，他通常必须转向医疗补助计划、联邦和州面向低收入个人的医疗保险计划。考虑到照顾费用高，很多人在养老院期间成为有医疗补助资格的居住者。

1987 年的《养老院改革法》（Nursing Home Reform Act）是《综合预算和调节法》的一部分。该法案规定了对居住照顾计划的定期评估标准，增加了对养老院居住者的权利的保护。[62]即使在改革 20 年之后，养老院调查员还是发现对病人的虐待和对照顾程序的违反不是偶然现象。照顾提供者认为从医疗补助和其他来源得到的低补偿比例限制了他们，雇用优秀的员工、提供优质护理的能力。无论老年人居住在社区还是住宅设施中，社会工作者和其他人类服务专业人士都力求满足其基本需要，预防、减少或消除虐待现象，维护他们的公民权利和人格尊严。

为有精神障碍和物质滥用问题的人提供的社会服务

每个人在自己的生活中都会在某些时间经历情绪压力。随着时间的流逝，在家人、朋友的支持下，大多数人能够度过这些困难的时刻。然而，也有相当数量的美国人产生了精神障碍和物质滥用问题，需要得到专业的护理。改变文化规范和名人代言来治疗精神障碍和物质滥用问题，减少了一些为这些问题接受专业治疗附加的耻辱感。精神药物的发展强烈影响了有心理健康问题的人在社会中履行功能的能力。有些药物，比如美沙酮，可用来帮助那些吸毒成瘾的人。

今天的心理健康专家宁愿专注于预防心理健康问题和提供早期干预。预算限制常常排除干预直到问题变得严重，一些公共资金的使用仅限于为那些有严重精神疾病的人提供服务，如严重的焦虑、抑郁、精神分裂症或其行为在适应社会的预期方面有严重困难。私营部门的专业人士在决定谁的问题更严重方面经常有更多的灵活性。他们经常帮助人们适应离婚、亲人死亡或其他的生活变化。他们也可能治疗有严重精神疾病的人，但这些人往往没有能力支付私人治疗费，而必须依靠公共支持的服务。

尽管那些倡导增加心理健康服务的人在努力，但是由于医疗费用、对精神疾病缺乏公众教育以及社会歧视等因素，服务并未得到充分利用。[63]其他阻碍提供精神健康和物质滥用干预治疗服务的因素是，对如何定义这些问题、如何确定哪些是需要帮助的人、什么是最适合预防和治疗这些疾病的方法等，存在着意见上的不一致。 393

精神疾病应对简史

有精神疾病的人曾被认为是恶魔附身并被隐藏于公众视线之外，但从 19 世纪起，不同形式的治疗逐渐成形。[64]法国医生菲利普・皮诺（Phillipe Pinel）引入了“伦理治疗法”，这种方法坚持用关心和爱心照顾患者，提供讨论私人问题的机会，鼓励积极的生活态度。这是一种人性化的治疗精神疾病的方法，但这种治疗方法并没有提供给大多数患者。把患者送入医院或监禁是典型的治疗精神疾病的方法。19 世纪中期的社会改革家铎拉索・迪克斯（Dorothea Dix）努力寻找改善虐待精神疾病患者状况的方法。迪克斯成功地改善了精神病院的条件，但随着被确定患有精神疾病的人数的增多，精神病院规模变得更大，但是帮助病人的能力降低了。

工业革命产生了很多社会问题，包括精神疾病。人们来到大城市寻求工作和财富，但很多人发现那里拥挤不堪、工作机会少、贫困。处理城市问题是困难的，而新来的人通常缺少家庭和朋友的支持。从其他国家来的移民也涌入城市。那些没有快速适应并融入美国社会的人通常被认为是不正常的人或有精神疾病的人。城市居民承受着各种压力，很难容忍他们认为不正常的行为。这导致更多的人被送进精神病院。[65]

除了各州的精神病院，很少有关于精神疾病患者的社会政策和公共计划。在迪克斯之后，克里弗德・毕尔斯（Clifford Beers）在 20 世纪初引入了“精神保健运动”。在 1909 年他创立了全国精神健康协会（National Mental Health Association）。毕尔斯熟知精神病院里非人性化的状况，他自己曾经就是一个病人。他的努力揭露了机构的不人道的状况，和迪克斯一样，改善了护理状况，但治疗精神疾病的监管方式和制度化的哲学仍在延续。[66]

在第二次世界大战期间，很多青年男子参军。新兵检测程序的一部分就是心理检查。被认定不适合参军的或后来由于心理问题被解雇的青年人的数量是令人担忧的。虽然这些心理检查程序受到指责，但那么多年轻人被认定患有精神疾病使得人们重新开始关注精神健康问题。对这种关心的反应是 1946 年通过的《精神健康法》(Mental Health Act of 1946)。这个法案建立了国家精神健康研究所（National Institute of Mental Health，NIMH)，它致力于培训、教育和研究工作。

20 世纪 50 年代发生了另一件重要的事情——改善精神心理状况的药品的发展缓解了很多令人苦恼的症状（比如幻觉）。这允许医院的工作人员减少对精神病患者的束缚，使得精神病患者更容易被社区接受。精神治疗药品有很大的副作用，正确使用精神治疗药品成为争论的问题，但很明显它们确实减少了患者去医院接受治疗的需求。新的、更好的精神治疗药品不断推出，但通常它们都很昂贵，因此很多人都不能获得。[67]

精神类药品的使用为精神发育障碍治疗设施和 1963 年的《智障机构和社区精神健康中心建设法》（Mental Retardation Facilities and Community Mental Health Centers Con-
394 struction Act）打下了基础。这项法案是正在发生的社区精神健康运动的一个关键。它强调联邦对以社区为基础的照顾提供更多的支持，提供更好的医院和社区服务，改善对有严重精神疾病的人的服务，指导、减少在州立医院进行的治疗，鼓励病人更多地在以去机构化和非正式化（见第六章）为特征的社区接受治疗，同时提供教育和预防性服务。[68]

精神障碍和物质滥用问题的预防和治疗

精神健康专家一直在讨论定义精神疾病的最佳方法，但是外行人通常会把精神健康和精神疾病看作一个事物的两个极端。一端是人们行为举止正常；另一端则是有精神疾病的人们，他们不能应付现实，不能融入集体。尽管传统上是将心灵和身体的问题区分开的，但是，大多数人也承认精神障碍和物质滥用问题强烈地受到生物和社会因素的影响。[69]

国家心理健康研究所（National Institute of Mental Health）列出了情绪障碍、精神分裂症、焦虑、饮食失调、注意力有缺陷的多动症、自闭症、阿尔茨海默症等主要的精神障碍类别。[70]对于每个类别，国家心理健康研究所标识出一个严重的范围。对于精神疾病的定义，心理健康专家通常使用美国精神病学协会出版的《精神疾病诊断和统计手册》（Diagnostic and Statistical Manual of Mental Disorders）。[71]《精神疾病诊断和统计手册》的诊断代码与世界卫生组织在国际疾病分类第 9 版临床修改（ICD-9-CM）中公布的代码相匹配。医疗照顾、医疗补助和许多保险公司要求专业人员使用这些代码为其提供的治疗申请补偿。《精神疾病诊断和统计手册》决定精神健康专家诊断病人以及收取服务费用的方式。那些支持当前系统的人认为，一致的命名法有助于研究和得到费用报销。[72]批评者则认为，这些实践促使医生给病人分类并给病人贴标签，即使病人可能并不特别符合《精神疾病诊断和统计手册》的某一类别，或者给病人贴标签可能会产生反作用。[73]

自 1980 年以来，国家精神健康研究所资助的三项研究，主要研究美国人口中普遍存在的心理健康问题的发病率和流行程度。通过面对面测试，专业调查人员将发病率、严重程度、疾病负担和精神健康服务的使用等数据集中起来。[74]国家精神健康研究所最新赞助的研究，被称为全国共病调查（National Comorbidity Survey Replication，NCSR），在过去的一年，约四分之一的年龄在 18 岁及以上的美国人口患过精神疾病。全国共病调查发现，“在患有精神疾病的人中有 45%的人有两种或更多障碍”。共病是指有超过一种的心理障碍。全国共病调查研究人员还发现，“精神疾病是普遍的，严重病例都集中在一个所占比例相对较小的具有高发共病的个案中”[75]。全国共病调查研究者报告说，在有精神障碍的受访者中，40%的人在去年大约有 2 天轻微地无法开展正常的活动，37%的人大约 5 天中等程度地无法开展正常的活动，22%的人在去年平均有 88 天严重丧失正常的活动能力。

物质滥用和精神健康服务管理局（Substance Abuse and Mental Health Services Administration，SAMHSA），是美国卫生和人类服务部的一部分，它估计 2008 年有近 1 000 万名成人患有严重的精神疾病。[76]大约 60%的人接受了某种类型的精神健康服务，大多数人一般通过门诊诊治后拿处方药治疗。在那些说他们不需要服务的人当中，被报告的大多数是因为他们负担不起费用。

儿童和青少年精神障碍流行病学方法论研究（Methodology for Epidemiology of Men- 395
tal Disorders in Children and Adolescents Study）估计，大约 21%的美国 9～17 岁的青少年可诊断出的精神或成瘾障碍至少与最低损伤有关。[77]2008 年，物质滥用和精神健康服务管理局报告称，200 万名青少年有抑郁症发作，有近 40%得到治疗。[78]

物质滥用和精神健康服务管理局 1971 年在全国进行了毒品使用和健康调查（National Survey on Drug Use and Health，NSDUH）。大多数尝试过使用非法药物的人没有成为问题使用者，但是根据《精神疾病诊断和统计手册》第四版进行诊断，2008 年的毒品使用和健康调查发现，过去的一年里大约 2 300 万 12 岁以上的人（人口的 9%）符合酒精或药物依赖和滥用的标准。[79]其中只有 230 万（大约 10%）接受药物滥用治疗；100 万人认为他们需要治疗，但没有得到治疗，大多数人说因为他们不准备停止使用酒精或药物，也有人说因为他们没有医疗保险或没有收入来支付治疗费。然而，大多数满足酒精或毒品依赖标准的人没有得到照顾，是因为他们不认为他们有问题或需要治疗。最大的公共卫生挑战之一是鼓励有物质使用障碍的患者认识到问题。

有些人既有精神障碍也有物质使用障碍。治疗精神疾病和药物滥用的系统通常是各自独立的，甚至是支离破碎和有限的。虽然一些社区的项目可以帮助既有精神障碍也有物质使用障碍的人，但是，有这种“共生”的疾病的人在找到有效的、系统的服务以满足他们的需要方面，通常经历着明显的困难。毒品使用和健康调查指出，2008 年 250 万名成年受访者有共生的严重的精神疾病和物质使用障碍。近一半（45%）人仅仅接受了心理健康治疗，大约 11%接受了对两种障碍的治疗，大约 4%只接受了物质滥用治疗，其余人没有接受治疗。

支付和提供照顾

联邦、州和地方机构负责提供调节住宅使用的服务、以社区为基础的服务、住院服务、门诊服务、药物、刑事司法服务以及为患有精神疾病和物质使用障碍的人的其他服务。政府也承担大部分的服务费用。社会工作者、咨询师、护士、心理学家、精神病学家以及其他健康和心理健康专家也提供服务。最常见的是护士和社会工作者提供这种服务。[80]在农村地区，社会工作者有时只有心理健康服务提供者。[81]

治疗精神障碍和物质滥用患者的费用占全国医疗服务支出的 7.5%。[82]公共资金为这种治疗支付 61%，相比而言，为所有医疗服务付 45%（见图 10—5）。这些数字不包括治疗精神障碍和物质滥用患者的成本的大部分，包括“减少劳动力供给、公共收入支持支付、受教育程度降低以及与其他后果相联系的成本，如监禁或无家可归……急诊室护理……早期死亡”[83]，它们是间接的成本。

鉴于很多人得不到治疗，治疗提倡者想提高服务的可得性，推动更充足和更早的治疗。医疗服务体系中公共的和私人的之间的不同通常在精神健康和物质滥用治疗交付系统中更加明显。这两个部门都可以提供优质的服务，那些有保险或能承担服务费用的人往往能够直接得到及时服务。他们有可能等待公共精神健康和物质滥用治疗服务，尤其是自愿的住院治疗。然而，公共部门经常为案主提供不同于私营部门的广泛的服务。例如，公共
396 精神健康服务可能为案主和他们的家庭提供住房、儿童照顾和其他支持性的服务。私人部门不提供这些服务，即使客户有能力为这些服务付费。[84]

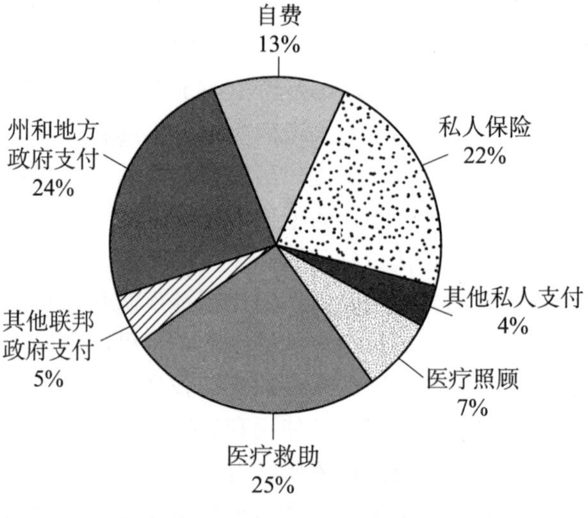

图 10—5　治疗精神障碍和物质滥用问题的资金来源（2003 年）

资料来源：Tami L. Mark，Katherine R. Levit，Rosanna M. Coffey，David R. McKusick，Henrick J. Harwood，Edward C. King，Ellen Bouchery，James S. Genuardi，Rita Vandivort-Warren，Jeffrey A. Buck，and Katheryn Ryan，*National Expenditures for Mental Health Services and Substance Abuse Treatment 1993 - 2003*. SAMHSA Publication No. SMA 07 - 4227（Rockville，MD：Substance Abuse and Mental Health Services Administration，2007）. Retrieved October 8，2009，from http：//www. samhsa. gov/spendingestimates/SAMHSAFINAL9303. pdf.

对精神障碍和物质滥用患者的保险覆盖

许多人认为，如果有精神障碍和物质滥用问题的人当中更多的人有医疗保险，如果健康保险计划对精神障碍和物质滥用问题的覆盖范围与对于身体健康的覆盖范围相同，那么

在治疗有精神障碍和物质滥用问题方面，我们可以做更多的事情。1996年，国会通过了《精神健康平等法》(Mental Health Parity Act)，这个法案强制扩大了对精神健康服务的保险覆盖范围，使它更接近于对其他健康问题的覆盖范围。有一个观点是，对精神疾病较少公平对待的任何事情都是歧视，因为这些问题像其他健康问题一样都有生物基础。[85]

1998年，兰德公司估计，总体而言，在有管理的照顾之下，不受限制的精神健康照顾保险费每年每个员工约增加1美元。[86]物质滥用和精神健康服务管理局对州项目的研究还发现，心理健康的公平成本实际上是很小的。[87]额外的成本非常之小，因为增加了精神健康的好处并不导致对精神健康服务的使用增加。这是不幸的，因为兰德公司最近发表的研究表明，健康维护组织的成员中较多使用精神健康服务的人比较少使用精神健康服务的人，有着显著的更好的效果（如更多使用住院后随访）。[88]

州和监督组织（State and Watchdog Groups）在其网站上发布了管理精神健康保险的 397
公共政策。[89]由于州和联邦的政策倾向于将保险覆盖范围随着政治和经济周期而改变，所以那些关心当前的服务可得性的人必须定期审查这些网站。

1999年，克林顿总统发布行政命令，要求在联邦雇员医疗保险覆盖方面要平等对待心理健康。其他许多工作着的美国人没有这种类型的精神健康保险。

医疗补助和医疗照顾计划实际上扩大了公共精神健康系统，使之超过了社区精神健康中心（CMHCs），其他心理健康服务提供者，在许多私人的实践中，也愿意接受这些公共支付。今天，公众精神健康体系是混合的，在其中，有接受政府对服务的支付的私人提供者、社区精神健康中心、退伍军人医院精神科以及州精神健康设施，如精神病院和住宅式的治疗中心。精神疾病的治疗成本可能由于更健康、更有效率的员工积累的效益而得到补偿，因为那些有精神健康问题的人被雇用的可能性比普通人要小。因此，那些有大量治疗需要的人通常不是那些由雇主保险计划覆盖的人。[90]

平等保险

2008年国会通过了一项新的《精神健康和物质滥用平等法》，该法案在2010年1月1日生效。这一次它包括一个物质滥用治疗方面的重大改进，然而，它并未特别界定精神健康和物质滥用治疗的津贴。1996年平等法案禁止对精神健康服务实施比药品和手术更严格的年度或终生限制，但是，在医学认为必要的心理健康课程的数量或住院天数上，不同的计划经常有覆盖缺口，这使当事人的资费部分更高。新法律推动着美国人沿着平等的道路向前移动，但是要求的平等只是在心理健康和物质滥用的覆盖计划方面。[91]计划完全可以排除物质滥用和精神健康治疗，而且计划对于员工少于50人的企业并不是强制性的，即使这些企业提供医疗保险。

奥巴马政府的第一年，在精神医疗服务规定方面的重大事项是国家医疗改革斗争的一部分。[92]已经形成的立法，2010年的《患者保护和支付得起的医疗服务法》(Patient Protection and Affordable Care Act)，旨在覆盖更多的精神疾病和物质滥用患者。不过，没有进一步改革，很可能许多精神障碍患者和有酒精中毒、药物滥用问题的人仍将得不到服务。要确保所有美国人都能够得到他们需要的照顾，则一个全民医疗保险计划，包括心理健康和物质滥用的平等服务，可能是最有效的方法。没有它，美国将需要一个更广泛的在整个国家平等分配的系列公共支持项目，以使精神障碍和物质滥用患者获得他们渴望的治疗。

选择服务

全国社会工作者协会（National Association of Social Workers）提出，“社会工作者应该为增加所有人的选择和机会而采取行动，特别是为脆弱和弱势的群体、受压迫和剥削的群体增加而努力”[93]。与这一原则保持一致，公共或私人的医疗保险应该覆盖大量的有精神障碍和物质滥用问题的人寻求的连续治疗的照顾方案选项，给予人们对希望追求的治疗进行选择的机会。

398 例如，物质滥用治疗专家对服务选择通常采取的立场是，应该基于案主和治疗提供者之间的协商，并且符合美国药物成瘾病人安置会社（American Society of Addiction Medicine's Patient Placement）的标准。[94]对物质滥用患者的连续的照顾包括住院和门诊戒毒、住院和门诊治疗及其他服务。人们是否通过公共或私人部门接受精神障碍或物质滥用问题的治疗，以及他们对治疗方案的选择往往是有限的，无论是在公共系统，还是在医疗保险将付费的各种管理式照顾安排中。

当然，最基本的服务是那些满足生存需要的服务（食物、庇护所和医疗服务）。将患有严重精神疾病和有物质滥用问题的人去机构化开始于 20 世纪 60 年代，它被认为是一种人道的政策，但是也被指责增加了无家可归者，因为通过社区服务来满足人们的需要，在任何地方从来都没有接近充足。严重的精神障碍患者和物质滥用患者可能不会有能力应对从事以下活动会遇到的各种麻烦和挫折：申请社会保障中的伤残保险；为获得申请公共救助的资格或重新获得资格进行会面，如获得补充保障收入、补充营养援助计划（食品券计划）补贴，在一组住房或其他住宿设施中获得一个住所；在居住环境中从事必要的社会交往。“住房第一”选项为那些不参与治疗的人提供住处，目的是减少那些受到强大压力的医疗服务、刑事司法和其他服务系统的公共照顾成本。反对者认为，提供的服务并没有鼓励人们追求康复和变成有节制的。

治疗和公民权利

一些人主动寻求治疗，但是也有很多人不能找到提供服务的地方，或是不能意识到自己需要治疗。州和地方法规会规定在什么状态下一个人可以被强制接受精神健康服务。非自愿地住进精神病医院，通常是针对那些会对自己或他人构成威胁并且拒绝治疗的人。

对强制监禁法律是有争议的。[95]因为有人认为强制住院会侵害公民权利。另外一些人认为缺乏强制性治疗迫使许多人过着无家可归的生活，并且像弗吉尼亚理工大学一个以前住院的学生枪杀 32 人，打伤 17 人，然后自杀的事件，也不是绝无仅有的。

有严重的精神障碍和物质滥用问题的患者不能认识到他们需要治疗时，可能会被要求参加门诊治疗，或者可能被非自愿地送进医院。非自愿住院的个人被限制从社区出去和参与正常的日常活动。应格外注意这种对一个人的自由的限制，以防止不必要的限制。尽管美国宪法必然是关心保护个人自由的，各州对提供心理健康服务承担主要责任，但是美国宪法往往在各州层面的法庭进行干预，提供对公民权利的保护。

直到 19 世纪 80 年代中期，非自愿的强制主要是通过非正式程序而不是根据州的法规进行的。然后，在 1845 年，“马萨诸塞州最高法院确立了先例，个人只有在可能对自己或他人造成危险的情况下才能够被约束，而且约束要有利于他们的恢复”[96]。在实践中，患者几乎没有什么手段测试对他们的限制。一些在医院被限制了几十年的人，也许并不需要那么长时间的安置，或者对他们的安置是不当的（如那些限制，因为他们是智障，而不是 399
精神疾病患者）。1960 年加利福尼亚州的《兰特曼—皮特克—肖特法》（Lanterman-Petric-Short Act），1972 年威斯康星州的莱萨德诉施米特（ Lessard v. Schmidt）案的判决，对非自愿限制的范围作了规定并建立了严格的法律程序。不久，在 1975 年，美国最高法院受理了佛罗里达州的唐纳森（Donaldson）的案件，进一步强调了这样的观点：将并不危险的可以独立生活的患者限制在精神病院并且不给他们进行治疗是不正当的。1980 年，国会通过了《在机构中的个人的公民权利法》（Civil Rights of Institutionalized Persons Act）来保护在州或地方医院里的人。

托马斯·萨斯（Thomas Szasz）在他著名的《精神疾病的奥秘》（*The Myth of Mental Illness*）一书中将心理疾病打上了“羞辱性的”烙印，将类似于医疗诊断的措辞运用到其行为惹恼或冒犯别人的人身上。萨斯支持真正的自由，他公开指责所有非自愿的治疗都是“对人性的犯罪”[97]。但是，多数人不赞同这样的观点，每个社区都有一些需要其他社会成员给予保护的人。但有时很难了解何时采用非自愿的治疗是必要的。

迈克尼克（Mechanic）的结论是，除非从前有危险行为，否则很难清楚地判断一个病患是否会对自己或他人造成伤害。[98]精神病学是很难精确的科学，“系统”常常失效，甚至是对那些得到治疗的人，如得克萨斯州休斯敦市的安德里亚·耶茨（Andrea Yates）——一位淹死自己的 5 个孩子的母亲，以及其他许多例证。

许多患有精神疾病的人和有物质滥用问题的人已经受到错误对待或受到伤害，偶尔的，患有这些疾病的人错误地对待或伤害他人是由于其他症状的疾病。解决问题的方法是保护所有在某种程度上可能涉及其中的人。保障那些接受精神健康服务的人的权利的机制，因州而异。有时心理健康问题的肇事者和受害者面临的问题是由于与法律执行官员和法院工作人员沟通困难，以及难以找到有能力的、持续的心理健康治疗的提供者造成的。

公共精神健康系统

1963 年的《智障机构和社区精神健康中心建设法》（Mental Retardation Facilities and Community Mental Health Centers Construction Act），通常称为《社区精神健康法》，在建立社区服务方面是标志性转折事件。社区精神健康中心（SMHCs）被要求提供 5 种基本服务：住院护理、门诊护理、紧急救护、半住院服务（日托）、咨询和教育。社区精神健康中心“精神健康安全网”，使社区成员能够得到精神健康服务，无论其是否具有支付能力。[99]《社区精神健康法》最初仅仅为建筑物提供资助，社区精神健康中心被设想为是自给自足的。

从 1975 年开始，社区精神健康中心又被要求提供更多的基本服务，包括针对儿童和老年人的计划、病后护理和治疗、为从精神健康医院出来的人寻找住房、为法院和相关机构提供检查服务以帮助确定需要治疗的人。1977 年国家心理健康研究所开始社区支持计划（Community Support Program），建立了联邦政府和州之间的伙伴关系来鼓励为患有严重精神疾病的人提供长期照顾。[100]

20 世纪 70 年代，很多研究评价了社区精神健康中心的成功。[101]会计总局和参议员劳动与公共福利委员会讨论了社区精神健康中心项目的积极效果，包括社区照顾的可获得性的提高。有一些报告则不是夸奖性的。由拉尔夫·纳德（Ralph Nader）于 1974 年发表的
400 报告称，社区精神健康中心并没有减少在州立精神病院接受治疗的人数，并谴责精神病医生不正当地从计划中牟取利益并且忽视对穷人的治疗。

为了改善服务，1980 年的《精神健康体制法》（Mental Health Systems Act of 1980）坚决地保留了《社区精神健康法》的很多条款。同时法案也加入了精神健康问题委员会的建议，这个委员会是卡特总统于 1977 年任命的，并由第一夫人罗莎林·卡特（Rosalyn Carter ）领导。法案还有针对特殊群体的条款，特殊群体包括有严重精神疾病的人、严重心理不正常的儿童和青少年，以及其他没有得到服务或没有得到充足服务的人。这个法案在 1981 年即里根总统执政后不久便被废除了，注意力再次转移到各州。[102]

如今，社区精神健康中心不再被要求提供先前指定的基本服务，联邦资金也改为通过对州运作的机构和非营利组织的一揽子拨款的渠道进入。现在，每个州必须建立自己的综合精神健康计划（State Comprehensive Mental Health Services Plan）。这些为期 3 年的计划包括为严重精神病患者服务、为有精神疾病的流浪者服务、为有严重精神疾病的儿童服务。国家心理健康研究所建议为他们提供以下一种或几种服务：住宅服务（如临时住房或受资助的房屋）、对案主和家庭的支持（如心理咨询、医疗服务、紧急检查）、社会生活的开发或恢复（如发展职业的、社会的和独立生活的技能）、个案管理（如协调各种服务、扩展项目）。专门的计划，如 PATH 和 ACCESS 计划是用来阻止或救治有精神疾病的流浪

者的。[103]

尽管多年来社区精神健康中心的融资结构已经改变，但是它们的主要目标仍然保持不变——为低收入和没有保险的人提供精神健康服务，特别是以社区为基础对患有严重精神疾病的人提供服务。实现这些目标越来越有挑战性。[104]在 20 世纪 80 年代，当联邦资金从直接给社区精神健康中心的分类拨款改为对各州的一揽子拨款时，联邦给社区精神健康中心的资金规模萎缩了。为保持社区精神健康中心的门继续向穷人敞开、继续为穷人服务，社区精神健康中心不得用能够“支付”服务的案主平衡无法支付服务的案主。这使得那些没有医疗补助、医疗照顾和私人医疗保险的人更难获得服务。

越来越多的压力让有严重精神疾病的案主得到优先服务，也使得为社区中问题不那么严重的成员提供服务变得困难了。社区精神健康中心继续致力于为低收入社区成员服务，但他们经常有等候的名单，可能导致漠视他人。各种事件，如 2001 年 9 月 11 日的恐怖袭击事件、随后的反恐战争，以及一系列的自然灾害包括卡特里娜飓风，对精神健康系统提出了更高的要求。公共精神健康系统被要求制订危机应对计划，以应对未来的恐怖袭击事件和自然灾害，但是，社区精神健康中心已经在超负荷地为穷人和患有严重的精神疾病的人服务了。[105]

为了应对越来越多的心理健康需要，小布什总统 2002 年 4 月发布了一项行政命令：建立关于精神健康的新的自由委员会（New Freedom Commission on Mental Health），并指示它进行一项对“美国精神健康服务提供系统的全面研究，包括公共和私营部门的提供者，并针对改善系统的方法向总统提出建议”。经过一年的研究和输入了从包括消费者、精神健康专业人员和国内专家在内的近 2 500 人那里获得的信息，委员会在 2003 年 7 月发布其最终报告。[106]委员会得出结论是，系统不是朝向恢复和推荐一个公共精神健康系统转变。国家精神疾病联盟（National Alliance for Mental Illness）质疑是否会有“大规模的转型”，或者是否会“证明仅仅是又一个在书架上积攒灰尘的华盛顿报告”[107]。 *401*

经过 50 年的对社区精神健康服务的公共支持，一些人由现有的公共的、非营利的和私人的服务提供者那里得到了很好的服务，但是在需要服务的人与需要服务并得到了服务的人之间在数量上仍然存在相当大的差距。增加和改善精神障碍和物质滥用服务的倡导者会期望看到，国家的医疗改革立法对这一差距的影响。

与吸毒者的战斗

与吸毒者的战斗始于 20 世纪初。1914 年《哈里森毒品法》（Harrison Narcotics Act）基本上判定鸦片和可卡因成瘾、处方这些药物以及在有限的医学和科学目的之外提供这些药物的行为是犯罪。1919 年之后，根据《禁酒法》（Volstead Act）和美国宪法第十八修正案，含酒精的饮品被禁止，这个法案于 1920 年被批准通过，在 1933 年被废止。根据这些法律，美国建立了一个新的下层阶级，这个下层阶级由有酗酒精和吸毒问题的人组成。1970 年《受控物质法》（Controlled Substances Act of 1970）在尼克松政府时期通过，开始对非法药物的持有、制作和提供给予处罚，并开始了对毒品的当代战斗。

国家健康研究所（National Institutes of Health，NIH），是卫生和人类服务部的一部分，包括国家酒精滥用与酒精中毒研究所（National Institute on Alcohol Abuse and Alcoholism，NIAAA，成立于 1970 年）、国家药物滥用研究所（National Institute on Drug Abuse，成立于 1973 年）。这些支持研究和培训的机构，是联邦通过科学研究努力解决与酒精和药物滥用有关问题的开始，反补贴的力量也正在酝酿之中。[108]

在 20 世纪 80 年代里根政府时期，对酗酒、药物滥用和精神健康服务拨付的资金全部归并到一个对州的一揽子拨款中。里根总统支持"与毒品战斗"，或通过法律强制的方法来减少毒品使用，第一夫人南希·里根介绍了她的"拒绝毒品"的活动。公众对艾滋病的认识增加了人们对药物滥用的关注。里根总统的关于人类免疫缺陷病毒流行委员会（Commission on the Human Immunodeficiency Virus Epidemic）呼吁对毒品滥用者进行"强制治疗"，以便防止艾滋病病毒扩散。

1986 年和 1988 年国会通过了综合性的药物滥用立法来发动对毒品的战争。1988 年的《反药物滥用法》（Anti-Drug Abuse Act）建立了国家药物控制政策办公室（Office of National Drug Control Policy，ONDCP），由总统办公室中主管毒品的最高内阁成员领导。国家药物控制政策办公室的工作重点是加强对毒品的封锁（阻止毒品流入美国），加大对与毒品相关的犯罪的法律惩罚力度（包括在涉及谋杀时的死刑）。

这些条款被认为是控制毒品问题的供给方面。法令中还包括预防、教育和治疗，这些是用来影响毒品问题的需求方面。在 1988 年的法令中还有其他大量条款，包括在工作场所禁止毒品和取消在公共住宅使用毒品或允许他人在自己的地方使用毒品的人在公共住宅居住的资格。在里根政府之后，"与毒品战斗"的主题继续，但是即使是最粗心的观察者可能也会同意，法律强制的方法没有很好地解决毒品交易问题。不论查获多少吨毒品，毒品贸易的巨大利润的诱惑使得更多的毒品被生产出来。很多美国人和其他国家的人参与到这个地下经济中。

美国犯罪率居世界之首。2008 年，730 万人在美国被监禁、拘留、判处缓刑或在假释
402 中。30%（约 220 万）被监禁在监狱或拘留所。那些被关押的人中，黑人和西班牙裔不成比例地高。2007 年，超过一半（53%）的联邦囚犯是因为与毒品有关的罪行服刑。[109]由于相关联邦量刑指南对粉状可卡因和与霹雳可卡因（便宜）有关的犯罪量刑上存在的差异，那些因使用霹雳可卡因而被长期判刑的是在数量上不成比例的黑人，导致许多人所说的种族主义政策。辩护努力已经导致减少，但尚未消除量刑指南对两种形式相同药物在量刑上存在的实际差别。

2010 财政年度的联邦预算包括给监狱管理局药物治疗项目的资金超过 8 000 万美元，由于目前大约有 40%的囚犯被诊断为有药物使用障碍。[110]州立监狱和拘留所也被大量涌

人的相对低级的毒品者犯罪挤得满满的。监狱的反应是更多的药物治疗。一些监狱致力于完全改造吸毒犯。民营运作的矫治公司正在从繁荣的监禁中受益。然而，与药物问题有关的许多人在被监禁的同时并没有得到服务。[111]

里根总统执政时期，毒品控制的82%的联邦预算用于执行法律，18%用于治疗、教育和预防。在老布什执政时期，治疗、教育和预防占到了30%。今天，国家用于毒品控制的三分之二直接用于执行法律，预算的三分之一用于预防、治疗和教育。[112]2009年5月，奥巴马政府的新白宫国家毒品控制政策办公室主任吉尔·克里考斯克（Gil Kerlikowske）说政府将丢弃“与毒品战斗”的术语，更强调治疗。[113]

为了帮助更多的非暴力毒品犯罪者得到治疗，1994年的《暴力犯罪控制和法律强制法》（Violent Crime Control and Law Enforcement Act of 1994）支持使用改造计划，包括毒品法庭，根据1994年的《综合性的犯罪控制和安全街道法》（Omnibus Crime Control and Safe Streets Act of 1994）的第一部分给州、部落和地方法院提供资金，创建毒品法庭计划。这些1994年的法案认识到监禁对药物滥用的影响不大。[114]到2009年7月，在全国50个州有近2 038个毒品法庭在工作，在不久的将来另外的226个毒品法庭预计也要开始工作。[115]

毒品法庭模型的关键构成要素如下：

- 在被告和法庭之间创建一个非对抗性的关系。
- 确定被告需要的治疗，给他们提供治疗。
- 提供可获得的连续的治疗和康复服务。
- 通过经常的、强制的毒品检测监督戒毒。
- 维持法院与毒品法庭的每一位参与者的互动。
- 继续跨学科教育，以促进有效的毒品法庭实践。
- 通过在毒品法庭、公共机构和以社区为基础的组织之间的伙伴关系加强地方的支持和毒品法庭的有效性。[116]

根据国家成瘾和物质滥用中心（National Center on Addiction and Substance Abuse）的史蒂文·别连科（Steven Belenko）的看法，“毒品法庭已经相当成功地在法院与治疗/公共卫生系统之间发挥了桥梁作用，并且在刑事司法系统中的各种机构和个人之间，以及在刑事司法系统和社区之间推进了更大的合作”[117]。在2000年，加利福尼亚州的选民通过了第36号提案，这个提案建议对所有的第一次和第二次非暴力地拥有毒品的罪犯进行治疗而非监禁。[118]

毒品法庭模型的成功促使创建类似的法院处理因酒后驾车（DUI）、家庭暴力和有精 403
神疾病因相对小的违法而被捕的人也创建类似的法庭。这些法庭也在治疗中心和刑事司法系统创造新的路径方法。[119]这些模型是有用的，刑事司法系统已经成为事实上为太多个人的精神健康和物质滥用治疗的系统。

虽然通过像毒品法庭等模型在提供社会服务方面正在取得一些进展，但是酒精或毒品问题被否认应该提供其他社会福利服务。作为《福利改革法》的一部分，在 1996 年，那些因酒精或毒品残疾的人不再享有社会保障中的残障保险的任何补贴（参见五章）和补充保障收入计划（见第六章），除非他们戒除了酗酒或吸毒成瘾的问题。那些失去这些补贴的人也被减少了医疗照顾和医疗补助计划提供的帮助，使其更加难以获得酒精或药物治疗。这些被迫离开补充保障收入的人不太可能接受精神健康和医疗服务，有更高的物质滥用率，与那些保留他们的补充保障收入津贴的人相比更有可能发生与毒品有关的犯罪，因为他们除了酒精或滥用药物还有残疾。[120]在先前的补充保障收入接受者中有酒精和毒品的残疾的人参与物质滥用治疗也大幅下降。[121]

那些严重的毒品罪犯将被永远禁止参与贫困家庭临时救助计划和补充营养援助计划（食品券）。公共住房的居民如果被知道有人在那里或附近使用毒品可以被驱逐，即使居民不知道有人使用或不能控制他或她的使用。

《高等教育法》（Higher Education Act，HEA）也将有毒品犯罪的学生挑出来。被证明滥用药物的学生将不同时间长度地被拒绝联邦财政援助，包括永远被拒绝，这取决于被证明的犯罪的类型和数量。学生还可以被拒绝援助，但 2006 年法律改变了，仅适用于他们在接受联邦财政援助期间被证明（任何拥有或销售费用）的犯罪。完成一个批准的康复计划可以减少不给予联邦资金补助的时间长度。[122]

美国公众对“与毒品战斗”是矛盾的。2009 年 5 月拉斯穆森民意调查（Rasmussen poll）发现，54%的美国选民认为非法使用毒品与公共卫生问题相比是更严重的刑事犯罪，而 37%的人认为这是“一个公共卫生问题”[123]。公众更淡然地将大麻问题合法化：“41%……认为美国应该将使用大麻合法化，并提供对大麻的税收来帮助解决国家的财政问题”，49%的人反对这样做。[124]人们在一段时间内在许多方面提出或支持以这种或那种形式将毒品合法化，包括法律哲学家[125]、法律执行官员[126]、经济学家[127]、保守主义者[128]、自由主义者[129]。一种类似于用于调节酒的销售模式的方法将被使用。除了一些运动允许为了医疗目的使用大麻以外，目前非法毒品合法化不会发生在美国。

甚至许多减少危害的形式仍有争议或被拒绝。[130]美沙酮维持疗法帮助许多鸦片成瘾的人能够有活力地生活，但对它是有争议的，因为它不是“无毒”的方法，它是让案主依赖美沙酮药物的方法。1998 年，英国医学杂志《柳叶刀》（*The Lancet*），连同其他群体，恳求克林顿政府解除禁止联邦资金用于对注射毒品的人的针头交换计划。[131]针头交换项目已经在美国的一些城市实施，经常是没有得到正式批准的。2009 年，国会终于取消了联邦资金禁令，2011 年“美国外科医生”（U. S. Surgeon General）宣布针头交换是治疗的一
404 种形式，为州使用联邦药物滥用预防和治疗一揽子拨款做他们想做的事情铺平了道路。[132]恢复禁令的运动可能正在进行。美国人在如何解决毒品问题上的矛盾反映了在缺乏政治风

潮的情况下，对明显有效地减少危害实践的态度。希望对有毒品问题的人有更慈善的反应，将其放置在一个扩大的社会服务的方法中可能更实际些。例证 10—6 提供了一个旨在改进对有酒精和药物滥用问题的人的公共政策的权利议案。

例证 10—6

康复权利议案

"康复的面孔和声音"（Faces & Voices of Recovery）是一个对酗酒和毒品问题在公共政策中发出声音的最有影响的组织。这个组织提出了下面的《康复权利法》。

如果我们将沉迷于酒精和其他药物的问题视为一个公共健康危机，我们将改善数百万美国人、他们的家庭、社区的生活。为了克服这个危机，我们必须给予上瘾的人以尊重，并认识到除此之外没有一条康复之路。作为负责任的公民进行奋斗的个人可以是自己康复的，或在别人的帮助下康复。有效的帮助可以是相互支持的团体或医疗服务专业人士。康复可以在医生的办公室开始，也可以在治疗中心、教堂、监狱、同伴支持会议自己的家里开始。在康复的过程中，可以由宗教信仰、精神经验或世俗教育提供指导。在我国每天都有康复发生，对正在努力的人们也形成了一些有效的解决方法。无论什么途径，如果人们以尊重他们的基本权利的方式寻求康复，过程将是容易的：

1. **我们有权利被视为有改变和成长的能力。**能够成为与我们社区建立积极关系的人，无论我们因为上瘾在过去做了什么。

2. **我们有权利——像我们的家庭和朋友知道的那样——知道许多康复的路径、成瘾的本质和长期康复的壁垒**，所有的康复方式我们都可以理解。

3. **我们有权利了解我们自己的康复目标。无论是在社区、心理学家的办公室、治疗中心，还是在被监禁时寻找康复。**使用个性化的康复计划，那是基于对我们的健康状况准确的和可以理解的信息设计的。包括一个综合的、整体的评估。

4. **我们有权基于我们的力量选择服务。**获得所有的与试验和人们提供的服务有关的信息、我们正在寻求帮助的服务和项目的有效性的详细情况。

5. **我们有权利得到对康复持积极态度医疗服务和社会服务提供者的有组织的服务。**满足最高的公众健康和安全标准，提供可快速得到的服务，尊敬地对待我们，明白我们的动机与成功地利用我们的优势是相关的，并将与我们和我们的家庭一起工作，以找到一个康复的途径。

6. **我们有权利不仅仅被视为统计数据。**刻板印象、风险分数、诊断、标签，或将我们的特征刻画为意志薄弱的或道德上有缺陷的，从而受到社会耻辱的免费的病理学单位。如果我们复发和再次开始治疗，我们应当得到有尊严的和受尊重的治疗，欢迎我们为实现长期康复继续努力。

7. **我们对那些认识到吸毒成瘾的人的力量和需要的医疗和社会服务系统拥有权利。**这些系统协调它的基于康复提供照顾的努力，对我们的文化信仰给予荣誉和尊重。

405

8. **我们有权被明智的决策者代表。**

一旦我们在康复的道路上不再滥用酒精或其他药物，他将为我们去除教育、住房、就业机会的障碍。

9. **我们有权利从医生那里得到尊重的、一视同仁的照顾，**也有同样的权利从其他医疗服务提供者那里得到尊重的、一视同仁的照顾，并接受与任何其他慢性疾病患者相同基础的服务，在保险、自筹资金/自我保险的医疗计划、医疗照顾和健康维护组织计划下，有同样的规定、共同付费标准、有效期内的津贴、灾难覆盖类别。“适当的”照顾标准应该是我们的医疗服务提供者和我们自己之间协商的，它应该反映我们的疾病的严重性、复杂性和持续时间，并为康复维护提供一个合理的机会。

10. **在刑事司法系统中我们有权得到治疗和康复支持，**一旦我们提供了我们的力量，就恢复我们在社会中的位置和权利。

11. **我们有权利向公众说出我们的康复，**让别人知道从长期的毒瘾中康复是一种现实。

资料来源：Faces & Voices of Recovery “The Recovery Bill of Rights,” retrieved February 9, 2010, from http://www.facesandvoicesofrecovery.org/pdf/Advocacy_Toolkit/RBOR_legal.pdf

总结

社会服务包括许多类型的项目，包括儿童福利项目、服务美国老年人、精神医疗服务、治疗酒精和药物滥用。各行各业的人都可能受益于社会服务。公共机构、私人非营利性和营利性公司、宗教组织和互助组织都提供社会服务。社会服务一揽子拨款的第二十部分是一个主要的为社会服务提供资金的工具。

美国对家庭和孩子没有全面的社会政策，主要是因为相信家庭应该相对自由地免于政府干预。然而，州的法律规定着家庭关系的各个方面，如对儿童虐待和忽视个案的干预。1980 年的《收养资助和儿童福利法》，1997 年对该法案的修正案，目前都被认为是最重要的儿童福利立法。立法关注只要有可能就维持家庭成员一起生活，以及在孩子不能返回最初的家庭时找到其他的永久性的家庭。但很多孩子，特别是非洲裔美国人的孩子，在寄养家庭受苦直到他们长大成人。

承认老年人对社会服务需要的最重要的立法是 1965 年的《美国老年人法》。这项法案强调营养项目和提高老年人留在社区的能力的服务。老年人事务管理局是一个联邦机构，通过确定美国老年人的需要和鼓励州和社区提供满足这些需要的服务，管理这个法案。

1963 年的《社区精神健康法》是具有里程碑意义的立法，鼓励全国各地的社区精神健康中心的发展。州是社区精神健康和物质滥用治疗服务的一个主要的资金来源。联邦政府也有贡献，主要通过社区精神健康服务和物质滥用预防和治疗一揽子拨款。许多有精神 406
和物质使用障碍的人没有得到治疗。心理健康治疗的许多问题中，对无家可归的和患有严重精神疾病的人适当使用非自愿治疗。“与毒品战斗”导致了许多有毒品问题的人被监禁，这是在解决物质使用障碍问题中的另一个极具争议的问题。

讨论问题和课堂活动

1. 调查联邦对你所在的州的一揽子拨款，比如社会服务第二十部分为各种社会福利项目的一揽子拨款。一揽子拨款分配给你所在的州和社区的社会服务的百分比是多少？哪些服务是最经常得到这种资金的？你所在的州对这些项目的贡献如何？

2. 调查 2006 年《儿童和家庭服务改进法》提供给你所在的州的资金。有多少资金分配给个案工作者进行访问？多少分配给解决父母的药物滥用问题？解决这些特殊问题的什么措施得到了资助？你对可得到的资金水平和可得到的服务有什么看法？

3. 邀请儿童保护服务工作人员、寄养照顾和收养工作人员到课堂谈论有关服务和他们在工作中所面临的挑战。了解他们调查个案时使用的方法、优先考虑的个案的情况、从报告到调查间隔的时间、被证明的和安置的个案的比例。你可能还想邀请有关组织的工作人员和志愿者，讨论他们的工作、经验和对儿童福利系统的看法，或邀请家庭法院法官讨论他或她在儿童福利个案中的角色、对儿童福利系统的看法。

4. 本章提及了立法建议，如《教育从家庭开始法》和《家庭早期支持法》。了解这些法案的更多的内容，确定在它们身上发生了什么，寻找类似的被提交给国会的议案，或了解你所在的州的立法并确定它们是如何表现的。在课堂上讨论你是否认为这样的立法应该通过和它们是否有机会通过，为什么？你可能也希望跟进了解联合国《儿童权利公约》的当前状态。你可能希望写信或发送电子邮件给你选出的议员表达你对这些提议的政策的意见。

5. 调查地区老龄机构的服务提供合同。该机构如何提供信息和推荐服务的？有诸如流动餐车、集中供餐等营养服务吗？有老年活动中心、交通、家务劳动、家庭服务、法律咨询、护送服务、房屋维修和翻新、家庭健康助手、购物帮助、探访和电话确认等服务提供吗？从“老年人口服务网络”邀请一位工作人员，讨论为老年人服务的范围，在为老年人口提供充分服务方面、在服务提供和政策上面临的挑战。

6. 调查你所在的社区中营利的、非营利的、奢侈的、基本的养老院的成本和付款来源。什么因素导致每月较高的成本？什么因素影响着私人付费的数量？在这些养老院中有保险覆盖和医疗补助报销吗？如果你没有许多机会去疗养院，你可以在一些低收入社区选择一个养老院并安排对其中的居住者的拜访，或者你的班级可以在当地的养老院举办一个节日聚会活动。你对养老院照顾了解到了什么，特别是那些可能会由公共政策解决的问题？

7. 调查在你的社区有精神障碍和物质滥用问题的人能够得到的服务。服务机构和提供者是主要由州或地方管理的吗？例如州立精神病院、从尽可能多的来源接受付款的非营利组织、只为那些有保险或能够支付费用的人服务的私人提供者？如果有一个等待各种可得到的服务的名单，确定可能需要等待多长时间。在媒体或其他本地信息来源中关于公众对治疗提供者和治疗接受者的接纳情况的报道表明了什么？邀请州和地方官员到课堂讨论救助有精神障碍和物质滥用问题的人的政策和服务面临的挑战。

8. 邀请从精神障碍和物质滥用问题中康复的人和/或有精神障碍和物质滥用问题的人
407 的家庭成员，讨论他们对政策和服务的经验。从消费者和家庭成员的角度看，为了帮助更多的人治疗和康复，他们对改善政策和服务有什么建议？他们的建议与本章例证 10—6 中的“康复权利议案”的一致程度如何？

9. 如果在你所在地区有一个地方心理健康或毒品法庭，让管理员看看你或你的班级是否可以到法庭参观，观察它是如何进行工作的。在参观之前，阅读更多关于这些法庭和它们成功帮助人们得到治疗、追求康复、避免进一步法律参与的比例。将法庭的操作与你的期望相对比。

10. 讨论你在权利列表中找到的异同，提出对儿童、老年人和有精神障碍或物质滥用问题的个人的服务的可取的建议。这些相似或不同的建议对政策和服务的发展、管理、评估方式做了什么？

网站

美国老年人事务管理局，网址：http：//www.aoa.gov，它是美国卫生和人类服务部的一部分，旨在发展竞争性的、合作性的和关心成本—效益的以家庭和社区为基础系统的服务，以帮助老年人在他们的家里和社区就能维持健康和自立。

儿童管理局，网址：http：//www. acf. hhs. gov/programs/cb/index. htm，是美国卫生和人类服务部中的儿童和青年管理局的一部分，与州和当地机构相互合作来发展有关项目，这些项目集中于防止贫困家庭中的儿童受虐，保护儿童免于虐待，并且为这些无法顺利返回家庭的孩子找到永久性的居住地。

美国儿童福利联盟，网址：http：//www. cwla. org，是一个长期的私立和公共机构间的联盟，通过政策、项目和实践改善弱势儿童和家庭的生活。

物质滥用和精神健康服务管理局，网址：http：//www. samhsa. gov/index. aspx，是美国卫生和人类服务部的一部分，致力于通过预防、治疗和恢复支持性服务的提供和筹集资金来减少精神疾病和物质滥用的影响。

注释

[1] 这个对于服务的概述依据的是一本经典的政策教科书：Alfred J. Kahn，*Social Policy and Social Services*（New York：Random House，1979），pp. 12 - 13.

[2] James R. Farris，"The 20th Anniversary of OBRA'87：Nursing Home Quality，Staffing and Enforcement Issues，" Testimony before the Senate Special Committee on Aging，May 2，2007. Retrieved December 17，2009，from http：//www. cms. hhs. gov/apps/media/pressltestimony. asp? Counter = 2177&intNumPerPage = 10&checkDate= &checkKey = &srchType = 1&numDays = 3500&srchOpt = 0&srchData = &keywordType = All&chkNewsType=7&intPage=&show All=365&pYear= &year=O&desc=false&cboOrder=date.

[3] 关于以信仰为基础的团体和社区组织的资金的信息，参见 U. S. Department of Health and Human Services，"Faith-Based and Neighborhood Partnerships，" from http：// www. hhs. gov/fbci/funding。

[4] See Robert Morris，*Social Policy of the American Welfare State：An Introduction to Policy Analysis*（New York：Harper & Row，1979），p. 120.

[5] U. S. Department of Health，Education and Welfare，*First Annual Report to Congress on Title* 408
XX of the Social Security Act（Washington，DC：Department of Health，Education，and Welfare，1977），p. 1；Martha Derthick，*Uncontrollable Spending for Social Services Grants*（Washington，DC：The Brookings Institution，1975）.

[6] Committee on Ways and Means，"Section 10-Title XX Social Services Block Grant Program，" *2008 Green Book*（Washington，DC：U. S. House of Representatives），p. 10 - 2. Retrieved May 30，2010，from http：//waysandmeans. house. gov/singlepages . aspx? NewsID= 10490.

[7] *Ibid.*，p. 10 - 8.

[8] 这一历史叙述依据 Stephen J. Pfohl，"The Discovery of Child Abuse，" *Social Problems*，Vol. 24，No. 3，1977，pp. 310 - 323；Diana M. DiNitto and C. Aaron McNeece，*Social Work：Issues and Opportunities in a Challenging Profession*（Englewood Cliffs，NJ：Prentice Hall，1990），Chapter 9；Sallie A. Watkins，"The Mary Ellen Myth：Correcting Child Welfare History，" *Social Work*，Vol. 35，No. 6，1990，pp. 500 - 503.

[9] Watkins，"The Mary Ellen Myth：Correcting Child Welfare History."

[10] Robert H. Bremner，Ed.，*Children and Youth in America：A Documentary*，Vol. 2（Cam-

bridge, MA：Harvard University Press，1974)，pp. 247－248.

［11］这节的其余部分依据 Pfohl，“The Discovery of Child Abuse”。

［12］Dr. Henry Kempe et al.，“The Battered-Child Syndrome，” *Journal of the American Medical Association*，Vol. 181，July 7，1962，pp. 105－112.

［13］除非另外说明，这节的数据均源自 Administration for Children and Families，Administration on Children，Youth and Families，Children's Bureau，*Child Maltreatment 2008*（Washington，DC：U. S. Department of Health and Human Services，2010）。Retrieved May 30，2010，from http：//www. acf. hhs. gov/programs/cb/pubs/cm08/.

［14］Kasia O'Neill Murray and Sara Gesiriech，*A Brief Legislative History of the Child Welfare System*（Washington，DC：Pew Commission on Children in Foster Care，June 25，2008）. Retrieved June 11，2009，from http：//www. pewfostercare. org/research/docs/Legislative. pdf.

［15］P. L. 109－288 Child and Family Services Improvement Act of 2006. Retrieved February 2，2010，from http：//www. acf. hhs. gov/programs/fysb/content/docs/06_improvementact. pdf；Administration for Children and Families，“Promoting Safe and Stable Families，” Justification of Estimates for Appropriations Committees（Washington，DC：U. S. Department of Health and Human Services）. Retrieved May 30，2010，from http：//www. acf. hhs. gov/programs/olab/budget/2008/cj2008/sec3i_pssf-2008cj. pdf.

［16］See Child Welfare League of America，*2008 Children's Legislative Agenda*（Washington，DC：Author）. Retrieved July 30，2008，from http：//www. cwla. org/advocacy/2008legagenda. pdf.

［17］Committee on Ways and Means，“Section 11：Child Welfare，” *2008 Green Book*（Washington，DC：U. S. House of Representatives），Table 11－44. Retrieved May 30，2010，from http：//waysandmeans. house. gov/singlepages. aspx?NewsID＝10490.

［18］Child Welfare League of America，*2008 Children's Legislative Agenda*（Washington，DC：Author）. Retrieved July 30，2008，from http：//www. cwla. org/advocacy/2008legagenda. pdf.

［19］Diane DePanfilis，Clara Daining，Kevin D. Frick，Julie Farber，and Lisa Levinthal，*Hitting the M. A. R. C.：Establishing Foster Care Minimum Adequate Rates for Children*，*Technical Report*（Tacoma，WA：Children's Rights，National Foster Parent Association，and University of Maryland School of Social Work，October 2007）. Retrieved February 2，2010，from http：//www. nfpainc. org/uploads/MARCTechReport. pdf.

［20］Child Welfare League of America，*National Fact Sheet 2010*，Special tabulation of the Adoption and Foster Care Analysis Reporting System（AFCARS）by National Data Archive for Child Abuse and Neglect（NDACAN）and CWLA（Arlington，VA：Author，2007）. Retrieved May 30，2010，from http：//www. cwla. org/advocacy/statefactsheets/2010/nationalfactsheet10. pdf.

［21］*Special Tabulation from the National Data Analysis System Housed at the Child Welfare League of America*. Retrieved June 11，2009，from http：//ndas. cwla. org.

［22］Child Welfare League of America，*National Fact Sheet 2010*，Special tabulation of the Adoption and Foster Care Analysis Reporting System（AFCARS）by National Data Archive for Child Abuse and Neglect（NDACAN）and CWLA.

［23］See Child Welfare League of America，*Youth After Foster Care*（Washington，DC：Author）.

Retrieved February 2, 2010, from http: //www. cwla. org/programs/fostercare/factsheetafter. htm.

[24] Kasia O'Neill Murray and Sara Gesiriech, *A Brief Legislative History of the Child Welfare System*.

[25] See Arnold Silverman, "Outcomes of Transracial Adoption," in The Center for the Future of Children, Ed., *The Future of Children* (Los Altos, CA: David and Lucille Packard Foundation, 1993), pp. 104-118; Ruth G. McRoy, "An Organizational Dilemma: The Case of Transracial Adoptions," *Journal of Applied Behavioral Science*, Vol. 25, No. 2, 1989, pp. 145-160. 409

[26] National Association of Black Social Workers, "Kinship Care Position Paper," adopted by the NABSW National Steering Committee, January 10, 2003. Retrieved January 30, 2010, from http: //www. nabsw. org/mserver/KimshipCare. aspx.

[27] Kasia O'Neill Murray and Sara Gesiriech, *A Brief Legislative History of the Child Welfare System*.

[28] Susan L. Smith, Ruth McRoy, Madelyn Freundlich, and Joe Kroll, "Finding Families for African American Children: The Role of Race & Law in Adoption from Foster Care" (New York: Evan B. Donaldson Adoption Institute, May 2008). Retrieved August 15, 2008, from http: //www. adoptioninstitute. org/publications/MEPApaper20080527. pdf.

[29] 除非另外说明，这节的数字源自 Children's Bureau, *Child Maltreatment* 2008 (Washington, DC: U. S. Department of Health and Human Services, 2008)。

[30] See Bruce Bellingham and Joseph Byers, "Foster Care and Child Protection Services," in Allen W. Imershein, Mary K. Pugh Mathis, C. Aaron McNeece, and Associates, *Who Cares for the Children: A Case Study of Policies and Practices* (Dix Hills, NY: General Hall, 1995), pp. 101-121.

[31] See Kristine Nelson, Betty J. Blythe, Barbara Walters, Peter J. Pecora, and Don Schweitzer, *A Ten Year Review of Family Preservation Research: Building the Evidence Base* (Seattle, WA: Casey Family Programs, January 4, 2009), quote from p. 2. Retrieved June 11, 2009, from http: //www. casey. org/NR/rdonlyres/18F7CBE5-CD62-41D1-A27A-3CEA123FF5B7/809/FamilyPreservationpaperF1NAL2009. pdf.

[32] John V. O'Neill, "GAO Affirms Need for High-Quality Staff," *NASW News*, June 2003, p. 7.

[33] Child Welfare League of America, *Research to Practice Initiative Child Welfare Workforce*, Research Roundup (Washington, DC: Author, September 2002). Retrieved August 20, 2008, from http: //www. cwla. org/programs/r2p/rrnews0209. pdf.

[34] See Rudolph Alexander, Jr., "The Legal Liability of Social Workers after DeShaney," *Social Work*, Vol. 38, No. 1, 1993, pp. 64-68.

[35] David S. Savage (*Los Angeles Times Service*), "Court Gives Social Workers Immunity from Lawsuits," *Austin American-Statesman*, April 26, 1994, p. C20.

[36] Cynthia Andrews Scarcella, Roseana Bess, Erica H. Zielewski, and Rob Geen, *The Cost of Protecting Vulnerable Children: Understanding State Variation in Child Welfare Financing* (Washington, DC: Urban Institute, May 24, 2006). Retrieved May 30, 2010, from http: //www. urban. org/publications/311314. html.

[37] Rose Marie Penzerro, "Drift as Adaptation: Foster Care and Homeless Careers," *Youth and*

Family Care Forum, Vol. 32, No. 4, August 2003, pp. 229 - 244.

[38] See, for example, Committee on Ways and Means, "Section 11: Child Protection, Foster Care, and Adoption Assistance," *2004 Green Book* (Washington, DC: U. S. House of Representatives, 2004). Retrieved May 30, 2010, from http: //www. gpoaccess. gov/wmprints/green/2004. html.

[39] Mark E. Courtney, Amy Dworsky, Gretchen Ruth, Tom Keller, Judy Havlicek, and Noel Bost, *Midwest Evaluation of the Adult Functioning of Former Foster Youth: Outcomes at Age 19* (Chicago, IL: Chapin Hall Center for Children at the University of Chicago, May 2005). Retrieved May 30, 2010, from http: //www. chapinhall. org/sites/default/fileslChapinHallDocument _ 4. pdf.

[40] Peter J. Pecora, Ronald C. Kessler, Jason Williams, Kirk O'Brien, A. Chris Downs, Diana English, et al., *Improving Family Foster Care: Findings from the Northwest Foster Care Alumni Study* (Seattle, WA: Casey Family Programs, 2005).

[41] See UNICEF Convention on the Rights of the Child at http: //www. unicef. org/crc/.

[42] The website of the U. S. Campaign for Ratification of the U. N. Convention on the Rights of the Child (CRC) is http: //childrightscampaign. org/crcindex . php.

[43] AARP Public Policy Institute, *Valuing the Invaluable: The Economic Value of Family Caregiving* (Washington, D C: Author, 2008). Retrieved December 16, 2009, from http: //www. aarp. orglresearch/ppi/ltc/care/.

[44] See Kentucky Governor Paul Patton's March 21, 2002 testimony before the Senate Special Committee on Aging on Broken and Unsustainable: The Cost Crisis of Long-term Care for Baby Boomers; and Medicaid: The Nation's Unintended Financier of Long-Term Care. Retrieved December 21 , 2009, from http: //www. nga. org/portal/site/nga/menuitem. 0f8c660ba7cf98d18a2781105010l0a0/?vgnextoid=36dege2flb091010VgnVCM1000001a01010aRCRD.

[45] 关于《美国老年人法》的信息参见 the website of the Administration on Aging, http: //www. aoa. gov/AoARoot/AoA _ Programs/OAA/Reauthorization/Index. aspx; *The Basics: Older Americans Act of 1965* (Washington, DC: National Health Policy Forum, October 8, 2009)。Retrieved November 22, 2009, from http: //www. adrc-tae. org/tiki-download _ file. php? fileId=27290。

[46] For the Administration on Aging's unofficial compilation of the Older Americans Act of 1965 as amended in 2006 (Public Law 109 - 365), see http: //www. aoa. gov/AoARoot/AoA _ Programs/OAA/oaajull. asp.

[47] Administration on Aging, *2008 Annual Performance Report* (Washington, DC: U. S. Department of Health and Human Services). Retrieved December 16, 2009, from http: //www. aoa. gov/AoARoot/Program _ Results/docs/2008/2008 _ AoA _ Annual _ PerformanceReport. pdf.

[48] See Administration on Aging, "Aging Network," Retrieved November 23, 2009, from http: //www. aoa . gov/AoARoot/AoA _ Programs/OAA/ Aging _ Network, Index. aspx.

[49] Administration on Aging, *2008 Annual Performance Report*.

[50] "National Family Caregiver Support Program" (Washington, DC: Administration on Aging, November 18, 2009). Retrieved February 7, 2010, from http: //www. aoa. gov/AoARoot/AoA _ Programs/HCLTC/ Caregiver/index. aspx.

[51] U. S. Department of Labor Wage and Hour Division, *Fact Sheet #28: The Family and Medical Leave Act of 1993* (Washington, DC: Author, revised January 2009). Retrieved December 16, 2009, from http://www.dol.gov/whd/regs/compliance/whdfs28.pdf.

[52] *Report of the 2005 White House Conference on Aging, The Booming Dynamics of Aging: From Awareness to Action*, Executive Summary (Washington, DC: U. S. Department of Health and Human Services, Administration on Aging). Retrieved February 7, 2010, from http://www.whcoa.gov.

[53] *Ibid.*, pp. 1-2.

[54] See United States Senate Special Committee on Aging website at http://aging.senate.gov/about/index.cfm.

[55] AARP's website is http://www.aarp.org; the Gray Panthers' website is http://www.graypanthers.org.

[56] 美国受虐待老年人中心网站（http://www.ncea.aoa.gov/ncea-root/Main_Site/index.aspx）有大量关于虐待老年人的信息。

[57] *Abuse of Adults Aged 60+, 2004 Survey of Adult Protective Services* (Washington, DC: National Center on Elder Abuse, February 2006). Retrieved December 17, 2009, from http://www.ncea.aoa.gov/NCEAroot/Main_Site/pdf/2-14-06%2060FACT%20SHEET.pdf.

[58] George H. Zimny and George T. *Grossberg, Guardianship of the Elderly*: Psychiatric and Judicial Aspects (*New York: Springer*, 1998).

[59] Judy Mckee and Sean M. Douglass, "Protecting the Protected: Overseeing Adult Guardianship" (Washington, DC: National Association of Attorneys General), *NAA Gazette*, Vol. 3, No. 4, May 29, 2009. Retrieved December 17, 2009, from http://www.naag.org/protecting-the-protected-overseeing-adult-guardianship.php.

[60] Jane M. Pollack, written statement before the United States Senate Special Committee on Aging, February 11, 2003. Retrieved December 17, 2009, from http://aging.senate.gov/events/hr93jp.pdf.

[61] Government Accountability Office, *Guardianships: Collaboration Needed to Protect Incapacitated Elderly People* (GAO-04-655) (Washington, DC: Author, July 13, 2004). Retrieved December 17, 2009, from http://www.gao.gov/products/GAO-04-655.

[62] 关于养老院改革第一个20年的时间表，参见 http://aging.senate.gov/events/hr172tl.pdf。

[63] *APA Poll: Most Americans Have Sought Mental Health Treatment but Cost, Insurance Still Barriers* (Washington, DC: American Psychological Association, May 13, 2004). Retrieved February 7, 2010, from http://www.apa.org/news/press/releases/2004/05/apa-poll.aspx.

[64] 这节的大部分内容依据 David Mechanic, *Mental Health and Social Policy* (Boston: Allyn and Bacon, 2007); also see Theodore Millon, *Masters of the Mind: Exploring the Story of Mental Illness from Ancient Times to the New Millennium* (Hoboken, NJ: Wiley, 2004).

[65] Gerald N. Grob, *The State and the Mentally Ill: A History of Worcester State Hospital in Massachusetts, 1830-1920* (Chapel Hill: University of North Carolina Press, 1966), cited in Mechanic, p. 53; see also Gerald N. Grob, *The Mad Among Us: A History of the Care of Americas Mentally Ill* (Cambridge, MA: Harvard University Press, 1995).

［66］See the NIH Almanac，"Important Events in NIMH History"（Bethesda，MD：National Institute of Mental Health，March 16，2009）．Retrieved December 26，2009，from http：//www. nih. gov/ about/ almanac/organization/NIMH. htm.

［67］See *Mental Health Medications*（Bethesda，MD：National Institute of Mental Health，September 17，2009）．Retrieved December 26，2009，from http：// www. nimh. nih. gov/health/publications/mental-health-medications/complete-index. shtml.

［68］Steven S. Sharfstein，"Whatever Happened to Community Mental Health?，" *Psychiatric Serv-*
411 *ices*，Vol. 51，2000，pp. 616 - 620. Retrieved February 7，2010，from http：//psychservices. psychiatry-online. org/cgi/content/full/51/5/616.

［69］See Catherine G. Greeno and Phyllis Solomon，"Mental Health，" in Terry Mizrahi and Larry E. Davis，Eds.，*Encyclopedia of Social Work*，20th ed.（e-reference edition）（Oxford，UK：Oxford University Press；National Association of Social Workers，October 31，2009）．Retrieved December 26，2009，from http：//www . oxford-naswsocialwork. com/entry?entry＝t203. e243.

［70］National Institute of Mental Health，*The Numbers Count*：*Mental Disorders in America*（Bethesda，MD：Author，May 28，2010）．Retrieved May 30，2010，from http：//www. nimh. nih. gov/health/ publications/the-numbers-count-mental-disorders-in-america/index . shtml.

［71］See Juan E. Mezzich，"International Surveys on the Use of ICD-10 and Related Diagnostic Systems，" *Psychopathology*，Vol. 35，Nos. 2 - 3，2002，pp. 72 - 75.

［72］Ronald C. Kessler，Wai Tat Chiu，Olga Demler，and Ellen E. Walters，"Prevalence，Severity，and Comorbidity of Twelve-Month DSM-IV Disorders in the National Comorbidity Survey Replication（NCS-R），" *Archives of General Psychiatry*，Vol. 62，No. 6，2005，pp. 617 - 627. Retrieved May 30，2010，from http：//archpsyc. ama-assn. org/cgi/content/full/62/6/617.

［73］对《精神失常诊断和统计手册》的批评，参见 *The Rhetoric of Science in Psychiatry*（Hawthorne，NY：Aldine de Gruyter，1992）；Herb Kutchins and Stuart A. Kirk，*Driving Us Crazy*：*DSM*，*the Psychiatric Bible and the Creation of Mental Disorders*（New York：Free Press，2003）．

［74］See National Institute of Mental Health，*Questions and Answers About the National Comorbidity Survey Replication*（*NCSR*）*Study*（Bethesda，MD：Author，March 31，2009）．Retrieved May 30，2010，from http：//www. nimh. nih. gov/health/topics/atistics/ncsr-study/questions-and-answers-about-the-national-comorbidity-survey-replication-ncsr-study. shtml＃q7.

［75］Kessler et al.，"Prevalence，Severity，and Comorbidity of Twelve-month DSM-IV Disorders in the National Comorbidity Survey Replication（NCS-R）．"

［76］Office of Applied Studies，*Results from the 2008 National Survey on Drug Use and Health*：*National Findings*（Washington，DC：Substance Abuse and Mental Health Services Administration，2009）. Retrieved October 1，2009，from http：//oas. samhsa. gov/nsduh/2k8nsduh/2k8Results. pdf.

［77］*Mental Health*：*A Report of the Surgeon General*（Washington，DC：Department of Health and Human Services，1999），Chapter 3，"Children and Mental Health"．Retrieved February 7，2010，from http：//www. surgeongeneral. gov/library/mental -health/chapter3/sec1 . html.

［78］Office of Applied Studies，*Results from the 2008 National Survey on Drug Use and Health*：*Na-*

tional Findings (Washington, DC: Substance Abuse and Mental Health Services Administration, 2009). Retrieved October 1, 2009, from http: //oas. samhsa . gov/nsduh/2k8nsduh/2k8Results. pdf.

[79] *Ibid.*

[80] Daniel J. Foley, Ronald W. Manderscheid, Joanne E. Atay, James Maedke, Jeffrey Sussman, and Sean Cribbs, "Table 19. 7, Number and Percent Distribution of Full-Time Equivalent Staff in All Mental Health Organizations by Staff Discipline: United States, Selected Years, 1972 - 2000," in Ronald W. Manderscheid and Joyce T. Berry, Eds., *Mental Health, United States, 2004*, DHHS Pub No. (SMA) 06-4195 (Rockville, MD: Substance Abuse and Mental Health Services Administration, 2006). Retrieved May 30, 2010, from http: //mentalhealth. samhsa. gov/publications/allpubs/SMA06 - 4195/chp19table7. asp.

[81] Catherine N. Dulmus, Albert R. Roberts, Marlys Staudt, and Lonnie R. Snowden, "Mental Illness," in Terry Mizrahi and Larry E. Davis, Eds., *Encyclopedia of Social Work*, 20th ed. (e-reference edition) (Oxford, UK: Oxford University Press, National Association of Social Workers). Retrieved October 31, 2009, from http: //www. oxford-naswsocialwork. com/entry?entry=t203. e244.

[82] Tami L. Mark, Katherine R. Levit, Rosanna M. Coffey, David R. McKusick, Henrick J. Harwood, Edward C. King, Ellen Bouchery, James S. Genuardi, Rita Vandivort-Warren, Jeffrey A. Buck, and Katheryn Ryan, *National Expenditures for Mental Health Services and Substance Abuse Treatment, 1993 - 2003*, SAMHSA Publication No. SMA 07 - 4227 (Rockville, MD: Substance Abuse and Mental Health Services Administration, 2007). Retrieved October 8, 2009, from http: //www. samhsa. gov/spendingestimates/SAMHSAFINAL9303. pdf.

[83] Thomas R. Insel, "Assessing the Economic Costs of Serious Mental Illness," *American Journal of Psychiatry*, Vol. 165, June 2008, pp. 663 - 665. Retrieved February 7, 2010, from http: //ajp. psychiatryonline. org/cgi/content/full/165/6/663.

[84] Peter J. Delany, Joseph J. Shields, and Dana L. Roberts, "Program and Client Characteristics as Pre- 412
dictors of the Availability of Social Support Services in Community-based Substance Abuse Treatment Programs," *Journal of Behavioral Health Services & Research*, Vol. 36, No. 4, 2009, pp. 450 - 464; Mesfin S. Mulatu, "Ancillary and Transitional Assistance Services at Substance Abuse Treatment Facilities: Effects of Facility Characteristics and Implications to Policy," presented at the 135th American Public Health Association Annual Meeting & Exposition, Washington, DC, November 6, 2007. Retrieved June 24, 2010, from http: // apha. confex. com/apha/135am/techprogram/paper 163757. htm.

[85] See, for example, A. Thomas McLellan, David C. Lewis, Charles P. O'Brien, and Herbert D. Kleber, "Drug Dependence, A Chronic Medical Illness: Implications for Treatment, Insurance, and Outcomes Evaluation," *JAMA*, Vol. 284, 2000, pp. 1689 - 1695.

[86] RAND Corporation, "How Does Managed Care Affect the Cost of Mental Health Services?", Research Highlights from RAND Health, Report RB-4515 (Santa Monica, CA: Author, 1998). Retrieved June 25, 2009, from http: //www. rand. org/publications/ RB/RB4515.

[87] Merrile Sing, Steven Hill, Suzanne Smolkin, and Nancy Heiser, *The Costs and Effects of Parity for Mental and Substance Abuse Insurance Benefits* (DHHS Publication No. MC99 - 80) (Rockville, MD: U. S. Department of Health and Human Services, March 1998). Retrieved February 7, 2010, from

http：//mentalhealth. samhsa. gov/publications/allpubs/Mc99 - 80/prtyfnix. asp.

［88］RAND Corporation，“The Relationship Between Volume and Quality in Mental Health Care，” Research Highlights from RAND Health（Report RB-9105）（Santa Monica，CA：Author，2005）. Retrieved June 25 ，2009，from http：//www. rand. org/pubs/research _ briefs/RB9105/indexl. html.

［89］For example，see MassLegalHelp. Retrieved December 26，2009，from http：//masslegalhelp. org/mental-health/mental-health -parity.

［90］Sing et al. ，*The Costs and Effects of Parity for Mental and Substance Abuse Insurance Benefits*.

［91］*The New Mental Health Parity Act：What It Does and Doesn't Do*（Nashville：Bass，Perry，& Sims，January 7，2009）. Retrieved February 7，2010，from http：//www. bassberry. com/sitesearch. aspx?qu=mental%20health%20parity.

［92］关于精神医疗服务规定改革的当前信息，参见 the Legislative Action Center at the website of the National Alliance on Mental Illness at http：//capwiz. com/nami/home/.

［93］National Association of Social Workers，*Code of Ethics of the National Association of Social Workers*（Washington，DC：Author，2008）. Retrieved October 16，2009，from http：//www. socialworkers. org/pubs/code/code. asp.

［94］David Mee-Lee，Gerald D. Shulman，Marc Fishman，David R. Gastfriend，and Julia Harris Griffith，*ASAM Patient Placement Critria for the Treatment of Substance-related Disorders*，2nd ed.，rev.（Chevy Chase，MD：American Society of Addiction Medicine，2001）.

［95］See the Treatment Advocacy Center's website at http：//www. treatmentadvocacycenter. org for procommitment material. See the website of PsychRights at http：//psychrights. org/index. htm for anti-commitment material. see the website of the state of Maine's office of Adult Mental Health Services at http：//www. state. me. us/dhhs/mh/GrievanceMH/basic-rights. html. *Criminal Justice Primer for State Mental Health Agencies*（National Technical Assistance Center for State Mental Health Planning，September 2002）. Retrieved February 7，2010，from http：//www. nasmhpd. org/general _ files/publications/ntac _ pubs/ reports/Primer. pdf.

［96］Mechanic，*Mental Health and Social Policy*，pp. 215 - 217；quote is from p. 215.

［97］Thomas S. Szasz，*The Myth of Mental Illness：Foundations of Theory of Personal Conduct*，rev. ed.（New York：Harper & Row，1974），pp. 267 - 268.

［98］Mechanic，*Mental Health and Social Policy*，pp. 228 - 230.

［99］Walter E. Barton，“Trends in Community Mental Health Programs，” *Journal of the American Psychiatric Association*，Vol. 17，No. 9，1966，pp. 253 - 258.

［100］David Hartley，Donna C. Bird，David Lambert，and John Coffin，*The Role of Community Mental Health Centers as Rural Safety Net Providers*，Working Paper ＃30（Portland，ME：Maine Rural Health Research Center，Edmund S. Muskie School of Public Service，November 2002）. Retrieved February 7，2010，from http：//muskie . usm. maine. edu/publications/rural/wp30. pdf.

413 ［101］See Lucy D. Ozarin，“Community Mental Health：Does It Work? Review of the Evaluation Literature，” in Walter E. Barton and Charlotte J. Sanborn，Eds.，*An Assessment of the Community Mental*

Health Movement (Lexington, MA: Health, 1977), pp. 122 - 123.

[102] Gerald N. Grob, "Mental Health Policy in 20th Century America," in Ronald W. Manderscheid and Marilyn J. Henderson, Eds., *Mental Health, United States, 2000*, Chapter 2 (DHHS Publication No. SMA 3938) (Rockville, MD: Center for Mental Health Services, Substance Abuse and Mental Health Services Administration, 2002). Retrieved February 7, 2010, http://mentalhealth.samhsa.gov/publications/allpubs/SMA01 - 353 7/ chapter20.asp.

[103] "How State Mental Health Agencies Use the Community Mental Health Services Block Grant to Improve Care and Transform Systems: 2007" (Rockville, MD: Substance Abuse and Mental Health Services Administration, December 3, 2007). Retrieved January 1, 2010, from http://download.ncadi.samhsa.gov/ken/pdf/MHBGReportSection508 - 5 - 6 - 08.pdf.

[104] See the website of the Office of Survey, Analysis and Financing, National Mental Health Information Center, Substance Abuse and Mental Health Services Administration at http://mentalhealth.samhsa.gov/cmhs/ManagedCare/about.asp.

[105] 有关精神健康、恐怖袭击和自然灾害的信息参见"Disasters & Terrorism"(Washington, DC: American Psychological Association, 2010)。Retrieved February 8, 2010, from http://www.apa.org/helpcenter/disaster/index.aspx。

[106] New Freedom Commission on Mental Health, *Achieving the Promise: Transforming Meatal Health Care in Anerica, Final Report* (DHHS Pub. No. SMA-03 - 3832) (Rockville, MD: U.S. Department of Health and Human Services, July 2003). Retrieved February 8, 2010, from http://www.mentalhealth-commission.gov/reports/FinalReport/downloads/downloads.html.

[107] "President's New Freedom Commission on Mental Health" (Arlington, VA: National Alliance on Mental Illness). Retrieved February 8, 2010, from http://www.nami.org/Content/NavigationMenu/lnform_Yourself/About_Public_Policy/New_Freedom_Commission/ Defaultl 169.htm

[108] Diana M. DiNitto, "EndingAmerica's Ambivalence in the War on Drugs," Robert J. O'Leary Memorial Lecture, School of Social Work, The Ohio State University, October 26, 2009. Retrieved June 25, 2010, from http://csw.osu.edu/research/oleary/.

[109] William J. Sabol and Heather West, *Prisoners in 2007* (Washington, DC: U.S. Department of Justice, December 11, 2008) (NCJ224280), Appendix Table 12, p. 22. Retrieved June 25, 2010, from http://bjs.ojp.usdoj.gov/ content/pub/pdf/p07.pdf.

[110] Drug Enforcement Administration, *National Drug Control Strategy FY 2010 Budget Summary* (Washington, DC: U.S. Department of Justice). Retrieved December 20, 2009, from http://www.whitehousedrugpolic.gov/publications/policy/10budget/justice.pdf.

[111] Lori Whitten, "Research Addresses Needs of Criminal Justice Staff and Offenders," *NIDA Notes*, 22 (3), 2009, pp. 4 - 5. Retrieved May 30, 2010, from http://www.nida.nih.gov/NIDA_notes/NNvol22N3/nidaatwork.html

[112] Drug Enforcement Administration, *National Drug Control Strategy FY 2010 Budget Summary*.

[113] Gary Fields, "White House Czar Calls for End to 'War on Drugs,'" *Wall Street Journal*, May 14,

2009. Retrieved December 18, 2009, from http://online.wsj.com/article/SB 124225891527617397. html

[114] National Institute of Justice, *Drug Courts: The Second Decade*, NCJ 211081 (Washington, DC: US Department of Justice, June 2006). Retrieved December 20, 2009, from http://www.ncjrs.gov/pdffiles1/nij/211081.pdf.

[115] "Drug Courts-Facts and Figures" (Washington, DC: U.S. Department of Justice, December 4, 2009). Retrieved December 20, 2009, from http://www.ncjrs.gov/spotlight/drug_courts/facts.html.

[116] The National Association of Drug Court Professionals, *Defining Drug Courts: The Key Components* (Washington, DC: Office of Justice Programs, January 1997). Retrieved December 27, 2009, from http://www.ndci.org/sites/default/files/ndci/KeyComponents.pdf; National Criminal Justice Reference Service, "Drug Courts-Summary" (Washington, DC: U. S. Department of Justice, September 10, 2009). Retrieved December 27, 2009, from http://www.ncjrs.gov/spot-light/drug_gourts/summary.html.

[117] Steven Belenko, "Research on Drug Courts: A Critical Review," *National Drug Court Institute Review* Vo1. 1, No. 1, Summer 1998, p. 47.

[118] "California Proposition 36" (Sacramento, CA: Drug Policy Alliance). Retrieved December 20, 2009, from http://www.prop36.org.

[119] "Drug Courts-Facts and Figures."

[120] James A. Swartz, Zoran Martinovich, and Paul Goldstein, "An analysis of the Criminogenic Effects of Terminating the Supplemental Security Income Impairment Category for Drug Addiction and Alcoholism," *Contemporary Drug Problems*, 30 (1/2), 2003, pp. 391-424.

414 [121] James A. Swartz, Kevin M. Campbell, Jim Baumohl, and Peggy Tonkin, "Drug Treatment Participation and Retention Rates Among Former Recipients of Supplemental Security Income for Drug Addiction and Alcoholism," *Contemporary Drug Problems*, 30 (112), 2003, pp. 335-364.

[122] "FAQs: Eligibility" (Washington, DC: Department of Education, September 22, 2009). Retrieved October 1, 2009, from http://www.fafsa.ed.gov/faq003.htm#faq003_5.

[123] "54% Say Illegal Drug Use Is Primarily a Criminal Problem, Not Health Issue" (Vienna, VA: Rasmussen Reports, May 18, 2009). Retrieved October 4, 2009, from http://www.rasmussenreports.com/public_content/politics/generaLpolitics/may_2009/54say_illegal_drug_use_is_primarily_a_criminal_problem_not_health_issue.

[124] "41% Favor Legalizing and Taxing Marijuana" (Vienna, VA: Rasmussen Reports, May 19, 2009). Retrieved October 4, 2009, from http://www.rasmussenreports.com/public_content/business/taxes/may_2009/41-favor-legalizing_and_taxin_marijuana

[125] Douglas Husack, *Legalize This! The Case for Decriminalizing Drugs* (London: Verso, 2002).

[126] Jack A. Cole, "This Is Not a War on Drugs—It's a War on People" (Medford, MA: Law Enforcement Against Prohibition, February 2009). Retrieved October 21, 2009, from http://leap.cc/Publications/End_Prohibition_Now.pdf.

[127] Milton Friedman, "Prohibition and Drugs," *News week*, May 1 1972. Retrieved October 18, 2009, from http://druglibrary.org/special/friedman/prohibition and_drugs.htm

[128] William F. Buckley, Jr., *National Review*, February 12, 1996. Retrieved October 18, 2009, from http://www.nationalreview.com/12feb96/drug.html.

[129] James Ostrowski, "Thinking About Drug Legalization" (Washington, DC: Cato Institute, May 25, 1989). Retrieved October 18, 2009, from http://www.cato.org/pub_display.php?pub_id=981&full=1.

[130] C. Aaron McNeece and Diana M. DiNitto, *Chemical Dependency: A Systems Approach*, 3rd ed. (Boston: Allyn and Bacon, 2005).

[131] "Needle-Exchange Programmes: Time to Act Now," *The Lancet*, *351*, January 10, 1998, p. 75.

[132] Alison Knopf, "Surgeon General Endorses Needle Exchanges, Paves Way for BG Funding," *Alcoholism and Drug Abuse Weekly*, March 10, 2011. Retrieved May 29, 2011, from http://www.alcoholismdrugabuseweekly.com/sample-articles/surgeon-general-endorses-needle-exchanges-paves-way-funding.aspx.

第十一章

415 多元化的社会的挑战：性别和性取向

416 在美国的女性赢得了选举权 90 年之后，在社会福利政策方面，性别歧视仍然是有争议的问题，同性恋的权利也出现在社会政策议程中。瑞普·凡·温克（Rip Van Winkle）可能会对女性在推动她们的权利方面取得的进展感到惊讶，他可能也会对同性恋权利已经被提上政治议程感到惊讶，但是不平等的障碍依然存在。本章考察了追求妇女权利和同性恋权利方面的政治问题。

贫困的女性化

在 20 世纪 80 年代，“贫困的女性化”[1]成为一个引人注目的语句，但是这并不是什么新鲜事。大多数贫穷的成年人和公共救助的接受者是妇女。在美国，社会福利就是沿着两条不同的轨道发展的：不那么慷慨的公共救助计划（如母亲救助、有未成年子女的家庭救助），这些计划主要是打算帮助妇女和儿童；比较慷慨的社会保险计划（社会保障、失业补偿），目标是男性工人。[2]传统上妇女“接受福利”是因为她们的丈夫不能或者不愿意供养家庭，而她们又需要留在家里照顾年幼的孩子。当妇女们出去工作争取自己养活自己和孩子时，她们往往又只能得到低工资的工作。

伴随着女性为户主的家庭的迅速增多，特别是在 20 世纪 70 年代和 80 年代，她们的贫困率和接受公共救助的情况，成了激烈政策辩论的一个主题。第四章清楚地表明，女性为户主的家庭是最脆弱、贫困的，如果女性是特定的种族和族裔群体的成员，那么她们就是极端脆弱的。女性继续成为对贫困家庭的临时救助计划的成年接受者中的绝大多数（见第七章）。她们也是补充保障收入的主要接受者，尤其是老年接受者，比例更高，因为她们的社会保障津贴一般少于男性，她们也不太可能有其他的收入来源（如养老金），而且她们还比男性长寿（见第六章）。最初的社会保障计划的构想是，女性只是她们的配偶的附属物，正如在第五章所讨论的，性别不平等仍然存在于项目中。妇女面对的许多经济和社会不平等是社会福利政策中的决定或非决定直接导致的。

工资差距和可比价值

女权主义或女性主义者（feminism or feminist）的术语可能让人联想起愤怒的白人女性在 20 世纪 60 年代的抗议集会上燃烧自己的胸罩。这种形象已经被用以表示对妇女权利主题的轻视。女性主义的核心是认为，女性应该与男性拥有相同的社会、经济和政治权利。虽然对这样一个观点可能是有争议的，但是，男性和女性都可以是女性主义者。然而，女性主义并不是一个统一的学派，女性主义者也不是统一的一群人。女性主义有许多分支，每个分支的信徒看到的实现平等的道路是不同的。简而言之，自由主义的女性主义者可能被认为在她们之中是最保守的，因为她们赞成在主流社会的范围内实现女性的平等。激进的女性主义——与 20 世纪 60 年代和 70 年代的女性运动相联系的类型，被视为更富于战斗精神的。激进的女性主义者普遍认为对妇女的压迫是以所有社会的压迫形式为基础的。马克思主义的女性主义者认为经济体制是平等的根源，不推翻资本主义制度，女性就不会有平等的权利。[3]

而有些人认为女性运动已经死了，很大程度上是因为女性已经依法获得了许多权利，但这并不意味着女性获得了与男性平等的地位。这个部分更密切考察的是两性之间在收入上的不平等。

1955 年劳动统计局计算的结果是男性劳动者每挣得 1 美元，女性劳动者只挣到 64 美分；到 1961 年这一数字又降到了 59 美分。[4]后来两性之间的工资差距一直在这个数字上下浮动，以至于“59 美分”变成了平等权利运动中一个广为人知的、不断被重复使用的话语。直到 20 世纪 80 年代女性劳动者的工资才是男性劳动者工资的 60%。图 11—1 显示，多年来工资差距慢慢缩小了，而且年纪大的女性比年轻女性与男性工资的差距更大。 417
缩小差距的进展仍然缓慢。2008 年，在全时工作人员中，女性收入是男性的 80%。[5] 25～34 岁这个年龄段中，女性为男性收入的 89%。图 11—2 表明，在美国，每个主要的族群中男性和女性之间都存在收入差异，且在各个族群中女性都是收入少的一方。

工资差距可能比估计的还要大，因为我们在估算时只考虑了工资，而没有考虑到医疗保险、退休金和员工的其他津贴，尤其是男人得到的津贴。据估计，在一个全职女职工的一生中，高中毕业的人的收入将比同学历男性少 70 万美元，大学毕业的少 120 万美元，职业学校毕业的少 200 万美元。[6]

16～54岁各年龄组的女性工人在不同年份的周薪
对应男性工人周薪的百分比（1979—2007年）

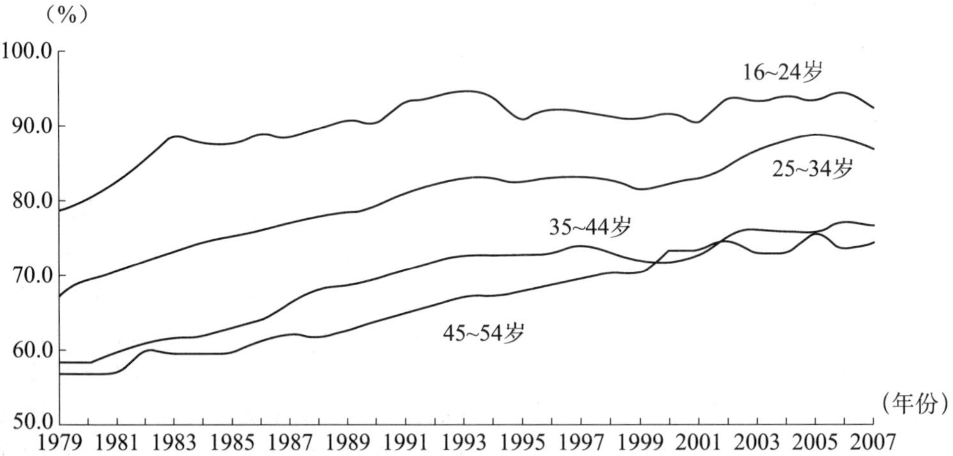

图 11—1　性别和年龄的工资差距（1979—2007 年）

资料来源：U. S. Bureau of Labor Statistics，“Women's Earnings as a Percentage of Men's，1979 - 2007”（Washington，DC：Department of Labor，October 2008）. Retrieved February 7，2010，from http：//www. bls. gov/opub/ted/2008/oct/wk4/art03. htm.

多年来，许多理由被提出来用以解释在挣工资的能力方面的差别：

（1）传统上，大多数妇女不是家里的主要挣钱人，如果她们出去工作，挣到的钱也无法与男人相比。

（2）妇女的工资被看作是次要的，或是对其配偶的工资的补充。

（3）妇女被看作是临时性的雇员，她们终将离开工作岗位结婚、生子；她们的工作角色不被认真看待。

（4）妇女在家庭之外的工作被看作是为了填补她们的空闲时间的一种消遣性的活动。

（5）妇女较少有机会获得能够得到较高工资的工作所需要的教育。

（6）妇女被迫进入在工资阶梯低端的那些行业。

418 （7）妇女的工作选择机会非常有限，因为她们通常只能选择与她们的丈夫和儿子们的日常固定活动没有冲突的职业。

（8）“妇女的工作”——在自己的家里打扫卫生、抚养孩子——是没有工资的。

（9）有些人认为妇女“喜欢”较低层次的职业，因为这些工作与妇女的特性，如母性、缺乏进攻性等，更为一致。

虽然其中的许多解释是很容易批驳的，在今天看来甚至是可笑的，但是，其中有些解释也包含着真实的因素。有些妇女确实在她们的家庭境况暂时或长期改善时就停止就业了。令人遗憾的词语“妈妈轨道”（mommy track）已经被用来描述那些终止职业生涯或试图在职业和照顾孩子之间徘徊的妇女。这个词语指的是这样一些妇女：她们想要或需要就业以应付其开销，但是她们的双重责任限制了她们在职业上的进一步发展。例如，有一个经常被引用的例子，1994 年审判法庭发现瓦萨学院（Vassar College，历史上是一个女子学院）歧视一位有孩子的已婚妇女，她被拒绝在生物系任职。[7]而且在过去的 30 年里没有一位已婚妇女在那里得到“硬科学”（hard sciences）方面的职位。但上诉法院推翻了裁决，最高法院拒绝听学院成员的申诉。

现在女性在民用劳动力总数中占到 47%。[8]妇女就业收入对支持家庭支出通常至关重要。女人是唯一户主的家庭占美国家庭的 18%。[9]许多双职工家庭如果没有妻子的经济贡献，将陷入严重的经济困难。今天大多数双亲家庭都是双职工家庭。只有少数的美国家庭符合传统的或“奥兹和哈里特”（Ozzie and Harriet）的看法：母亲在家照顾孩子，父亲是唯一挣工资的人。[10]

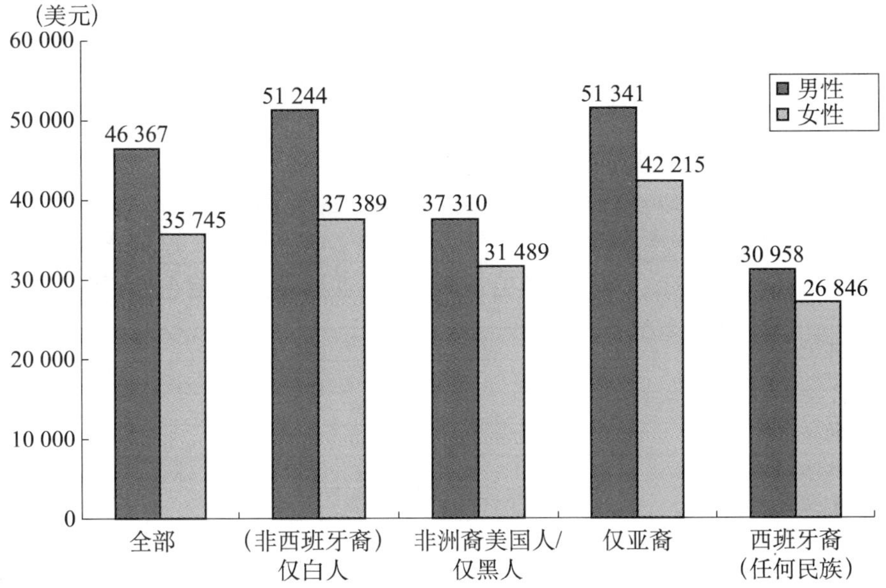

图 11—2　性别和种族不同的全时、全年工作的 15 岁及以上人口的平均年收入（2008 年）

资料来源：U. S. Census Bureau，Historical Income Tables—People，Table P - 38. Retrieved June 30，2010，from http://www.census.gov/hhes/www/income/histinc/incpertoc.html.

今天，有学士学位或获得专业学位的男性略多于女性，但是年轻女性比男性更有可能接受大学教育。[11]虽然教育已经帮助妇女获得了更好的工作，但是它没有弥合男性和女性之间的收入差距(见表 11—1)。接受了高中教育的全时员工，女性收入约比男性少 10 600 美元，大约是男性工资的 73%。在更高的教育水平上，女性收入也少于男性，是男性工资的 71%～74%。 419

收入差异也存在于同一职业的全时、全年工作的男性和女性之间，虽然不平等在某些职业比另外一些职业更显著（见表 11—2）。即使在护理等传统的女性工作领域（注册护士），女性的收入也只有男性的 87%，在接受了高等教育的高校教师中，女性的收入只有男性的 85%。财务管理和房地产销售等职业中，景象更糟糕。在社会工作中更平等一些，但这是另一个“女性的职业”，工资通常是不太高的。在很少的职业领域，如特殊教育等，女性比男性赚得稍微多一点。

不是所有人都相信有一个工资差距。一些人认为，当考虑到多年的工作经验，以及由于生活方式等因素的深刻影响（如，决定离开劳动力市场抚养孩子），工资差距几乎消失了。[12]确定到底哪些因素共同决定着男女薪酬的差异是经济学家和其他社会科学家的一项艰巨任务。过去的学术分析发现，即使包括教育和工作经验等“人力资本变量”，男人和女人之间收入上 30%～50%的偏差或差异仍然无法解释。[13]职业和行业类型解释了一些，但不是全部，还是有不能解释的空白。不能解释的变量可能是由于性别歧视或其他因素。

随着越来越多的女性推迟结婚和生育年龄或从未结婚，她们获得了更多教育、将更多的时间花费在劳动力市场中。[14]证明工资差异变得越来越困难了。例如，当在工作中承担同样责任的男性会计的收入超过女性会计时，缩小工资差距，女人诉诸政治行动。1963 年的《平等工资法》（Equal Pay Act）要求，做同样工作的男人和女人被给予同样的报酬。为了进一步确保维护这样的法律，联邦政府建立了平等就业机会委员会（EEOC）来帮助员工解决在工作场所的性别和其他形式的歧视。

表 11—1　25 岁及以上不同性别和教育程度的全时、全年工作的人 2008 年年收入的中位数

	男性（美元）	女性（美元）	女性收入占男性收入的百分比
博士	100 000	74 025	74
专业学位	100 000	71 297	71
硕士	80 962	57 512	71
学士	65 800	47 026	71
专科学位	50 147	36 760	73
某些学院	45 821	32 626	71
高中文凭	39 009	28 382	73
某些高中	29 678	20 405	69
低于九年级	24 255	18 634	77

资料来源：U. S. Census Bureau, Historical Income Tables—People, Table P-24. Retrieved June 3, 2010, from http://www.census.gov/hhes/www/income/histinc/incpertoc.html.

420 **表 11—2　在被选出的专业中不同性别的全时工作的人 2008 年平均周收入的中位数**

	男性（美元）	女性（美元）	女性收入占男性收入的百分比
财务经理	1 457	945	65
房地产经纪人和销售代理	952	682	72
计算机和信息系统管理员	1 641	1 260	77
警察和治安巡逻员	929	731	79

续前表

	男性（美元）	女性（美元）	女性收入占男性收入的百分比
家禽和水产品加工处理者	512	430	84
高校教师	1 245	1 056	85
注册护士	1 168	1 011	87
食品的制备工	368	338	92
社会工作者	812	779	96
特殊教育教师	914	949	104

资料来源：Bureau of Labor Statistics，"Highlights of Women's Earnings in 2008"（Washington，DC：U.S. Department of Labor，July 2009）. Retrieved June 3，2010，from http：//www.bls.gov/cps/cpswom2008.pdf.

另一种缩小女性和男性之间的收入差距（也包括不同种族和族裔群体成员之间的收入差距）的方式是"比较价值"（comparable worth）或"平等工资"（pay equity）。这个概念的意思是，当劳动者从事的工作不同，但是要求同样的责任、努力、知识和技能时，应该得到同样的报酬。[15]因为"二元的"或"性别分离的"劳动力市场创造了一种状况，在其中"妇女的专业"被看作不如男人主导的专业那么高级和重要，所以形成了许多主要由男人从事的专业货币性的工作报酬更多的情形。在讨论比较价值时，我们真正要问的是，被谈论的工作对社会是否具有同样的价值。鉴于性别分离的就业市场，通常认为直到更多的女性进入男人为主的职业，收入差距不会消除，就如同"蓝领"和"白领"的分别。[16]

比较价值或平等工资涉及从激进到理性的每一件事情。[17]在一些人看来，给女性的平等工资是姗姗来迟的，而另一些人则认为它会严重破坏由自由市场调节的劳动力供给和需求，减少对女职工的需求，增大女性的失业率，导致大量的诉讼。[18]

到 1985 年，全美有 20 个州通过立法或解决方案将比较价值作为州（不是私人）就业的一项要求或目标。明尼苏达州和华盛顿州是主要的例子。决定工作的价钱或价值是一个艰巨的任务。在明尼苏达州，州的工作基于工作要求、技能水平和其他因素来评估比较价值的工作类别，分配分数。例如，1982 年，明尼苏达州对货车司机（大多数是男性）和文书打字员（大部分是女性）的工作评估评级相同——117 分；然而，货车司机每月工资是 1 900 美元，而文书打字员的工资是 1 400 美元。[19]明尼苏达州议会批准实施平等工资，调整州发现的低估价值或过低支付，相当于对这些职位平均每年增加 2 200 美元。[20]"平等工资国家委员会"报告说，这些加薪大多数给了女性，有 10%给了价值被低估岗位上的男性。它还报道说，一个独立的评估发现，州雇员中男性和女性之间的工资差距缩小了 9 个百分点，对妇女就业没有明显的负面影响。其他经济学家有不同的看法，认为明尼苏达州的结果是，主要由女性从事的工作岗位的增长少于大多数是男性的工作岗位的增长。[21] 421
他们还报告说，随着华盛顿州实行比较价值，这个区域得到调整的工作岗位的数量下降了，特别是那些得到最大调整的工作岗位。"独立女性论坛"（Independent Women's Forum）说，大多数州废弃了比较价值的努力，是因为实施问题——那些负责这个任务的人不能就工作分类系统达成一致。[22]

美国公民权利委员会（U.S. Commission on Civil Rights）已经不再支持比较价值，认为它将严重破坏劳动力市场。法院一般也不喜欢比较价值，认为产生于市场竞争的薪水支付是不违法的。例如，发生在布朗大学的一个案件，一位男教授指责学校对同样资质的一位女教授支付了更高的薪水。第一上诉巡回法院的裁决支持校方，理由是那位女教授被支付更高的薪水是因为她已经打算到另一个学校任职，所以布朗大学才给了她更高的薪金。布朗大学是为了留住这位女教授，认为她比那位男教授有更大的市场价值，并且法院也同意。在另外一个案子中，华盛顿大学护理学院的员工提出诉讼，认为她们的工资收入比其他部门的男职员低。第九上诉巡回法院根据《公民权利法》第七章裁决，如果薪金不平等是由于劳动力市场的竞争所致，则该诉讼不予受理。

政府的行政、司法和立法部门都参与了平等工资。例如，2000 年，美国劳工部开始了新的积极的行动条例，促进平等支付，要求联邦所有订约人按性别和少数族裔的状况报告招聘、解聘、晋升、薪酬状况。[23]法庭案件也继续测试平等工资的原则。有一个案件引起了全国的关注，莉莉·列得贝塔（Lilly Ledbetter）赢得了对固特异轮胎和橡胶公司（Goodyear Tire and Rubber）工资歧视的诉讼。固特异公司对法院的裁决提出上诉。最终，美国最高法院审理了这个案子，裁定列得贝塔没有权利得到赔偿，因为她没有及时提起诉讼。为了纠正这种技术性的问题，国会 2009 年通过了《莉莉·列得贝塔平等工资法》（Lilly Ledbetter Fair Pay Act），以确保《公民权利法》尊重平等工资的意图。列得贝塔没有得到货币补偿，只是满意地知道以她的名字命名的法案对提出工资歧视诉讼的时间限制，产生在最后一次歧视性工资或薪酬实践之后，而不是在第一次歧视性工资或补偿实践之后。《莉莉·列得贝塔平等工资法》是美国总统巴拉克·奥巴马上任后签署的第一个议案。

公共政策很少结束对一个问题的争论。工作场所的歧视诉讼继续被提起，法院继续接到上诉，有时国会发现它必须通过一项法律，澄清之前的立法意图。

妇女政策研究所估计，按照目前的速度，再过 50 年全国范围的支付差距也不会消除。[24]妇女政策研究所还报告说，对女性最好的经济体是哥伦比亚特区、马里兰州和新泽西州，最坏的是阿肯色州、西弗吉尼亚州和路易斯安那州。[25]

担任政治职务的女性

在妇女参政运动开始很长时间以前，女性就已经开始组织、示威，冒着被逮捕的风险通过政治参与争取平等。但是，直到 1920 年美国宪法第十九修正案才最终赋予了妇女投票权。即使有了这项权利，妇女能够当选和被任命担任政治职务的人与她们在人口中的数量相比也是很小的。例证 11—1 描述了一些女性在政治活动中引人注目的第一次。表 11—3 显示，尽管她们的代表名额不足，但女性在美国国会中的比例一直稳步增长，从 1979 年的 3%增长到 2009 年的 17%。[26]在 2009 年，17 名女性在美国参议院工作，其中 13 名为民主党人，4 名为共和党人。美国众议院中有来自 31 个州的 73 名女性议员，其中 56 名为民主党人，17 名为共和党人。此外，还有 3 位女性议员代表哥伦比亚特区、关岛和维尔京群岛。

422

例证 11—1

女性在政治活动中引人注目的第一次

自 19 世纪中期以来，女性已经在主要的选举和任命的职位中有了政治历史。例如，1866 年伊丽莎白·凯迪·斯坦顿（Elizabeth Cady Stanton）成为第一位竞选美国众议院议员的女性。1884 年，3 位女性被选为科罗拉多州众议院议员，成为第一批在州立法机构任职的女性。1916 年，在美国宪法第十九修正案赋予妇女选举权 4 年之前，来自蒙大拿州的共和党人珍妮特·兰金（Jeanette Rankin）当选美国众议院议员。1933 年，美国总统富兰克林·德拉诺·罗斯福任命弗朗西斯·珀金斯（Frances Perkins）为劳工部部长，这也使她成为第一位获得内阁职位的女性。玛格丽特·蔡斯·史密斯（Margaret Chase Smith）是第一位当选参众两院议员的女性。1964 年，她成为共和党提名的第一位女性总统候选人。同样在 1964 年，来自夏威夷的民主党人帕西·竹本·明克（Patsy Takemoto Mink）成为第一个当选美国众议院议员的亚裔女性。1968 年，雪莉·齐泽姆（Shirley Chisholm）当选为众议院议员，这也使她成为第一位在国会任职的非洲裔美国女性。1972 年，她成为第一位在民主党全国代表大会上被提名的美国总统候选人和第一位非洲裔美国主要党派总统候选人。1977 年，当帕特里夏·罗伯茨·哈里斯（Patricia Roberts Harris）被任命为住房和城市发展部部长时，她成为获得内阁职位的第一位非洲裔美国妇女。

自 20 世纪 80 年代以来，女性在选举和任命的官员中已经实现了更多的著名的第一次。例如，1981 年，里根总统任命了桑德拉·戴·奥康纳（Sandra Day O'Connor），她成为第一位在美国最高法院中任职的女性。1984 年，民主党的国会议员杰拉尔丁·费拉罗（Geraldine Ferraro）成为第一位被提名为主要政党的副总统候选人的女性。1989 年，伊琳娜·罗斯-莱赫蒂宁（Ileana Ros-Lehtinen，佛罗里达州的共和党人）是第一位当选为国会议员的西班牙裔和原为古巴人的美国女性。1992 年，卡罗尔·莫斯利-布劳恩（Carol Moseley-Braun，圣迭戈的民主党人）成为第一位当选美国参议院议员的非洲裔美国女性和有色女性。同时，加利福尼亚州成为第一个同时有两名女性参议员的州，两名女性参议员分别是芭芭拉·博克瑟（Barbara Boxer）和戴安娜·范斯坦（Dianne Feinstein），两
423 人都是民主党人。1993年，克林顿总统任命珍妮特·雷诺（Janet Reno）为美国司法部第一位女性部长。1997年，阿伊达·阿尔瓦雷斯（Aida Alvarez）被任命为小型企业管理局（Small Business Administration）的负责人，成为第一位获得内阁职位的拉美裔女性。1997年，克林顿总统任命马德琳·奥尔布赖特（Madeleine Albright）担任国务卿，使她成为在联邦政府中职位最高的妇女。

2001年，美国总统小布什任命康多莉扎·赖斯（Condoleezza Rice）为第一位女性国家安全顾问，在2007年，她成为共和党第一位担任国务卿的非洲裔美国女人。2001年，当小布什总统任命赵小兰（Elaine Chao）为劳工部部长时，她成为总统的内阁成员中第一个亚洲裔美国女性；小布什总统还任命盖尔·诺顿（Gale Norton）为第一位女内政部长，任命安·维尼曼（Ann Veneman）为第一位女农业部部长。来自加利福尼亚州的民主党人南希·佩洛西（Nancy Pelosi）有好几项第一次：2001年成为民主党在国会中的党鞭，她成为美国国会有史以来职位最高的女性；2002年当选众议院的民主党领袖，成为第一个国会中的女性政党领导人；2007年，担任美国众议院议长，成为第一位女性议长。2008年，纽约的民主党参议员希拉里·克林顿（Hillary Rodham Clinton）在每一个州的初选、预选和民主党的核心会议中成为第一位女性总统候选人，阿拉斯加州州长萨拉·佩林（Sarah Palin）成为首位女性共和党副总统候选人。也许这些第一次、更多的女性为担任政治职务而进行的运作的存在和被任命担任高层次的职务，将激励越来越多的女性追求政治生活。

资料来源：Center for American Women and Politics，Eagleton Institute of Politics，“Firsts for Women in U. S. Politics”（New Brunswick，NJ：Rutgers，The State University of New Jersey）. Retrieved May 31，2009，from http：//www. cawp. rutgers. edu/fast _ facts/resources/Firsts. php.

在州的范围内选举的职位，如州长、副州长，女性的比例已从1979年的11％增长到2009年的23％（314个位置中的74个），但是这低于1999年的28％（见表11—3）。在74名女性中，50位是民主党人，22位是共和党人，两人是无党派当选人。在州议会中，女性当选的比例从1979年的10％增加到2009年的24％。2009年，在100个人口最多的城市中有11位女性市长，在人口超过30 000的1 142个城市中，女性市长占17％。

表 11—3　1979—2009 年特定年份中女性当选政治职务的比例

年份	美国国会	州范围选举的职位	州议会
1979	3%	11%	10%
1989	5%	14%	17%
1999	12%	28%	22%
2009	17%	23%	24%

资料来源："Women in Elective Office 2010," Center for American Women and Politics, December 2009. Retrieved February 2, 2010, from http://www.cawp.rutgers.edu/fast_facts/levels_of_office/documents/elective.pdf.

重振《平等权利修正案》

20 世纪 60 年代和 70 年代的妇女权利运动推动了几项有助于解决女性在就业、教育和市场中面对的不平等问题的联邦立法。其中最著名的一些成就是：

(1) 1963 年的《平等工资法》要求雇主对在相似的条件下从事同样工作的男性劳动力和女性劳动力给予同样的报酬。但是，该法没有覆盖所有的就业者。修正案增加了工作的类别和必须照做的雇主类别。

(2) 1964 年《公民权利法》第七条禁止就业实践中的性别歧视，并提供了申诉的权利。平等就业机会委员会负责对该条款的解释和实施。

(3) 总统的 11246 号命令，已经被 1967 年的第 11375 号命令修正，禁止实际上有性别歧视的雇主得到联邦的承办合约。雇主还被要求发展"积极的行动"计划以减少不平等。命令还在劳工部建立了联邦合约履行局（Office of Federal Contract Compliance）作为实施机构。 424

(4) 1972 年修正《公民权利法》第九条的教育修正案，禁止接受联邦资金的小学、中学、专科学校、专业学校、学院和大学性别歧视。

(5) 1975 年的《平等信贷法》(Equal Credit Act) 禁止出借机构以性别和婚姻状况为基础的歧视。

(6) 1978 年的《孕期歧视法》(Pregnancy Discrimination Act)，是对人权法的又一项修正，对因怀孕受到就业歧视的妇女提供了保护。

看起来，由于有这些相关的法案，女性在法律保护下应该没有问题。但是，就这些法律也进行了一次又一次的斗争。《公民权利法》第九条的立法是一个典型的例子。大部分的辩论关注学校的体育项目是否继续歧视女学生，是否因第九条要求女生有平等参与体育运动的机会，获得奖学金要与学生们的参与成比例，在招聘、设施、教练、住房、辅导、其他补贴和资源等方面要得到平等对待，因而阻碍了男生的体育运动。[27]

也许最令妇女权利活动家沮丧的是，对美国宪法的平等的权利修正案从来没有被批准。1923 年的《塞内加瀑布妇女权利公约》（Seneca Falls Women's Rights Convention），爱丽丝·保罗（Alice Paul）首次提出从平等权利角度对美国宪法进行修正的说法。之后，几乎每一年《平等权利修正案》都被引入国会，但直到 1972 年才在国会两院通过。这项修正案仅仅简单地规定：

第一条：法律上的权利的平等不应该被国家或州因性别而否定或剥夺。

第二条：国会有权力通过适当的立法来实施本条款。

第三条：这一修正案自批准之日起两年后生效。

到 1978 年，这个修正案还没有达到所需的 38 个州的批准。国会将最后期限延长至 1982 年 6 月 30 日。尽管拥有 5 000 万名成员 450 个组织——工会、教会、民权组织、法律协会、教育团体和医疗组织——的支持，《平等权利修正案》得到批准还是缺少 3 个州。[28]

《平等权利修正案》的赞成者认为这个法案保证的法律上的平等应该成为宪法——“国家的最高法律”的一部分，而且直到这成为事实，否则心照不宣的以性别为基础的歧视确实会一直存在，尽管联邦和州都有大量的禁止性别歧视的法律。《平等权利修正案》的赞成者坚决主张就像其他社会政策的结果一样，性别歧视最好是由国家的政策提出来，而不是由联邦、州、地方的大量的政策提出来，从而导致每个主体都进行更改或重复。

其他人则不赞同。在国会于 1972 年通过了《平等权利修正案》之后不久，保守的菲利斯·施拉夫利（Phyllis Schlafly）发起“停止《平等权利修正案》的运动”。运动是基于对如果传统女性的社会角色中断可能发生什么的担心。有人猜测这个法案将导致一个军事草案和要求妇女承担战斗的责任，女性对经济支持和儿童监护的权利将被削弱，甚至厕所
425 也变得男女皆宜。这些担忧在《平等权利修正案》中都没有专门提到。施拉夫利和鹰派论坛依然反对《平等权利修正案》，几乎每一届国会中都会重新引入。

美国仍然是为数不多的没有宪法保护妇女权利的民主国家，很多女性仍然相信《平等权利修正案》应该成为法律。一些《平等权利修正案》的拥护者希望国会继续延长它的批准时间。[29]这些人指出，一个国会加薪的修正案在 1992 年——国会通过它 203 年后才被批准的。没有批准期限强加给这个加薪修正案。国会最初却对《平等权利修正案》设定了批准期限。因为它延长了这个最后期限一次，一些人相信国会可以再次延长它。

在《平等权利修正案》辩护者的眼睛里，国会也可以应用美国最高法院“合理”的和“足够同期”测试表明这个修正案仍然是至关重要的、及时的和相关的，并随着另外三个州的批准使《平等权利修正案》成为一个宪法修正案。[30]许多美国人可能没有意识

到已经存在一个活跃的复兴《平等权利修正案》的运动，一些问题是否仍然是至关重要的、及时的或相关的。例如，在 2003 年，当纽约的民主党人卡罗琳·马洛尼（Carolyn Maloney）和参议员爱德华·肯尼迪（Edward Kennedy）在第 108 届国会重新提出《平等权利修正案》时，独立女性论坛（Independent Women's Forum，一个保守的共和党组织）的执行副总裁和总律师顾问安妮塔·布莱尔（Anita Blair）宣称："正常妇女不想要，也不需要它。"[31]

家庭照顾

社会对儿童照顾和其他家庭责任提供更多的帮助自然会更大地促进妇女的平等。这个话题是如此重要，在本书中它已经被讨论了不止一次。为儿童照顾增加税收抵免的建议遇到了反对，反对者认为这种方法对在工作的同时选择使用不付费的照顾的家庭是不公平的，包括那些一个家长留在家里与孩子们在一起的家庭。他们支持对有未成年人的家庭实行更多的儿童税收抵免，无论他们的就业情况和选择照顾孩子的方式如何。1997 年《平衡预算法》包括最低水平的儿童税收抵免。2001 年在小布什政府时期，抵免逐步增加，到 2010 年达到 1 000 美元（见第二章），在奥巴马政府早期通过的《美国复苏与再投资法》使税收抵免可用于更多的低收入家庭，甚至那些没有收入所得税的家庭。

第七章提到，作为 1996 年的《个人责任和工作机会协调法》的一部分建立的儿童照顾和发展基金，为儿童照顾增加了资金。该法案制定了最大规模的福利改革，要求接受救助的家庭去工作或参加与工作相关的活动。《美国复苏与再投资法》也为启蒙教育计划增加了资金。这个计划为尚未达到上学年龄的儿童提供儿童照顾和教育计划（见第二章和第九章）。

儿童照顾的负担能力、质量和监控，以及提供儿童照顾员工的低工资导致招聘和留住员工很困难，这是每个使用或提供照顾的人都关心的问题。许多低收入的父母必须使用一切他们能够找到的照顾孩子的方式，因为他们必须努力使收支平衡，或者因为对贫困家庭的临时救助计划要求他们去工作。"第二十二条军规"这种进退维谷的局面就是，许多家庭在父母双方去工作时，负担不起或找不到像样的儿童照顾。

使残疾人和老年人得到照顾的问题也同样提出了挑战。妇女通常被假定为承担照顾责任的人。社区日间照顾中心有助于在一定程度上减轻这类负担，并且许多家庭使用医疗照顾、医疗补助和其他自有资金从私人部门购买家庭照顾。

在老布什总统执政时期，国会两次通过家庭休假议案，要求一些雇主在雇员的孩子出生或配偶、父母、孩子患了严重的疾病时，提供 12 周的无薪假期。同样，当员工患病时 426

也要提供这样的假期。尽管有强大的公众支持，老布什总统还是否决了两个议案，他给出的理由是，虽然他赞成家庭休假，但是议案可能迫使企业以雇用替代帮助，它们可能无法负担得起。这不是保留工作岗位，他担心议案可能导致工作岗位的丢失。

克林顿总统对家庭休假法的感觉完全不同。1993 年，一入主白宫他就迅速地签署了《家庭和医疗休假法》（Family and Medical Leave Act）。但是，法律豁免了人数少于 50 个的企业（因此有一半的劳动力和大量的小企业被豁免），而且覆盖的企业也没有被要求给地位等级较高的雇员提供假期。

1994 年，加利福尼亚州颁布了一项法律，赋予许多私人和公共部门员工 6 周的带薪休假的权利，薪水是工资的 55%（2008 年是每周不超过 917 美元），以便在孩子出生时提供照顾，或照顾其他家庭成员。这使加利福尼亚州成为第一个颁布这种法律的州。[32] 为了给项目融资，员工缴纳的残障保险增加了。2009 年，华盛顿州和新泽西州也支付了家庭休假计划。[33] 雇主继续争论家庭休假会影响业务且成本太高。

据麦吉尔大学的研究，在 173 个国家中，在对工作的家庭的支持方面，美国落后于其他高收入国家和一些中等收入国家以及部分低收入国家。[34] 总共 168 个国家提供带薪产假，98 个国家提供至少 14 周的带薪休假。只有美国、莱索托、利比里亚、斯威士兰和巴布亚新几内亚不能保证母亲带薪休假。提供带薪产假的这些国家中的 65 个国家也提供父亲带薪陪产假。

小布什总统废除了克林顿任总统时期的一个规定，即在工作的父母有一个孩子或收养一个孩子时，允许使用失业保险帮助工作时的休假。[35] 一些州在员工因家庭原因必须离开工作时，提供了失业保险津贴。奥巴马政府一直试图推动更多的州扩大失业保险计划，包括为那些需要照顾家庭成员的人提供津贴。

堕胎权利没有中间地带

在美国的文化战争中，堕胎是一个关键问题。在 20 世纪 60 年代以前，堕胎在任何一个州几乎都是不被允许的，除非孕妇的生命因此而处于危险之中。后来有 10 多个州对自己的堕胎法进行了一些修改，增加了允许堕胎的情况，包括因被强奸、乱伦导致的怀孕，以及孕妇的身体或精神健康有严重问题的情况。但是，要真的能够实施堕胎还是很困难的，因为每一个要求堕胎的人都必须单个地分别接受医生和将要为之实施堕胎的医院的检查。

最高法院和罗伊诉韦德案

1970 年有 4 个州（纽约州、阿拉斯加州、夏威夷州、华盛顿州）进一步放宽了它们的堕胎法，只要一位妇女征得了她的医生的同意就可以实施堕胎。1973 年美国联邦最高法院做出的裁决，从根本上改变了堕胎的政策。在罗伊诉韦德（Roe v. Wade）和多伊诉伯尔顿（Doe v. Bolton）两个案件中，法院裁决宪法第五和第十四修正案所保证的所有人的“生命、自由和财产”不包括还没有出生的胎儿。此外，最高法院还将第五和第十四修正 427
案所保证的个人自由扩大到个人有决定自己是否生孩子的自由。再就是最高法院规定了在什么情况下可以对堕胎予以怎样的限制：（1）在怀孕的前 3 个月，州不能限制孕妇堕胎；（2）在怀孕的第 4 至 6 个月，州不能限制孕妇堕胎，但是为了保证母亲的健康，可以设定一些标准，这些标准表明在怎样的情况下，在什么时候可以实施堕胎；（3）在怀孕的最后 3 个月，除非为了母亲的生命和健康，州里可以禁止堕胎。

事先选择和反对堕胎的力量

堕胎权利的支持者往往自称为“事先选择”运动，相信女人应该有权决定自己的身体，包括堕胎。堕胎权利的支持者担心，如果不能合法地实施堕胎，一些妇女可能就会寻求非法堕胎，而这很可能有健康的风险，甚至导致死亡。赞成堕胎的人们相信当一位妇女可以对一次意外怀孕做出堕胎的决定时就可以避免痛苦和受罪。赞成事先选择的团体，包括全国堕胎权利行动联盟（National Abortion Right Action League）和计划生育（Planned Parenthood）组织，支持遍布全国的“大胆说出来”以抵抗反堕胎的运动。

堕胎权利的反对者通常属于“生命的权利”群体，反对自由地堕胎。这些反对自由堕胎的团体一般是以某种宗教、道德或生物学知识作为自己信奉的观点的基础，坚持认为堕胎就等于残害生命。反对堕胎的人每年都在罗伊诉韦德案判决纪念日那天在华盛顿举行示威游行活动。诺曼·麦考维（Norma McCorvey）——罗伊诉韦德案中的原告，后来成了一个基督徒，现在说反对堕胎。麦考维没有机会堕胎了，因为法院控制她的案子的时间太长了。

艾米丽的名单（Emily 即 Early Money Is Like Yeast 的缩写，早期的钱就像酵母，它帮助面团发酵）是政治行动委员会对于选举事先选择的民主党的女性到各级政府任职的一个贡献。希望名单（Wish List，Women In the Senate and House，参众两院的女性）是政治行动委员会对选举事先选择的共和党中女性的贡献。

医疗补助和堕胎

罗伊诉韦德案判决之后，贫困的孕妇能够在医疗补助计划中获得联邦资金资助堕胎。但是 1976 年反堕胎团体坚持不懈地支持伊利诺伊州的保守党议员亨利·J·海德（Henry

J. Hyde)，成功地使海德修正案（Hyde Amendment）获得通过。该修正案禁止联邦政府为堕胎提供资金，除非孕妇不堕胎就会有生命危险。海德修正案没有禁止州政府用自己的钱为堕胎付费。这个法案也没有限制私人基金为堕胎付费，但是提出，如果私人基金不能覆盖所有的成本，就必须限定它们这样做的权力。联邦最高法院支持海德修正案，宣布贫穷的妇女没有权利使用联邦政府的钱堕胎，除非她的生命处于危险之中。1977 年联邦基金对迅速报告的因强奸、乱伦导致的怀孕，以及将对妇女造成“严重的和长期的”伤害的怀孕实施堕胎的情况解除了政府不予付费的禁令。但是，1981 年舆论再一次转向限制联邦基金为堕胎付费，除非为了抢救母亲的生命。1989 年国会又一次批准了附加了强奸和乱伦的案例的立法，但是老布什总统否决了这个法案，而国会没能在参众两院获得推翻总统意见所必需的三分之二的否决票。

克林顿政府认为在强奸或乱伦的情况下堕胎是“医学上必要的”，1993 年 10 月克林顿总统签署了一项恢复对因强奸或乱伦导致的堕胎给予医疗补助津贴的法案。6 个州已经允
428 许在一定的限制条件下使用自己的资金帮助贫穷的妇女堕胎，另有 13 个州允许用州里的资金为提出申请的贫穷的妇女堕胎提供帮助。无论州的法律的意图是允许还是需要提出申请，抗议很快出现在用州的资金支付堕胎的地方。反对堕胎的积极分子称，这样的指令是尝试挑战那些法律更严格地限制堕胎的州的政策。今天，根据联邦医疗补助规定，因强奸、乱伦怀孕，或者当母亲的生命处于危险之中时，堕胎能够得到资助。克林顿政府没有通过的全民医疗保险计划中也包括了堕胎的内容。堕胎在 2010 年全国医疗服务改革的立法中也是一个关键点。这项立法在政府支持的医疗服务交换之下，将使许多美国人获得医疗保险，将帮助人们得到覆盖。如第八章已经指出的，在交换条件下被覆盖的妇女，要想得到堕胎的覆盖，必须每个月填写两个单独的检查单——一个覆盖她们的定期保费的部分，另一个单独附加对堕胎的覆盖。因为女性通常不会期望需要堕胎，也不希望由于成本或其他原因处理一个单独的附加条款，所以这个条款在解决堕胎问题上的有效性可能是有限的。

最高法院基调的改变

对堕胎权利的解释一直是最高法院的责任。1983 年最高法院再次重申了 1973 年关于堕胎的权利的里程碑式的裁决，并增加了一些条款。在第二个 3 个月的早期堕胎不一定非得在医院里进行，因为医疗技术的进步使得在门诊部就可以安全地实施堕胎。最高法院还否定了俄亥俄州的阿克隆市采取的管治措施，这一管治措施中的一些主要要求使堕胎变得更为困难，例如未成年人要得到父母的同意，并在一位妇女签字要求堕胎至实际实施堕胎之间增加了一个 24 小时的等待期。1986 年最高法院再次采取行动，这次否定了宾夕法尼亚州的以阻止妇女堕胎为目的的法律。

但是，后来最高法院的基调发生了变化。1989 年，在韦伯斯特诉生殖健康服务部门（Webster v. Reproductive Health Services）的裁决中，最高法院支持密苏里州的包括下列内容的法律：（1）禁止公立医院和公职人员实施堕胎或为堕胎的妇女提供咨询，除非她的生命处于危险之中；（2）由医生决定一位怀孕至少 20 周的妇女是否正携带着一个能够生存（在子宫外能够生存）的胎儿；（3）宣布某个怀孕妇女不能堕胎。这一判决向各州通过对堕胎更具限制性的法律敞开了大门。宾夕法尼亚州很快就对堕胎采取了新的管治规定，包括丈夫的同意书、24 小时等待期和禁止第三个 3 个月堕胎等内容。在更具限制性的州里更是出现了一个增加法律条款的浪潮。相反，马里兰州阻止了这样的趋向，通过了一项支持堕胎权利的法律。虽然这一法律遭到了激烈的反对，堕胎权利的辩护者还是希望在最高法院不能保护堕胎权利的时候，这一法律可以在马里兰州保护堕胎权利。

在 20 世纪 80 年代共和党执政期间，赞成事先选择的团体更加关注堕胎的权利。1973 年最高法院支持堕胎的判决是以 7 票对 2 票获胜的，1983 年的决定是以 6 票对 3 票获胜，1985 年是 5 票对 4 票。1989 年对密苏里州法律的限制也是 5 票对 4 票。里根总统在任职期间任命了三位最高法院的法官——桑德拉·戴·奥康纳（Sandra Day O'Connor，第一位就职于最高法院的妇女）、安东尼·肯尼迪（Anthony Kennedy）和安东尼恩·斯卡拉（Antonin Scalia）。这三个人在 1989 年的投票中都是支持密苏里州的法律的。只是最高法院中的较老的成员在捍卫堕胎的权利。老布什总统任命戴维·苏特（David Souter）和克拉伦斯·托马斯（Clarence Thomas）为法官，堕胎权利的辩护者们担心他们的选择可能会导致对堕胎权利的进一步损害。

1992 年最高法院还审理了另一起案件，是关于宾夕法尼亚的新的堕胎法的。在另一个 5 票对 4 票的判决中，最高法院再次保护了堕胎的权利，但是同时以 7 票对 2 票通过了 429
一项决定，其内容包括年龄未满 18 岁的孕妇实施堕胎事先要征得其父母的同意，几乎每个获准堕胎的人都要求一个 24 小时的等待期，以及要求医生向孕妇宣布医生的选择等。然而，这项决定否定了要求丈夫声明同意的条款。

1993 年，克林顿任命了著名的妇女权利的倡导者鲁斯·巴德·金斯伯格（Ruth Bader Ginsburg）为最高法院的法官，事先选择的倡导者又看到了对堕胎权利给予较强支持的希望。克林顿做出了另外一项对最高法院法官的任命，小布什总统任命了两名。目前还不清楚奥巴马总统的最高法院任命会产生什么影响，索尼娅·索托马约尔（Sonia Sotomayor）可能没有任何堕胎的决定，因为她此前从未裁决过堕胎的案例。媒体经常把埃琳娜·卡根（Elena Kagan）——奥巴马总统任命的美国最高法院法官，视为支持堕胎权利的人。反对堕胎的人自然担心奥巴马政府的任命将会影响堕胎政策，正如事先选择的倡导者担心共和党总统的任命。

抗议和暴力

在阻止堕胎的努力中，反对堕胎的积极分子使用了大量的策略，如在互联网上发布“通缉令”，将执行堕胎的医生的照片放上去。这个活动显然是受宪法的保障言论自由的保护的[36]，但互联网服务提供商关闭了各种网站，因为他们正在受到威胁。[37]反对堕胎者也在电视、互联网和广告牌上使用发育中的胎儿图像努力证明胎儿也是一条人命。他们还试图欺骗堕胎诊所工作人员同意，为一个使未成年人怀孕的成年男朋友保密，尽管这是违反法律的。

反对堕胎支持者使用的其他策略包括封锁实施堕胎的门诊，这种过激的行动曾经导致反堕胎团体的数百名成员被逮捕。在努力阻止对实施堕胎的门诊的骚扰方面，全国妇女组织（National Organization for Women，NOW）尝试了几种策略。开始，她们试图引用曾经被用于三K党（Ku Klux Klan）的有关案例的1871年的《公民权利法》，但是没有取得成功。后来，全国妇女组织又对“实施营救”（Operation Rescue）和其他类似的反堕胎组织提出了另一项诉讼，引用的是联邦的与有组织的犯罪有关的敲诈勒索和反垄断的法律（被称作有影响的敲诈勒索，《贪污腐化组织法》，Corrupt Organizations Act of 1970），希望以此来阻止对堕胎门诊的抗议和骚扰。诉讼最初被驳回，因为抗议涉及的是一种政治活动而非营利性的商业活动。“实施营救”组织欢呼这是言论自由的胜利，但是当问题被提到联邦最高法院时，法官们一致同意如果有违法活动卷入，与有组织的犯罪有关的敲诈勒索和反垄断的法律就是适用的。1998年依据与有组织的犯罪有关的敲诈勒索和反垄断的法律，在芝加哥，陪审团认为三个反堕胎的积极分子在一个门诊利用威胁和暴力手段试图阻止堕胎的做法属于犯罪行为。由于认为最高法院的其他判决可能在保护实施堕胎的门诊方面做得远不够成功，国会在1994年通过了一项称为“缓冲地带”的法律，这一法律使阻止进入堕胎诊所和使用或威胁使用暴力反对寻求和实施堕胎的行为成为触犯联邦法律的行为。

1994年在得克萨斯州，“实施营救”组织和其他的反堕胎团体因损坏了一个“计划生育”组织的诊所被罚款100万美元，是迄今为止最大的一笔赔偿判决。美国最高法院的工作是解释美国宪法。有时，这些解释也在改变。在2003年和2006年，美国最高法院推翻了其依据与有组织的犯罪有关的敲诈勒索和反垄断的法律的裁决，说联邦的敲诈勒索法规不能用于以反对堕胎为基础的行动。[38]反对堕胎的力量又占了上风。

一些人已经超出抗议和示威的范围，而是在堕胎诊所进行轰炸或放火。虽然反堕胎积极分子中的绝大多数是反对暴力的，但还是有几名医生和诊所工作人员被杀了，这就使人
430 们严肃地提出了以反堕胎为名义的运动还会走多远的问题。2009年5月，乔治·泰勒（George Tiller）——执行晚期堕胎的美国医生之一，在诊所为一位顾客服务时被射杀。

泰勒的双臂以前就被射伤过，他的诊所也被轰炸过，他一直不断地被骚扰和恐吓。一些人称他为英雄，另一些人则称他为杀手，但泰勒一直为女性服务。

国会、总统和堕胎

在关于堕胎的拔河比赛中，总统也求助于有关的规章。规章要求一个 30 天的评论时间，但是，当总统希望迅速采取行动或认为国会不会批准规则的内容时，立法过程中这个规定也可以规避。在里根任总统期间，他还努力地试图禁止联邦国内的计划生育诊所提供资金，认为这就等同于在“限制的规则”或“国内限制规则”下，与当事人讨论堕胎问题。“计划生育”组织的成员们说即使放弃联邦的资金给付，也不能屈服于这一法令。最高法院支持“限制规则”。国会不同意，但是它没能否决老布什总统对这项法律的投票。不过，老布什政府允许，如果有医疗上的需要，医生可以对堕胎进行讨论，从而使这一政策变得温和了。但是，如果一位妇女只是想了解堕胎的信息，其他人可以接待。克林顿总统上任后，取消了国内的言论限制法规。今天，联邦政府资助的诊所可以提供所有女性可以得到的可用选项的信息，包括堕胎，但它们不能使用联邦资金提供堕胎服务。[39]

在离任之前，小布什总统发布了一个规定，扩大了现有的对那些因为意识到医疗服务是令人讨厌的、基于宗教或道德而不想参加医务工作的人员的保护。奥巴马总统表示他打算推翻这个规定。

美国在被称为“全球限制规则”或“墨西哥城政策”的条款下，还努力将限制妇女的生殖权利扩展到国际，因为这个条款是在墨西哥城的一个国际会议上讨论的，故此命名。里根总统提起了这个规则，目的是防止接受美国援助的国际组织提供堕胎的信息或实施堕胎。共和党政府已经努力实施这个禁令，民主党政府取消了它（奥巴马总统 2009 年上任后）。反对堕胎的力量支持这项禁令，说那些反对堕胎的人不应该用税收来促进它。这个论点乍一听起来还算合理，但是需要想一想支持一些美国人反对的活动的税金，例如伊拉克战争。实现选择的力量继续对美国的堕胎问题进行辩论，认为应该减少在穷街陋巷里进行的堕胎、自己实施的堕胎，保护妇女健康。他们还认为，在医疗服务很少的贫穷国家，妇女也需要得到一系列的计划生育的选择和其他生殖保健服务。

近年来，美国国会对堕胎政策已经采取直接行动。2003 年 11 月，国会通过、小布什总统签署成为法律的，是第一个禁止特定的堕胎（即半生产堕胎）的法律。现实中很少有这种性质的堕胎，但是对这样的程序是否应该被允许和对这种程序的适当的称呼的争论被热炒起来。[40]这一禁令使明明知道还实施这种堕胎的医生承担刑事责任，除非是为了拯救妇女的生命。美国医学协会和美国妇产科医生大学的校长反对这项立法。《波士顿环球报》的专栏作家艾伦·古德曼（Ellen Goodman）称，这项法律为反对堕胎力量的“公共关系”的机敏的策略，法案的签署使形势雪上加霜。[41]总统和一群微笑的立法者都是男性。2007 年，最高法院以 5 票对 4 票支持了这项禁令。

431 一个较间接的国会影响堕胎权利的尝试是，2004 年小布什总统签署《未出生的暴力受害者法》(Unborn Victims of Violence Act)。这项法案使袭击孕妇期间伤害“未出生的孩子”的行为成为犯罪行为。为了惩罚罪犯，诸如此类的法律可能显得合理。事先选择群体视这些法律为托词或几乎不加掩饰地破坏对罗伊诉韦德案的判决所称的宪法保护的权利不延伸至未出生的胎儿的尝试。

避孕药物

避孕药品和设备的可获得性也是一个公共政策问题。一些妇女提起诉讼，要求使她们的医疗计划包括生育控制，这些计划甚至包括提升男人性功能的药物，如伟哥。这使得 2000 年就业机会均等委员会规定，一些雇主赞助的医疗计划应包括生育控制。

尽管本质上不是一个公共政策问题，但 2009 年英国医学杂志《柳叶刀》还是对教皇本笃十六世提出指责，称他对非洲的抗击艾滋病毒/艾滋病的声明“无耻和严重不准确”，他认为“通过分发避孕套无法控制艾滋病；相反，它们增加了”[42]。在美国高中提供避孕套是一个公共政策问题，它可能引起父母的愤怒。发表在《公共健康杂志》上的一项研究发现：“在提供避孕套的学校，青少年……不太可能报告自己一生或最近的性交行为。这些学校里性活跃的青少年的数量是可能使用避孕套的青少年数量的两倍，但在他们最近的性活动中他们不太可能使用其他避孕方法”[43]。这是有趣的研究结果，但很难解决的问题是，学校是否应该分发避孕套。

1988 年法国给妇女分发抗孕酮片（在美国称为米非司酮）——一种在妊娠早期诱发流产的药物。为了避免公司对米非司酮的抵制，法国制药公司给非营利组织人口委员会在美国营销药物的权利。直到 2000 年美国没有批准米非司酮的合法使用，四年后才表示，该药物是安全的。米非司酮使女性避免去堕胎诊所，能够私下里获得医生的帮助终止妊娠。医疗补助计划并不提供药物，除非一个女性在医疗补助计划下没有其他堕胎的方法，否则这样的案例是被限制的。

其他紧急避孕问题在 2005 年爆发，是由一种被称为左炔诺孕酮的药物或称为 B 计划或者更一般地称为事后避孕药的药物引发的。（米非司酮用于终止怀孕，而 B 计划则是防止性交后怀孕。）指示说明 B 计划在性交后 72 小时内使用，但越早使用越有效。[44]B 计划成为有争议的问题的一个原因是，一些药剂师基于宗教观念反对开堕胎药物处方。药剂师是否必须填写处方的斗争一直在州一级进行，一些州通过法律要求药剂师开出所有合法的处方。

B 计划也成为有争议的问题，因为美国食品和药物管理局（FDA）拒绝了使它可以在柜台出售（即没有处方）的提议，尽管科学证明了它的安全性，并且食品和药物管理局的联合咨询委员会及食品和药物管理局审查人员建议在柜台出售。政府问责办公室的一份报告发现，美国食品和药物管理局没有使用通常的实践决定 B 计划。[45]在联合咨询委员会提出建议以后，一种药物被拒绝从处方药转变为柜台出售药，这是从 1994 年到 2000 年唯一发生的情况。食品和药物管理局专员的解释是，使药物可在柜台出售的随后的延迟，是因为担心 18 岁以下女性可能不会正确使用 B 计划。生殖权利的倡导者称之为科学前夕的政治，食品和药物管理局妇女健康办公室的负责人苏珊·伍德（Susan Wood）辞职以示对 432 延迟的抗议。2005 年生殖权利中心和其他团体提出一项诉讼，食品和药物管理局使 B 计划在 2006 年可以在柜台向成年人（18 岁及以上）出售。2009 年，联邦法院下令年龄降至 17 岁（17 岁以下女孩必须有处方才可获得 B 计划）。[46]法官还告诉食品和药物管理局考虑撤销对所有可以在柜台出售的药物的限制。保守派称降低年龄为一个政治决定，忽视了父母的权利。[47]

堕胎权利存在吗？

罗伊诉韦德案裁决后，每年的堕胎数量不断增长，从 1974 年的大约 76.3 万例，到 1980 年翻了一番，达到 140 万例。[48]但是，此后堕胎率下降了。2005 年，大约 82 万例进行了合法堕胎。堕胎率从 1980 年的 15～44 岁的女性的 25‰，降至 2005 年的 15‰。许多理由被用来解释这种降低，包括更多的人使用了避孕药，意外怀孕减少了，由于需要父母的同意或被劝告的规定，以及强制性的等待时间等使堕胎有更多的限制。[49]许多女性明显是怀孕了，但是在许多地区，尤其是农村地区，没有堕胎服务提供者（据说密西西比州只有一个堕胎服务提供者）。[50]与孕妇接触并为其提供帮助的危机怀孕中心，是否对寻求堕胎的妇女的数量有任何影响，是一个问题。许多这样的中心是有争议的，因为事先选择的支持者看到的主要是它们对考虑堕胎的妇女努力进行劝阻。

现在 33 个州要求女性在接受堕胎之前得到劝告，24 个州要求在实施堕胎之前要有一个等待期。[51]反对堕胎的人士将要进一步向前推进，例如，要求女性在实施堕胎之前，对胎儿进行超声波检查。内布拉斯加州已经在 2010 年用怀孕 20 周后禁止大多数堕胎行为的法律对堕胎给予了进一步的限制，声称胎儿会感到疼痛，要求医疗专业人员要确定一个女人堕胎后或被迫寻求堕胎可能产生的心理或生理问题。[52]当各州在削减堕胎权利时，事先选择运动也日益关注堕胎政策的未来。

绝大多数的州要求未成年人堕胎之前要得到父母的同意或被劝告过才能施行堕胎手术。[53]父母的同意是一个特别敏感的问题，因为未成年人没有得到父母的许可一般不能接受医疗服务。一些人认为堕胎应该与治疗不同，因为年轻女性因乱伦怀孕可能担心父母的打击，或者认为她们的父母可能不允许她们去堕胎。

事先选择的支持者希望通过联邦法律保护堕胎权利，而不是继续在法庭上挑战州的限制堕胎的法律。自 1989 年以来，在将罗伊案件的判决编纂成法律和提供更多的保护妇女权利的选择的努力中，《自由选择法》已经被介绍给每一届国会。2004 年，参议员芭芭拉·博克瑟提出了一项全面的《自由选择法》的新版本。[54]在这个法案中，女性将拥有在罗伊诉韦德案中最高法院清楚地表达的法定生育权。在其他条款中，医疗补助将涵盖堕胎，公立医院不能禁止堕胎，女人不必服从等待期或其他努力劝阻她们堕胎的要求，在美国以外服务的女军人也能够堕胎，女性拒绝堕胎或寻求堕胎时受到歧视都应该得到法律补救。

433 美国总统巴拉克·奥巴马呼吁“新的计划生育对话，通过工作找到这个领域的共同基础，最好地满足国内、国外的妇女及其家人的需要”[55]。他已经指示“有关的工作人员了解这个问题的方方面面，以便实现减少意外怀孕的目标”。这样的共识基础已被证明难以捉摸。研究表明，禁欲项目并没有减少青少年的性活动或无保护措施的性行为的比率。[56]美国人还是无法就在他们自己的国家如何在性活动方面教育年轻人形成一致意见，同样，他们对堕胎政策肯定也不能形成一致建议。这些主题是文化战争中的关键问题。

针对妇女的暴力行为

针对妇女的暴力行为可能有许多形式。广泛地说，包括强奸和其他形式的性侵犯，以及亲密伴侣施加的情感的和身体的虐待，还包括性骚扰。

性侵犯

执法机关的报告提供的关于强奸和性侵犯的情况是不完整的，因为许多受害者由于尴尬和耻辱没有报告这些罪行。基于保密调查，引用最为广泛的对美国强奸和性侵犯发生率的研究表明，每年有超过 30 万名女性和近 9.3 万名男性被强奸。[57]研究人员还发现，近 18%的女性和 3%的男性在其一生中经历过被强奸（界定为“迫使阴道、口和肛门性交”）或强奸未遂。

20 世纪 70 年代，一个强奸危机运动发展起来，这个运动显著影响了男人和女人在被强奸或性侵犯以后的被对待方式。今天，法律执行机构更严肃地看待关于强奸的报告，对受害者更加尊重，使其更有尊严。司法部门也更有可能起诉这样的罪行。现在每个州都有一个“强奸保护”法律或法院有在这类刑事案件中使用的政策。强奸保护法律或政策对受害者过去的性行为或其他行为的信息予以保密，不在法庭上进行介绍。保护的程度各不相同。有些州允许基于信息与案件的关系，为了保护被告的权利，有更大的灵活性。[58]在大多数州，强奸保护法律不适用于民事案件，民事案件中的受害者可能试图从加害者那里获得货币赔偿。为了保护受害者的身份，许多报纸不报道他们的名字。

许多社区社会服务系统从报告被强奸开始帮助受害者直到案件走完诉讼程序。支持服务也可以按照受害者的愿望免费提供。医院急诊部门通常将对强奸案件的处治置于首要位置，并且给受害者提供一个私密的等待区域。为确保更好地收集用于起诉的证据，“强奸工具包”协议已经订立了。这些被最真实地描述的协议可以作为证据收集的程序，这些可以是强制性的，可以是与受害者可能需要的医疗服务分开的。在某些司法管辖区，性侵犯检查护士是经过专门训练来搜集证据和支持受害者的。

执法机构和地区检察官办公室可以有专门负责性犯罪案件的人员或单位，以便积累调查和起诉的经验。他们可能也有向受害者提供支持服务的单位。性侵犯反应小组（Sexual assault response teams，SARTs），由社会服务、执法、检察等机构人员的代表组成，旨在 434
使受害者得到适当的服务，并在整个过程中协调涉及的每一步。[59]

亲密伴侣的虐待

家庭暴力包括对亲密伴侣（异性或同性）或任何其他家庭成员的虐待行为。在最广泛的意义上，这种虐待可以是身体上的、性的、情感上的，包括拒绝给予一个家庭成员经济资源等其他形式的虐待。它还包括跟踪和威胁伤害。目睹这样的虐待也可能对孩子有害。本节的重点在于界定对配偶或亲密伴侣的虐待，以区别于其他形式的家庭暴力。

一份被广泛引述的全国性研究称，亲密伴侣暴力“无处不在”[60]。在接受调查的受访者中，25%的女性和近8%的男性报告，在他们的一生中（到目前为止）曾被亲密伴侣强奸或身体侵犯过，1.5%的女性和近1%的男性报告近一年来发生过这种事情。基于这些数据，每年在美国有150万名女性和80多万名男性被亲密伴侣强奸或身体侵犯。许多受害者在一年内不止一次受侵害。此外，每年大约50万名女性和近20万名男性被亲密伴侣或前亲密伴侣跟踪。根据司法部的报告，在2005年有1 181名女性和329名男性被亲密伴侣杀害。[61]

在20世纪70年代后期，一些州的官员们认识到被打的妇女没有受到适当的法律保护，一些人采取的立场实际上是性别歧视的立场。[62]现在所有的州都颁布了某些类型的保护被虐待的配偶的法律。遭受暴虐的配偶有两种类型的法律资源：民事的和刑事的。民法被用于“调解个人之间的争端和对伤害的赔偿”，刑法被用于“惩罚扰乱社会秩序的行为和与威慑类似的其他行为”[63]。

早在20世纪80年代，明尼苏达州的杜卢斯市就引入了一个对实施家庭暴力者强制逮捕的政策，这一政策后来被许多司法机构采用。这种政策要求在警察已经有充分的理由相信一个人侵犯了当前或以前的亲密伴侣或家人的情况下实施逮捕。警察保留自行决定是否有逮捕的理由的权利，但如果有明显伤痕存在，警察必须逮捕涉嫌犯罪者。

1984 年，明尼阿波利斯家庭暴力实验（Minneapolis Domestic Violence Experiment）检验强制逮捕是否减少了后续的家庭暴力事件，比较是要求在所谓的罪犯离开了至少 8 小时以后进行的，或者建议涉嫌犯罪者或夫妇商量如何解决的情况。[64]一个经典的实验设计和研究仅限于较轻的、罪行较小的虐待案件，这种情况是给警方打电话最多的家庭暴力事件（严重伤害案件被排除在外）。逮捕是最有效的方法，在警察被叫来的案件中暴力重复发生的比例为 10%。最无效的方式是警察要求涉嫌犯罪者离开，在这些案例中暴力重复发生的比例为 24%。受害者也认为逮捕后暴力重复发生的比例更小。

明尼阿波利斯实验的结果被誉为“社会科学曾经产生的结果中最有影响力的”，但是，随后对强制逮捕政策的研究并没有形成一致的结果。[65]在一些研究中，被逮捕的男性更有可能发生重复暴虐。由于在这些研究中使用的研究方法并不一致，所以有一项研究设计了一致的方法，以检查在美国各个部分的五辖区内的强制逮捕。与其他方法（介入、被命令
435 离开现场、警告或禁令）相比较，逮捕是与少重复相联系的，但是，具有统计上的显著差异的数据仅是基于受害者的报告，而不是警察的报告。在随访期间，超过一半的男人并没有再次伤害对方，而少数再次犯案的，与对他们的干预方式无关。个人特征，如当事人的年龄、犯罪记录，比被逮捕对重复犯罪变量给出了更多的解释。然而，研究者得出结论：“逮捕对攻击行为有威慑性的影响，这是有一致的和直接的证据的，虽然影响是温和的。”

今天，一些州有一个强制性的逮捕政策，其他州则使用申请逮捕（逮捕是受害者申请的而不是强制性的）或任意逮捕（警察在决定逮捕时有更多的回旋余地）。[66]最近的和有争议的政策是“双重逮捕”，即双方都在家庭暴力案件中被逮捕，因为警察不能确定是谁的错或认为两者都有错。（很多人认为这些政策是不公平的，因为在异性恋夫妇中，经常是妇女在寻求保护。）主要侵犯者政策为识别真正的或主要的罪犯提供了指南。大量研究发现，有主要侵犯者政策或法律的辖区比没有这样的政策或法律的辖区双重逮捕率低了 75%。在有主要侵犯者政策的辖区，只有 2%的亲密伴侣暴力案件导致双重逮捕，但同性伴侣比异性恋夫妇更可能经历双重逮捕。研究同样发现，强制逮捕政策增加了逮捕的数量，但减少了定罪的数量，也许是因为检察官那儿此类案件数量已经超负荷了。这使一些人认为产生一点积极影响的政策（逮捕）可能会导致意想不到的负面后果（更少的起诉）。识别出一旦采用就被认为更有效的方法是很重要的，但更好的方法是将防止暴力置于首位。

为了防止未来再次受到暴力伤害，受害者可能会申请保护或禁止令。有争议的是，这些工具是否会进一步激怒男性伴侣，造成重复攻击。西雅图的一项研究发现，有禁止令（可持续一年）的女性，比那些没有禁止令的女性，明显较少可能向警察报告后续虐待，而短期禁止令与向警察报告身体上的虐待（包括跟踪）有更强的相关性。[67]对保护令的研

究很难进行，因为保护令的受害者不能随机得到保护令。根据国家司法研究所的一个报告，鉴于“大量研究表明受害者一致满意有关命令，被一致的研究发现称赞的命令没有明显出现重复虐待风险的增加，并且可能会阻止一些虐待行为”，所以“应该鼓励受害者拿到保护命令和再次得到它们，但也应该让受害者知道，命令并不能阻止所有的虐待行为，可能加上对施虐者的刑事起诉更有效”[68]。

另一个问题涉及对施暴者进行治疗的项目的有效性。对法院裁决的施虐者干预计划(BIPs)，对认知行为或心理教育项目进行了一项系统调查。总的来说，调查发现，干预项目稍微减少了官方报道的家庭暴力，但没有基于受害者报告的影响。准实验研究的结果是喜忧参半。总的来说，作者得出的结论是，“发现……法庭裁决的施虐者干预项目在减少犯有轻罪的家庭暴力的男性重复施暴的有效性上，提高了一倍”[69]。

《防止对妇女施暴法》

《防止对妇女施暴法》（Violence Against Women Act，VAWA）是 1994 年的《暴力犯罪控制和法律执行法》（Violent Crime Control and Law Enforcement Act）的一部分。之前，联邦政府应对指向妇女的暴力行为被认为是比较弱的。针对指向妇女的暴力行为的国家办公室是司法部的一部分，成立于 1995 年，负责监督和实施联邦的规定，包括《防 436
止对妇女施暴法》。通过州际执行《防止对妇女施暴法》加强保护命令，禁止那些与限制令有关的人拥有枪支，并支持恢复禁止命令和强奸保护法律。

《防止对妇女施暴法》设立了家庭暴力热线（1-800-799-SAFE）。它还为增加刑事司法系统帮助受害者的方式提供支持，包括执法人员、检察官和法官的教育，并鼓励申请逮捕的政策和社区警务技术发展。指南也被开发出来，以要求性犯罪者到当地有关部门登记。

《防止对妇女施暴法》鼓励刑事司法机构和有关机构之间合作，如受虐妇女庇护所、强奸危机处理计划、为受害者提供一线服务的受害者—证人计划等等。社区响应是至关重要的，因为女性需要依赖当地执法机构和法院的保护，它们可通过设置适当的保释、服务授权、逮捕嫌疑人、进行适当惩罚来体现公正。

许多帮助女性的社会服务机构，如强奸危机中心，有小的预算和稍微一致的支持。它们只可以帮助有需要的人中的一小部分。性侵犯和家庭暴力受害者的服务往往是以危机为取向的，交通、住房和其他长期形式服务的帮助不足，如对妇女、儿童和肇事者的心理治疗。为帮助经历过暴力尤其是家庭暴力的女性的项目，专注于提供全面的法律、医疗、就业、住房、咨询和与儿童相关的服务，帮助妇女重建她们的生活。家庭暴力法庭是应对这一问题的另一种方式（见例证 11—2）。

例证 11—2

纽约的家庭暴力法院

它们是什么？

家庭暴力受害者面临许多安全和独立的障碍。难以理解的和复杂的法庭程序不应该在这些障碍之中。传统上，受害者要在四个不同的法院面对几个法官，法庭中还有她们的伤害者、家人和与她们的婚姻问题有关的听众。而这些"一个家庭/一名法官"的法庭，根据家庭暴力的独特性质设立，一名法官处理所有家庭暴力犯罪案件和相关的家庭问题，如监护权、探视、民事保护令和婚姻行为。整合刑事、民间响应系统以保障受害者的安全和确定被告的责任是关键的一步。家庭暴力综合法院通过将被告的总体责任集中到一个可以监控对法院的命令的遵守情况和程序规定的法官手里，能够使罪犯承担更高层次的责任。此外，受害者也能够在自己的案件中发出更大的声音，更有能力应对至关重要的家庭问题，诸如经常难以保障其安全和独立的家庭问题——安全探视、及时的支持。再有，对受害者的服务通常是现场进行和现场协调。目前，在纽约有超过 40 个家庭暴力综合法院在运作，包括伦斯勒、韦斯特切斯特、布朗克斯区、罗彻斯特、锡拉丘兹里士满、皇后区、汤普金斯、伊利、富兰克林和萨福克郡。此外，在规划和实施家庭暴力综合法院的回应中，该中心还提供了国家和国际技术帮助。

它们怎样工作？

家庭暴力综合法院通过以下方式改进对家庭暴力案件的处理：

一个家庭/一个法官：一位受过交叉培训的主管法官处理所有与这个家庭相关的事情——刑事的和民事的。在过去，家庭法院的法官可能永远不会听到刑事法院发出的保护命令，而刑事法院的法官可能永远不会了解出现在家庭法院的有关问题。通过将责任集中于一位法官手中，法院能够迅速做出决定、提高被告的责任、加强受害者的安全保护，并以司法命令消除潜在的冲突。

被告监测：通过把家庭暴力案件的所有方面放在一个法官面前，法院增加了刑事司法和以社区为基础的社会服务机构之间的协调。此外，通过安排规定服从的日期，法院密切关注被告，并对指控和不服从做出快速的反应。

明智的决策：通过与利益相关者——民事律师、执法者、负责缓刑和假释者——的广泛合作，法官有更大机会获得必要的信息。

提高效率：通过在同一个听证会上处理刑事和民事案件，家庭暴力综合法院旨在减少当事人的出庭次数。这样可以加速部署和简化所有参与者的参与过程。

受害者服务：法院与基于为受害者辩护的社区一起工作，以协调对受害者的服务，诸如危机咨询、住房和职业培训。

资料来源："Integrated Domestic Violence Courts in New York: What Are They?"（New York: Center for Court Innovation）. Retrieved June 7, 2009, from http: //www. courtinnovation. org/index. cfm? fuseaction = Page. ViewPage&PageID=604&currentTopTier2=true.

最初，《防止对妇女施暴法》允许受害者因经济损失在联邦法院提起诉讼，前提是，性别暴力影响女性参与州际商业活动的能力。2000 年，美国最高法院推翻了该条款，认为国会没有业务规范，"非经济的、暴力的犯罪行为完全基于其州际贸易的影响"。

《防止对妇女施暴法》于 2000 年在《人口贩卖和暴力受害者保护法》（Victims of Trafficking and Violence Protection Act）下得到重新授权。约会暴力也增加到法律中，并且为教育和培训在约会暴力案件中实施逮捕的执法人员提供了资金。"网络跟踪"被添加到州际跟踪的定义中。添加了一个新的拨款计划，以发展为家庭暴力受害者提供救助的过渡性住房。被虐待、忽视或剥削的老年人现在也作为一个受保护的群体被包括在其中，并为培训处理虐待老人案件的执法人员提供了资金。对受虐待的移民的新的保护和服务也添加到法律中，同时将打击贩卖人口作为一项任务，尤其是打击"性交易、畜奴和像奴隶一样对待他人"。2005 年《防止对妇女施暴法》再一次得到授权。除了继续之前的计划，还扩大了网络追踪的定义，添加新的住房规定，对与性虐待有关的项目第一次提供了联邦资金，并且增加了对儿童和青少年服务的条款。

许多妇女组织欢呼《防止对妇女施暴法》及其再一次授权，将其作为一个对妇女和儿童立法的成功的事例。有些男性的组织和保守团体至少对法案的某些方面提出批评。《尊重准确性的家庭内虐待报告》（Respecting Accuracy in Domestic Abuse Reporting，RA- 437
DAR）说，《防止对妇女施暴法》"公然歧视男性"，因为它未能认识到，其实男人也是家庭暴力的受害者，法官可能听信女人的一面之词，在对发生的暴力事件没有足够证据的前提下就发出限制令，它不公正地促使男人与他们的孩子的分离。[70]相反的观点是，绝大多数女性是家庭暴力的受害者，而且，如果男性是家庭暴力的受害者，他们也可以根据《防止对妇女施暴法》寻求帮助。

性骚扰

《平等工资法》、《平等信贷法》、《家庭和医疗休假法》以及其他类似的政策对妇女都是重要的，但是在其他公共政策领域，妇女如果要享有真正的经济和社会平等还需要关注

438 更多的问题。问题之一就是性骚扰。《联邦管理法规》(Code of Federal Regulations）和平等雇用机会委员会对性骚扰的定义是：

> 不受欢迎的性方面的建议，要求性的给予和其他的与性本能有关的言语的或身体的举动等发生在下列情况下时，就构成了性骚扰：
>
> (1) 屈从于这样的骚扰举动，无论是明确的还是模糊的，会影响一个人的就业的期限或状况，或者使一个人的学术性计划得到批准；
>
> (2) 对这样的骚扰举动的服从或拒绝直接影响着一个人的工作地位或学术地位；
>
> (3) 这样的举动的意图或实际上对一个人的工作或在班级中的表现有实际的妨碍性结果，或者这样的举动构成了一种威胁性的、敌意的或令人厌恶的工作或学习环境。[71]

性骚扰是被 1964 年的《公民权利法》第七条和 1972 年的《教育修正案》第九条所禁止的，但是多年以来这样的行为还是被看作无害的和自然的。现在，在公共政策中已经认识到这样的行为既伤害了妇女也伤害了男人，对劳动场所也有损害。1991 年的《公民权利法》规定，那些遭受性骚扰的人视其被伤害的程度可以得到 5 万到 30 万美元的赔偿。但是，控告性骚扰不是没有风险的，如同法学教授安妮塔·希尔（Anita Hill）的情况所证明的，她控告那时的最高法院法官候选人、现在的最高法院法官克拉伦斯·托马斯（Clarence Thomas）有这样的行为。在针对托马斯参议员的问题举行的听证会上希尔所受到的卑劣的对待使许多人感到气愤。一些妇女说她们因为一些公职人员在听证会上的令人作呕的表现而逃离。由于这种情况，性骚扰的诉讼案数量在增长，以至于扩大到了美国总统身上。

在公布的性骚扰案例中，有一个是弗朗西斯·康莱医生（Dr. Frances Conley），她辞去了自己在斯坦福大学医学院的职务，这是在她和医学院的女学生忍受了多年的性骚扰以后愤然做出的举动（后来她又返回了工作岗位）。另一个是海军塔尔胡德（Tailhook）的性丑闻，证明了他个人的行为于军人或男人身份都是不适合的。这样的行为已经属于性暴力侵犯。[72]由于这一灾难性的后果，国家了解到其他服务机构中妇女的状况，在其中妇女如果不遵从这样的行为，其职业升迁就会受到否定或只能离开工作岗位。由女军人和其他的在军队中承担过一些有限工作的妇女努力推动暴露出来的这些丑闻，很可能不是偶然发生的。

439 美国最高法院对于性骚扰案件的第一个重要的裁决，是在 1986 年的梅瑞塔储蓄银行诉文森（Meritor Savings Bank v. Vinson）的案件中做出的，这个案件阐明了 1964《公民权利法》第七条确实包含禁止性骚扰的内容。一些低级法院对这一决定的解释是相当有局限性的：只将它运用于妇女在心理上受到损害或不再能在原工作场所工作的情况。第二个重要的案件发生在 1993 年，在那时法院扩大了这一解释。特丽萨·哈里斯（Teresa Harris）在 20 世纪 80 年代中期先把她的性骚扰案提交到较低级的法院，法院拒绝审理她的案件，认为该案件不符合该法院采用的严格的性骚扰定义。但是最高法院的法官鲁斯·巴德·金斯伯格（Ruth Bader Ginsburg）认为，在工作场所一种性别不应该遭受与另一种性别不同的待遇。桑德拉·戴·奥康娜（Sandra Day O'Connor）法官也认为，在行为变成心理上的伤害发生之前，应该有可求助的对象。她还补充说，充分的证据应该是“环境是能够被察觉的，而被察觉的环境是敌意的或侮辱性的”。

性骚扰案件一般被分成两类：一种类型是有“交换物”的，在这种类型的案件中性对象被强迫或被要求以此作为有关的就业决定的条件；另一种类型是“敌意的环境”，在这样的环境中性举动不合理地介入工作表现中。关于“敌意的环境”类型，有争议的作家、人文学科教授、自称女性主义者的卡米拉·佩格里亚（Camille Paglia）写道：“女性的狂热过度保护快速地让我们制造了一个幼稚的国家。”[73]

1998 年，在伯林顿企业诉爱立斯（Burlington Industries v. Ellreth）和法拉格尔诉布卡·拉顿市（Farragher v. City of Boca Raton）的案件中，最高法院以 7 票对 2 票（托马斯和斯卡来法官不同意）判决在这两种类型的案件中雇主对性骚扰是有责任的，即使他们没有意识到骚扰，即使不存在威胁和侮辱行为，但是只要骚扰是弥漫性地存在或是严重的，雇主就是有责任的。判决还指出，雇主可以通过显示他们是非常认真地阻止和纠正骚扰减少他们在案件中应承担的责任，而员工则不必为没有改变这种状况承担责任。在另一个案件中，法官判决接受了联邦资金的学校如果知道学生受到性骚扰而没有采取行动，就是有责任的，因为《公民权利法》第九条让学校有机会解决问题。第九条并不把这一责任转给雇主。

2008 年，平等就业机会委员会和与委员会共同工作的州、地方公平就业实践机构，收到近 14 000 例性骚扰投诉（比 1998 年的近 16 000 例下降了）。在这些投诉中，男性提出的占 16%。[74]近 12 000 例得到解决，得到了 4 700 万美元的货币回报，不包括通过诉讼获得的货币收益。虽然性骚扰的定义可能是模糊的，但是法院裁决还是鼓励越来越多的雇主教育员工什么类型的行为会导致诉讼，并且不会纵容有这些行为的员工。

同性恋权利的新时代

40 年前，美国还没有“同性恋权利”这一说法，有的只是对男、女同性恋关系的禁忌。后来，1969 年，一位警察突然对格林威治村的一个叫做“石头墙”的同性恋酒吧进行搜捕，引起了骚乱，最终促使同性恋权利运动诞生。对许多人来说，同性恋权利不仅仅是个立法和政治问题，更是个道德或宗教问题。这增加了达到公共政策解决方案的困难。但是，不管如何定义，同性恋权利议程现在已经引起媒体、联邦、州、地方政府和司法机构的注意。 440

结束《鸡奸法》

在大约 20 年的时间里，美国最高法院一直拒绝受理有关同性恋权利的案件，听任对男、女同性恋有不利影响的《鸡奸法》（这使某种形式的性行为属于违法行为）和其他法律在各州发挥作用。但是，1985 年最高法院打破了沉默，受理了俄克拉马教育委员会诉全国同性恋特别工作组（Oklahoma City Board of Education v. National Gay Task Force）的案件。这一案件涉及奥克拉马的一项法律，该法律允许学校董事会禁止雇用公开为同性性关系辩护的教师。全国同性恋特别工作组批评该法律违反了第一修正案中的言论自由规定，而教育委员会认为第一修正案只适用于那些公开承认某种同性性行为的人。最终的裁决是 4 票对 4 票（鲍威尔大法官生病未参加投票），最高法院维持了低级法院的判决：公立学校不能禁止教师为同性性行为辩护，但是，同性恋者的公开的同性性行为是被禁止的。不久以后，1986 年美国最高法院在裁决鲍尔斯诉哈德威克（Bowers v. Hardwick）案件时，对男、女同性恋者的权利给予了一系列的打击，最高法院没有否定佐治亚州的《鸡奸法》。[75]

1992 年，肯塔基州的最高法院自哈德威克案件判决以后第一个推翻了一个州的《鸡奸法》，法院裁决该法律扰乱了该州的宪法规定的隐私权和平等保护权。十年后，美国最高法院决定受理劳伦斯诉得克萨斯州案件（Lawrence v. Texas）。警方回应了一个电话后，劳伦斯被捕，电话来自一个第三方私人住宅。警察到达后，发现劳伦斯在和另一个男人发生性关系。两人都因违反了得克萨斯州的《鸡奸法》而被逮捕。有两个法院支持他们的起诉。然后，在 2003 年 3 月，美国最高法院通过援引对隐私、平等保护、正当程序的宪法权利，给出了它的历史性的裁决，推翻了鲍尔斯诉哈德威克的裁决。在这一过程中，美国最高法院援引了先前的两个裁决：罗默案（1996）和凯西案（1992）。利用凯西案，肯尼迪大法官表示，法院的结论是，“我们的责任是定义所有的自由，而不是强制执行我们自己的道德准则”，“个人自由的领域政府不得进入，这是一个宪法的承诺”。在罗默案中，法院的结论是，这个案件的“产生是由于朝向一类人的敌意的影响”。劳伦斯裁决宣称“在做出那样的决定时，鲍尔斯是不正确的，并且，在今天仍然是不正确的……他们（同性恋的）自由的权利，根据正当程序条款，应赋予他们个人行为不受政府干预的充分的权利”。

这个决定是同性恋团体的一个重大胜利。民权组织称赞它为巨大的一步。在劳伦斯的裁决做出时，13 个州仍有《鸡奸法》。劳伦斯裁决对这些法律是无效的，这个裁决给予相同性别的成年人与相反性别的成年人相同的表达亲密性的权利。

扩大同性恋权利议程

同性恋权利议程已远远超出了性表达的自由。各个城市已经解决了同性恋者在就业、住房和其他事项上的权利。旧金山和圣路易斯等城市在通过反歧视政策方面走在了前列。1992 年有一股针对同性恋者权利的风潮，主要是被基督教激进分子和其他一些保守主义团体刺激起来的。科罗拉多州通过了一项禁止为同性恋者的权利辩护的法律，而且该法律还将导致废除地方已经存在的保护同性恋者权利的法律，将造成现有支持同性恋权利的地方法律的废除。但是，科罗拉多州的最高法院宣布这一法律是违反宪法的。美国联邦最高法院也认为这一法律违反了美国宪法的平等保护条款。这是最高法院第一次表明把同性恋者的权利作为公民权利对待。当俄勒冈州没能通过一项激烈的反同性恋、将同性恋关系视 441
为犯罪并禁止保护同性恋者的法律时，俄勒冈州的一些市镇采用了它们自己的反同性恋的议案。1997 年，缅因州加入了其他 10 个州以及哥伦比亚特区的行列，用法律支持了同性恋者的权利。法律禁止因性取向在就业、住房、贷款和公共设施的使用方面歧视他人。但是，1998 年反对同性恋的力量在推翻缅因州这项议案的谈判中取得了成功。

截至 2010 年 2 月，有 21 个州和哥伦比亚特区禁止基于性取向的就业歧视，这些州中的 12 个州和哥伦比亚特区也禁止基于性别身份的就业歧视（旨在保护那些变性者）。[76]这些法律适用于公共和私人雇主，尽管会有一些例外。

比尔·克林顿是第一个解决同性恋权利的总统。他发出指令，禁止对联邦同性恋雇员的就业歧视。大多数联邦机构已经有类似的无歧视政策。行政命令的目的是使政策统一。1998 年，在众议院有一个对这一命令的挑战，但失败了。

仍然没有联邦法律保护所有员工，现在还不能做到不论他们在哪里工作，都没有基于性取向和性别身份的歧视。《无歧视就业法》（Employment Non-Discrimination Act，ENDA）于 1994 年首次引入国会。它获得了支持，但尚未通过。[77]

截至 2009 年 6 月，31 个州和哥伦比亚特区已经有仇恨犯罪法规，包括对性取向的仇恨；12 个州和哥伦比亚特区还包括将性别身份作为一个受保护的类别。[78]如果受害者是有针对性的，因为他或她是一个种族、宗教或其他群体的成员，仇恨犯罪法规通常会增强（额外的惩罚）现有的法律。

许多男、女同性恋者感觉缺乏保护他（她）们权利的法律，相反，有些法律却明显地否定对他（她）们的保护，这不仅使他（她）们受到歧视，而且使他（她）们遭受到身体的攻击和其他令人憎恶的犯罪的侵害。在怀俄明州拉勒米市，一名同性恋男子马修·谢巴德（Matthew Shepard），被残忍地谋杀，这是一个仇恨犯罪的悲剧性的例子。2008 年，联邦调查局报告，总共有近 7 800 例仇恨犯罪，其中约 17%是由于受害者的性取向。[79]仇恨犯罪法规的反对者认为，法案包括特殊类别的人是不公平的，因为法案没有对所有类型的人一视同仁。支持者认为，这样的立法是需要的，它将根除某些类别的人持续遭受的歧视。2009 年，国会通过了一项扩大的仇恨犯罪法律，包括了针对实际或感知到的性别、性取向和性别身份的仇恨犯罪。它还包括以残疾的人们为目标的仇恨犯罪。《华盛顿邮报》特约撰稿人称，这个法案，“是想扩大同性恋权利的自由派团体和反对的保守团体之间长达十年之久的战争的结果”[80]。美国总统奥巴马签署了法案，说“在美国不应该有人走在街上时不敢握着他们所爱的人的手”。

家庭内伙伴和同性婚姻

也许在同性恋权利议程上最热门的问题是同性婚姻。反对者认为，婚姻是一个男人和一个女人之间的神圣联盟，同性婚姻将损害婚姻制度。支持者认为，同性婚姻禁令违反了美国宪法的平等保护条款，阻止了一些人享受婚姻的益处。他们指出，缺乏可靠的证据表明，允许同性的人结婚会损害婚姻制度。

20 世纪 80 年代后期，少数城市决定将因家庭内伙伴去世给予居丧假期的规定扩大，涉及的人员范围不仅包括传统意义上的夫妻，而且包括男、女同性恋者的伴侣。自那时
442 起，将对雇员的配偶的健康照顾和其他津贴扩大到不仅包括传统意义上的生活在一起的夫妻，而且包括同性恋者的配偶的城市、政府和私人公司（IBM 等）的数量增多了。2008 年，人权运动报道，有近 9 400 家公司提供了某些类型的家庭内伙伴津贴，大企业的雇主更容易为雇员提供这类津贴。[81]

1996 年，一位法官下令俄勒冈州为同性恋雇员的家庭内伙伴提供保险津贴，否则就是歧视性的，违反了国家的宪法。2002 年 6 月，小布什总统签署了《米切尔·朱迪警察和消防员公共安全官员津贴法》（Mychal Judge Police and Fire Chaplains Public Safety Officers' Benefit Act），对 2001 年 9 月 11 日在值勤中死亡的公共安全官员提供联邦支付的津贴。该法案是以在“9·11”恐怖袭击中丧生的纽约消防部门的牧师命名的。它允许给同性伴侣支付津贴，如果他没有未亡配偶或孩子。有 18 个州和哥伦比亚特区对州雇员提供某种类型的同性伴侣津贴。[82]

2009 年 6 月，奥巴马总统增加了一些对联邦员工中的同性伴侣的津贴，但联邦的《保护婚姻法》禁止给他们提供医疗保险、退休金或幸存者津贴。家庭内或同性伴侣关系的识别方法还只是一个开始，这些条款甚至法律承认的民事结合，还是不一样的婚姻。许多同性伴侣仍没有公认的近亲地位，如为彼此做出应该需要提出的医疗保险和其他重要的决定，并且被限制了许多针对其他家庭事务的权利，如监护和收养等。然而，美国人认为现在还不是承认同性婚姻的时候。

1991 年两对女同性恋者和一对男同性恋者控告夏威夷州，因为它拒绝给她（他）们发结婚证书。大量的国会成员担心夏威夷州可能会承认这样的结合，并担心美国宪法的“充分

信任和信用条款”会要求其他州也承认可能在夏威夷和其他州实施的允许同性别的人结婚的法律。在回应中，国会在1996年最终通过了《保护婚姻法》(Defense of Marriage Act，DOMA)。《保护婚姻法》倒是没有禁止各州承认或立法允许同性别的人结婚，它只是规定，如果有些州实施了这样的法律，其他州不能被强迫承认这样的结合。虽然夏威夷的法院支持同性结婚，但是，在1998年夏威夷以及阿里斯加的选民却没能批准这项法律。

2000年，佛蒙特州最高法院裁定，否认同性恋伴侣得到与已婚夫妇一样的福利的做法违反了佛蒙特州宪法的公共利益条款。佛蒙特州高等法院下令要求议会制定适当的立法，以满足宪法的要求，并警告说，如果不这样做，就会开通原告为获得结婚的权利而再次到法院提起上诉的道路。立法机关以一项法律做出回应，有效期至2005年1月1日，这项法律承认男女同性恋夫妇为民事结合（但不是婚姻），并与所有的已婚夫妇一样获得和承担所有的“利益和负担”。2009年4月，佛蒙特州立法机构真正成为第一个迫使州批准同性婚姻的立法机构。该法案获得了足够的立法者的支持，推翻了共和党州长的否决议案。

2003年11月，新泽西最高法院支持该州对同性婚姻的禁令。基本上，法院承认婚姻是一项基本权利，但是，当双方是同性时就不是了，这表明可能有两种标准的公民权利，异性夫妇的和同性伴侣的。[83]2004年4月，13对同性伴侣起诉纽约州，声称拒绝他们步入婚姻就是否认他们的基本公民权利。[84]

2003年，7对同性伴侣请求马萨诸塞州最高法院赋予他们结婚的权利。与佛蒙特州不同，马萨诸塞州宪法没有共同福利条款，因此，法院必须考虑婚姻基础上的案例，而不是婚姻的福利。马萨诸塞州法院谴责排斥同性伴侣的行为，并得出结论，使用民事结合条款 443
给同性结合一个不同的地位，实际上把同性伴侣置于了“二等地位”。马萨诸塞州的最高法院表示，拒绝同性结婚的权利“是社区中非常真实存在的一个部分，使之形成深度的疤痕是没有理性原因的”。它给州立法机构180天的时间，以适当的立法回应。州立法机构试图通过一项回避婚姻要求的法案，该法案对民事结合赋予与婚姻相同的权利：“所有的福利、保护、权利和责任”。但是，法院说“不”，认为在这个法案中同性伴侣不仅被否认了适用“全面保护法律”的权利，也会被“从人类经验的所有方面排除”。2004年5月1日，马萨诸塞州成为第一个给同性伴侣颁发结婚证的州。

多年来，民事结合和同性婚姻在加利福尼亚州还是问题。2000年，选民批准了第22条规定，肯定“在加利福尼亚州只有一个男人和一个女人之间的婚姻是有效的”。但是，在那一年，加利福尼亚州开始提出家庭内伙伴关系的说法。至2005年，这些结合几乎等同于婚姻。

2004年2月，旧金山市长加文·纽森（Gavin Newsom）指示各郡开始给同性伴侣发放结婚证，否则就违反了正当程序和州宪法的平等保护条款。在下达指令之后的几天，3 000对同性伴侣结婚。问题是，加利福尼亚州将婚姻定义为一个男人和一个女人之间的民事合同。

2008 年 5 月，加利福尼亚州最高法院推翻了州的同性婚姻的禁令，6 月，同性伴侣开始结婚。但是，反同性恋的力量能够在问题面前赢得选民的支持。在对所谓第 8 条规定的激烈争论中，同性恋婚姻的支持者筹集了 3 800 万美元，反对者筹集了 3 200 万美元。[85] 2008 年 11 月，加利福尼亚州的选民以 52%的多数拒绝了同性恋婚姻合法化。然而，18 000对同性伴侣的婚姻已经获得批准。加利福尼亚州的战斗在联邦审判这一禁令的合宪性中继续。美国最高法院以 5 票对 4 票裁定审判将不会广为人知，因为那些作证反对同性恋婚姻的人可能会受“无可挽回的伤害”[86]。2010 年 8 月，联邦法官裁定禁令违宪，说它违反了平等保护和正当程序条款。此案可能会到达美国最高法院。

2006 年，亚利桑那州选民否决了同性婚姻的禁令，但在 2008 年，亚利桑那州选民和新泽西州选民赞成反对同性婚姻的宪法修正案。在缅因州，2009 年选民拒绝了早些时候通过的一项使同性婚姻合法化的法律。

面对来自极右势力的压力，美国总统小布什呼吁通过一个禁止同性婚姻的美国宪法修正案。2004 年 3 月 22 日提交到参议院的联邦《婚姻保护法》是打算这样做的。民权团体表示，如果这样的一项修正案得到批准，这将使一种歧视性政策首次被写入美国宪法。小布什总统称：“一个男人和一个女人的结合……是最持久的人类制度，在所有文化和每一种宗教信仰中都是崇高的和受到鼓励的。”他声称：“婚姻不能从它的文化、宗教和自然根源中被切断，除非社会的良好影响正在削弱。”[87]木屋共和党人（Log Cabin Republicans）（一群同性恋共和党人）例外。小布什总统被指控使用这样的问题做其连任竞选的燃料，但他支持同样的权利——同性伴侣形成民事结合，这导致一些保守派的强烈反对。

截至 2010 年 6 月底，在州最高法院的判决推动或立法推动下，东北部四州（康涅狄格州、马萨诸塞州、新罕布什尔州和佛蒙特州）和一个中心地带艾奥瓦州以及哥伦比亚特区允许同性伴侣结婚。[88]其他大多数州还是有法规或（和）宪法规定，禁止同性婚姻，但是其中有五个州允许同性结合，那是非常类似于婚姻的。可以预期，美国将会有更多的针对同性婚姻的政治活动。

444

孩子的监护权和收养

很多男同性恋者、女同性恋者、双性恋者和变性人有亲生孩子。他们和其他父母一样拥有对孩子的监护权，尽管“法院和一些州的机构在处理收养和监护权纠纷时保留对父母的性取向的自行考虑”[89]。没有可信的证据表明，性取向会影响一个人做父母的能力。在一个民主国家里，任何法院决定某人是否适合养育似乎都是以个体为基础的。然而，决定谁有权收养孩子或成为领养父母，是一个州的问题，在这些领域各个州的法律和政策有所不同。[90]

大多数州允许单身人士收养，不管他们的性取向如何，只要他们满足领养孩子的标准。各州的政策很少一致，在联合收养和第二父母收养方面，规定通常不清楚。联合收养发生在未婚夫妇（家庭内伙伴）共同收养一个孩子时。第二父母收养发生在父母一方已经有一个孩子（亲生或收养的），而他或她的伙伴收养孩子时，在这种情况下给予父母二人权利。第二父母收养有助于确保伙伴在第一收养父母死亡或无法照顾孩子时拥有监护权。(第二父母收养不能发生在一个孩子已经有两个父母对他有合法权利的情况下。)

一些州（如伊利诺伊州、新泽西州、纽约州）显然允许联合收养和第二父母收养。2000年，新泽西州最高法院裁定，同性伴侣抚养孩子的监护权和其他父母一样。一些州显然不同意。例如，1977年佛罗里达州的立法机构通过了一项法律，禁止男同性恋和女同性恋（单身或夫妻）收养孩子。2008年11月，阿肯色州选民通过法案禁止未婚夫妇、同性恋者直接收养或作为养父母收养孩子。2004年1月，美国第11巡回上诉法院维持佛罗里达州禁止同性恋收养的原判，认为判决并没有违反宪法的公正程序和平等保护条款。美国最高法院拒绝审理这一案件。但在2008年11月，迈阿密-戴德巡回法院法官裁定，法律不是对孩子的利益最好的，并且违反了平等保护条款，平等保护权应该被赋予孩子和养父母。[91]截至2010年6月末，州还在等待对上诉的裁判决定。

州关于谁能做养父母的法律或政策也被讨论。鉴于对领养和收养父母的迫切需要（见第十章），男、女同性恋个体和夫妇被称为未被充分利用的资源，他们能够给孩子提供一个家，他们需要也渴望收养孩子，同时又节省了政府的钱。[92]

同性恋在军队：不问、不说

另一个关于同性恋权利争论最激烈的问题与在军队和国家安全部门服务的男、女同性恋者有关。1949年美国国防部实施了一项规定，主旨是禁止男、女同性恋者参军。几十年过去了，有关的政策没有发生任何变化。1988年美国最高法院倒是吩咐中央情报局(Central Intelligence Agency，CIA）不能以未经证实的理由解除男同性恋者的职务，但是，法院回避了在美国宪法第十四修正案（平等保护条款）之下，男、女同性恋者是否有同样的就业权利，包括是否有在军队中服务的权利的问题。

自20世纪90年代早期开始，情况发生了一些变化。1991年一个男同性恋士兵萨金特·佩蒂·沃特金斯（Sergeant Perry Watkins）的案件在法院放了几年后终于得到解决，他被判得到薪金补偿、荣誉退役和得到全额退休金。1992年联邦最高法院的一项判决要求海军恢复海军军士基思·梅因霍德（Keith Meinhold）的职务。基思·梅因霍德自己说自己是男同性恋者，但是裁决是以专门事项为基础的，并且很难判定军队中的男同性恋的问题。

当各军兵种都面临着日益增加的停止对男、女同性恋者的歧视的压力时，克林顿总统 *445*

对解除禁止男、女同性恋者在军队中服务的禁令的期望在全国引起了热烈的争论，包括一些民主党人也十分反对解除禁令。总统同时也是军队的总司令，克林顿有权力用行政命令的方式解除这项禁令。但是，那么多的狂热分子，使克林顿总统试图使用著名的谈判和妥协的政治战略，而不是取消禁令。1993 年，在两党的支持下，美国国会通过了标题代码为 10、副标题为 G 的第 654 节的“关于军队中的同性恋的政策”。它声明“禁止同性恋的行为是军事法律中一个长期存在的元素，在军事服务独特的情况下继续存在仍然是必要的”。该法律也被称为“不问、不说、不追究”，因为征募新兵时不要求透露他们的性取向，调查确定的服务人员对没有导致性行为的性取向的保密规则不允许被违反。[93]指南还禁止对男、女同性恋军人进行骚扰，但同性恋性行为可以作为免职的理由。据五角大楼的指导方针的定义，同性恋行为包括承认是男同性恋、女同性恋或双性恋。在许多环境中，身体的接触，如牵手和亲吻，也可以解释为同性恋行为。然而，去同性恋酒吧、穿平民服装参加同性恋权利游行示威活动，或者拥有同性恋出版物，通常不被认为是同性恋行为。

虽然克林顿总统可能打算在政策中输入一些新的精神，但是，有一种观点认为，其中有一些规定扩大了对同性性行为的界定范围，因此伤害了更多的人。[94]在 2001 年被解职的人数是 1 227 人，达到顶峰，2006 年至 2008 年人数下降了一半（自 1993 年以来，大约共有13 000名军人因为同性恋问题被解职）。[95]有人声称，因为伊拉克和阿富汗战争的作战需要，这个数字已经下降。[96]

法院对军队中的同性恋者的规则并不一致。有些法官认为保留男、女同性恋者的职位对军队是有利的。另外一些法官则认为应该由国会和总统来决定。美国的最高法院还没有解决这个问题。2009 年 6 月，它拒绝处理对当前政策的一个挑战。

其实每个人都知道军队中有男、女同性恋者在体面地服役。1999 年，欧洲人权法庭的一项裁决，迫使英国允许那些公开的男、女同性恋者在军队服役。很多欧洲国家允许公开的同性恋者在军队服役。美国的同性恋权利倡导者强烈地认为性取向与服务是不相关的，用它来排除合格个人是歧视性的。

反对同性恋者从军的力量没有减弱。2009 年，超过 1 000 名退休官员签署了一封给奥巴马总统的信，要求他禁止同性恋者在军队中服役。《华盛顿邮报》发表了一封来自 4 个退休官员的信，反复地争论说，在集体居住区性吸引力使团队凝聚力下降，对招聘和延长服役期限有负面影响。[97]

奥巴马总统承诺，该禁令将被取消。同性恋权利辩护人士批评奥巴马在就任后没有尽快按自己的承诺行动。奥巴马总统呼吁通过研究确定其对军队的影响，并增加国会对取消这一禁令的支持。[98]在 2010 年的国情咨文中，奥巴马总统强化了他将结束这一禁令的措辞。现在看起来，国会将很快允许五角大楼的官员结束这一禁令，允许同性恋者公开在军队服役。例证 11—3 提供了一个组织是如何鼓励提倡者联系国会成员废除禁令的例子。

446

例证 11—3

写给国会的“不问、不说”法律

这是一个人权运动鼓励国会允许男女同性恋者公开在服务军队的努力的例子。

告诉国会是结束“不问、不说”法律的时候了。

在国情咨文演讲中，奥巴马总统承诺今年与国会和军事部门一起工作，废除“不问、不说”法律。

要使这成为现实，我们需要这运动尽快成为资本。要求你的议员支持废除“不问、不说”的立法，并且迅速地推进法案！

消息

请帮助结束“不问、不说”法律

尊敬的［决策者］，

［请把你的信个性化］

作为你的选民，我劝你迅速废除歧视性的“不问、不说”法律。

众议院立法废除禁令，《军事准备促进法》(Military Readiness Enhancement Act) 有希望很快在参议院得到一个类似的法案的回应。我希望我可以依靠你的支持废除“不问、不说”法律。

尽管这项立法的主要目的是废除美国军队的“不问、不说”法律，但是这样，男女同性恋者将被允许公开在军事部门服务。该法案在很大程度上强于《公民权利法》。这是一项保护国家安全、加强我们的军队的法案。同时也能够节省数百万美元的纳税人和我们军队的钱，并且无数的资源可以得到更好的使用。

当每一个合格的、想要在军队服务的美国人都被允许这样做时，军事准备就能够增强。据估计目前至少有66 000名男、女同性恋美国人在美国军队中服役。有超过13 000名军人因“不问、不说”法律已经被解职。鉴于目前对军事力量的需要，它已经形同虚设，而且在招聘和保留在军队服役方面已经面临严重的问题，我们必须废除那项法律，以便有能力的美国人继续在军队服务。

“不问、不说”法律削弱了我们的国家安全。审计总署发布的一份报告显示，近800名掌握关键技术的专家被解雇，其中包括300多名语言学家，超过60人是阿拉伯语专业。报告估计，执行这样的法律的成本是2.9亿～10亿美元，这一数字不包括解除军官和其他高级技术专家的费用。未包括在审计总署报告中的是，据估计每年有4 000名在役人员选择不延长服役期，因为那些法律或因为不必要地离开一个有凝聚力的、有士气的、有战斗力的单位对服役者造成的伤害。审计总署的报告进一步证明“不问、不说”法律必须被废止。

通过支持这一重要立法支持我们的军队吧。我期待着收到你的回应。

真诚的

（你的名字）

（你的地址）

（城市、州、邮政编码）

资料来源：Human Rights Campaign，“A National Campaign to Repeal ‘Don't Ask，Don't Tell’，” Retrieved February 9，2010. from https：//secure3. convio. net/hrc/site/Advocacy? cmd=display&page=UserAction&id=673.

447

男同性恋、女同性恋、双性恋和变性者

许多国家缺乏专门保护男同性恋、女同性恋、双性恋和变性者的法律。[99]虽然很多学区正在证明对保护男同性恋、女同性恋、双性恋和变性青年的法律的需要更加敏感，但青年人总是不能确定自己的性身份。最重要的是，看到每个孩子在学校都是安全的。在许多地区，容忍和接受的历史充其量是对此麻木。

1996 年，盐湖城学校董事会终止了校园里所有的学生团体，而不仅仅是一个同性恋组织，因为 1984 年的《联邦平等机会法》出现了支持圣经团体的情况，它似乎也支持同性恋学生组织。[100]犹他州议会给学校董事会以援助，用法律支持董事会取缔同性恋学生组织的努力。1997 年，一个联邦上诉法院使亚拉巴马州禁止大学校园中的女同性恋、男同性恋和双性恋学生团体的法律失效，根据是，这是不能强制执行的，因为它违反了学生的第一修正案的权利。[101]2004 年在肯塔基州，地区法院发现学生想要形成一个同性恋—异性恋联盟俱乐部，宣布学区必须平等对待所有学生俱乐部，并且对所有初中和高中学生进行反骚扰培训。

男同性恋、女同性恋、双性恋和变性青年学生在其他领域也面临歧视问题。美国公民自由联盟报告，它经常收到来自学生的呼吁，说他们不被允许举办同性约会舞会或女孩在自己约会舞会或学校的舞会上不能穿晚礼服，尽管法院的判决是相反的。[102]例如，1980 年弗瑞克诉林奇案（Fricke v. Lynch），地方法院裁定禁止学生举办同性约会舞会的做法是对言论自由的侵犯。

其他诉讼的裁决也支持男同性恋、女同性恋、双性恋和变性青年学生的权利不受侵犯。例如，1998 年阿拉娜·弗洛雷斯（Alana Flores）——双性恋的高中生，在她的学校

储物柜里收到死亡威胁图形后提出控诉。[103]副校长让她回到班里，说："不要再把这个垃圾带给我了，这令人恶心。"经历过多年的骚扰、威胁和身体暴力，阿拉娜和她的几个同学起诉学校忽视和纵容对同性恋学生的骚扰和暴力。学生的诉讼寻求赔偿损失、对学区人员和学生进行培训。六年后，第九区上诉巡回法院支持了学生。

同性恋学生继续对歧视提出起诉。律师经常利用联邦保护权利的条款（通常是 1972 年《教育修正法》第九条、美国宪法的平等保护条款和 1984 年的《平等机会法》）赢得他们的诉讼。2009 年，美国公民自由联盟起诉了田纳西州两个学区，声称它们违反宪法，屏蔽了有关男同性恋、女同性恋、双性恋和变性青年问题的网络信息。[104]显然，它们允许访问的网站是反对男同性恋、女同性恋、双性恋和变性青年的网站，而不是保护男同性恋、女同性恋、双性恋和变性青年的言论的网站，比如父母、家庭和男女同性恋朋友网站（websites of Parents，Families，And Friends of Lesbians and Gays，PFLAG），男同性恋、女同性恋、异性恋教育网站（Gay Lesbian Straight Education Network，GLSEN），人权运动网站（Human Rights Campaign ，HRC）。

美国的童子军信条要求成员是"道德的异性恋者"，2000 年，美国最高法院以 5 票对 4 票裁定童子军是一个私人组织，可以排除同性恋成员和领导者。拉姆达法律保护和教育基金（Lambda Legal Defense and Education Fund）组织、人权运动组织、美国公民自由联盟和其他组织正在努力结束基于性取向的歧视。

448

总结

女性在 1920 年赢得了选举权，但是美国宪法权利的平等修正案还在躲避。近几十年来，政府的行政、立法和司法部门已经认识到家庭暴力和性骚扰等恶习的严重后果。其他保障妇女平等的努力包括 1993 年《家庭和医疗休假法》的通过。一个特别有争议的问题是堕胎。自从 1973 年罗伊诉韦德案裁决以来，美国最高法院也支持妇女的堕胎权利，但是，近年来由于一些法院判决、州和联邦限制堕胎的立法，堕胎权已经受到威胁。

男同性恋、女同性恋、双性恋和变性者的权利已经提上了公共政策议程。男同性恋和女同性恋在获得平等待遇方面，已经在州和地方层面上取得了一些进展，美国最高法院终于推翻了州的《鸡奸法》。军队中限制同性恋的政策也得到了很大程度的淡化，允许男同性恋者和女同性恋者在军中服役，但是禁止反对歧视男、女同性恋者的法律的努力，证明在这个国家对同性恋权利议程仍然存在根深蒂固的争议。同性伴侣的婚姻还没有进入公共政策议程，但是有一半的州现在允许同性伴侣结婚。

讨论问题和课堂活动

1. 比较和对比对女性和家庭等问题有不同视角和观点的团体，诸如，全国妇女组织和鹰论坛。思考你自己对这些问题的意见，如对《平等权利修正案》和生殖权利的意见。你的那些观点是怎么形成的？你的看法随着时间的推移有改变吗？如果有改变，那么是什么影响了这些改变？你可能想邀请一个由不同年龄层的女性组成的小组到课堂讨论她们对性、家庭、歧视女性以及女性在获得平等方面的进展等问题的看法。

2. 了解你所在的州或社区在平等工资和对女性法律保护等方面排在什么位置。可以在一些组织的网站找到关于这一主题的信息，如妇女政策研究所等。举行一次课堂讨论，讨论在历史的关键时刻，国家和你所在的州在推动平等和法律保护方面的努力，包括《平等权利修正案》对美国宪法是否是必要的。

3. 邀请当地执法人员来课堂讨论他们的机构在家庭暴力案件中的逮捕政策，邀请检察官讨论他或她的与家庭暴力案件有关的工作。他们的机构有特殊的单位或员工专门负责处理家庭暴力案件吗？社区有家庭暴力法院吗？你可能希望旁听一些家庭暴力法院诉讼，或邀请一位审理过这类案件的法官到课堂。你可能也希望邀请当地的受虐待妇女庇护所或其他反家庭暴力机构的代表讨论他们的工作和社区对家庭暴力受害者的反应，并邀请遭受过家庭暴力的人，讨论她们在法律与社会服务系统中的经历。

4. 邀请社区专业人士讨论在你的社区对强奸和性侵犯案件的解决方式。执法机构和检察机构是否有一种特别的单位或者人员专门负责处理这些性犯罪案件？受害者可以得到什么类型的强奸危机或性侵犯服务？在你的社区有没有强奸危机机构、性侵犯反应小组、性侵犯护理检查或者其他特殊服务？你所在的州或法院在此问题上的“强奸保护法”是什么？你可能也希望邀请遭遇过强奸的人讨论她们在法律和社会服务系统中的经历。

5. 举行一次同性恋权利的课堂讨论。辩论各种政策问题，如同性伴侣是否有结婚的权利、公开的同性恋个体是否有权利在军队服役。如果你的州立法机关正在考虑同性婚姻，那么参加委员会会议或就此问题举行听证会。邀请一个或多个正在这些问题上工作的辩护团体的代表，与他们讨论正在使用的促进或击败同性恋权利立法的策略。你可能也希
449 望邀请女同性恋、男同性恋、双性恋或变性人讨论他们经历的歧视，请他们提出在个人层次以及通过团体、组织和政治进程解决这些问题的方法。

6. 邀请认为欺凌或以其他方式骚扰男同性恋、女同性恋、双性恋或变性学生是一个问题的当地学区人员。确定在地方层面看到的政策或程序，这些政策或程序使基于他们是或被认为是的性取向和性别身份而受到欺凌或其他形式的骚扰的学生得到公平对待和保护。他们认为这些政策和程序在促进公平对待方面的效果如何？

7. 你所在的州或社区仇恨犯罪法律吗？如果有，覆盖群体是什么？讨论仇恨犯罪法

律是否是必需的，也就是说，是否有任何群体应该被提出来受到特殊的保护，以及当某类犯罪是针对个人或一些人的，刑事处罚是否应该提高？针对的原因是这些个人的性别或性取向不同，或是根据其性别或性取向的观点形成了团体或组织，他们是其中的成员。

网站

男女同性恋和异性恋教育网站，网址：http：//www. glsen. org/cgi-bin/iowa/all/home/index. html。它是一个国家教育机构，致力于确保学校对于所有学生而言是安全的，不受他们性取向或性别认同/表达的影响，学校应该是个重视差异和多样性的价值的地方，并因此对社会有积极的贡献。

人权运动组织，网址：http：//www. hrc. org/。它是一个国家公民权利组织，致力于促进男性同性恋、女性同性恋、双性恋、变性人和他（她）们的家人的平等权利，支持那些分享他们关于同性恋问题的价值的候选人，并且就男性同性恋、女性同性恋、双性恋和变性等问题对公众进行教育。

妇女政策研究所，网址：http：//www. iwpr. org/index. cfm。它是一个独立的、非营利性的组织，它开展研究来解决妇女的家庭和社会需要。它关注贫穷和福利、就业和收入、工作和家庭问题、健康和安全以及妇女的公民权和政治参与权。

兰姆德法律，网址：http：//www. lambdalegal. org/。它是一个国家民权组织，这个组织旨在通过教育、公共政策和诉讼等推动女同性恋者、男同性恋者、双性恋者、变性者等个体和携带 HIV 的群体以及他们的家人获得平等权利。

美国妇女选民同盟，网址：http：//www. lwv. org//AM/Template. cfm？Section＝Home。它是一个无党派的基层的政治组织，旨在通过公民教育和宣传工作，在联邦、州和地方各级来改进政府和公共政策。

全国妇女组织，网址：http：//www. now. org/。它是一个女性主义组织，致力于通过结束社会各界的民族歧视、骚扰和暴力，保障生育权和根除种族主义、性别歧视和同性恋恐惧症，实现女性平等。

注释

［1］Diana Pearce，“The Feminization of Poverty：Women，Work，and Welfare，” The Urban and Social Change Review（Special Issue on Women and Work），Vol. 11，1978，pp. 28－36，1978. Republished in Vol. 4，*Women's Studies Yearbook*，*Working Women and Families*（Thousand Oaks，CA：Sage，1979）.

［2］See，for example，Barbara J. Nelson，“The Origins of the Two-Channel Welfare State：Workmen's Compensation and Mothers' Aid，” in Linda Gordon，Ed.，*Women*，*the State*，*and Welfare*（Madison：University of Wisconsin Press，1990），pp. 123－150.

［3］关于女权主义的讨论可参考这几本书：Linda Nicholson，*The Second Wave*：*A Reader in Femi-*

nist Theory（New York：Routledge，1997）；Christine Flynn Saulnier，*Feminist Theories and Social Work*：*Approaches and Applications*（Binghamton，NY：Haworth Press，1996）.

［4］关于工资差距的信息参见 National Committee on Pay Equity，"The Wage Gap Over Time：In Real Dollars，Women See a Continuing Gap"（Washington，DC：Author，August，2008）。Retrieved May 30，
450 2009，from http：//www. pay-equity . org/info-time. html。

［5］U. S. Bureau of Labor Statistics，"Highlights of Women's Earnings in 2008"（Washington，DC：U. S Department of Labor，July 2009）. Retrieved June 1，2010，from http：//www. bls. gov/cps/cpswom2008. pdf.

［6］Evelyn Murphy，*Getting Even*：*Why Women Don't Get Paid Like Men and What to Do About It*（New York：Touchstone，2005）.

［7］Catherine Hill and Sarah Warbelow，"Tenure Denied：Cases of Sex Discrimination in Academia，" *American Academic*，Vol. 4，March，2008，pp. 65－104.

［8］U. S. Census Bureau，*The 2010 Statistical Abstract*，"Table 603：Employed Civilians by Occupation，Sex，Race，and Hispanic Origin：2008." Retrieved June 1，2010，from http：//www. census. gov/compendia/statab/2010/tables/10s0603. pdf.

［9］U. S. Census Bureau，*The 2010 Statistical Abstract*，"Table 59：Households，Families，Subfamilies，and Married Couples：1980 to 2008." Retrieved June 1，2010，from http：//www. census. gov/compendia/statab/2010/tables/ 1 0s0059. pdf.

［10］See Rebecca A. Clay，"Making Working FamiliesWork，" *APA Monitor on Psychology*，Vol. 36，No. 11，December 2005，p. 54.

［11］U. S. Census Bureau，"Educational Attainment，2005－2007." Retrieved May 30，2009，from http://factfinder. census. gov/servlet/STTable? _ bm=y&-geo _ id=01000US & qr _ name=ACS _ 2007 _ 3YR _ G00 _ S1501 & dsname=ACS _ 2007 _ 3YR _ G00 _

［12］Denise Venable，"The Wage Gap Myth"（Dallas，TX：National Center for Policy Analysis，April 12，2002）. Retrieved May 31，2009，from http：//www. ncpa. org/pub/ba392.

［13］这段的其余部分依据 Rosemary Hays-Thomas，"Pay Equity，" *Encyclopedia*（Chestnut Hill，MA：Boston College，The Sloan Work and Family Research Network，September 7，2006）。Retrieved May 31，2009，from http：//wfnetwork. bc. edu/new/encyclopedia _ entry. php? id=3829&area=All.

［14］Marisa DiNatale and Stephanie Boraas，"The Labor Force Experience of Women from 'Generation X'，" *Monthly Labor Review*，March 2002，pp. 3－15. Retrieved February 5，2010，from http：//www. bls. gov/opub/mlr/2002/03/art1full. pdf.

［15］M. Anne Hill and Mark R. Killingsworth，Eds.，*Comparable Worth*：*Analyses and Evidence*（Ithaca，NY：ILR Press，New York State School of Industrial and Labor Relations，Cornell University，1989）；Elaine Sorensen，*Comparable Worth*：*Is It a Worthy Policy*?（Princeton，NJ：Princeton University Press，1994）.

［16］Linda Chavez，"Comparable Worth，" *The Wall Street Journal*，August 27，2005. Retrieved May 31，2009，from http：//www. opinionjournal. com/editorial/feature. html? id=110007168.

［17］Hays-Thomas，"Pay Equity."

［18］See，for example，David Theroux，" 'Comparable Worth' Harms Women and Minorities，" *The*

Beacon, February 2, 2009. Retrieved May 31, 2009, from http://www.independent.org/blog/?p=1137.

[19] "Pay Equity and Comparable Worth" (Saint Paul: Minnesota Management and Budget, 2005 - 2009). Retrieved June 1, 2009, from http://www.mmb.state.mn.us/comp-pay-equity.

[20] National Committee on Pay Equity, "Two Progressive Models on Pay Equity: Minnesota and Ontario" (Washington, DC: Author, no date). Retrieved June 2, 2010, from http://www.pay-equity.org/PDFs/ProgressiveModels.pdf.

[21] June Ellenoff O'Neill, "Comparable Worth," *The Concise Encyclopedia of Economics* (Indianapolis: Liberty Fund, 2002). Retrieved June 1, 2010, from http://www.econlib.org/library/Encl/ComparableWorth.html.

[22] "IWF Busts the Wage Gap" (Washington DC: Independent Women's Forum, June 1, 2001). Retrieved June 1, 2009, from http://www.iwf.org/iwfmedia/show/18729.html.

[23] "The History of Affirmative Action Policies," *Motion Magazine* (Washington, DC: Americans for a Fair Chance, October 12, 2003). Retrieved June 1, 2009, from http://www.inmotionmagazine.com/aahist.html.

[24] "Still a Man's Labor Market: The Long-term Earnings Gap" (Washington, DC: Institute for Women's Policy Research, February 2008). Retrieved June 7, 2009, from http://www.iwpr.org/pdf/C366_RIB.pdf.

[25] Heidi Hartmann, Olga Sorokina, and Erica Williams, "The Best and Worst State Economies for Women" (Washington, DC: Institute for Women's Policy Research, December 2006). Retrieved June 7, 2009, from http://www.iwpr.org/pdf/R334_BWStateEconomies2006.pdf.

[26] Center for American Women and Politics, Eagleton Institute of Politics, "Women in Elective Office 2009" (New Brunswick, NJ: Rutgers, The State University of New Jersey, 2009). Retrieved May 31, 2009, from http://www.cawp.rutgers.edu/fast_facts/levels_of_office/documents/elective.pdf.

[27] "Title Ⅸ Frequently Asked Questions" (Indianapolis, IN: National Collegiate Athletic Association, 2010). Retrieved February 5, 2010, from http://www.ncaa.org/wps/wcm/connect/ncaa/ncaa/about+the+ncaa/diversity+and+inclusion/gender+equity+and+title+ix/faq.html. 451

[28] National Organization for Women, "ERA Ratification Status Summary," in *ERA Countdown Campaign* (Washington, DC: NOW, 1981), p. A.

[29] 为了通过《平等权利修正案》进行努力的历史，参见 Roberta W. Francis, "The History Behind the Equal Rights Amendment" (Washington, DC: National Council of Women's Organizations, no date). Retrieved May 31, 2009, from http://www.equalrightsamendment.org/era.htm.

[30] See Allison L. Held, Sheryl L. Herndon, and Danielle M. Stager, "The Equal Rights Amendment: Why the ERA Remains Legally Viable and Properly Before the States," *William & Mary Journal of Women and the Law*, Vol. 3, 1997, pp. 113 - 136. Retrieved May 31, 2009, from http://www.equalrightsamendment.org/W&M%20law%20article.pdf.

[31] Quoted in Chris Lombardi, "Equal Rights Amendment Introduced in Congress" (Washington, DC: National Organization for Women, April 10, 2001), *Women's eNews*. Retrieved May 31, 2009, from

http://www. womensenews. org/article. cfm/dyn/aid/506/context/archive.

[32] "California's Paid Family Leave Law," Workplace Flexibility 2010 (Washington, DC: Georgetown University Law Center, 2004) . Retrieved May 31, 2009, from http: //www. law. georgetown. edu/workplaceflexibility2010/law/ca. cfm.

[33] Eve Tahmincioglu, "Paid Family Leave Becomes Hot Workplace Issue," MSNBC. com, June 2, 2008. Retrieved May 31 , 2009, from http: //www. msnbc. msn. com/id/24893369.

[34] Jody Heymann, Alison Earle, and Jeffrey Hayes, *The Work, Family, and Equity Index: How Does the United States Measure Up?* (Boston, MA and Montreal, QC: Project on Global Working Families, 2007) . Retrieved June 1, 2009, from http: //www. mcgill. ca/files/ihsp/WFEIFinal2007. pdf.

[35] "Women's Rights Advocates Decry Bush's Family Leave Decision" (Washington, DC: National Organization for Women, December 9, 2002) . Retrieved May 31, 2009, from http: //www. now. org/issues/family/120902ui. html.

[36] Gene Sanchez (Washington Post), "Court: Antiabortion Web Site Protected by First Amendment," *Austin American-Statesman*, March 29, 2001, p. A7; also see "Abortion Site Causes Free Speech Firestorm," *CNET News*, March 12, 1999. Retrieved June 7, 2009, from http: //news. cnet. com/Abortion-site-causes-free-speech-firestorm/2100 - 1023 _ 3 - 222930. html.

[37] Frederick Clarkson, "New Version of Nuremberg Files Yanked off Web," *Women's eNews*, December 15, 2003. Retrieved February 5, 2010, from http: // www. womensenews. org/story/the-nation/031205/new-version-nuremberg-files-yanked-web.

[38] "Supreme Court Rules Against Abortion Clinics," *World Net Daily*, February 28, 2006. Retrieved June 3, 2009, from http: //www. wnd. com/news/article. asp? ARTICLE _ ID=49041.

[39] Marilyn Keefe, "Domestic Gag Rule? Déjà Vu All Over Again," *RH Reality Check*, May 13, 2008. Retrieved June 3, 2009, from http: //www. rhreality-check. org/blog/2008/05/13/domestic-gag-rule-deja-vu-all-over-again.

[40] Douglas Johnson, "The Partial-birth Abortion Ban Act—Misconceptions and Realities" (Washington, DC: National Right to Life Committee, November 5, 2003) . Retrieved June 3, 2009, from http: //www. nrlc. org/abortion/pba/pbaall110403. html.

[41] Ellen Goodman, "Out of the Picture on the Abortion Ban," *Boston Globe*, November 13, 2003. Retrieved February 5, 2010, from http: //www. boston. com/news/globe/editorial _ opinion/oped/articles/2003/11/13/out _ of _ the _ picture _ on _ the _ abortion _ ban/.

[42] "Redemption for the Pope?" *Lancet*, Vol. 373, March 28, 2009, p. 1054.

[43] Susan M. Blake, Rebecca Ledsky, Carol Goodenow, Richard Sawyer, David Lohrmann, and Richard Windsor, "Condom Availability Programs in Massachusetts High Schools: Relationships With Condom Use and Sexual Behavior," *American Journal of Public Health*, Vol. 93, No. 6, 2003, pp. 955 - 962.

[44] "Plan B@ One-Step" (Woodcliff Lake, NJ: Teva Women's Health, Inc. , 2010) . Retrieved June 26, 2010, from http: //www. planbonestep. com/.

[45] Food and Drug Administration, "Decision Process to Deny Initial Application for Over-the-Counter Marketing of the Emergency Contraceptive Drug Plan B Was Unusual," GAO-06 - 109 (Washington, DC:

November 14，2005）. Retrieved June 2，2009，from http：//www. gao. gov/new. items/d06109. pdf.

[46] "FDA Violated Law by Restricting Over-the-Counter Sales of Plan B，District Court Rules"（Cambridge，MA：Union of Concerned Scientists，March 23，2009）. Retrieved June 2，2009，from http：//www. ucsusa. org/new/press _ release/fda - violated - law - by - 0208. html.

[47] "FDA to OK Over-the-counter Plan B for 17-year olds，" *USA Today*，April 22，2009. Retrieved June 2，2009，from http：//www. usatoday. com/news/health/2009 - 04 - 22-morning-after-pill _ N. htm. 452

[48] Sonia B. Gamble et al.，"Abortion Surveillance—2005"（Atlanta：Centers for Disease Control，November 28，2008）. Retrieved May 2，2009，from http：//www. cdc. gov/mmwr/preview/mmwrhtml/ss5713a1. htm? s _ cid=ss5713a1 _ e# tab3.

[49] Lilo T. Strauss et al.，"Abortion Surveillance—United States，2003"（Atlanta：Centers for Disease Control，November 24，2006）. Retrieved June 27，2010，from http：//www. cdc. gov/mmwr/preview/mmwrhtml/ss5511a1. htm； "U. S. Abortions Decline to Lowest Level Since 1974，" MSNBC. com，January 17，2008. Retrieved June 3，2009，from http：//www. msnbc. msn. com/id/22709609/.

[50] Nancy Gibbs，"Why Have Abortion Rates Fallen?"，*Time Magazine*，January 21，2008. Retrieved June 3，2009，from http：//www. time. com/time/nation/article/0，8599，1705604，00. html； also see "Decreasing Number of Abortion Providers"（Washington，DC：NARAL Prochoice Washington，May 1，2008）. Retrieved June 3，2009，from http：//www. prochoice-washington. org/issues/factsheets/200307084. shtml.

[51] "Counseling and Waiting Periods for Abortion"（New York：Guttmacher Institute，June 1，2009）. Retrieved June 3，2009，from http：//www. guttmacher. org/statecenter/spibs/spib _ MWPA. pdf.

[52] Nate Jenkins，"Nebraska Abortion Law：Mental，Physical Screening Required For Women and No Abortion After 20 Weeks，" *The Huffington Post*，April 12，2010. Retrieved June 2，2010，from http://www. huffingtonpost. com/2010/04/12/nebraska -abortion-law-men _ n _ 534740. html.

[53] "An Overview of Minors Consent Law"（New York：Guttmacher Institute，June 1，2009）. Retrieved June 3，2009，from http：//www. guttmacher. org/statecenter/spibs/spib _ OMCL. pdf.

[54] "Boxer Introduces Legislation to Codify Roe v. Wade on the 31st Anniversary of the Decision，" *Thursday*，January 22，2004. Retrieved June 3，2009，from http：//boxer. senate. gov/news/releases/record. cfm? id =217321.

[55] "Statement Released after the President Rescinds 'Mexico City Policy，'" January 24，2009. Retrieved June 3，2009，from http：//www. whitehouse. gov/statement-released-after-the-president-rescinds.

[56] Christopher Trenholm，Barbara Devaney，Kenneth Fortson，Melissa Clark，Lisa Quay，and Justin Wheeler，"Impacts of Abstinence Education on Teen Sexual Activity，Risk of Pregnancy，and Risk of Sexually Transmitted Diseases，" *Journal of Policy Analysis and Management*，Vol. 27，No. 2，2008，pp. 255 - 276.

[57] Patricia Tjaden and Nancy Thoennes，*Full Report of the Prevalence，Incidence，and Consequences of Violence Against Women*（Washington，DC：U. S. Department of Justice，November 2000）. Retrieved June 26，2010，from http：//www. ncjrs. gov/pdffiles/nij/183781. pdf.

[58] "FAQ：Rape Shield Laws"（Washington，DC：National Center for Victims of Crime，2007）. Retrieved June 7，2009，from http：//www. ncvc. org/ncvc/main. aspx? dbID = DB _ FAQ：RapeShield-

Laws927.

［59］“Sexual Assault Response Teams”（Minneapolis：Minnesota Advocates for Human Rights，February 2009）. Retrieved June 7，2009，from http：//www. stopvaw. org/Sexual _ Assault _ Response _ Teams. html.

［60］Patricia Tjaden and Nancy Theonnes，*Extent*，*Nature and Consequences of Intimate Partner Violence*（Washington，DC：U. S. Department of Justice，July 2000）. Retrieved June 5，2009，from http：// www. ncjrs. gov/pdffiles1/nij/181867. pdf.

［61］“Intimate Homicide Victims by Gender”（Washington，DC：U. S. Department of Justice，no date）. Retrieved June 5，2009，from http：//www. ojp. usdoj. gov/bjs/homicide/tables/intimatestab. htm.

［62］U. S. Commission on Civil Rights，*The Federal Response in Domestic Violence*（Washington，DC：U. S. Government Printing Office，January 1982），pp. ⅳ-ⅴ；see also Anne Sparks，“Feminists Negotiate the Executive Branch：The Policing of Male Violence，” in Cynthia R. Daniels，Ed.，*Feminists Negotiate the State*：*The Politics of Domestic Violence*（Lanham，MD：University Press of America，1997），pp. 35－52.

［63］Lisa G. Lerman，“Legal Help for Battered Women，” in Joseph J. Costa，Ed.，*Abuse of Women*：*Legislation*，*Reporting*，*and Prevention*（Lexington，MA：Lexington Books，1983），p. 29.

［64］Lawrence W. Sherman and Richard A. Berk，“The Minneapolis Domestic Violence Experiment”（Washington，DC：Policy Foundation，1984）. Retrieved June 5，2009，from http：//www. policefoundation. org/pdf/ minneapolisdve. pdf.

［65］Christopher D. Maxwell，Joel H. Garner，and Jeffrey A. Fagan，“The Effects of Arrest on Intimate Partner Violence：New Evidence from the Spouse Assault Replication Program”（Washington，DC：U. S. Department of Justice，July 2001）. Retrieved June 5，2009，from http：//www. ncjrs. gov/pdf-
453 files1/nij/188199. pdf.

［66］这段的大部分内容依据 David Hirschel，*Domestic Violence Cases*：*What Research Shows About Arrest and Dual Arrest Rates*（Washington，DC：National Institute of Justice，July 25，2008）。Retrieved June 6，2009，from http：//www. ojp. usdoj. gov/nij/publications/dv-dual-arrest-222679/dv-dual-arrest. pdf.

［67］Victoria Holt，Mary A. Kernic，Thomas Lumley，Marsha E. Wolf，and Frederick R. Rivara，“Civil Protection Orders and Risk of Subsequent Police-Reported Violence，” *Journal of the American Medical Association*，Vol. 228，2002，pp. 589－594.

［68］Andrew R. Klein，*Practical Implications of Current Domestic Violence Research*：*For Law Enforcement*，*Prosecutors and Judges*，Chapter 7，“Judicial Responses，Section 11，Protective Orders”（Washington，DC：National Institute of Justice，June 2009）. Retrieved June 3，2010，from http：// www. ojp. usdoj. gov/nij/topics/crime/intimate-partner-violence/practical-implications-research/ch7/protective-order-effectiveness. htm.

［69］Lynette Feder，David B. Wilson，and Sabrina Austin，“Court-MandatedInterventions for Individuals Convicted of Domestic Violence”（Oslo，Norway：Campbell Collaboration，August 29，2008）. Retrieved June 7，2009，from http：//db. c2admin. org/doc-pdf/Fedec _ DomesticViolence _ review. pdf.

［70］“Analysis of the Violence Against Women Act”（Rockville，MD：Respecting Accuracy in Domestic Abuse Reporting, July 5, 2005). Retrieved June 7, 2009, from http: //www.mediaradar.org/RADAR_Analysis_of_VAWA.pdf.

[71] *Code of Federal Regulations*, Vol. 29, Sec. 1604.11.

[72] Terri Spahr Nelson, *For Love of Country: Confronting Rape and Sexual Assault in the U.S. Military* (Binghamton, NY: Haworth Maltreatment and Trauma Press, 2002).

[73] Camille Paglia, "A Call for Lustiness: Just Say No to the Sex Police," *Time*, March 23, 1998, p. 54.

[74] U.S. Equal Employment Opportunity Commission, "Sexual Harassment," March 11, 2009. Retrieved June 1, 2009, from http: //www.eeoc.gov/types/sexual_harassment.html.

[75] 有许多书描述《鸡奸法》的历史，例如 David A. J. Richards, *The Case for Gay Rights from Bowers to Lawrence* (Lawrence, KS: University Press of Kansas, 2005)。最高法院的裁决可见 http: //www.findlaw.com/casecode/supreme.html。

[76] "Employment Policies & Laws" (Washington, DC: Human Rights Campaign, February 17, 2010). Retrieved June 2, 2010, from http: //www.hrc.org/documents/Employment_Laws_and_Policies.pdf.

[77] "Employment Non-Discrimination Act" (Washington, DC: Human Rights Campaign, February 26, 2010). Retrieved June 2, 2010, from http: //www.hrc.org/issues/workplace/enda.asp.

[78] "State Hate Crimes Laws" (Washington, DC: Human Rights Campaign, June 1, 2009). Retrieved June 2, 2010, from http: //www.hrc.org/documents/hate_crime_laws.pdf.

[79] "Hate Crime Statistics, 2008" (Washington, DC: U.S. Department of Justice, November 2009). Retrieved June 2, 2010, from http: //www.fbi.gov/ucr/hc2008/index.html.

[80] Perry Bacon, Jr., "After 10-year Dispute, Expansion of Hate Crimes Law to Gays Signed," *Washington Post*, October 29, 2009. Retrieved February 5, 2010, from http: //www.washingtonpost.com/wp-dyn/content/article/2009/10/28/AR2009102804909.html.

[81] "Domestic Partner Benefits: Prevalence Among Private Employers" (Washington, DC: Human Rights Campaign, February 12, 2009). Retrieved June 8, 2009, from http: //www.hrc.org/issues/workplace/benefits/11612.htm.

[82] "States Offering Benefits for Same-Sex Partners of State Employees" (Washington, DC: National Conference of State Legislatures, 2010). Retrieved February 4, 2010, from http: //www.ncsl.org/Default.aspx? TabId=16315.

[83] Joanna Grossman, "Are Bans on Same-Sex Marriage Constitutional? New Jersey Says Yes, but Massachusetts, in a Landmark Decision, Says No," *Find Law's Legal Commentary*, November 20, 2003. Retrieved June 7, 2009, from http: //writ.news.findlaw.com/grossman/20031120.html.

[84] Anthony J. Sebok, "What Gay Couples Lack—Besides Marriage: The Crucial Rights under Tort Law that Only Spouses Can Assert," *Find Law's Legal Commentary*, April 9, 2004. Retrieved June 7, 2009, from http: //writ.news.findlaw.com/ sebok/20040409 .html.

[85] Tamara Audi, Justin Scheck, and Christopher Lawton, "California Votes for Prop 8," *Wall Street Journal*, November 5, 2008. Retrieved February 4, 2010, from http: //online.wsj.com/article/SB122586056759900673.html.

[86] David G. Savage, "Supreme Court Cites 'Irreparable Harm' in Blocking Prop. 8 Trial," *Los Angeles Times*, January 14, 2010. Retrieved February 5, 2010, from http: //articles. latimes. com/2010/jan/14/nation/la-na-court-cameras14-2010jan14.

[87] "Bush Calls for Ban on Same-Sex Marriages" (Washington, DC: CNN. com, February 25,
454 2004). Retrived Feburary 5, 2010, from http: //www. cnn. com/2004/ALLPOLITICS/02/24/elec 04. prez. bush. marriage.

[88] "Marriage Equality & Other Relationship Recognition Laws" (Washington DC: Human Rights Campaign, April 2, 2010). Retrieved June 22, 2010, from http: //www. hrc. org/documents/ Relationship _ Recognition _ Laws _ Map. pdf; "Sam-sex Marriage, Civil Unions and Domestic Partnerships" (Washington, DC: National Conference of State Legislatures, April 2010). Retrieved June 2, 2010, from http: //www. ncsl. org/IssuesResearch/HumanServices/SameSexMarriage/tabid/16430/Default. aspx.

[89] "Adoption Issues for Gay and Lesbians and Same-Sex Couples," *Adoption & Child Welfare Lawsite* (Columbus, OH: The National Center for Adoption Law and Policy, 2009). Retrieved June 8, 2009, from http: //www. adoptionchildwelfarelaw. org/faq _ detail. php? id=95.

[90] See "Adoption Laws: State by State" (Washington, DC: Human Rights Campaign, 2009). Retrieved June 8, 2009, from http: //www. hrc. org/issues/2375. htm; Ramon Johnson, "Where is Gay Adoption Legal?", About. com. Retrieved June 8, 2009, from http: //gaylife. about. com/od/gayparenting-adoption/a/gay-coupleadopt. htm; "State-by-State Gay Adoption Laws" (Boston: Family Equality Council). Retrieved June 8, 2009, http: //www. familyequality. org/resources/publications/aoption_withcitations. pdf.

[91] Yolanne Almanzar, "Florida Gay Adoption Ban Is Ruled Unconstitutional," *New York Times*, November 25, 2008. Retrieved June 8, 2009, from http: //www. nytimes. com/2008/11/26/us/26florida. html? _ r=1.

[92] Gary Gates, Lee M. V. Badgett, Jennifer Ehrle Macomber, and Kate Chambers, "Adoption and Foster Care by Lesbian and Gay Parents in the United States" (Washington, DC: The Urban Institute, March 23, 2007). Retrieved June 8, 2009, from http: // www. urban. org/publications/411437. html.

[93] Also see David F. Burrelli and Jody Feder, *Homosexuals and the U. S. Military: Current Issues* (Washington, DC: Congressional Research Service, July 22, 2009). Retrieved June 2, 2010, from http:// www. fas. org/sgp/crs/natsec/RL30113. pdf.

[94] Michelle M. Benecke, cited in "Challenges to Old Gay Ban Spark Questions on Military's New Policy," *Miami Herald*, December 19, 1993, p. 7A; "Clinton: Let Military Bar Gay Conduct," *Miami Herald*, July 17, 1993, p. 11A; "Pentagon Outlines Revised Conduct Code for Geys in Military," *Miami Herald*, December 23, 1993, p. 4A; Steven Lee Myers (*New York Times*), "More Gays Forced Out of Service Than before 'Don't Ask'," *Austin American-Statesman*, January 23, 1999, p. A21.

[95] Bryan Bender, "Continued Discharges Anger 'Don't Ask, Don't Tell' Critics," *Boston Globe*, May 20, 2009. Retrieved June 8, 2009, from http: //www. boston. com/news/nation/washington/articles/2009/05/20/continued _ discharges _ anger _ dont _ ask _ dont _ tell _ critics.

[96] Ann Scott Tyson, "Sharp Drop in Gays Discharged from Military Tied to War Need," *Washington Post*, March 14, 2007, p. A3. Retrieved June 8, 2009, from Http: //www. washingtonpost. com/wp-

dyn/content/article/2007/03/13/AR2007031301174. html.

[97] James J. Lindsay, Jerome Johnson, E. G. "Buck" Schuler, Jr. , and Joseph J. Went, "Gays in the Military: A Bad Fit," *Washington Post*, April 15, 2009. Retrieved June 9, 2009, from http://www. washingtonpost. com/wp-dyn/content/article/2009/04/14/AR2009041402704. html.

[98] Bryan Bender, "Obama Seeks Assessment on Gays in Military," *Boston Globe*, February 1, 2009. Retrieved June 9, 2009, from http://www. boston. com/news/nation/washington/articles/2009/02/01/obama _ seeks _ assessment _ on _ gays _ in _ military.

[99] "Youth and Campus Activism: Laws" (Washington, DC: Human Rights Campaign, 2009) . Retrieved June 9, 2009, from http://www. hrc. org/issues/youth _ and _ campus _ activism/youth _ and _ campus _ activism _ laws. asp.

[100] See, for example, Associated Press, "Salt Lake City School Board Bans Clubs After Request for Gay Group," *Daily News*, 1996. Retrieved June 9, 2009, from http://www. thefreelibrary. com/SALT+LAKE+CITY+SCHOOL+BOARD+BANS+CLUBS+AFTER+REQUEST+FOR+GAY+GROUP-a083919706.

[101] "Federal Appeals Court Strikes Down Alabama Law Barring Gay Student Groups from Campus," *American Civil Liberties Freedom Network*, April 30, 1997.

[102] "Prom Resources for LGBT Students" (New York: American Civil Liberties Union, April 24, 2009) . Retrieved June 3, 2010, from http://www. aclu. org/lgbt-rights _ hiv-aids/prom-resources-lgbt-students.

[103] "Case Background: Flores v. Morgan Hill Unified School District" (New York: American Civil Liberties Union, January 6, 2004) . Retrieved June 9, 2009, from http://www. aclu. org/lgbt/youth/11947res20040106. html.

[104] "ACLU Sues to Stop Tennessee Schools from Censoring Gay Educational Web Sites" (New York: American Civil Liberties Union, May 19, 2009) . Retrieved June 9, 2009, from http://www. aclu. org/lght/youth/39616prs20090519. html.

第十二章

455 # 多元化社会的挑战：种族、民族和移民

456 到2050年美国看上去与今天的情况将有很大的不同——人口中的非西班牙裔白人可能只有不到50%，而不是现在的65%。预计西班牙裔将占30%、黑人占15%。[1]这样重大的变化肯定会反映在国家的政治上，但是国家持怎样的立场才能被认为种族和民族团体之间是平等的？

种族平等：我们走了多远？

有些人认为，在美国，种族关系已经有了极大的改善。他们指出，有色人种实际上在美国几乎所有生活领域都获得了进步，他们认为国家的第一位非洲裔美国总统的当选进一步确认种族主义不再是成功的一个障碍。另外一些人相信，这个国家仍然存在深深的种族隔阂，存在大量种族偏见和警察暴行、不成比例的逮捕和定罪率、经济不平等、投票权利被侵犯。[2]他们看到特定的民族和宗教团体的人无辜地被残暴对待的行动，这样的行动就像2001年9月11日恐怖袭击之后采取的行动一样，进一步证明种族主义是嵌在美国社会之中的。

也许能够说出来的最公平的事情是，美国有色人种的生活状况有了实质性的改善，特别是黑人和西班牙裔，但不是在可与白人相比较的同等条件下的改善。平均而言，黑人的健康状况比白人差，寿命比白人短；他们的收入比白人少，他们更可能是穷人，并且被过度地描绘为是公共救助计划的接受者。贫穷和低收入也导致了许多西班牙裔的美国人和印第安人的不适当的生活方式。

如第四章所述，黑人和西班牙裔美国人的贫困率仍比白人高出近3倍。第四章还显示，尽管在各个种族受教育程度与收入都是密切相关的，但是，在控制了教育变量以后，黑人和西班牙裔美国人更有可能成为贫穷者，不太可能挣得与白人一样多。黑人大约占美国人口总数的13%，但他们之中有39%的家庭接受对贫困家庭的临时救助津贴。[3] 29%是非制度化的补充保障收入的接受者。[4]虽然审计总署发现，黑人比白人更容易被拒绝领取残疾津贴（见 457
第五章），但是，黑人在公共救助计划中的比例还是被用来加强黑人偏好福利而不是工作的刻板印象。根据一个报告，“调查表明，在白人反对福利计划的背后，种族态度是最重要的原因。像犯罪和福利这样的政治问题，一旦刺激了白人没有明确意识到的种族歧视的反黑人的情感，往往就会被看作是‘原则问题’”[5]。事实上，种族歧视是如此牢固地存在于美国的社会之中，以至于人们用制度化的种族歧视这个术语来形容有关的事实。

《公民权利法》

第一个包含“公民权利”条款的联邦立法是1866年通过的《民权法》，国会推翻了安德鲁·约翰逊（Andrew Johnson）总统的否决才得以通过此法的。法案给所有的在美国出生的人以公民身份，不论种族、肤色，但不包括不纳税的印第安人，即便是一个奴隶，都赋予他们与白人同样的公民权利。对未能遵守法案的处罚，罚款不超过1 000美元，不超过一年的有期徒刑，或两者兼而有之。法律是非常低效的。1875年国会通过了另一个民权法案，但美国最高法院宣布它违宪。美利坚合众国成立近200年后，国会通过了1964年《公民权利法》，使它有一些效力。但是，国会直至1988年才豁免自己对《公民权利法》的执行。根据《公民权利法》：

（1）在选民登记程序上使用不同的标准，或者因为记录或申请表中有无关紧要的错误或遗漏而拒绝登记属于违法。

（2）以种族、肤色、宗教信仰或原来的国籍为基础在任何公共设施的使用上，包括旅馆、汽车、餐馆、电影院、剧院、运动场、娱乐场所和其他提供给公众使用的场所，对个人的歧视或隔离都是违法的。

（3）律师在代表任何没有得到平等接触公共设施的机会的人时，一般应该提出民事诉讼以获得一个联邦地区法院对投诉的依法裁决。如果一个公共设施的所有者或管理者继续歧视，他将被认为是蔑视法庭，并可以不经陪审团审理而对其实施罚款和监禁。

（4）律师在代表试图取消公立学校的种族隔离的人时，一般应该提出民事诉讼。

（5）依据1957年的《公民权利法》建立的公民权利委员会，应该被赋予更大的权力以调查在投票、学习方面的权利剥夺问题，搜集在美国被认为是歧视现象的有关信息，并向总统和国会提出报告。

（6）每个联邦部门和机构都应该采取行动，以消除在联邦资助的所有计划和活动中的任何形式的歧视。

（7）任何雇主和拥有 25 个及以上成员的工会，在 1965 年以后，因为一个人的种族、肤色、宗教信仰或原来的国籍，在雇用上以任何形式歧视性地对待任何个人都是违法的。并且应该建立平等雇用机会委员会，通过调查、讨论、调解、劝说或者有必要时向联邦法院提出民事诉讼等方式来保证该条款的实施。

1968 年禁止在房屋出售或租赁中的歧视的《公平住房法》，作为《公民权利法》的修
458 正案已经通过，因支持这项修正案的具体化，马丁·路德·金被暗杀。在本章我们将近距离地了解公民权利政策的过去、现在和产生的影响。

学校废除种族隔离

1868 年，保障所有公民平等地得到法律保护的美国宪法第十四修正案得到采用。这一修正案是“隔离但平等”（separate but equal doctrine）的法律原则的立法基础。这个法律原则是在 1896 年最高法院裁决普利斯诉弗格奥（ Plessy v. Ferguson）中提出的。在公立学校、公共汽车上以及其他公共（和私人）场所将黑人与白人隔离开是官方的政策。这一原则在很多美国人的头脑中根深蒂固，在半个多世纪里种族歧视一直在延续。虽然对黑人的公共设施与对白人的公共设施应该得到同等支持，但是，实际情况并非如此。

对“隔离但平等”的教条日益增长的不满导致了 1954 年美国最高法院的一项裁决，这一裁决标志着官方承认在美国存在着种族不平等，并且点燃了民权运动。在堪萨斯州的托皮卡市的学校里，学校的物质条件和教育质量基本上是平等的。但是，在布朗诉堪萨斯州托皮卡市教育委员会（Brown v. Board of Education of Topeka，Kansas）的诉讼案中，最高法院判决隔离就是不平等。在这一裁决中，法院采取的立场是“种族隔离的政策通常是被解释为黑人是劣等的”。法院还阐明了“因此承认隔离的法律具有阻止黑人的孩子在教育和精神上得到发展的倾向”。

最高法院对布朗案的裁决在平等权利的历史上成为一个里程碑式的案例。但是，废除法理和事实上的种族隔离需要进一步的行动。法律上的种族隔离导致从法律上根据人们的种族指定单独的设施。在南方各州，公众学校经常被法律分割。事实上的种族隔离的结果来自其他因素。例如，因为邻里街区一般是按照种族和（社会经济地位）划分的，邻里街区学校只有居住在附近的儿童就学，形成了实际上的种族隔离。事实上的种族隔离在北部各州也是常有的事。对法理和事实上的学校种族隔离的讨论是长期的、激烈的，还经常有

战斗发生，阿尔弗雷德·林赛斯（Alfred Lindseth）律师给各个年代贴上的标签是，20 世纪 50 年代有“巨大的阻力”，60 年代“和解”，70 年代“被迫用校车”，80 年代“自愿取消种族隔离”，90 年代及以后一段时间专注于教育质量。[6]

从对抗到和解

布朗案实际上促生了两个解决法律上的隔离的决策。1954 年，在布朗案 1 中，美国最高法院裁定，种族隔离学校违反了美国宪法第十四修正案或“平等保护”条款。1955 年，在布朗案 2 中，宣布隔离是以“所有的蓄意的速度”被实行的。一些学区试图通过法律规避整合或使用其他技术来拖延。[7]在种族隔离的历史中最著名的事件之一，是发生在阿肯色州的一件事。阿肯色州州长奥尔·法柏斯（Orval Faubus）让国民警卫队阻止非洲裔美国学生在小石城的中心高中入学。1959 年，弗吉尼亚州爱德华王子县公立学校关闭而不是废止种族隔离政策，直到 1964 年才重新开放。

在对布朗裁决的反应中，许多学校只是采用“自由选择”计划，允许家长为自己的孩子
选择就学的学校。少量的黑人学生进入大多是白人的学校，几乎没有白人学生就读于大多是 459
黑人的学校。[8]在美国学校的种族隔离是一种生活方式，它需要更多的法律行动来改变。

1968 年，在格林诉肯特县学校董事会（Green v. School Board of Kent County）的案件中，董事会是打算将被动的非歧视的学区转变为积极行动的。[9]学区被要求消除六个维度的种族隔离的“痕迹”，这六个维度以“格林因素”著称：（1）学生作业；（2）教师；（3）职员；（4）运输；（5）课外活动；（6）设施。通过法院监督要求学校满足所有这六个因素，实现“单一状态”——所有的孩子共用一个学校系统，而不是黑人孩子和白人孩子分别使用不同系统的双系统学校。

一些学校继续受到法院的监督以废除种族隔离政策。一些学校即使达到单一的状态也没有被解除法院的命令，因为它意味着在法院的废除种族隔离命令下可能存在事实上返回种族隔离的状态，或在学校收到命令的同时州和联邦收入的损失。[10]一种观点是，一旦学校达到单一的状态就应该从法院的命令下解除，因为学校是在当地的控制之下的。[11]根据这一观点，一直处于法院的命令下限制了学校在处理不断变化的人口特征和其他学区需要时的灵活性，并且最终伤害的是学生。

校车和强制废除种族隔离政策

除了格林裁决，在学校废除种族隔离政策方面强制用校车接送学生上下学发挥了重要作用。在 1971 年的斯旺恩诉夏罗特-梅克兰堡教育委员会（Swann v. Charlotte-Mecklenburg Board of Education）的案件中，美国最高法院提出，“强制学生重新分配”或法院命

令让孩子们乘坐校车以实现有歧视历史的学区的整合。反对校车最生动的例子是波士顿部分地区的抗议者袭击了承载着非洲裔美国学生的汽车，向其投掷石块，使一些学生受伤。

大多数政策都有预料之外的影响。迫使学校整合的具有讽刺意味的后果是“白人逃离”——白人家庭搬到避免用校车接送学生的私立学校，私立学校入学人数增加，阻挠了公立学校的整合。父母——一般是白人的父母——在喜欢的学区购房，当他们的孩子被用校车送到他们认为是低等的学校时，他们常常感到气愤。证据支持白人逃离的断言是一种真实的现象，但是强制重新分配促进了整合。[12]甚至今天，强迫使用校车仍然存在，因为当家附近有学校时，父母往往极力反对送他们的孩子去几英里以外的学校。

不久，高等法院开始软化用校车接送学生的立场。1974 年，在米利肯诉布拉德利（Milliken v. Bradley）案件中，法院裁定强制用校车接送学生跨城市—郊区的边界实现整合不是必需的，除非种族隔离需要官方采取行动。法院在 1991 年俄克拉何马城教育委员会诉道威尔（Board of Education of Oklahoma City v. Dowell）案的裁决中，也放松了对强制使用校车接送学生的规则，一旦实现了单一状态，学校并不打算让废除种族隔离的命令永远持续下去。沿着相同的脉络，1992 年，在弗里曼诉皮特（Freeman v. Pitts）的案件中，高等法院宣布事实上的邻里街区种族隔离并不是否认学校统一状态的一个理由。

自愿废除种族隔离政策和教育资源的充足性

告诉父母孩子将到哪个学校上学，显然是一个不受欢迎的政策。为进一步整合，学校和法院试图使用更多的胡萝卜（自愿计划和激励政策）而不是大棒（强制校车接送）达到废除种族隔离的目标。[13]自愿计划包括创办有吸引力的学校，这样的学校专攻一个主题领
460 域（例如，技术、科学、表演艺术），以吸引学生和家长选择它们。这些计划通常也被称为“有控制的选择”，因为为了实现整合，这些学校在招生上是指定种族百分比的。教育增强（小班授课、提高教师工资、入学之前和之后的学校项目等），也是用来吸引所有种族和族裔群体的学生的方式。证据表明，自愿的方法通过吸引中产阶级的学生促进了多样性，法院也赞同这样的方式。[14]

自愿计划的操作程序可能是昂贵的，若要为贫穷学区的儿童改善教育状况，常常需要向州里寻求法定的救济。[15]一些州的宪法包括教育充足性的规定。当某些类别的学生不如其他类别的学生好时，这可能是教育不足的一个迹象。学校辍学率继续因种族和民族的不同而不同（见图 12—1）。今天，更难以将教育成就的这种差异归结为种族歧视的结果，而不是贫困、家庭功能障碍，或者移民的孩子进入学校不能够说英语等因素。因此，州法院的行动和采取的措施正在取代传统的废除种族隔离的一套措施和弥补教育结果上的差距的“格林要素”。

2007 年，以 5 票对 4 票，美国最高法院推翻了在西雅图、华盛顿、路易斯维尔市和肯

塔基州实行的政策：以种族作为一个标准或者唯一标准，在自愿（非强制性的）学校废除种族隔离计划下确定学生分配。

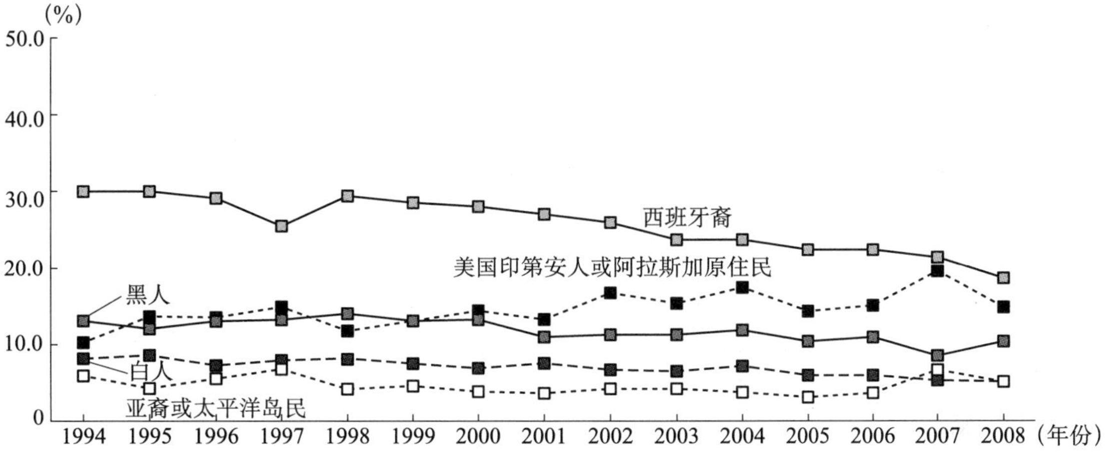

图 12—1　美国各民族和种族 16～24 岁高中学生的辍学率（1994—2008 年）

资料来源：U. S. Department of Commerce，Census Bureau，Current Population Survey，October supplement，1994 - 2008，as compiled in Susan Aud，Willian Hussar，Michael Planty，Thomas Snyder，Kevin Bianco，Mary Ann Fox，M. ，Lauren Frohlich，Jana Kemp，and Lauren Drake，*The Condition of Education 2010*（NCES 2010 - 028）（Washington，DC：National Center for Education Statistics，Institute of Education Sciences，U. S. Department of Education，2010），p. 69. Retrieved June 6，2010，from http://nces. ed. gov/pubs2010/2010028. pdf.

在发表的多数意见中，首席大法官罗伯茨（Roberts）采取了“色盲”的立场，他写道：“阻止基于种族的歧视的方法是停止种族歧视。”然而，法官的意见，包括大多数人的意见，区别就是种族因素是否可以使用或可以如何使用。学校废除种族隔离的学者加里·奥尔弗德（Gary Orfeld）形容这一决定是对公民权利和学校废除种族隔离运动的另一个打击。[16]今天，在学校曾经被迫废止种族隔离的同时，基于种族分配学生可以被建构为违反了宪法的平等保护条款。 461

学校“恢复种族隔离”

奥尔弗德（Orfeld）赞美美国公立学校在帮助欧洲和亚洲移民的孩子成功方面发挥了它们的作用。同时他说，美国黑人、拉美裔人、印第安人经常参加“辍学工厂的高中”[17]。他声称学校正在恢复种族隔离，尤其是在城市的内城区，在 2006 年，平均而言，黑人和拉美裔学生上学的学校，白人学生不到三分之一，大约有 40％就学于种族隔离严重的学校。奥尔弗德指出，虽然一些郊区的学区整合增加了，尤其是在那些负担得起的住房的学区[18]，但其他郊区种族隔离在增加。

教育质量——一个平等和充足性问题？

中小学资金的主要来源是当地的房产税。作为一个结果，一般来说中层阶级和上层阶级居住区的学校比穷人居住区的学校有更好的财政基础。为了使每个孩子得到公平的教育，州为较贫穷学区的学校提供的资金通常比富裕学区多。得克萨斯州是这个国家学生群体最多样化的区域之一。在全国，得克萨斯州政府给每个学生提供的资金是最低的。为了增加学校学生的公平性，州的“罗宾汉”法将资金从富裕学区拿走帮助贫穷的学区。这种有争议的方法造成了持续的法律上的挑战。

学生、家长和民权组织继续起诉各州，包括富裕的州，没有为所有学生提供平等的教育机会。2000 年，在加利福尼亚州，公民权利团体和律师，列出代表 100 万名低收入家庭学生的 46 个学区对州提起集体诉讼，指责州在提供基本教育方面的失败。起诉书指控：

> 这些学校缺乏整个州的大部分学生享有的自由和公立学校教育所要求的起码的条件：经过培训的教师、必要的教育用品、教室，甚至教室中的座椅、满足基本卫生和安全标准的设施……学生被迫到不满足这些条件的学校上学是被剥夺了基本的教育学习的机会。[19]

加利福尼亚州声称，为贫困学校提供更多的钱不会弥合教育之间的差异，因为问题更深地存在于住房和邻里街区中。[20]案件在 2004 年被裁决，原告占了上风。裁决后，美国公民自由联盟南加利福尼亚州基金会和公共倡导者等，报道了在满足学生对基本的教育资源需要方面的实质性改善。[21]

对学校资金的争论也从平等——每个孩子都应该有权利享有同样的教育资源，转向了
462 充足性——需要更多资源，实现基本教育目标的孩子应该收到它们。因为原告在许多充足性方面提出诉讼取得成功，林塞思（Lindseth）预测这类诉讼将增加，“由于原告团体对正常的立法过程不再抱有幻想，转向由法院解决为大量贫困的和少数族裔的人提供服务的城市内城区学校的问题”[22]。对于是否支出就可以提高成绩，专家缺乏共识。合格并忠诚的教师、适当的教材和其他资源必定是等式的一部分。

学校废除种族隔离政策的未来

在 21 世纪，美国人试图平衡多样性和整合个人的选择和素质教育的问题。公共政策教授大卫·阿莫（David Armor）和他的同事们承认，没有魔法可以解决掉这些挑战，但是他们认为：

> 学校—选择项目，如学区转移（开放登记）、特许学校或者代金券项目，包括可

> 提供给私人的和教区的学校的代金券，在理想的情况下是适合解决这些问题的。这些项目中的大多数得到白人和少数族裔家庭的广泛支持，不像强制用校车接送学生、控制选择或其他主要基于种族配额的政策。[23]

做出这些选择对低收入家庭也是可行的，他们建议，如果需要提供政府救助，则使用收入标准而不是种族标准，以避免产生种族问题或配额偏好。例如，交通补贴，可以帮助低收入的城市内城区的家庭利用开放登记程序，这样他们的孩子就能到郊区的学校上学。他们指出特许学校和代金券计划的普及，将允许经济资源有限的儿童进入私立学校和教会学校，相信无论哪个种族或民族的父母为孩子进行教育选择时，他们都会更多地致力于看到它成功。

另一方面，奥尔弗德更关心的是，他看到对整合的承诺在减弱，并且担心如果整合没有得到更高的优先级，一般来说，家庭和社会将会有更多的失败。[24]他认为《不让一个孩子掉队法》（见第九章）着重于教育成就，缺乏公民权利保护，还使得许多贫困儿童和有色儿童的处境更糟。他指出，联邦对特许学校的援助（他称之为“公立学校中种族隔离最严重的部分”），要注意有吸引力的学校缺乏促进整合的机制的情况。奥尔弗德赞成建设有吸引力的学校，这样的学校允许多数族群的学生转入少数族裔的学生高度集中的学校，“有控制的选择”计划提供选择，同时禁止隔离。

住房和种族歧视

当谈到购买房地产时，你可能听过“位置、位置、位置”的短语。换句话说，住房的位置是最重要的。专门从事种族和民族问题研究的科文研究所（Kirwan Institute）解释了这其中的原因。

> 住房，特别是它的位置，在我们的社会，是获得各种机会的主要机制。你住在哪里比你住什么样的房子更重要。住房的位置决定了地方公共服务的质量，诸如学校、获得 463
> 就业和交通的难易程度、公共安全状况……住在哪里也决定着你通过拥有住房能够获得多少财富。[25]

低收入社区通常有着大量的有色人种，不能提供许多更为整合的社区提供的那些益处。社会学家发现“种族居住隔离是美国社会的主要结构特征，是持久的城市贫困和种族不平等的主要原因”[26]。这是美国住房政策——公共的和私人的、正式的和非正式的——如此重要的一个主要原因。

住房隔离

如果住房能够根据法律的意图不分种族地提供给美国人，我们可能会将其吹捧为公共政策的成功故事。证据表明，情况并非如此。种族隔离和歧视仍然明显地存在于私人住房市场和政府的住房项目中。种族隔离的住房本身让其他方面的隔离永久存在，尽管承认教育、就业、医疗和其他福利由整合的邻里街区提供。[27]

从1934年到1968年，白人获得联邦政府批准的住房抵押贷款的98%。[28] 1968年的《公平住房法》的目的是终结住房方面的种族歧视。235款变成了美国“最大的统一提供住房补助金的唯一计划”，设计的目的是增加房屋所有权，但它也成为“最具争论性的计划”[29]。据美国公民权利委员会提供的信息，联邦住房署（Federal Housing Administration，FHA）的“贡献”就是通过在235条款下把过大的权力授予私人企业而将差的住房卖给黑人和其他人，这并不符合住房法和其他公民权利立法的精神。1968年的《公平住房法》是朝着正确方向迈出的一步，但通过之前，被剥夺了强有力的执行机制。

公共住房也成为种族隔离的罪魁祸首。公共住房项目最初建在种族隔离的社区。即使在今天，许多可用的、有补贴的住房也是位于隔离的社区，因为保障性住房在其他地区供应有限，而且在混合收入社区是罕见的。1988年，纽约的扬克斯市因拒绝实施补贴住房废除种族隔离命令，在全国声名狼藉。得克萨斯州的维多市因未能整合复杂的公共住房，在1993年获得了类似的名声。2000年，住房和城市发展部在得克萨斯州的博蒙特控制公共住房，在这个地方进行了多年的鼓励整合的努力。

公平地说，住房种族隔离问题有所减少。图12—2显示，从2000年到2006年美国15个最大的大都市中有14个城市出现黑人—白人种族隔离的减少。研究人员还发现，与西班牙裔和亚洲裔美国人相比，黑人仍然更多地与白人隔离。[30] 基于种族隔离的模式称为“差异指数”[31]，黑人—白人住房隔离在底特律市区最高，指数是70%，同时，西班牙裔—非西班牙裔住宅隔离指数是44%，亚洲裔—白人隔离指数是34%。在底特律，黑人和白人之间的隔离，在2000年和2006年之间下降了。其他大城市比底特律隔离指数低，但在实现真正的黑人和白人的整合方面，还有很长的路要走。河滨圣贝纳迪诺区域黑人—白人的隔离指数是最低的，但种族隔离指数在2000年和2006年之间却上升了。

红线歧视和操纵的过去与现在

红线歧视增加了黑人的比较差的居住安排。当一家银行、抵押公司、住房保险公司或其他企业拒绝为某个地区的财产提供资金或保险时，就形成了所谓的“红线歧视”这种加剧住房隔离程度的方式。红线歧视地区一般都是穷人和少数族群居住的地

区。另一个歧视性的做法是操纵，当房地产经纪人只向特定种族或族群的成员提供种族隔 464
离地区的住房时，操纵就发生了，这是另一种对《公平住房法》的违反。公平住房和租赁法律、以较低的首付购买住房的机会，以及最近的网上抵押贷款申请，有助于消除其中一些歧视性的住房实践。

今天，许多红线歧视和操纵由次级抵押贷款取代。如在第三章所讨论的，次级抵押贷款比传统的抵押贷款有更高的利率和其他更不利的条件。即使考虑到收入的影响，抵押贷款利率的差异似乎也反映了种族偏见。2004 年，哈佛大学研究人员报道，“非洲裔和西班牙裔借款人和社区主要的常规贷款是相对较低的，在决定主要常规抵押贷款分配时，种族一直是一个重要的因素”[32]。贷款责任中心也发现，在控制了“合法的风险因素”以后，有可能得到
高利息贷款的有色人种比白人高 30%。[33]国家城市联盟称这些实践为“逆向歧视”，有证据 465
表明，当有色人种有资格获得较低利息的住房贷款产品时，他们被引导去申请利率更高

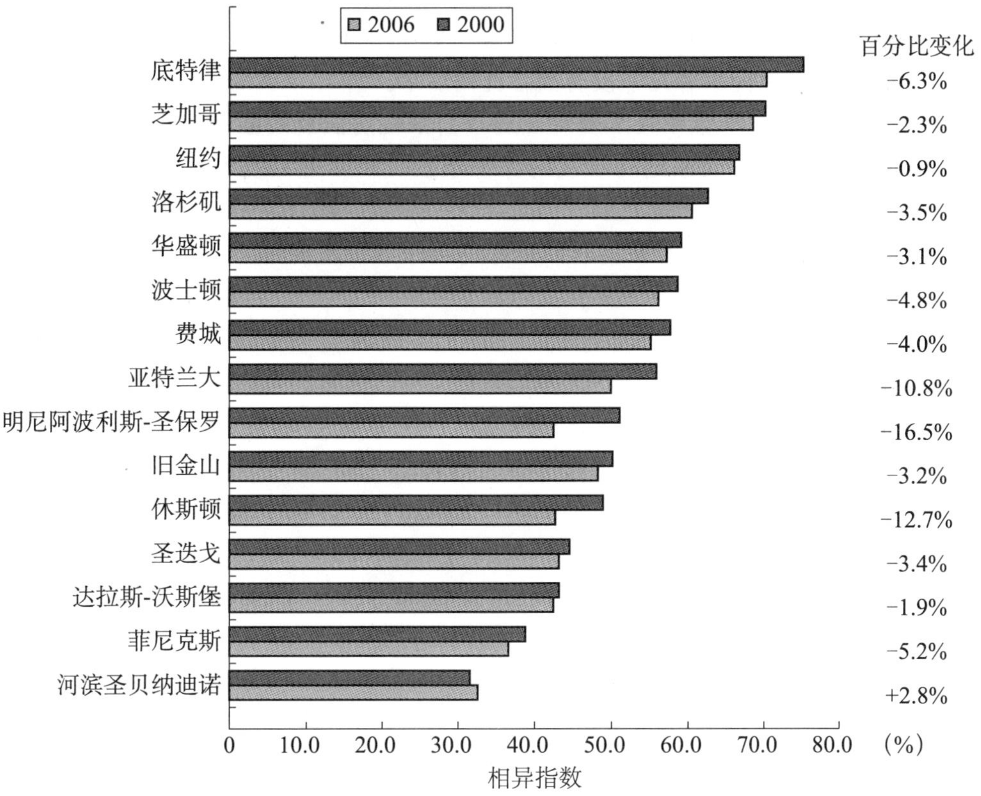

图 12—2　2000 年和 2006 年美国最大的 15 个都市原住民、非西班牙裔白人与黑人的住宅种族隔离情况

资料来源：Reynolds Farley，*The Kerner Commission Report Plus Four Decades*：*What Has Changed*? *What Has Not*?（Ann Arbor：Institute for Social Research，University of Michigan，September 2008）. Retrieved February 18，2010，from http：//www. psc. isr. umich. edu/pubs/pdf/rr08－656. pdf. Used by permission.

的贷款（主要是次级抵押贷款）。[34]

公平住房实践

全国公平住房联盟（National Fair Housing Coalition）、全国城市联盟（National Urban League）、美国公民自由联盟（American Civil Liberties Union）、争取更好住房律师委员会（Lawyers' Committee for Better Housing）等组织，认为住房歧视问题持续存在，是因为旨在防止它的法律长期以来既缺乏执法规定又没有强制执行。1970 年，美国第三巡回法院和上诉法院裁定，为了与 1964 年的《公平住房法》和 1968 年的《公民权利法》保持一致，住房和城市发展部负责评估在阻止住房歧视方面它的决策对种族的影响。住房支持者抱怨住房和城市发展部尚未承担起这一责任，特别是在最近这个时期，被拆除的公共住房多于被提供给低收入家庭的。[35]他们认为公平住房规定缺乏“牙齿”，没有满足要求的地方住房当局或土地使用者几乎没有面临任何后果。[36]

1988 年国会加强了住房和城市发展部对《公平住房法》的强制执行条款，并增加了防止针对残疾人和有孩子的家庭的歧视的保护条款。1998 年住房和城市发展部提出新的规则，进一步加强了公平住房的要求。但是，在面对城市联盟的强烈反对时，住房和城市发展部收回了它们。[37]全国公平住房联盟声称住房和城市发展部“与贷款人、建筑商、房地产公司和公寓管理公司合作”的工作需再次加强。[38]

全国公平住房联盟由非营利的公平住房组织（FHOs）、州和地方公民权利组织和个体成员努力创建“遍布全国的多样化、无障碍社区”[39]。住房和城市发展部与公平住房组织和其他非营利组织签订合同，帮助个人和家庭进行住房歧视投诉。这项工作可能涉及“测试人员”——种族和民族不同、经济资格相同的人——他们确定住房提供商对待同样合格的不同种族或民族的人们是相同还是不同。[40]全国公平住房联盟的报告表明，公平住房组织做的大部分工作是提出住房歧视投诉。2008 年，近 31 000 起住房诉讼的提出是基于种族、残疾、家庭地位和其他因素。公平住房组织处理 66%，州和地方机构处理 27%，住房和城市发展部处理 7%，司法部门处理只有不到 1%的案件。[41]

2008 年，四个主要的公民权利组织形成了全国公平住房和平等机会委员会（the National Commission on Fair Housing and Equal Opportunity），提出建议来解决“正在全国蔓延的灾难：住房歧视和住宅种族隔离。这种灾难不仅正在影响非洲裔美国人，而且会影响西班牙裔美国人、阿拉伯裔美国人、亚洲裔美国人、有孩子的家庭和残疾人”[42]。住房和城市发展部的两位前部长——共和党的杰克·坎普（Jack Kemp）和民主党的亨利·西斯内罗斯（Henry Cisneros）主持委员会，建议联邦政府创建一个独立的公平住房执法机构。[43]

鼓励邻里整合

许多因素影响住房的种族隔离[44]，如种族歧视、刻板印象、不信任和住房负担能力。[45]有些人寻求生活在多种族或多民族的邻里街区，因为他们的家庭是多种族、多民族的，或因为他们觉得这样的邻里街区有利于他们的生活。是否接近工作地点、学校质量高低、购物和娱乐是否方便、房屋的类型和密度是否合适也可能是影响住房选择的因素。[46]

要增加选择，需要加强公平住房政策的执法，但政策制定者、社区规划者、房地产行 466
业的成员和社区成员也应该考虑如何在自愿的基础上鼓励社区整合。[47]方法可能包括提供更多住房选择和整合社区优势方面的教育。其他方法是，通过负担得起的和混合收入住宅的提供，以及就业机会、税收优惠、有吸引力的融资等将学校和社区废除种族隔离运动联系起来。社区设施和社区荣誉感也可以吸引不同种族、民族、收入、年龄和家庭构成的人。

肯定性行动

平等权利的另一个方面是肯定性行动（affirmative action）政策，这一政策是为了实现妇女、某些种族和少数族群的成员在入学、就业等方面的平等而设计的。肯定性行动是基于这样一个观念，即妇女和少数族群的成员在入学、就业和提升等方面的比例应该与他们在人口中的比例相称。但是，肯定性行动的政策应该实施到什么程度？不存在根据人们的性别、种族或民族背景的歧视是否就意味着这一政策得到了充分贯彻呢？还是政策要进一步减少有关群体中的成员在入学和就业方面的不平衡？非歧视性简单地意味着不给任何群体以特别的优惠对待。最初联邦政府选择的是非歧视性的政策。有关的案例是 1946 年杜鲁门总统对军队中消除隔离的决定和 1964 年的《公民权利法》的第六条和第七条。

实现平等进展缓慢，因而引发了一场争论：在肯定性行动中，是用定额法还是用目标法来衡量种族平等的实现程度。例如，在就业方面，定额（Quotas）法被界定为“利用一种固定的、强制性的雇用或提升数量或百分比来衡量种族平等是否实行，无论满足资格要求的潜在申请者的数量是多少”。而目标（Goal）法是指：

> 用数量衡量对象，现实主义地根据预期的职位空缺和可得到的合格的申请人的数量来确定。……如果……雇主……证明了已经真诚地努力尽量包括受到歧视的群体的成员……但还是不能充分满足应该达到的数量上的要求，则他不应该受到制裁。[48]

此外，雇主不能被强迫雇用不具备所要求的资格或资质较差的人而不雇用更有资格的人。

1967 年由美国联邦合同执行局（U. S. Office of Federal Contract Compliance）提出的菲拉德尔菲亚计划（Philadelphia Plan）是肯定性行动计划的第一个例子。这一计划要求那些投标联邦合同的企业服从计划的规定，雇用特定比例的少数族群的工人。另一个定额式的计划是联邦航空署（Federal Aviation Administration）在 1971 年采用的。这个计划是把一个呆板的要求加在雇用新雇员上，即每 15 个空缺职位必须雇用一个少数族群的成员。

反向歧视

反对这样设定定额的人认为，给特定的群体以特别对待违反了美国宪法的第十四修正案（平等保护条款）。1974 年联邦法院采纳了这样的看法。它判决华盛顿大学法学院应该
467 接受马库·迪福尼斯（Marco DeFunis）的入学申请。迪福尼斯抗议华盛顿大学，在拒绝
他的入学申请的同时允许一位比他的成绩差的黑人入学。1978 年，美国最高法院在审理阿兰·贝克（Alan Bakke）一案时，做出了类似的裁决。法院判决贝克被拒绝进入加利福尼亚大学的戴维斯医学院是不公平的，因为他的资格好于那些被学院接受了的少数族群的申请人。这一判决的赞成者希望贝克一案能够有助于改变他们觉察到的对白人的反向歧视倾向。而反对者则担心贝克一案的判决会威胁肯定性行动的未来。

其他反向歧视的诉讼在加利福尼亚州也出现了，有诉讼指责加利福尼亚大学伯克利分校偏好黑人、西班牙裔的和菲律宾的申请人而歧视白人申请人。还有投诉抱怨加利福尼亚大学对亚洲裔美国人使用了更严格的入学标准。亚洲裔美国人的考试成绩一般高于其他族群学生的考试成绩，因此他（她）们的入学比例与其他族群相比高于其在总人口中的比例。

里根时代

在里根任总统期间，公民权利倡导者指责政府将开始于 20 世纪 60 年代的增进公民权利的模式颠倒了过来，并且得到了民主党和共和党政府的支持。里根推荐的美国公民权利委员会的成员和他试图摆脱的成员引起了一些公民权利群体的愤怒。争论也在美国司法部中爆发了。在卡特任总统期间，司法部是公民权利的强有力的支持者。例如，它曾经帮助执行了一项要求印第安纳州波利斯市的警察和消防部门对雇用和提升妇女与黑人设定定额的法院命令。但是，1984 年美国最高法院对 1784 号地方消防队队员联合会诉斯托特斯（Firefighters Local Union No. 1784 v. Stotts）案的裁决是，不能以牺牲资历更深的白人

的职位晋升来提升资质较差的黑人。司法部利用这一判决使印第安纳州波利斯市和另外 49 个地方放弃了对定额的使用。全国有色人种发展协会（National Association for the Advancement of Colored People，NAACP）和其他团体认为司法部的行为是违法的。

里根政府还对有利于人们组成团体的阶级行动诉讼（class action suits）的使用提出了挑战。在里根任总统时期，平等雇用机会委员会表示它希望处理针对特定的个人的歧视案件而不是帮助受到不公平对待的阶级。那时的司法部部长威廉·布拉福德·雷诺兹（William Bradford Reynolds）公开承认，需要的是不注意肤色和性别的社会，而不是一个对肤色和性别敏感的社会。他主张定额也是歧视的一种形式。

在里根任总统时期美国最高法院倒是在 1986 年的两个案件（一个与克利夫兰城的消防队员有关，另一个与纽约一个金属板厂的工会有关）的判决中支持了肯定性行动。根据这两个判决，"联邦的法官可以对在雇用和提升特定的少数族群成员方面曾经有歧视性过错的雇主设立目标和时间表，即使这样的雇主后来提供的工作不是给被证实了的偏见的牺牲者本人也可以"[49]。

但是，最高法院在 1989 年的判决却动摇了肯定性行动的基础。在里士满城诉克罗恩公司（City of Richmond v. J. A. Croson Co.）的案件中，法院的判决打击了许多州和地方企业——它们试图特别为少数族群的成员保留一些合同，法院认为这样的保留计划只能用于纠正已经发生的歧视。据报道，这一判决引起了企业中少数族群成员拥有的合同的严重减少。法院说联邦的保留计划不在此范围，因为国会可以在全国范围内决定为了实现平等什么是需要的。

美国最高法院 1989 年在对沃兹·科夫包装有限公司诉安东尼奥（Wards Cove Packing Co. Inc. v. Atonio，一个在阿拉斯加的主要包括亚洲裔美国人和阿拉斯加本地员工的大马哈鱼罐头工厂的案件）的裁决中，让员工承担证明雇主有意歧视（而不是无意歧视）的举证责任。这一判决与法院自 1971 年对格利格斯诉鲍尔公爵（Griggs v. Duke Power）的判决以来一直坚持的立场是相反的，在那个判决中法院认为雇主有责任表明直接与工作岗位有关的雇用标准。1989 年的另一项判决也使对肯定性行动计划提出挑战变得更容易了，而雇员要提出有关歧视的诉讼则更困难了。许多人认为这些判决对失业率较高、收入较低的妇女、黑人和西班牙裔的美国人是讽刺性的，并没有支持反向歧视的争论。 *468*

老布什时代

多年来，全国有色人种协进会和全国妇女组织等认为，在公民权利保护方面出现了难以克制的下降，联邦政府执行的减少教育、就业、住房方面的歧视性案件数量也减少了[50]，他们希望老布什总统的政府能够扭转这种趋势。当老布什政府未能解决这些问题时，国会决定通过新的公民权利立法，废除 1989 年最高法院的裁决。虽然老布什总统对公民权利表示了强烈的关注，但是他利用自己的特有的投票推翻了国会 1990 年公民权利重建的努力。他认为这会导致雇主利用定额来避免法律起诉。美国公民自由联合会（American Civil Liberties Union）谴责老布什总统使用了“一个‘定额’烟幕弹来阻止恢复给予少数族群在教育、住房、就业和投票方面的平等机会的极其重要的公民权利法”[51]。

1991 年众议院设计了一个新的议案，这个议案恢复最初对格利格斯案的裁决，同时也加强了反定额的话语。总统再一次拒绝了这个议案。但是，逐渐地形成了和解。议案还刺激了一种被称为“种族平均数”的实践，即以与工作相关联的考试成绩来判断种族或民族之间的差别。议案还进一步允许将罚款和赔偿款集中起来用于第一次的性别歧视（包括性骚扰）案件，也用于对残疾人和宗教群体成员的歧视的案件。议案把有关的条款第一次扩大到议会和白宫的工作人员，根据这一条款，违反法律的议员个人应受到处罚。

另一个出现在老布什政府期间的公民权利问题是，高等院校的奖学金仅仅依据种族来提供是否违法了公民权利法的第六条。因为国家的奖学金只有很少的一部分是根据种族提供的（绝大部分奖学金是依据诸如经济状况和个人优点等其他标准提供的），这里关心的是，是否会在少数族群之间引起仇恨的问题。1993 年，克林顿总统的教育部部长宣布这样的奖学金是一个合法的补救措施，用以纠正过去的不公平。

大学录取

20 世纪 90 年代末，一些公民投票和法院裁决挑战了公立学院和大学招生中的性别和种族偏好。在加利福尼亚州（209 号提案）和华盛顿州（200 计划），选民们决定禁止公共教育、就业中的性别和种族偏好，并且收缩、有效地废除州的肯定性行动项目。

1996 年，谢丽尔·霍普伍德（Cherye Hopwood）和其他三名白人学生被拒绝进入得469 克萨斯大学奥斯汀分校法学院，他们起诉得克萨斯州歧视，因为成绩较低的有色人种学生被录取了。美国第五上诉巡回法院对霍普伍德案做出判决，宣布在大学录取中使用种族偏好违宪（又见于约翰逊诉佐治亚州大学评议委员会）。这个判决后，在得克萨斯大学奥斯汀分校和德州农工大学奥斯汀分校的招生中，西班牙裔和黑人学生人数显著下降。令人担心的是，这一裁决发送的信息是，有色人种学生在校园并不受欢迎。

1998 年，得克萨斯州议会通过了一项计划，给得克萨斯州高中前 10%的毕业班自动进入得克萨斯公立大学的选择。这项计划修复了霍普伍德判决后一些少数族裔学生的损失。在 209 号提案通过后，加利福尼亚州开始保证前 12.5%的高中毕业生进入州立大学（但不一定是他们选择的学校）。

2002 年，美国民权委员会报道了得克萨斯州、加利福尼亚州和佛罗里达州的“百分比计划”。总的来说，委员会发现，在这些大学，甚至在增加了外联工作的校园，招收的有色人种学生是比较少的。委员会得出结论：“通过达到未被充分代表的少数族裔群体的单独的百分比计划和只有他们渴望的努力，并不能增加多样性，如果肯定性行动和其他补充招聘、招生以及学术支持项目仍然存在。”[52]

2003 年 6 月，最高法院对格鲁特诉伯林格（Grutter v. Bollinger）和格拉茨诉伯林格（Gratz v. Bollinger）案的裁决[53]，为思考肯定性行动的辩论增加了更多的精神食粮。格鲁特和格拉茨两人都因歧视案件对密歇根大学提出起诉。格拉茨因大学没有录取她进入文学、科学、艺术学院提起诉讼，声称资格较低的少数族裔学生被录取。格鲁特对密歇根大学的法律学院提出类似的诉讼。最高法院一起审理了两个案件，但得出不同的结论。他们认同格拉茨遭受了歧视，因为录取程序自动给少数族裔学生加 20 分。在格鲁特的案件中，法院发现大学有偏爱，但是声称其法学院的录取程序是以一种狭义的定制的方式使用种族因素，是为了以多样化学生群体使学院更引人注目，增加利益。因此，法院否决了一个点系统，相信种族只是招生的一个决定因素。在格鲁特案中，入学时要求学生写一篇文章描述他们能够为法学院做出的不同贡献。法学院定义的广泛多样性和设定的教育目标依赖于多元化的学生群体。此案中，种族是在招生时使用的众多因素之一，而不是决定因素。

今天，许多大学为确保基于多个入学标准的学生群体的多样性，竭尽全力创建一个录取程序。密歇根大学和其他机构在评估美国公民权利委员会强调的应用和其他程序与计划方面进行了大量投入。

21 世纪的肯定性行动

2009 年，最高法院在里奇诉迪斯特法诺（Ricci v. DeStefano）案件中做出了一个重要的肯定性行动的裁决，在其中，康涅狄格州纽黑文市的白人消防员称他们被不公平地否定了晋升。在晋升考试中，只有一个西班牙裔通过且没有任何黑人通过。城市决定谁也不晋升，因为担心少数族裔成员提起法律诉讼，声称考试不公平或对有色人种采取不同标准。其他人证明考试不存在种族偏见，认为纽黑文市否定白人消防员渴望的晋升是不公平的。最高法院赞同白人消防队员的看法。一种观点认为，高等法院的裁决对纽黑文市和其 470
他雇主提出了一个“第二十二条军规”，因为它没有解决美国宪法保证平等保护所有人的权利与《公民权利法》第七条的规定之间固有的矛盾。

除了它的重要性，里奇裁决之所以激起人们的兴趣，还因为奥巴马总统提名的最高法院法官索尼娅·索托马约尔（Sonia Sotomayor）已经与联邦上诉法院其他两个法官在之前的判决中支持了城市的行动。一些保守派人士声称，她的意见证明了她是一个“司法活动家”，同时，一些自由主义者说她运用了司法克制，因为她的决定是符合其他纽约联邦上诉法院的决定和《公民权利法》精神的。[54]得克萨斯大学的法律学者写道：

> 自从里根革命以来，共和党人一直……关注（白色）南部的位置，《宪法》是“色盲”的……在“色盲”的《宪法》之下，法律协助少数人——像肯定性行动——

> 是受怀疑的。相比之下，民主党人认为种族平等是一个重要目标，应详细检查的是种族公平。任何民主党提名的最高法院法官都将会是加入了里奇案的异议者，就像森·约翰·麦凯恩如果赢得了总统大选，他肯定会任命一个同意里奇判决的人。[55]

全国有色人种促进协会是肯定性行动的坚定支持者，但一些非洲裔美国人持有的是截然不同的立场。例如，商人沃德·康纳利（Ward Connerly）——美国民权研究所（American Civil Rights Institute，ACRI）负责人，积极帮助加利福尼亚州通过 209 号提案。美国民权研究所“通过挑战由许多今天的‘公民权利领袖’拥抱的‘种族问题’心态，寻求影响文化变革”，并且“相信政府政策不应提倡超越个人权利的群体权利”[56]。

一些保守派黑人，包括一些黑人学者，持有的立场是，肯定性行动在过去帮助了黑人，特别是中产阶级黑人，但未来取决于黑人自己。[57]当获得教育博士学位的喜剧演员比尔·考斯比（Bill Cosby）说，在不受欢迎的情况下，黑人需要为自己负责时，他发现他既有批评者也有赞同者。[58]支持肯定性行动政策的自由主义者认为“让种族走开”并不能使“我们的政治组织原则和公民文化快速移动”[59]。其他人相信，除非教育、工资、医疗保险和住房等领域的差距消失，否则放弃肯定性行动将是愚蠢的。[60]

投票权

群体获得平等的方法之一就是行使自己的投票权。在 1970 年和 2002 年之间，许多黑人或非洲裔美国人被选进地方、州和国家机构，从 1 469 人增加到 9 430 人。[61]从 2002 年到 2007 年，黑人或非洲裔美国人在州范围参与选举的职位，如州长、副州长、州财务主管、法官和大学董事会成员，当选的数量几乎没有增长（从 40 人到 43 人）。[62]1989 年，弗吉尼亚州的选民选出第一位黑人州长道格拉斯·怀尔德（Douglas Wilder）。紧随其后的是德瓦尔·帕特里克（Deval Patrick），在 2006 年当选马萨诸塞州州长。在 2009 年第 111 届国会的成员中，有 42 位黑人或非洲裔美国人代表。[63]在第 111 届国会的参议员中只有一位非洲裔美国人——来自圣迭戈的民主党人罗兰·伯利斯（Roland Burris），在巴拉克·奥
471 巴马当选总统时，他被指定填补空出的位置。近几十年来，还有两个非洲裔美国人曾经在参议院服务，即来自马萨诸塞州的共和党人爱德华·布鲁克斯（Edward Brookes）和来自伊利诺伊州的民主党人卡罗尔·莫斯利·布劳恩（Carol Moseley Braun）。在美国的一些大城市——洛杉矶、底特律、克利夫兰、纽约、亚特兰大和芝加哥，也有黑人当选为市长。非洲裔美国人绝大多数投票支持民主党候选人。促进黑人或非洲裔美国人的政治议程的组织包括全国有色人种促进协会（Association for the Advanced of Colored People）和全国城市联盟（National Urban League）。

1994 年曾有 5 459 位西班牙裔美国人当选地方、州和国家的官员。[64] 2008 年这个数字降至 5 240。[65] 在 2009 年第 111 届国会中有 27 位西班牙裔代表和 3 位参议员。[66] 佛罗里达州、新墨西哥州、亚利桑那州选举了西班牙裔美国人为州长，一些大城市——迈阿密、圣安东尼奥、丹佛——曾经有西班牙裔美国人担任市长。西班牙裔美国人作为一个集团可能支持民主党，但他们的政治倾向也使其对堕胎和同性恋权利表现出许多保守的立场。[67] 促进西班牙裔美国人政治议程的团体包括西班牙裔全国委员会组织（National Council of La Raza）、墨西哥美国人法律保护和教育基金组织（Mexican American Legal Defense and Education Fund，MALDEF）、拉丁裔美国公民联盟（League of United Latin American Citizens，LULAC）。

在 2009 年第 111 届国会中有 6 位亚洲裔或太平洋岛民担任美国国会代表，两位担任美国参议员（两人都来自夏威夷）。据《亚洲太平洋美国人政治年鉴》（National Asian Pacific American Political Almanac）列举，这些民族成员中超过 2 000 人当选或被任命担任公职。[68] 一个对亚洲太平洋美国政治候选人的分析表明，他们是"交叉吸引"，因为那些在美国大陆政治地区竞选的亚洲人不是主要的民族。[69] 相同的分析也指出，亚洲裔和太平洋岛民的"少数族裔政治"经常得不到重视。

近几十年来，唯一在美国参议院服务的印第安人是来自科罗拉多州的共和党人本·奈特霍斯·坎贝尔（Ben Nighthorse Campbell），夏安族。他 1993 年当选议员，2005 年退休（他先前是美国众议院议员、民主党人）。自 20 世纪 50 年代以来，已经有 5 位印第安人当选为美国众议院代表。[70] 印第安人和阿拉斯加原住民大约构成美国人口的 1.5%。从印第安人人口最多的州出来的国会议员在代表美国本土的选民时经常发现他们面临挑战，因为他们的需要可能与更大、更强的选民团体是冲突的。[71] 在代表被剥夺权利的群体时这是一个司空见惯的困难。在 2008 年 11 月的选举中，来自 11 个州代表 16 个部落的 23 名印第安人当选州和地方的官员。[72]

选民歧视的过去和现在

在美国历史上，废除人头税和读写能力测试（包括"一块肥皂有多少泡沫"这样的荒谬问题）是保证美国人获得投票权的重要步骤。[73] 自 20 世纪中期以来，为了确保所有群体有同样的投票机会又采取了很多措施。特别重要的是 1965 年的《投票权利法》（Voting Rights Act），这项法律是设计来进一步保护和鼓励选民在选举过程中行使表达的权利。国会对这项法律定期审查并重新授权。改进持续地做出，诸如使选民登记和投票变得更容易。

一些今天仍然健在的美国人还记得过去明目张胆的种族投票歧视。其他人认为他们的投票被计算，是理所当然的。但是，在 2000 年总统大选期间他们失去了这种天真的想法，部分原因是一些人的名字被从名单中删除了，没有进入民意调查中，部分原因是有些选民的票没有被计算，因为确定选民个人意图的穿孔卡片选票不当。美国民权委员会在佛罗里
472 达州进行了一次广泛的调查，这是在 2000 年的总统大选中最麻烦的州，发现超过 14%的黑人被拒绝投票，相比之下，其他选民只有不到 2%被拒绝。委员会得出的结论是，尽管它没有发现在州的最高级官员中有剥夺选民权利的阴谋，但是负责官员未能“保证有效的、一致的和公正的选举”[74]。

无论它们是孤立事件、无意的错误，还是更可憎的事件，对投票过程的各种形式的歧视的指控，都会继续被调整。[75]我们在这里仅举几个例子，其中一些被称为威胁。例如，2002 年阿肯色州共和党选举观察人士被指控在黑人投票时拍摄他们[76]，2006 年，报告的是 14 000 封信寄给西班牙裔选民，“错误地通知他们，移民进行投票会被送进监狱”[77]。尤其异乎寻常的例子是，2001 年，据称在密西西比州的基尔迈克尔镇，当“在该镇的历史上第一次一位黑人候选人很明显地会赢得市长选举时，由白人组成的镇议会决定取消地方选举”[78]。

其他指控包括机会和资源缺乏。例如，2003 年，在宪法修正案被考虑的特别选举时，贝尔县（得克萨斯州）官员被指控没有为主要由拉美裔美国人组成的社区提供投票站。[79]在其他例子中，联邦政府对辖区提起投诉，因其未能遵守投票权利保护援助条款：使用西班牙语或使用其他语言提供投票教育和投票材料。[80]《投票权法》的语言援助的规定是为了帮助在国外出生的美国人以及使美国原住民和阿拉斯加原住民可以使用部落语言。[81]

选民识别方法被称为另一个失败的手段。还有一些人说，这是一种防止选举舞弊的方式。识别过程有所不同，但依赖于它们强加的不同要求被比作人头税，因为个人可能需要占用大量的成本以获得适当的识别才能投票。

重划选区和不公正的操纵

美国人口普查每十年进行一次。人口普查后，国会选区重新调整，以便根据美国人口的变化分配美国众议院 435 个席位。这就是所谓的重划选区或重新分配。这是确保基于“一人一票”原则实现全国各地的美国人的平等代表权。共和党和民主党都寻求重新划分的选区能够成为支持它们的选区，这样它们就能够得到其党派成员当选所必需的票。每十年进行一次人口普查后重新划分选区，这个党派实践是公认的、被广泛接受的。[82]然而，它是一个极具争议的过程。

美国最高法院推翻了通过使用种族作为一个原则或主导因素创建选区的不公正操纵 。然而，《投票权法》的第 5 部分和“最高法院决定的路线也发挥了限制使用不公正操纵稀释少数族裔投票的力量的作用”[83]。（不公正操纵的名字来自马萨诸塞州州长埃尔布里奇·格里，他在 1812 年“批准了一个地区，那个地区正在为政治目的被折磨成一只蝾螈”[84]。）

得克萨斯州作为一个例子，在纽约大学法学院的布伦南正义中心被称为“臭名昭著的‘重划选区的再重划’”，因为它发生在十年的中期，自从最高法院规定十年重划一次选区以来，没有其他任何一个州这样做过（科罗拉多州也试图在十年一次的人口普查之间进行“重划选区的再重划”，但是州高级法院阻止了它）。在 2000 年人口普查后，得克萨斯州议 473
会未能就一个重划选区的计划达成一致，联邦法院拟订了一个计划，这个计划有些偏向共和党。在 2002 年的选举中，共和党人赢得了州立法机构的控制权。2003 年共和党人再次试图重新划分选区。为了避免在这个重划的选区投票，民主党议员逃离了这个州。布伦南正义中心提出一个“法庭之友”（法院的朋友）简短声明，宣称这里不仅不需要十年中期的选区重划，而且如此的党派“划分新地图的努力也将是违反州和联邦宪法的，即使它是在十年开始时被采纳的”[85]。

得克萨斯州的案例为美国最高法院对拉美公民联盟诉佩里（League of United Latin-American Citizens v. Perry）开辟了的道路。拉美公民联盟声称“重划选区的再重划”稀释了西班牙裔选票。当最高法院裁决这个案件时，拉美公民联盟称这一裁决是一个“辩护”[86]，即使法院发现在一个地区重新划定边界导致了“《投票权法》不允许的投票稀释”[87]。然而，裁决还是留下了悬而未决的问题：什么构成了在尝试对有规律的情况进行不公正操纵的一个国家允许或不允许的选区重划的条件？[88]

在美国，单一选区制度允许大多数人口是同一民族或种族的地区、社区选举相同的种族或民族的候选人。这是重要的，因为一个有色人种的候选人不太可能在白人占多数的地区当选。在另一方面，单一选区制度可能延续种族分歧，如果选区是种族隔离的。[89]另一种方法是促进少数族裔的代表累积选票，在其中，一个人可以投几票（通常是相同数量的选票席位被填写在一个种族中）。选民可以将他们所有的票投给一个候选人或宣传他们的候选人。有证据表明，累积投票可能导致增加少数族裔代表。[90]

今天，一个观点是种族不公正操纵的任何形式都是不必要的，甚至对所有种族和族裔群体的人而言，其作用都适得其反。美国民权委员会副主席、保守的美国企业研究所学者阿比盖尔·瑟斯特隆（Abigail Thernstrom）之类的人认为，首位非洲裔美国人当选美国总统，就是证据，证明在选举政治中肤色的障碍已经被打破（尽管他们承认这并不意味着种族主义突然消失了）。[91]也许就是如此，种族或民族和政党之间的偏好关系也仍然存在，因此党派不公正地操纵选区的划分还是可以产生依种族划分的选区或在一个地区稀释少数族裔的声音。使用当今的计算机技术可以创建对准具有各种特征的目标群体的选区，以便支持喜欢的政党。因为党派性的选区划分，政治比赛变得越来越缺乏竞争力。[92]

艾奥瓦州或许是无党派选区重划最好的例子，这样的划分促进了竞争激烈的选举。在艾奥瓦州，立法人员起草重新划分选区的计划不使用之前的投票数据。州议会必须批准该计划。艾奥瓦州的法律已被描述为一个“要求使用结构紧凑、毗连和尊重地方政府界限的老式的选区重划原则，而且更重要的是禁止党派考虑”[93]。

入境审查

一个主要的争论点是，《投票权法》在 21 世纪是否有必要继续约束司法管辖区，在过去以美国司法部的“事先批准”被有差别对待的司法管辖区是否能够在自己的投票实践中有任何改变。入境审查（《投票权法》的第 5 部分）始于 1965 年，最初是打算持续 5 年，
474 不像法案的其他规定是永久性的、适用于所有州的。在满足特定标准以后，管辖区可以撤销入境审查要求。今天，8 个州（主要是在南方）和其他 8 个州的一部分，仍处于事先批准的要求之下。

国会上一次扩大入境审查是在 2006 年——这一次的期限超过 25 年。今天，一些保守派的人称《投票权法》的一些部分为“明日黄花”[94]，入境审查是“荒谬的”，特别是在 2008 年考虑到黑人选民投票率和选举结果后。[95]他们认为没有必要延长入境审查 25 年。公民权利组织的看法不同。鉴于投票权利的保护是那么困难，公民权利组织坚持认为这将是一个让其中任何一个人离开的赌博。

印第安人保留地的麻烦

在美国，没有任何群体比印第安人遭受出于种族动机的暴力和歧视的历史更长。其直接结果是，印第安人经受了严重的社会、经济和健康问题。今天看起来是令人震惊的，直到 1924 年印第安人才被赋予公民身份，1935 年有些人仍然是奴隶。犹他州是最后一个赋予印第安人投票权的州，直到 1956 年才这样做。[96]

公共政策决策是印第安人遭受的许多痛苦的核心。他们被剥夺了对土地和矿藏的权利，并因此被剥夺了生存手段。他们还面对着被从保留地驱逐并接受城市生活方式的问题，被多数人的文化同化，即使他们的家庭结构、宗教信仰、沟通模式与白人的有着实质性的不同。[97]许多原住民孩子被从他们的家园带走，安置在寄宿学校，在那里他们被禁止使用他们自己的语言和遵从部落习俗。

为了改善原住民的生活，1975 年的《印第安人自决和教育救助法》（Indian Self-Determination and Education Assistance Act of 1975）强调部落的自我管理和建立独立的医疗、教育与福利服务机构。但是，许多印第安人的生活并没有明显改善。印第安人的贫困率仍远高于整个美国人口，许多印第安人接受公共救助，联邦政府承认约一半的部落成员失业，近三分之一的印第安人收入低于联邦贫困线。[98]美国原住民的糖尿病、酒精中毒、肺结核、自杀发生率和婴儿死亡率也远远高于一般人群。[99]

严重降低其身份的是把印第安人的孩子从他们的家庭移送到别人家里抚养。这是由一些福利专家提出的理性化的实践，这些专家们认为美洲原住民抚养孩子的方式太严厉了。[100] 1978 年《印第安儿童福利法》(Indian Child Welfare Act of 1978)，旨在通过恢复印第安部落对自己的事务的更大的决定权，来纠正美洲原住民儿童安排方面的问题。当一个孩子必须被安置时，现在安排的优先权被给予了儿童所在的部落的成员，而不是非印第安人的家庭。

1946 年，作为立法重组行为的一部分，美国众议院和参议院关于印第安事务的委员会被解散。它们的责任被转移到其他委员会。1977 年，参议院重新建立了一个临时委员会。它成为留在台上时间最长的印第安事务委员会，于 1984 年承担有关美国本土原住民、夏威夷和阿拉斯加原住民的“独特的问题”所有相关的法律责任，包括教育、经济发展、土地管理和信托、医疗服务和向美国要求索赔。[101]众议院自然资源委员会办公室有一个印第安人事务部门，负责许多与印第安人有关的问题。来自密苏里州的共和党议员丹尼·雷伯格（Denny Rehberg）已经呼吁重建一个永久的印第安事务国会委员会。

今天，有 564 个联邦认可的部落政府。[102]许多原住民团体不知道对于收到的联邦政府 475
津贴和服务必须提供给部落和它们的成员。564 个部落中每一个都是同美国政府和各州有主权关系的政体（政府）。每个部落有权建立自己的政府、制定刑事和民事法律、确定部落公民身份（成员），并行使其他职能。

印第安事务局和印第安医疗服务

1775 年，大陆会议建立了三个印第安事务部门，管理北部、中部和南部地区。[103]今天，美国印第安事务助理国务卿负责印第安事务局（Bureau of Indian Affairs，BIA）和印第安教育局（Bureau of Indian Education，BIE）。它们都是美国内政部的一部分。印第安事务局受美国原住民、印第安部落和阿拉斯加原住民的委托管理 6 600 万英亩的土地。印第安教育局（原先是印第安事务局的一部分）负责约 48 000 名美国原住民孩子的教育。

印第安事务局当前的任务，“是提高生活质量，增加经济机会，保护美国印第安人、印第安部落和阿拉斯加原住民的信托资产”[104]。印第安事务局几乎所有员工都是印第安人。在作为 1934 年《印第安重组法》一部分的政策下建立的机构，愿意将这些职位给予印第安人。美国最高法院批准了这个招聘的偏好，不是作为一个肯定性行动的措施纠正过去的歧视，而是促进美国原住民和联邦政府之间的自治和独特的信任关系。[105]这可能听起来像一个增加有利于美国原住民政策的理想安排，但是这个机构因其对待它的服务对象的家长式作风和独裁主义的态度长期受到批评。一些批评说，“印第安事务局完全像对待监狱里的犯人一样处理印第安人的金钱、土地、孩子、水、道路等”[106]。

尽管印第安事务局长期受到批评，但直到 1987 年才开始对这个机构进行官方调查。来自夏威夷的民主党参议员丹尼尔·井上（Daniel Inouye），那时是参议院印第安事务选举委员会的主席，他在《亚利桑那共和报》（Arizona Republic）发表了一系列令人震惊的文章，称“在每年几乎达30亿美元的联邦印第安计划中存在着广泛的欺诈、滥用和浪费”，提出要举行充分的调查听证会。[107]其他指控是政府曾协助石油公司从石油和天然气的服务中骗取了印第安人数十亿美元。[108]

印第安人医疗服务部门（Indian Health Service，IHS）是联邦政府主要为美洲原住民和阿拉斯加原住民提供的医疗服务机构，这个部门是美国卫生与人类服务部的一部分。印第安人医疗服务部门也因为对患者的不平等和不能胜任职务受到人们的批评。[109]它还被指控虐待寄宿学校的学生和广泛滥用美国原住民的孩子的教育设施，原住民现在也没有完全摆脱这些滥用行为。[110]

柯伯尔诉萨拉查

印第安事务局与原住民关系的历史，也是一个漫长的诉讼历史，最近一次著名的诉讼是柯伯尔诉萨拉查（Cobell v. Salazar），该诉讼案对联邦政府对待美国原住民的方式提出严重质疑。1887年，《道斯法》（Dawes Act）或《一般分配法》（General Allotment Act）将美国原住民的土地按80～160英亩一块进行划分，分配给印第安人个人，作为政府试图摧毁保留地和强迫印第安人同化的一部分。这一过程还创建了印第安个人货币（Indian Individual Money，IIM）账户，由内政部管理。这些土地从石油和天然气勘探开采租约中产生收入。

476 在美国，任何人有任何类型的信托账户都对完整的账户有一个法律权利，但是，印第安个人货币账户管理可能最应被描述为一个巨大的混乱，因为政府不能提供印第安人拥有的精确的账户统计数字，甚至不能提供有多少信托账户（估计是300 000个至500 000个）。1994年《美国印第安人信托基金管理改革法》要求内政部长提供统计数字，但这一点并没有发生。1996年伊露斯·柯伯尔（Elouise Cobell），北美印第安人中的一个、黑脚的成员、银行家，与其他印第安人提起集体诉讼，诉巴比特（当时的内政部长布鲁斯·巴比特），要求获得统计数字，并迫使政府履行其受托责任，支付正当地属于印第安人的钱。其他被诉的有财政部部长和印第安事务局局长助理。在诉讼中柯伯尔警告印第安人不要让小量的个人财产被抢劫，那是他们应得的，不要相信这笔财产将导致为印第安人的项目支出的结束。政府花了数百万保护自己，一些人认为那些钱可以给印第安人。

2001年，诉讼要求关闭印第安事务局网站，以确保个人信托账户数据的安全。直到2008年夏天，印第安事务局再次完全连接到互联网上。2008年，一位地区法官说，准确的信托基金统计数据将是“不可能”给出的，没有可用的必要记录，有近4.56亿美元的收益。法官还说：

> 无论在信托基金的历史上存在什么问题，无论在过去的120多年里受托人的不当行为和渎职有多么严重，然而，却从未有过任何证据证明有来自信托系统本身的对资产的巨大偷窃……原告的模式是站在或落入他们的法律理论之中的。另一方面，政府

的模式，很容易适合公平原则，这个原则应该应用于印第安个人货币信托账户，因为它提供了一个在数据具有相当大的不确定性的情况下有用的估值方法。原告是在没有统计证据的情况下对政府的模式提出挑战的，我发现那就是要发出的声音。[111]

原告提出上诉声称，裁决所说的 4.56 亿美元远远不够。2009 年 12 月，案件最终达成和解。联邦政府将创建一个 14 亿美元的信任管理基金、20 亿美元的信托土地联合基金，高达 6 000 万美元的印第安人高等教育奖学金基金。这可能听起来像是很多钱，但诉讼代表着约 50 万人。大多数有权索赔的人获得的将不少于 1 500 美元。[112]

1980 年爱德华·卡彭特（Edward Carpenter）提出美国印第安人的地位问题，他指出："说问题的部分原因与印第安人的文化多样性和有限的部落合作的历史有关，可能是正确的。但是，印第安人的法定地位的影响、国会的失败和与之相伴随的由印第安事务局所造成的行政管理困境，揭露了问题的关键因素。"[113]卡彭特提出，非印第安人要对有关印第安人的政策放手，将权力归还给美洲原住民。10 年以后，一个特殊的参议院委员会提出取消印第安事务局，并以对印第安部落的直接拨款计划取代它。据报道，这个建议遭到了来自印第安人和非印第安人的怀疑。[114]2009 年 11 月，得到联邦国家承认的印第安部落的领导应邀会见奥巴马总统和他的内阁成员。他们希望奥巴马政府在公共政策领域确保公平对待印第安人，诸如，国会正在考虑的印第安人的医疗服务计划改革。《印第安医疗服务改善法》（Indian Health Care Improvement Act）被重新授权，印第安人医疗服务部门作为 2010 年国家的医疗改革立法包的一部分以及现代化印第安人医疗服务部门的条款被永久重新授权。

种族和民族定位 477

种族和民族定位可以采取不同的形式。这里我们讨论的是种族偏见、仇恨犯罪和公共政策的反应。

种族偏见

种族偏见可以定义为基于种族或民族或他们推定的种族或民族而进行的质问、搜索和（或）抓捕行为。这种做法集中于相信某些种族或民族的人比其他族群的人更有可能犯罪。[115]种族偏见不仅扰乱它的受害者，在他们自己的生活中也会产生重要的负面影响：削弱信心，影响与这些社区有关的法律执行。[116]例如，非洲裔美国人的父母常常警示他们的孩子，如果被警察拦下该怎么办。

种族偏见经常发生在肤色重的人从事普通的日常活动时，比如开车、走路、使用机场、购物，甚至发生在他们在家时（如，当住宅被错误地作为袭击目标时）。[117]种族偏见还可能发生在不同民族的人第一次相遇时。在美国它一直是公认的，但直到 20 世纪 90 年代末，问题才被提上公共政策议程。这个问题形成于“毒品快递”的发展概况中。

大多数人认识到地方、州和联邦执法人员的工作要求他们在几乎所有遇到的情况下做出艰难决定。在个案中往往很难证明一个执法人员做出的事情是否有种族偏见，或者采取的是否是一个有合法理由的行动。例如，2009 年，哈佛大学非洲和非洲裔美国人研究教授亨利·路易斯·盖茨（Henry Louis Gates）因行为不检在自己家被捕（指控后来被撤销），新闻媒体充满了他是否是种族偏见的牺牲品的评论。在白宫同奥巴马总统和拜登副总统喝啤酒期间，盖茨和逮捕官恭敬地表示，他们对所发生的事件意见不一致。[118]

担心种族偏见通常基于多个事件。例如，2004 年，美国公民自由联盟谴责弗吉尼亚夏洛茨维尔的警察拘留一名非洲裔美国男人“太过随意”，他们是为了逮捕一名被认为是非洲裔美国人的连环强奸犯，试图做 DNA 测试。[119]美国公民自由联盟表示，尽管技术上可能没有违反宪法赋予男子的反对不合理的搜查和扣押的权利，因为他们同意提供唾液样本，但是，“DNA 检查的种族方面的政策不能被忽略”。美国公民自由联盟鼓励警察部门更好地确定它的搜查目标，并且确定一个非洲裔美国人拒绝搜查的权利范围。

不要试图确定个别执法人员的动机，大量的阻止交通或行人的事件或其他执法活动，经常被有关研究确定是以特定的种族和性别群体的人为目标对象的，被阻止或拘留的数量与他们的人口和参与非法活动的数量是不成比例的。这些研究往往发现支持集中的种族偏见的证据。[120]例如，美国政府问责办公室对海关服务的研究发现，黑人女性美国公民安检时被搜身或拍身搜查的概率是白人女性美国公民的 9 倍，但发现了违禁品的可能不到一半。[121]

系统的数据收集也可以用来确定是否存在任何模式的种族偏见，似乎局限于一个或一
478 些特定的官员，或者模式更普遍地存在于一个执法机构。[122]即使数据分析没有明确回答是否存在种族偏见或有另外的现象发生，它也可以帮助确定问题和解决方法，可以采取补救措施，如教育、监督和培训。[123]其他帮助遏制种族偏见的建议是，内部监控和外部努力相结合，如成立公民投诉委员会，解决种族偏见和其他对法律执行官员不满的投诉，负责反偏见法律的执行和回应媒体的关注。

美国公民自由联盟经常涉及种族歧视的诉讼与和解协议（原告和被告达成协议）。例如，2008 年，原告和马里兰州警察（MSP）签订了一份和解协议，包括对原告经济损失的赔偿，马里兰州警察根据协议，聘用了一个顾问评估消除种族偏见的进展情况，联合发表声明谴责种族偏见、强调在未来需要采取行动遏制种族偏见。[124]

一些州已经颁布法律来遏制种族偏见。人权组织国际特赦组织认为，每一个州和联邦政府都应该有一个强大的法律禁止种族偏见（见例证 12—1）。自 2001 年以来，试图通过这样一个法律的努力在国会失败了，鉴于 2010 年亚利桑那州针对非法移民的强硬立法，

对偏见的担忧增加了。

例证 12—1

国际特赦组织禁止种族偏见的立法建议

什么样的法律看起来像好的法律？

在审查所有现存的和提议解决种族偏见的州立法（截至 2004 年 6 月 1 日）以后，国际特赦组织（AIUSA）决定，为了有效打击最常见的种族偏见，法令规定如下：

- 法令包括一个全面有效的种族歧视禁令。这样的禁令将禁止执法机构甚至党派基于种族、民族和原始国籍对个人和团体的偏见，除非有关于地点和时间的可靠信息与属于上述团体之一的个人相联系，能够确定犯罪事件或犯罪计划。
- 禁止使用托词拦停行人和司机（这种情况下的实例有，警察对小车/公共交通工具进行违法检查，看有无毒品、枪支或其他违法物品）。
- 禁止犯法违规的种族偏见和详细说明对反复发生种族偏见的官员的处罚。
- 需要强制性地收集所有情况下（使用和给予警告）的拦停和搜查（交通工具和行人）的数据。这些数据将包括在拦停期间被调查者的种族、性别、年龄和是否为移民身份。
- 需要对收集的数据进行分析和发表。
- 创建一个独立的委员会对种族偏见的投诉进行审查和应对，并定期发布种族偏见的调查结果。
- 允许个人寻求法院命令阻止单个部门进行的种族歧视。
- 为定期培训人员提供资金和在车内安装摄像头监控道路拦停检查情况。

479

反恐战争

在这个国家的历史进程中，联邦政府也被指控有种族偏见。例如，第一次世界大战期间，美国司法部长 A·米切尔·帕默（A. Mitchell Palmer）在极端分子轰炸他的房子以后，命令拘捕并驱逐来自东欧的大量移民。联邦特工被命令进行一轮“帕默袭击”，成千上万的移民被拘留，有一些被驱逐，就因为他们的种族。[125]

在 1941 年日本偷袭珍珠港和世界大战爆发之后，对待日裔美国人的方式是另一个歧视有外国背景的美国人的令人不安的例子。攻击后，由于富兰克林·D·罗斯福总统担心他们可能威胁美国安全，也为了从被日本的攻击激怒了的美国人的潜在危险下保护他们，日裔美国人被扣押在 10 个搬迁集中营里。日裔美国人相信，这一行动是必要的和仁慈的。他们被迫放弃工作和他们的财产。为了证明他们确实是美国人，许多人自愿参加武装服务。随着他们的公民身份和对国家的忠诚被认可，拘留在 1943 年结束。没有人种的特征，让一个人成为美国人。直到 1983 年美国政府才实际上承认过错。后来为大约 78 000 名集中营幸存者提供了赔款。[126]

2001 年 2 月，美国总统小布什呼吁结束种族偏见[127]，但在 2001 年 9 月 11 日恐怖袭击之后，几千名居住在美国的阿拉伯人、南亚人、穆斯林因为国籍或宗教，被询问或被质疑。至少 1 200 人被拘留。许多人没有律师及其他资源来对抗被捕。许多被囚禁者的家人、朋友和雇主不知道这些人在哪里。对阿拉伯人的驱逐听证会对公众关闭，秘密举行。[128]美国公民自由联盟在 2001 年 10 月依据《信息自由法》提出起诉，要求政府发布被囚禁者的信息。一位联邦法官下令政府提供被拘留者的信息，指出“秘密逮捕在一个民主的社会中是一个可恶的概念”[129]。联邦政府予以拒绝，高等法院推翻了法官的裁决。在司法部检察长的办公室发现逮捕是不加区别的，被拘留者被拒绝接触律师，被拘留者处于有辱人格的状况。在某些情况下，有言语和身体上的虐待。[130]许多人被拘留了几个月也没有得到审理，有些人被单独关押。对那些有法定律师的人，司法部长约翰·阿什克罗夫特（John Ashcroft）使用“紧急权威”监视律师与当事人的对话，这是公然违反第六修正案（被告的权利）的。大多数被拘留者逐渐被释放，但是大量的人被驱逐出境，几百人被关押在美国的古巴关塔那摩湾海军基地（U. S. naval base in Guantanamo Bay，Cuba）。[131]美国总统小布什宣布这些被监禁者是“敌方的战斗人员”。2004 年 6 月，最高法院告诉总统剩余的关塔那摩湾囚犯可能要挑战对他们的拘留。军事法庭审理指定的案件，但是只给囚犯有限的法律表示。剩下的囚犯是在平民法院还是在军事法庭审理（这只给他们更少的权利）的讨论还在继续，对一些囚犯是否可以不进行审判长期关押的讨论也在继续。

美国公民自由联盟仍然对联邦政府在阻止种族偏见方面所做的努力十分不满，包括对执法部门联邦法警总署关于种族问题的使用指南的不满。[132]大赦国际（Amnesty International）也批评这个指南，认为它只是个指导文件而不具有法律约束力，因为它“不包括
480 基于宗教、宗教外衣或原始国籍的偏见，并不适用于州或地方法律执行机构，不包含任何强制机制，没有指定对违反人员/机构的惩罚，包含一个适用于‘国家安全’和‘边界完整性’的情况下的例外”[133]。

仇恨犯罪

2008 年，在官方的联邦调查报告中，有近 8 000 例对人或财产的仇恨犯罪，将近三分

之二是出于对种族、民族或原始国籍的偏见，近五分之一是出于宗教偏见。[134]大约有70％的种族歧视事件是由于指向黑人的偏见，18％是对白人的偏见。民族动机的偏见将近三分之二是反对西班牙裔，宗教动机的事件，三分之二是反对犹太人。

南部贫困法律中心（The Southern Poverty Law Center，SPLC）的情报项目，跟踪位于美国的仇视团体。项目报告，在2000年至2008年之间，美国的仇视团体的数量从602个增加到926个，其中三K党团体、新纳粹分子、种族主义者光头党是“最活跃和最危险的白人至上主义者仇恨团体”[135]。近些年，南部贫困法律中心将仇视团体的增长归因于“令人恐惧的拉丁美洲移民”、最近的蹒跚的经济和奥巴马在总统竞选中的成功。关于经济，南部贫困法律中心指出，非法移民对许多违约抵押贷款负有责任，《社区再投资法》为许多拖欠抵押贷款的有色人种提供贷款，犹如火上浇油。[136]情报报告的编辑补充说：“巴拉克·奥巴马的当选激怒了种族主义极端分子，他们认为这是又一个迹象，表明他们的国家是在非白人的围困之下。”[137]

仇恨犯罪法律因州而异。如第十一章指出的，在这些法律中，基于偏见的犯罪一般不被认为是独立的犯罪。相反，它们将因对民族、种族和其他个体特征的仇视导致的人身或财产犯罪作为加重处罚的条件。45个州和哥伦比亚特区有对仇恨犯罪加强处罚的法律。[138]

为了进一步解决仇视团体和减少仇恨犯罪，公民权利领导会议（Leadership Conference on Civil Rights）要求开展三个主要行动。[139]一是建设性地讨论综合性的移民政策改革，反击将移民妖魔化的努力。二是执法部门努力解决与仇恨相关的暴力，包括通过地方法律《仇恨犯罪预防法》，帮助地方政府打击与仇恨相关的暴力，在当地政府没有这样做时允许联邦政府采取行动。三是呼吁联邦政府为防止和减少偏见而资助教育和行动培训计划。一个著名的减少仇恨的努力是南部贫困法律中心的宽容教育项目，以K到12年级的儿童为对象，旨在促进对多样性的尊重和感谢。

移民和社会福利

当白人男女到达并开始在现在的美国开拓殖民地时，他（她）们成为踏足这块土地的第一批移民。100多年后，自由女神像——对许许多多的移民来说是自由的象征——竖立起来，实际上来自各个国家、各种文化、不同种族和民族、具有不同宗教信仰的群体居住在美国。现在的大多数美国人是那些为了寻找更好的生活来到这个国家的人的子孙，但是现在关于移民政策的争论比以往任何时候都激烈。

1910年，外国出生的居民几乎占美国人口的15％。[140]2007年，他们不到13％。[141]预 481
计到2050年这个数字将增加至19％，外国出生的居民和他们的后代将构成总人口增长的绝大多数。[142]图 12—3 显示了外国出生人口原来所在的世界地区。

公共政策对移民问题的担忧可以概括为三个主要问题：可以容纳多少移民？谁应该被允许成为移民？如何执行移民政策？在解决这些问题之前，我们简要概述美国移民政策历史中的一些事件。

美国移民政策简史

管理移民的美国法律自 19 世纪起就存在了。1882 年的《排斥中国人法》（Chinese Exclusion Act of 1882）和 1924 年的《定向排斥法》（Oriental Exclusion Act of 1924）严格限制了亚洲群体的进入，就像 1921 年的《定额法》（Quota System Law of 1921）和 1924 年的《移民法》（Immigration Act of 1924）起的作用一样。1864 年中国人被带到这个国家是干令人劳累至极的修建国家铁路的活，但是当比较多的亚洲人进入美国并开始取得成功时，他们的成就使美国人感到不舒服。移民政策更偏好其他地方的人，如北欧人，也许是因为他（她）们的身体特征与多数美国人更相似。然而，从这些地区和其他国家来的移民也面对着偏见，侮辱性的绰号被用来指称爱尔兰人、德国人、意大利人、日本人、墨西哥人和许多其他的移民群体。

有四次主要的到美国的移民浪潮。[143]在美国建立早期，移民主要是来自英国或西欧的寻求经济机会或政治、宗教自由的人。第二波移民浪潮发生在 19 世纪中期，大部分人来自英国、德国和爱尔兰，他们是由于经济和政治的原因来的。他们的到来有助于解决边境居住问题。第三波移民浪潮发生在 19 世纪末到 1914 年（第一次世界大战爆发），移民群体包括南部和东部欧洲人及亚洲人。

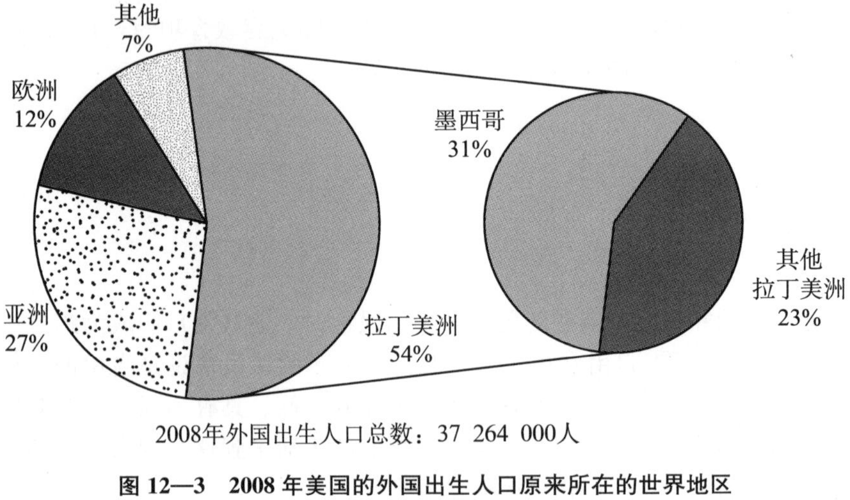

图 12—3　2008 年美国的外国出生人口原来所在的世界地区

资料来源：U. S. Census Bureau，"Foreign-Born Population of the United States，" *Current Population Survey—March 2008*. Detailed Tables，Table 3. 1. Retrieved February 16，2010，from http：//www. census. gov/population/www/socdemo/foreign/cps2008. html # birth.

1965 年全面民权改革时期，国会废除了对从不同国家进入美国的移民数量的严格的配额限制。这又迎来了第四波的移民，通常偏好的是那些已经在美国有家庭成员的人。 482

越南战争使许多越南人流离失所、陷入贫困，后来他们到美国寻求避难。受到特别关心的是“美国人的”孩子，即美国军人与越南妇女生的孩子。几千个这样的孩子在越南生活在贫困之中，因为这些孩子确定他（她）们的父亲的身份是困难的，因此许多人不能够来美国。另外一种情况是，父亲不能找到他们的孩子，或者在他们试图把孩子带出越南时遇到了官僚主义的问题。在有秩序地离开计划（Orderly Departure Program）和 1987 年的《美亚混血人返回家乡法》（Amerasian Homecoming Act of 1987）之下，美国试图把所有的美亚混血人（其中许多已经是成年人了）和他们的家庭带到美国。

20 世纪 60 年代出现的另一个移民群体是寻求政治庇护的古巴人。作为冷战的结果，美国移民政策一般对那些来自敌对政府，由于担心政治迫害寻求避难的人是比较宽松的。在整个 20 世纪 70 年代早期，“自由的飞机”把成千上万的古巴人带到了美国。1980 年卡斯特罗开放了马利亚港并允许更多的古巴人离开。为了接纳新涌入的人，卡特总统在美国开放了几个避难办理中心。许多避难者加入了他们在美国的家庭，但是，刑事犯罪分子和其他不受欢迎的人也被送了进来，这引起了人们的批评，卡斯特罗是把美国作为垃圾场来使用了。

古巴人持续地冒着生命危险进入美国。最具戏剧性的逃离是古巴的一个飞行员驾驶着一架小型飞机从美国飞到古巴，在高速公路上降落后带上他的妻子和儿子又返回美国。其他人继续勇敢地用小船、木筏子甚至利用冲浪板从水上偷渡。1999 年，5 岁的男孩埃利安·冈萨雷斯（Elian Gonzalez）捕获了美国人的心，他经过在海上的痛苦旅行逃离古巴。他的母亲和其他人都在途中丧生了。一场关于这个孩子是否应该留在美国与他的亲戚一起生活的争论出现了。最终，埃利安回到了他在古巴的父亲那里。

古巴避难者已经获得了其他移民没有的优待权，例如刚到达时就得到了临时救助。一年后大多能够成为永久居住者。但是在古巴人第一次成群外逃 35 年以后，新的移民浪潮和政治压力使克林顿总统宣布，古巴的避难者将被与来自其他国家的避难者一样对待。1994 年许多试图逃离古巴的人被拦截和扣留在美国在古巴的关塔那摩湾海军基地。1996 年克林顿政府改变了原先的立场，同意那些人进入避难所，但是声明那些在海上被抓住的人将会被送回古巴。

压倒性的贫困和压迫性的杜瓦里尔政府加速了人们从海地那个小海岛上逃离，来到美国。杜瓦里尔最终被推翻了，并进行了民主选举，但是选举出来的领导人吉恩-伯特德·阿里斯蒂德（Jean-Bertrand Aristide）被驱逐，第一次是在选举后不到一年的 1991 年，然后在 2004 年 2 月再一次被驱逐。建立一个可以被接受的治理结构的努力导致了海地持续的混乱和暴力。

根据 1980 年的《移民和国籍法》（Immigration and Nationality Act ），如果一个人

“对自己会因为种族、宗教信仰、国籍、特定群体的成员身份或政治观点而遭受政治迫害提出充分的证据”，则将被允许在美国寻求避难（不包括那些已经参与迫害其他人的人）。1996 年，这个定义被扩大到包括那些经受了强制性的人口控制计划或因反对这类计划而
483 遭受迫害的人，如强制堕胎和绝育手术。难民或政治避难的定义不包括那些因为“经济”原因逃离自己国家的人。老布什政府认为，尽管海地的政治状况是令人难以忍受的，但是那些来自海地的人是由于经济原因而来的，他们不是政治难民。许多逃离海地的人被送到了关塔那摩湾海军基地（那时那里还有许多古巴的避难者）。由于逃出来的海地人数量增长和营地爆满，老布什命令将在海上被拦截的海地人尽快送回海地，不必给他们提供律师。这项政策受到了来自法院的挑战，正反两方面的裁决都从海地人们的困境方面提出理由。

克林顿政府继续了这一政策，并希望海地人不要在海上冒生命危险。1993 年美国最高法院支持了将海地人送回去的做法，法院指出，根据 1952 年的《移民和国籍法》，美国政府只对到达美国本土的人提供保护，该法不适用于那些被拦截在海上的人。在 2004 年的起义期间，小布什总统宣布美国的意图是继续这些实践。也有人认为这一政策有效忽略了《国际法》对难民的法律和伦理义务的规定。[144]

关于政治还是经济避难身份的争论也被用于那些来自中美洲的人。许多人指责美国政府的外交政策加剧了中美洲国家的政治冲突，刺激了中美洲国家的人移民美国的愿望。1990 年萨尔瓦多人获得了在美国暂时居住的许可，而且他们的工作许可范围被扩大了。这发生在萨尔瓦多总统提出请求以后，他表示他的国家的经济状况使得他们不可能接纳太多的公民回国。

20 世纪 80 年代，“避难所”运动是影响对移民关注的另一个因素。美国因为宗教信仰而卷入了这一运动，为来自萨尔瓦多和危地马拉的逃离右翼政治运动的移民提供食物、衣服、居所和工作。避难所的工作人员感觉，尽管他（她）们帮助的人是非法进入美国的，而他（她）们的行动是正义的。他（她）们相信那些人应该被作为政治难民对待，因为他们在自己的国家面对着严重的政治压力和迫害。但是美国的移民部门不这样看，它们认为运送非法移民和其他类似的行为是违反法律的。

今天，一些美国城市被称为避难所城市，因为它们更欢迎无证移民或除非他们犯罪否则法律执行并不追究的那些可能无证的移民。一场新的避难所运动已经发展起来，以解决支持者认为的不公正的驱逐和由于移民问题造成的家人分离。[145]

1998 年至 2002 年之间，前南斯拉夫解体后，近 10 万波斯尼亚人移民到美国。同样，美国参与在索马里的起义，美国成为那些逃离压迫和贫困的索马里人的避难所。那些寻求在美国避难和庇护的事情一连串地发生，但是 2001 年 9 月 11 日的事件成为美国移民政策的另一个转折点。

“9·11”之后的移民

自 2001 年 9 月 11 日在纽约和华盛顿特区的恐怖袭击后，移民的规定改变了，执行也变得更加严格了。美国已经投入更多的美元以增强南部和北部边境和港口的安全，防止恐怖主义和毒品暴力，并阻止其他以进入美国寻求更好的生活为动机的非法移民。这些努力包括增加边境执法人员的数量，在美国墨西哥边境架设围栏和使用高科技的安全设备和措施。 484

每年进入美国的大多数外国人（美国以外的国家的公民）是履行了合法程序的。这些合法进入者分为两类：一类是为成为合法永久居民而被允许进入的移民（LPRs），每年大约有 1 100 万外国人成为合法的永久居民；另一类是临时被允许进入的非移民，他们中的绝大多数是合法进入者。2009 年有 1.63 亿非移民申请到美国，主要是为了娱乐或商务旅行，少数是临时工作的人和他们的家人（约 170 万）、学生（约 100 万）。[146]过去，相当数量的非移民在签证到期后逾期不归，但是今天他们面临更大的威胁：被抓住并驱逐出境。其中的大多数是工作的人逾期不归，为支持自己和家人的生活，他们和平地生活，对美国的安全没有威胁。

“9·11”之后，美国人意识到移民局对于许多外国人——那些合法居住在美国的人和那些签证已经过期了的人——的行踪没有清楚的信息。这引起了人们的担忧，因为很明显，即使有组织的恐怖分子是相对较少的，也可能造成严重破坏。对此做出的反应是，美国司法部长在 2002 年 6 月实施了一个新项目“国家安全准入退出登记制度”（National Security Entry Exit Registration System，NSEERS），要求来自 25 个国家的所有年龄在 15 岁及以上的人到美国政府注册并留下指纹、照片和接受提问。一年之后，移民和入籍服务（Immigration and Naturalization Service，INS）注册了 83 000 名外国人，近 14 000 名被驱逐出境；没有人被公开指控是恐怖主义者。[147]除了朝鲜，其他所有目标国家都是阿拉伯人或穆斯林占多数的国家，这使程序看起来更像是另一种形式的种族歧视，而不是一个针对担忧国家安全方面的项目。这个项目是糟糕的广告。许多人不知道国家安全准入退出登记制度或不能理解其所有条款，即使如此，未能遵守也会导致拘留并被驱逐出境。[148]

被称为访问美国（US - VISIT，全名为美国访客暨移民身份显示系统）的注册系统也被用来跟踪持有非移民签证进出美国的访问者，无论其来自哪个国家。[149]这个数字的、无墨的、指纹扫描的、拍摄数码照片的项目，在 2009 年被扩大，现在几乎所有那些进入美国的人，无论是访问者还是永久驻留的人，都被要求接受。[150]

在发现一些“9·11”恐怖分子曾经是被承认的外国学生以后，有更多的政策制定出来。直到他们完全确定已经被他们申请的学校接受之前，留学生不能进入美国。已经在美国的外国人希望在美国上学，在申请到学生签证之前，必须回到自己的国家。如今，移民官员使用学生和交换访客信息系统（Student and Exchange Visitor Information System,

SEVIS）跟踪来自其他国家的学生，以确保他们没有逾期居住。从 2004 年 1 月到 2005 年 1 月，国家安全准入退出登记制度、访问美国注册系统、学生和交换访客信息系统生成了超过 30 万条“违反者信息”[151]。

作为联邦政府更严格执行《移民法》和加强国家安全的方法的一部分，2003 年美国国土安全部（U. S. Department of Homeland Security，DHS）建立。在国土安全部内，海关边境保护局（CBP）负责在美国边境和港口的入口实施《移民法》，移民海关执法局（ICE）负责在美国边境执行这些法律。美国公民及移民服务局（U. S. Citizenship and Immigration Services，USCIS），以前属于司法部的移民归化局（INS），也是国土安全部的构成部分。美国公民及移民服务局旨在帮助那些希望移民的人和已经成为移民的人，包括帮助他们“入籍”（成为美国公民）。

485

合法移民及其影响

自第二次世界大战以来，每年成为美国合法永久居民的移民数量一般是增加的，20 世纪 50 年代每年约 25 万人，2000 年至 2009 年每年略超过 100 万人，这反映了《移民法》的扩展。[152]尽管有 2001 年 9 月 11 日发生的事件，进入美国的“外国人”数量还是有反弹上升。

美国合法永久居民持有“绿卡”，这个身份不仅赋予他们永久居住在美国的权利，他们还可以在美国工作、进入公共教育机构、拥有财产、加入某些美国军方的分支机构。在美国合法居住 5 年后，通过英语语言、公民和历史考试，18 岁及以上的美国合法永久居住者就可以申请公民身份（“成为有国籍的人”）。18 岁以下的合法移民，如果其父母成为公民，就可以自动授予公民身份。

由于 1990 年《移民法》使新移民的亲属更方便得到接纳，以及使雇主更容易雇用在科学和工程等方面有技能的人，进入这个国家的人数增加了。它减少了对来自某些国家的移民的偏袒，使它更难以因为人们的政治信仰、性取向或健康状况而禁止个人进入。这项法律被称为“四分之一世纪以来最彻底的对合法移民法律的修订”[153]。

图 12—4 显示，大部分（65%）移民获得合法永久居民身份主要是基于家庭成员的协助。[154]那些有就业优先权的人和难民与寻求庇护者也构成了合法永久居民的很大数量。难
486 民申请进入美国要在美国以外完成申请，寻求庇护者可在美国入境口岸申请进入美国。近年来最大数量的难民来自伊拉克、缅甸、不丹，最大数量的寻求庇护者来自中国。[155]较小比例的移民是在多样性计划下得到允许的，这些计划允许移民到美国的人口少的国家的人申请获得美国合法永久居民身份。每年获得合法永久居民身份的移民的数量似乎相当大，但是，很多规则、规定、繁文缛节、经常的长时间等待也往往阻止了那些想进入这个国家的人，在许多情况下，阻止了他们与家庭成员团聚。2009 年，最大数量的合法永久居民（17%）来自墨西哥，紧随其后的是中国、菲律宾、印度。[156]大多数合法永久居民居住在加利福尼亚州（20%），紧随其后的是纽约州、佛罗里达州和得克萨斯州。

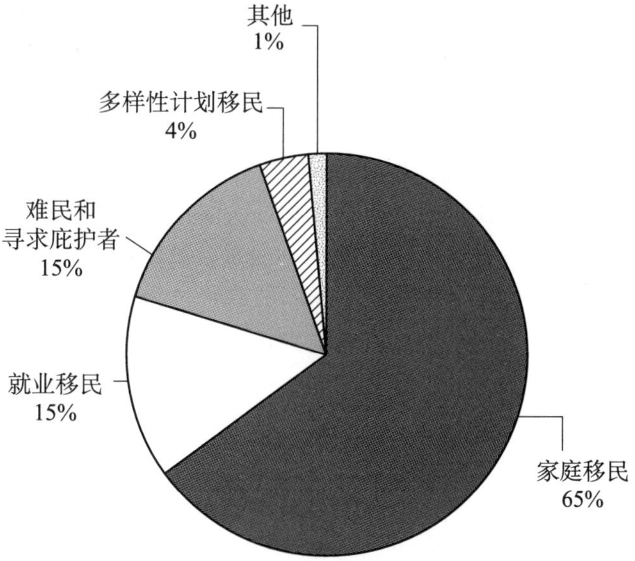

图 12—4　2008 年美国合法永久居民的主要构成

资料来源：U. S. Department of Homeland Security，Computer Linked Application Information Management System (CLAIMS)，"Legal Immigrant Data，" reported in Randall Monger and Nancy Rytina，*U. S. Legal Permanent Residents：2008*（Washington，DC：Office of Immigration Statistics，U. S. Department of Homeland Security，March 2009）. Retrieved February 18，2010，from http：//www.dhs.gov/xlibrary/assets/statistics/publications/lpr _ fr _ 2008. pdf.

仔细看看合法移民对美国的影响，国家研究委员会发现，移民提升了美国的总体经济效益，但是对高中辍学者的收入也有一些负面影响。[157]在短期内和平均而言，移民使用的公共服务超过他们支付的税金，尽管来自不同国家的移民的情况各种各样。从宏观的角度和长远来看，在联邦一级有来自移民的收益，但是对有较多移民的州和地方而言是有损失的。除了原来的国家，在劳动年龄进入的移民和有较高教育水平的移民，能够有较大的经济贡献。另一位经济学家这样说："对美国的经济，移民似乎或多或少是一种冲击。"[158]

一位研究者对美国和其他发达经济体移民的影响的研究进行了综合，形成了类似的结论：

- 高技能水平的移民做出相当大的经济贡献。
- 技能水平较低的移民带来成本，除非他们是受到限制的，并且很少使用公共服务。
- 没有得到雇用的移民或年龄较大的移民可能带来财政成本。
- 移民的净经济效益小（大约增加或减少接受国家国内生产总值的 1%）。[159]

尽管对移民有慷慨激昂的说辞，但是，各种研究表明，从经济角度没有给出有力的积极或消极的论证，移民政策基于其他的理由可能更好。

美国确实基于人道主义给予了很多希望进入美国的人以优先权，比如为家庭团聚而移民美国的人和为逃避迫害而移民的人。移民政策也有助于满足雇主对员工的需要。一些人认为，家庭是最重要的，应该优先选择保持家庭的完整。在现行法律下，即使是核心家庭也可能被分离，因为在美国出生的孩子是美国公民，即使他们的父母没有合法权利居住在这里。此外，一个外国人与一个美国公民或有合法永久居住权的人结婚，移民到美国可能会有困难。

其他人相信，熟练工人应该得到移民优先权，因为他们可以做出经济贡献。一种相反的观点是，如果这个国家缺乏合格的工人来填补岗位，美国人应该因此得到培训。西班牙裔美国公民联盟支持“家庭团聚，打通使 1 100 万寻求证件的人合法化的路径”，“确保强大的工人保护应该在任何‘客工’条款被考虑之前到位”[160]。

487

非法移民及其影响

自 2001 年 9 月 11 日恐怖袭击后，从美国离开的人数持续上升，2008 年达到峰值 35.9 万人。[161] 2008 年，移民海关执法局拘留了约 37.9 万人。[162]海关边境保护局拘捕了 72.4 万试图非法进入美国的人，相比较，2000 年是 170 万。[163]这是自 1976 年以来边界拘捕的最低水平，或许是由于美国经济下降和加强了边境执法。97%的海关边境保护局的拘捕发生在美国墨西哥边境，逮捕的 91%是墨西哥人。

国土安全部估计，2009 年 1 月有 1 080 万“非法的”、“没有证件的”或未经授权的移民（大约占美国人口的 3.5%）居住在美国，比 2008 年的 1 160 万下降了。[164]他们大多来自墨西哥。下降可能是由于美国经济衰退，经济衰退使工作岗位减少。无论我们如何称呼这种类型的移民，让我们先退一步看看移民对美国是否有帮助或损害。

没有证件的工人一般被农场主或其他雇主在需要的时候作为廉价劳动力雇用。但是有些人认为，没有证件的劳动者压低了工资并且抢走了合法移民和美国人的工作。这些人反对向没有证件的移民提供诸如医疗照顾等服务，反对 1982 年美国最高法院的保证没有证件的移民的孩子到公立学校接受教育的规定。另外一些人认为，这些服务的成本已经因为那些工作的没有证件的移民通过工资缴纳的收入税和社会保障税而抵消了，因为这些移民没有从用这些税收提供的直接津贴中获得多少，例如，他们没有权利得到社会保障和公共救助。

哈佛大学的一位经济学家估计，“在 1980 年和 2000 年之间通过增加劳动力的供给，移民减少了土生土长的人的平均年收入，估计是 1 700 美元，即 4%左右”[165]。显然，移民对一些群体的影响更强，如较少受教育的美国人。他认为这种影响的发生跟移民是合法或非法的、临时或永久的没有关系。加利福尼亚大学的经济学家指出，尽管对非法移民存在担忧，但是非法移民也有益处——非法移民对美国劳动力市场是高度敏感的，因为“在企业想要他们时，在企业想要他们的地方，他们为美国企业提供了想要的工人的类型”[166]。他指出，那些得到合法承认的移民，工作签证使其缺少应对市场状况的灵活性，非法工人具有这样的灵活性，试图使这些工人合法化，甚至通过临时客工计划，可能会减少这种响应性。

以“内部”的方法来控制非法移民是在美国国内实施的方法，例如惩罚雇用了没有证件的劳动力的雇主和对非法进入者强行驱逐。[167]“外部”解决集中于在边境上阻止非法进入的人。有人提出外部控制（让人在第一个地方就被阻止在外）比内部控制对控制移民更有效，内部控制是对那些在美国已经有效地成为非法的二等公民的人。雇主可能会被阻止雇用他们，雇主往往也会因为他们没有证件而利用他们。

反移民言论和文化战争

另一个问题是，是否反移民言论被用来煽动种族和民族冲突而不是改进移民政策。一个例子是移民尤其对非洲裔和西班牙裔美国人有害的争论，他们比白人有更高的贫困率和失业率，是因为移民夺走了他们的就业机会和获得更高的生活水平的机会。其他反移民的言论是努力提高那些现在居住在美国的非法移民的法律地位，这将很大程度上使拉丁裔和 488
非洲裔美国人受益。全国有色人种发展协会说，“非洲裔美国人社区和移民社区不应该……基于党派政治被划分开”，全国有色人种发展协会与拉丁裔美国公民联盟的领导人站在一起公开反对“反西班牙裔的态度……加剧了种族和民族紧张局势”[168]。

即使认为移民应该大大减少的人也相信移民的净经济成本是很小的，是别的东西折磨着他们。他们相信美国社会的结构正在被损坏。除了一些保守媒体的成员，前美国众议员汤姆·坦克雷多（Tom Tancredo）在这方面最直言不讳。他认为，太多的多元文化主义阻止了孩子们在教室学习美国的价值观。[169]应该只允许最少的为了工作目的而来的移民，大多数移民签证应该授予难民和寻求庇护者（但每年不要超过 25 000 人）。[170]保守党移民研究中心建议，“接受更少的移民，但更温暖地欢迎那些得到承认的人”[171]。例证 12—2 涉及的是对移民的恐惧。

例证 12—2

只是承认你害怕

小鲁本·那瓦芮特（Ruben Navarrettr，Jr.），《联合论坛报》

2009 年 8 月 19 日，星期三

在谈到移民时，美国人需要得到直接的描述。

争论将再次启动。民主党参议员查克·舒默（Chuck Schumer）会说他打算在劳动节之后提出全面的移民改革的政策。舒默参议员的盟友共和党的林赛·格雷厄姆（Lindsey Graham），正在努力争取他这一派的支持。

最近，我作为嘉宾主持的一个电台部署了一个关于移民的电话节目。我尤其记得

489 两个电话显示了对辩论的不诚实。第一位打电话的人声称："没有人反对移民……这是一个移民国家……只是违法的移民使人们感到不满。"第二位称："美国需对未来移民做一个延期，这样我们就可以解决已经在这里的人的问题。"

我很高兴，我们清楚了：没有人反对移民……我们只是想阻止它。

这听起来是那样高贵，我们是如此地在意法律规则，所以我们对任何非法进入美国的人，或几乎一半的待在美国的非法人口、签证逾期逗留者，耿耿于怀。如果我们想要一个对所有移民的禁令，甚至是那些寻求合法进入这个国家的人，想象一下那是多么不体面。

但如果你"买进"第二个电话背后的思想——是时候停止所有移民活动了，那么你显然不仅仅是关心非法移民。你可以告诉自己，冻结移民活动是一个试图控制系统或者让新来的人接受同化的可行的方法。一个限制主义团体移民研究中心，甚至认为美国需要一个对新移民几乎完全的禁止，这样，那些足够幸运的人可能会得到更热烈的欢迎。

那么，拒绝移民是为了他们自己好吗？真是一派胡言。这是唯一合法的事情：来自中国或巴基斯坦和俄罗斯的高技能移民的共同点是"非法"，来自墨西哥、巴西或萨尔瓦多的低技能移民的共同点是，他们都是"外国人"。因此，如果你喜欢的想法是将他们都拒之于美国之外，那么就很难相信你不是简单地反外国人了。然而，即使你就是简单地反外国人，也不用担心，欢呼吧，因为你不是一个人。

最近的一项盖洛普民意调查发现美国人比一年前更不支持合法移民。一半的受访者（50%）认为移民应该被减少，去年持这种观点的是39%。另外近三分之一的人（32%）认为移民的水平应该保持相同，去年持这一观点的是39%。只有14%的人说应该增加移民，去年持这一观点的是18%。关于移民对这个国家是好还是坏的问题，只有微弱的多数（58%）给出肯定的回答。

民意测验专家还没有看到2001年9月11日恐怖袭击之后对移民的这种不情愿的态度。回过头来说，那时关心的是国家安全。现在，鉴于失业率高和经济困难，权威人士坚持认为，对移民的激烈反应是出于经济上安全的考虑。

他们错了。首先，美国人本该得到的就业机会被移民拿走了，根本就是谎言。此外，同样的盖洛普民意测验发现，在移民相对很少的地区，对移民的焦虑水平最高。南方54%的人希望移民减少，而在西部只有44%的人有这样的感觉。根据权威人士提出的这个理论——对移民的态度的恶化全是出于经济安全的考虑——你不得不推断南方地区的就业状况应该比西部地区更糟糕。但事实是这些地区的失业率是差不多的。

那么，这么多的美国人越来越担心移民和想减少移民的真正原因是什么？是关于人口结构的变化。南方的人们在过去十年的经历是我们这些在西部的人在一两代人以前已经经历了的事。他们认为移民改变了他们的环境、影响了他们的文化，他们担心得六神无主。许多合法来到这个国家的移民不得不冷静地对待这些担忧。

为什么不能老实地承认我们只是害怕？

资料来源：Ruben Navarrette，“Immigration's Fear Factor，” *The San Diego Union-Tribune*，Aug. 19，2009，is reprinted by permission of the publisher.

在描述美国人口时，没有比“美国大熔炉”这个类比更为常见的了。[172]担心最近的移民不像以前的移民那样被同化，激起了对诸如使英语成为美国官方语言等措施的呼吁。另外一些人提出，英语应是美国的唯一语言，并且是美国人在访问其他国家时鉴别他们母语的标志和信息。

2005 年，外国人生的美国居民的三个部分基本上持平——自然承认的公民（35%）、在法律上承认的非公民（33%）、没有得到授权的移民（31% ）。[173]在外国人生的人口中，一个主要的同化标志是成为美国公民。在 1970 年，所有合法承认移民中有 64%成为美国公民（是自然成为）；到 1990 年，这个数字下降到 38%。入籍率一直在上升，到 2005 年为 52%，移民得到国籍的速度也更快了。

随着待的时间的延长，入籍移民增加了滞留时间，也许因为学习英语、通过公民身份测试和遍历入籍的其他方面的过程需要时间。入籍率最高的是来自中东的人，2001 年后他们的入籍率增加。[174]墨西哥人入籍率低于其他群体，但从 1995 年到 2005 年，墨西哥人的入籍数量增加了 144%，有资格的人从 20%增加到 35%。增加幅度高于任何其他主要原始国。

对于入籍率的差异已经提出很多解释观点。[175]接近美国的国家和在原来的国家中经济条件有利的人入籍的可能性较低。入籍的可能性比较高的是：作为难民进入的人，原先生活在极权统治下的人，原先的国家允许双重国籍的人，或者容易重新获得本国公民身份的 490
人。墨西哥政府已经使获得双重国籍变得容易，这一政策变化可能会鼓励更多的墨西哥人获得美国国籍。

赦免

在争论了数年以后，国会在 1986 年通过了《移民改革和控制法》（Immigration Reform and Control Act），综合了内部和外部两种方法解决非法移民问题。立法的主要特征是对某些已经非法进入的人提供赦免，增加在边境的驱逐率，对雇用没有证件的工人的雇主进行惩罚，以及临时工作项目。

赦免是最为自相矛盾的条款，根据这个条款，那些在 1982 年以前已经非法居住在美国的人，只要能提出证据，就允许其留下并获得公民身份。具有讽刺性的是，那些没有证件的进入者先前是极力隐藏其住处的，不可能有租房证据或其他可以证明他们居住过的记录。为了获得赦免资格，申请人在此之前没有接受过社会福利，并且在移民身份合法化 5 年以内也不允许接受社会福利。也许是因为担心没有资格申请赦免的家人或朋友被发现或被驱逐，最初申请赦免的人数比官方估计的要低。申请赦免也需要一定的费用，这可能也是一个阻止申请的因素，但是，经由这一条款，大约有 300 万人获得了公民身份。[176]很少有人认为 1986 年的这项法律对阻止非法移民有多少作用。

在 2000 年，克林顿总统签署了《合法移民和家庭公平法》（Legal Immigration and Family Equity Act）。它允许 64 万没有证件的个人申请合法的永久居民身份，如果有美国公民或拥有合法永久居住身份的雇主或近亲协助他们。对更多的移民提供赦免的建议继续被提出。那些反对赦免的人认为，它悍然不顾已经建立的法律，不公平地惩罚那些一直在等待通过合法渠道进入美国的人，甚至可能会鼓励更多的人非法进入。其他人为提供特赦提出的理由是，它为那些已经在美国居住和工作的人获得合法地位和归化提供了合法的渠道，使家庭成员能够在一起，减少二等公民。奥巴马政府被指控支持严格执行诸如雇主审查和制裁等的移民法，以希望能够获得对一个新的赦免条款的支持。[177]如果不是由于国家的经济危机，移民法律改革可能会受到政府和国会更多的关注，但是它很可能很快就会受到注意。

雇主制裁

1986 年的移民法律也要求雇主核实其雇员在美国工作是否是合法的。雇主如果雇用没有证件的劳动力，可能导致罚款和监禁。但是，多年来雇主似乎是轻易逃脱了。但如今执法变得更强硬了。作为对某些雇主的让步，主要是农场主，当不能雇到本国的劳动力时，对那些想要留在美国的农业工人也有了更自由的规定。某些雇主抱怨说移民法律把证明的责任放在他们身上是不公平的，并且可能使他们雇不到所需要的人。政府当前验证员工的法律状态的系统，被称作电子验证（E-Verify），它已经因其不准确受到批评，但是国土安全部说已经采取措施提高其准确性。

491 多年来，西班牙裔全国委员会表示说，在美国不存在农业工人的短缺，外来的工人为了工作链而走险可能更容易受到雇主的虐待。[178]但是在 2007 年，西班牙裔全国委员会表示，它支持外来工人项目，如果它们包含按现行工资支付、换工作的自由、获得公民身份途径的规定，以及防止非法移民的边境执法。[179]

对外来劳工的争论还包括了“高技术”行业。雇主们声称，工作签证的数量应该增加，因为他们不能找到足够的合格美国人。那些反对从国外带进工人的人认为雇主付给外来工人的工资比付给美国人的低。

移民和十年一次的人口普查

1790年以来，每10年联邦政府就试图统计居住在美国领土上的人，不管他们在这个国家是否合法。关于一个人的移民身份问题不会被问及，美国人口普查局在收集和分析信息时，有义务对持有的识别信息严格保密。

一个原因就是，人口普查是一项重要的工作，因为人口普查的数据要用于分配美国众议院的435个席位。我们已经讨论了国会和州选区重划过程的争议。国会选区重划是宪法授权人口普查的唯一目的，但联邦政府也使用人口普查数据确定州、地方和部落政府因各种目的接受联邦基金的数量（目前每年用于服务的约3 000亿美元，如学校、社会福利项目、道路和其他基础设施等）。[180]拥有大量不被计算的移民人口的州声称，不计算对州和地方政府的预算提供的服务是不公平的负担。大约三分之二的美国人参加了2000年的人口普查。与白人相比，亚洲裔美国人漏掉了近2倍，非洲裔美国人漏掉了近3倍，西班牙裔4倍，夏威夷原住民和其他太平洋岛民通常是6倍，印第安人是7倍。[181]

在2000年的人口普查中，对移民提出了要求，尤其是大量的居住在美国的西班牙裔人，敦促他们参与人口普查。除了改进直接统计难以接触到的人群（包括移民）的统计方法，民主党人想用科学的抽样技术，他们相信这也会提高普查统计的准确性。美国国家科学院认可推荐的方法。共和党人声称，该方法将产生严重错误的结果，宪法需要完整的枚举，而不是抽样。1999年，美国最高法院裁定枚举对于在美国众议院分配席位是必要的。裁决不排除为其他的目的使用统计调整，但是人口普查局拒绝使用调整。此外，商务部部长剥夺了人口普查主任和人口专家调整人口普查统计数据的权力。民主党人强调，少计算是“抢劫”社区急需的许多资金，而“共和党认为民主党寻求扩大统计数字是为了在城市地区创建额外的国会选区，为他们的选区带来更多的联邦资金”[182]。2010年的人口普查是30年来第一次在民主党总统领导下进行的。对使用怎样的抽样方法来调整少计算的人数的争论再次出现。

2010年的人口普查被描绘成美国历史上最艰难的统计。美国人越来越担心自己的安全与隐私（如身份盗窃），移民群体对参与普查可能会比以往更加怀疑。[183]移民，包括老移民，他们在这个国家的合法身份可能长期地、有理有据地不被政府官员信任。年轻的移民可能会有同样的感受。阿拉伯人可能继续害怕2001年9月11日之后的报复。打击非法移民，包括在就业的地方袭击检查、社区清查、使用州和地方的禁止移民法律阻止移民，以及其他地方性的努力，如试图通过禁止租房给移民的法令，这些导致一些人呼吁抵制2010年的人口普查。[184]主要的西班牙裔民权组织鼓励西班牙裔人参与人口普查，部分原因是有大量移民的社区，如果合法或非法的移民不被计算在内，会失去大笔的钱。完整的 492

统计还允许每个移民群体指出其在美国的存在、其对政治的压力、对消费者的影响力。其他人则担心任何强调移民的存在都可能会助长反移民情绪，但也增加对非法移民的打击，或改变对来自不同国家的允许到美国的合法移民的数量平衡。

联邦政府使用公共服务通告等手段鼓励所有居民参与人口普查。教堂、学校和社区组织也放出话要人们参与人口普查，告诉人们这样做是安全的，社区将受益于准确的人口数量。人口普查形式第一次以英语和西班牙语寄给在某些区域的人们。这样做是为了增加参与率，但是，这种方法也刺激了一些人，他们认为这种做法迎合非法移民，阻碍了合法移民的同化。另一个用于提高参与度的策略是鼓励人们以邮件形式回答 7 个简短的问题，以避免调查员访问他们的家。

总结

黑人或非洲裔美国人和其他有色人种在争取公民权利的过程中面临众多的斗争。《公民权利法》，特别是 1964 年的《公民权利法》——其中包括要求在就业和进入公共设施方面的平等对待，推动了在美国生活的所有领域的平等。然而，不平等仍然明显，证据有贫困、受教育程度低、失业率高、种族歧视和仇恨犯罪。一些领域的政策和实践，诸如在学校和社区废除种族隔离，展开肯定性行动，继续受到争论。不断增加的群体，如西班牙裔和亚洲裔人口（Hispanics and people of Asian heritage），也让他们在美国政治中的重要性得到考虑。也许没有一个群体像有许多种族的国家的原住民人口那样弱势。他们继续遭受严重的经济和社会问题。1975 年的《印第安人自我决定和教育救助法》是恢复印第安人规划社会福利问题权力的一次尝试。柯伯尔诉讼是试图归还属于印第安人的资源的另一个尝试。

自从 2001 年 9 月 11 日恐怖分子袭击世贸中心和五角大楼，对公民权利的新的挑战出现了。公民权利团体提出诉讼，并游说国会夺回失去了的公民权利，尤其是因为原来的国籍或宗教被作为目标的公民与非公民。移民问题是美国一个主要的政策问题。大量合法和非法进入美国的人导致移民政策的争论。1986 年的法案慷慨地赦免了许多非法居住在美国的移民。1990 年，国会再次开始允许更多的人进入美国。许多移民发展得很好，找到工作成为自给自足的人。然而，也可以相信太多的进入这个国家的人在这里是处于弱势的。新一轮的移民改革可能正在酝酿之中。

493

讨论问题和课堂活动

1. 你就读于什么类型的高中（如，公立学校、私立学校、宗教学校、精英学校等）？

与你所在的社区人口相比，学校学生、教师和工作人员的种族和民族构成如何？讨论在你的学校里存在的任何有关种族和民族的紧张局势。你知道你就读的学校所在社区废除种族隔离的历史吗？如果不知道，你可能希望了解它。讨论一下，为了使每一个孩子都有机会接受高质量的教育，今天学校应该采用什么样的废除种族隔离的政策和程序，应该作出什么努力。

2. 讨论是否或者在多大程度上肯定性行动的政策应该在招生和雇用中采用。考虑这样的问题：证明在教育和就业中仍然存在歧视，或没有歧视。肯定性行动和其他公民权利政策可以在一定程度上消除歧视吗？如果歧视的痕迹依然存在，那么种族偏好是否应该使用？如果是这样的话，应在什么情况下使用，使用到什么程度？

3. 进一步了解里奇诉迪斯特法诺的情况。你对上诉法院的裁决和美国最高法院的决定有什么看法？你认为最后的决定是正确的吗？如果纽黑文市已经提升了白人消防员，你认为黑人和西班牙裔消防员会提起诉讼吗？如果提出诉讼，你认为他们会赢还是会输？如果你是纽黑文市的一位官员，对测试的结果你会采取什么立场？

4. 了解你所在的州的最新一轮的选区重划状态。讨论什么原则和程序应该被用来确定选区。

5. 你进行了投票登记吗？你最近行使了你的投票权吗？邀请当地或州选举官员到班里讲一讲《投票权利法》以及在管辖的选举中如何确保该法案的条款得到维护。要求演讲者讨论在最近进行的选举中在管辖区发生的任何重大问题，或讨论在全国选举中发生的问题。你可能希望在选举期间在选民登记或者在投票站做一名志愿者，以便更密切地观察投票选举流程。

6. 你认为在美国每年应该向多少移民授予合法永久居民身份？移民得到承认的依据应该是什么，例如家庭偏好、雇主偏好、难民或政治避难的身份等？你认为为控制非法移民应该做出什么努力？追踪自本书出版以来媒体关于改变移民政策的努力的报道，在课堂上讨论它们。

7. 了解成为一个入籍的美国公民的必要过程。邀请来自不同国家、基于不同状态（家庭成员、难民等）的新入籍的公民，讨论他们移民到美国、适应美国的生活、成为一个公民的经验。他们从公共和/或私人来源接受的服务或帮助有哪些？问问他们认为在帮助移民同化方面应该做些什么，他们认为美国移民政策应该做出什么变化或修补。参加一个你所在的社区移民入籍（公民身份）的宣誓仪式。你可能也希望邀请为移民服务的公共的或私人机构或组织的工作人员，了解他们的工作和移民面对的挑战。

网站

拉丁裔美国公民联盟（LULAC），网址：http：//www. lulac. org/。它是一个致力于在全美地区推动西班牙裔的公民权利和平等的组织。

全国有色人种协会，网址：http：//www. naacp. org/home/index. htm。它是一个维护非洲裔美国人的公民权，并确保全社会各地区所有人平等，致力于消除种族歧视和仇恨的组织。

美国印第安人全国代表大会（NCAI），网址：http：//www. ncai. org/。它代表部落政府监督和通报联邦政府关于美国印第安人和阿拉斯加原住民的政策，并推动印第安人的相互理解。

美国公民及移民服务局，网址：http：//www. uscis. gov/portal/site/uscis。它是美
494 国国土安全部的一部分，监督合法的美国移民并通过提供信息、准许移民和给予公民身份的方式促进了移民和公民间的相互了解。

注释

［1］“Projections of the Population by Sex，Race，and Hispanic Origin for the United States：2010 to 2050，Table 4”（Washington，DC：U. S. Census Bureau，August 14，2008）. Retrieved February 11，2010，from http ：//www. census. gov/population/www/projections/summarytables. html.

［2］对社会政策和有色人种的一个考察，参见 King E. Davis and Tricia B. Bent-Goodley，Eds.，*The Color of Social Policy*（Alexandria，VA：Council on Social Work Education，2004）。

［3］Committee on Ways and Means，“Section 7：Temporary Assistance for Needy Families，” *2008 Green Book*（Washington，DC：U. S. House of Representatives），Table 7－15. Retrieved June 4，2010，from http：//waysandmeans. house. gov/singlepages. aspx? NewsID=10490.

［4］Office of Policy，Characteristics of Noninstitutionalized DI and SSI Program Participants，Research and Statistics Note No. 2008－02（Washington，DC：Social Security Administration，January 2008），Table 6. Retrieved February 11，2010，from http：//www. socialsecurity. gov/policy/docs/rsnotes/rsn2008－02. pdf.

［5］Martin Giles，“ ‘Race Coding’ and White Opposition to Welfare，” *American Political Science Review*，Vol. 90，No. 3，1996，pp. 593－604.

［6］Alfred A. Lindseth，“Legal Issues Related to School Funding/Desegregation，” in Christine H. Rossell，Davis J. Armor，and Herbert J. Wahlberg，Eds.，*School Desegregation in the 21st Century*（Westport，CN：Praeger），pp. 41－65.

［7］Richard C. Hunter，“The Administration of Court-ordered School Desegregation in Urban School Districts：The Law and Experience，” *The Journal of Negro Education*，73（3），2004，pp. 218－229.

［8］Lindseth，“Legal Issues Related to School Funding/Desegregation.”

［9］Christine H. Rossell，“The Effectiveness of Desegregation Plans，” in Rossell et al.，*School Desegregation in the 21st Century*，pp. 67－105.

［10］Lindseth，“Legal Issues Related to School Funding/Desegregation.”

［11］Monika L. Moore，“Unclear Standards Create an Unclear Future：Developing a Better Definition of Unitary Status，” *The Yale Law Journal*，Vol. 112，No. 2，November 2002，pp. 311－351.

[12] Rossell，“The Effectiveness of Desegregation Plans.”

[13] Lindseth，“Legal Issues Related to School Funding/Desegregation.”

[14] Rossell，“The Effectiveness of Desegregation Plans.”

[15] Lindseth，“Legal Issues Related to School Funding/Desegregation.”

[16] Gary Orfeld，*Reviving the Goal of an Integrated Society*：*A 21st Century Challenge*（Los Angeles：The Civil Rights Project/Proyecto Derechos Civiles at UCLA，2009）. Retrieved July 2，2009，from http：//www. civilrightsproject. ucla. edu/research/deseg/reviving _ the _ goal _ mlk _ 2009. pdf.

[17] 这段的大部分内容依据同上，see p. 10。

[18] William A. V. Clark，“School Desegregation and Demographic Change，” in Rossell et al.，*School Desegregation in the 21st Century*，pp. 119－145；David J. Armor，Christine H. Rossell，and Herbert J. Walberg，“The Outlook for School Desegregation，” in Rossell et al.，*School Desegregation in the 21st Century*，p. 328.

[19] American Civil Liberties Union，*Williams v. State of California*，*Court Brief*（Sacramento，CA：May 17，2000）. Retrieved April 22，2004，from http：//www. aclunc. org/students/williams-brief. htm.

[20] Nanette Asimov，“Bitter Battle over Class Standards：State Spends Millions to Defeat Student Suit” *San Francisco Chronicle*，May 5，2003. Retrieved June 29，2009，from http：//www. sfgate. com/cgi-bin/article. cgi？f＝/c/a/2003/05/0 5/MN102341. DTL.

[21] ACLU Foundation of Southern California and Public Advocates，Inc.，*Williams v. California*：*The Statewide Impact of Two Years of Implementation*（Los Angeles and San Francisco：August 2007）. Retrieved June 29，2009，from http：//www. publicadvocates. org/docs/WilliamsReport2007 _ final _ spread. pdf.

[22] 这段的大部分依据 Lindseth，“Legal Issues Related to School Funding/Desegregation，” p. 59。 495

[23] Armor et al.，“The Outlook for School Desegregation，” p. 331.

[24] Orfeld，*Reviving the Goal of an Integrated Society*：*A 21st Century Challenge*.

[25] Kirwan Institute，“Fair Housing”（Columbus，OH：Ohio State University，2009）. Retrieved July 8，2009，from http：//kirwaninstitute. org/research/opportunity-communitieshousing/fair-housing. php.

[26] Douglas S. Massey and Nancy A. Denton，*American Apartheid*：*Segregation and the Making of the Underclass*（Cambridge，MA：Harvard University Press，1993），p. viii.

[27] *ibid*；Ingrid Gould Ellen，“Supporting Integrative Choice，” *Poverty and Race*，Vol. 17，No. 5，2008，pp. 3－4，10. Retrieved July 9，2009，from http：//www. prrac. org/pdf/SeptOct2008PRRAC. pdf；testimony of John Powell，cited in *The Future of Fair Housing*：*Report of the Commission on Fair Housing and Equal Opportunity*（National Fair Housing Alliance，Leadership Conference on Civil Rights Education Fund，Lawyers' Committee for Civil Rights under Law，NAACP Legal Defense and Educational Fund，December 2008），pp. 5－6. Retrieved July 9，2009，from http：//www. prrac. org/projects/fair _ housing _ commission/The _ Future _ of _ Fair _ Housing. pdf.

[28] Testimony of George Lipsitz，cited in *The Future of Fair Housing*：*Report of the Commission on Fair Housing and Equal Opportunity*，p. 8.

[29] Chester W. Hartman，*Housing and Social Policy*（Englewood Cliffs，NJ：Prentice Hall，1975），

pp. 136，139.

[30] Reynolds Farley，"The Kerner Commission Report Plus Four Decades：What Has Changed? What Has Not?"（Ann Arbor，MI：Institute for Social Research，University of Michigan，September 2008）. Retrieved July 7，2009，from http：//www. psc. isr. umich. edu/pubs/pdf/rr08 - 656. pdf.

[31] Population Studies Center，"Residential Segregation：What It Is and How We Measure It"（Ann Arbor：University of Michigan Population Studies Center，no date）. Retrieved July 7，2009，from http：//enceladus. isr. umich. edu/race/seg. html；John Iceland and Daniel H. Weinberg with Erika Steinmetz，"Racial and Ethnic Residential Segregation in the United States：1980 - 2000"（Washington，DC：U. S. Census Bureau，August 2002）. Retrieved July 7，2009，from http ：//www. census. gov/hhes/www/housing/resseg/pdf/censr - 3. pdf.

[32] William C. Apgar and Allegra Calder，"The Dual Mortgage Market：The Persistence of Discrimination in Mortgage Lending"（Cambridge，MA：Joint Center for Housing Studies December 2005）. Retrieved July 7，2009，from http：//www. jchs. harvard. edu/publications/finance/w05 - 11. pdf.

[33] Debbie Gruenstein Bocian，Keith S. Ernst，and Wei Li，"Unfair Lending：The Effect of Race and Ethnicity on the Price of Subprime Mortgages"（Washington，DC：Center for Responsible Lending，May 31，2006）. Retrieved July 7，2009，from http：//www. responsible-lending. org/mortgage-lending/research-analysis/rr011-Unfair _ Lending-0506. pdf.

[34] "2008 Fair Housing Fact Sheet"（Washington，DC：National Urban League Policy Institute，April 11，2008）. Retrieved July 7，2009，from http：//www. nul. org/publications/policyinstitute/factsheet/2008 - Fair-Housing-Fact-Sheet. pdf.

[35] "HUD's Fair Housing Duties and the Loss of Public and Assisted Housing，" *Housing Law Bulletin*（Washington，DC：National Housing Law Project，1999). Retrieved July 8，2009，from http：//www. nhlp. org/html/hlb/199/199fairhsg. htm.

[36] Testimony of Philip Tegeler，Legal Director，Connecticut Civil Liberties Union，on *Fighting Discrimination against the Disabled and Minorities through Fair Housing Enforcement* before the Oversight and Investigations Subcommittee and Housing and Community Opportunity Subcommittee of the House of Representatives Committee on Financial Services（Washington，DC，June 25，2002）. Retrieved July 8，2009，from http：//www. aclu. org/rightsofthepoor/housing/13423leg20020625. html.

[37] *Ibid.*

[38] "Fair Housing Enforcement：Time for a Change"（Washington，DC：National Fair Housing Alliance，May 1，2009）. Retrieved July 7，2009，from http：//www. nationalfairhousing. org/Portals/33/2009%20Trends/2009%20 Fair%20Housing%20Trends %20Report. pdf.

[39] "About NFHA"（Washington，DC：National Fair Housing Alliance，2008). Retrieved July 8，2009，from http ：//www. nationalfairhousing. org/AboutNFHA/tabid/2549/Default. aspx.

[40] "Fair Housing Initiatives Program"（Washington，DC：U. S. Department of Housing and Urban Development，Novemeber 8，2007）. Retrieved July 8，2009，from http：//www. hud. gov/offices/fheo/partners/FHIP/fhip. cfm.

[41] "Fair Housing Enforcement：Time for a Change."

[42] "National Commission on Fair Housing and Equal Opportunity" (Washington, DC: Poverty and Race Research Action Council, no date). Retrieved July 8, 2009, from http://www.prrac.org/projects/fair_housing_commission/overview.php. 496

[43] *The Future of Fair Housing: Report of the Commission on Fair Housing and Equal Opportunity* (National Fair Housing Alliance, Leadership Conference on Civil Rights Education Fund, Lawyers' Committee for Civil Rights under Law, NAACP Legal Defense and Educational Fund, December 2008). Retrieved July 9, 2009, from http://www.prrac.org/projects/fair_housing_commission/The_Future_of_Fair_Housing.pdf.

[44] Maria Krysan, "Confronting Racial Blind Spots," *Poverty & Race*, Vol. 17, No. 5, September/October 2008, pp. 8-9. Retrieved July 10, 2009, from http://www.prrac.org/pdf/SeptOct2008PRRAC.pdf.

[45] *Ibid.*; Camille Zubrinsky Charles, "Who Will Live Near Whom?", *Poverty & Race*, Vol. 17, No. 5, September/October 2008, pp. 1-2, 5-7. Retrieved July 10, 2009, from http://www.prrac.org/pdf/SeptOct2008PRRAC.pdf.

[46] Charles, "Who Will Live Near Whom?"

[47] Ellen, "Supporting Integrative Choice"; Krysan, "Confronting Racial Blind Spots"; Philip Tegeler, Susan Eaton, and Westra Miller, *Bringing Children Together: Magnet Schools and Public Housing Redevelopment* (Cambridge, MA: Harvard Law School, Charles Hamilton Houston Institute for Race & Justice and Washington, DC: Poverty & Race Research Action Council, January 2009). Retrieved July 10, 2009, from http://www.prrac.org/pdf/bringing-children_together.pdf.

[48] *Federal Policies on Remedies Concerning Equal Employment Opportunity in State and Local Government Personnel Systems*, March 23, 1973, cited in Felix A. Nigro and Lloyd G. Nigro, *The New Public Personnel Administration* (Itasca, IL: Peacock, 1976), p. 21.

[49] See Frank Trippet, "A Solid Yes to Affirmative Action," *Time*, July 14, 1986, p. 22.

[50] 关于减少诉讼的一个总结，参见 D. Lee Bawden and John L. Palmer, "Social Policy, Challenging the Welfare State," in John L. Palmer and Isabel V. Sawhill, Eds., *The Reagan Record* (Cambridge, MA: Ballinger, 1984), pp. 204-206。

[51] From an undated letter to ACLU members from Ira Glasser, executive director of the American Civil Liberties Union, 132 West 43rd St., New York, NY 10036-6599.

[52] Office for Civil Rights Evaluation, *Beyond Percentage Plans: The Challenge of Equal Opportunity in Higher Education* (Washington, DC: U.S. Commission on Civil Rights, November 2002). Retrieved July 12, 2009, from http://www.vpcomm.umich.edu/admissions/research/beyondpercentplns.pdf.

[53] 关于格拉茨一案的信息可在下列网站找到：U.S. Supreme Court website, http://www.supremecourt.gov/oral_arguments/argument_transcripts/02-516.pdf。关于格鲁特一案的信息可参见 http://www.supremecourt.gov/oral_arguments/argument_transcripts/02-241.pdf。

[54] Mark Sherman, "Supreme Court: White Firefighters Bias Victims," Associated Press, June 29, 2009. Retrieved July 12, 2009, from http://www.google.com/hostednews/ap/article/ALeqM5hdV4k6q8whNn7fJ_JhZb5tdly4ZwD994IR900.

[55] Lucas Powe, "Sotomayor Will Be Confirmed," *Austin American-Statesman*, July 12, 2009,

p. F3.

[56] "About the American Civil Rights Institute" (Sacramento, CA: American Civil Rights Institute, 2007). Retrieved July 13, 2009, from http: //www. acri. org/about. html.

[57] Glenn C. Loury, "The Moral Quandary of the Black Community," *Public Interest*, No. 79, Spring 1985, pp. 9–22; Jenny Attiyeh, "Black Scholar Renounces Conservative Crown," *Christian Science Monitor*, September 5, 2002. Retrieved July 12, 2009, from http: //www. csmonitor. com/2002/0905/p18s01-ussc. html.

[58] Thomas Sowell, "Friends of Blacks," Townhall. com, July 13, 2004. Retrieved July 12, 2009, from http: //townhall. com/columnists/ThomasSowell/2004/07/13/friends_of_blacks. 胡佛研究所经济学家托马斯·索维尔的其他评论参见 http: //townhall. com/columnists/ThomasSowell/。

[59] Jim Sleeper, *Liberal Racism* (New York: Viking, 1997), p. 182.

[60] Peter Dreier, "There's No Racial Justice without Economic Justice," in Chester Hartman, Ed., *Challenges to Equality: Poverty and Race in America* (New York: M. E. Sharpe, 2001), pp. 270–273.

[61] U. S. Census Bureau, *Statistical Abstract of the United States: 2010*, 129th ed., Table 404 (Washington, DC: U. S. Department of Commerce, 2009). Retrieved June 4, 2010, from http: //www. census. gov/compendia/statab/2010/tables/10s0404. pdf.

[62] "African Americans in Statewide Elective Office" (Washington, DC: Joint Center for Political and Economic Studies, 2009). Retrieved June 4, 2010, from http: //www. jointcenter. org/index. php/
497 current_research_and_policy_activities/political_participation/black_elected_officials_roster_introduction and_overview/african_americans_in_statewide_elective_office.

[63] "Minorities in the 111th Congress;" *Infoplease*. Retrieved July 16, 2009, from http: //www. infoplease. com/us/government/ 111-congress-minorities. html.

[64] U. S. Census Bureau, Table 399, *Statistical Abstract of the United States: 2009*, 128th ed. (Washington, DC: U. S. Department of Commerce, 2008). Retrieved July 15, 2009, from http: //www. census. gov/compendia/statab/tables/09s0399. pdf.

[65] U. S. Census Bureau, Table 405, *Statistical Abstract of the United States: 2010*, 129th ed. (Washington, DC: U. S. Department of Commerce, 2009). Retrieved June 4, 2010, from http: //www. census. gov/compendia/statab/2010/tables/10s0405. pdf.

[66] "Minorities in the 111th Congress."

[67] Adam Nagourney and Janet Elder (*New York Times*), "Hispanic Praise Democrats and Bush," *Austin American-Statesman*, August 3, 2006, p. A6; "Results of 2005 National Hispanic Survey" (The Latino Coalition, January 5, 2006). Retrieved February 13, 2010, from http: //www. ime. gob. mx/investigaciones/2005/articulos/politica/2005_national_latino_survey_results. pdf.

[68] "UCLA's New National APA Political Almanac Lists Over 2,000 Asian Pacific American Elected and Appointed Officials Nationwide" (Los Angeles: University of California at Los Angeles Asian American Studies Center, 2007). Retrieved July 16, 2009, from http: //www. aasc. ucla. edu/archives/pa_07_08. htm.

[69] James S. Lai, Wendy K. Tam Cho, Thomas P. Kim, and Okiyoshi Takeda, "Asian Pacific-American Campaigns, Elections, and Elected Officials," *Political Science and Politics*, Vol. 34, 2001, pp. 611–617.

［70］See Paula D. McClain and Joseph Stewart, Jr., *Can We All Get Along: Racial and Ethnic Minorities in American Politics*, 4th ed (Boulder, CO: Westview, 2006), p. 147.

［71］See Michael P. Shea, "Indians Skeptical of Report Urging Program Overhaul," *Congressional Quarterly*, Vol. 48, No. 2, 1990, pp. 98 - 100.

［72］Courtney Ruark, "22 Natives From 11 States, 16 Tribes Win Elections," *Reznet*, November 5, 2008. Retrieved July 16, 2009, from http://www.reznetnews.org/blogs/tribalog/22-natives-11-states-16-tribes-win-elections-24190.

［73］Center for Oral History and Cultural Heritage, "August 6, 1965: Voting Rights Act" (Hattiesberg, MS: University of Southern Mississippi, no date). Retrieved July 13, 2009, from http://www.usm.edu/crdp/html/cd/vra65.htm.

［74］U.S. Commission on Civil Rights, *Voting Irregularities in Florida during the 2000 Presidential Election* (Washington, DC: Author, June 2001). Retrieved February 18, 2010, from http://www.usccr.gov/pubs/vote2000/report/main.htm.

［75］Wade Henderson, "Voting Rights Act Reauthorization: What You Need to Know," *The National Voter*, June 2006. Retrieved July 16, 2009, from http://www.lwv.org/AM/Template.cfm?Section=Voting_Rights_Act&TEMPLATE=/CM/ContentDisplay.cfm&CONTENTID=5255; Caroline Fredrickson and Deborah J. Vagins, *Promises to Keep: The Impact of the Voting Rights Act in 2006* (Washington, DC: American Civil Liberties Union, March 2006). Retrieved July 16, 2009, from http://www.aclu.org/images/asset_upload_file516_24396.pdf.

［76］"Bad New Days for Voting Rights," *New York Times*, April 18, 2004. Retrieved February 18, 2010, from http://www.nytimes.com/2004/04/18/opinion/18SUN1.html?pagewanted=1.

［77］"How to Make Your Vote Count" (*New York Times* editorial), *Austin American-Statesman*, November 7, 2009, p. A7.

［78］Henderson, "Voting Rights Act Reauthorization: What You Need to Know"; also see Melanie Eversley, "For a Mississippi Town, Voting Rights Act Made a Change," *USA Today*, August 5, 2005. Retrieved July 16, 2009, from http://www.usatoday.com/news/nation/2005-08-05-miss-town-voting_x.htm; letter from U.S. Department of Justice, Civil Rights Division to J. Lane Greenlee, Esq., Winona, Mississippi, December 11, 2001. Retrieved July 19, 2009, from http://www.usdoj.gov/crt/votingsec_5/ltr/l_121101.php.

［79］"Why You Should Care About the Voting Rights Act," Civilrights.org (Washington, DC: Leadership Conference on Civil Rights and the Leadership Conference on Civil Rights Education Fund Civilrights.org, no date). Retrieved July 16, 2009, from http://www.civilrights.org/voting-rights/vra/why-you-should-care.html.

［80］Civil Rights Division, "Cases Raising Claims Under the Help America Vote Act" (Washington, DC: U.S. Department of Justice, July 25, 2008). Retrieved July 16, 2009, from http://www.usdoj.gov/crt/voting/litigation/recent_hava.php\#bolivar.

［81］Henderson, "Voting Rights Act Reauthorization: What You Need to Know."

［82］Kenneth Hwang, Micaela McMurrough, and Laura Chang, "*League of United Latin American Citizens v. Perry* (05 - 204), consolidated with *Travis County, Texas v. Perry* (05 - 254), *Jackson v.*"

498 (Ithaca New York: Cornell University Law School, March 1, 2006). Retrieved July 3, 2009, from http://topics.law.cornell.edu/supct/cert/05-204; "Political Process: Needs Repair," *Today's America: How Free* (Washington, DC: Freedom House, May 2, 2008). Retrieved July 16, 2009, from http://www.freedomhouse.org/template.cfm?page=384&key=142&parent=5&report=61.

[83] Hwang et al., "*League of United Latin American Citizens v. Perry* (05-204), consolidated with *Travis County, Texas v. Perry* (05-254), *Jackson v.*"

[84] "Political Process: Needs Repair."

[85] Brennan Center for Justice, "*LULAC v. Perry (Sup. Ct. consolidated cases), Session* v. Perry (*E. D. Tex.*)" (New York: New York University School of Law School, June 28, 2006). Retrieved July 13, 2009, from http://www.brennancenter.org/content/resource/lulac_v_perry_sup_ct_consolidated_cases_session_v_perry_ed_tex/; also see Hwang et al., *League of United Latin American Citizens v. Perry* (05-204), consolidated with *Travis County, Texas v. Perry* (05-254), *Jackson v.*

[86] "Hispanic Voters Vindicated in *LULAC v. Perry* Texas Redistricting Case" (Washington, DC: League of United Latin American Citizens, June 28, 2006). Retrieved July 13, 2006, from http://www.lulac.org/advocacy/press/2006/perry1.html.

[87] Brennan Center for Justice, "*LULAC v. Perry* (Sup. Ct. consolidated cases), *Session v. Perry* (E. D. Tex.)."

[88] Hwang et al., "*League of United Latin American Citizens v. Perry* (05-204), consolidated with *Travis County, Texas v. Perry* (05-254), *Jackson v.*"

[89] Stuart Taylor, "The Voting Rights Act and Its Wrongs," *National Journal Magazine*, May 2, 2009. Retrieved July 16, 2009, from http://www.nationaljournal.com/njmagazine/or_20090502_2469.php.

[90] Robert Richie, "Full Representation: Uniting Backers of Gerrymandering Reform and Minority Voting Rights," *National Civic Review*, 2004. Retrieved July 16, 2009, from http://www.ncl.org/publications/ncr/93-2/01_NCR93_2Richie.pdf.

[91] Abigail Thernstrom and Stephan Thernstrom, "Racial Gerrymandering Is Unnecessary" (Washington, DC: American Enterprise Institute for Public Policy Research, December 2008). Retrieved July 16, 2009, from http://www.aei.org/docLib/20081211_6723740OTIThernstrom_g.pdf.

[92] Richie, "Full Representation: Uniting Backers of Gerrymandering Reform and Minority Voting Rights."

[93] Nonpartisan Redistricting (Washington, DC: The Democratic Leadership Council, May 8, 2004). Retrieved July 16, 2009, from http://www.ndol.org/ndol_ci.cfm?contentid=252625&kaid=139&subid=900083.

[94] Thernstrom and Thernstrom, "Racial Gerrymandering Is Unnecessary".

[95] George Will, "Voting Rights Anachronism," *Washington Post*, January, 2009. Retrieved July 15, 2009, from http://www.washingtonpost.com/wp-dyn/content/article/2009/01/16/AR2009011603716.html.

[96] Daniel McCool, "Indian Voting," in Vine Deloria, Ed., *American Indian Policy in the Twentieth Century* (Norman, OK: University of Oklahoma Press, 1992), pp. 105-134; Gerald Thomas Wilkinson, "On Assisting Indian People," *Social Casework*, Vol. 61, No. 8, 1980, pp. 451-454.

[97] See Vine DeLoria, Jr. , "The Reservation Conditions," *National Forum*: *The Phi Kappa Phi Journal*, Vol. 71, No. 2, 1991, pp. 10 - 12.

[98] Bureau of Indian Affairs, 2005 *American Indian Population and Labor Force Report* (Washington, DC: U. S. Department of the Interior, no date) . Retrieved July 4, 2009, from http: //www. doi. gov/bia/docs/laborforce/2005% 20American% 20Indian% 20Population% 20and% 20Labor% 20Force%20Report. pdf.

[99] "Broken Promises: Evaluating the Native American Health Care System" (Washington, DC: U. S. Commission on Civil Rights, September 2004) . Retrieved July 6, 2009, from http: //www. usccr. gov/pubs/nahealth/nabroken. pdf.

[100] Joseph J. Westermeyer, "Indian Powerlessness in Minnesota," *Society*, Vol. 10, No. 3, 1973, pp. 45 - 47; also see Thomas H. Walz and Gary Askerooth, *The Upside Down Welfare State* (Minneapolis: Elwood, 1973), p. 31.

[101] "History of the Committee on Indian Affairs" (Washington, DC: U. S. Senate, no date) . Retrieved July 5, 2009, from http: //indian. senate. gov/cominfo. htm.

[102] Indian Affairs, "Who We Are" (Washington, DC: U. S. Department of the Interior, January 7, 2010) . Retrieved June 5, 2010, from http: //www. bia. gov/WhoWeAre/index. htm.

[103] C. L. Henson, "From War to Self-Determination: A History of the Bureau of Indian Affairs" (Liverpool, UK: American Studies Resources Centre, Aldham Robarts Centre, Liverpool John Moores University, Mount Pleasant, 1996) . Retrieved July 4, 2009, from http: //www. americansc. org. uk/online/indians. htm.

[104] Indian Affairs, "Who We Are. "

[105] J. Kehaulani Kauanui, "A Time for Change? President Obama on Indian Country and Native Nations," *Diverse*: *Issues in Higher Education*, March 27, 2009. Retrieved July 6, 2009, from http: //diverseeducation. wordpress. com/2009/03/27/a-time-for-change-president-obama-on-indian-country-and-native-nations/.

[106] Thomas H. Walz and Askerooth, *The Upside Down Welfare State*, p. 25.

[107] Chuck Cook, "BIA Ordered to Prepare for Inquiry," *Arizona Republic*, October 16, 1987, pp. A1, 5.

[108] Chuck Cook, Mike Masterson, and M. N. Trahant, "Indians Are Sold Out by the U. S. ," *Arizona Republic*, October 4, 1987, pp. A1, 18, 20.

[109] Chuck Cook, Mike Masterson, and M. N. Trahant, "Child's Suffering Is Cry for Reform," *Arizona Republic*, October 7, 1987, p. A18.

[110] DeLoria, "The Reservation Conditions"; Christina Good Voice, "Indians March to Mend Boarding School Hurt," *Reznet*, June 9, 2009. Retrieved July 5, 2009, from http: //www. reznetnews. org/article/indians-march-mend-boarding-school-hurt-3 5190; Andrea Smith, Soul Wound: The Legacy of Native American Schools, *Amnesty International Magazine*, Summer 2003. Retrieved July 5, 2009, from http://www. amnestyusa. org/amnestynow/soulwound. html.

[111] *ELOUISE PEPION COBELL*, *et al.*, *Plaintiffs*, *v. DIRK KEMPTHORNE*, *Secretary of the Interior*, *et al.*, Defendants. Civil Action No. 96 - 1285 (JR) MEMO- RANDUM, August 7, 2008.

Retrieved June 22，2009，from http：//www. usdoj. gov/civil/cases/cobell/docs/pdf/08072008 _ courtmemo. pdf.

［112］“Frequently Asked Questions about the Settlement of Cobell v. Salazar”（*Cobell v. Salazar*，www. CobellSettlement. com，no date）. Retrieved February 14，2010，from http：//www. cobellsettlement. com/press/faq. php＃settlement _ 2.

［113］Edward M. Carpenter，“Social Services，Policies，and Issues，” *Social Casework*，Vol. 61，No：8，1980，pp. 455－461.

［114］Shea，“Indians Skeptical of Report Urging Program Overhaul.”

［115］Leadership Conference on Civil Rights Education Fund，*Wrong Then*，*Wrong Now*：*Racial Profiling Before and After September11*，*2001*（Washington，DC：February 26，2003）. Retrieved July 12，2009，from http ：//www. civilrights. org/publications/wrong-then/.

［116］See，for example，American Civil Liberties Union and the Rights Working Group，*The Persistence of Racial and Ethnic Profiling in the United States*：*A Follow-Up Report to the U. N. Corrirnittee on the Elimination of Racial Discrimination*（Washington，DC：American Civil Liberties Union，June 30，2009）. Retrieved August 5，2009，from http：//www. aclu. org/pdfs/humanrights/cerd _ finalreport. pdf.

［117］See，for example，U. S. Domestic Human Rights Program，*Threat and Humiliation*：*Racial Profiling*，*Domestic Security*，*and Hurrian Rights in the United States*（New York：Amnesty International，September 2004）. Retrieved February 18，2010，from http：//www. amnestyusa. org/racial _ profiling/report/rp _ report. pdf.

［118］Jake Tapper，Karen Travers，and Huma Kahn，“Obama，Biden Sit Down for Beers with Gates，Crowley，” *ABC News*，July 30. 2009. Retrieved August 4，2009，from http：//abcnews. go. com/Politics/Story? id＝8208602&page＝1.

［119］“ACLU of Virginia Asks Charlottesville Police to Halt DNA Collection from African-American Males”（New York：American Civil Liberties Union，April 12，2004）. Retrieved August 4，2009，from http：//www. aclu. org/privacy/genetic/15254prs20040412. html.

［120］See，for example，a summary of several traffic stop studies in Geoffrey P. Alper，Roger G. Dunham，and Michael R. Smith，“Investigating Racial Profiling by the Miami-Dade Policy Department：A Multimethod Approach，” *Criminology and Public Policy*，Vol. 6，No. 1，2007，pp. 25－56；also see Patricia Y. Warren and Donald Tomaskovic-Devey，“Racial Profiling and Searches：Did the Politics of Racial Profiling Change Police Behavior，” *Criminology and Public Policy*，Vol. 8，No. 2，2009，pp. 343－369.

［121］General Accounting Office，*U. S. Customs Service*：*Observations on Selected Operations and Program Issues*，GAO/T-GGD/AIMD－00－150（Washington，DC：April 20，2000）. Retrieved August 4，2009，from http：//www. gao. gov/archive/2000/gl00l50t. pdf.

［122］关于数据采集的更多信息，参见 the website of the Racial ProfilingData Collection Resource Center at Northeastern University's Institute on Race and Justice，http：//www. racialprofilinganalysis. neu. edu/index. php.

［123］这段的其余内容依据 Warren and Tomaskovic-Devey，“Racial Profiling and Searches：Did the Politics of Racial Profiling Change Police Behavior?”

［124］"Landmark Settlement Reached with Maryland State Police in 'Driving While Black' Case" (New York: American Civil Liberties Union, April 2, 2008). Retrieved February 16, 2010, from http://www.acluorg/racial-justice/landmark-settlement-reached-maryland-state-police-driving-while-black-case.

［125］Bruce Watson, "Crackdown: When Bombs Terrorized America, the Attorney General Launched the 'Palmer Raids'," *Smithsonian Magazine*, February 2002. Retrieved August 4, 2009, from http://www.smithsonianmag.com/people-places/redsquare.html; Sanctioned *Bias: Racial Profiling since 9/11* (New York: American Civil Liberties Union, February 2004). Retrieved August 4, 2009, from http://www.aclu.org/FilesPD Fs/racial%20profiling%20report.pdf. 500

［126］Neil Skene, Ed., *Congressional Quarterly Almanac1992*, Vol. ⅪⅧ (Washington, DC: Congressional Quarterly, 1993), pp. 335–336.

［127］Leadership Conference on Civil Rights Education Fund, Wrong *Then, Wrong Now: Racial Profiling Before and After September11, 2001.*

［128］Testimony of Nadine Strossen, president of the American Civil Liberties Union, before the Senate Judiciary Committee, Department of Justice Oversight: *The Massive, Secretive Detention and Dragnet Questioning of People Based on National Origin in the Wake of September11* (Washington, DC: American Civil Liberties Union, December 4, 2001). Retrieved February 18, 2010, from http://www.aclu.org/national- security/testimony-aclu-president- nadine-strossen-department-justice-oversight- senate-judic.

［129］*America's Disappeared: Seeking International Justice for Immigrants Detained After September 11* (New York: American Civil Liberties Union, January 2004). Retrieved February 14, 2010, from http://www. aclu.org/files/FilesPDFs/un%20report.pdf.

［130］"Statement, United States Senate Committee on the Judiciary Oversight Hearing: Lessons Learned—The Inspector General's Report on the 9/11 Detainees, June 25, 2003, The Honorable Patrick Leahy United States Senator, Vermont." Retrieved February 16, 2010, from http://www. fas.org/irp/congress/2003_hr/062 503leahy.html; also see "Constitution at the Crossroads: Landmark 9/11 Cases Before Supreme Court Will TestAmerica's Values of Fairness for All," Statement of ACLU Legal Director Steven R. Shapiro (New York: American Civil Liberties Union, April 12, 2004). Retrieved February 16, 2010, from http://www.aclu.org/content/constitution-crossroads-landmark-post-911-cases-supreme-court-will-test-americas-values-fair; Testimony of Nadine Strossen, president of the American Civil Liberties Union, before the Senate Judiciary Committee, Department of Justice Oversight, *The Massive, Secretive Detention and Dragnet Questioning of People Based on National Origin in the Wake of September 11.*

［131］See, for example, "Constitution at the Crossroads: Landmark 9/11 Cases Before Supreme Court Will Test America's Values of Fairness for All," Statement of ACLU Legal Director Steven R. Shapiro.

［132］American Civil Liberties Union and the Rights Working Group, *The Persistence of Racial and Ethnic Profiling in the United States: A Follow-Up Report to the U.N. Committee on the Elimination of Racial Discrimination.*

［133］U.S. Domestic Human Rights Program, *Threat and Humiliation: Racial Profiling, Domestic Security, and Human Rights in the United States*, p. vii.

[134] "Hate Crime Statistics, Incidents and Offenses, 2008" (Washington, DC: Federal Bureau of Investigation, November 2009). Retrieved August 5, 2009, from http: //www. fbi. gov/ucr/hc2008/index. html.

[135] David Holthouse, "The Year in Hate: Number of Hate Groups Tops 900," *Intelligence Report*, Spring 2009. Retrieved August 5, 2009, from http: //www. splcenter. org/intel/intelreport/article. jsp? aid=1027.

[136] Larry Keller, "Minority Meltdown: Immigrants Blamed for Mortgage Crisis," *Intelligence Report*, Spring 2009. Retrieved August 5, 2009, from http: //www. splcenter. org/intel/intelreport/article. jsp? aid=1011.

[137] Quoted in "Confronting the New Faces of Hate: Hate Crimes in America 2009" (Washington, DC: Leadership Conference on Civil Rights Education Fund, June 2009). Retrieved August 5, 2009, from http: //www. civilrights. org/publications/hatecrimes/.

[138] "Combating Hate" (Washington, DC: Anti-Defamation League, 2010). Retrieved February 14, 2010, from http: //www. adl. org/combating _ hate/.

[139] "Confronting the New Faces of Hate: Hate Crimes in America 2009."

[140] "Nativity of the Population and Place of Birth of the Native Population: 1850 - 1990" (Washington, DC: U. S. Census Bureau, March 9, 1999). Retrieved August 2, 2009, from http: //www. census. gov/population/www/documentation/twps0029/tab01. html.

[141] U. S. Census Bureau, "Table 40. Native and Foreign-Born Population by State: 2007," *Statistical Abstract of the United States: 2010* (Washington, DC: U. S. Department of Commerce, 2009). Retrieved June 4, 2010, from http: //www. census. gov/compendia/statab/tables/09s0041. pdf.

[142] Jeffrey Passel and D'Vera Cohn, "Immigration to Play Lead Role in Future U. S. Growth" (Washington, DC: Pew Hispanic Center, February 11, 2008). Retrieved August 2, 2009, from
501 http: //pewresearch. org/pubs/729/united-states-population-projections.

[143] Jeffrey S. Passel, "Growing Share of Immigrants Choosing Naturalizations" (Washington, DC: Pew Hispanic Center, March 28, 2007). Retrieved August 3, 2009, from http : //www. pewtrusts. org/uploadedFiles/wwwpewtrustsorg/Reports/Hispanics _ in _ America/PHC _ growing _ share032807. pdf.

[144] "President Bush Finally Speaks the Truth about America's Unlawful Treatment of Haitian Refugees" (Washington, DC: U. S. Committee for Refugees and Immigrants, February 26, 2004). Retrieved June 5, 2010, from http: //www. refugees. org/newsroomsub. aspx? id=1040.

[145] See the website of the New Sanctuary Movement at http: //www. newsanctuarymovement. org/.

[146] Randall Monger and Macreadie Barr, *Nonimmigrant Admissions to the United States: 2009* (Washington, DC: Office of Immigration Statistics, U. S. Department of Homeland Security, April 2009). Retrieved June 4, 2010, from http: //www. dhs. gov/xlibrary/assets/statistics/publications/ni _ fr _ 2009. pdf.

[147] *Sanctioned Bias: Racial Profiling since 9/11.*

[148] 对 NSEERS 的批评，参见 Kareem Shora and Shoba Sivaprasad Wadha, *NSEERS: The Consequences of America's Efforts to Secure Its Borders* (Washington, DC: American-Arab Anti-Discrimination Committee, March 31, 2009). Retrieved June 5, 2010, from http: //www. adc. org/PDF/

nseerspaper. pdf.

[149] "US-VISIT Traveler Information" (Washington, DC: U. S. Department of Homeland Security, July 23, 2009) . Retrieved July 28, 2009, from http: //www. dhs. gov/files/programs/content _ multi _ image _ 0006. shtm.

[150] "Fact Sheet: Expansion of US-VISIT Procedures to Additional Travelers" (Washington, DC: U. S. Department of Homeland Security, January 14, 2009) . Retrieved July 28, 2009, from http: //www. dhs. gov/tiles/programs/gc _ 1231972592442. shtm.

[151] Office of Inspector General, "Review of the Immigration and Customs Enforcement's Compliance Enforcement Unit" (Washington, DC: Department of Homeland Security, September 2005) . Retrieved February 21, 2010, from http: //www. dhs. gov/xoig/assets/mgmtrpts/OIG _ 05 -50 _ Sep05. pdf.

[152] Randall Monger, *U. S. Legal Permanent Residents: 2009* (Washington, DC: Office of Immigration Statistics, U. S. Department of Homeland Security, April 2010) . Retrieved June 5, 2010, from http: //www. dhs. gov/xlibrary/assets/statistics/publications/lpr _ fr _ 2009. pdf.

[153] Neil Skene, Ed. , "Sizable Boost in Immigration OK'd," *Congressional Quarterly Almanac*, 1990, Vol. XLVI (Washington, DC: Congressional Quarterly, 1991), pp. 474 - 485.

[154] Monger and Rytina, *U. S. Legal Permanent Residents: 2008*.

[155] Daniel C. Martin and Michael Hoefer, *Refugees and Asylees: 2008* (Washington, DC: Office of Immigration Statistics, U. S. Department of Homeland Security, June 2009) . Retrieved July 24, 2009, from http: //www. dhs. gov/xlibrary/assets/statistics/publications/ois _ rfa _ fr _ 2008. pdf; Daniel C. Martin, *Refugees and Asylees: 2009* (Washington, DC: Office of Immigration Statistics, U. S. Department of Homeland Security, April 2010) . Retrieved June 5, 2010, from http: //www. dhs. gov/xlibrary/assets/statistics/publications/ois _ rfa _ fr _ 2009. pdf.

[156] Monger, *U. S. Legal Permanent Residents: 2009*.

[157] James P. Smith and Barry Edmonston, Eds. , *The New Americans: Economic Demographic, and Fiscal Effects of Immigration* (Washington, DC: National Academy Press, 1997), p. 51.

[158] Gordon H. Hanson, *The Economic Logic of Illegal Immigration* (New York: Council on Foreign Relations, March 2007), p. 24.

[159] Robert Rowthorn, "The Fiscal Impact of Immigration on the Advanced Economies," *Oxford Review of Economic Policy*, Vol. 24, No. 3, 2008, pp. 560 - 580.

[160] "Immigration" (Washington, DC: League of United Latin American Citizens, no date) . Retrieved July 28, 2009, from http: //www. lulac. org/immigration. html.

[161] *Immigration Enforcement Actions*: 2008 (Washington, DC: Office of Immigration Statistics, U. S. Department of Homeland Security, July 2009) . Retrieved July 24, 2009, from http: //www. dhs. gov/xlibrary/assets/statistics/publications/enforcement _ ar _ 08. pdf.

[162] *Ibid.*

[163] Nancy Rytina and John Simanski, *Apprehensions by the U. S. Border Patrol: 2005 - 2008* (Washington, DC: Office of Immigration Statistics, U. S. Department of Homeland Security, June 2009) . Retrieved July 24, 2009, from http: //www. dhs. gov/xlibrary/assets/statistics/publications/oisapprehensions _ fs _

2005 - 2008. pdf.

[164] Michael Hoefer, Nancy Rytina, and Bryan C. Baker, *Estimates of the Unauthorized Immigrant Population Residing in the United States: January* 2009 (Washington, DC: Office of Immigration Statis-
502 tics, U. S. Department of Homeland Security, January 2010). Retrieved June 6, 2010, from http://www.dhs.gov/xlibrary/assets/statistics/publications/ois_ill_pe_2009.pdf.

[165] George J. Borjas, "Increasing the Supply of Labor through Immigration" (Washington, DC: Center for Immigration Studies, May 2004). Retrieved May 9, 2004, from http://www.cis.org/articles/2004/back504.html.

[166] Hanson, *The Economic Logic of Illegal Immigration*; quote from p. 5.

[167] Jagdish N. Bhagwati, "Control Immigration at the Border," *Wall Street Journal*, *February* 1, 1985, p. 22.

[168] "Building Bridges: African Americans and Immigration," *NAACP Advocate*, Vol. 1, No. 2, August 2006, p. 3. Retrieved July 30, 2009, from http://www.naacp.org/pdfs/advocate/NAACP_advocate_newsletter_2006-08.pdf.

[169] Tom Tancredo, "Immigration Policy," Speech to the House of Representatives (Washington, DC, February 24, 2004). Retrieved April 29, 2004, from http://www.limitstogrowth.org/WEBtext/tancredo-22404.html.

[170] "Rep. Tancredo Introduces an Immigration Moratorium Bill" (Washington, DC: Federation for American Immigration Reform, April 2003). Retrieved July 30, 2009, from http://www.fairus.org/site/PageServer?pagename=research_researchb210.

[171] "About the Center for Immigration Studies" (Washington, DC: Center for Immigration Studies, no date). Retrieved July 30, 2009, from http://www.cis.org/About.

[172] Nancy Foner, "The American Melting Pot Is a Rich Stew," *Phi Kappa Phi Forum*, Vol. 89, No. 2, 2009, pp. 7-10.

[173] Passel, *Growing Share of Immigrants Choosing Naturalizations*.

[174] *Ibid*.

[175] *Ibid*.

[176] Smith and Edmonston, *The New Americans: Economic, Demographic, and Fiscal Effects of Immigration*, p. 29.

[177] See, for example, James Walsh, "Immigration Reform: What Will the New Year Bring?" *Newsmax.com*, November 23, 2009. Retrieved June 6, 2010, from http://www.newsmax.com/JamesWalsh/immigration-reform/2009/11/23/id/336384.

[178] See, for example, "NCLR President Rallies Northwest Latino Community to Oppose Guestworker Legislation" (Washington, DC: National Council of La Raza, May 11, 2000). Retrieved June 4, 2010, from http://www.nclr.org/content/news/detail/2185/.

[179] Janet Murguia, "A Change of Heart on Guest Workers," *Washington Post*, February 11, 2007. Retrieved July 30, 2009, from http://www.nclr.org/content/viewpoints/detail/446711/.

[180] "What Is the Census?" (Washington, DC: U. S. Census Bureau, July 30, 2009). Retrieved

August 2，2009，from http：//2010. census. gov/2010census/.

［181］U. S. Census Monitoring Board，Presidential Members，*Final Report to Congress*（Suitland，MD：Author，September 1，2001）. Retrieved August 2，2009，from http：//govinfo. library. unt. edu/cmb/cmbp/reports/final _ report/Final Report. pdf；see especially pp. 6 and 7.

［182］Amy Sullivan，"Why the 2010 Census Stirs Up Partisan Politics，" *Time*，February 15，2009. Retrieved August 2，2009，from http：//www. time. com/time/nation/article/0，8599，1879667，00. html；also see U. S. Census Monitoring Board，Presidential Members，*Final Report to Congress*.

［183］Haya El Nasser，"For 2010 Census，Counting Gets Tougher，" *USA Today*，October 8，2009. Retrieved August 2，2009，from http：//www. usatoday. com/news/nation/census/2008 - 10 - 08 - Census _ N. htm.

［184］See，for example，Haya El Nasser，"Hispanic Groups Call for Census Boycott，" *USA Today*，April 15，2009. Retrieved August 2，2009，from http：//www. usatoday. com/news/nation/census/2009 - 04 - 15 - census _ N. htm.

503

政治、理性主义和未来的社会福利政策

这本书描述了许多构成美国社会福利系统的政策和项目。我们自由地使用术语“系统”(system)，因为我们很清楚，在美国，社会福利政策和项目没有统一的体系。《社会保障法》的许多条款和项目（老年遗属和伤残保险、补充保障收入、对贫困家庭的临时救助、医疗照顾、医疗补助、儿童福利服务、社会服务等等)[1]，以及许多其他政策和项目试图解决各种社会福利需要。

正如你在整本书中看到的，社会福利政策和项目偶尔是相互支持的。通常它们是相互矛盾的。例如，在第二章我们讨论了鼓励美国人更容易地申请公共救助津贴的政策。然而，其他政策是阻止州这样做的，因为它们害怕它会导致本地区的案件错误率上升，如果发生这种情况，联邦政府将制裁它们。在第五章和第六章，我们讨论了社会保障中的残疾保险和补充保障收入等为被认为无法从事有报酬的就业活动的人提供现金津贴方面的政策。我们还讨论了被设想为通过鼓励人们去工作而支持社会保障中的残疾保险和补充保障收入的政策和项目，实际上这些政策常常相左而不是互相补充的。因为工作的领津贴人在一段时间以后，可能会失去他们所有的现金和医疗津贴。当你思考你读过的这本书的章节时，在社会福利政策和项目中的其他类似的矛盾就会出现在你的脑海中。

这本书还强调，在美国历史上作为社会福利项目基础的主流思想有很大的改变。“自由的”和“保守的”通常被用于描述这些不同的思考，虽然社会福利政策落在这些观点的广泛的连续体之间。中间派和自由主义者也有他们什么应该是公平的社会福利政策的观点。在对家庭的公共救助领域，最近几十年里更为保守的想法占了上风，尤其是当这些想法与发生在20世纪60年代的向贫困开战和伟大社会计划期间的社会福利的扩张相矛盾时。

对于这本书中考虑的许多社会福利项目是否应该和/或由联邦政府、州或地方政府资助，没有一致的想法。对于是否至少一些社会福利服务由非营利组织、以营利为目的组织或宗教组织提供更适合，也没有一致的看法。甚至更根本的，在社会福利供给的某些领域政府是否应该完全参与也是问题。医疗改革的争论，已经在这个国家存在几十年了，最终在2010年的关键时刻以《患者保护和支付得起的医疗服务法》达到高潮，无疑证明了在医疗服务领域对私人和公共提供服务的强烈感情。

这本书还指出，美国社会福利大大不同于其他发达国家的社会福利系统。在许多其他 504
国家医疗服务、儿童照顾和婴儿出生后的产假是普遍的政策。美国人有许多理由认为自己的国家是世界上最伟大的。一个理由是，资本主义或自由企业制度倾向于奖励辛勤工作、创造力和冒险。然而，值得怀疑的是，生活在这个国家的人将所有可以得到的社会服务都视为一种权利，无论以就业或财富同社会福利体系交换所有的这些利益，在那里获得这些服务通常是像勤奋工作和聪明的人生选择一样的一种幸运。

很多人想移民美国得到美国的资本主义提供的机会。美国是一个充满机会的地方，但它也是一个仅因为严重的疾病就可以把个人或家庭带入贫困的风险中的不幸的地方。2010年的《患者保护和支付得起的医疗服务法》是里程碑式的一步，这可以使更多的美国人得到医疗保险。但这远远不够，一个真正的国家医疗保险计划应该平等地覆盖所有的美国人和无间断地贯穿他们的一生。

在许多领域，美国偏好社会福利的有经济调查的补助形式的公共救助项目。毕竟，美国是建立在顽强的个人主义价值观的基础上的。你可以同意或不同意对各种被设想为主要的社会福利项目解决的社会问题的定义。你可能会感到项目设想帮助的目标人口太狭隘或太广泛。你可能认为申请过程是贬低那些应该得到帮助的人，或者认为在社会福利支出数十亿美元的成败关头，它们确保只有真正贫困的人得到援助是合理的。即使在你的同学、家人和朋友之间，对于一个理想的社会福利系统应该是什么样的，很有可能也存在相当大的意见分歧。事实上，似乎每个人对社会福利项目的主题都有自己的意见，无论他们是否仔细研究过这些项目，无论他们或者他们知道的人是否曾经使用过一个特定的项目。对于这本书讨论过的帮助女性、有色人种、残疾人、男同性恋者、女同性恋者、双性恋者、变性者等公民权利的政策，同样也可以这样说。

在过去的几十年里，可能没有像现在写一本关于社会福利政策的书了解它一样令人兴奋的事情了——至少我们中的一些社会福利政策专家是这样认为的。2008年，巴拉克·奥巴马当选美国总统，在美国是首次非洲裔美国人当选总统，本身就是一个意义重大的事件。奥巴马总统领导的国会在社会福利政策中采取了重要的步骤。国会通过《美国复苏与再投资法》，是2009年的主要的经济刺激法案，2010年的《患者保护和支付得起的医疗服务法》是意义重大的医疗改革立法。

经济刺激法案和医疗服务法案旨在帮助数以百万计的美国家庭。这两个法案也极具争议。经济刺激法案着重于从经济上救援下滑的股票市场和房屋抵押贷款的失败。对这些失灵的私人市场的援助和国会通过的救助缺乏共同的公共监督，比如不良资产救助计划，是为了帮助这些行业，也是为阻止源于许多美国人的恐慌的对许多美国个人和家庭进一步损害。许多人也关心经济刺激法案、援助和其他立法在共和党政府已经积累的债务上又增加了多少。无党派国会预算办公室提出，2010 年的医疗服务法案在第一个十年将减少预算赤字 1 430 亿美元，第二个十年是近 1.3 万亿美元。[2]许多共和党人和其他人不同意。他们
505 认为医疗服务法案将会增加而不是减少国家债务，并且使政府过多地控制了经济的一个重要部分。

巴拉克·奥巴马总统的当选、国家的经济现状、医疗改革之争，都刺激了美国人对政治进程的兴趣和参与。政治进程，由此影响的政策和项目影响着在美国的每个个人和家庭。很多时候，这些影响都是深远的——数百万老年人因为社会保障使其通过医疗照顾、医疗补助计划得到救命的医疗服务而免于生活在贫困中；州儿童医疗保险计划，通过儿童福利服务使一些儿童被安置在一个充满爱的家，那些儿童得到安置是因为儿童福利服务使公共资金资助的治疗服务覆盖了患有精神疾病和物质使用障碍的儿童。

如果你没有一直密切关注社会福利问题，也许这本书或者社会福利政策课程会促使你更仔细地思考社会福利问题、政策和项目，并且采取行动来表达你对它们的意见。不幸的是，政策制定好比是看正在制作的香肠——完全不是一张漂亮的照片。这本书集中在决策的许多政治层面。在这点上，两党合作方面似乎完全是低水平的，它的缺席对社会福利政策的形成具有主要的影响。[3]例如，对 2009 年的《美国复苏与再投资法》，共和党的众议员没有人投赞成票，只有 3 个共和党参议员投票赞成。《患者保护和支付得起的医疗服务法》的投票也是以党派划界的。这是远远不同于 1935 年的《社会保障法》的，它得到几乎两党的一致支持。[4]医疗服务立法没有得到相同水平的支持，但是在众议院的 51%的共和党人和在参议院的 43%的共和党人参加到民主党人一方，支持了它。

在一个民主国家，为问题进行激烈的辩论通常不仅被视为好的，而且被视为是必要的。然而，深刻的甚至是不可弥合的党派分歧，已经成为政治格局的一部分。有时这些分歧是不礼貌的行为造成的，在电视节目中叫喊，进行讨论的政治专家们不是唯一的，民选官员也是其中的一部分。也许这些深刻的党派分歧也促使更多的美国人参与政策过程。这些问题的发生可能不仅是因为人们强烈关注诸如医疗保险应该如何运作，也是因为民选官员在更多的对美国人很重要的问题上很难达成共识。美国人对政治过程的惯性和大企业、金钱、权力在影响政策决策中的持续作用是感到沮丧的。

政策不是一次确定的，它是被制定和重塑的。在即将到来的几个月或几年里，我们能看到诸如经济刺激计划和医疗改革等立法的结果。美国人过去对其他主要的社会福利立法也是这样做的，从 20 世纪 30 年代的新政、60 年代的向贫困宣战到 90 年代的《个人责任和工作机会协调法》。无论我们是否考虑正式的分析和政策评估的结果，或更多非正式的评估，我们很可能会对继续这些立法和其他的行动过程对美国人是否正确没有一致意见。

你可能会强烈感到国家已经有了路线图。你也可能对如何改变这些政策和项目有批评性的观点。不能因为嫌老套就不说，民主的最好的特点是在我们追求更完美一致的过程中想法的自由分享和相互促进。

506

讨论问题和课堂活动

举行最后一次讨论：班级成员对改善美国的社会福利制度应该如何做有什么想法？问一问班级成员，通过过去的学期或一段时间的学习，他们对社会福利项目的观点是否有了改变。如果是这样，他们发生了怎样的变化，为什么？如果没有，又是为什么呢？如果班级成员可以改变三种社会福利项目，他们将改变哪三个？班级成员的观点有多相似或不同？什么可以解释这些差异或相似之处？这学期开始以来，班级成员对社会福利政策或项目采取了任何自己的行动吗？如果是这样，请他们讨论他们的经验，不管他们是否实现了目标，以及他们是否要再次采取这样的行动。

注释

[1] Also see Andrew W. Dobelstein, *Understanding the Social Security Act*: *The Foundation of Social Welfare for America in the Twenty-First Century* (New York: Oxford University Press, 2009).

[2] Christopher Beam, "Get Well Soon," *Slate Magazine*, March 23, 2010. Retrieved June 6, 2010, from www. slate. com/id/2248672/.

[3] Nancy L. Cohen, "Death by Bipartisanship," *The Huffington Post*, June 22, 2009. Retrieved March 23, 2009, from httby: //www. huffingtonpost. com/nancy-cohen-phd/death-by-bipartisanship _ b _ 219153. html.

[4] Andrew Biggs, "What the Votes on the Social Security Act and Medicare Tell Us About Obamacare" (Washington, DC: American Enterprise Institute, March 18, 2010). Retrieved March 22, 2010, from http: //blog. american. com/? p=11528.

图书在版编目（CIP）数据

社会福利：政治与公共政策：第七版 /（美）迪尼托著；杨伟民译 .—北京：中国人民大学出版社，2016.2

（社会工作经典译丛）

“十五”国家重点图书出版规划项目

书名原文：Social Welfare：Politics and Public Policy，7e

ISBN 978-7-300-22443-5

Ⅰ. ①社… Ⅱ. ①迪… ②杨… Ⅲ. ①社会福利-研究-美国 Ⅳ. ①D771.27

中国版本图书馆 CIP 数据核字（2016）第 025509 号

“十五”国家重点图书出版规划项目

社会工作经典译丛

主编　隋玉杰　副主编　范燕宁

社会福利

政治与公共政策

第七版

［美］黛安娜·M·迪尼托　著

杨伟民　译

Shehui Fuli

出版发行	中国人民大学出版社		
社　　址	北京中关村大街 31 号	**邮政编码**	100080
电　　话	010－62511242（总编室）		010－62511770（质管部）
	010－82501766（邮购部）		010－62514148（门市部）
	010－62515195（发行公司）		010－62515275（盗版举报）
网　　址	http://www.crup.com.cn		
	http://www.ttrnet.com(人大教研网)		
经　　销	新华书店		
印　　刷	三河市汇鑫印务有限公司		
规　　格	185 mm×235 mm　16 开本	**版　　次**	2016 年 5 月第 1 版
印　　张	39.5 插页 2	**印　　次**	2016 年 5 月第 1 次印刷
字　　数	815 000	**定　　价**	79.00 元

PEARSON　　ALWAYS LEARNING

为了确保您及时有效地申请培生整体教学资源，请您务必完整填写如下表格，加盖学院的公章后传真给我们，我们将会在2～3个工作日内为您处理。

需要申请的资源（请在您需要的项目后划"√"）：

□ 教师手册、PPT、题库、试卷生成器等常规教辅资源

□ MyLab 学科在线教学作业系统

□ CourseConnect 整体教学方案解决平台

请填写所需教辅的开课信息：

采用教材			□ 中文版 □ 英文版 □ 双语版
作　者		出版社	
版　次		ISBN	
课程时间	始于　　年　月　日	学生人数	
	止于　　年　月　日	学生年级	□ 专科　□本科 1/2 年级 □ 研究生　□ 本科 3/4 年级

请填写您的个人信息：

学　校			
院系/专业			
姓　名		职　称	□ 助教 □ 讲师 □ 副教授 □ 教授
通信地址/邮编			
手　机	电　话		
传　真			
official email（必填） （eg：XXX@ ruc. edu. cn）		email （eg：XXX@ 163. com）	
是否愿意接受我们定期的新书讯息通知：　□ 是　□ 否			

系 / 院主任：________（签字）

（系 / 院办公室章）

____年____月____日

100013　北京市东城区北三环东路 36 号环球贸易中心 D 座 1208 室

电话：（8610）57355169

传真：（8610）58257961

Please send this form to：Service. CN@pearson. com

Website：www. pearson. com/educator

出教材学术精品　育人文社科英才

中国人民大学出版社读者信息反馈表

尊敬的读者：

感谢您购买和使用中国人民大学出版社的____________________一书，我们希望通过这张小小的反馈表来获得您更多的建议和意见，以改进我们的工作，加强我们双方的沟通和联系。我们期待着能为更多的读者提供更多的好书。

请您填妥下表后，寄回或传真回复我们，对您的支持我们不胜感激！

1. 您是从何种途径得知本书的：

   ❑书店　❑网上　❑报刊　❑朋友推荐

2. 您为什么决定购买本书：

   ❑工作需要　❑学习参考　❑对本书主题感兴趣

   ❑随便翻翻

3. 您对本书内容的评价是：

   ❑很好　❑好　❑一般　❑差　❑很差

4. 您在阅读本书的过程中有没有发现明显的专业及编校错误，如果有，它们是：___

   ____

   ____

   ____

5. 您对哪些专业的图书信息比较感兴趣：____________________

   ____

6. 如果方便，请提供您的个人信息，以便于我们和您联系（您的个人资料我们将严格保密）：

   您供职的单位：____________________

   您教授的课程（教师填写）：____________________

   您的通信地址：____________________

   您的电子邮箱：____________________

请联系我们：

电话：62515637

传真：62510454

E-mail：gonghx@ crup. com. cn

通讯地址：北京市海淀区中关村大街 31 号　100080

中国人民大学出版社人文分社